RÉSUMÉ DE RÉPÉTITIONS ÉCRITES

SUR LE

DROIT ADMINISTRATIF

HAVRE. — IMPRIMERIE DU COMMERCE, 3, RUE DE LA BOURSE

RÉSUMÉ DE RÉPÉTITIONS ÉCRITES

SUR LE

DROIT ADMINISTRATIF

CONFORMÉMENT AU PROGRAMME OFFICIEL
ARRÊTÉ PAR M. LE MINISTRE DE L'INSTRUCTION PUBLIQUE
LE 31 DÉCEMBRE 1862,

PAR

M. F. BŒUF

RÉPÉTITEUR DE DROIT

Dixième édition, revue, corrigée,
mise au courant des lois nouvelles jusqu'au 1ᵉʳ décembre 1885
avec tableaux synoptiques.

PRIX : 6 FRANCS

PARIS

L. LAROSE ET FORCEL

LIBRAIRES-ÉDITEURS

22, Rue Soufflot, 22

1886

PRÉFACE

Le droit administratif subit plus que tout autre le contre-coup de nos révolutions et de nos transformations politiques ; c'est dire assez combien il est variable et changeant.

J'ai mis cette édition au courant de la législation jusqu'au 1er décembre 1885, en me renfermant toujours dans les matières du programme des cours des Facultés de droit.

— Dans une introduction j'ai donné quelques explications sommaires sur notre droit constitutionnel, particulièrement sur l'organisation et les attributions des grands pouvoirs publics.

J'ai reproduit ensuite le programme officiel des cours de droit administratif, qui sert naturellement de cadre à ce Résumé.

— J'engage MM. les étudiants, à qui ce *Résumé* est principalement destiné, à compléter par des notes les 11 tableaux synoptiques que j'ai complètement remaniés et que j'ai insérés à la fin du volume. Ils les consulteront, avec fruit, la veille de leur examen ; j'ai renvoyé, dans ces tableaux, aux pages du volume, pour les matières les plus importantes.

Paris, le 1er décembre 1885.

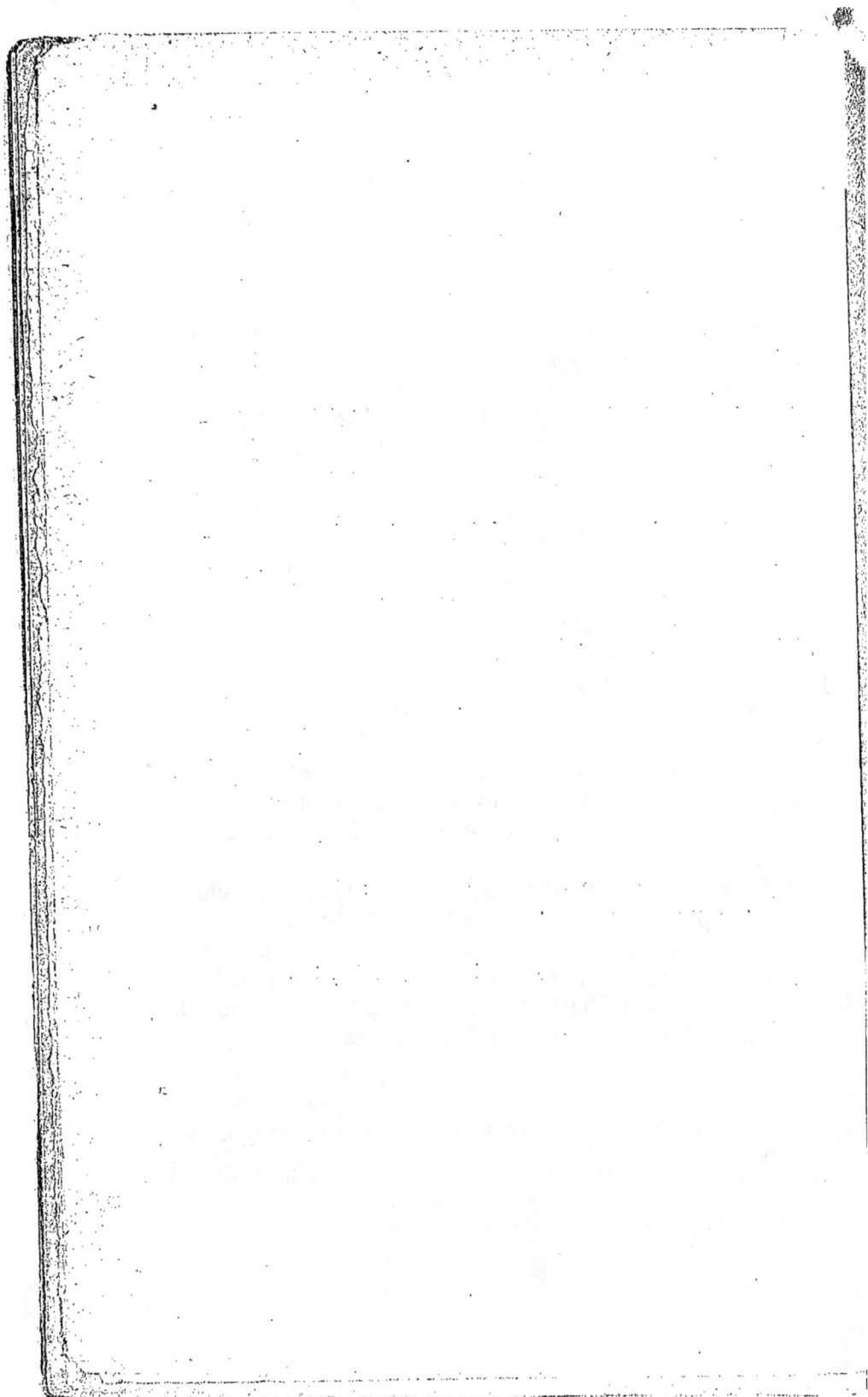

INTRODUCTION.

D'après les rapports qu'il régit le droit se distingue en droit *privé* et droit *public*.

Le droit *privé* règle les rapports des particuliers entre eux, soit entre les membres d'une même nation (droit national privé), soit entre les membres de nations différentes (droit international privé).

Le droit *public* règle les rapports des particuliers avec l'Etat et les rapports des Etats entre eux. Dans le premier cas, il s'appelle droit public *interne*; dans le second cas, droit public *externe* ou *international*.

Le droit public *interne* reçoit différentes dénominations, suivant les points de vue auxquels on l'envisage. Il comprend spécialement:

1° Le droit *constitutionnel* qui pose les grands principes de l'organisation sociale et politique, fixe la constitution de l'Etat, la forme de son gouvernement, les conditions d'exercice de la souveraineté et organise les grands pouvoirs publics qui président à la marche de la société;

2° Le droit *administratif* qui, réglementant et développant les principes du droit constitutionnel, fixe les rapports des particuliers avec les diverses autorités administratives, qui relèvent du pouvoir exécutif, et détermine les sacrifices que l'intérêt public réclame de l'intérêt privé pour la satisfaction des besoins généraux (1).

(4) Le droit public interne comprend aussi le droit *pénal*, qui détermine les cas dans lesquels la société a le droit d'infliger une peine publique pour la violation de certaines lois intéressant directement l'ordre social. Le droit pénal est un droit *sanctionnateur*, qui s'applique à toutes les branches du droit.

Ces deux branches du droit public interne sont intimement liées l'une à l'autre. Aussi, de même que le célèbre Rossi, dans son cours de droit constitutionnel, déclare que c'est dans le droit public que se trouvent les têtes de chapitres du droit privé, de même peut-on dire, en rendant également la pensée qu'il exprime un peu plus loin, que c'est dans le droit constitutionnel que se trouvent les têtes de chapitres du droit administratif.

Le premier pose, en effet, les principes du gouvernement ; le second en déduit les conséquences et en fait l'application. Le premier se préoccupe surtout des *droits* garantis aux citoyens et qu'il place sous la sauvegarde des pouvoirs publics ; le second a principalement pour but de déterminer les *devoirs* des citoyens, c'est-à-dire d'indiquer les restrictions, les limitations que l'intérêt social exige, dans l'exercice des droits reconnus par les principes de notre droit public et constitutionnel.

On peut dire que le droit constitutionnel consacre les droits de l'homme et du citoyen, en proclamant sa *liberté* dans les différentes manifestations de sa vie sociale ; et que le droit administratif consacre les droits de la société en établissant l'*ordre*, qui n'est que le moyen d'assurer la liberté de tous par la conciliation du droit individuel avec l'intérêt collectif.

L'autorité, en effet, n'est établie, dans une société, que pour assurer à chacun de ses membres le libre développement de ses facultés (1).

— Le droit administratif se rattachant intimement au droit constitutionnel, nous croyons devoir donner quelques notions sommaires sur notre droit constitutionnel, principalement sur l'organisation des grands pouvoirs publics.

(1) *Liberté, ordre public* : telle était la devise du gouvernement de 1830. Les lois de cette époque sont, comme nous le verrons, celles qui ont le mieux réalisé la conciliation du principe de *liberté* avec le principe d'*autorité*.

NOTIONS SOMMAIRES DE DROIT CONSTITUTIONNEL.

L'étude du droit constitutionnel a pour objet :

1º Les grands principes de droit public proclamés par l'Assemblée constituante de 1789 et destinés à garantir l'exercice des droits de l'homme et du citoyen.

2º L'organisation des grands pouvoirs publics, ainsi que leurs attributions et leurs rapports respectifs.

§1. *Principes de droit public destinés à garantir les droits des citoyens.*

Les principes de droit public destinés à garantir les droits de l'homme et du citoyen ont été proclamés par l'Assemblée constituante et formulés spécialement dans la Constitution du 3 septembre 1791.

Ces principes, consacrés quelquefois dans nos Constitutions postérieures et notamment dans la constitution de 1852, sont toujours la base de notre droit public et tous les partis se font un honneur d'en réclamer l'observation et d'en revendiquer l'application.

L'énumération de ces principes peut se faire en quelques mots :

Dans l'ordre *naturel ou civil :*

Liberté individuelle;

Liberté du travail, du commerce et de l'industrie;

Liberté de la presse;

Droit de réunion et d'association;

Egalité civile;

Inviolabilité de la propriété;

Dans l'ordre *religieux :*

Liberté de conscience et des cultes;

Dans l'ordre *politique :*

Souveraineté nationale;

Séparation des pouvoirs;

Vote annuel des dépenses et de l'impôt par les représentants de la nation;

Droit de pétition.

On peut ajouter à cette énumération, à titre de droits sanctionnateurs :

L'indépendance et la gratuité de la justice;

L'institution d'une force publique, essentiellement obéissante,

Nous n'entreprendrons pas l'étude de ces principes qui constituent, comme le dit M. Laferrière, la *grande charte de la civilisation moderne.*

— Les lois organiques, dont la plupart font partie du droit administratif, ont soumis l'application de ces principes à des restrictions nombreuses : tantôt préventives, tantôt répressives.

§ II. — *Organisation des grands pouvoirs publics.*

Après la guerre de 1870-1871 l'Assemblée nationale, issue du suffrage populaire et cumulant alors tous les pouvoirs, avait d'abord nommé M. Thiers *Chef du pouvoir exécutif* de la République française (17 février 1871).

Une loi du 31 août 1871, connue sous le nom de Constitution Rivet, conférait au Chef du pouvoir exécutif le titre de *Président de la République;* mais l'Assemblée nationale se réservait toujours dans son intégrité le pouvoir constituant et n'entendait pas engager l'avenir sur la forme définitive du gouvernement.

Une loi du 13 mars 1873 vint fixer les attributions du Président de la République et ses rapports avec l'Assemblée.

Après la démission de M. Thiers et la nomination du maréchal de Mac-Mahon, en qualité de Président de la République (24 mai 1873), une loi du 20 novembre 1873 vint conférer au nouveau Président le pouvoir exécutif pour 7 ans.

Enfin, l'Assemblée nationale, exerçant le pouvoir constituant qu'elle s'était constamment reconnu, a voté successivement, les 24, 25 février et 16 juillet 1875, les trois lois constitutionnelles suivantes :

1° La loi relative à l'organisation du Sénat (24 février 1875) ;

2° La loi relative à l'organisation des pouvoirs publics (25 février 1875) ;

3° La loi sur les rapports des pouvoirs publics (16 juillet 1875) (1).

Il y a grand intérêt à distinguer ces trois lois constitutionnelles des lois organiques ou autres; en effet, ces trois lois ne peuvent être *révisées* que par la Chambre des députés et le Sénat, réunis en Assemblée nationale. Ces lois constitutionnelles organisent: le pouvoir *législatif*, chargé de faire la loi, et le pouvoir *exécutif*, chargé d'en assurer l'exécution.

Le pouvoir législatif est exercé par la Chambre des députés et par le Sénat ; le pouvoir exécutif est confié au Président de la République.

⸺ Nous verrons que ces trois grandes autorités de l'ordre constitutionnel et politique sont une émanation plus ou moins directe de la souveraineté du peuple ;

La Chambre des députés est nommée par le suffrage *universel* et *direct;*

Le Sénat, depuis la loi du 9 décembre 1884, se recrute exclusivement par la voie de l'élection. Les membres en sont tous élus par *certains* électeurs *désignés par la loi* ou *délégués par les Conseils municipaux.*

Le Président de la République est élu par la Chambre des députés et le Sénat, réunis en Assemblée nationale.

Il est à remarquer que plus les fonctions sont élevées, plus on s'éloigne du suffrage *universel* et *direct* (2).

(1) Nous rapportons le texte de ces lois avec celui des lois organiques sur les élections des sénateurs et des députés, à la suite de cette introduction.

(2) La grande Assemblée Constituante qui, cependant, avait pro-

Pouvoir législatif.

Le pouvoir législatif est exercé, comme nous l'avons

clamé le principe de la souveraineté du peuple, n'avait pas admis le suffrage universel et *direct* pour le recrutement de l'Assemblée législative. Elle avait sagement introduit le suffrage à *deux degrés*; et encore pour être électeur dans les assemblées primaires elle exigeait l'âge de 25 ans, le paiement d'une contribution directe égale à la valeur de trois journées de travail et elle excluait de ces assemblées les serviteurs à gages (C. 3 septembre 1791, titre III, chap. 1er, section II, art. 2).

Le suffrage universel et direct a été introduit en 1848; il fut restreint par la loi du 31 mai 1850, puis rétabli dans son intégrité par Napoléon III, au moment du coup d'Etat du 2 décembre 1851.

Nous nous bornons à citer quelques passages du discours éloquent que prononça M. Thiers, lors de la discussion de la loi du 31 mai 1850. « Il y a une manière de corriger, non pas tous les in-« convénients, mais une grande partie des inconvénients du suffrage « universel, c'est le suffrage à *deux degrés*, qui rétablit la hiérarchie « des *intelligences*; le suffrage à deux degrés qui, en disant à l'élec-« teur, à la masse des électeurs qui ne connaît ni les hommes, ni les « choses : choisissez au-dessus de vous un électeur qui les connaî-« tra, et en donnant à cet électeur le droit de choisir les représen-« tants du pays, supprime une grande partie des inconvénients du « suffrage universel. ». . . . .

« Il y a une quantité de vagabonds qui ont des salaires considé-« rables, d'autres qui, par des moyens illicites, gagnent suffisam-« ment pour avoir un domicile, qui n'en veulent pas avoir. Ce sont « ces hommes qui forment non pas le fond, mais la partie dange-« reuse des grandes populations agglomérées; ce sont ces hommes « qui méritent ce titre, l'un des plus flétris de l'histoire, entendez-« vous, le titre de *multitude*. Oui, je comprends que certains hom-« mes y regardent beaucoup avant de se priver de cet instrument; « mais des amis de la vraie liberté, je dirai les *vrais républicains*, « redoutent la multitude, la vile multitude qui a perdu toutes les « républiques. Je comprends que des tyrans s'en accommodent, parce « qu'ils la nourrissent, la châtient et la méprisent. Mais des *répu-*« *blicains*, chérir la multitude et la défendre, ce sont de *faux ré-*« *publicains*, Ce sont des républicains qui peuvent connaître toutes « les profondeurs du socialisme, mais qui ne connaissent pas l'his-« toire. Voyez-la à ses premières pages, elle vous dira que cette « multitude a livré à tous les tyrans la liberté de toutes les répu-« bliques. C'est cette multitude qui a livré à César la liberté de

dit, par deux assemblées : la *Chambre des députés* et le *Sénat* (art. 1 L. 25 février 1875).

L'initiative de la loi, c'est-à-dire la faculté de présenter un projet de loi, appartient concurremment au Président de la République et aux membres des deux Chambres (art. 3 L. 25 février 1875 et art. 8 L. 24 février 1875) ; mais la *discussion* et le *vote*, avec faculté d'amendement, sont réservés aux deux Chambres.

Le projet de loi peut être discuté et voté, en premier lieu, par l'une ou l'autre Chambre ; par exception, les lois de finances doivent être votées d'abord par la Chambre des députés (art. 8 L. 24 février 1875).

En tout cas, la loi n'est parfaite que lorsqu'elle a été votée par les deux Chambres ; de telle sorte que si elle est amendée par l'une, soit par voie d'addition, soit par voie de retranchement, l'autre doit être appelée à voter les amendements ; la loi ne devenant définitive que lorsque toutes ses dispositions ont été adoptées par l'une et l'autre Chambre (1).

« Rome pour du pain et des cirques. C'est cette multitude qui, « après avoir accepté, en échange de la liberté romaine, du pain et « des cirques, égorgeait les empereurs ; qui tantôt voulait du misé-« rable Néron et l'égorgeait quelque temps après, par les caprices « aussi changeants sous le despotisme qu'ils l'avaient été sous la « République ; qui prenait Galba et l égorgeait quelques jours après, « parce qu'elle le trouvait trop sévère ; qui voulait le débauché « Othon ; qui prenait l'ignoble Vitellius, et qui n'ayant plus le cou-« rage même des combats, livra Rome aux Barbares. C'est cette vile « multitude qui a livré aux Médicis la liberté de Florence ; qui a, « en Hollande, dans la sage Hollande, égorgé les Witt, qui étaient, « comme vous le savez, les vrais amis de la liberté ; c'est cette vile « multitude qui a égorgé Bailly ; qui, après avoir égorgé Bailly, a « applaudi au supplice, qui n'était qu'un abominable assassinat, des « Girondins ; qui a applaudi ensuite au supplice mérité de Robes-« pierre ; qui applaudirait au vôtre, au nôtre ; qui a accepté le des-« potisme du grand homme, qui la connaissait, et savait la sou-« mettre ; qui a ensuite applaudi à sa chute, et qui, en 1815, a mis « une corde à sa statue pour la faire tomber dans la boue. » (Séance du 24 mai 1850.)

(1) C'est ainsi que le projet de loi de **M. Ferry** sur l'enseigne-

I.

Lorsque la loi a été votée pa les deux Chambres, elle est parfaite et nous verrons que le Président de la République doit la *promulguer*, dans le *mois* qui suit la transmission au gouvernement, ou dans les 3 *jours*, si elle a été déclarée urgente par les deux Chambres.

Toutefois, dans le délai fixé pour la promulgation, le Président de la République peut, par un message motivé, demander aux deux Chambres une nouvelle délibération qui ne peut être refusée (art. 7 L. 16 juillet 1875). C'est une sorte de *veto suspensif*; mais le Président de la République n'a pas le droit de *sanction* que reconnaissaient au Chef de l'Etat quelques Constitutions antérieures et qui était un complément et une *partie* intégrante de la loi, un élément nécessaire à sa formation.

— Nous indiquons sommairement l'organisation de la Chambre des députés et du Sénat.

CHAMBRE DES DÉPUTÉS. — La Chambre des députés est nommée par le suffrage universel dans les conditions déterminées par la loi électorale (art. 1 L. 25 février 1875).

Les députés sont nommés par les électeurs inscrits:

1° Sur les listes dressées en exécution de la loi du 7 juillet 1874, sur l'électorat municipal.

2° Sur la liste complémentaire comprenant ceux qui résident dans la commune depuis 6 mois (1).

ment supérieur, ayant été voté d'abord par la Chambre des députés, mais ayant été amendé par le Sénat qui rejeta le fameux article 7 sur les congrégations non autorisées, est revenu devant la Chambre des députés qui l'a admis, tel qu'il avait été voté par le Sénat.

(1) Depuis la loi du 5 avril 1884 l'électorat municipal ayant été accordé à ceux qui ont 6 mois de résidence se confond désormais avec l'électorat politique.

La confection des listes électorales est confiée à une Commission composée du maire, d'un délégué de l'administration désigné par le préfet et d'un délégué choisi par le Conseil municipal (art. 1 L. 7 juillet 1874).

Chaque année il est procédé à la révision des listes électorales.

Le tableau est publié le 15 janvier; les demandes en inscription ou radiation doivent être formées dans les vingt jours qui suivent,

D'après la loi organique du 30 novembre 1875, les députés étaient élus au scrutin *individuel* par *arrondissement*. Mais la loi du 16 juin 1885 a rétabli le *scrutin de liste* par *département*. Chaque département forme une circonscription électorale et élit, d'après sa population, le nombre des députés qui lui est attribué par le tableau annexé à la dite loi (1). Le nombre des députés se trouve ainsi fixé à 584.

Les députés sont élus pour *quatre* ans, après lesquels la Chambre se renouvelle intégralement (art. 15 id) (2).

En cas de vacance par décès, démission ou autrement, il est procédé à une nouvelle élection dans le délai de trois mois, à partir du jour où la vacance s'est produite. En cas d'option, il est pourvu à la vacance dans le délai d'un mois (art. 16 L. 30 novembre 1875).

— Sont *éligibles* sans condition de cens, les électeurs âgés de 25 ans (art. 6 L. 30 novembre 1875), pourvu qu'ils ne soient pas dans un des cas d'incapacité ou d'incompatibilité prévus par la loi (art. 7-12 L. 30 novembre 1875).

elles sont soumises à la commission municipale dont nous avons parlé et à laquelle sont adjoints deux autres délégués du Conseil municipal.

L'appel des décisions de la commission est porté devant le juge de paix dans les cinq jours de la notification des décisions rendues. Un pourvoi en cassation peut être formé contre le jugement rendu en appel, par le juge de paix; le délai de ce pourvoi est de dix jours, à partir de la notification du jugement du juge de paix; le pourvoi est porté directement devant la chambre civile.

La liste électorale est close le 31 mars. Après la clôture on ne peut inscrire que les électeurs qui seraient porteurs d'une décision du juge de paix ou de la Cour de cassation rendue postérieurement au 31 mars (art. 15-25 D. org. 2 février 1852 et art. 1-4 L. 7 juillet 1874).

(1) L'Assemblée nationale nommée en 1871, après la guerre contre la Prusse, avait été élue par département, au scrutin de liste.

(2) La Chambre des députés, nommée le 20 février 1876, puis dissoute en juin 1877, a été renouvelée successivement le 14 octobre 1877, en août 1881 et les 4 et 18 octobre 1885.

Sénat. — Le Sénat, composé de 300 membres, comprenait autrefois deux éléments :

1° 75 sénateurs inamovibles, nommés la première fois par l'Assemblée nationale et remplacés ensuite au fur et à mesure des extinctions par le Sénat lui-même ;

2° 225 sénateurs élus par les départements et les colonies (art. 1 à 7 L. 24 février 1875).

Mais à la suite de la loi de *révision* du 14 août 1884, qui avait enlevé leur caractère *constitutionnel* aux sept premiers articles de la loi sur l'organisation du Sénat, une loi organique du 9 décembre 1884 a décidé que désormais les sénateurs seraient tous élus par les départements et les colonies.

D'après cette dernière loi, les sénateurs sont élus au *scrutin de liste,* quand il y a lieu, par un collège réuni au chef-lieu du département ou de la colonie et composé :

1° D'électeurs de *droit* comprenant :

Les députés ;

Les conseillers généraux ;

Les conseillers d'arrondissement.

2° D'électeurs *élus,* en qualité de *délégués,* par chaque conseil municipal, parmi les électeurs de la commune et dont le nombre varie avec celui des conseillers municipaux.

— Les membres du Sénat sont élus pour *neuf* ans, et renouvelables par tiers tous les trois ans, suivant un ordre de séries entre les départements et les colonies.

— Nul ne peut être sénateur, s'il n'est Français, âgé de 40 ans au moins et s'il ne jouit de ses droits civils et politiques.

— *Règles communes aux deux Chambres.* — Les deux Chambres se réunissent, chaque année, le second mardi de janvier, à moins d'une convocation antérieure faite par le Président de la République.

Elles doivent être réunies en session, *cinq mois* au

moins, chaque année; la session de l'une commence et finit en même temps que celle de l'autre (art. 1 L. 16 juillet 1875).

Le Président de la République peut les convoquer extraordinairement et les ajourner ; il prononce également la clôture de leur session (art. 2 id.).

Les séances des deux Chambres sont publiques ; mais chacune d'elles peut se former en comité secret sur la demande d'un certain nombre de ses membres fixé par le règlement (art. 5).

Chaque Chambre nomme, chaque année, son bureau, fait son règlement et vérifie les pouvoirs de ses membres (art. 10 et 11).

Les membres de l'une et l'autre Chambre reçoivent la même indemnité (L. 30 novembre 1875, art. 17, et L. 2 août 1875, art. 26).

Pour les uns et les autres tout mandat impératif est nul et de nul effet (L. 30 novembre 1875, art. 13).

Les membres des familles ayant régné sur la France sont inéligibles. (L. 9 décembre 1884 et 16 juin 1885.)

Les députés et sénateurs jouissent de la même immunité pour leurs opinions et leurs votes émis dans l'exercice de leurs fonctions (art. 13 L. 16 juillet 1875).

En outre, aucun membre de l'une ou l'autre Chambre ne peut, pendant la durée de la session, être poursuivi ou arrêté, en matière criminelle ou correctionnelle, sans l'autorisation de la Chambre dont il fait partie, sauf le cas de flagrant délit (art. 14 L. 16 juillet 1875).

— Le Président de la République communique avec les Chambres par des messages qui sont lus à la tribune par un ministre. Les ministres ont leur entrée dans l'une et l'autre Chambre (art. 6 L. 16 juillet 1875).

Les deux Chambres ont le droit, par délibérations séparées prises dans chacune, à la majorité absolue des voix, soit spontanément, soit sur la demande du Président de la République, de déclarer qu'il y a lieu de réviser les lois constitutionnelles, cas auquel elles se réunissent en

Assemblée nationale, pour procéder à la révision (art. 8 L. 25 février 1875).

Règles spéciales au Sénat. — En dehors des règles propres au Sénat, relativement à sa composition et au mode de recrutement et de remplacement de ses membres, on peut signaler les règles spéciales suivantes :

1° Le Sénat ne peut être dissous ;

2° C'est sur son avis que le Président de la République peut, au contraire, dissoudre la Chambre des députés ;

3° Quand les deux Chambres se réunissent en Assemblée nationale (pour la révision des lois constitutionnelles, ou la nomination d'un Président de la République) c'est le bureau du Sénat qui sert à composer le bureau de l'Assemblée nationale (art. 11 L. 16 juillet 1875) ;

4° Le Sénat peut seul être constitué en cour de justice pour juger : soit le Président de la République, soit les ministres et pour connaître des attentats commis contre la sûreté de l'Etat (art. 9 L. 24 février 1875 et art. 12 L. 16 juillet 1875) ;

5° Dans deux cas le Sénat peut siéger, sans que la Chambre des députés soit en session : 1° dans le cas où la Chambre des députés se trouverait dissoute au moment où la Présidence de la République serait vacante, cas auquel les collèges électoraux seraient aussitôt convoqués et le Sénat se réunirait de plein droit (art. 3 L. 16 juillet 1875); 2° dans le cas où le Sénat est réuni comme cour de justice (art. 4 id.).

6° L'incompatibilité entre les fonctions de sénateur et une fonction publique est exceptionnelle (art. 20 L. 2 août 1875, et art. 8-12 L. 30 novembre 1875). (1).

— A ces divers points de vue le Sénat a une situation plus élevée que celle de la Chambre des députés; aussi

(1) D'après la loi du 9 décembre 1884, en attendant une loi spéciale, l'incompatibilité est la même.

voit-on souvent les députés solliciter la nomination de sénateurs.

Règles spéciales à la Chambre des députés. — La Chambre des députés a quelques attributions ou prérogatives particulières :

1º Les lois de finances doivent d'abord lui être présentées et elles sont votées par elle avant d'être soumises au Sénat (art. 8 L. 24 février 1875);

2º La Chambre des députés a seule le droit de mettre en accusation le Président de la République et les ministres (art. 12 L. 16 juillet 1875).

On peut observer, en outre, que le nombre des députés étant plus considérable que celui des sénateurs, la Chambre des députés se trouve avoir un rôle prépondérant dans les délibérations des deux Chambres réunies en Assemblée nationale pour la nomination du Président de la République ou la révision des lois constitutionnelles (art. 2 et 8 L. 25 février 1875).

Pouvoir exécutif.

Le pouvoir exécutif est confié au Président de la République, qui l'exerce par lui-même ou par les diverses autorités qui relèvent de lui (art. 3 L. 25 février 1875).

On reconnait généralement que les attributs du pouvoir exécutif ont pour objet le *gouvernement*, l'*administration* et la *justice;* dès lors, on distingue dans le pouvoir exécutif, trois autorités : l'autorité gouvermentale, l'autorité administrative et l'autorité judiciaire.

— L'autorité *gouvernementale*, qui relève plus spécialement du droit constitutionnel, est chargée de la direction générale des affaires du pays, particulièrement des affaires dites politiques. Elle se concentre dans la personne du Président de la République et de ses ministres.

Elle s'exerce principalement dans les rapports des

pouvoirs publics entre eux et dans les relations de l'Etat avec les nations étrangères.

— L'autorité *administrative* est chargée de l'exécution des lois d'intérêt général, dans leur application aux rapportsde l'Etat avec les citoyens.

Le gouvernement communique à l'administration l'esprit qui doit la diriger dans l'application des lois d'intérêt général. Le gouvernement, dit Macarel, est la *tête*, et l'administration, le *bras* de la société.

C'est en ce sens que le décret-loi du 25 mars 1852 sur la décentralisation motivait ses dispositions dans les termes suivants : « Considérant qu'on peut gouverner « *de loin*, mais qu'on n'administre bien que *de près*; « qu'en conséquence, autant il importe de centraliser « l'action *gouvernementale* de l'Etat, autant il est néces- « saire de décentraliser l'action purement *administra- « tive.* »

Bien que l'autorité gouvernementale et l'autorité administrative soient confiées toutes les deux au Chef du pouvoir exécutif, nous verrons, en étudiant les attributions du Président de la République, qu'il y a grand intérêt à les distinguer, car les actes de l'autorité gouvernementale constituent des actes de souveraineté qui peuvent bien être contrôlés par les Chambres, mais ne donnent pas lieu à un recours contentieux devant le Conseil d'Etat.

— L'autorité *judiciaire* est chargée de statuer sur les contestations qui peuvent s'élever à l'occasion de l'application de la loi, en levant l'obstacle qui s'oppose à son exécution.

On conçoit, en se plaçant à un point de vue général, qu'elle ait à exercer sa mission aussi bien pour l'application des lois d'intérêt général et d'ordre administratif, que pour l'application des lois d'intérêt privé, de l'ordre civil ou pénal, touchant à la fortune ou à l'honneur des citoyens, et qu'il doit y avoir une justice administrative, aussi bien qu'une justice civile et pénale. Mais nous

devons observer que, dans l'usage et par suite de traditions historiques, on réserve le nom d'autorité *judiciaire*
à l'ensemble des tribunaux chargés de l'application des
lois de l'ordre civil ou pénal, et que l'autorité *judiciaire*,
ainsi entendue, a même été considérée par un grand
nombre d'auteurs, s'appuyant de l'autorité de Montesquieu, comme un troisième pouvoir distinct du pouvoir
législatif et du pouvoir exécutif, et non comme une dépendance du pouvoir exécutif lui-même.

Quoi qu'il en soit, nous verrons, en étudiant le principe de la séparation des pouvoirs, que depuis l'Assemblée constituante les fonctions judiciaires, restreintes à
l'application des lois d'ordre privé ou d'ordre pénal, sont
distinctes des fonctions administratives et que divers
textes législatifs ont assuré l'indépendance de l'autorité
administrative et de l'autorité judiciaire.

— Le Président de la République étant le chef suprême
de l'administration, en sa qualité de Chef du pouvoir
exécutif, nous étudierons ses attributions, en nous occupant des autorités administratives.

Pour l'intelligence des notions qui précèdent sur les grands pouvoirs publics, nous rapportons le texte :

1° Des trois lois constitutionnelles relatives :

A l'organisation des pouvoirs publics (25 février 1875);

A l'organisation du Sénat (24 février 1875);

Aux rapports des pouvoirs publics (16 juillet 1875);

Et de deux lois postérieures qui les ont révisées savoir :

La loi du 22 juillet 1879, qui fixe le siège du pouvoir exécutif et des Chambres à Paris;

La loi du 14 août 1884, qui modifie les articles 5 § 2, 8 § 3 de la loi du 25 février 1875; enlève aux articles 1-7 de la loi du 24 février 1875, sur l'organisation du Sénat, leur caractère constitutionnel et abroge le § 3 de l'article 1er de la loi du 16 juillet 1875, relatif aux prières publiques;

2° Des lois organiques;

Sur l'élection des sénateurs (2 août 1875);

Sur l'élection des députés (30 novembre 1875.

Modifiées elles-mêmes par les lois :

Du 9 décembre 1884, sur l'élection des sénateurs;

Du 16 juin 1885, sur l'élection des députés.

I. — LOIS CONSTITUTIONNELLES.

LOI relative à l'organisation des Pouvoirs publics
(25 février 1875).

L'Assemblée nationale a adopté la loi dont la teneur suit :

Art. 1er. — Le pouvoir législatif s'exerce par deux Assemblées : la Chambre des députés et le Sénat.

La Chambre des députés est nommée par le suffrage universel, dans les conditions déterminées par la loi électorale.

La composition, le mode de nomination et les attributions du Sénat seront réglés par une loi spéciale.

Art. 2. — Le Président de la République est élu à la majorité absolue des suffrages par le Sénat et par la Chambre des députés réunis en Assemblée nationale. Il est nommé pour sept ans ; il est rééligible.

Art. 3. — Le Président de la République a l'initiative des lois, concurremment avec les membres des deux Chambres ; il promulgue les lois lorsqu'elles ont été votées par les deux Chambres ; il en surveille et en assure l'exécution.

Il a le droit de faire grâce ; les amnisties ne peuvent être accordées que par une loi.

Il dispose de la force armée.

Il nomme à tous les emplois civils et militaires.

Il préside aux solennités nationales ; les envoyés et les ambassadeurs des puissances étrangères sont accrédités auprès de lui.

Chacun des actes du Président de la République doit être contresigné par un ministre.

Art. 4. — Au fur et à mesure des vacances qui se produiront à partir de la promulgation de la présente loi, le Président de la République nomme, en conseil des ministres, les conseillers d'Etat en service ordinaire.

Les conseillers d'Etat ainsi nommés ne pourront être révoqués que par décision prise en conseil des ministres.

Les conseillers d'Etat nommés en vertu de la loi du 24 mai 1872 ne pourront, jusqu'à l'expiration de leurs pouvoirs, être révoqués que dans la forme déterminée par cette loi. Après la séparation de l'Assemblée nationale, la révocation ne pourra être prononcée que par une résolution du Sénat.

Art. 5. — Le Président de la République peut, sur l'avis conforme du Sénat, dissoudre la Chambre des députés avant l'expiration légale de son mandat.

En ce cas, les collèges électoraux sont convoqués pour de nouvelles élections, dans le délai de trois mois (1).

Art. 6. — Les ministres sont solidairement responsables devant les Chambres de la politique générale du Gouvernement, et individuellement de leurs actes personnels.

Le Président de la République n'est responsable que dans le cas de haute trahison.

Art. 7. — En cas de vacance par décès ou par toute autre cause, les deux Chambres réunies procéderont immédiatement à l'élection d'un nouveau Président. Dans l'intervalle, le conseil des ministres est investi du pouvoir exécutif.

Art. 8. — Les Chambres auront le droit, par délibérations séparées, prises dans chacune à la majorité absolue des voix, soit spontanément, soit sur la demande du Président de la République de déclarer qu'il y a lieu de réviser les lois constitutionnelles.

Après que chacune des deux Chambres aura pris cette résolution, elles se réuniront en Assemblée nationale pour procéder à la révision.

Les délibérations portant révision des lois constitutionnelles, en tout ou en partie, devront être prises à la majorité absolue des membres composant l'Assemblée nationale (2).

Toutefois, pendant la durée des pouvoirs conférés par la loi du 20 novembre 1873 à M. le maréchal de Mac-Mahon, cette révision ne peut avoir lieu que sur la proposition du Président de la République.

Art. 9.—Le siège du pouvoir exécutif et des deux Chambres est à Versailles (3).

(1) (Paragraphe modifié par la loi du 14 août 1884), (V. page XXVI.)
(2) (Paragraphe complété par la loi du 14 août 1884, art. 2).
(3) Cet article a été abrogé par les deux Chambres réunies en Assemblée nationale, le 19 juin 1879 (L. 21 juin 1879).
Une loi du 22 juillet 1879 a fixé le siège du pouvoir exécutif et des deux chambres à Paris. Nous en rapportons le texte, à la suite des trois grandes lois constitutionnelles.

LOI relative à l'organisation du Sénat (24 février 1875).

L'Assemblée nationale a adopté la loi dont la teneur suit :

Art. 1er. — Le Sénat se compose de trois cents membres :

Deux cent vingt-cinq élus par les départements et les colonies, et soixante-quinze élus par l'Assemblée nationale.

Art. 2. — Les départements de la Seine et du Nord éliront chacun cinq sénateurs.

Les départements de la Seine-Inférieure, Pas-de-Calais Gironde, Rhône, Finistère, Côtes-du-Nord, chacun quatre sénateurs.

Les départements de la Loire-Inférieure, Saône-et-Loire, Ille-et-Vilaine, Seine-et-Oise, Isère, Puy-de-Dome, Somme, Bouches-du-Rhône, Aisne, Loire, Manche, Maine-et-Loire, Morbihan, Dordogne, Haute-Garonne, Charente-Inférieure, Calvados, Sarthe, Hérault, Basses-Pyrénées, Gard, Aveyron, Vendée, Orne, Oise, Vosges, Allier, chacun trois sénateurs.

Tous les autres départements, chacun deux sénateurs.

Le territoire de Belfort, les trois départements de l'Algérie, les quatre colonies de la Martinique, de la Guadeloupe, de la Réunion et des Indes françaises éliront chacun un sénateur.

Art. 3. — Nul ne peut être sénateur s'il n'est Français, âgé de quarante ans au moins, et s'il ne jouit de ses droits civils et politiques.

Art. 4. — Les sénateurs des départements et des colonies sont élus à la majorité absolue, et, quand il y a lieu au scrutin de liste, par un collège réuni au chef-lieu du département ou de la colonie et composé :

1º Des députés :

2º Des conseillers généraux ;

3º Des conseillers d'arrondissement ;

4º Des délégués élus, un par chaque conseil municipal, parmi les électeurs de la commune.

Dans l'Inde française, les membres du conseil colonial ou des conseils locaux sont substitués aux conseillers généraux, aux conseillers d'arrondissement et aux délégués des conseils municipaux.

Ils votent au chef-lieu de chaque établissement.

Art. 5. — Les sénateurs nommés par l'Assemblée sont élus au scrutin de liste, et à la majorité absolue des suffrages.

Art. 6. — Les sénateurs des départements et des colonies sont élus pour neuf années et renouvelables par tiers, tous les trois ans.

Au début de la première session, les départements seront divisés en trois séries, contenant chacune un nombre égal de sénateurs ; il sera procédé par la voie du tirage au sort, à la désignation des séries qui devront être renouvelées à l'expiration de la première et de la deuxième période triennale.

Art. 7. — Les sénateurs élus par l'Assemblée sont inamovibles. — En cas de vacance, par décès, par démission ou autre cause, il sera, dans les deux mois, pourvu au remplacement par le Sénat lui-même (1)

Art. 8. — Le Sénat a, concurremment avec la Chambre des députés, l'initiative et la confection des lois.

Toutefois les lois de finances doivent être, en premier lieu, présentées à la Chambre des députés et votées par elle.

Art. 9. — Le Sénat peut être constitué en cour de justice pour juger soit le Président de la République, soit les ministres, et pour connaître des attentats commis contre la sûreté de l'Etat.

Art. 10. — Il sera procédé à l'élection du Sénat un mois avant l'époque fixée par l'Assemblée nationale pour sa séparation.

Le Sénat entrera en fonctions et se constituera le jour même où l'Assemblée nationale se séparera.

LOI sur les rapports des pouvoirs publics (16 juillet 1875).

L'Assemblée nationale a adopté la loi dont la teneur suit :

Art. 1er. — Le Sénat et la Chambre des députés se réunissent chaque année, le second mardi de janvier, à moins d'une convocation antérieure faite par le Président de la République.

Les deux Chambres doivent être réunies en session cinq mois au moins chaque année. La session de l'une commence et finit en même temps que celle de l'autre.

Le dimanche qui suivra la rentrée, des prières publiques seront adressées à Dieu dans les églises et dans les temples pour appeler son secours sur les travaux des Assemblées (2).

(1) Ces sept articles qui avaient perdu leur caractère constitutionnel en vertu de la loi du 14 août 1884 ont été abrogés par la loi organique du 9 décembre 1884.
(2) Ce paragraphe a été abrogé par la loi du 14 août 1884.

Art. 2. — Le Président de la République prononce la clôture de la session. Il a le droit de convoquer extraordinairement les Chambres. Il devra les convoquer si la demande en est faite dans l'intervalle des sessions, par la majorité absolue des membres composant chaque Chambre.

Le Président peut ajourner les Chambres. Toutefois l'ajournement ne peut excéder le terme d'un mois, ni avoir lieu plus de deux fois dans la même session.

Art. 3. — Un mois au moins avant le terme légal des pouvoirs du Président de la République, les Chambres devront être réunies en Assemblée nationale pour procéder à l'élection du nouveau président.

A défaut de convocation, cette réunion aurait lieu de plein droit le quinzième jour avant l'expiration de ces pouvoirs.

En cas de décès ou de démission du Président de la République, les deux Chambres se réunissent immédiatement et de plein droit.

Dans le cas où, par l'application de l'art. 5 de la loi du 25 février 1875, la Chambre des députés se trouverait dissoute au moment où la présidence de la République deviendrait vacante, les colléges électoraux seraient aussitôt convoqués, et le Sénat se réunirait de plein droit.

Art. 4. — Toute Assemblée de l'une des deux Chambres qui serait tenue hors du temps de la session commune est illicite et nulle de plein droit, sauf le cas prévu par l'article précédent et celui où le Sénat est réuni comme Cour de justice; et, dans ce dernier cas, il ne peut exercer que des fonctions judiciaires.

Art. 5. — Les séances du Sénat et celles de la Chambre des députés sont publiques.

Néanmoins, chaque Chambre peut se former en comité secret sur la demande d'un certain nombre de ses membres fixé par le règlement.

Elle décide ensuite à la majorité absolue si la séance doit être reprise en public sur le même sujet.

Art. 6. — Le Président de la République communique avec les Chambres par des messages qui sont lus à la tribune par un ministre.

Les ministres ont leur entrée dans les deux Chambres et doivent être entendus quand ils le demandent. Ils peuvent se faire assister par des commissaires désignés, pour la dsicussion d'un projet de loi déterminé, par décret du Président de la République.

Art. 7. — Le Président de la République promulgue les lois dans le mois qui suit la transmission au gouvernement de la loi définitivement adoptée. Il doit promulguer dans les trois jours les lois dont la promulgation, par un vote exprès dans l'une et l'autre Chambre, aura été déclarée urgente.

Dans le délai fixé pour la promulgation, le Président de la République peut, par un message motivé, demander aux deux Chambres une nouvelle délibération qui ne peut être refusée.

Art. 8. — Le Président de la République négocie et ratifie les traités. Il en donne connaissance aux Chambres aussitôt que l'intérêt et la sûreté de l'Etat le permettent.

Les traités de paix, de commerce, les traités qui engagent les finances de l'Etat, ceux qui sont relatifs à l'état des personnes, et au droit de propriété des Français à l'étranger, ne sont définitifs qu'après avoir été votés par les deux Chambres. Nulle cession, nul échange, nulle adjonction de territoire ne peut avoir lieu qu'en vertu d'une loi.

Art. 9. — Le Président de la République ne peut déclarer la guerre sans l'assentiment préalable des deux Chambres.

Art. 10. — Chacune des Chambres est juge de l'éligibilité de ses membres et de la régularité de leur élection ; elle peut seule recevoir leur démission.

Art. 11. — Le bureau de chacune des deux Chambres est élu chaque année pour la durée de la session, et pour toute session extraordinaire qui aurait lieu avant la session ordinaire de l'année suivante.

Lorsque les deux Chambres se réunissent en Assemblée nationale, leur bureau se compose des président, vice-présidents et secrétaires du Sénat.

Art. 12. — Le Président de la République ne peut être mis en accusation que par la Chambre des députés, et ne peut être jugé que par le Sénat.

Les ministres peuvent être mis en accusation par la Chambre des députés pour crimes commis dans l'exercice de leurs fonctions. En ce cas, ils sont jugés par le Sénat.

Le Sénat peut être constitué en Cour de justice par un décret du Président de la République, rendu en conseil des ministres, pour juger toute personne prévenue d'attentat commis contre la sûreté de l'Etat.

Si l'instruction est commencée par la justice ordinaire, le décret de convocation du Sénat peut être rendu jusqu'à l'arrêt de renvoi.

Une loi déterminera le mode de procéder pour l'accusation, l'instruction et le jugement.

Art. 13. — Aucun membre de l'une ou de l'autre Chambre ne peut être poursuivi ou recherché à l'occasion des opinions ou votes émis par lui dans l'exercice de ses fonctions.

Art. 14. — Aucun membre de l'une ou de l'autre Chambre ne peut, pendant la durée de la session, être poursuivi ou arrêté en matière criminelle ou correctionnelle, qu'avec l'autorisation de la Chambre dont il fait partie, sauf le cas de flagrant délit.

La détention ou la poursuite d'un membre de l'une ou de l'autre Chambre est suspendue, pendant la session, et pour toute sa durée, si la Chambre le requiert.

LOI relative au siège du pouvoir exécutif et des Chambres à Paris
(22 juillet 1879.)

Art. 1er.—Le siège du pouvoir exécutif et des deux Chambres est à Paris.

Art. 2. — Le palais du Luxembourg et le palais Bourbon sont affectés : le premier, au service du Sénat; le second, à celui de la Chambre des députés.

Néanmoins, chacune des deux Chambres demeure maitresse de désigner, dans la ville Paris, le palais qu'elle veut occuper.

Art. 3. — Les divers locaux du palais de Versailles, actuellement occupés par le Sénat et la Chambre des députés, conservent leur affectation.

Dans le cas où, conformément aux articles 7 et 8 de la loi du 25 février 1875, relative à l'organisation des pouvoirs publics, il y aura lieu à la réunion de l'Assemblée nationale, elle siègera à Versailles, dans la salle actuelle de la Chambre des députés.

Dans le cas où, conformément à l'article 9 de la loi du 24 février 1875 sur l'organisation du Sénat, et à l'article 12 de la loi constitutionnelle du 16 juillet 1875 sur les rapports des pouvoirs publics, le Sénat sera appelé à se constituer en cour de justice, il désignera la ville et le local où il entend tenir ses séances.

Art. 4. — Le Sénat et la Chambre des députés siègeront à Paris à partir du 3 novembre prochain.

Art. 5. — Les présidents du Sénat et de la Chambre des députés sont chargés de veiller à la sûreté intérieure et extérieure de l'Assemblée qu'ils président.

A cet effet, ils ont le droit de requérir la force armée et toutes les autorités dont ils jugent le concours nécessaire.

Les réquisitions peuvent être adressées directement à tous officiers, commandants ou fonctionnaires, qui sont tenus d'y obtempérer immédiatement, sous les peines portées par les lois.

Les présidents du Sénat et de la Chambre des députés peuvent déléguer leur droit de réquisition aux questeurs ou à l'un d'eux.

Art. 6. — Toute pétition à l'une ou l'autre des Chambres ne peut être faite et présentée que par écrit. Il est interdit d'en apporter en personne ou à la barre.

Art. 7. — Toute infraction à l'article précédent, toute provocation par des discours proférés publiquement ou par des écrits ou imprimés, affichés ou distribués, à un rassemblement sur la voie publique, ayant pour objet la discussion, la rédaction ou l'apport aux Chambres, ou à l'une d'elles, de pétitions, déclarations ou adresses, — que la provocation ait été ou non suivie d'effet, — sera punie des peines édictées par le paragraphe 1er de l'article 5 de la loi du 7 juin 1848.

Art. 8. — Il n'est en rien dérogé, par les précédentes dispositions, à la loi du 7 juin 1848 sur les attroupements.

Art. 9. — L'article 463 du Code pénal est applicable aux délits prévus par la présente loi.

LOI portant révision partielle des lois constitutionnelles 14 août 1884).

L'Assemblée nationale a adopté.

Le Président de la République promulgue la loi dont la teneur suit :

Art. 1er. — Le paragraphe 2 de l'article 5 de la loi constitutionnelle du 25 février 1875 relative à l'organisation des pouvoirs publics est modifié ainsi qu'il suit :

« En ce cas, les collèges électoraux sont réunis pour de « nouvelles élections dans le délai de deux mois et la Chambre « dans les dix jours qui suivront la clôture des opérations « électorales ».

Art. 2. — Le paragraphe 3 de l'article 8 de la même loi du 25 février 1875 est complété ainsi qu'il suit :

« La forme républicaine du Gouvernement ne peut faire « l'objet d'une proposition de révision ;

« Les membres des familles ayant régné sur la France sont « inéligibles à la Présidence de la République. »

Art. 3. — Les articles 1 à 7 de la loi constitutionnelle du 24 février 1875, relative à l'organisation du Sénat, n'auront plus le caractère constitutionnel.

Art. 4. — Le paragraphe 3 de l'article premier de la loi constitutionnelle du 16 juillet 1875 sur les rapports des pouvoirs publics est abrogé.

La présente loi délibérée et adoptée par l'Assemblée nationale sera exécutée comme loi de l'État.

II. — Lois organiques (1).

Loi organique sur les élections des sénateurs (2 août 1875).

L'Assemblée nationale a adopté la loi dont la teneur suit :

Art. 1er. — Un décret du Président de la République, rendu au moins six semaines à l'avance, fixe le jour où doivent avoir lieu les élections pour le Sénat et en même temps celui où doivent être choisis les délégués des conseils municipaux. Il doit y avoir un intervalle d'un mois au moins entre le choix des délégués et l'élection des sénateurs.

(1) Les deux lois organiques du 2 août 1875 sur les élections des sénateurs et du 30 novembre 1875 sur les élections des députés ont été modifiées par deux autres lois dont nous rapportons également le texte : l'une, à la date du 9 décembre 1884, relativement à l'élection des sénateurs, l'autre, à la date du 16 juin 1885, relativement à l'élection des députés.

Art. 2. — **Chaque conseil municipal élit un délégué. L'élec-**
tion se fait sans débat, au scrutin secret, à la majorité absolue des suffrages. Après deux tours de scrutin, la majorité
relative suffit, et en cas d'égalité de suffrages, le plus âgé est
élu. Si le maire ne fait pas partie du conseil municipal, il
présidera, mais il ne prendra pas part au vote.

Il est procédé le même jour et dans la même forme à l'é-
lection d'un suppléant qui remplace le délégué en cas de refus
ou d'empêchement. (Modifié L. 9 décembre 1884).

Le choix des conseils municipaux ne peut porter ni sur un
député, ni sur un conseiller général, ni sur un conseiller
d'arrondissement.

Il peut porter sur tous les électeurs de la commune, y compris les conseillers municipaux, sans distinction entre eux.

Art. 3. — Dans les communes où il existe une commission
municipale, le délégué et le suppléant seront nommés par
l'ancien conseil. (Modifié L. 9 décembre 1884).

Art. 4. — Si le délégué n'a pas été présent à l'élection, notification lui en est faite dans les vingt-quatre heures par les
soins du maire. Il doit fait parvenir au préfet, dans les cinq
jours, l'avis de son acceptation. En cas de refus ou de silence,
il est remplacé par le suppléant qui est alors porté sur la
liste comme délégué de la commune. (Modifié L. 9 déc. 1884).

Art. 5. — Le procès-verbal de l'élection du délégué et du
suppléant est transmis immédiatement au préfet; il mentionne
l'acceptation ou le refus des délégués et suppléants ainsi que
les protestations élevées contre la régularité de l'élection par
un ou plusieurs membres du conseil municipal. Une copie de
ce procès-verbal est affiché à la porte de la mairie. (Modifié id.).

Art. 6. — Un tableau des résultats de l'élection des délégués et suppléants est dressé dans la huitaine par le préfet;
ce tableau est communiqué à tout requérant; il peut être
copié et publié.

Tout électeur a, de même, la faculté de prendre dans les
bureaux de là préfecture communication et copie de la liste
par commune, des conseillers municipaux du département, et
dans les bureaux des sous-préfectures, de la liste par commune des conseillers municipaux de l'arrondissement.

Art. 7. — Tout électeur de la commune peut, dans un délai
de trois jours, adresser directement au préfet une protesta-
tion contre la régularité de l'élection.

Si le préfet estime que les opérations ont été irrégulières, il a le droit d'en demander l'annulation.

Art. 8. — Les protestations relatives à l'élection du délégué ou du suppléant sont jugées, sauf recours au conseil d'Etat, par le conseil de préfecture, et, dans les colonies, par le conseil privé.

Le délégué dont l'élection est annulée parce qu'il ne remplit pas une des conditions exigées par la loi ou pour vice de forme, est remplacé par le suppléant.

En cas d'annulation de l'élection du délégué et de celle du suppléant, comme au cas de refus ou de décès de l'un et de l'autre après leur acceptation, il est procédé à de nouvelles élections par le conseil municipal au jour fixé par un arrêté du préfet. (Modifié L. 9 décembre 1884).

Art. 9. — Huit jours au plus tard avant l'élection des sénateurs, le préfet et, dans les colonies, le directeur de l'intérieur, dresse la liste des électeurs du département par ordre alphabétique. La liste est communiquée à tout requérant et peut être copiée et publiée. Aucun électeur ne peut avoir plus d'un suffrage.

Art. 10. — Les députés, les membres du conseil général ou des conseils d'arrondissements qui auraient été proclamés par les commissions de recensement, mais dont les pouvoirs n'auraient pas été vérifiés, sont inscrits sur la liste des électeurs et peuvent prendre part au vote.

Art. 11. — Dans chacun des trois départements de l'Algérie, le collège électoral se compose: 1° des députés; 2° des membres citoyens français du conseil général; 3° des délégués élus par les membres citoyens français de chaque conseil municipal parmi les électeurs citoyens français de la commune.

Art. 12. — Le collége électoral est présidé par le président du Tribunal civil du chef-lieu du département ou de la colonie. Le Président est assisté des deux plus âgés et des deux plus jeunes électeurs présents à l'ouverture de la séance. Le bureau ainsi composé choisit un secrétaire parmi les électeurs.

Si le président est empêché, il est remplacé par le vice-président, et, à son défaut, par le juge le plus ancien.

Art. 13. — Le bureau répartit les électeurs par ordre alphabétique en sections de vote comprenant au moins cent élec-

teurs. Il nomme les président et scrutateurs de chacune de ces
sections. Il statue sur toutes les difficultés et contestations
qui peuvent s'élever au cours de l'élection, sans pouvoir toutefois s'écarter des décisions rendues en vertu de l'art. 8 de
la présente loi.

Art. 14. — Le premier scrutin est ouvert à huit heures du
matin et fermé à midi. Le second est ouvert à deux heures et
fermé à quatre heures. Le troisième, s'il y a lieu, est ouvert
à six heures et fermé à huit heures. Les résultats des scrutins sont récensés par le bureau et proclamés le même jour
par le président du collège électoral. (Modifié L. 9 déc. 1884).

Art. 15. — Nul n'est élu sénateur à l'un des deux premiers
tours de scrutin s'il ne réunit : 1º la majorité absolue des suffrages exprimés ; 2º un nombre de voix égal au quart des
électeurs inscrits. Au troisième tour de scrutin, la majorité
relative suffit, et, en cas d'égalité de suffrages, le plus âgé
est élu.

Art. 16. — Les réunions électorales pour la nomination des
sénateurs pourront avoir lieu en se conformant aux règles
tracées par la loi du 6 juin 1868, sauf les modifications suivantes :

1º Ces réunions pourront être tenues depuis le jour de la
nomination des délégués jusqu'au jour du vote inclusivement;

2º Elles doivent être précédées d'une déclaration faite la
veille, au plus tard, par sept électeurs sénatoriaux de l'arrondissement et indiquant le local, le jour et l'heure où la réunion doit avoir lieu, et les noms, profession et domicile des
candidats qu'y s'y présenteront ;

3º L'autorité municipale veillera à ce que nul ne s'introduise dans la réunion s'il n'est député, conseiller général,
conseiller d'arrondissement, délégué ou candidat.

Le délégué justifiera de sa qualité par un certificat du maire
de sa commune, le candidat par un certificat du fonctionnaire qui aura reçu la déclaration mentionnée au paragraphe
précédent. (Modifié L. 9 décembre 1884).

Art. 17. — Les délégués qui auront pris part à tous les
scrutins recevront, sur les fonds de l'État, s'ils le requièrent,
sur la présentation de leur lettre de convocation visée par le
président du collège électoral, une indemnité de déplacement
qui leur sera payée sur les mêmes bases et de la même ma-

nière que celle accordée aux jurés par les art, 35, 90 et suivants du décret du 18 juin 1811.

Un règlement d'administration publique déterminera le mode de taxation et de paiement de cette indemnité.

Art. 18. — Tout délégué qui, sans cause légitime, n'aura pas pris part à tous les scrutins ou, étant empêché, n'aura point averti le suppléant en temps utile, sera condamné à une amende de 50 fr. par le Tribunal civil du chef-lieu sur les réquisitions du ministère public.

La même peine peut être appliquée au délégué suppléant qui, averti par lettre, dépêche télégraphique ou avis à lui personnellement délivré en temps utile, n'aura pas pris part aux opérations électorales.

Art. 19. — Toute tentative de corruption par l'emploi des moyens énoncés dans les art. 177 et suivants du Code pénal, pour influencer le vote d'un électeur ou le déterminer à s'abstenir de voter, sera punie d'un emprisonnement de trois mois à deux ans et d'une amende de 50 à 500 fr.; ou de l'une de ces deux peines seulement.

L'art. 463 du Code pénal est applicable aux peines édictées par le présent article. (Modifié L. 9 décembre 1884).

Art. 20. Il y a incompatibilité entre les fonctions de sénateur et celles :

De conseiller d'Etat et maître des requêtes, préfet et sous-préfet, à l'exception du préfet de la Seine et du préfet de police ;

De membres des parquets des Cour. d'appel et des Tribunaux de première instance, à l'exception du procureur général près la Cour de Paris ;

De trésorier-payeur général, de receveur particulier, de fonctionnaire et employé des administrations centrales des ministères. (Voir *in fine* L. 9 décembre 1884).

Art. 21. Ne peuvent être élus par le département ou la colonie compris en tout ou en partie dans leur ressort, pendant l'exercice de leurs fonctions et pendant les six mois qui suivent la cessation de leurs fonctions par démission, destitution, changement de résidence ou de toute autre manière :

1° Les premiers présidents, les présidents et les membres des parquets des Cours d'appel ;

2° Les présidents, les vice-présidents, les juges d'instruc-

tion et les membres des Parquets des Tribunaux de première
instance;

3° Le préfet de police, les préfets et sous-préfets et les
secrétaires généraux des préfectures; les gouverneurs, directeurs de l'intérieur et secrétaires généraux des colonies;

4° Les ingénieurs en chef et d'arrondissement, et les
agents voyers en chef et d'arrondissement;

5° Les recteurs et inspecteurs d'académie;

6° Les inspecteurs des écoles primaires;

7° Les archevêques, évêques, vicaires généraux;

8° Les officiers de tout grade de l'armée de terre et de mer;

9° Les intendants divisionnaires et les sous-intendants militaires;

10° Les trésoriers-payeurs généraux et les receveurs particuliers des finances;

11° Les directeurs des contributions directes et indirectes,
de l'enregistrement des domaines, et des postes;

12° Les conservateurs et inspecteurs des forêts.

(Voir Loi du 9 décembre 1884 *in fine*).

Art. 22. Le sénateur élu dans plusieurs départements doit
faire connaître son option au président du Sénat dans les dix
jours qui suivent la déclaration de la validité de ces élections.
A défaut d'option dans ce délai, la question est décidée par la
voie du sort et en séance publique.

Il est pourvu à la vacance dans le délai d'un mois et par le
même corps électoral.

Il en est de même dans le cas d'invalidation d'une élection.

Art. 23. Si par décès ou démission, le nombre des sénateurs
d'un département est réduit de moitié, il est pourvu aux vacances dans le délai de trois mois, à moins que les vacances
ne surviennent dans les douze mois qui précèdent le renouvellement triennal.

A l'époque fixée pour le renouvellement triennal, il sera
pourvu à toutes les vacances qui se seront produites, quel
qu'en soit le nombre et quelle qu'en soit la date. (Modifié L. 9
décembre 1884).

Art. 24. L'élection des sénateurs nommés par l'Assemblée
nationale est faite en séance publique, au scrutin de liste et
à la majorité absolue des votants, quel que soit le nombre
des épreuves. (Abrogé L. 9 décembre 1884).

Art. 25. Lorsqu'il y a lieu de pouvoir au remplacement des

sénateurs nommés en vertu de l'art. 7 de la loi du 24 février 1875, le Sénat procède dans les formes indiquées par l'article précédent. (Abrogé L. 9 décembre 1884).

Art. 26. Les membres du Sénat reçoivent la même indemnité que ceux de la Chambre des députés.

Art. 27. Sont applicables à l'élection du Sénat toutes les dispositions de la loi électorale relatives ;

1. Aux cas d'indignité et d'incapacité;

2. Aux délits, poursuites et pénalités;

3. Aux formalités de l'élection en tout ce qui ne serait pas contraire aux dispositions de la présente loi.

Dispositions transitoires.

Art. 28. Pour la première élection des membres du Sénat, la loi qui déterminera l'époque de la séparation de l'Assemblée nationale fixera, sans qu'il soit nécessaire d'observer les délais établis par l'article premier, la date à laquelle se réuniront les conseils municipaux pour choisir les délégués et le jour où il sera procédé à l'élection des sénateurs.

Avant la réunion des conseils municipaux il sera procédé par l'Assemblée nationale à l'élection des sénateurs dont la nomination lui est attribuée.

Art. 29. La disposition de l'art. 21, par laquelle un délai de six mois doit s'écouler entre le jour de la cessation des fonctions et celui de l'élection, ne s'appliquera pas aux fonctionnaires autres que les préfets et les sous-préfets, dont les fonctions auront cessé soit avant la promulgation de la présente loi, soit dans les vingt jours qui la suivront.

LOI organique sur l'élection des députés (30 novembre 1875).

L'Assemblée nationale a adopté la loi dont la teneur suit.

Art. 1er. — Les députés seront nommés par les électeurs inscrits :

1o Sur les listes dressées en exécution de la loi du 7 juillet 1874 (1) ;

2o Sur la liste complémentaire comprenant ceux qui résident dans la commune depuis six mois.

(1) Voir l'article 14 de la loi municipale du 5 avril 1884.

L'inscription sur la liste complémentaire aura lieu conformément aux lois et règlements qui régissent actuellement les listes électorales politiques, par les commissions et suivant les formes établies dans les articles 1, 2 et 3 de la loi du 7 juillet 1874.

Les pourvois en cassation relatifs à la formation et à la révision de l'une et l'autre liste seront portés directement devant la chambre civile de la cour de cassation.

Les listes électorales arrêtées au 31 mars 1875, serviront jusqu'au 31 mars 1876

Art. 2. Les militaires et assimilés de tous grades et toutes armes des armées de terre et de mer, ne prennent part à aucun vote quand ils sont présents à leurs corps, à leur poste ou dans l'exercice de leurs fonctions. Ceux qui, au moment de l'élection, se trouvent en résidence libre, en non activité ou en possession d'un congé régulier, peuvent voter dans la commune sur les listes de laquelle ils sont régulièrement inscrits. Cette dernière disposition s'applique également aux officiers et assimilés qui sont en disponibilité ou dans le cadre de réserve.

Art. 3. — Pendant la durée de la période électorale, les circulaires et professions de foi signées des candidats, les placards et manifestes électoraux signés d'un ou de plusieurs électeurs pourront, après dépôt au parquet du procureur de la République, être affichés et distribués sans autorisation préalable.

La distribution des bulletins de vote n'est point soumise à la formalité du dépôt au parquet.

Il est interdit à tout agent de l'autorité publique ou municipale de distribuer des bulletins de vote, professions de foi et circulaires des candidats.

Les dispositions de l'article 19 de la loi organique *du 2 août* 1875 sur les élections des sénateurs seront appliquées aux élections des députés.

Art. 4. — Le scrutin ne durera qu'un seul jour. Le vote a lieu au *chef-lieu de la commune ;* néanmoins chaque commune peut être divisée par arrêté du préfet en autant de sections que l'exigent les circonstances locales et le nombre des électeurs. Le second tour de scrutin continuera d'avoir lieu le *deuxième* dimanche qui suit le jour de la proclamation du résultat du premier scrutin, conformément aux dispositions de l'article 65 de la loi du 15 mars 1849.

Art. 5. — Les opérations du vote auront lieu conformément aux dispositions des décrets organique et réglementaire du 2 février 1852.

Le vote est secret.

Les listes d'émargement de chaque section, signées du président et du secrétaire, demeureront déposées pendant huitaine au secrétariat de la mairie, où elles seront communiquées à tout électeur requérant.

Art. 6. — Tout électeur est éligible, sans condition de cens, à l'âge de 25 ans accomplis.

Art. 7. — Aucun militaire ou marin faisant partie des armées de terre ou de mer ne pourra, quel que soient son grade ou ses fonctions, être élu membre de la Chambre des députés.

Cette disposition s'applique aux militaires et marins en disponibilité ou en non-activité, mais elle ne s'étend ni aux officiers placés dans la seconde section du cadre de l'état-major général, ni à ceux qui, maintenus dans la première section comme ayant commandé en chef devant l'ennemi ont cessé d'être employés activement, ni aux officiers qui, ayant des droits acquis à la retraite, sont envoyés ou maintenus dans leurs foyers en attendant la liquidation de leur pension.

La décision par laquelle l'officier aura été admis à faire valoir ses droits à la retraite deviendra, dans ce cas, irrévocable.

La disposition contenue dans le premier paragraphe du présent article ne s'applique pas à la réserve de l'armée active ni à l'armée territoriale.

Art. 8. — L'exercice des fonctions publiques rétribuées sur les fonds de l'Etat est incompatible avec le mandat de député.

En conséquence, tout fonctionnaire élu député sera rom placé dans ses fonctions si, dans les huit jours qui suivront la vérification des pouvoirs, il n'a pas fait connaître qu'il n'accepte pas le mandat de député.

Sont exceptées des dispositions qui précèdent les fonctions de ministre, sous-secrétaire d'Etat, ambassadeur, ministre plénipotentiaire, préfet de la Seine, préfet de police, premier

président de la Cour de cassation, premier président de la
Cour des comptes, premier président de la Cour d'appel de
Paris, procureur général près la Cour de cassation, procureur général près la Cour des comptes, procureur général
près la Cour d'appel de Paris, archevêque et évêque, pasteur
président de consistoire dans les circonscriptions consisto-
riales dont le chef-lieu compte deux pasteurs et au-dessus,
grand-rabbin du consistoire central, grand-rabbin du consistoire de Paris.

Art. 9. — Sont également exceptés des dispositions de
l'article 8 :

1° Les professeurs titulaires de chaires qui sont données
au concours ou sur la présentation des corps où la vacance
s'est produite ;

2° Les personnes qui ont été chargées d'une mission temporaire. Toute mission qui a duré plus de six mois cesse
d'être temporaire et est régie par l'article 8 ci-dessus.

Art. 10. — Le fonctionnaire conserve les droits qu'il a acquis à une pension de retraite et peut, après l'expiration de
son mandat, être remis en activité.

Le fonctionnaire civil qui, ayant eu 20 ans de services à la
date de l'acceptation de son mandat de député, justifiera de
50 ans d'âge à l'époque de la cessation de ce mandat, pourra
faire valoir ses droits à une pension de retraite exceptionnelle.

Cette pension sera réglée conformément au 3ᵉ paragraphe
de l'article 12 de la loi du 9 juin 1853.

Si le fonctionnaire est remis en activité après la cessation
de son mandat, les dispositions énoncées dans les articles 3
paragraphes 2 et 28 de la loi du 9 juin 1853 lui seront applicable.

Dans les fonctions où le grade est distinct de l'emploi, le
fonctionnaire, par l'acceptation du mandat de député, renonce
à l'emploi et ne conserve que le grade.

Art. 11. — Tout député nommé ou promu à une fonction
publique salariée, cesse d'appartenir à la Chambre par les
fait même de son acceptation ; mais il peut être réélu si la
fonction qu'il occupe est compatible avec le mandat de député.

Les députés nommés ministres ou sous-secrétaires d'Etat
ne sont pas soumis à la réélection.

Art. 12. — Ne peuvent être élus par l'arrondissement ou la colonie compris en tout ou en partie dans leur ressort, pendant l'exercice de leurs fonctions et pendant les six mois qui suivent la cessation de leurs fonctions par démission, destitution, changement de résidence ou de toute autre manière :

1° Les premiers présidents, présidents et les membres des parquets des cours d'appel;

2° Les présidents, vice-présidents, juges titulaires, juges d'instruction et membres du parquet des tribunaux de première instance;

3° Le préfet de police, les préfets et les secrétaires généraux des préfectures, les gouverneurs, directeurs de l'intérieur et secrétaires généraux des colonies;

4° Les ingénieurs en chef et d'arrondissements, les agents voyers en chef et d'arrondissements ;

5° Les recteurs et inspecteurs d'académie ;

6° Les inspecteurs des écoles primaires;

7° Les archevêques, évêques et vicaires généraux;

8° Les trésoriers-payeurs généraux et les receveurs particuliers des finances;

9° Les directeurs des **contributions** directes et **indirectes,** de l'enregistrement et des domaines et des postes;

10° Les conservateurs et inspecteurs des forêts.

Les sous-préfets ne peuvent être élus dans aucun des arrondissements du département où ils exercent leurs fonctions.

Art. 13. — Tout mandat impératif est nul et de nul effet.

Art. 14. — Les membres de la Chambre des députés sont élus au scrutin *individuel*. Chaque arrondissement administratif nommera un député. Les arrondissements dont la population dépasse *cent mille habitants* nommeront un député de plus par cent mille ou fraction de cent mille habitants. Les arrondissements, dans ce cas, seront divisés en circonscriptions dont le tableau sera établi par une *loi* et ne pourra être modifié que par une loi. (Modifié L. 16 juin 1885).

Art. 15. — Les députés sont élus pour quatre ans.

La Chambre se renouvelle intégralement.

Art. 16. — En cas de vacance par décès, démission ou autrement, l'élection devra être faite dans le délai de trois mois, à partir du jour où la vacance se sera produite. En cas d'option, il est pourvu à la vacance dans le délai d'un mois.

Art. 17. — Les députés reçoivent une indemnité.

Cette indemnité est réglée par les articles 96 et 97 de la loi du 15 mars 1849 et par les dispositions de la loi du 16 février 1872.

Art. 18. — Nul n'est élu, au premier tour de scrutin, s'il n'a réuni :

1º La majorité absolue des suffrages exprimés;

2º Un nombre de suffrages égal au quart des électeurs inscrits.

Au deuxième tour, la majorité relative suffit. En cas d'égalité de suffrages, le plus âgé est élu.

Art. 19. — Chaque département de l'Algérie nomme un député.

Art. 20 — Les électeurs résidant en Algérie dans une localité non érigée en commune seront inscrits sur la liste électorale de la commune la plus proche.

Lorsqu'il y aura lieu d'établir des sections électorales, soit pour grouper des communes mixtes dans chacune desquelles le nombre des électeurs serait insuffisant, soit pour réunir les électeurs résidant dans des localités non érigées en communes, les arrêtés pour fixer le siège de ces sections seront pris par le gouverneur général, sur le rapport du préfet ou du général commandant la division.

Art. 21. — Les quatre colonies auxquelles il a été accordé des sénateurs par la loi du 24 février 1875, relative à l'organisation du Sénat, nommeront chacune *un député*. (V. L. 16 juin 1885).

Art. 22. — Toute infraction aux dispositions prohibitives de l'article 3 § 3 de la présente loi, sera punie d'une amende de seize francs à trois cents francs. Néanmoins le tribunal de police correctionnelle pourra faire application de l'article 463 du code pénal.

Les dispositions de l'article 6 de la loi du 7 juillet 1874, seront appliquées aux listes électorales politiques.

Le décret du 29 janvier 1871 et les lois du 10 avril 1871, du 2 mai 1871 et du 18 février 1873 sont abrogés.

Demeure également abrogé le paragraphe 11 de l'article 15 du décret organique du 2 février 1852 en tant qu'il se réfère à la loi du 21 mai 1836 sur les loteries, sauf aux tribunaux à faire aux condamnés l'application de l'article 42 du code pénal.

Continueront d'être appliquées les dispositions des lois et décrets en vigueur auxquelles la présente loi ne déroge pas.

Art. 23. — La disposition de l'article 12 par laquelle un délai de six mois doit s'écouler entre le jour de la cessation des fonctions et celui de l'élection, ne s'appliquera pas aux fonctionnaires autres que les préfets et les sous-préfets, dont les fonctions auront cessé, soit avant la promulgation de la présente loi, soit dans les vingt jours qui la suivront.

Nous rapportons ci-dessous le texte des deux lois qui ont modifié les lois organiques sur l'élection des sénateurs et des députés.

LOI du 9 décembre 1884 portant modification aux lois organiques sur l'organisation du Sénat et les élections des sénateurs.

Le Sénat et la Chambre des députés ont adopté,

Le Président de la République promulgue la loi dont la teneur suit :

Art. 1er. — Le Sénat se compose de trois cents membres élus par les départements et les colonies.

Les membres actuels, sans distinction entre les sénateurs élus par l'Assemblée nationale ou le Sénat et ceux qui sont élus par les départements et les colonies, conservent leur mandat pendant le temps pour lequel ils ont été nommés.

Art. 2. — Le département de la Seine élit dix sénateurs.

Le département du Nord élit huit sénateurs.

Les départements des Côtes-du-Nord, Finistère, Gironde, Ille-et-Vilaine, Loire, Loire-Inférieure, Pas-de-Calais, Rhône, Saône-et-Loire, Seine-Inférieure, élisent chacun cinq sénateurs.

L'Aisne, Bouches-du-Rhône, Charente-Inférieure, Dordogne, Haute-Garonne, Isère, Maine-et-Loire, Manche, Morbihan, Puy-de-Dôme, Seine-et-Oise, Somme, élisent chacun quatre sénateurs.

L'Ain, Allier, Ardèche, Ardennes, Aube, Aude, Aveyron, Calvados, Charente, Cher, Corrèze, Corse, Côte-d'Or, Creuse, Doubs, Drôme, Eure, Eure-et-Loir, Gard, Gers, Hérault, Indre, Indre-et-Loire, Jura, Landes, Loir-et-Cher, Haute-Loire, Loiret, Lot, Lot-et-Garonne, Marne, Haute-Marne, Mayenne, Meurthe-et-Moselle, Meuse, Nièvre, Oise, Orne, Basses-Pyrénées, Haute-Saône, Sarthe, Savoie, Haute-Savoie, Seine-et-Marne, Deux-

Sèvres, Tarn, Var, Vendée, Vienne, Haute-Vienne, Vosges, Yonne, élisent chacun trois sénateurs.

Les Basses-Alpes, Hautes-Alpes, Alpes-Maritimes, Ariège, Cantal, Lozère, Hautes-Pyrénées, Pyrénées-Orientales, Tarn-et-Garonne, Vaucluse, élisent chacun deux sénateurs.

Le territoire de Belfort, les trois départements de l'Algérie, les quatre colonies de la Martinique, de la Guadeloupe, de la Réunion et des Indes françaises, élisent chacun un sénateur.

Art. 3. — Dans les départements où le nombre des sénateurs est augmenté par la présente loi, l'augmentation s'effectuera à mesure des vacances qui se produiront parmi les sénateurs inamovibles.

A cet effet, il sera, dans la huitaine de la vacance, procédé en séance publique à un tirage au sort pour déterminer le département qui sera appelé à élire un sénateur.

Cette élection aura lieu dans le délai de trois mois à partir du tirage au sort; toutefois, si la vacance survient dans les six mois qui précèdent le renouvellement triennal, il n'y sera pourvu qu'au moment de ce renouvellement.

Le mandat ainsi conféré expirera en même temps que celui des autres sénateurs appartenant au même département.

Art. 4. — Nul ne peut être sénateur s'il n'est Français, âgé de quarante ans au moins et s'il ne jouit de ses droits civils et politiques.

Les membres des familles qui ont régné sur la France sont inéligibles au Sénat.

Art. 5. — Les militaires des armées de terre et de mer ne peuvent être élus sénateurs.

Sont exceptés de cette disposition :

1º Les maréchaux de France et les amiraux ;

2º Les officiers généraux maintenus sans limite d'âge dans la première section du cadre de l'état-major général et non pourvus de commandement;

3º Les officiers généraux ou assimilés placés dans la deuxième section du cadre de l'état-major général ;

4º Les militaires des armées de terre et de mer qui appartiennent soit à la réserve de l'armée active, soit à l'armée territoriale.

Art. 6. — Les sénateurs sont élus au scrutin de liste quand

il y a lieu, par un collège réuni au chef-lieu du département ou de la colonie et composé :

1° Des députés ;

2° Des conseillers généraux ;

3° Des conseillers d'arrondissement ;

4° Des délégués élus parmi les électeurs de la commune, par chaque conseil municipal.

Les conseils composés de 10 membres éliront 1 délégué.

Les conseils composés de 12 membres éliront 2 délégués.

Les conseils composés de 16 membres éliront 3 délégués.

Les conseils composés de 21 membres éliront 6 délégués.

Les conseils composés de 23 membres éliront 9 délégués.

Les conseils composés de 27 membres éliront 12 délégués.

Les conseils composés de 30 membres éliront 15 délégués.

Les conseils composés de 32 membres éliront 18 délégués.

Les conseils composés de 34 membres éliront 21 délégués.

Les conseils composés de 36 membres et au-dessus éliront 24 délégués.

Le conseil municipal de Paris élira 30 délégués.

Dans l'Inde française, les membres des conseils locaux sont substitués aux conseillers d'arrondissement. Le conseil municipal de Pondichéry élira 5 délégués. Le conseil municipal de Karikal élira 3 délégués. Toutes les autres communes éliront chacune 2 délégués.

Le vote a lieu au chef-lieu de chaque établissement.

Art. 7. — Les membres du Sénat sont élus pour neuf années.

Le Sénat se renouvelle tous les trois ans, conformément à l'ordre des séries de départements et colonies actuellement existantes.

Art. 8. — Les articles 2 (paragraphes 1 et 2), 3, 4, 5, 8, 14, 16, 19, 23 de la loi organique du 2 août 1875, sur les élections des sénateurs, sont modifiés ainsi qu'il suit :

« Art. 2 (paragraphes 1 et 2). — Dans chaque conseil municipal, l'élection des délégués se fait, sans débat, au scrutin secret, et, le cas échéant, au scrutin de liste, à la majorité absolue des suffrages. Après deux tours de scrutin la majorité relative suffit et, en cas d'égalité de suffrages, le plus âgé est élu.

« Il est procédé de même et dans la même forme à l'élection des suppléants.

« Les conseils qui ont 1, 2 ou 3 délégués à élire nomment un suppléant.

« Ceux qui élisent 6 ou 9 délégués nomment 2 suppléants.

« Ceux qui élisent 12 ou 15 délégués nomment 3 suppléants.

« Ceux qui élisent 18 ou 21 délégués nomment 4 suppléants.

« Ceux qui élisent 24 délégués nomment 5 suppléants.

« Le conseil municipal de Paris nomme 8 suppléants.

« Les suppléants remplaceront les délégués, en cas de refus ou d'empêchement, selon l'ordre fixé par le nombre des suffrages obtenus par chacun d'eux.

« Art. 3. — Dans les communes ou les fonctions de conseil municipal sont remplies par une délégation spéciale instituée en vertu de l'article 44 de la loi du 5 avril 1884, les délégués et suppléants sénatoriaux seront nommés par l'ancien conseil.

« Art. 4. — Si les délégués n'ont pas été présents à l'élection, notification leur en est faite dans les vingt-quatre heures par les soins du maire. Ils doivent faire parvenir aux préfets, dans les cinq jours, l'avis de leur acceptation. En cas de refus ou de silence, ils sont remplacés par les suppléants qui sont alors portés sur la liste comme délégués de la commune.

« Art. 5. — Le procès-verbal de l'élection des délégués et des suppléants est transmis immédiatement au préfet. Il mentionne l'acceptation ou le refus des délégués et suppléants ainsi que les protestations élevées contre la régularité de l'élection par un ou plusieurs membres du conseil municipal. Une copie de ce procès-verbal est affichée à la porte de la mairie.

« Art. 8. — Les protestations relatives à l'élection des délégués ou des suppléants sont jugées, sauf recours au conseil d'Etat, par le conseil de préfecture, et, dans les colonies, par le conseil privé.

« Les délégués dont l'élection est annulée parce qu'ils ne remplissent pas une des conditions exigées par la loi, ou pour vice de forme, sont remplacés par les suppléants.

« En cas d'annulation de l'élection d'un délégué et de celle d'un suppléant, comme en cas de refus ou de décès de l'un et de l'autre, après leur acceptation, il est procédé à de nouvelles élections par le conseil municipal, au jour fixé par un arrêté du préfet.

« Art. 14. — Le premier scrutin est ouvert à huit heures du matin et fermé à midi. Le second est ouvert à deux heures et fermé à cinq heures. Le troisième est ouvert à sept heures et fermé à dix heures. Les résultats des scrutins sont recensés par le bureau et proclamés immédiatement par le président du collège électoral.

« Art. 16. — Les réunions électorales pour la nomination des sénateurs pourront être tenues depuis le jour de la promulgation du décret de convocation des électeurs jusqu'au jour du vote inclusivement.

« La déclaration prescrite par l'article 2 de la loi du 30 juin 1881 sera faite par deux électeurs au moins.

« Les formalités et prescriptions de cet article, ainsi que celles de l'article 3, seront observées.

« Les membres du Parlement élus ou électeurs dans le département, les électeurs sénatoriaux, délégués et suppléants, et les candidats, ou leur mandataire, peuvent seuls assister à ces réunions.

« L'autorité municipale veillera à ce que nulle autre personne ne s'y introduise.

« Les délégués et suppléants justifieront de leur qualité par un certificat du maire de la commune ; — les candidats ou mandataires par un certificat du fonctionnaire qui aura reçu la déclaration dont il est parlé au paragraphe 2.

Art. 19. — Toute tentative de corruption ou de contrainte par l'emploi des moyens énoncés dans les articles 177 et suivants du code pénal, pour influencer le vote d'un électeur ou le déterminer à s'abstenir de voter, sera punie d'un emprisonnement de trois mois à deux ans, et d'une amende de 50 à 500 francs, ou de l'une de ces deux peines seulement.

« L'article 463 du code pénal est applicable aux peines édictées par le présent article.

« Art. 23. — Il est pourvu aux vacances survenant par suite de décès, ou de démission des sénateurs, dans le délai de trois mois; toutefois, si la vacance survient dans les six mois qui précèdent le renouvellement triennal, il n'y est pourvu qu'au moment de ce renouvellement. »

Art. 9. — Sont abrogés :

1° Les articles 1 à 7 de la loi du 24 février 1875 sur l'organisation du Sénat ;

2° Les articles 24 et 25 de la loi du 2 août 1874 sur les élections des sénateurs.

Disposition transitoire.

Dans le cas où une loi spéciale sur les incompatibilités parlementaires ne serait pas votée au moment des prochaines élections sénatoriales, l'article 8 de la loi du 30 novembre 1875 serait applicable à ces élections.

Tout fonctionnaire atteint par cette disposition, qui comptera vingt ans de service et cinquante ans d'âge à l'époque de l'acceptation de son mandat, pourra faire valoir ses droits à une pension de retraite proportionnelle, qui sera réglée conformément au troisième paragraphe de l'article 12 de la loi du 9 juin 1853.

La présente loi, délibérée et adoptée par le Sénat et par la Chambre des députés, sera exécutée comme loi de l'Etat.

Fait à Paris, le 9 décembre 1884.

JULES GRÉVY.

Par le Président de la République :

*Le président du conseil, ministre
des affaires étrangères,*
JULES FERRY.

Le ministre de l'intérieur,
WALDECK-ROUSSEAU.

*Le garde des sceaux,
ministre de la justice et des cultes,*
MARTIN-FEUILLÉE.

LOI du 16 juin 1885, ayant pour objet de modifier la loi électorale.

Le Sénat et la Chambre des députés ont adopté,
Le Président de la République promulgue la loi dont la teneur suit :

Article 1er. — Les membres de la Chambre des députés sont élus au scrutin de liste.

Art. 2. — Chaque département élit le nombre de députés qui lui est attribué par le tableau annexé à la présente loi, à raison d'un député par soixante-dix mille habitants, les étrangers non compris. Néanmoins, il sera tenu compte de toute fraction inférieure à soixante-dix mille.

Chaque département élit au moins trois députés.

Il est attribué deux députés au territoire de Belfort, six à l'Algérie et dix aux colonies, conformément aux indications du tableau.

Ce tableau ne pourra être modifié que par une loi.

Art. 3. — Le département forme une seule circonscription.

Art. 4. — Les membres des familles qui ont régné sur la France sont inéligibles à la Chambre des députés.

Art. 5. — Nul n'est élu au premier tour de scrutin, s'il n'a réuni :

1º La majorité absolue des suffrages exprimés ;

2º Un nombre de suffrages égal au quart du nombre des électeurs inscrits.

Au deuxième tour, la majorité relative suffit.

En cas d'égalité de suffrages, le plus âgé des candidats est élu.

Art. 6. — Sauf le cas de dissolution prévu et réglé par la Constitution, les élections générales ont lieu dans les soixante jours qui précèdent l'expiration des pouvoirs de la Chambre des députés.

Art. 7. — Il n'est pas pourvu aux vacances survenues dans les six mois qui précèdent le renouvellement de la Chambre.

La présente loi, délibérée et adoptée par le Sénat et par la Chambre des députés, sera exécutée comme loi de l'Etat.

Fait à Paris, le 16 juin 1885.

JULES GRÉVY.

Par le Président de la République :

Le ministre de l'intérieur,

H. ALLAIN-TARGÉ.

PROGRAMME

DES

COURS DE DROIT ADMINISTRATIF

DANS LES FACULTÉS DE DROIT

———

Le Ministre secrétaire d'Etat au département de l'Instruction publique et des Cultes ;

Vu l'avis du Conseil impérial de l'Instruction publique en date du 10 décembre 1862 ;

Arrête :

Article 1er. — A partir du 1er janvier 1863, le programme des cours de droit administratif dans les Facultés de Droit de l'Empire est et sera modifié ainsi qu'il suit :

1° *Notions générales et sommaires :*

Sur l'organisation et les attributions de l'autorité administrative ; la hiérarchie de ses agents, de ses Conseils et de ses juridictions ;

Les différentes natures de contributions publiques, leur assiette et recouvrement ;

1

Les cours d'eau, leur curage, le règlement des usines, le drainage et les irrigations;

Le domaine public fluvial et maritime;

Les établissements dangereux et insalubres.

2° Notions approfondies :

Sur l'expropriation pour cause d'utilité publique;

La voirie et les alignements;

La séparation des pouvoirs publics, judiciaire, administratif et ecclésiastique, — conflits, appels comme d'abus, mises en jugement, autorisations.

Article 2. — MM. les recteurs des académies sont chargés, chacun en ce qui le concerne, de l'exécution du présent arrêté.

Fait à Paris, le 31 décembre 1862.

DROIT ADMINISTRATIF

I. Objet du droit administratif. — Ainsi que nous l'avons dit dans notre introduction, le droit administratif est cette partie du droit *public interne* qui régit les rapports des particuliers avec l'autorité administrative.

Le droit administratif a pour objet les lois d'*intérêt général* qui, s'inspirant, en les développant, des principes du droit public et constitutionnel, déterminent les sacrifices que l'intérêt public peut exiger de l'intérêt privé.

II. Division du droit administratif. — Le droit administratif, comme toute branche quelconque du droit, comprend : la règle ou le précepte, — la puissance chargée de faire observer la règle, — et le moyen ou procédé employé pour mettre en mouvement cette puissance, afin qu'elle accomplisse son rôle. Il se divise ainsi en trois parties :

1° Les *lois administratives* ;
2° Les *autorités administratives* ;
3° La *procédure administrative*.

— Les *lois* administratives, ayant pour objet l'intérêt général, se groupent naturellement suivant les divers besoins sociaux qu'il faut satisfaire.

Ces besoins se résument dans le bien-être matériel et le bien-être moral et intellectuel. Leur satisfaction suppose des ressources et exige de la sécurité ; elle réclame, en outre, pour corriger, en certains cas, les résultats obtenus, l'organisation de la bienfaisance. Par suite, les lois administratives peuvent se rattacher aux idées suivantes :

Fortune publique ;
Sécurité intérieure et extérieure ;
Bien-être matériel ;
Bien-être moral et intellectuel ;
Bienfaisance publique.

— Les *autorités* administratives, chargées de procurer l'application des lois d'intérêt général, relèvent toutes du pouvoir *exécutif.* Elles se divisent :

1º Au point de vue de la nature de leurs fonctions en *agents, conseils* et *juges,* d'où :

Administration *active ;*
Administration *consultative* ou *délibérative ;*
Administration *contentieuse* (1).

(1) L'administration ACTIVE réalise et applique, par ses actes, les règles du droit administratif. Elle se met en contact avec les citoyens pour exiger d'eux l'accomplissement des obligations que leur impose la loi.

Les *agents* qui la composent organisent et dirigent les services publics ; ils font les actes de gestion qu'exigent les intérêts qui leur sont confiés ; ils recueillent les recettes, font les dépenses, et prennent enfin les mesures de police et de surveillance nécessaires au maintien de l'ordre dans l'étendue du territoire confiée à leur autorité.

Parmi ces agents, les uns sont des agents *directs* qui procurent directement l'exécution de la loi par voie d'autorité. Ils sont dépositaires d'une partie de la puissance publique et sont investis du droit de commander et de donner des ordres obligatoires. D'autres sont des agents *auxiliaires* chargés soit de préparer les décisions des agents directs, soit de les mettre à exécution ; ce sont des employés ou des agents d'exécution.

L'administration CONSULTATIVE OU DÉLIBÉRATIVE est destinée, soit à éclairer l'administration active par ses avis ou ses vœux, soit à la contrôler et à la diriger. Elle procède ainsi tantôt par voie d'avis et de conseil (administration consultative), tantôt par voie de

2° Au point de vue de leur compétence territoriale, suivant l'étendue des besoins généraux qu'elles sont destinées à satisfaire : en *autorités centrales, autorités départementales, autorités communales*, d'où :

Administration *centrale;*
Administration *départementale;*
Administration *communale.*

— Conformément aux indications du programme officiel, nous traiterons dans deux parties distinctes :

1° Des autorités administratives;

2° Des lois administratives qui sont l'objet de l'enseignement. Nous donnerons, à l'occasion, les règles les plus importantes de procédure.

Ce Résumé sera plus ou moins concis, suivant que les matières, d'après le programme officiel, exigent des notions *sommaires* ou des notions *approfondies* (1).

---

décision ou délibération ayant un certain caractère d'autorité (administration délibérative).

L'administration CONTENTIEUSE a la mission de statuer sur les difficultés auxquelles peut donner lieu l'application des actes de l'autorité administrative. Elle prononce, en sa qualité de juge, par des sentences exécutoires, sur les réclamations des particuliers qui prétendent que leur droit a été violé, et même elle annule, dans un intérêt public, tous les actes ou délibérations entachés d'incompétence ou d'excès de pouvoir.

(1) Nous recommandons particulièrement tout ce qui concerne : le Conseil d'Etat, surtout au point de vue de ses attributions contentieuses, le Conseil général, le Conseil de préfecture, l'administration communale, les impôts directs, l'enregistrement, l'expropriation, la voirie et les conflits.

PREMIÈRE PARTIE.

AUTORITÉS ADMINISTRATIVES

Nous étudierons les autorités administratives en nous plaçant au point de vue de leur compétence territoriale et en nous référant aux trois unités administratives : l'*État*, le *Département* et la *Commune*, qui personnifient les intérêts généraux.

En conséquence, nous examinerons, dans trois titres distincts, les autorités qui composent :

L'administration *centrale ;*
L'administration *départementale;*
L'administration *communale ;*

Nous indiquerons, à l'occasion de cette division, quelles sont les autorités qui représentent l'administration *active,* l'administration *délibérative* ou *consultative* et l'administration *contentieuse.*

Dès à présent, nous pouvons remarquer que : l'administration *active* est, en général, confiée à un agent unique, l'administration *délibérative* ou *consultative*, à des assemblées ou des conseils composés nécessairement de plusieurs membres ; l'administration *contentieuse*, tantôt à un agent unique, tantôt à une assemblée.

La forme *unitaire* pour l'*action*, la forme *collective* pour la *délibération*. C'est l'application de la maxime inaugurée en l'an VIII : *Agir est le fait d'un seul, délibérer est le fait de plusieurs.*

— Comme la même autorité peut être investie de plusieurs fonctions ; qu'en outre, le plus souvent, les mêmes lois déterminent les diverses attributions de chaque autorité, nous exposerons en même temps l'*organisation* et les *attributions* de chacune des autorités qui composent : soit l'administration centrale, soit l'administration départementale, soit l'administration communale.

TITRE PREMIER.

ADMINISTRATION CENTRALE

Les autorités qui composent l'administration centrale
sont :

Le Président de la République ;
Les Ministres ;
Le Conseil d'État ;
La Cour des comptes.

Le Président de la République et les Ministres sont
particulièrement chargés de l'administration active ;
Le Conseil d'État et la Cour des comptes représentent, avec une mission plus ou moins étendue, l'administration consultative ou délibérative et l'administration contentieuse (1).

(1) Nous ne mentionnons pas au nombre des autorités qui forment l'administration centrale le *tribunal des conflits*, parce que
ce tribunal est à la fois un tribunal administratif et judiciaire
chargé de statuer sur les luttes de compétence qui s'élèvent entre
l'autorité administrative et l'autorité judiciaire. Nous en parlerons
en traitant de la matière des conflits.

PRÉSIDENT DE LA RÉPUBLIQUE.

Le Président de la République, en sa qualité de Chef du pouvoir exécutif, est le premier agent de l'administration centrale et le supérieur hiérarchique de toutes les autorités administratives.

1. *Nomination du Président de la République*. — D'après la loi constitutionnelle du 25 février 1875, le Président de la République est élu à la majorité absolue des suffrages par le Sénat et par la Chambre des députés, réunis en Assemblée nationale.

Il est nommé pour sept ans et est rééligible. (art. 2 L. 25 février 1875) (1).

En cas de vacance, par décès ou par toute autre cause, les deux Chambres réunies procèdent immédiatement à l'élection d'un nouveau Président. Dans l'intervalle, le Conseil des ministres est investi du pouvoir exécutif (art. 7 L. 25 février 1875).

Le siège du pouvoir exécutif et des deux Chambres, d'abord fixé à Versailles par l'article 9 de la loi constitutionnelle du 25 février 1875, a été rétabli à Paris le 19 juin 1879, par une résolution des deux Chambres réunies en Assemblée nationale, et par suite de laquelle l'article 9 de la loi constitutionnelle a été abrogé.

II. *Attributions du Président de la République*. Les attributions du Président de la République s'exercent : soit dans la sphère du pouvoir législatif, soit dans la sphère du pouvoir exécutif.

_____

(1) Les membres des familles ayant régné sur la France *sont inéligibles* à la Présidence de la République (L. 14 août 1884) de même qu'au Sénat et à la Chambre des Députés (L. 9 décembre 1884 et 16 juin 1885).

Au point de vue du pouvoir *législatif*, nous avons vu que le Président de la République a :

1° L'*initiative* des lois, concurremment avec les membres des deux Chambres (art. 3 L. du 25 février 1875);

2° Le droit, dans le délai fixé pour la promulgation des lois, d'user d'une sorte de *veto suspensif*, en demandant aux deux Chambres, par un message motivé, une nouvelle délibération (art. 7 L. 16 juillet 1875);

3° Le droit de provoquer une délibération des Chambres relativement à la révision des lois constitutionnelles, révision que chacune des deux Chambres, à la majorité absolue des voix, peut, du reste, réclamer d'office (art. 8 L. 25 février 1875).

Au point de vue du pouvoir *exécutif*, ses principales attributions sont indiquées dans la loi constitutionnelle du 25 février 1875 :

1° Il promulgue les lois, lorsqu'elles ont été votées par les deux Chambres (1);

---

(1) La *promulgation* est l'acte par lequel le Chef du pouvoir exécutif porte la loi à la connaissance des citoyens et la rend *exécutoire*. Elle résulte de l'insertion de la loi au *Journal officiel*, et pour les actes non insérés au *Journal officiel*, de leur insertion au *Bulletin des lois* (Décret du 5 novembre 1870).

La promulgation suppose l'œuvre du législateur accomplie ; elle est le premier acte du pouvoir exécutif; elle doit être faite dans le mois qui suit la transmission au gouvernement de la loi définitivement adoptée. Par exception, la promulgation doit être faite dans les trois jours pour les lois déclarées urgentes par les deux Chambres (art. 7 L. 16 juillet 1875). D'après le décret du 6 avril 1876, les lois sont promulguées dans la forme suivante :

« Le Sénat et la Chambre des députés ont adopté ;

« Le Président de la République promulgue la loi dont la teneur « suit (Texte de la loi). La présente loi délibérée et adoptée par « le Sénat et par la Chambre des députés sera exécutoire comme « loi de l'Etat. »

Il ne faut pas confondre la promulgation avec la *publication*. Celle-ci rend la loi *obligatoire* et résulte d'un certain délai. Ce délai pour Paris est d'un jour franc après la promulgation et partout ailleurs, dans l'étendue de chaque arrondissement, d'un jour franc

2° Il surveille et assure leur exécution ;

3° Il a le droit de faire grâce, mais il n'a pas le droit d'accorder une amnistie pour laquelle il faut une loi (1) ;

après l'arrivée du journal officiel au chef-lieu d'arrondissement (décret du 5 novembre 1870. Voir au surplus, notre résumé sur le Code civil, art. 1er).

(1) La grâce et l'amnistie diffèrent sous plusieurs rapports :

1° La grâce est une concession spéciale, ayant pour objet une faveur individuelle. — L'amnistie est une mesure générale et collective qui s'applique plus aux faits qu'aux individus ;

2° La grâce intervient après une condamnation : elle est une renonciation totale ou partielle au droit d'*exécution* de la condamnation. — L'amnistie intervient soit avant, soit après la condamnation ; elle s'applique soit au droit d'*action* ou de poursuite, soit au droit d'*exécution*;

3° La grâce n'efface pas la condamnation antérieure, qui subsiste toujours et qui, en cas de nouveau délit, sera prise en considération pour l'application d'une peine plus forte, par suite de récidive. — L'amnistie, accordée après une condamnation, fait disparaître la sentence, qui est censée n'avoir jamais existé; par suite, cette sentence de condamnation ne peut plus servir de base à l'avenir pour l'application des peines de la récidive;

4° La grâce n'est que la remise du droit d'exécution des peines *matérielles;* mais elle ne s'applique pas aux incapacités, qui subsistent s'il n'y a pas réhabilitation. — L'amnistie, étant la mise en oubli des faits, ne laisse aucune trace ni du délit, ni de la condamnation qui en a été la suite : par conséquent, toutes les peines résultant de la condamnation sont considérées comme non avenues.

— Il résulte de ces différences que l'amnistie est une mesure plus grave, plus radicale que la grâce, et l'on comprend qu'une loi soit nécessaire pour l'amnistie et qu'un décret du Président de la République soit suffisant pour la grâce.

Autrefois, sous l'Empire, d'après un sénatus-consulte du 25 décembre 1852, le Chef de l'Etat pouvait accorder une amnistie aussi bien qu'une grâce. Une loi du 27 juin 1871 avait déjà établi le principe consacré par la loi constitutionnelle du 25 février 1875, d'après lequel le Chef du pouvoir exécutif peut accorder une grâce, mais non une amnistie. C'est en vertu de ce principe que des lois des 3 mars 1879 et 11 juillet 1880 ont accordé des amnisties aux condamnés pour les faits insurrectionnels de 1870-71, qui auraient été graciés par le Président de la République, et qu'une loi du 29 juillet 1881 a accordé une amnistie pour les crimes et délits de presse.

4° Il dispose de la force armée ;

5° Il nomme à tous les emplois civils et militaires ;

6° Il préside aux solennités nationales ;

7° C'est auprès de lui que sont accrédités les envoyés et les ambassadeurs des puissances étrangères (art. 3 L. du 25 février 1875) ;

8° Il négocie et ratifie les traités et en donne connaissance aux Chambres aussitôt que l'intérêt et la sûreté de l'Etat le permettent (art. 8 L. du 16 juillet 1875) (1).

9° Spécialement dans ses rapports avec les Chambres :

Il prononce la clôture de leur session ordinaire, les convoque extraordinairement, tantôt d'une manière facultative, tantôt d'une manière obligatoire (si la majorité des membres de chaque Chambre le demande) ; il les ajourne pour un mois au plus, sans que l'ajournement puisse avoir lieu plus de deux fois dans la même session (art. 1 et 2 L. du 16 juillet 1875).

Enfin, il peut, sur l'avis conforme du Sénat, dissoudre la Chambre des députés avant l'expiration légale de son mandat (art. 5 L. du 25 février 1875).

— Chacun des actes du Président de la République doit être contresigné par un ministre (art. 3).

— Le Président de la République n'est responsable qu'en cas de haute trahison (art. 6 L. 25 février 1875). Il ne peut être mis en accusation que par la Chambre des députés et ne peut être jugé que par le Sénat, constitué en cour de justice (art. 9 L. du 24 février 1875 et art. 12 L. du 16 juillet 1875).

---

(1) Les traités de paix, de commerce, les traités qui engagent les finances de l'Etat; ceux qui sont relatifs à l'état des personnes et au droit de propriété des Français à l'étranger ne sont définitifs qu'après avoir été votés par les deux Chambres. Nulle cession, nul échange, nulle adjonction de territoire ne peut avoir lieu qu'en vertu d'une loi (art. 8 L. 16 juillet 1875). — Le Président de la République ne peut déclarer la guerre sans l'assentiment des deux Chambres (art. 9 id.).

III. *Division des actes du pouvoir exécutif du Président de la République.* — Les actes par lesquels le Président de la République exerce le pouvoir *exécutif* se classent suivant différents points de vue. On peut distinguer, d'une part, les actes de souveraineté et les actes d'administration ; d'autre part, les décrets généraux ou réglementaires et les décrets spéciaux ou individuels.

A. *Actes de souveraineté et actes d'administration.*

Les actes de *souveraineté* comprennent des actes de l'ordre gouvernemental et politique qui ne peuvent donner lieu à un recours contentieux devant le Conseil d'Etat. Tels étaient autrefois les traités de paix, d'alliance ou de commerce ; tels seraient encore les traités avec les nations étrangères pour lesquels le Chef du pouvoir exécutif aurait reçu une délégation spéciale des Chambres ou qui n'exigeraient pas leur intervention ; les décrets prononçant la clôture de la session des Chambres, ou les convoquant extraordinairement, ou les ajournant, etc.; les décrets concédant une grâce ou conférant un titre de noblesse (C. d'Etat, 28 mars 1866, affaire de Montmorency) ; les décrets ordonnant des mesures pour l'exécution d'une convention diplomatique (ord. du 7 décembre 1823 ; trib. des conflits, 14 décembre 1872 et C. d'Etat, 14 mars 1873), etc.

Les actes d'*administration* ont pour objet de pourvoir aux différents services publics et d'assurer l'exécution des lois d'intérêt général.

B. Décrets *généraux ou réglementaires* et décrets *spéciaux ou individuels.*

Les décrets *généraux ou réglementaires* sont le complément de la loi. Ils établissent certaines règles générales qui ne sont que le développement de l'œuvre législative (1).

Les décrets *spéciaux ou individuels* s'appliquent à une personne ou à un fait déterminé. Ils sont la mise en pratique de la loi ou des règlements et constituent des actes administratifs proprement dits.

Les décrets généraux ou réglementaires servent ainsi de transition entre la loi et les décrets spéciaux ou individuels.

Les décrets *généraux ou réglementaires* sont de deux sortes :

1° Ceux que le Chef du pouvoir exécutif rend *jure proprio* dans la forme qu'il lui plaît d'adopter : soit après délibération du Conseil d'Etat, soit sur le rapport d'un ministre; par exemple : le décret très important du 31 mai 1862, portant règlement sur la comptabilité publique, rendu sur le rapport du ministre des finances, et dont nous parlerons en traitant de la Cour des comptes;

2° Ceux qu'il rend par délégation de la loi, et qui doivent nécessairement être délibérés en Conseil d'Etat. On les appelle souvent *règlements d'administration publique*. Tels sont ceux rendus en exécution : de l'article 1042 du Code de procédure civile pour la taxe des frais et la police et discipline des tribunaux, des articles 615 et 617 du Code de commerce pour la création et la composition des tribunaux de commerce. Tels sont encore

---

(1) Les décrets réglementaires ont, comme la loi, la généralité de disposition, la force obligatoire et la sanction pénale. Ils diffèrent cependant de la loi sous plusieurs rapports : 1° la loi émane du pouvoir législatif; le décret réglementaire émane du pouvoir exécutif; 2° la loi est initiale et générale: elle pose des principes; le règlement n'intervient qu'à la suite de la loi et seulement pour fixer les détails de son exécution ; 3° une loi peut modifier une loi préexistante; le règlement ne peut être que la mise en application de la loi qu'il est destiné à compléter.

le règlement du 14 octobre 1872 sur les formes et conditions du concours pour les auditeurs de deuxième classe
au Conseil d'Etat, rendu en exécution de la loi du 24
mai 1872 sur le Conseil d'Etat; celui du 2 août 1879 sur
l'ordre intérieur des travaux du Conseil d'Etat, rendu
en exécution de la nouvelle loi du 13 juillet 1879 sur le
Conseil d'Etat; et les nombreux règlements d'administration publique qui ont été faits en exécution des lois
votées par l'Assemblée nationale pour l'établissement de
nouveaux impôts, à la suite de la guerre de 1870-71.

Ces deux espèces de décrets réglementaires diffèrent
entre eux : 1° par la forme, en ce que pour les premiers
la délibération du Conseil d'Etat n'est pas exigée,
tandis que pour les seconds, elle est obligatoire ; 2° par
l'étendue des pouvoirs confiés au Chef du pouvoir exécutif. En effet, les premiers ne peuvent avoir d'autre
sanction que la sanction générale établie par l'article
471 n° 15 du Code pénal, qui punit d'une amende de 1
à 5 francs la contravention aux règlements légalement
faits. Les seconds, au contraire, peuvent être sanctionnés par une peine spéciale, si le législateur a délégué à cet égard ses pouvoirs au Chef du pouvoir exécutif (voir le règlement du 4 août 1855 sur la taxe des
chiens).

Les décrets *spéciaux ou individuels* peuvent également
se subdiviser en :

1° Décrets *simples*, rendus sur le rapport d'un ministre,
par exemple : ceux accordant une dispense de mariage,
une pension ou nommant aux diverses fonctions ou emplois publics ;

2° Décrets qui, d'après la loi, doivent être rendus en
la *forme* des règlements d'administration publique,
c'est-à-dire après délibération du Conseil d'Etat. Tels
sont les décrets accordant une naturalisation, un changement de nom ; les décrets de concession de mines ou
de dessèchement de marais ; les décrets autorisant ceux

des travaux publics pour lesquels une loi n'est pas nécessaire ; autorisant un octroi dans une commune, des associations de la nature des tontines ou des sociétés d'assurances sur la vie ; statuant sur les recours pour abus,
sur les demandes d'autorisation des congrégations religieuses ; annulant, dans certains cas, des délibérations
de conseils généraux ou municipaux.

— On distinguait encore autrefois les décrets d'*administration pure* et les décrets rendus au *contentieux* en
Conseil d'Etat. Mais depuis la loi du 24 mai 1872, portant réorganisation du Conseil d'Etat, le Chef du pouvoir
exécutif n'est plus chargé de juger, sur l'avis du Conseil
d'Etat, les contestations en matière administrative. Le
Conseil d'Etat, comme nous le verrons, a un pouvoir
propre de juridiction, comme les tribunaux ordinaires.

IV. *Voies de recours contre les actes du pouvoir exécutif
du Président de la République.* — Les actes du pouvoir
exécutif du Président de la République peuvent donner
lieu à des *interpellations* ou être l'objet de réclamation
par voie de *pétition* devant les Chambres. Les ministres,
seuls responsables, ont alors à répondre sur les interpellations et pétitions et les Chambres statuent sur la
suite à leur donner.

En dehors de ce recours purement politique, qui est
la garantie de la responsabilité du Gouvernement devant les Chambres législatives, deux voies de recours
sont ouvertes aux particuliers qui auraient à se plaindre
des actes du Chef du pouvoir exécutif :

1º Le recours par la voie gracieuse devant le Chef du
pouvoir exécutif lui-même ;

_ 2º Le recours par la voie contentieuse devant le Conseil d'Etat.

Pour déterminer les cas dans lesquels l'un ou l'autre
de ces recours est ouvert, il faut faire des distinctions.

En ce qui concerne les actes de *souveraineté*, qui se

réfèrent à l'ordre gouvernemental et politique, il est admis, en jurisprudence, qu'ils ne peuvent jamais donner lieu à un recours contentieux devant le Conseil d'Etat, parce qu'ils font partie du pouvoir discrétion-naire du Chef du pouvoir exécutif. Les particuliers ne peuvent que solliciter par la voie gracieuse la rétractation ou la modification du décret du Chef du pouvoir exécutif.

Quant aux actes d'*administration* ayant pour objet de pourvoir aux différents services publics, il faut distinguer les décrets réglementaires ou généraux et les décrets individuels ou spéciaux.

Les décrets *réglementaires ou généraux*, participant de l'œuvre du législateur, sont des actes plutôt législatifs qu'administratifs et ne peuvent être l'objet d'un recours contentieux devant le Conseil d'Etat.

Les particuliers trouvent, du reste, devant l'autorité judiciaire, une garantie contre la violation de leur droit. En effet, les tribunaux judiciaires sont chargés d'apprécier la *légalité* du règlement. C'est par application de ce principe que l'article 471 n° 15 du Code pénal ne punit d'une amende de 1 à 5 francs la contravention aux règlements qu'autant qu'ils ont été *légalement* faits.

Les décrets *spéciaux ou individuels*, qui constituent les actes administratifs proprement dits, peuvent donner lieu: soit à un recours *gracieux*, soit à un recours *contentieux*, suivant qu'il y a un *intérêt froissé* ou un *droit violé*.

Ainsi un décret qui destitue un fonctionnaire révocable; qui augmente, dans une localité, le nombre des officiers ministériels au détriment de ceux qui sont déjà en exercice; ou qui nomme, dans l'armée, un officier au tour du choix; ou qui refuse à un établissement public l'autorisation d'accepter une donation ou un legs, ne peut donner lieu qu'à un recours *gracieux*, parce qu'il ne froisse qu'un intérêt et ne viole pas un droit.

Au contraire, le décret qui destitue un juge inamovible; qui prive un officier de son grade; qui accorde un changement de nom au mépris des droits d'un tiers, peut être l'objet d'un recours contentieux devant le Conseil d'Etat, parce qu'il méconnaît la loi et viole la propriété ou les droits garantis aux citoyens.

— En étudiant les attributions contentieuses du Conseil d'Etat, nous verrons qu'un recours général est ouvert contre tous les actes d'une autorité administrative quelconque pour cause d'*incompétence ou d'excès de pouvoirs*.

Le fondement de ce recours se trouve dans une loi de l'Assemblée constituante des 7-14 octobre 1790. Il a été formellement consacré dans la loi sur le Conseil d'Etat du 24 mai 1872.

C'est ainsi qu'un décret qui autoriserait les grands travaux publics entrepris par l'Etat, et pour lesquels une loi est nécessaire d'après la loi du 27 juillet 1870, pourrait donner lieu à un recours contentieux devant le Conseil d'Etat, sans préjudice du droit qu'aurait l'autorité judiciaire d'en refuser l'application.

Il en serait de même d'un décret qui serait rendu sans l'*avis* préalable du Conseil d'Etat, dans les cas où cet avis est *exigé*; d'un décret qui concéderait une mine sans l'observation des formalités prescrites, ou qui autoriserait les travaux publics de la compétence du Chef du pouvoir exécutif, sans qu'il y ait eu une enquête préalable de *commodo* et *incommodo*.

— Enfin, s'il s'élève des difficultés sur l'*interprétation* d'un décret, c'est également devant le Conseil d'Etat, statuant au contentieux, que doit être formée la demande en interprétation.

— En résumé :

Ni les actes de souveraineté, ni les actes du pouvoir réglementaire ne peuvent donner lieu, au fond, à un recours contentieux devant le Conseil d'Etat.

Quant aux décrets spéciaux ou individuels, ils peuent être attaqués, par la voie contentieuse, lorsqu'ils *violent un droit* ou qu'ils soulèvent une difficulté d'interprétation ;

Enfin, tous les décrets administratifs : soit généraux et réglementaires, soit spéciaux et individuels, peuvent donner lieu à un recours contentieux devant le Conseil d'Etat pour cause d'*incompétence* et d'*excès de pouvoir*.

MINISTRES.

Organisation.

Les ministres sont les premiers auxiliaires du Chef du pouvoir exécutif. Ils sont les chefs des grandes divisions de l'administration publique, appelées quelquefois *départements ministériels* (1). Les ministres ont une double fonction :

1° Ils contresignent les décrets du Chef du pouvoir exécutif;

2° Ils exercent un pouvoir propre et agissent en leur nom personnel, en vertu de l'autorité qui leur a été déléguée.

C'est par suite de cette double fonction qu'ils sont appelés *ministres secrétaires d'Etat* (2).

Ministères. — Sous l'Assemblée Constituante, d'après la loi des 27 avril-25 mai 1791. c'était au pouvoir législatif qu'appartenait le droit de fixer le nombre et les attributions des ministres; mais c'était au pouvoir exécutif qu'était réservé le droit de nomination et de révocation.

(1) Dans notre ancien droit les ministres, indépendamment de leurs attributions spéciales, avaient l'administration de certaines provinces. Il y a encore un vestige de cet ancien état de choses pour le ministre de la marine, qui est également ministre des *colonies.*

(2) Sous le premier Empire le soin de contre-signer les actes de l'Empereur était confié exclusivement à un secrétaire d'Etat. Depuis la Restauration les ministres sont tous redevenus secrétaires d'Etat; sous la Royauté constitutionnelle de 1814 et de 1830, en raison du principe de la responsabilité ministérielle qui obligeait les ministres à défendre leurs actes et la politique du Gouvernement devant les Chambres, il y avait des sous-secrétaires d'Etat, spécialement chargés des services publics des différents ministères et de l'expédition des affaires. Nous avons encore aujourd'hui quelques sous-secrétaires d'Etat.

Sous le Directoire et sous la République de 1848, ces deux principes avaient été consacrés ; mais, sous tous les autres gouvernements, la pratique constante a été de reconnaître au pouvoir exécutif le droit de fixer le nombre et les attributions des ministres, aussi bien que de les nommer et de les révoquer.

C'est ainsi que des décrets ont souvent rattaché le service des cultes : soit au ministère de l'Intérieur, soit au ministère de la Justice, soit au ministère de l'Instruction publique, dont il fait actuellement partie. De même un décret du 15 décembre 1877 a distrait du ministère des finances la Direction générale des Forêts pour la rattacher au ministère de l'Agriculture et du Commerce. C'est ainsi encore qu'un décret du 5 février 1879 a créé le ministère des Postes et des Télégraphes, en détachant ces services du ministère des Finances. Plus récemment enfin, en novembre 1881, sous le ministère Gambetta, des décrets avaient distrait l'administration des colonies du ministère de la Marine pour la rattacher au ministère du Commerce, en même temps qu'ils créaient un ministère spécial de l'Agriculture et même un ministère des Arts, bientôt après supprimé.

— Sous l'Assemblée constituante il y avait six ministères entre lesquels étaient répartis les différents services publics : Justice, Intérieur, Contributions et revenus publics, Guerre, Marine, Affaires étrangères.

Depuis cette époque le nombre des ministères a beaucoup varié (1).

On compte actuellement onze ministères : 1º des Af-

(1) Sous le second Empire on avait créé, en 1852, un ministère d'Etat, qui fut supprimé en 1869 ; un ministère de la Police générale, qui n'eut qu'une courte durée (du 22 janvier 1852 au 21 juin 1853) ; un ministère de l'Algérie et des Colonies (du 14 juin 1858 au 24 novembre 1860) ; un ministère de la maison de l'Empereur, formé, en 1860, d'une partie du ministère d'Etat et dont on avait détaché, en dernier lieu, le ministère des Beaux-Arts (2 janvier 1870). Ces deux derniers ministères ont disparu avec l'Empire après le désastre de Sedan.

faires étrangères; 2° de la Justice; 3° de l'Intérieur;
4° des Finances; 5° de la Guerre; 6° de la Marine et des
Colonies; 7° de l'Instruction publique, des Cultes, et
des Beaux-arts; 8° des Travaux publics; 9° du Commerce; 10° des Postes et des Télégraphes; 11° de l'Agriculture (décret du 30 janvier 1882).

Chacun de ces ministères comprend un certain nombre de services publics, à la tête desquels est placé un
ministre spécial, chargé de les diriger. Tous les ministres sont ainsi des ministres à portefeuille, chargés de
diriger les services administratifs d'un département
ministériel (1).

Nomination et révocation des ministres. — Ainsi que
nous l'avons dit, le droit de nommer et de révoquer les
ministres a toujours appartenu au pouvoir exécutif.

Le choix pour la nomination n'a été limité qu'en 1791,
en l'an III et en l'an VIII; on exigeait alors certaines
garanties. Les Constitutions postérieures à l'an VIIJ
ayant gardé le silence sur ce point, on a toujours reconnu que la seule condition pour être nommé ministre
est la qualité de citoyen, c'est-à-dire l'âge de 21 ans et
la jouissance des droits civils et politiques.

Mais les fonctions de ministre sont-elles ou non incompatibles avec le mandat de député ou de sénateur?

(1) En 1860, époque à laquelle on avait accordé au Corps législatif le droit de voter une adresse, on avait distingué les ministres
à *portefeuille* et les ministres *sans portefeuille*. Les premiers
étaient à la tête d'un département ministériel, comprenant certaines branches des services publics. Les autres n'avaient aucun
service administratif à diriger; ils étaient chargés d'un rôle mili-
tant, de la défense du Gouvernement et de l'administration devant
les Chambres.

Les ministres sans portefeuille furent supprimés en 1863, et le
soin de défendre les actes du Gouvernement fut confié au ministre
présidant le Conseil d'Etat, conjointement avec les conseillers
d'Etat, commissaires du Gouvernement.

En dernier lieu le ministre d'Etat dont le ministère fut supprimé
en 1869, et le ministre présidant le Conseil d'Etat, étaient en
réalité des ministres sans portefeuille, quoiqu'ils n'en eussent pas
le nom.

L'incompatibilité, conformément au système américain, était prononcée par les Constitutions de 1791 et de l'an III; elle résultait virtuellement de la Constitution de l'an VIII et du sénatus-consulte du 16 thermidor an X; mais elle était repoussée, conformément au système anglais, par les Chartes de 1814 et de 1830, et sous le gouvernement républicain de 1848.

La Constitution de 1852 avait reproduit l'ancien principe de l'incompatibilité; mais à la fin de l'Empire et à la suite d'un sénatus-consulte du 8 septembre 1869, les ministres avaient non seulement leur entrée dans les Chambres, mais il fut décidé qu'ils pourraient être membres du Corps législatif ou du Sénat.

Il est certain qu'actuellement les ministres peuvent être membres de l'une des Chambres, et, en fait, conformément aux traditions du régime parlementaire, le plus souvent les ministres sont choisis parmi les membres de nos assemblées législatives. En tout cas, les ministres ont leur entrée dans les deux Chambres et doivent être entendus quand ils le demandent. Ils peuvent se faire assister par des commissaires désignés, pour la discussion d'un projet de loi déterminé, par décret du Président de la République (art. 6 L. du 16 juillet 1875, sur les rapports des pouvoirs publics).

Conseil des ministres. — Sous l'Assemblée Constituante, les ministres réunis au roi formaient le Conseil d'Etat. La Constitution de l'an III déclarait, au contraire, que les ministres ne formaient point un Conseil. Après la création d'un Conseil d'Etat par la Constitution de l'an VIII il n'y eut plus, sous le Consulat et l'Empire, de conseil des ministres. Mais, à partir de la Charte de 1814, le rôle des ministres étant devenu prépondérant, par suite du principe de la responsabilité ministérielle, le conseil des ministres reparut, avec un caractère légal et quelquefois obligatoire. C'est ainsi que, d'après la loi de 1845, sur le Conseil d'Etat, la révocation des conseil-

lers d'Etat et des maîtres des requêtes en service ordinaire ne pouvait avoir lieu qu'en vertu d'une ordonnance rendue en conseil des ministres; c'est ainsi
encore, d'après la même loi, qu'en matière contentieuse
l'ordonnance qui n'était pas conforme à l'avis du Conseil
d'Etat devait être prise en conseil des ministres. De
même, d'après la Constitution de 1848, la délibération
du conseil des ministres était nécessaire pour certaines
nominations.

La Constitution de 1852 ne reconnaissait pas une
existence légale au conseil des ministres ; mais, en fait,
les ministres se réunissaient pour délibérer sur les
affaires importantes. Le sénatus-consulte du 8 septembre 1869 déclarait formellement que les ministres déli-
béraient en *conseil* sous la présidence du Chef de l'Etat.

Sous le régime actuel, l'existence du conseil des ministres est formellement reconnue dans nos lois constitutionnelles (1).

(1) C'est en conseil des ministres que se discutent les mesures
les plus graves.

L'intervention du conseil des ministres est obligatoire en certains
cas. Ainsi la loi l'exige :

1° Pour autoriser, en cas de prorogation des Chambres, l'ouverture des crédits par décrets en Conseil d'Etat (L. 16 septembre 1871);

2° Pour la nomination, à l'avenir, des conseillers d'État en service
ordinaire, nommés autrefois par l'Assemblée nationale, et pour leur
révocation (L. const. 25 février 1875, art. 4);

3° Pour constituer le Sénat en cour de justice, à l'effet de juger
toute personne prévenue d'attentat contre la sûreté de l'Etat (art. 12
L. 16 juillet 1875);

4° En cas de vacance du pouvoir présidentiel, pour exercer le pouvoir exécutif jusqu'à la nomination du nouveau Président (art. 7. L.
const. du 25 février 1875).

5° Pour la dissolution par décret d'un Conseil municipal. (Art. 43,
loi du 5 avril 1884.

La présidence du Conseil des ministres est attribuée habituellement
au ministre des affaires étrangères ou au ministre de la justice.
Lorsque le conseil délibère hors la présence du Président de la
République, on l'appelle spécialement Conseil de *cabinet*.

Responsabilité ministérielle. — Le principe de la responsabilité ministérielle a été consacré par l'Assemblée
Constituante, et proclamé depuis dans les diverses
Constitutions ; mais cette responsabilité n'a pas toujours
eu le même caractère, ni la même étendue.

Sous la monarchie constitutionnelle de 1814 et de
1830, fondée sur la maxime *le roi règne et ne gouverne pas,*
les ministres étaient responsables devant les Chambres
des actes de leur administration ; mais l'usage s'était
introduit de considérer leur responsabilité comme collective et solidaire.

Sous la République de 1848, le Président de la République et les ministres étaient déclarés responsables,
chacun en ce qui le concernait, des actes du gouvernement et de l'administration. C'était la responsabilité individuelle substituée à la responsabilité collective.

La Constitution de 1852 reconnut aussi la responsabilité individuelle et sans solidarité des ministres ; mais
ils n'étaient responsables que devant le Chef de l'Etat.
Il est vrai qu'ils pouvaient être mis en accusation par
le Sénat, pour être renvoyés devant une Haute Cour de
justice ; mais comme celle-ci ne pouvait être saisie
que par décret de l'Empereur, il était vrai de dire,
avec la Constitution, qu'ils *ne dépendaient que du Chef
de l'Etat.*

La loi du 31 août 1871 qu'on avait appelée la constitution Rivet, déclarait les *ministres* et le *conseil des ministres* responsables devant l'Assemblée nationale.

La nouvelle loi constitutionnelle du 25 février 1875
établit aussi la responsabilité individuelle ou collective
des ministres. En effet, d'après l'article 6 de cette loi,
« les ministres sont *solidairement* responsables devant
« les Chambres de la politique générale du gouverne-
« ment, et *individuellement* de leurs actes personnels. »

Cette responsabilité *politique* qu'ils encourent à l'occasion de leurs fonctions peut avoir pour effet la démission
collective ou individuelle des ministres, toutes les fois

2

que leurs actes n'ont pas l'assentiment des Chambres. Ils peuvent, en outre, à l'occasion de leurs fonctions, encourir une responsabilité *judiciaire* et *pénale*. Spéciale- ment, en cas de *crimes* commis dans l'exercice de leurs fonctions, ils peuvent, d'après la loi constitutionnelle du 16 juillet 1875, article 12, être mis en accusation par la Chambre des députés pour être jugés par le Sénat.

En outre, en dehors de toute responsabilité pénale, il est certain que les particuliers seraient recevables à saisir directement les tribunaux d'une demande en dommages-intérêts, s'ils avaient à se plaindre d'actes arbitraires et dommageables commis par les ministres dans l'exercice de leurs fonctions. L'action civile ne serait soumise à aucune autorisation, surtout depuis l'abolition par le gouvernement de la défense nationale des entraves apportées au droit de poursuite contre les fonctionnaires publics de toute sorte (D. 19 septembre 1870); mais, comme nous le verrons, il pourrait se faire que par suite du principe de la séparation des pouvoirs administratif et judiciaire, les tribunaux de l'ordre judi- ciaire se déclarassent incompétents, si le fait qui leur était déféré constituait un *acte d'administration* dont ils ne pourraient connaître.

Attributions des ministres.

Ainsi que nous l'avons dit, les ministres sont chargés :

1° De contre-signer les actes du Chef du pouvoir exécu- tif et de lui adresser au besoin des rapports ;

2° D'agir en leur nom personnel, en vertu de l'auto- rité qui leur a été déléguée.

C'est à ce dernier point de vue que nous avons à exa- miner leurs attributions.

Les attributions des ministres se divisent en deux grandes classes : les attributions purement *administra-*

tives et les attributions *contentieuses*. Les premières supposent simplement l'exercice de l'action administrative, les autres supposent un litige administratif, une contestation à la suite d'une réclamation fondée sur la violation d'un droit. Dans le premier cas, les ministres sont *administrateurs;* dans le second cas, ils sont *juges.*

Nous retrouverons souvent cette double mission conférée à des agents de l'administration : le droit de faire des actes d'administration, c'est-à-dire des actes de commandement et de gestion pour l'application pratique des lois d'intérêt général et le droit de statuer sur les difficultés auxquelles peut donner lieu l'application de ces actes.

C'est ainsi que les maires, les sous-préfets et surtout les préfets exercent aussi à la fois des fonctions de l'administration active et des fonctions de l'administration contentieuse.

L'intérêt de distinguer les attributions purement *administratives* des attributions *contentieuses,* c'est qu'à l'occasion des premières il ne peut y avoir lieu à un recours contentieux devant le Conseil d'Etat qu'en cas d'*incompétence* ou d'*excès de pouvoirs,* tandis qu'à l'occasion des secondes, il y a lieu à un recours contentieux pour simple *mal jugé.*

I. *Attributions administratives.* — Conformément à la Constitution de l'an VIII, les ministres sont chargés de procurer l'exécution des lois et de tous les actes du pouvoir exécutif.

Les pouvoirs confiés aux ministres pour la direction des services publics qui dépendent de leur département ministériel s'exercent : soit à l'égard des agents qui leur sont subordonnés, soit à l'égard des citoyens.

A l'égard des *agents* qui leur sont subordonnés, ils ont un droit d'*autorité* et de *contrôle.*

Leur droit d'*autorité* se manifeste par des *ordres* ou des *instructions.*

Les *ordres* sont des injonctions adressées à un fonctionnaire pour un acte déterminé.

Les *instructions* sont des actes destinés à éclairer sur le sens et la portée d'une loi ou d'un règlement ; elles ont un caractère interprétatif. Elles sont individuelles ou collectives, suivant qu'elles s'adressent à un ou plusieurs agents en particulier, ou à tout un ordre de fonctionnaires. Dans ce dernier cas, on les désigne sous le nom de *circulaires;* telles sont les instructions adressées par le ministre de l'Intérieur aux préfets. C'est ainsi qu'à l'occasion de la loi du 10 août 1871 sur les Conseils généraux, plusieurs circulaires ont été adressées par les ministres de l'Intérieur et des Travaux publics.

Il est à remarquer que les instructions, malgré leur autorité doctrinale, ne lient en aucune façon les tribunaux. Elles n'obligent que les fonctionnaires auxquels elles sont adressées, et comme elles ne font aucun préjudice aux particuliers, elles ne peuvent être attaquées par la voie contentieuse devant le Conseil d'Etat.

Le droit de *contrôle* des ministres leur permet d'annuler ou de réformer les actes de leurs subordonnés, soit d'office, soit sur la réclamation des particuliers. Leurs *décisions* constituent des *arrêtés* ayant un caractère définitif. C'est ainsi que les décrets de décentralisation du 25 mars 1852 et du 13 avril 1861 obligent les préfets à rendre compte de leurs actes aux ministres compétents qui peuvent les annuler ou les réformer, lorsqu'ils sont contraires aux lois et règlements ou qu'ils donnent lieu aux réclamations des parties intéressées.

A l'égard des *citoyens*, les ministres sont les représentants légaux de l'Etat. A ce titre, ils font avec les particuliers les marchés de fournitures qui intéressent les services de leur ministère ; ils font acquitter les dépenses résultant des engagements de l'Etat, en délivrant des ordonnances de délégation ou de paiement, enfin ils représentent l'Etat dans les procès administratifs devant le Conseil d'Etat.

Les ministres peuvent appliquer les lois aux citoyens par des arrêtés *spéciaux et individuels*.

Mais peuvent-ils prendre des arrêtés *généraux et règlementaires* ?

Dans un système on soutient qu'en principe les ministres n'ont pas le pouvoir règlementaire ; que ce pouvoir appartient au Chef du pouvoir exécutif qui l'exerce pour tout l'Etat ; qu'à la vérité ce pouvoir est attribué formellement au préfet pour son département, ou au maire pour sa commune, mais qu'aucun texte ne l'a attribué d'une manière générale aux ministres qui placés du reste auprès du Chef du pouvoir exécutif, n'ont pas besoin de l'exercer, puisqu'il leur suffit de proposer un règlement à son approbation.

Dans un autre système on décide, au contraire, que les ministres ont le pouvoir réglementaire ; que ce pouvoir résulte pour eux de l'article 54 de la Constitution de l'an VIII qui les charge de procurer l'exécution des lois et des règlements d'administration publique.

Quoi qu'il en soit, le pouvoir réglementaire doit être reconnu aux ministres dans tous les cas où une disposition de loi ou de règlement d'administration publique le leur accorde.

Ainsi le règlement d'administration publique du 15 novembre 1846, sur la police des chemins de fer, confie au ministre des Travaux publics le droit de fixer le nombre des voitures qui peuvent composer un convoi, le nombre des freins dont chaque convoi doit être muni, certaines mesures pour la marche des trains, etc.

De même, le règlement d'administration publique du 10 août 1852, sur la police du roulage, autorise le ministre des Travaux publics et le ministre de l'Intérieur à prendre les mesures nécessaires pour le passage des voitures sur les ponts suspendus.

2.

En tout cas, les ministres ont le droit d'annuler ou d'approuver les arrêtés réglementaires des préfets ; mais ce droit de contrôle ne leur permet pas de les modifier, car autrement ils se substitueraient aux préfets et absorberaient leur pouvoir réglementaire.

Voies de recours. — Les voies de recours contre les arrêtés des ministres, en matière purement administrative, sont :

1° Le recours au *ministre lui-même*, qui constitue une voie de rétractation par laquelle on s'adresse au ministre pour que, mieux informé, il rétracte sa décision ;

2° Le recours au *Conseil d'Etat*, mais seulement dans le cas où il y a *incompétence* ou *excès de pouvoirs*.

II. *Attributions contentieuses.* — Les ministres ont certainement le droit de juger dans les cas où des textes leur attribuent compétence.

C'est ainsi qu'ils sont chargés de statuer :

Sur les liquidations de pensions et de créances contre l'Etat ;

Sur les difficultés relatives à l'interprétation et à l'exécution des marchés de *fournitures* faits directement pour le compte du Gouvernement (D. 11 juin 1806) ;

Spécialement, en matière de comptabilité publique, le ministre des Finances statue sur les demandes en décharge de responsabilité des trésoriers-payeurs généraux et des receveurs particuliers (art. 329, 333, 335, Déc. 31 mai 1862 sur la comptabilité publique) ;

En matière de mine, le ministre des Travaux publics peut prononcer le retrait d'une concession, lorsque le concessionnaire ne paie pas les taxes mises à sa charge pour des travaux d'assèchement, en cas d'inondation (art. 6 L. du 27 avril 1838, relative à l'assèchement et à l'exploitation des mines) ;

En matière d'élections au Conseil supérieur de l'Instruction publique et aux Conseils académiques le ministre de l'Instruction publique statue sur les recours formés par les électeurs, sauf appel au Conseil d'État (art. 12 et 13 D. 17 mars 1880 (1).

— En dehors des matières pour lesquelles la mission de juger leur a été reconnue, doit-on considérer les ministres comme juges en matière administrative ? Cette question, très controversée, revient à celle-ci :

En matière administrative (2) quelle est la juridiction de droit commun, c'est-à-dire l'autorité chargée de juger, lorsqu'aucun texte spécial ne s'explique à cet égard ?

Dans un premier système, on soutient que le tribunal ordinaire et de droit commun est le Conseil de préfecture. On argumente :

1° De l'exposé des *motifs* de la loi du 28 pluviôse an VIII, d'après lequel le *contentieux de l'administration* était remis sans distinction au Conseil de préfecture créé à cet effet ;

2° D'un décret en Conseil d'État, du 6 décembre 1813, annulant l'arrêté d'un préfet pour incompétence, et dont le considérant est ainsi conçu : « Considérant que, d'a-

(1) On peut voir encore d'autres cas de compétence dans les art. 7 et 8 de la loi du 27 avril 1838 et aussi en matière de boissons, relativement au droit d'entrée auquel peut être assujettie une commune (art. 22 L. 28 avril 1816) et encore pour la fixation de l'indemnité due aux émigrants par les agences d'émigration (loi du 18 juillet 1860).

Mais nous devons dire que, dans la plupart des cas que nous avons indiqués, certains auteurs soutiennent que les ministres procèdent comme administrateurs, et non comme juges, quoique le recours au Conseil d'État soit réservé, dans tous les cas, contre leurs décisions. (En ce sens, MM. Aucoc et Ducrocq.)

(2) En matière civile ou ordinaire, il est certain que la juridiction de droit commun est le tribunal civil d'arrondissement.

Les juges de paix et les tribunaux de commerce, notamment, sont des juridictions d'exception qui n'ont mission de juger que dans les matières formellement attribuées à leur compétence par un texte de loi.

« près la loi du 28 pluviôse an VIII et autres lois posté-
« rieures, le préfet est seul chargé de l'administration
« et que dès lors il doit seul statuer sur toutes les ma-
« tières qui sont purement d'administration, mais que
« les Conseils de préfecture sont institués pour prononcer
« sur *toutes les matières contentieuses administratives.* » On
observe enfin, dans cette opinion, que ce décret a d'autant plus d'autorité qu'il a été inséré au *Bulletin des Lois,*
afin de donner probablement de la publicité à la déclaration du principe qu'il contient.

Dans un second système, on décide que les juges de
droit commun sont les ministres. On s'appuie pour
soutenir cette opinion :

1º sur les précédents historiques. En effet, la loi des
27 avril-25 mai 1791 confiait aux ministres réunis en
conseil, la connaissance de tout le contentieux administratif. La Constitution de l'an III transporta aux ministres individuellement le droit de statuer, concurremment avec le Directoire exécutif, sur les affaires
ressortissant à leurs départements respectifs. L'institution du Conseil d'Etat par la Constitution de l'an VIII
ne fit que leur enlever le droit de juger en *dernier ressort* ·
le Conseil d'Etat était chargé de *résoudre,* de *décider,*
c'est-à-dire de prononcer d'une manière définitive;

2º sur le *dispositif* de la loi du 28 pluviôse an VIII qui,
bien loin d'attribuer d'une manière générale le contentieux administratif au Conseil de préfecture, procède, au
contraire, par énumération des cas dans lesquels il sera
compétent (art. 4).

On réfute l'argument tiré du décret de 1813 et de son
insertion au *Bulletin des Lois,* en disant que ce décret
était un jugement qui, par conséquent, n'a qu'une autorité relative ; qu'au surplus, l'argument qu'on en tire
est puisé dans ses motifs et non dans son dispositif;
qu'enfin son insertion au *Bulletin des Lois* ne lui a pas
fait perdre son caractère et que cette insertion a été
faite plutôt dans le but de proclamer la séparation de

l'administration active et de l'administration contentieuse, que dans l'intention de reconnaître la plénitude
de juridiction du Conseil de préfecture.

Dans un troisième système on distingue les époques.
On reconnaît, avec le second système, que dans le silence
des textes *postérieurs* à la création du Conseil de préfecture, en l'an VIII, les ministres sont juges de droit commun; mais que dans tous les cas où les lois *antérieures*
à la création du Conseil de préfecture attribuaient compétence aux anciens directoires de département et de
district de l'Assemblée Constituante ou aux administra-
trations centrales du département de la Constitution de
l'an III, le Conseil de préfecture doit être compétent,
parce qu'il aurait succédé dans l'esprit et d'après les
motifs de la loi de pluviôse an VIII aux attributions
contentieuses qui étaient alors dévolues à ces autorités.

Procédure et voies de recours. — Devant les ministres,
les réclamations sont faites par écrit, sur timbre. Les
décisions interviennent sur les rapports des bureaux.

Un décret du 2 novembre 1864, rendu en Conseil
d'Etat, a introduit quelques règles de procédure :

Les ministres font délivrer aux parties intéressées qui
le demandent un *récépissé* constatant la date de la réception et de l'enregistrement au ministère de leur réclamation (art. 5). Ils doivent statuer par des décisions
spéciales sur les affaires qui peuvent être l'objet d'un
recours par la voie contentieuse. Ces décisions sont notifiées *administrativement* aux parties intéressées (art.
6). Enfin, lorsque les ministres statuent sur des recours
contre les décisions d'autorités qui leur sont subordonnées, leur décision doit intervenir dans le *délai de quatre
mois*, à dater de la réception de la réclamation au ministère, ou du jour où des pièces ont été produites ulté-
rieurement. Après l'expiration de ce délai, les parties
peuvent considérer leur réclamation comme *rejetée*, s'il

n'est pas intervenu de décision, et se pourvoir au Conseil d'Etat (1).

Les *voies de recours* contre les décisions contentieuses des ministres sont :

L'*opposition*, formée par les parties contre les décisions par défaut ;

La *tierce-opposition* de la part des tiers qui se prétendraient lésés ;

L'*appel au Conseil d'Etat*, pour simple *mal jugé*. L'appel doit, en général, être formé dans les *trois mois* de la notification de la décision attaquée. Il est à remarquer que les décisions des ministres sont toujours sujettes à l'appel devant le Conseil d'Etat. Les ministres, en effet, ne jugent jamais en dernier ressort, soit qu'ils aient statué eux-mêmes en premier ressort, soit qu'ils aient statué sur l'appel d'une décision contentieuse d'un préfet ou d'une autre autorité qui leur est subordonnée. C'est parce que les ministres ne statuent jamais en dernier ressort que leurs décisions ne peuvent être attaquées ni par la *requête civile*, voie de révision ou de rétractation qui n'est admise que contre les jugements rendus en dernier ressort, ni par un recours en *cassation* devant le Conseil d'Etat, pour violation de la loi.

L'opposition et la tierce opposition sont des voies de *rétractation* qui s'exercent devant le ministre même qui a rendu la décision. L'appel au Conseil d'Etat est une voie de *réformation* qui permet au Conseil d'Etat de substituer sa propre décision à celle du ministre, sans préjudice du droit d'annulation qui lui appartient, comme

(1) Spécialement, d'après le décret du 16 mars 1880, en matière d'élections au Conseil supérieur de l'Instruction publique et aux Conseils accadémiques, le ministre doit statuer dans le délai d'un mois, sauf recours au Conseil d'Etat dans les 15 jours de la notification de la décision du ministre; et faute par le ministre d'avoir statué dans le délai d'un mois, la réclamation peut être portée directement devant le Conseil d'Etat statuant au contentieux (art. 12 et 13 D. 16 mars 1880 rendu en exécution de la loi du 27 février 1880).

ribunal de cassation, en cas de recours pour *excès de ouvoir* ou *incompétence*.

Les décisions des ministres en matière contentieuse, comme celles de toutes les autres juridictions administratives, constituent de véritables *jugements*, ayant force exécutoire et emportant hypothèque judiciaire. (Avis du Conseil d'Etat du 16 thermidor an XII, inséré au *Bulletin des Lois.*)

CONSEIL D'ÉTAT

—

L'origine du Conseil d'Etat remonte aux anciens Conseils du roi, disparus avec la monarchie.

Ce fut la Constitution du 22 frimaire an VIII (13 décembre 1799) qui, en établissant le Consulat, créa le Conseil d'Etat dont l'institution s'est perpétuée jusqu'à nos jours avec les transformations que lui ont fait subir les divers régimes politiques qui se sont succédé.

Nous indiquerons sommairement, dans ces notions historiques, les divers caractères du Conseil d'Etat sous le Consulat et le premier Empire, sous la monarchie constitutionnelle de 1814 et de 1830, sous la République de 1848 et sous le second Empire.

Consulat et premier Empire. — D'après la Constitution du 22 frimaire an VIII et le règlement du 5 nivôse de la même année, sur l'organisation du Conseil d'Etat, celui-ci était chargé, sous la direction des consuls :

1° De rédiger les projets de loi, d'en présenter les motifs et d'en soutenir la discussion devant le Corps législatif (1);

2° De rédiger les règlements d'administration publique ;

3° De résoudre les difficultés qui pouvaient s'élever en matière administrative.

Il fut également investi de la mission d'*interpréter* obligatoirement le sens des lois, d'autoriser les poursuites contre les agents du Gouvernement (art. 75 de la Constitution de l'an VIII) et de statuer sur les con-

(1) C'est sous l'empire de la Constitution de l'an VIII que nos Codes ont été faits.

flits qui pouvaient s'élever entre l'administration et les tribunaux.

Ses attributions étaient ainsi : *législatives, administratives* et *contentieuses;* mais, dans tous les cas, le Conseil d'Etat n'avait pas de pouvoir propre; il n'était qu'un conseil chargé d'éclairer le gouvernement, de lui donner des avis.

—Le Conseil d'Etat se composait de 30 à 40 membres. Il était divisé en cinq sections (Législation, Finances, Guerre, Marine, Intérieur). Il délibérait en sections et en assemblée générale. Les ministres avaient rang et séance à l'assemblée générale, mais sans voix délibérative.

L'assemblée générale était présidée par le premier Consul.

Chaque section, à défaut du deuxième ou du troisième Consul, était présidée par un conseiller d'Etat, nommé chaque année par le premier Consul.

Un arrêté du 7 fructidor an VIII distingua le service du Conseil d'Etat en service ORDINAIRE et en service EXTRAORDINAIRE.

Le sénatus-consulte du 16 thermidor an X éleva à 50 le maximum du nombre des conseillers d'Etat, et donna aux ministres non seulement rang et séance, mais aussi voix *délibérative* au Conseil d'Etat.

L'entrée des ministres au Conseil d'Etat, avec voix délibérative, fut un premier lien entre l'administration active et l'administration délibérative, entre la pratique et la théorie. L'élément pratique dans le sein du Conseil d'Etat fut encore augmenté plus tard par la création de conseillers d'Etat en service *ordinaire hors section.*

Un arrêté du 18 germinal an XI institua les *auditeurs* auprès des ministres et du Conseil d'Etat. Ils étaient chargés de développer, dans les sections du Conseil d'Etat, les motifs des propositions faites par les ministres. Cette institution était une sorte de noviciat administratif, devant servir à initier les auditeurs

3

à la pratique et à la théorie. Les auditeurs étaient destinés, après un certain nombre d'années de services, à remplir des places dans la carriere administrative ou judiciaire.

Sous l'*Empire,* le sénatus-consulte organique du 28 floréal an XII ajouta une sixième section, celle du Commerce, aux cinq sections précédemment établies. En outre, il conférait aux conseillers d'Etat l'inamovibilité, après cinq ans de service ordinaire.

En 1806, deux décrets très remarquables : du 11 juin et du 22 juillet, vinrent compléter l'institution du Conseil d'Etat, principalement au point de vue des attributions contentieuses.

Le décret du 11 juin 1806 créa :

1° Les *maîtres des requêtes,* destinés à faire le rapport des affaires contentieuses, avec voix consultative ;

2° Une *commission* du contentieux, chargée de la préparation et de l'instruction des affaires contentieuses, composée de six maîtres des requêtes et de six auditeurs, et présidée par le ministre de la justice ;

3° Les *avocats au conseil,* chargés de représenter les parties en matière contentieuse, ayant seuls le droit de signer leurs requêtes et mémoires.

Ce décret permit, en outre, de désigner des conseillers d'Etat en service ordinaire *hors section* et étendit aux maîtres des requêtes, ainsi qu'aux auditeurs, la division du service en ordinaire et extraordinaire.

Le décret du 22 juillet 1806 établit un règlement général de procédure pour les affaires contentieuses. Ce règlement est d'autant plus à remarquer qu'il est encore en vigueur et qu'il a été formellement maintenu par la nouvelle loi de 1872. Il constitue un véritable Code de procédure devant le Conseil d'Etat (1).

— Le Conseil d'Etat du Consulat et de l'Empire eut

(1) C'est dans la même année qu'avait été décrété le Code de pro cédure civile.

un grand caractère d'unité et de puissance. Avec un
Corps législatif muet, un Sénat délibérant en secret, il
fut la seule assemblée politique qui possédât des orateurs et qui formât des hommes d'Etat. Il fut la plus
haute personnification du gouvernement.

« Il devint, dit M. de Cormenin, « le contrôleur plu-
« tôt que l'auxiliaire, et le supérieur plutôt que l'égal
« des ministres, le suprême tribunal de la justice admi-
« nistrative et le véritable législateur. »

Royauté constitutionnelle de 1814 *et de* 1830. — Sous le
système représentatif, avec la parole et la discussion
restituées aux Chambres, avec le principe de la responsabilité ministérielle, le Conseil d'Etat perdit son caractère politique. Les ministres ne dépendant plus du chef
de l'Etat, mais étant responsables des actes du gouvernement et de l'administration devant les Chambres,
durent reprendre leur liberté d'action. Le Conseil d'Etat
fut dépouillé de sa participation à la puissance législative; il cessa d'avoir la suprématie sur les ministres,
dont le rôle devint prépondérant, et dont il ne fut plus
que l'auxiliaire. Il redescendit, suivant les expressions
de M. de Cormenin, au rôle modeste de donneur d'avis
et de juge administratif.

Il fut fractionné en divers comités dépendants et subordonnés aux ministres qui le présidèrent.

En matière contentieuse, les ordonnances des 2 février et 12 mars 1831 introduisirent trois innovations :
la *publicité des audiences*, le *débat oral*, l'institution d'un
ministère public représenté par les maîtres des requêtes (1).

Le Conseil d'Etat, organisé de nouveau par une or-

(1) Ces trois innovations n'ont été introduites, devant le Conseil de
préfecture, en matière contentieuse, qu'en 1862. La loi du 21 juin
1865, sur les Conseils de préfecture, les a formellement consacrées.
(Voir ce que nous disons plus loin sur les attributions contentieuses
du Conseil de préfecture.)

donnance du 18 septembre 1839, avait été depuis longtemps l'objet d'attaques assez vives. On faisait remarquer que ni la Charte de 1814, ni celle de 1830, n'en
faisaient mention ; que son institution était illégale et
inconstitutionnelle. Ce fut pour répondre à ces critiques
que l'on substitua le régime de la loi au régime des ordonnances.

La *loi* du 19 juillet 1845, reproduisant les principes
de l'ordonnance de 1839, vint consacrer l'institution du
Conseil d'Etat comme rouage constitutionnel.

D'après cette loi, le Conseil d'Etat se composait : des
ministres secrétaires d'Etat, de conseillers d'Etat, de
maîtres des requêtes et d'auditeurs. La nomination de
ces derniers était soumise à certaines conditions de capacité et notamment à l'admissibilité par une commission spéciale.

Le Conseil d'Etat était présidé par le garde des sceaux
ou en son absence par un vice-président nommé par le
roi.

On distinguait le service *ordinaire* et le service
extraordinaire. Ce dernier se composait de conseillers
d'Etat ou de maîtres des requêtes remplissant ou ayant
rempli des fonctions publiques.

Après dix ans, les conseillers d'Etat ou les maîtres
des requêtes pouvaient être nommés conseillers d'Etat
ou maître des requêtes *honoraires*.

Le Conseil d'Etat n'avait toujours qu'un pouvoir consultatif.

Il *pouvait* être appelé à donner son avis sur les projets
de loi ou d'ordonnance et sur les questions qui lui
étaient soumises par les ministres.

Il donnait *nécessairement* son avis sur les ordonnances
portant règlement d'administration publique ou sur
celles qui devaient être rendues dans la forme de ces
règlements.

Il *proposait* les ordonnances qui statuaient sur les
affaires administratives ou contentieuses dont l'examen

lui était déféré par des dispositions législatives ou réglementaires.

— Le Conseil d'Etat conservait ainsi ses attributions législatives, administratives et contentieuses ; mais, en matière législative, son rôle était considérablement réduit. Il n'avait plus le pouvoir de rédiger la loi, ni d'en soutenir la discussion par ses orateurs devant les Chambres ; il n'avait plus même le droit d'être consulté ; son avis n'était pas nécessaire, et en fait il n'était guère demandé. Il avait perdu, depuis longtemps, le droit d'interpréter obligatoirement le sens des lois.

En matière contentieuse, ses conseils prirent un peu plus d'autorité. Le roi ne pouvait s'en écarter et prendre une décision contraire à ses propositions que par une ordonnance *motivée*, rendue en *conseil des ministres*, et insérée au *Moniteur* et au *Bulletin des lois*.

République de 1848. — La Constitution républicaine de 1848 consacrait l'institution d'un Conseil d'Etat comme une concession faite aux partisans de deux Chambres. Cette concession était plus apparente que réelle, car les membres du Conseil d'Etat devaient être nommés par l'Assemblée nationale et pouvaient être pris dans son sein. Le Conseil d'Etat n'était ainsi qu'une délégation de l'Assemblée elle-même. En réalité, le Conseil d'Etat avait été établi pour contrôler le pouvoir exécutif et servir de contre-poids au gouvernement du Président de la République, issu, comme l'Assemblée nationale, du suffrage universel.

Les membres du Conseil d'Etat devaient être nommés pour six ans et renouvelés par moitié tous les trois ans, à l'époque du renouvellement de l'Assemblée nationale. Le Conseil d'Etat devait ainsi se trouver associé à l'existence et à l'esprit de chaque assemblée.

La présidence appartenait au vice-président de la République.

Les membres du Conseil d'Etat ne pouvaient être révoqués que par l'Assemblée et sur la proposition du Président de la République.

Pour la première fois depuis la Constitution de l'an VIII, le jugement des *conflits d'attribution* entre l'autorité administrative et l'autorité judiciaire lui fut retiré et confié à un tribunal spécial, appelé *Tribunal des conflits*.

Une loi organique sur le Conseil d'Etat, du 3 mars 1849, vint compléter et développer les principes de la Constitution.

Le Conseil d'Etat se composait du vice-président de la République, président, et de 40 conseillers d'Etat nommés par l'Assemblée nationale, et dont la moitié au plus, lors de la première formation et des renouvellements ultérieurs, pouvaient être élus parmi les membres de l'Assemblée nationale.

Il y avait, en outre, 24 maîtres des requêtes, nommés et révoqués par le Président de la République; 24 auditeurs nommés à la suite d'un concours; un secrétaire général nommé et révoqué par le Président de la République, et un secrétaire du contentieux nommé par le président du Conseil d'Etat.

Les ministres avaient bien entrée au Conseil, mais sans voix délibérative.

Le service extraordinaire était supprimé; seulement le Conseil d'Etat pouvait convoquer dans son sein, sur la désignation des ministres, les chefs de service et les fonctionnaires pouvant l'éclairer. Il pouvait même appeler à prendre part à ses délibérations, avec voix consultative, des membres de sociétés savantes, des magistrats ou des administrateurs ou des citoyens ayant des connaissances spéciales.

Le Conseil d'Etat était divisé en trois sections : la section de législation, la section d'administration, la section du contentieux.

Ces trois sections correspondaient à ses trois sortes

d'attributions : législatives, administratives et contentieuses.

En matière *législative* le Conseil d'Etat *devait* être con
sulté sur tous les projets de loi du gouvernement, sauf
quelques exceptions. Il n'était consulté sur les projets
d'initiative parlementaire ou même sur les projets du
gouvernement qui étaient exceptés d'un avis nécessaire,
que si l'Assemblée nationale jugeait à propos de les lui
renvoyer.

En tout cas, le gouvernement pouvait le charger de
préparer et de rédiger les projets de loi sur les matières
pour lesquelles il réclamait son initiative et de donner
seulement son avis sur les projets d'initiative parlementaire.

En matière *administrative*, le Conseil d'Etat était principalement chargé :

1° De faire les règlements d'administration publique,
avec pouvoir propre, dans tous les cas où il avait reçu
de la loi une délégation *spéciale* à cet égard ; dans les
autres cas, de préparer les règlements qui devaient ensuite être approuvés par le pouvoir exécutif. Pour l'exercice de cette mission, la délibération avait lieu dans la
section de législation, parce que les règlements d'administration publique sont le complément et le développement de l'œuvre législative ;

2° De donner son avis sur toutes les questions qui lui
étaient soumises par le Président de la République et
les ministres ;

3° De donner nécessairement son avis sur l'exercice
du droit de grâce, sur la révocation des agents du pouvoir exécutif élus par les citoyens, sur la dissolution des
Conseils généraux ou d'arrondissement, cantonaux et
municipaux.

En matière *contentieuse*, il statuait en dernier ressort
sur le contentieux administratif. Dans ce cas, à la différence de ce qui avait lieu précédemment, le Conseil
d'Etat avait un pouvoir de *décision propre*, et la *seule*

section du contentieux rendait définitivement le jugement, de la même manière que les tribunaux judiciaires.
La justice administrative n'était plus retenue, comme
autrefois, par le chef du pouvoir exécutif; elle était déléguée comme la justice ordinaire.

— En résumé, les principales modifications apportées
par la Constitution de 1848 et la loi de 1849 à l'institution du Conseil d'Etat étaient les suivantes :

1º Au point de vue de l'*organisation :*

Nomination des conseillers d'Etat par le pouvoir législatif; présidence retirée aux ministres et confiée au
vice-président de la République; rôle effacé des ministres
qui n'ont plus voix délibérative dans le sein du Conseil;
suppression du service extraordinaire.

2º Au point de vue des *attributions :*

En matière *législative :* avis *nécessaire* sur la plupart
des projets de loi présentés par le gouvernement.

En matière *administrative :* droit de faire définitivement, avec pouvoir propre, tous les règlements d'administration publique, dans le cas d'une délégation spéciale de la loi. — Avis nécessaire pour l'exercice du droit
de grâce, la révocation des agents du pouvoir nommés
par l'élection, la dissolution des conseils généraux, cantonaux et municipaux.

En matière *contentieuse :* pouvoir de *décision propre*
accordé à la section du contentieux. — Jugement des
conflits d'attribution confié à un *tribunal spécial* composé
de quatre conseillers d'Etat et de quatre conseillers à
la Cour de cassation, présidé par le ministre de la justice, ou, à son défaut, par le ministre de l'instruction
publique.

Second Empire. — Le Conseil d'Etat, sous la Constitution de 1852 et sous le *second Empire*, avait été réorganisé sur les bases de la Constitution de l'an VIII.

Il était composé de six sections.

Il comprenait des conseillers d'Etat en service ordi-

naire, des conseillers d'Etat en service ordinaire hors
section, des conseillers d'Etat en service extraordinaire;
des maîtres des requêtes, des auditeurs, les uns et les
autres divisés en deux classes et pouvant également
faire partie du service extraordinaire, un secrétaire
général ayant, en dernier lieu, le titre de conseiller
d'Etat.

Tous les membres étaient nommés et révoqués par
le chef de l'Etat.

Les ministres avaient rang, séance et voix délibérative au Conseil d'Etat.

Il était présidé par le chef de l'Etat ou par le président
du Conseil d'Etat, appelé, en 1863, ministre présidant
le Conseil d'Etat.

Ses attributions étaient toujours législatives, administratives et contentieuses. Mais, dans tous les cas, il
n'avait pas de pouvoir propre. Il n'était qu'un simple
conseil de gouvernement, comme sous la législation de
l'an VIII.

Le tribunal des conflits avait été supprimé et le jugement des conflits, qui avait toujours appartenu au Conseil d'Etat, avant 1848, lui avait été restitué.

Spécialement en matière *contentieuse*, le Conseil d'Etat
ne délibérait plus en assemblée générale, après examen
de la section spéciale du contentieux. Les affaires contentieuses étaient délibérées dans une assemblée *spéciale*,
composée de la section du contentieux et de dix membres,
dont deux pris dans chacune des cinq autres sections.
C'est une innovation consacrée par la loi nouvelle.

— Après la Révolution du 4 septembre 1870, le gouvernement de la Défense nationale institua une *Commission provisoire*, chargée de remplacer le Conseil
d'Etat du second Empire et de statuer sur les affaires
urgentes.

3.

(Loi du 24 mai 1872 modifiée par la loi du 13 juillet 1879.)

Le 1er juin 1871, le gouvernement déposa un projet de loi sur la réorganisation du Conseil d'État.

Ce projet, qualifié de provisoire, était un emprunt fait aux législations précédentes de 1845, de 1849 et de 1852.

D'après ce projet, le Conseil d'État ne devait pas avoir un caractère politique ; les membres en devaient être nommés par le gouvernement ; il devait être présidé par un ministre, comme sous la législation de 1845.

A l'imitation de la loi de 1849, il ne devait plus y avoir de conseillers d'Etat en service extraordinaire avec voix délibérative ; le Conseil d'Etat devait avoir un pouvoir propre en matière contentieuse, et le jugement des conflits lui était retiré pour être confié à un tribunal spécial.

Conformément à la législation de 1852, le Conseil d'Etat était appelé à délibérer sur les affaires contentieuses en assemblée *spéciale*.

La Commission de l'Assemblée nationale, ayant pour rapporteur M. Batbie, n'admettait pas le projet du gouvernement.

Elle voulait : que le projet ne fût pas qualifié de provisoire ; que l'Assemblée nationale elle-même, comme en 1848, nommât les conseillers d'Etat, que ceux-ci nommassent le président et les présidents de sections, que les ministres eussent individuellement voix délibérative dans les affaires ressortissant de leur ministère, qu'il y eût des conseillers d'Etat en service extraordinaire, ayant voix délibérative dans les affaires dépendant de leur administration ; que le tribunal des conflits ne fût pas présidé, comme en 1849, par le ministre de la justice, afin d'éviter, avec les changements de ministres, la mobilité dans la jurisprudence; qu'en conséquence, à côté des deux éléments administratif et judiciaire, représentés par des conseillers d'Etat et des conseillers à la Cour de cassation, il y eût un troisième élément formé de juges nommés par l'Assemblée nationale.

La discussion du projet de loi donna lieu à une foule de critiques.

On contesta l'utilité de l'institution d'un Conseil d'Etat, dont l'origine remonte aux anciens conseils du roi de la monarchie, et dont l'organisation et le développement datent du Consulat et de l'Empire. Le Conseil d'Etat, disait-on, pouvait être un rouage utile sous un gouvernement absolu, ayant besoin de conseil; mais, sous un gouvernement représentatif, le Conseil d'Etat n'avait pas de raison d'être, parce qu'au point de vue politique, il était un obstacle à la responsabilité ministérielle et qu'au point de vue administratif, il était une entrave à l'initiative individuelle et perpétuait le système d'une centralisation excessive.

On attaqua surtout ses attributions contentieuses, en faisant observer qu'elles étaient une usurpation sur le pouvoir judiciaire, qui devait être distinct du pouvoir administratif; on demandait que ses attributions de juge lui fussent enlevées et confiées aux tribunaux ordinaires, dont l'inamovibilité et l'indépendance étaient une garantie pour les justiciables dans leurs procès avec l'administration, et dont l'accès leur était plus facile.

Enfin une grave discussion s'éleva sur la question de savoir à qui appartiendrait la nomination des conseillers d'Etat. Le gouvernement avait d'abord énergiquement réclamé pour le pouvoir exécutif le droit de nommer tous les membres du Conseil d'Etat, conformément aux anciennes traditions du Consulat et de l'Empire et de la Monarchie constitutionnelle. La

Commission de l'Assemblée résista et soutint que les conseillers d'Etat devaient, comme sous la République de 1848, être nommés par l'Assemblée nationale, parce que le Conseil d'Etat devait être surtout le délégué du législateur, s'inspirant notamment de son esprit pour l'exercice du pouvoir réglementaire qui lui était confié (1).

Un accord s'établit entre le Gouvernement et la Commission. Le projet de loi fut amendé, et après trois délibérations fut votée, le 24 mai 1872, la loi dont nous allons donner l'explication.

— Nous devons observer que la loi du 24 mai 1872 a été complétée et modifiée par des lois et des décrets postérieurs, et notamment par une loi du 13 juillet 1879, qui a eu principalement pour but d'augmenter le personnel du Conseil d'Etat et de modifier son organisation.

Nous examinerons successivement :

1° L'organisation du Conseil d'Etat;

2° Ses attributions ;

3° Ses formes de procéder.

I. *Organisation du Conseil d'Etat.*

Le Conseil d'Etat comprend un certain nombre de membres répartis en cinq sections et prenant part, sous des noms et des rôles divers, aux travaux du Conseil qui délibère, suivant la nature de ses attributions, tantôt en sections, tantôt en assemblée générale, tantôt enfin en assemblée spéciale du contentieux.

---

(1) Au milieu de ces discussions, un amendement proposé par M. Target demandait, avec assez de raison et de logique, que le projet de loi sur le Conseil d'Etat fût ajourné jusqu'à ce que le pays fût doté d'une Constitution et qu'en attendant, le gouvernement fût chargé d'augmenter le personnel de la commission provisoire instituée par le gouvernement de la défense nationale. Cet amendement fut rejeté.

I. Composition.— Le personnel du Conseil d'Etat qui, sous l'empire de nécessités budgétaires, avait été réduit par la loi fondamentale du 24 mai 1872, a été augmenté par la loi nouvelle du 13 juillet 1879.

D'après cette dernière loi, combinée avec la loi de 1872, le Conseil d'Etat se compose :

1° De 32 conseillers d'Etat en service *ordinaire ;*

2° De 18 conseillers d'Etat en service extraordinaire ;

3° De 30 maîtres des requêtes ;

4° De 36 auditeurs dont 12 de première classe et 24 de seconde classe (art. 1 L. 1879).

Il y a, en outre, à la tête des bureaux, un secrétaire général, ayant rang et titre de maître des requêtes; dans chaque section, un secrétaire, et notamment un secrétaire *spécial* attaché au contentieux (art. 1 L. 1872).

Les ministres ont rang et séance à l'assemblée générale du Conseil d'Etat. Chacun d'eux a voix délibérative, en matière non contentieuse, pour les affaires qui dépendent de son ministère (art. 2 L. 1872).

— Le Conseil d'Etat est présidé par le garde des sceaux, ministre de la justice, et, en son absence, par un vice-président nommé par décret du Président de de la République et choisi parmi les conseillers d'Etat en service ordinaire. En l'absence du garde des sceaux et du vice-président, le Conseil d'Etat est présidé par le plus ancien des présidents de sections, en suivant l'ordre du tableau (art. 4 L. 1872).

Le garde des sceaux a voix délibérative toutes les fois qu'il préside soit l'assemblée générale, soit même les sections (art. 2 L. 1872).

— *Nomination et révocation des membres du Conseil d'Etat.* — Les conseillers d'Etat en service *ordinaire* dont la mission régulière est de prendre part aux travaux du Conseil d'Etat, soit dans les sections, soit dans les assemblées générales ou spéciales dudit Conseil, étaient, sous l'empire de la loi de 1872, comme en 1848, nommés et révoqués par l'Assemblée nationale ; mais depuis la loi constitutionnelle du 25 février 1875, ils sont nommés par le Président de la République par décrets rendus en *conseil des ministres*. Ils ne peuvent être choisis parmi les députés, même démissionnaires, à moins qu'il ne se soit écoulé 6 mois depuis leur démission (art. 3 L. 1872). Ils peuvent également être révoqués par décret du Président de la République rendu en *conseil des ministres ;* toutefois les conseillers d'Etat élus primitivement par l'Assemblée nationale en vertu de la loi de 1872 ne peuvent être révoqués que par le Sénat (art. 4 L. 25 février 1875) (1).

Les conseillers d'Etat en service ordinaire sont renouvelés par tiers tous les 3 ans, de telle sorte qu'un tiers reste en fontions pendant 9 ans (art. 3 L. 1872).

— Les conseillers d'Etat en service *extraordinaire* qui sont des membres de l'administration active apportant au Conseil d'Etat le concours de leurs lumières et de leur expérience (tels que des secrétaires généraux de ministères ou des directeurs de grands services administratifs) sont nommés et révoqués par de simples décrets du Président de la République.

Ils perdent leur titre de plein droit dès qu'ils cessent d'appartenir à l'administration active (art. 5 L. 1872).

Ils ne reçoivent pas de traitement et nous verrons qu'ils ne peuvent être attachés à la section du contentieux.

— Les *maîtres des requêtes*, le secrétaire *général*, le secrétaire *spécial du contentieux*, sont nommés par le Président de la République sur la présentation du vice-président et des présidents de section. Ils ne peuvent être révoqués que par des décrets individuels rendus après avoir pris l'avis des présidents (art. 5 L. 1872).

(1) Cette dernière disposition ne peut plus recevoir d'application, car tous les anciens conseillers d'Etat nommés par l'Assemblée nationale ont donné leur démission.

— Les *auditeurs*, au nombre de 36, sont divisés en deux classes. La première classe, la plus élevée, comprend 12 auditeurs et la seconde classe 24 (art. 1 L. 1879.)

Sous l'empire de la loi de 1872 chacune de ces classes se recrutait par la voie du concours, comme sous la législation de 1848; mais depuis la loi de 1879 le concours pour les auditeurs de première classe est supprimé. Le concours n'est plus exigé que pour les auditeurs de deuxième classe (art. 2 L. 1879.)

Les conditions et les règles du concours pour la nomination des auditeurs de deuxième classe ont été indiquées dans le décret réglementaire du 14 octobre 1872 modifié, sur quelques points particuliers, par des décrets postérieurs (1).

(1) Nul ne peut se faire inscrire en vue du concours :

1° S'il n'est Français jouissant de ses droits;

2° S'il a, au 1er janvier de l'année du concours, moins de 21 ans et plus de 25 ans;

3° S'il ne produit : soit un diplôme de licencié en droit, ès sciences ou ès lettres, obtenu dans une des *Facultés de l'État* (expressions du décret du 14 août 1879 excluant les diplômes obtenus dans les Facultés libres), soit un diplôme de l'Ecole des chartes, soit un certificat attestant qu'il a satisfait aux examens de sortie de l'Ecole polytechnique, de l'Ecole nationale des mines, de l'Ecole nationale des ponts et chaussées, de l'Ecole centrale des arts et manufactures, de l'Ecole forestière, de l'Ecole spéciale militaire ou de l'Ecole navale; soit un brevet d'officier dans les armées de terre et de mer;

4° S'il ne justifie avoir satisfait aux obligations imposées par la loi du 27 juillet 1872 sur le recrutement de l'armée, et notamment dans le cas où il aurait contracté un engagement conditionnel d'un an, aux obligations imposées par l'article 56 de ladite loi (art. 5 du décret du 14 octobre 1872, modifié par un décret du 14 août 1879).

— D'après le décret réglementaire du 14 octobre 1872 la liste des candidats admis à concourir est dressée et arrêtée définitivement par le vice-président du Conseil d'Etat assisté des présidents de sections (art. 7 D. régl. du 14 octobre 1872).

— Les épreuves du concours portent :

1° Sur les principes du droit politique et constitutionnel français;

2° Sur les principes généraux du droit des gens ;

3° Sur les principes généraux du droit civil français et l'organisation judiciaire de la France;

Les auditeurs de première classe, d'après la loi de 1879, sont choisis parmi les auditeurs de seconde classe ou parmi les anciens auditeurs sortis du Conseil qui comptent quatre années d'exercice soit de leurs fonctions, soit des fonctions publiques auxquelles ils auraient été appelés. Ils sont nommés par décret du Président de la République; le vice-président et les présidents de section sont appelés à faire des présentations (art. 2 L. 1879).

Indépendamment de la différence résultant du mode de recrutement de ces deux classes d'auditeurs, d'ailleurs inégales en nombre, on peut remarquer :

1° Que les auditeurs de seconde classe ne peuvent rester en fonctions que pendant quatre années (art. 5 L. 1872) et qu'ils se renouvellent annuellement par quart (L.10 août 1876) (1);—tandis que la durée des fonc-

4° Sur l'organisation administrative et sur les matières administratives indiquées dans le programme joint au règlement du 14 octobre 1872 (ce programme est du 17 octobre 1872)';

5° Sur les éléments de l'économie politique (art. 11 D. régl. du 14 octobre 1872).

Il y a une épreuve préparatoire et des épreuves définitives.

L'épreuve préparatoire consiste en une composition écrite sur un sujet relatif à la législation administrative.

Les épreuves définitives pour les candidats qui sont admissibles consistent en une épreuve par écrit sur les matières que nous avons indiquées et en une épreuve orale ayant pour objet : 1° une exposition de principes sur une matière tirée au sort; 2° un examen portant sur toutes les matières comprises à l'article 11 et précédemment indiquées (art. 12-22 D. régl. du 14 octobre 1872).

— Le jury du concours est composé de 3 conseillers d'Etat dont un faisant les fonctions de président et de 2 maîtres des requêtes choisis par le président du Conseil d'Etat.

Le président du jury a la direction et la police du concours; il a voix prépondérante en cas de partage, sauf pour la nomination des candidats (art. 8 D. régl. du 14 octobre 1872 modifié par un décret du 19 février 1878).

(1) Le concours pour la nomination de 6 auditeurs a lieu régulièrement dans le mois de décembre (art. 2 L. 10 août 1876). Toutefois une loi du 23 mars 1880 décide qu'un concours supplémentaire aura lieu au mois de juin 1880, pour la nommation de six auditeurs;

tions des auditeurs de première classe n'est pas limitée;
2° que les auditeurs de seconde classe, qui ne font qu'un
noviciat administratif, ne reçoivent pas d'indemnité, si
ce n'est depuis la loi du 23 mars 1880 qui leur accorde,
après *une année* de service, un traitement annuel qui
doit être déterminé par une loi de finances et qui
ne pourra être cumulé; — qu'au contraire, les auditeurs de première classe ayant déjà fait leurs preuves et
pouvant se prévaloir de services rendus, reçoivent un
traitement égal à la moitié de celui des maîtres des requêtes et que le tiers au moins des places des maîtres
des requêtes leur est réservé (art. 5 L. 1872).

— Les auditeurs, soit de seconde, soit de première
classe ne peuvent être révoqués que par des décrets individuels, sur l'avis du vice-président du Conseil d'Etat
délibérant avec les présidents de sections (art. 5 L.
1872).

— Les employés des bureaux sont nommés par le
vice-président du Conseil d'Etat, sur la proposition du
secrétaire général (art. 5 L. 1872).

Conditions d'âge. — Nul ne peut être nommé conseiller
d'Etat, s'il n'est âgé de 30 ans accomplis; maître des requêtes, s'il n'est âgé de 27 ans; auditeur de deuxième
classe s'il a moins de 21 ans et plus de 25 ans; auditeur
de première classe, s'il a plus de 30 ans (art. 6 L. 1872
et loi du 1er août 1874.)

Incompatibilités. — Les fonctions de conseiller d'Etat
en service ordinaire et de maître des requêtes sont incompatibles avec toute fonction publique salariée; néan-

qu'exceptionnellement le concours de 1881 aura lieu au mois de
juin de la même année et seulement pour la nomination de 2 auditeurs, et que le concours du mois de décembre 1882 n'aura lieu que
pour la nomination de 4 auditeurs. Cette loi fixe, en outre, une durée particulière aux fonctions des auditeurs qui seront nommés le
1er juillet 1880, le 1er janvier et le 1er juillet 1881 et aux deux auditeurs issus du concours de décembre 1877.

moins les officiers généraux ou supérieurs de l'armée de terre et de mer, les inspecteurs et ingénieurs des ponts et chaussées, des mines et de la marine, les professeurs de l'enseignement supérieur peuvent être détachés au Conseil d'Etat; ils conservent, pendant la durée de leurs fonctions, les droits attachés à leur position, sans pouvoir cumuler leur traitement avec celui de conseiller d'Etat.

Les fonctions de conseiller, de maître des requêtes sont incompatibles avec celles d'administrateur de toute compagnie privilégiée ou subventionnée (art. 7 L. 1872).

Toutefois, d'après la loi de 1879, les conseillers d'Etat en service ordinaire, les maîtres des requêtes et auditeurs de première classe, après trois années depuis leur entrée au Conseil d'Etat, peuvent, sans perdre leur rang au Conseil, être nommés à des fonctions publiques pour une durée qui n'excède pas 3 ans. Le nombre des membres du Conseil ainsi nommés à des fonctions publiques ne peut excéder le cinquième du nombre des conseillers, maîtres des requêtes et auditeurs.

Pendant ces trois années les membres ainsi nommés ne sont pas remplacés ; mais les traitements ne peuvent être cumulés.

— Les conseillers et maîtres des requêtes qui sont remplacés dans leurs fonctions peuvent obtenir le titre de conseillers et de maîtres des requêtes *honoraires*.

Les auditeurs de première classe remplacés dans leurs fonctions peuvent être nommés maître des requêtes, s'ils comptent 8 ans de fonctions au Conseil d'Etat (art. 3 L. 1879).

— Le titre d'auditeur et de maître des requêtes en *service extraordinaire* est supprimé (art. 7 L. 1872).

II. DIVISION DU CONSEIL D'ETAT EN SECTIONS. — Sous la loi de 1872 le Conseil d'Etat était divisé en quatre sec-

tions seulement, dont trois pour les affaires d'administration pure et une pour les affaires contentieuses.

La loi du 17 juillet 1879, en augmentant le personnel
du Conseil d'Etat, a également augmenté le nombre des
sections et l'a porté à *cinq* dont une section du contentieux et une section de législation (art. 4 L. 1879).

Aux termes de l'article 1 du décret réglementaire du
2 août 1879, rendu en exécution de la loi du 13 juillet
1879, en dehors de la section du contentieux, chargée
de délibérer sur les recours contentieux et qui, comme
nous le verrons, est soumise à des règles spéciales, les
4 autres sections sont ainsi dénommées :

1° La section de législation, de la justice et des affaires
étrangères ;

2° La section de l'intérieur, des cultes, de l'instruction
publique et des beaux-arts ;

3° La section des finances, des postes et télégraphes,
de la guerre, de la marine et des colonies ;

4° La section des travaux publics, de l'agriculture et
du commerce.

— Le ministre de la justice ou le vice-président du
Conseil d'Etat peut toujours réunir à la section compétente soit la section de législation, soit telle autre section qu'il croit devoir désigner (art. 2 du D. réglementaire du 2 août 1879).

— Les sections sont composées de 5 conseillers d'Etat
en service ordinaire et d'un président, à l'exception de
la section du contentieux, qui est composée de 6 conseillers d'Etat en service ordinaire et d'un président
(art. 4 L. 1879.)

Les présidents de section sont nommés par décret du
Président de la République et choisis parmi les conseillers d'Etat en service ordinaire (art. 10 L. 1872).

En outre, ces diverses sections comprennent un certain nombre de conseillers d'Etat en service extraordinaire, de maîtres des requêtes et d'auditeurs, et chacune
d'elles a son secrétaire.

Les conseillers d'Etat sont répartis entre les sections par décrets du Président de la République ; les maîtres des requêtes et les auditeurs sont distribués entre les sections par arrêtés du ministre de la justice, suivant les besoins du service (art. 10 L. 1872 et art. 5 Du régl. du 2 août 1879 (1).

En ce qui concerne les *conseillers d'Etat* et les *maîtres des requêtes,* tous les *trois ans* il peut être procédé à une nouvelle répartition entre les sections. Elle est faite pour les conseillers d'Etat par décret du Président de la République et pour les maîtres des requêtes par arrêté du ministre de la justice, sur la proposition du vice-président et des présidents de sections.

En dehors des époques fixées pour le roulement les conseillers d'Etat ne peuvent être déplacés par décret du Président de la République que sur leur demande et de l'avis du vice-président du Conseil d'Etat.

En ce qui concerne les *auditeurs, chaque année,* au 15 octobre, le ministre de la justice arrête, sur la même proposition, la répartition des auditeurs entre les sections (art. 5 D. régl. du 2 août 1879).

(1) D'après l'article 4 du Décret réglementaire du 2 août 1879, les maîtres des requêtes et les auditeurs sont répartis ainsi qu'il suit :
A la section de législation, etc. : 3 maîtres des requêtes, — 2 auditeurs de 1re classe, — 3 auditeurs de 2e classe.
A la section du contentieux, etc : 12 maîtres des requêtes, y compris 4 commissaires du gouvernement, — 4 auditeurs de 1re classe, — 10 auditeurs de 2e classe.
A la section de l'intérieur, etc. : 5 maîtres des requêtes, — 2 auditeurs de 1re classe, — 4 auditeurs de 2e classe.
A la section des finances, etc. : 5 maîtres des requêtes, — 2 auditeurs de 1re classe, — 3 auditeurs de 2e classe.
A la section des travaux publics, etc. : 5 maîtres des requêtes, — 2 auditeurs de 1re classe, — 4 auditeurs de 2e classe.
Par suite des besoins du service cette répartition peut être modifiée par le vice-président du Conseil d'État, sur la proposition des présidents de sections.

III. Rôle des divers membres du Conseil d'État. — Nous verrons que le Conseil d'Etat, suivant la nature de ses attributions, délibère :

Tantôt en *sections;*

Tantôt en *assemblée générale;*

Tantôt en *assemblée spéciale* du contentieux.

Les conseillers d'Etat en service *ordinaire* sont ceux dont les fonctions normales et habituelles consistent à prendre part aux travaux du Conseil d'Etat, soit dans les sections d'administration ou du contentieux, soit dans les assemblées générales, soit dans les assemblées spéciales délibérant au contentieux. Ils ont voix délibérative : soit dans les sections, soit dans les assemblées du Conseil.

Les conseillers d'Etat en service *extraordinaiare* sont, comme nous l'avons dit, des membres de l'administration active qui apportent au Conseil d'Etat les lumières de leur expérience. Ils forment l'élément pratique à côté de l'élément théorique. Ils prennent part aux travaux du Conseil d'Etat, soit dans les sections d'administration, soit à l'assemblée générale ; mais ils ne peuvent siéger au contentieux. Ils ont voix délibérative : soit dans les sections auxquelles ils sont attachés, soit dans l'assemblée générale, pour les affaires qui dépendent du département ministériel auquel ils appartiennent. Dans les autres affaires, ils n'ont que voix consultative.

Les *maîtres des requêtes* sont chargés de faire des rapports et, en matière contentieuse, de donner leurs conclusions en qualité de commissaires du gouvernement. Ils ont voix délibérative : soit dans les sections, soit à l'assemblée générale, dans les affaires dont le rapport leur est confié. Dans les autres affaires, ils n'ont que voix consultative.

Les *auditeurs* préparent l'instruction des affaires et sont, au besoin, chargés de faire des rapports. Ils ont voix délibérative à leur section et voix consultative à

l'assemblée générale : seulement dans les affaires dont
ils sont les rapporteurs (art. 11 L. 1872). Ils sont aussi
chargés de résumer les discussions relatives aux projets
de loi, aux règlements d'administration publique et aux
affaires les plus importantes (art. 30 D. régl. 2 août
1879) (1).

Quant aux *ministres*, ils ont voix délibérative à l'assemblée générale ; et spécialement le garde des sceaux a
voix délibérative soit à l'assemblée générale, soit
même aux sections, autres que la section du contentieux.

Le *secrétaire général* dirige les travaux des bureaux et
tient la plume à l'assemblée générale du Conseil. Il
signe et certifie les expéditions des actes, des décrets et
des avis du Conseil d'Etat, délivrées aux personnes qui
ont qualité pour les réclamer, sauf pour les décisions
rendues en matière contentieuse. En cas d'absence ou
d'empêchement, il est suppléé par un maître des requêtes, désigné par le ministre de la justice (art. 6 D. régl.
2 août 1879).

Les *secrétaires de chaque section* tiennent note sur un
registre spécial des affaires délibérées à chaque séance
et de la décision prise par la section.

Spécialement le *secrétaire attaché au contentieux* est, en
outre, chargé de délivrer l'expédition des décisions
rendues par l'assemblée spéciale du contentieux et quelquefois par la section du contentieux, avec la formule
exécutoire.

(1) Les conseillers d'Etat en service ordinaire, les maîtres des requêtes et auditeurs de première classe, qui sont nommés à des
fonctions publiques, conformément à l'article 3 de la loi du 13
juillet 1879, ont entrée à la section administrative à laquelle ils appartiennent et à l'assemblée générale.

Toutefois les conseillers d'Etat ainsi nommés à des fonctions publiques ne peuvent prendre part aux travaux du Conseil que dans
les conditions prévues pour les conseillers d'Etat en service extraordinaire (art. 3 D. régl. du 2 août 1879).

II. *Attributions.*

Le Conseil d'Etat a des attributions *législatives, admi-nistratives* et *contentieuses.*

Il y a un grand intérêt à distinguer ces trois sortes d'attributions du Conseil soit au point de vue du caractère et de l'autorité de ses délibérations, soit au point de vue des formes de procéder.

1° Dans l'exercice de ses attributions *législatives* et *administratives* le Conseil d'Etat n'a jamais qu'un pouvoir consultatif; il donne seulement des *avis*, qui, en matière *législative* sont toujours *facultatifs*, en ce sens qu'ils peuvent ou non lui être demandés et qui, en matière *administrative* sont tantôt *nécessaires*, c'est-à-dire obligatoirement exigés, sous peine d'excès de pouvoirs, et tantôt *facultatifs*; mais, dans tous les cas, ces avis ne lient jamais l'autorité qui les a demandés et qui peut ou non les suivre. —Dans l'exercice de ses attributions *contentieuses* le Conseil d'Etat, au contraire, a un pouvoir propre; il constitue un tribunal administratif, rendant des *arrêts*, des *décisions* exécutoires par elles-mêmes, comme celles des tribunaux ordinaires ;

2° En matière *législative* ou *administrative* le Conseil d'Etat procède sans publicité, ni plaidoirie, ni ministère public.—En matière *contentieuse* nous verrons que cette triple garantie existe depuis 1831.

3° En matière *législative* l'affaire est délibérée d'abord en section, ensuite en assemblée générale.— En matière *administrative* certaines affaires, les moins importantes, sont définitivement délibérées en sections; d'autres sont d'abord examinées par la section compétente et ensuite délibérées en assemblée générale. — En matière *contentieuse* l'affaire est habituellement délibérée d'abord en la section du contentieux, ensuite dans une assemblée *spéciale* du contentieux, et exceptionnellement dans la seule section du contentieux.

§ I. Attributions législatives. — Le Conseil d'Etat donne son avis :

1° Sur les projets d'initiative parlementaire que les Chambres *jugent à propos* de lui renvoyer ;

2° Sur les projets de lois préparés par le gouvernement et qu'un *décret spécial* ordonne de soumettre au Conseil d'Etat.

Des conseillers d'Etat *peuvent* être chargés par le gouvernement de soutenir, devant les Chambres, les projets de lois qui ont été renvoyés à l'examen du Conseil (art. 8 L. 1872).

— Il résulte de ces dispositions que les attributions législatives du Conseil d'Etat sont très réduites. C'est un retour à la loi de 1845.

Sous la législation de l'an VIII et de 1852, c'est-à-dire sous le Consulat, le premier et le second Empire, le Conseil d'Etat était nécessairement chargé de la *rédaction* des projets de loi et de leur *discussion* devant le Corps législatif et même, en 1852, devant le Sénat.

Sous la loi de 1849, on distinguait : le Conseil d'Etat donnait nécessairement son avis sur les projets de loi du gouvernement, sauf quelques exceptions ; quant aux projets d'initiative parlementaire et quant à ceux du gouvernement qui étaient compris dans les exceptions, il n'était appelé à donner son avis que si l'Assemblée nationale jugeait à propos de les lui renvoyer.

§ II. Attributions administratives. — En matière administrative, le Conseil d'Etat est appelé à donner son avis : tantôt d'une manière facultative, tantôt d'une manière impérative et nécessaire.

Avis facultatifs. — Il *peut* être consulté sur les projets de décret et en général sur toutes les questions qui lui sont soumises par le Président de la République ou par les ministres.

Avis nécessaires. — Le Conseil d'Etat est nécessairement appelé à donner son avis, sous peine d'excès de pouvoir :

1° Sur les *règlements* d'administration publique;

2° Sur les décrets en *forme* de règlements d'administration publique.

Les *règlements d'administration publique* sont des décrets généraux et réglementaires, destinés à compléter la loi, à en développer les dispositions; ils sont la continuation et l'extension de l'œuvre du législateur.

C'est ainsi que l'art. 1042 du Code de procédure civile déclare qu'il sera fait pour la taxe des frais et pour la police et la discipline des tribunaux, des règlements d'administration publique; c'est ainsi qu'aux termes des art. 615 et 617 du Code de commerce, un règlement d'administration publique doit déterminer le nombre des tribunaux de commerce et les villes qui sont susceptibles d'en recevoir, le nombre des juges et des suppléants devant composer chacun de ces tribunaux. Les lois mêmes que nous expliquons sur le Conseil d'Etat nous donnent des exemples de cas où des règlements d'administration publique doivent être faits. C'est ainsi qu'aux termes de l'art. 5 de la loi de 1872 le Conseil d'Etat doit déterminer, par un règlement, les formes et conditions du concours pour les auditeurs de 2° classe. (Ce règlement a été, comme nous l'avons dit, l'objet d'un décret du 14 octobre 1872.) De même l'art. 4 de la loi du 13 juillet 1879 décide qu'un règlement d'administration publique statuera sur l'ordre intérieur des travaux du Conseil, sur la répartition des affaires entre les sections, sur la nature des affaires qui devront être portées à l'Assemblée générale, sur le mode de roulement des membres entre les sections et sur les mesures d'exécution non prévues par la loi. Ce règlement d'administration publique, qui a complété la loi de 1879 sur le Conseil d'Etat, a fait l'objet d'un décret du 2 août 1879, dont nous avons déjà parlé plusieurs fois.

4

De nombreux règlements d'administration publique ont été faits à partir de 1871, en exécution des lois établissant de nouveaux impôts. Nous pouvons citer encore le règlement du 26 décembre 1878 sur le phylloxéra et le doryphora, fait en exécution de l'article 16 de la loi du 15 juillet 1878.

Les décrets en *forme* de règlements d'administration publique sont des décrets individuels ou spéciaux qui ne sont rendus que sur l'avis du Conseil d'Etat; tels sont : les décrets d'autorisation des sociétés d'assurances sur la vie et des associations de la nature des tontines (1); les décrets autorisant certains travaux publics, autres que les grands travaux publics entrepris par l'Etat pour lesquels il faut une loi (loi du 27 juillet 1870); les décrets de concession de mines, de desséchement de marais; les décrets autorisant l'établissement d'un octroi dans une commune; les décrets conférant une naturalisation, un changement de nom; les décrets statuant sur l'appel comme d'abus, autorisant des communautés religieuses, etc.

— Le Conseil d'Etat exerce, en outre, toutes les attributions qui étaient conférées à l'ancien Conseil d'Etat, par les lois ou règlements qui n'ont pas été abrogés (art. 8 L. 1872) (2).

§ III. ATTRIBUTIONS CONTENTIEUSES. — Les attributions contentieuses du Conseil d'Etat se réfèrent à la mission de juge. Elles supposent des réclamations qui s'appuient sur un droit méconnu et sur lesquelles le Conseil d'Etat

---

(1) Ce sont les seules sociétés pour lesquelles, depuis la loi du 24 juillet 1867, l'autorisation du gouvernement en Conseil d'Etat soit nécessaire. Avant cette loi, toutes les sociétés anonymes ne pouvaient être établies qu'avec l'autorisation du Conseil d'Etat.

(2) Le décret du 19 sepembre 1870, ayant aboli l'art. 75 de la Constitution de l'an VIII, le Conseil d'Etat n'intervient plus pour autoriser des poursuites contre les agents du gouvernement.

est appelé à statuer comme tribunal admininistratif ; à ce titre, elles présentent un sérieux intérêt.

D'après la nouvelle loi de 1872, le Conseil d'Etat, comme sous la République de 1848, est investi, en matière contentieuse, d'un pouvoir de *décision propre*. Ainsi que nous l'avons dit déjà, il ne donne pas un simple avis, il ne propose pas un simple projet de décision ; il prononce souverainement le jugement, il rend lui-même la décision, comme un tribunal ordinaire (1).

En matière contentieuse, le Conseil d'Etat peut être envisagé à trois points de vue. Il exerce, en effet, son rôle de juge : soit comme tribunal de cassation, soit comme tribunal d'appel, soit comme tribunal de premier et dernier ressort.

I. *Comme tribunal de cassation*, le Conseil d'Etat, par analogie des attributions de la Cour de cassation, statue :

1º Sur les questions de compétence entre les autorités administratives, en matière contentieuse ; en un mot, sur les conflits de *juridictions* administratives (2), c'est-à-dire sur les luttes de compétence entre deux ou plu-

(1) Par suite de son droit de statuer *souverainement*, en matière contentieuse, le Conseil d'Etat ne pourrait plus, pour les contraventions de grande voirie, abaisser les peines établies par d'anciens règlements au-dessous du tarif fixé par la loi de 1842 (20ᵉ pour les amendes fixes ; de 16 à 300 fr. pour les amendes arbitraires). Il serait tenu, comme le Conseil de préfecture, d'appliquer la loi, et de rester dans les limites de la réduction autorisée. Le Chef de l'Etat seul aurait le droit de faire grâce. (Voir ce que nous dirons, à cet égard, en traitant de la compétence du Conseil de préfecture en matière de grande voirie.)

(2) C'était aussi le Conseil d'Etat qui statuait autrefois sur les conflits d'*attributions*, c'est-à-dire sur les luttes de compétence entre l'autorité *administrative* et l'autorité *judiciaire* ; mais la nouvelle loi de 1872, comme nous l'expliquerons plus loin en traitant des conflits, s'inspirant de la législation de 1848, a confié la mission de statuer, à cet égard, à un tribunal spécial, appelé *tribunal des conflits*.

sieurs tribunaux administratifs et qui donnent lieu à des pourvois en *règlement de juge;*

2° Sur les recours pour *incompétence* et *excès de pouvoir* contre les actes de l'autorité administrative (lois des 7-14 octobre 1790 et 27 avril-25 mai 1791). Ces recours sont remarquables à plusieurs titres : 1° ils sont admis, d'une manière générale, contre toute décision administrative, sans qu'il y ait à distinguer si elle émane de l'administration active, de l'administration délibérative ou de l'administration contentieuse ; c'est ainsi qu'une décision purement administrative d'un ministre et une délibération d'un conseil général, d'une commission départementale ou d'un conseil municipal, peuvent être attaquées pour cause d'incompétence ou d'excès de pouvoir, aussi bien qu'une décision émanée d'un tribunal administratif ; 2° ils sont ouverts non seulement contre les décisions en dernier ressort, mais aussi contre les décisions susceptibles d'appel. Par suite, la décision d'un préfet peut être déférée au Conseil d'Etat pour cause d'incompétence ou d'excès de pouvoirs, directement, *omisso medio*, c'est-à-dire sans qu'elle ait été préalablement soumise à un recours devant le ministre ; 3° ils sont dispensés de la constitution d'un avocat au Conseil d'Etat (Décret du 2 novembre 1864).

— L'art. 9 de la loi de 1872 reproduit formellement le principe consacré par les lois de l'Assemblée constituante, en disant que le Conseil d'Etat statue souverainement sur les demandes d'annulation pour excès de pouvoirs formées contre les actes des *diverses* autorités administratives ;

3° Sur les recours fondés sur la *violation de la loi* (soit quant au fond, soit quant à la forme), contre les décisions rendues en *dernier ressort*, en matière contentieuse, par les tribunaux administratifs.

Il est à remarquer que ces recours ne sont autorisés qu'en vertu d'un texte *spécial* de loi. C'est une différence saillante avec les pourvois formés devant la Cour de cassation, et qui sont admis, dans tous les cas, et d'une manière générale, dès qu'ils sont fondés sur une violation de la loi et sans qu'il soit besoin d'un texte spécial pour les autoriser (1).

Les décisions en dernier ressort qu'un texte spécial permet ainsi d'attaquer pour violation de la loi sont, notamment : les *arrêts de la Cour des comptes* (art. 17 loi du 16 septembre 1807).

Les décisions, au contraire, qui ne pourraient pas être attaquées, pour cette cause, sont celles des conseils de révision de l'armée (art. 25 loi du 21 mars 1832). L'art. 30 de la nouvelle loi sur le recrutement, du 27 juillet 1872, reproduit ce principe, en déclarant que les décisions du conseil de révision sont *définitives*, sauf toujours le recours au Conseil d'Etat pour incompétence et *excès de pouvoirs*. Toutefois, elle apporte une restriction à ce principe; elle permet au ministre de la guerre, mais au ministre seulement, d'attaquer, pour *violation de la loi*, les décisions du conseil de révision. Ce pourvoi est ainsi autorisé dans l'intérêt de la loi, pour maintenir l'unité de jurisprudence; mais l'annulation profite aux parties lésées.

II. *Comme tribunal d'appel*, le Conseil d'Etat prononce sur les recours formés, en matière contentieuse, contre les décisions des tribunaux administratifs qui n'ont pas été rendues en dernier ressort, principalement :

1° Contre les arrêtés des Conseils de préfecture (2) ;

2° Contre les arrêtés des ministres ;

(1) Par exception les jugements des juges de paix, en matière civile, ne peuvent donner lieu à un recours en cassation pour une simple violation de la loi; ils ne peuvent donner lieu à un pourvoi en cassation qu'en cas d'*excès de pouvoir* (art. 15 L. 25 mai 1838).

(2) Dans un seul cas, l'appel est porté devant la *Cour des comptes*; c'est lorsqu'un Conseil de préfecture a statué, en premier ressort, sur les comptes des receveurs des communes et autres établissements publics dont le revenu n'excède pas 30,000 francs.

4.

3° Contre les décisions de certaines commissions de travaux publics, notamment en matière de *plus-value*.

4° Contre les arrêtés des préfets, pourvu que la loi ait dit : *sauf recours au Conseil d'Etat.* La loi l'a dit, comme nous le verrons, en matière d'établissements dangereux, incommodes et insalubres des deux premières classes. Si la loi n'avait pas expressément réservé ce recours direct au Conseil d'Etat, l'appel de la décision du préfet devrait être porté au ministre, son supérieur hiérarchique, sauf ensuite recours en appel, au Conseil d'Etat, contre l'arrêté du ministre (1).

III. *Comme tribunal de premier et dernier ressort,* le Conseil d'Etat statue notamment :

Sur les infractions aux lois et règlements qui régissent la Banque de France (loi du 22 avril 1806, art. 21);

Sur la demande formée par le ministre de l'Intérieur à l'effet de déclarer démissionnaires les membres des Conseils généraux, d'arrondissement ou municipaux qui refuseraient de remplir les fonctions qui leur sont dévolues (L. 7 juin 1873);

Sur les réclamations contre les élections des membres des *conseils généraux* (L. 31 juillet 1875).

C'est également comme tribunal de premier et dernier ressort qu'il statue sur les recours formés contre les décrets du Chef du pouvoir exécutif qui violent un *droit* ou sur les demandes en *interprétation* des décrets du Chef du pouvoir exécutif.

_____

(1) Quand le Conseil d'Etat joue le rôle de tribunal d'appel, le recours est fondé sur un simple *mal jugé*, et non sur un vice déterminé; en outre, le Conseil d'Etat est appelé à substituer sa propre décision à celle des premiers juges, et non simplement à annuler et à renvoyer devant une autre juridication. Ce sont là des différences avec le cas où il joue le rôle de tribunal de cassation.

III. *Formes de procéder.*

Le Conseil d'Etat délibère : soit en sections, soit en assemblée générale, soit en assemblée spéciale du contentieux.

Les formes de procéder devant le Conseil d'Etat varient suivant qu'il exerce ses attributions *législatives*, *administratives* ou *contentieuses*. Elles ont été développées dans les décrets portant règlement intérieur du Conseil d'Etat du 21 août 1872 et du 2 août 1879.

§ I. MODE DE PROCÉDER EN MATIÈRE LÉGISLATIVE. — Nous avons dit déjà qu'en matière *législative* l'affaire était examinée par la section ou les sections auxquelles elle se rapportait, qu'ensuite elle était délibérée en assemblée générale (art. 7 D. régl. du 2 août 1879).

§ II. MODE DE PROCÉDER EN MATIÈRE ADMINISTRATIVE. — En matière *administrative*, certaines affaires doivent être examinées d'abord en sections, ensuite délibérées en assemblée générale; d'autres, moins importantes, sont définitivement délibérées en sections.

Parmi les affaires qui, après examen préparatoire de la section compétente, doivent être portées à l'assemblée *générale*, il faut signaler d'abord les projets de *règlement d'administration publique* qui sont le complément de la loi (1).

En outre des règlements d'administration publique, l'article 7 du décret réglementaire du 2 août 1879 énu-

(1) En matière réglementaire, comme en matière législative, la section chargée de l'examen préparatoire est autorisée, avec l'agrément du garde des sceaux, à s'adjoindre des conseillers d'Etat ou des maîtres des requêtes des autres sections et à nommer une commission qui lui fait un rapport.

mère 26 affaires dans lesquelles les projets de décret
doivent être portés à l'assemblée générale (1).

(1) Ces projets de décret ont pour objet : 1° l'enregistrement des bulles ou autres du Saint-Siège ; 2° les recours pour abus; 3° les autorisations des congrégations religieuses et la vérification de leurs statuts ;
4° l'autorisation ou la création d'établissements publics et d'établissements d'utilité publique; 5° l'autorisation à ces établissements,
aux congrégations religieuses, aux communes et départements d'accepter soit des legs universels soit des dons et legs dont la valeur
excéderait 50,000 fr. ; 6° l'annulation ou la suspension des délibérations prises par les conseils généraux des départements dans les cas
prévus par les articles 33, 47 et 49 de la loi du 10 août 1871; 7° les
impositions d'office établies sur les départements, dans le cas prévu
par l'art. 61 de la loi du 10 août 1871; 8° les recours formés par les
conseils municipaux en vertu de l'art. 23 de la loi du 5 mai 1855,
dans le cas d'annulation de leurs délibérations ; 9° l'autorisation des
impositions extraordinaires et des emprunts votés par les conseils
municipaux, dans le cas prévu par l'art. 7 de la loi du 24 juillet
1867 et des emprunts contractés par les hospices et autres établissements charitables, dans le cas prévu par l'art 12 de la même loi;
10° les impositions d'office établies sur les communes; 11° les traités
passés par les communes ayant plus de trois millions de revenus,
pour les objets énumérés dans l'art. 16 de la loi du 24 juillet 1867;
12° les changements apportés à la circonscription territoriale des
communes; 13° les caisses des retraites des employés des administrations municipales ; 14° la création des octrois ou l'autorisation
des taxes pour une durée supérieure à 5 ans ; 15° la création des tribunaux de commerce et des conseils de prud'hommes, la création ou
la prorogation des chambres temporaires dans les cours et tribunaux ;
16° la création des chambres de commerce; 17° la naturalisation des
étrangers accordée à titre exceptionnel, en vertu de l'art. 2 de la
loi du 29 juin 1867; 18° les prises maritimes; 19° la délimitation du
rivage de la mer ; 20° les concessions de portions du domaine de
Etat et les concessions de mines, soit en France, soit en Algérie;
21° l'exécution des travaux publics à la charge de l'Etat, qui peuvent être autorisés par décrets du pouvoir exécutif; 22° l'exécution
des chemins de fer d'intérêt local ; 23° la concession du dessèchement de marais, les travaux d'endiguement et ceux de redressemen
des cours d'eau non navigables; 24° l'approbation des tarifs de ponts
à péage et des bacs; 25° l'autorisation des sociétés d'assurances sur
la vie, des tontines, et les modifications des statuts des sociétés
anonymes autorisées avant la loi du 24 juillet 1867 ; 26° le classement des établissements dangereux, incommodes et insalubres, la

Indépendamment des affaires spéciales énumérées par cet article 7 du décret réglementaire du 2 août 1879, doivent encore être portées à l'assemblée générale : 1° toutes les affaires non comprises dans cette nomenclature et sur lesquelles il doit être statué, en vertu d'un texte de loi ou de règlement, par décret rendu dans la *forme* des règlements d'administration publique ; 2° les affaires qui, à raison de leur importance, sont renvoyées à l'examen de l'assemblée générale, soit par les ministres, soit par les présidents de section, d'office ou sur la demande de la section.

Les affaires qui peuvent être définitivement délibérées en *sections* sont notamment : les autorisations de dons et legs dont la valeur n'excède pas 50,000 francs, les naturalisations ordinaires, les changements de noms, les autorisations de prise d'eau sur les eaux du domaine public, les autorisations de plaider demandées par les communes et établissements publics, etc.

Règles communes aux matières législatives et administratives. — Les matières législatives et administratives sont soumises à des règles communes, en ce qui touche les assemblées de sections et les assemblées générales.

Assemblées de sections. Dans chaque *section* il est tenu un rôle sur lequel toutes les affaires sont inscrites d'après leur ordre de date.

Le président de la section distribue les affaires entre les rapporteurs et désigne celles qui sont réputées urgentes ; il en est tenu note sur un registre particulier.

Le secrétaire de chaque section mentionne les affaires délibérées à chaque séance et la décision prise.

En l'absence du président de section, la présidence appartient à celui des conseillers d'Etat qui est le premier inscrit sur le tableau (art. 8-11 D. régl. du 2 août 1879).

suppression de ces établissements dans les cas prévus par le décret du 15 octobre 1810.

Les *sections* législatives et administratives, c'est-à-dire les sections autres que la section du contentieux, ne peuvent délibérer valablement que si *trois* conseillers en service ordinaire sont présents et, en cas de partage, la voix du président est prépondérante (art. 12 L. 1872).

— Le ministre de la justice ou le vice-président du Conseil d'Etat peut toujours réunir à la section compétente : soit la section de législation, soit telle autre section qu'il croit devoir désigner (art. 2 D. régl. 2 août 1879). Quand plusieurs sections sont ainsi réunies, la présidence appartient, en l'absence du ministre de la justice, au vice-président ou à celui des présidents de ces sections qui est le premier dans l'ordre du tableau (art. 12 D. régl. 2 août 1879).

— Les décrets rendus après délibération d'une ou plusieurs sections mentionnent que ces sections ont été entendues (art. 13 L. 1872).

Assemblées générales. Les jours et heures des assemblées générales sont fixés par le Conseil d'Etat sur la proposition du ministre de la justice ; en cas d'urgence le Conseil est convoqué par le vice-président.

Il est dressé par le secrétaire général, pour chaque séance, un rôle des affaires qui doivent être délibérées en assemblée générale. Ce rôle mentionne le nom du rapporteur et contient la notice de chaque affaire rédigée par le rapporteur.

Le président (garde des sceaux ou vice-président du Conseil d'Etat) a la police de l'assemblce ; il dirige les débats, résume la discussion et pose les questions à résoudre (art. 13-18 D. régl. 2 août 1879).

En assemblée *générale* le Conseil d'Etat ne peut délibérer si seize, au moins, des conseillers en service ordinaire ne sont présents. En cas de partage, la voix du président est prépondérante.

—Les décrets rendus après délibération de l'assemblée

générale mentionnent que le Conseil d'Etat a été entendu (art. 13 L. 1872).

— Le gouvernement peut appeler à prendre part aux séances de l'assemblée générale ou des sections, avec voix consultative, les personnes que leurs connaissances spéciales mettraient en mesure d'éclairer la discussion (art. 14 L. 1872).

§ III. Mode de procéder en matière contentieuse. — La loi de 1872, complétée par la loi de 1879 et les décrets réglementaires qui ont été rendus en exécution de ces lois, établit des règles spéciales : soit sur le mode de délibération en matière contentieuse, soit sur les règles particulières de procédure à suivre et pour lesquelles elle renvoie, du reste, au règlement du 22 juillet 1806 qui est formellement maintenu.

En raison de l'importance des attributions contentieuses du Conseil d'Etat, nous examinerons successivement et avec quelques détails :

1º Le mode de délibération du Conseil en matière contentieuse;

2º Les règles de procédure à suivre en cette matière.

Mode de délibération en matière contentieuse.

I. *Historique.* — Le mode de délibération, en matière contentieuse, a beaucoup varié. On peut distinguer, à cet égard, jusqu'à la législation actuelle, cinq périodes historiques.

1º De l'an VIII, époque de la création et de l'origine du Conseil d'Etat actuel, jusqu'en 1806. Pendant cette première période le mode de délibération du Conseil d'Etat, en matière contentieuse, n'avait rien de spécial ; il était le même que celui suivi en toute autre matière. L'affaire contentieuse était d'abord examinée par la section à laquelle elle se rapportait, puis elle était délibérée en *assemblée générale.*

2º De 1806 à 1831. En 1806, deux décrets importants
vinrent organiser le mode de délibération et la procédure à suivre devant le Conseil d'Etat en matière contentieuse.

Le décret du 11 juin 1806 institua une *Commission*
spéciale du contentieux, présidée par le ministre de la
justice et composée de maîtres des requêtes et d'auditeurs. Cette commission était chargée de l'instruction
des affaires contentieuses dont le rapport était confié à
des *maîtres des requêtes*. Ce décret créa, en outre, les *avocats au Conseil*, ayant la mission de représenter les parties
et de signer leurs requêtes et mémoires en matière
contentieuse.

Le décret du 22 juillet 1806, quelque temps après la
confection du Code de procédure civile, fixa les règles
à observer dans l'instruction des affaires et établit ainsi
un véritable Code de procédure administrative devant
le Conseil d'Etat. C'est ce décret réglementaire qui est
encore en vigueur et dont nous étudierons bientôt les
dispositions.

A cette époque l'instruction était seulement *écrite* et
les affaires contentieuses étaient toujours délibérées en
assemblée générale.

3º De 1831 jusqu'en 1849. Pendant cette période, les
affaires contentieuses continuent à être instruites par
une section spéciale, la section du contentieux, et elles
sont toujours délibérées, ensuite, en assemblée générale ;
mais d'importantes modifications sont apportées à la
législation antérieure.

En 1831, les ordonnances des 2 février et 12 mars
introduisent trois grandes innovations : la *publicité des
audiences*, le *débat oral*, l'*institution du ministère public*
représenté par les maîtres des requêtes, donnant leurs
conclusions dans les affaires contentieuses.

En 1845, on proposa de donner au Conseil d'Etat un
pouvoir de décision propre, en matière contentieuse ;
mais, après de grandes discussions, on maintint le

système antérieur, d'après lequel le Conseil d'Etat,
même en matière contentieuse, ne devait donner qu'un
simple avis que le chef de l'Etat pouvait ou non suivre ;
seulement la loi du 19 juillet 1845 vint exiger, à titre de
garantie, que l'ordonnance qui ne serait pas conforme à
l'avis du Conseil d'Etat, ne fût rendue que de l'avis du
conseil des ministres, qu'elle fût *motivée* et, en outre, insérée au *Moniteur* et au *Bulletin des lois.*

4° De 1849 à 1851. En 1849, on admit l'innovation
inutilement proposée en 1845 ; on décida : 1° que le
Conseil d'Etat aurait un pouvoir de décision propre ;
2° que la *seule* section du contentieux aurait le droit,
accordé aux tribunaux ordinaires, de rendre, en matière
contentieuse, un jugement définitif, exécutoire sans
aucune approbation.

5° De 1852 à la législation actuelle. En 1852 on revint
aux anciennes traditions ; on enleva au Conseil d'Etat le
droit de statuer avec un pouvoir de décision propre. Il
n'eut plus, comme avant 1849, que le droit de donner
un avis, de faire une proposition en matière contentieuse, comme en toute autre ; on admit seulement que
si le chef de l'Etat s'écartait du projet, le décret devrait
être inséré au *Moniteur* et au *Bulletin des lois.* Mais un
nouveau système fut adopté pour la délibération des
affaires contentieuses ; ce ne fut plus la seule section
du contentieux qui fut appelée à délibérer, comme en
1849 ; ce ne fut pas non plus l'assemblée générale, comme
cela avait eu lieu depuis l'an VIII jusqu'en 1849. On
admit un système mixte.

La section du contentieux ne fut plus chargée que de
l'instruction préparatoire ; mais la délibération définitive
fut confiée à une assemblée *spéciale*, composée : 1° de la
section du contentieux ; 2° de dix membres pris dans les
cinq autres sections.

II. *Législation actuelle.* — La nouvelle loi du 24 mai
1872 a conféré au Conseil d'Etat un pouvoir de décision

5

propre en matière contentieuse, conformément à la loi
de 1849; mais elle a maintenu le système mixte de délibération introduit en 1852.

En conséquence : d'une part, le Conseil d'Etat rend en
matière contentieuse, des décisions définitives, souve-
raines; il constitue un tribunal administratif auquel le
droit de juger est délégué comme aux tribunaux ordinaires; il prononce de véritables jugements, exécutoires
par eux-mêmes, sans approbation du chef de l'Etat,
ayant autorité de chose jugée et emportant hypothèque
judiciaire; d'autre part, les affaires contentieuses sont
délibérées d'abord par la section du contentieux, chargée
de l'instruction préparatoire, ensuite par une assemblée spéciale, investie du jugement définitif.

— L'importance des affaires contentieuses, les garanties que réclamait l'intérêt des justiciables, ont fait
édicter des règles spéciales pour la composition et le
mode de délibération de la section du contentieux chargée, en général, de l'instruction préparatoire, secrète et
écrite, et de l'assemblée spéciale à laquelle sont attribués
l'instruction définitive, en audience publique, et sur
plaidoirie, ainsi que le jugement.

Section du contentieux. — La section du contentieux a
un personnel plus important. Elle se compose, comme
nous l'avons dit, de six conseillers d'Etat et d'un président de section. En outre, on peut remarquer les particularités suivantes :

1º Le ministre de la justice qui est président du Conseil d'Etat et qui peut présider les sections administratives, ne peut présider la section du contentieux ;

2º Les conseillers en service extraordinaire ne peuvent
y être attachés ;

3º Quatre maîtres des requêtes (L. 1879), ayant la
qualité de commissaires du gouvernement et devant
assister aux délibérations de la section, sont désignés

directement par le Président de la République et non
par le ministre de la justice;

4° Son secrétaire spécial est nommé par décret du
Président de la République;

5° En cas de partage, dans le sein de la section, on ne
donne pas voix prépondérante au président; on appelle
alors le plus ancien maître des requêtes présent à la
séance (art. 15, L. 1872).

Autrefois cinq membres devaient être présents pour la
délibération de la section (art. 21, D. Règl., 2 août 1879);
mais depuis la loi du 9 décembre 1884 trois suffisent.

Assemblée spéciale du contentieux. — L'assemblée spéciale du contentieux se compose :

1° Du vice-président du Conseil d'Etat;

2° Des membres de la section du contentieux;

3° De huit conseillers en service ordinaire pris dans les
autres sections et désignés par le vice-président du Conseil
délibérant avec les présidents de section (art. 5 L. 1879).

En l'absence du vice-président du Conseil d'Etat la
présidence de l'assemblée appartient au président de la
section du contentieux.

En cas d'empêchement du secrétaire du contentieux,
un secrétaire-adjoint peut être désigné par le vice-
président du Conseil d'Etat, sur la proposition du
président de la section du contentieux (art. 23 D. régl.
2 août 1879).

Il est à remarquer : que l'assemblée ne peut délibérer
qu'en nombre *impair*, parce qu'on a voulu éviter les partages; aussi, lorsque les membres sont en nombre pair, le
dernier des conseillers dans l'ordre du tableau doit
s'abstenir (art. 5 L. 1879); qu'elle ne décide valablement que si neuf membres au moins ayant voix délibérative sont présents; qu'enfin les membres du Conseil
d'Etat ne peuvent participer au jugement des recours
dirigés contre les décisions qui ont été préparées par

les sections auxquelles ils appartiennent, s ils ont pris part à la délibération (art. 20 et 21 L. 1872).

Règles de procédure en matière contentieuse.

Les règles de procédure, en matière contentieuse, se trouvent dans le décret réglementaire du 22 juillet 1806, qui est le texte fondamental, mais qu'il faut combiner avec les dispositions des nouveaux textes législatifs ou réglementaires sur le Conseil d'Etat.

Toutes les règles de procédures sont relatives à la *demande*, à l'*instruction*, au *jugement* et aux *voies de recours* (1).

I. DEMANDE. — En ce qui touche la demande, il faut distinguer, d'après le décret du 22 juillet 1806, les affaires introduites à la requête des parties et celles introduites sur le rapport d'un ministre.

1° *Débat entre deux parties privées.* — Le recours au Conseil d'Etat de la part d'une partie privée se forme par une *requête signée d'un avocat au Conseil d'Etat*. La requête est déposée au greffe, c'est-à-dire au secrétariat de la section du contentieux ; elle contient les noms et demeures des parties, l'exposé sommaire des faits et des moyens, les conclusions, l'énonciation des pièces dont on entend se servir et qui doivent être jointes à l'appui de la requête. Celle-ci peut être complétée par une autre requête ou mémoire ampliatif.

---

(1) Le décret de 1806 contient 51 articles répartis dans les quatre titres suivants :

1° De l'introduction et de l'instruction des instances ;

2° Des incidents qui peuvent survenir pendant l'instruction ;

3° Des décisions du Conseil d'Etat, des voies de recours et des dépens ;

4° Des avocats et des huissiers au conseil.

Nous suivrons, à peu près, le cadre de cette division.

Le président de la section du contentieux désigne un rapporteur et, conformément à la décision de la section, rend une *ordonnance de soit communiqué* pour prescrire au demandeur de communiquer sa requête au défendeur éventuel. Cette ordonnance est *signifiée* à ce dernier dans le délai de deux mois (décret du 2 novembre 1864), afin qu'à son tour il constitue un avocat au Conseil et engage le débat contradictoirement. Un certain délai est accordé au défendeur pour fournir ses défenses. Le demandeur est autorisé à signifier un mémoire en réponse aux défenses et le défendeur, à son tour, a le droit de réplique.

2° *Débat entre l'État et une partie privée.* — Si l'État joue le rôle de demandeur, un rapport est déposé par le ministre, et il en est donné communication à l'adversaire dans la forme administrative. Si la partie privée est demanderesse, le dépôt de sa requête, signée d'un avocat, vaut signification au ministre.

Dans l'un et l'autre cas, il n'intervient pas d'ordonnance de *soit communiqué*.

— L'État, représenté par les ministres, n'est pas obligé de constituer un avocat au Conseil.

Quant aux particuliers (ou personnes morales autres que l'État), ils ne sont dispensés de la constitution d'un avocat que dans certains cas :

1° En matière d'impôts directs ;

2° En matière d'élections aux Conseils municipaux, d'arrondissement ; ou même généraux (L. 1875) ;

3° En cas de recours pour incompétence et excès de pouvoir (décret du 2 novembre 1864) ;

4° En cas de recours relativement aux liquidations de pensions (décret du 2 novembre 1864) ;

5° En cas de recours contre les arrêtés des Conseils de préfecture, relatifs aux contraventions dont la répression leur a été confiée ; spécialement en matière de police du roulage et de grande voirie (loi du 21 juin 1865 sur les Conseils de préfecture);

6° En cas de recours contre certaines décisions de la commission départementale (art. 88 L. 10 août 1871 sur les conseils généraux et loi du 20 août 1881, art. 4).

7° Dans le cas où le Conseil d'Etat est chargé de déclarer démissionnaires les membres des Conseils municipaux, d'arrondissement ou généraux, qui refusent de remplir les fonctions qui leur sont dévolues par les lois (art. 4 L. 7 juin 1873).

Ces divers cas, où il y a dispense d'avocat, sont d'autant plus à remarquer que, comme nous le verrons, ce sont des cas dans lesquels, par exception, la *seule* section du contentieux peut rendre définitivement la décision.

Délai du recours. — Le recours au Conseil d'Etat doit, en général, être formé dans le délai de trois mois, à partir de la notification de la décision attaquée (1); cette notification, quand elle est faite par une partie privée à une autre partie privée ou à l'Etat, a lieu par ministère d'huissier, et quand elle est faite par l'Etat aux parties privées, elle peut se faire en la forme administrative, par des agents de l'ordre administratif (art. 11 décret de 1806).

Effet du recours. — En principe, le recours au Conseil

(1) Quelquefois le recours doit avoir lieu dans un moindre délai. C'est ainsi que l'art. 88 de la loi du 10 août 1871 sur les Conseils généraux fixe à deux mois le délai du recours contre certaines décisions de la commission départementale, formé devant le Conseil d'Etat, pour excès de pouvoirs ou violation de la loi ou d'un règlement d'administration publique. De même encore le décret du 17 mars 1880 n'accorde que 15 jours pour se pourvoir contre la décision du ministre de l'instruction publique, en matière d'élections au Conseil supérieur de l'instruction publique et aux Conseils académiques (art. 12 et 13).

Le délai est d'un mois en matière d'élections municipales (art. 40 loi du 5 avril 1884).

d'Etat n'est *pas suspensif* de l'exécution de la décision attaquée, même quand le Conseil d'Etat ne joue que le rôle de tribunal d'appel, sauf au Conseil d'Etat le droit d'ordonner un sursis (art. 3 décret de 1806). C'est une différence remarquable avec l'appel formé devant les juridictions ordinaires de l'ordre judiciaire (1).

La loi de 1872 sur le Conseil d'Etat maintient le principe que les recours contre les décisions de l'autorité administrative ne sont *pas suspensifs;* mais elle permet aux Conseils de préfecture de subordonner l'exécution de leurs décisions, en cas de recours, à la charge de donner caution ou de justifier d'une solvabilité suffisante (art. 24 L. 1872) (2).

II. Instruction. — La section du contentieux dirige *l'instruction écrite* et *prépare* le rapport de l'affaire qui doit être ensuite jugée par l'assemblée spéciale du contentieux (art. 15 de la loi du 24 mai 1872).

La communication des recours aux parties intéressées et aux ministres, s'il y a lieu, les demandes de pièces, les mises en cause et tous les autres actes d'instruction sont délibérés par la section du contentieux, sur l'exposé du rapporteur.

(1) Par exception, dans le cas d'un recours formé contre certaines décisions de la commission départementale, l'art. 88 de la loi du 10 août 1871 déclare que le recours sera SUSPENSIF. Cette disposition est d'autant plus remarquable que, dans ce cas, le Conseil d'Etat joue le rôle de tribunal de cassation.

(2) Quand il s'agit d'élections au Conseil municipal, l'appel au Conseil d'Etat contre la décision du Conseil de Préfecture est SUSPENSIF, lorsqu'il est formé par un conseiller dont l'élection a été annulée (art. 40 loi du 5 avril 1884).

Il en est peut-être de même pour les élections au Conseil d'arrondissement, bien que l'article 54 de la loi du 22 juin 1833 ait été abrogé par la loi de 1871 sur les Conseils généraux. En tout cas, la question ne peut s'élever pour les élections au Conseil général, puisque le Conseil d'Etat statue, depuis 1875, sur ces élections, en premier et dernier ressort.

Les décisions relatives aux actes d'instruction sont signées par le président de la section.

Toutes les affaires sont communiquées au ministère public.

Le président de la section du contentieux distribue les affaires entre les quatre maîtres des requêtes, qui remplissent les fonctions de ministère public.

Tous les rapports au contentieux sont faits par écrit.

Les questions posées par les rapports sont communiquées sans déplacement aux avocats, quatre jours au moins avant la séance de l'assemblée spéciale du contentieux (art. 18-21 D. régl. du 21 août 1872 et art. 19 et 20 D. régl. du 2 août 1879).

Les incidents qui peuvent survenir pendant l'instance et qui sont prévus par le titre 2 du décret de 1806 sont relatifs aux demandes incidentes, à l'inscription de faux, à l'intervention, aux reprises d'instance, constitution de nouvel avocat et au désaveu.

III. JUGEMENT. — Ainsi que nous l'avons dit, le jugement des affaires contentieuses est habituellement rendu par l'assemblée spéciale délibérant au contentieux, à la suite de l'instruction préparatoire de la section du contentieux.

— Le rôle de chaque séance *publique* du Conseil d'Etat est préparé par le commissaire du gouvernement chargé de porter la parole dans la séance; il est arrêté par le président.

Ce rôle, imprimé et contenant sur chaque affaire une notice sommaire rédigée par le rapporteur, est distribué quatre jours au moins avant la séance, à tous les conseillers d'Etat de service à l'assemblée du Conseil statuant au contentieux, ainsi qu'aux maîtres des requêtes et auditeurs de la section du contentieux.

Il est également remis aux ministres qui ont pris des conclusions et aux avocats dont les affaires doivent être appelées (art. 22 D. régl. 2 août 1879).

A l'audience *publique* de l'assemblée *spéciale* du contentieux le rapport est fait au nom de la section du contentieux.

Les avocats des parties présentent leurs observations orales;

Le maître des requêtes, commissaire du gouvernement, donne ses conclusions (art. 17 et 18 L. 1872).

On retrouve ainsi la triple garantie, introduite en 1831, de la *publicité* des audiences, du *débat oral* et des conclusions du *ministère public*.

L'assemblée *spéciale* du Conseil d'Etat rend le jugement définitif. Sa décision est souveraine; elle constitue un arrêt ayant, comme nous l'avons dit, autorité de chose jugée, ayant immédiatement force exécutoire et emportant hypothèque judiciaire.

— Par exception, la section du contentieux rend elle-même la décision définitive dans les affaires pour lesquelles il n'y a pas constitution d'avocat, à moins que le renvoi à l'audience publique de l'assemblée spéciale n'ait été demandé par l'un des conseillers d'Etat de la section ou par le commissaire du gouvernement à qui elles sont préalablement communiquées. Si le renvoi n'a pas été demandé, ces affaires sont jugées par la section du contentieux, sur le rapport de celui de ses membres que le président en a chargé et après les conclusions du commissaire du gouvernement (art. 19 de la loi du 24 mai 1872).

— Toutes les décisions prises par l'assemblée du Conseil d'Etat délibérant au contentieux ou par la section du contentieux, sont lues en séance publique, transcrites sur le procès-verbal des délibérations et signées par le vice-président, le rapporteur et le secrétaire du contentieux.

Elles contiennent les noms et demeures des parties, leurs conclusions, le vu des pièces principales et des lois appliquées.

Elles portent en tête la mention suivante : « Au nom

5.

« du peuple français, le Conseil d'Etat statuant au conten-
« tieux » (ou la section du contentieux du Conseil d'Etat).
Il y est fait mention des membres ayant délibéré.

Les expéditions qui sont délivrées par le secrétaire portent la formule exécutoire suivante : « La République
« mande et ordonne aux ministres de..... en ce qui les con-
« cerne et à tous huissier à ce requis, en ce qui concerne
« les voies du droit commun contre les parties privées, de
« pourvoir à l'exécution de la présente décision. » (Art. 22
et 23 L. 1872 et art. 24 et 25 du règl. du 2 août 1879).

VOIES DE RECOURS. — Les voies d'attaque contre les
arrêts du Conseil d'Etat, sont :

1° L'*opposition* contre les décisions rendues par défaut.
Elle doit être formée, depuis le décret du 2 novembre 1864,
dans le délai de deux mois, à partir de la notification de
la décision attaquée ; elle n'a pas d'effet suspensif, à
moins qu'il n'en soit autrement ordonné (art. 29-31 du
décret de 1806) ;

2° La *révision*, voie de recours analogue à la requête civile. Elle est formée contre les décisions contradictoires,
rendues sur pièces fausses ou faute par la partie con-
damnée d'avoir représenté une pièce décisive retenue par
son adversaire ou encore sans l'observation des formalités substantielles prescrites pour la délibération et le
jugement des affaires contentieuses (art. 23 L. 1872
et art. 32-36 du décret de 1806). — Le délai du recours
est également de deux mois, conformément au décret du
2 novembre 1864.

3° La *tierce-opposition*, de la part des tiers qui n'auraient
pas été parties au procès. Aucun délai n'étant fixé, le
recours pourrait avoir lieu pendant trente ans (art. 37-
39 du décret de 1806) (1).

(1) L'article 40 du décret de 1806 vise un recours au Conseil d'E-
tat en matière *non contentieuse*. D'après cet article, lorsqu'une partie se croit lésée dans ses droits ou sa propriété par l'effet d'une dé-

— *Dépens*. — Les dépens sont liquidés à la section du contentieux par un maître des requêtes, sauf révision par le président, conformément au tarif fixé par une ordonnance du 18 janvier 1826 (art. 41-43 D. 1806).

Les règles sur la condamnation et la compensation des dépens sont celles établies par le Code de procédure civile; toutefois, l'Etat n'est jamais condamné aux dépens; mais un décret du 2 novembre 1864 a déclaré complètement applicables les articles 130 et 131 du Code de procédure civile, dans les contestations où l'administration agit comme représentant le domaine de l'Etat et dans celles qui sont relatives : soit aux marchés de fournitures, soit à l'exécution des travaux publics, dans les cas prévus par l'art. 4 de la loi du 28 pluviôse an VIII.

Des avocats et des huissiers au Conseil.—D'après le décret de 1806, deux ordres d'officiers ministériels sont attachés au Conseil : les *avocats* et les *huissiers*, qui exercent, en même temps, leurs fonctions près la Cour de cassation.

Les *avocats*, institués par le décret du 11 juin 1806, comme nous l'avons vu, représentent les parties, signent leurs requêtes et leurs mémoires et présentent, en outre, des observations orales à l'audience. Ils sont en même temps avoués et avocats. Depuis 1817 les avocats au Conseil d'Etat sont en même temps avocats à la Cour de cassation.

Les *huissiers* ont le droit exclusif de faire les significations d'avocat à avocat, et les significations aux parties ayant leur domicile à Paris (art. 44-51, décret de 1806).

cision en Conseil d'Etat rendue en matière non contentieuse, elle peut présenter une requête au chef de l'Etat pour, sur un rapport à lui fait, être l'affaire renvoyée s'il y a lieu, soit à une section du Conseil d'Etat, soit à une Commission.

COUR DES COMPTES.

—

Avant 1789, il y avait des chambres des comptes à Paris et dans les provinces pour l'examen et le jugement des comptes. Elles étaient, en outre, chargées d'une juridiction criminelle sur les comptables (1).

La chambre des comptes de Paris avait même, d'après une ordonnance de Louis XI, des attributions politiques et administratives. Ses attributions politiques consistaient dans le droit d'enregistrer et de vérifier, concurremment avec le parlement, les édits et ordonnances concernant les finances et le domaine de la couronne. Ses attributions administratives comprenaient la garde des titres du domaine de la couronne et l'inspection sur l'administration financière du royaume.

—En 1791, ces chambres furent supprimées. L'Assemblée législative apurait les comptes sur le rapport d'un *bureau de comptabilité* composé de 15 membres nommés par le roi, divisés en 5 sections.

La Constitution de 1793 remplaça le bureau de comptabilité par des *vérificateurs* nommés par le pouvoir exécutif et des commissaires surveillants nommés par le Corps législatif.

La Constitution de l'an III créa une commission de *trésorerie* et une commission de *comptabilité*, composées chacune de 5 membres élus par le Conseil des Anciens,

(1) En dehors de la Chambre des comptes de Paris on comptait 9 Chambres des comptes dans les provinces. Elles siégeaient à Dijon, Grenoble, Aix, Nantes, Montpellier, Rouen, Metz, Nancy, Bar-le-Duc.

sur une liste triple présentée par le Conseil des Cinq-Cents. Le règlement définitif des comptes individuels était toujours réservé au Corps législatif.

La Constitution de l'an VIII créa une *commission de comptabilité nationale* composée de 7 membres choisis par le Sénat, chargée de vérifier et de régler définitivement les comptes des recettes et dépenses de la République. L'unité était réalisée sans la garantie de l'indépendance.

« Il restait à créer une juridiction élevée, une magis-
« trature comparant tous les comptes, déchargeant vala-
« blement les comptables, dégageant leurs personnes et
« leurs biens hypothéqués à l'Etat, affirmant, après un
« examen fait en dehors des bureaux des finances,
« l'exactitude des comptes présentés et donnant à leur
« règlement annuel la forme et la solennité d'un arrêt
« de la Cour suprême. Il fallait, enfin, créer une Cour
« des comptes. Napoléon y avait souvent pensé, et il
« réalisa, au retour de Tilsitt, cette grande pensée. »
(Thiers, Histoire du Consulat et de l'Empire.)

— La loi du 16 septembre 1807 et le décret du 28 du même mois, qui sont les textes fondamentaux de la législation actuelle, instituèrent et organisèrent la Cour des comptes avec les garanties de l'ordre judiciaire.

Par sa constitution judiciaire elle se rattache aux anciennes chambres des comptes et par son unité à la commission de comptabilité qui l'avait précédée.

Un décret du 31 mai 1862, révisant une ordonnance du 31 mai 1838, a codifié les règles sur la comptabilité publique. Ce décret, véritable Code de la comptabilité, ne contient pas moins de 883 articles (1).

(1) Une Commission a été nommée le 31 janvier 1878, à l'effet de préparer un travail de révision du décret du 31 mai 1862.

Nous étudierons l'organisation de la Cour des comptes, ses attributions judiciaires et son contrôle sur les comptes des ministres.

Organisation.

Composition de la Cour des comptes. — La **Cour** des comptes se compose :
D'un premier président ;
De trois présidents de chambre ;
De dix-huit conseillers maîtres :
De quatre-vingt-six référendaires, dont vingt-six de première classe et soixante de deuxième classe (décret du 17 juillet 1880) ;
De vingt-cinq auditeurs (décret du 25 décembre 1869), divisés en deux classes (décret du 14 décembre 1859), dont quinze de première classe et dix de deuxième classe (décret du 25 décembre 1869) ;
D'un procureur général ;
D'un greffier en chef, qui a sous sa direction des commis greffiers.
Tous les membres de la Cour des comptes sont nommés par le Chef du pouvoir exécutif. Ils sont inamovibles, à l'exception des auditeurs, du procureur général et du greffier qui peuvent être révoqués.
Nul ne peut être président, maître des comptes, procureur général ou greffier en chef, s'il n'est âgé de trente ans accomplis. Pour être référendaire de deuxième classe, il faut être âgé de vingt-cinq ans et on ne peut être de la première classe si l'on n'a été de la deuxième pendant deux ans. On est élevé à la première classe moitié par le choix, moitié par l'ancienneté.
Les conditions requises pour être nommé auditeur de

deuxième classe sont : l'âge de vingt et un an au moins, et de vingt-huit ans au plus, le grade de licencié en droit et l'admissibilité par une commission spéciale d'examen composée : d'un conseiller-maître, de deux conseillers référendaires, l'un de premier et l'autre de deuxième classe, et de deux fonctionnaires appartenant à l'administration centrale des finances, tous nommés par le ministre des finances. La liste des admissibles à l'examen est arrêtée par le ministre des finances (décret du 25 décembre 1869).

Les promotions de la deuxième classe d'auditeurs à la première ont lieu moitié au choix, moitié à l'ancienneté (décret du 14 décembre 1859). Les auditeurs de première classe ont droit à la moitié des places de conseillers référendaires de deuxième classe (décret du 25 décembre 1869).

Division de la Cour des comptes. —La Cour des comptes se divise en *trois chambres* (1).

Chacune des chambres est composée d'un président et de six maîtres des comptes. Le premier président peut présider chacune des chambres, et c'est lui qui est chargé de répartir les conseillers-maîtres entre les trois chambres.

Une sorte de roulement est néanmoins prescrit par le décret du 31 mai 1862. En effet, chaque année, deux membres de chaque chambre sont répartis entre les deux autres ou placés dans une seule, suivant les besoins du service.

---

(1) D'après la loi du 16 septembre 1807 (art. 3) la première devait juger les comptes des recettes publiques ; la deuxième, ceux des dépenses publiques ; la troisième, ceux des recettes et dépenses des communes et établissements publics ; mais, en fait, les affaires sont réparties par le premier président, entre les trois chambres, suivant certaines distinctions de comptables ou d'après l'ordre alphabétique des départements (arrêté du 27 janvier 1877).

Rôle des divers membres. Le *premier président* a la police et la surveillance générale. Il fait entre les référendaires la distribution des comptes et indique la Chambre à laquelle le rapport sera fait.

Le *premier président*, les *présidents* de chambre et les *conseillers-maîtres* ont seuls voix *délibérative.*

Les *référendaires* ne sont attachés à aucune chambre ; ils font des rapports sur les affaires qui leur sont distribuées par le premier président et auprès de celle des chambres que celui-ci désigne. Ils n'ont pas voix délibérative, même dans les affaires dont ils font le rapport.

Les *auditeurs,* placés sous la direction du premier président, sont adjoints aux conseillers référendaires pour l'instruction et la vérification des comptes. Ils préparent les rapports ; ils peuvent même, depuis le décret du 12 décembre 1860, être chargés par le Chef du pouvoir exécutif, après quatre années de service et au nombre de quinze au plus (décret du 25 décembre 1869), de faire directement des rapports aux chambres de la Cour.

Le *procureur général* a une mission de police et de surveillance à l'occasion de laquelle il procède par voie de *réquisitions* adressées au premier président (1). — Il fait dresser un état nominatif de tous ceux qui doivent présenter leurs comptes à la Cour, s'assure s'ils sont exacts à les présenter dans les délais fixés par les lois et règlements et requiert contre ceux en retard l'application des peines. — Depuis un décret du 17 juillet 1880, il est assisté, dans ses fonctions de ministère public, d'un *avocat général* pris parmi les cons. référ. de 1re classe et d'un *substitut* pris parmi les cons. référ. de 2e classe.

(1) La Cour peut d'office ou sur la réquisition du procureur général prononcer contre ceux de ses membres qui auraient manqué aux devoirs de leur état ou compromis la dignité de leur caractère : 1° la censure ; 2° la suspension des fonctions ; 3° la déchéance qui, toutefois, n'est exécutoire qu'en vertu d'un décret sur le rapport du ministre des finances. (D. 19 mars 1852, art. 3 et 4.)

Le procureur général peut prendre connaissance de tous les comptes; mais certaines affaires doivent lui être communiquées. Ce sont :

1° Toutes les demandes en mainlevée, radiation ou translation d'hypothèques prises sur les biens des comptables ;

2° Les demandes en révision formées contre les arrêts de la Cour ;

3° Les affaires dans lesquelles un référendaire élève contre les comptables une prévention de faux ou de concussion.

Il correspond avec les ministres pour leur donner les renseignements dont ils ont besoin.

Le *greffier en chef* assiste aux assemblées générales et y tient la plume. Il est chargé d'enregistrer les comptes lors de leur présentation, de veiller à la garde des minutes des arrêts, de signer tous les certificats, expéditions et extraits de la Cour.

— La Cour des comptes, par sa forme, son organisation, l'inamovibilité des conseillers, se rapproche des tribunaux judiciaires de droit commun. — Son action s'étend sur toute la France. — Elle prend rang après la Cour de cassation, dont elle emprunte le caractère d'unité au point de vue financier. Elle n'a de séances publiques que pour les déclarations solennelles dont nous parlerons ; mais au fond, elle constitue un tribunat *administratif*, car ses arrêts peuvent être l'objet d'un recours qui est porté devant le Conseil d'Etat et non devant la Cour de cassation.

Attributions.

Pour mieux faire comprendre les attributions de la Cour des comptes, nous donnerons une idée générale de la comptabilité publique, dont les règles contenues autrefois dans l'ordonnance du 31 mai 1838 ont été refondues dans le décret du 31 mai 1862. Ce décret, qui ne contient pas moins de 883 articles, forme, ainsi que nous l'avons dit, un véritable Code de la comptabilité publique.

Notions générales sur la comptabilité publique. — Par son objet, la comptabilité publique se divise en *comptabilité deniers* et *comptabilité matières*, suivant qu'elle est relative à un maniement de fonds en numéraire ou à un mouvement de matières dans les dépôts publics (1).

Nous ne parlerons que de la comptabilité deniers, et seulement de la comptabilité générale de l'Etat.

On distingue la comptabilité *législative*, la comptabilité *administrative* et la comptabilité *judiciaire*.

I. *Comptabilité législative.* — La comptabilité *législative* comprend :

1° L'autorisation des recettes et le vote des dépenses, qui font l'objet de la *loi annuelle du budget* ou *loi de finances* (les dépenses et les recettes sont habituellement l'objet de deux lois distinctes);

2° L'approbation de l'emploi des recettes aux dépenses, qui fait l'objet de la *loi des comptes* ou du *règlement définitif* du budget de l'exercice clos.

Vote des dépenses et des recettes. — Le budget des recettes

---

(1) Cette division est celle adoptée par le décret du 31 mai 1862. Ce décret contient, en effet, deux parties : 1° la comptabilité des deniers publics ; 2° la comptabilité des matières appartenant à l'État.

La première partie comprend 5 titres. Le premier contient des dispositions générales applicables aux divers services; le titre 2 traite de la comptabilité législative; le titre 3 traite de la comptabilité administrative; le titre 4 traite de la comptabilité judiciaire et du contrôle de la Cour des comptes; le titre 5 a pour objet les comptabilités spéciales des départements, des communes et des établissements publics.

La deuxième partie ne contient qu'un titre unique, qui forme le 6me.

et dépenses est présenté aux Chambres législatives avant
l'ouverture de chaque exercice. Le projet du budget et
les lois de finances doivent en premier lieu être présentés à la Chambre des députés et votés par elle.

On commence par voter les dépenses, car les recettes
ne sont légitimes que dans la mesure des dépenses à
faire. C'est l'inverse de ce que fait un particulier qui doit
régler ses dépenses sur ses ressources ; mais l'Etat
songe d'abord au but à atteindre : la satisfaction des
intérêts généraux ; quant aux ressources, il les crée en
conséquence en s'adressant à l'impôt.

Le budget des dépenses a été voté, suivant les diverses
périodes historiques, tantôt par *ministère*, tantôt par
sections dans chaque ministère, tantôt enfin par *chapitres* pour chaque ministère.

Sous la royauté constitutionnelle, et surtout depuis la
loi des comptes du 29 janvier 1831, le budget de chaque
ministère était voté par *chapitres*, et les ministres devaient se renfermer dans les limites des crédits affectés
à chaque chapitre. C'était le système connu sous le
nom de *spécialité des chapitres législatifs.* C'est le système
qui fut également suivi sous la Constitution de 1848.

Sous le second Empire, les trois modes de votes furent
successivement employés. D'après le sénatus-consulte
du 25 décembre 1852, le budget était voté par ministère ; d'après le sénatus-consulte du 31 décembre 1861,
il était voté par sections dans chaque ministère, et depuis le sénatus-consulte du 8 septembre 1869, il était
voté par chapitres. On était ainsi revenu, à la fin du
règne précédent, au principe de la spécialité des crédits.

Sous le régime actuel, c'est également par *chapitres*
que se vote le budget. Ce mode de vote a le grand avantage de permettre aux Chambres d'exercer un contrôle
plus sérieux et plus efficace sur les dépenses projetées.
Les crédits sont votés avec d'autant plus de mesure que
l'on peut apprécier de plus près l'étendue des besoins des
divers services auxquels ils sont affectés.

Les ministres font ensuite la répartition par articles des crédits votés par chapitres.

— Les dépenses qui figurent au budget sont comprises dans les quatre catégories suivantes :

1° Dette publique, dotations et dépenses des pouvoirs législatifs ;

2° Services généraux des ministères ;

3° Frais de régie, de perception et d'exploitation des impôts et revenus publics ;

4° Remboursements et restitutions, non-valeurs et primes (1).

— Les prévisions du budget sont souvent dérangées, parce qu'on vient à reconnaître qu'un crédit pour une dépense prévue est insuffisant ou qu'une dépense imprévue est à faire.

Il y a deux moyens de pourvoir à ces éventualités : soit par des virements, soit par des crédits supplémentaires ou extraordinaires.

Un *virement* de crédit consiste à transporter un crédit d'un service à un autre, en annulant, en tout ou en partie, un crédit déjà voté, pour en appliquer les ressources disponibles à un autre service insuffisamment doté ou à une nouvelle dépense imprévue.

Les crédits *supplémentaires* sont des crédits nouveaux qui ont pour but de pourvoir à l'insuffisance dûment justifiée d'un service porté au budget, et qui ont pour objet l'exécution d'un service déjà voté, sans modification dans la nature de ce service (art. 2 L. 14 décembre 1879).

Peuvent seuls donner lieu à ouverture de crédits supplémentaires, les services votés dont la nomenclature est annexée chaque année à la loi de finances (art. 5 L. du 14 décembre 1879).

Les crédits *extraordinaires* sont également des crédits nouveaux, mais qui sont commandés par des circon-

(1) Depuis quelques années les dépenses du budget ordinaire s'élèvent à environ 3 milliards.

tances urgentes et imprévues, et qui ont pour objet ou
a création d'un service nouveau, ou l'extension d'un
ervice inscrit dans la loi de finances au delà des bornes
éterminées par cette loi (art. 2 loi 14 décembre 1879).

Sous le gouvernement précédent, des virements
ouvaient être faits par décret en Conseil d'Etat, et
'usqu'en 1861 les crédits supplémentaires et extraordinaires étaient aussi ouverts par des décrets en Conseil d'Etat, sauf approbation ultérieure par le Corps
législatif.

Actuellement, d'après la loi du 16 septembre 1871,
sur le budget rectificatif de 1871 et la loi du 14 décembre 1879, *aucun virement* de crédit ne peut avoir lieu
d'un chapitre à un autre; et les crédits *supplémentaires* et
extraordinaires ne peuvent être accordés que par une *loi*,
conformément au sénatus-consulte du 31 décembre 1861.
Toutefois, dans le cas de prorogation des Chambres, des
crédits supplémentaires et extraordinaires peuvent être
ouverts provisoirement par des décrets rendus en Conseil d'Etat, mais après approbation en conseil des ministres, et sauf à être soumis à la sanction des Chambres dans la première quinzaine de la plus prochaine
réunion. Les crédits extraordinaires qui ont pour objet
la création d'un service nouveau ne peuvent être ouverts
par décret (art. 5 loi du 14 décembre 1879).

Règlement définitif du budget. — La loi de *règlement
définitif* du budget consiste dans l'approbation des
comptes d'administration présentés par les ministres.
On l'appelle pour cela la *loi des comptes.* Cette loi suppose
que les opérations de la comptabilité administrative et
judiciaire dont il nous reste à parler sont terminées, car
elle est destinée à en sanctionner les résultats. Elle
n'intervient que longtemps après la *loi de finances* qui a
autorisé les dépenses et les recettes; il s'écoule ordinairement entre cette dernière loi et la loi des *comptes*

approuvant définitivement l'emploi des recettes aux dépenses, un intervalle de plusieurs années.

II. *Comptabilité administrative.*—La comptabilité *administrative* a pour objet les divers actes de comptabilité émanés des *ordonnateurs* et des *comptables*, et qui s'accomplissent entre la loi du budget, appelée aussi la loi de finances, et la loi des comptes.

Les fonctions d'ordonnateur et de comptable sont incompatibles. L'*ordonnateur* est celui qui est chargé de faire emploi des crédits régulièrement ouverts et de délivrer en conséquence des *ordonnances* ou *mandats de payement*. Les principaux ordonnateurs sont les ministres, les préfets et les maires. Le *comptable* est celui qui, sous les noms divers de payeur, trésorier, receveur, percepteur, caissier, économe, est chargé de manier les fonds, c'est-à-dire de recevoir ou de payer.

Il est à remarquer que, dans l'intérêt des services publics et pour les besoins d'une bonne comptabilité un créancier de l'Etat ne peut se faire payer comme un créancier ordinaire, eût-il même un titre exécutoire.

Pour qu'un créancier de l'Etat puisse obtenir son paiement, il faut qu'il fasse reconnaître, liquider et ordonnancer sa créance.

La reconnaissance ou *déclaration de la dette* de l'Etat, qui forme le titre du créancier, peut résulter : soit d'un acte contractuel, soit d'une décision de l'autorité administrative ou d'un tribunal judiciaire (1).

(1) C'est une question très controversée que celle de savoir à quelle autorité, en principe, appartient le droit de déclarer l'Etat débiteur, notamment à l'occasion de la responsabilité de l'Etat pour les actes de ses agents. La Cour de cassation a souvent jugé que ce droit appartient aux tribunaux judiciaires. Quelques auteurs distinguent si l'Etat est intéressé comme puissance publique ou comme personne privée; enfin, le Conseil d'Etat et surtout le Tribunal des conflits décident que, dans tous les cas où un texte n'attribue pas compétence à l'autorité judiciaire (comme, par exemple, en cas de perte de valeurs déclarées à la poste, L. 4 juin 1859, art. 3),

La *liquidation* de la dette est faite par le ministre compétent ou son délégué (art. 62 D. 31 mai 1862). Elle a pour objet la vérification du titre du créancier, la détermination du chiffre de la créance et l'application des lois de déchéance.

L'*ordonnancement*, ou ordre de payer, résulte d'une ordonnance directe du ministre ou d'un mandat d'un ordonnateur secondaire, délivré en vertu d'une délégation ministérielle.

Les ministres sont chargés, chacun en ce qui le concerne, de l'ordonnancement des dépenses dans la mesure des crédits qui leur sont ouverts par les lois de finances. Ils ont le droit de déléguer leur pouvoir à des ordonnateurs secondaires. Les ordres de payer directement délivrés par les ministres s'appellent *ordonnances de paiement;* les ordres de payer émanés des ordonnateurs secondaires, en vertu des ordonnances de délégation des ministres, s'appellent *mandats de paiement*.

Ordonnancement et paiement. — Pour comprendre les règles relatives à l'ordonnancement et au paiement, il est bon de rappeler quelques principes généraux de comptabilité.

Les services financiers s'exécutent dans des périodes de temps dites de *gestion* et d'*exercice*.

La *gestion* embrasse l'ensemble des actes d'un comptable, soit pendant l'année, soit pendant la durée de ses fonctions.

L'*exercice* est la période d'exécution des services d'un budget.

Le *budget* est l'acte par lequel sont prévues et autorisées les recettes et les dépenses annuelles de l'Etat.

Sont seuls considérés comme appartenant à un exer-

c'est à l'autorité administrative à déclarer l'Etat débiteur (décret sur conflit du 1er juin 1861 ; décision du Tribunal des conflits des 8 et 25 février 1873 et 29 mai 1875 ; C. Cas., 19 novembre 1883 et 26 août 1884).

cice les services faits et les droits acquis du 1er janvier
au 31 décembre de l'année qui lui donne son nom.

La durée de la période pendant laquelle doivent se
consommer tous les faits de recette et de dépense de
chaque exercice se prolonge, d'après l'article 33 du décret du 31 mai 1862 :

« 1° Jusqu'au 1er février de la seconde année pour
« achever, dans la limite des crédits ouverts, les ser-
« vices matériels dont l'exécution commencée n'aurait
« pu être terminée avant le 31 décembre précédent, pour
« des causes de force majeure ou d'intérêt public, qui
« doivent être énoncées dans une déclaration de l'or-
« donnateur, jointe à l'ordonnance ou au mandat ;

« 2° Jusqu'au 31 juillet, pour la liquidation et l'ordon-
« nancement des sommes dues aux créanciers ;

« 3° Jusqu'au 31 août de cette seconde année, pour
« compléter les opérations relatives aux recouvrements
« des produits et au paiement des dépenses. »

Comme le dit M. Aucoc, « la commande et la livraison
doivent se faire du 1er janvier au 31 décembre, la livraison peut être retardée jusqu'au 31 janvier dans certains cas exceptionnels. La liquidation et l'ordonnancement doivent être faits avant le 31 juillet; puis le
créancier de l'État doit se présenter à la caisse avant le
31 août. »

Ainsi les dépenses peuvent être *ordonnancées* jusqu'au
31 juillet de l'année qui suit l'ouverture de l'exercice;
elles peuvent être payées jusqu'au 31 août. C'est à cette
dernière époque que l'exercice est *clos*.

Après la clôture de l'exercice, les créanciers de l'État
ne sont pas déchus; ils doivent seulement, pour se faire
payer, obtenir un nouvel ordonnancement. La *déchéance*
n'est encourue par eux qu'après un délai de *cinq ans*, à
partir de l'ouverture de l'exercice auquel les créances
appartiennent (loi du 29 janvier 1831) (1).

(1) Cette déchéance de 5 ans diffère de la prescription ordinaire
sous deux rapports : 1° elle s'applique à *toutes* les créances d'un

Les payements à faire pour solder les dépenses de l'exercice *clos* sont imputés sur un chapitre de l'exercice courant intitulé : *Dépenses des exercices clos*. Il peut se faire que, même après le délai de cinq ans, la déchéance n'ait pas été encourue, notamment : par suite du retard de l'administration ou par suite de pourvois devant le Conseil d'Etat ; dans ces cas, les payements à faire sont imputés sur le budget courant, à un chapitre spécial intitulé : *Dépenses des exercices périmés*.

Le ministre des finances veille à ce que les ordonnances et mandats de payements soient acquittés. Dans chaque ministère, une division de la comptabilité prépare les ordonnancements et tient des livres pour constater les ordonnances de payement et de délégation délivrées par le ministre, ainsi que les comptes des ordonnateurs secondaires.

Ces diverses écritures sont centralisées à la comptabilité générale du ministère des finances, où aboutissent également les comptes de gestion des comptables.

III. *Comptabilité judiciaire.* — La comptabilité *judiciaire* est confiée à la *Cour des comptes*; elle se rattache aux attributions de cette Cour dont nous avons à parler.

La Cour a des *attributions de juridiction* et des *attributions de contrôle*. Dans le premier cas, elle rend des *arrêts*, dans le second cas, elle émet des *déclarations*.

I. *Attributions de juridiction.* Le pouvoir judiciaire de

exercice, de telle sorte que 5 ans après l'ouverture de cet exercice, la prescription est acquise aussi bien pour une créance du mois de décembre que pour une créance du mois de janvier de cet exercice; 2° les modes ordinaires d'interruption de la prescription, notamment une demande en justice, ne seraient pas interruptifs de cette déchéance de 5 ans. Pour éviter la déchéance le créancier doit, dans le délai de 5 ans, demander au ministre compétent l'ordonnancement de la dépense et il a le droit de se faire délivrer un bulletin énonçant la date de sa demande et les pièces produites à l'appui (art. 9 et 10 L. 29 janvier 1831). — Le délai de la déchéance est de 6 ans pour les créanciers résidant hors d'Europe.

6

la Cour des comptes s'exerce sur les *comptables en de-niers*, mais non sur les comptables en matières, ni sur les ordonnateurs.

Elle statue tantôt en premier et dernier ressort, tantôt en dernier ressort seulement.

Elle statue en premier et dernier ressort : sur les comptes des fonds généraux du Trésor, sur ceux des fonds spéciaux rattachés au budget général et sur ceux des communes, hospices, établissements de bienfaisance et associations syndicales autorisées, lorsque le revenu dépasse 30,000 francs.

Elle statue en dernier ressort seulement : sur les recours formés, dans le délai de trois mois, contre les arrêtés des conseils de préfecture qui statuent en premier ressort sur les comptes des communes, hospices, établissements de bienfaisance et associations syndicales autorisées, dont le revenu n'excède pas 30,000 francs (1).

(1) Les comptables de deniers qui doivent présenter des comptes de gestion à la Cour des comptes sont : les trésoriers payeurs généraux des finances, les payeurs du trésor public, les receveurs de l'enregistrement, du timbre et des domaines, les receveurs des douanes et sels, les receveurs des contributions indirectes, les receveurs comptables des postes, les directeurs des monnaies, le caissier central du trésor public et l'agent responsable du virement des comptes ; les comptables de l'Algérie et des colonies, le trésorier général des invalides de la marine, les économes des lycées, les commissaires des poudres et salpêtres, l'agent comptable du transfert des rentes, l'agent comptable du grand livre de la dette publique, le caissier de la caisse d'amortissement, le caissier de la caisse des dépôts et consignations, le caissier de l'imprimerie nationale, enfin les receveurs des communes, hospices et établissements publics de bienfaisance dont les revenus dépassent 30,000 francs.

—Il faut remarquer que les percepteurs et receveurs particuliers ne rendent pas de compte annuel de gestion à la Cour des comptes, parce qu'ils ne relèvent pas directement d'elle. Le percepteur rend ses comptes au receveur particulier, et celui-ci au trésorier payeur général. Leurs comptes se trouvent ainsi compris dans le compte de ce dernier, qui, seul, relève directement de la Cour des comptes. Il est vrai que les percepteurs sont receveurs municipaux dans les communes dont le revenu ne dépasse pas 30,000 francs; mais ils rendent

Pour les recettes, la mission de la Cour est d'examiner si les préposés ont fait rentrer la totalité des rôles ou des états de produits.

Pour les dépenses, la Cour vérifie si elles ont été faites et acquittées valablement. Or, les payeurs ne peuvent acquitter que les mandats accompagnés des pièces justificatives exigées par les lois et règlements. Toutefois ils peuvent être requis de payer par un *acte formel* de l'ordonnateur. La Cour, dans ce cas, les décharge, sauf la responsabilité de l'ordonnateur.

— La vérification préalable des comptes est confiée à un ou plusieurs référendaires ou à l'un des auditeurs rapporteurs ; elle est contrôlée ensuite par un maître des comptes.

Le conseiller référendaire donne son avis dans la chambre ; mais il n'a pas voix délibérative. La chambre décide à la majorité des voix ; il faut au moins cinq membres pour la délibération.

Les arrêts de la Cour établissent que le comptable est *quitte*, en *débet* ou en *avance*. Dans le premier cas, elle le décharge ; dans le second, elle le condamne à payer. Dans le dernier cas, tout en déchargeant le comptable, elle ne constate qu'un fait ; elle ne condamne pas l'Etat à payer ; le comptable devra s'adresser au ministre pour faire liquider et ordonnancer la dépense et obtenir son paiement.

La Cour statue également sur les demandes en mainlevée, réduction ou translation d'hypothèques ou privilèges qui grèvent les immeubles des comptables (art. 2098 et 2121 C. civil, et loi du 5 septembre 1807).

— Pour être justiciable de la Cour des comptes, il n'est pas nécessaire d'avoir le titre officiel de comptable ; il suffit, en fait de s'être immiscé dans la gestion de la

leurs comptes, en qualité de receveurs municipaux, au Conseil de préfecture, et non à la Cour des comptes, qui n'est, dans ce cas, qu'une juridiction d'appel.

fortune publique, comme cela arrive quelquefois aux maires ou aux curés, que l'on appelle alors *comptables occultes* (art. 25 D. 31 mai 1862).

—A la différence de l'ancienne chambre des comptes de Paris, la Cour des comptes n'a aucune juridiction criminelle. Si elle découvre la preuve d'une infraction à la loi pénale, elle en avertit le procureur général; celui-ci adresse un rapport au ministre des finances qui en réfère à son collègue de la justice, chargé d'ordonner la poursuite s'il y a lieu. Elle peut seulement, sur les réquisitions du procureur général, condamner les comptables à l'amende et aux peines prononcées par les règlements, lorsqu'ils sont en retard de déposer leurs comptes. Ce sont des mesures plutôt disciplinaires que répressives.

Voies de recours. — Les *voies de recours* contre les arrêts de la Cour des comptes sont :

La *révision :* par suite de pièces recouvrées, d'erreurs, omissions, faux, double emploi, conformément à la maxime : *Erreur n'est pas compte.* La révision est une voie de rétractation, analogue à la requête civile. Elle a lieu devant la *chambre* même qui a rendu l'arrêt. Il n'y a pas de délai pour ce recours ;

Le *recours en cassation devant le Conseil d'Etat :* pour excès de pouvoir, incompétence, violation des formes ou de la loi. Le pourvoi doit être formé dans les trois mois de la notification de la décision. — Si le Conseil d'Etat casse l'arrêt, l'affaire est renvoyée devant une *autre* chambre de la Cour des comptes.

II. *Attributions de contrôle.* — La Cour exerce une mission de contrôle :

1° Sur les *ordonnateurs;* 2° sur les comptables en matières.

Le contrôle sur les *ordonnateurs* aboutit à trois actes

solennels et annuels : *deux déclarations générales* de conformité et un *rapport au Chef de l'Etat.*

Les *déclarations générales* de conformité constatent la
conformité des arrêts de la Cour avec les comptes d'*année* et d'*exercice* publiés par les ministres. Préalablement chaque chambre de la Cour rend, chaque année,
des déclarations partielles de conformité, constatant la
concordance de ses arrêts individuels avec les comptes
des différents départements ministériels et le résumé
général de l'administration des finances.

C'est en rapprochant ces déclarations partielles du
tableau comparatif des recettes et des dépenses publiques par *année* et par *exercice*, que la Cour arrête ses
deux déclarations générales : l'une attestant l'accord du
compte d'*année* ; l'autre attestant l'accord du compte
d'*exercice* avec les résumés généraux de l'administration
des finances et avec les arrêts individuels. La première
se réfère ainsi à la situation financière de l'année qui
donne son nom à l'exercice expiré, la seconde à la situation définitive de cet exercice (1).

Les déclarations générales de conformité sont prononcées en audience *solennelle* (les trois chambres réunies) et *publique*. Elles sont adressées au ministre des
finances avant le 1ᵉʳ septembre de l'année qui suit celle
de l'exercice expiré. Elles sont imprimées et communiquées aux Chambres législatives.

Le *rapport au Chef de l'Etat* indique le résultat général
des travaux de la Cour et ses vues de réforme et d'amélioration. Il est également imprimé et distribué aux
Chambres legislatives (2).

(1) Ainsi que nous l'avons dit, l'exercice est la période d'exécution
des services d'un budget. Il se prolonge au delà de l'année ordinaire : 1º dans certains cas exceptionnels jusqu'au 1ᵉʳ février de
l'année suivante, pour l'achèvement de certains services; — 2º jusqu'au 31 juillet, pour la liquidation et l'ordonnancement des dépenses; — 3º jusqu'au 31 août, pour le paiement.

(2) C'est à la suite de ces déclarations générales de conformité et

6.

Les *comptables en matières* sont préposés à la garde des matières de consommation ou de transformation, qui sont dans les arsenaux ou magasins de l'Etat (poudres, salpêtres, bois, draps, etc. (1).

A leur égard, la Cour ne statue pas par arrêt, comme pour les comptables en deniers, mais bien par voie de *déclaration*. Ce n'est, du reste, que depuis 1843 qu'elle a cette mission. La Cour n'a qu'une mission de contrôle et non une mission de juridiction, parce que la plupart des comptables en matières se rattachent aux ministères de la guerre et de la marine et sont soumis aux exigences de la discipline militaire. On n'a pas voulu qu'une juridiction inamovible pût, par arrêts exécutoires, constituer en débet des comptables dont les fonctions sont intimement liées à l'action administrative et politique.

Il y a d'abord une vérification des comptes individuels; puis intervient une déclaration générale de conformité des résultats de ces comptes avec les résultats des comptes généraux des ministres. La Cour présente également, à cet égard, des observations dans son rapport annuel au Chef de l'Etat.

du rapport au Chef du pouvoir exécutif qu'intervient la *loi des comptes* dont nous avons parlé, portant règlement du budget du dernier exercice clos.

(1) Il ne s'agit que des matières de consommation ou transformation. Quant à la comptabilité des objets mobiliers appartenant à l'Etat et garnissant les bâtiment publics (meubles meublants, machines, etc., ou des objets précieux qui se trouvent dans les bibliothèques, musées, etc.), elle n'est pas soumise au contrôle de la Cour des comptes. (Aucoc, n° 359.)

TITRE II.

ADMINISTRATION DÉPARTEMENTALE.

Quoique nous devions traiter, dans deux titres distincts, de l'administration départementale et de l'administration communale, nous les réunirons toutes les deux dans les notions historiques.

Notions historiques. — A partir de 1789, il faut distinguer, dans notre administration départementale et communale, trois grandes périodes : celle de l'Assemblée constituante de 1789 ; celle de la Constitution de l'an III et celle de la loi du 28 pluviôse de l'an VIII.

1º *Assemblée constituante.* — (Loi des 22 décembre 1789-8 janvier 1790.) Le territoire est divisé en : *départements, districts, cantons* (1) et *communes.*

Le DÉPARTEMENT comprend les autorités suivantes :

Un *conseil général* du département, de trente-six membres, élus par les électeurs primaires pour quatre ans et renouvelés par moitié tous les deux ans. Le conseil avait une session annuelle d'un mois au plus et représentait l'administration *délibérative ;*

Un *directoire* de département de huit membres, choisis par le conseil général et dans son sein, également pour quatre ans et renouvelés par moitié tous les deux ans.

(1) Le canton forme une circonscription *judiciaire* et non une circonscription *administrative.*

Le directoire était en permanence et représentait l'administration *active* et *contentieuse;*

Un *procureur général syndic*, nommé par les électeurs pour quatre ans. Il était chargé de requérir l'application des lois et de représenter le département au point de vue judiciaire.

Le DISTRICT, qui correspond à notre arrondissement actuel, comprend les autorités suivantes:

Un *conseil de district*, de douze membres nommés par les électeurs du district, représentant l'administration *délibérative;*

Un *directoire de district*, de quatre membres, pris dans le conseil de district et choisis par le conseil général du département, chargé de l'administration *active* et *contentieuse;*

Un *procureur syndic*, élu par les électeurs.

Dans la COMMUNE, les citoyens actifs, c'est-à-dire payant une contribution égale à trois journées de travail, nommaient:

Un *maire;*

Des *officiers municipaux* formant, avec le maire, le corps municipal;

Des *notables*, en nombre double du corps municipal, et formant le *conseil général de la commune*, chargé, avec le corps municipal, de la délibération en cas extraordinaires (1);

Un *procureur* de la commune, chargé de défendre les intérêts et de poursuivre les affaires de la commune.

2° *Constitution du 5 fructidor an III* (22 août 1795), établissant le Directoire.

Le DÉPARTEMENT comprend:

Une *administration centrale* de cinq membres, **cumulant**

_____

(1) Pendant longtemps notre législalation avait conservé des traces de cette organisation. En effet, dans certains cas, les plus imposés étaient admis à voter avec le Conseil municipal; mais une loi du 5 avril 1882 a supprimé cette adjonction des plus imposés.

la *délibération* et *l'action*, élus pour cinq ans, renouvelés par cinquième tous les ans ;

Un *commissaire*, nommé par le Directoire exécutif, surveillant et requérant l'exécution des lois, pris parmi les citoyens domiciliés depuis 1 an dans le département.

Le DISTRICT est supprimé et remplacé par des MUNICIPALITÉS DE CANTON.

Pour les communes au-dessous de 5,000 habitants, il y avait une *administration municipale* par canton, composée de la réunion des agents municipaux de chaque commune et d'un président, choisi dans toute la circonscription. Ce corps cumulait l'administration des communes avec celle du canton.

Pour les communes de 5,000 à 100,000 habitants, il y avait une administration municipale distincte (de cinq à sept membres), sans préjudice de l'administration municipale par canton.

Pour les communes de plus de 100,000 habitants, il y avait trois administrations municipales de sept membres chacune, avec un *bureau central* de trois membres pour les objets indivisibles, nommés par l'administration départementale.

Paris était divisé en douze municipalités, avec un bureau central.

Les communes au-dessous de 5,000 habitants avaient un agent municipal et un adjoint.

3° *Loi du 28 pluviôse an VIII* (17 février 1800). Cette loi est fondamentale en matière d'administration départementale et communale ; elle est l'origine de l'organisation actuelle.

Cette loi, fondée sur la maxime : *Agir est le fait d'un seul, délibérer est le fait de plusieurs*, établit les autorités suivantes :

Dans le DÉPARTEMENT :

Un *préfet*, chargé de l'administration active, nommé par le premier consul ;

Un *conseil général*, chargé de l'administration délibérative, de seize à vingt-quatre membres, nommés pour trois ans par le premier consul, sur la liste des notabilités départementales ;

Un *conseil de préfecture* chargé de l'administration contentieuse, composé de trois à cinq membres nommés par le premier consul.

Dans l'ARRONDISSEMENT :

Un *sous-préfet*, chargé de l'administration active, nommé par le premier consul ;

Un *conseil d'arrondissement*, chargé de l'administration délibérative, composé de onze membres nommés pour trois ans par le premier consul, sur la liste des notabilités communales.

Dans la COMMUNE :

Un *maire* et des *adjoints*, chargés de l'administration active, nommés par le premier consul ou le préfet, suivant l'importance de la commune ;

Un *conseil municipal*, chargé de l'administration délibérative, nommé par le premier consul ou le préfet.

Il est à remarquer que, d'après la loi du 28 pluviôse an VIII, les autorités départementales et communales sont soumises à la nomination du pouvoir exécutif. C'est la période de l'autorité.

— Après la révolution de 1830, le principe *électif* apparaît avec un régime plus libéral. L'élection prend place à côté de la nomination faite par le pouvoir.

D'après les lois de 1831 sur l'organisation municipale et de 1833 sur l'organisation départementale, les conseils municipaux, les conseils d'arrondissement et les conseils généraux sont élus par des électeurs offrant certaines garanties d'ordre et de capacité.

Les maires et les adjoints sont nommés par le chef de l'Etat ou le préfet, suivant l'importance des communes ; mais ils doivent être pris dans le sein du conseil municipal.

Les présidents, vice-présidents et secrétaires des conseils généraux et d'arrondissement sont choisis par les membres de ces conseils et pris dans leur sein.

— En 1848, le principe de l'élection est développé par l'institution du suffrage universel. A cette époque, dans la plupart des communes, les conseils municipaux sont même chargés de nommer les maires et les adjoints.

— En 1852, après le coup d'Etat fait au nom du suffrage universel, le principe d'autorité reparaît.

Le pouvoir exécutif nomme les présidents, vice-présidents et secrétaires des conseils généraux et d'arrondissement. C'est également le chef de l'Etat ou le préfet qui désigne les maires et adjoints, avec faculté de les prendre même en dehors du conseil municipal.

Toutefois, à la fin de l'Empire, après les lois de décentralisation de 1866 et de 1867, un système plus libéral avait été introduit.

— Après la chute de l'Empire, l'assemblée nationale, élue en 1871, consacra les principes de la législation de 1848.

La loi du 10 août 1871 sur les Conseils généraux, reproduit, en le développant, le système de décentralisation de 1866. La loi du 5 avril 1884 sur l'organisation municipale étend, à son tour, la décentralisation de 1867 et donne à la commune une certaine autonomie, en confiant aux Conseils municipaux le droit de choisir eux-mêmes, dans leur sein, les maires et les adjoints.

— Nous aurons l'occasion de revoir plus en détail les changements successifs qui ont été apportés à l'organisation et aux attributions de ces différentes autorités départementales et communales.

— Nous passons à l'étude des autorités qui fonctionnent au département et à l'arrondissement.

SECTION PREMIÈRE.

—

DÉPARTEMENT.

Le département forme non seulement une circonscription administrative, comme l'arrondissement, mais il constitue, en outre, une personne civile, pouvant être propriétaire, créancier, débiteur, capable d'acquérir, d'aliéner, d'ester en justice.

Nous donnerons des notions historiques sur la personnalité du département et nous indiquerons quels sont les divers biens qui composent son patrimoine.

Notions historiques sur la personnalité du département. — La plupart des auteurs ne font remonter la personnalité du département qu'au décret du 9 avril 1811. Ce décret concédait aux départements, arrondissements et communes, la propriété des édifices et bâtiments nationaux destinés au service de l'administration, de la justice et de l'instruction publique, à la charge de supporter les dépenses d'entretien et même de grosses réparations.

C'est ce décret qui, d'après l'opinion générale, serait le fondement de la propriété départementale.

Nous devons dire que, dans un autre système, on enseigne que la personnalité du département date de sa création par l'Assemblée constituante. En effet, dit-on, déjà avant 1789, les pays d'États (c'est-à-dire ceux qui avaient des états provinciaux) avaient le droit d'établir des impôts dont une partie, sans doute, était prélevée au nom du roi pour les services généraux, mais le surplus était employé directement par eux et à leur profit pour les travaux publics et les dépenses d'intérêt local.

Sous le règne de Louis XVI, le même pouvoir fut attribué aux pays d'*élections* qui, jusqu'alors, avaient été exclusivement administrés par les agents du roi.

L'Assemblée constituante, en supprimant les provinces et en créant, à leur place, les départements, a eu surtout pour but de fortifier le pouvoir central et d'assurer l'unité nationale ; mais elle n'a pas entendu supprimer les intérêts locaux et enlever aux citoyens la gestion de leurs affaires, puisqu'elle avait établi des assemblées électives.

Ce qui montre bien que l'Assemblée constituante, en créant le département, reconnaissait implicitement sa personnalité, c'est que la loi même des 22 décembre 1789-8 janvier 1790 prévoyait le cas où il serait nécessaire aux assemblées de département de se procurer des ressources et qu'elle décidait que ces assemblées ne pourraient établir aucun impôt ni faire aucun emprunt ; qu'en 1791 plusieurs lois autorisèrent les départements et les districts à s'imposer des sous et deniers additionnels à l'impôt foncier et à l'impôt mobilier.

Spécialement, les lois, en forme d'instructions, des 12-20 août 1790 et surtout l'instruction concernant le service des ponts et chaussées, adressée aux directoires de département, le 17 avril 1791, mettaient certaines dépenses à la charge des départements, notamment les dépenses relatives aux routes.

Enfin, la loi des 16 octobre 1790-30 janvier 1791 portait que les directoires de département et de district pourraient acheter et louer aux frais de leurs administrés les édifices nécessaires à leur établissement.

La distinction entre les dépenses *générales* et les dépenses *locales* était nettement établie dans les lois des 28 messidor an IV, 15 frimaire an VI et 11 frimaire an VII.

La personnalité des départements existait donc, en

7

réalité, au moment même de leur création, car ils avaient des ressources et des charges spéciales. Il est vrai que ces ressources étaient modestes et que la plupart des départements se souciaient peu d'acheter ou de louer les immeubles nécessaires à l'installation des services administratifs. C'est pour cela que le décret de 1811 vint concéder aux départements, ainsi qu'aux districts et aux communes, les édifices nécessaires aux différents services publics, donation qui, du reste, était un moyen pour l'Etat de se décharger des dépenses d'entretien et de grosses réparations.

Le décret de 1811 ne fit donc qu'accentuer et développer la personnalité du département en le rendant propriétaire d'édifices appartenant autrefois à l'Etat (1).

On peut dire que le décret de 1811 vint vivifier une personnalité qui était en germe dans les lois de l'Assemblée constituante. C'est ainsi qu'on peut expliquer pourquoi le département n'est pas énuméré au nombre des personnes morales dont parle le Code civil (art. 537-542 et art. 2121).

Malgré ce décret la personnalité du département fut encore contestée, notamment à l'occasion du décret du 16 décembre 1811 qui avait créé deux classes de routes départementales : les unes construites désormais avec les ressources du département, les autres, formant d'anciennes routes nationales, et dont l'entretien fut mis à la charge du département. Pour ces dernières, un avis du Conseil d'Etat du 27 avril 1834 avait décidé que le sol appartenait à l'Etat et non au département. Quoi qu'il en soit, à partir de la loi du 10 mai 1838 sur les attributions des conseils généraux, la personnalité du département n'a plus fait aucun doute, car cette loi chargeait les conseils généraux de délibérer sur tous les intérêts de propriété du département et sur les actions judiciaires pouvant le concerner.

(1) En ce sens : M. Aucoc et M. Vuatrin, à son cours.

La nouvelle loi du 10 août 1871 sur les conseils généraux n'a fait que confirmer et consacrer cette personnalité, en l'étendant même, contrairement à l'avis du Conseil d'Etat de 1834, au *sol* des *anciennes* routes nationales, mises à la charge du département par le décret du 16 décembre 1811

Biens du département. — Les biens du département, comme ceux de l'Etat et des communes, se divisent en biens du domaine *public* et biens du domaine *privé* (art. 538 et s. C. civ.).

Les biens du domaine *public* départemental sont ceux qui par leur nature sont affectés à un usage public et qui tant qu'ils conservent leur destination sont inaliénables et imprescriptibles.

Ils comprennent :

1° Les routes départementales (et les rues qui y font suite) : non seulement celles qui ont été construites avec les ressources du département depuis le décret du 16 décembre 1811 dont nous avons parlé, mais encore les anciennes routes nationales de troisième classe dont l'entretien avait été mis par ce décret à la charge du département.

Pour ces dernières, ainsi que nous l'avons dit, la loi de 1871 sur les conseils généraux a tranché la controverse qui s'était élevée autrefois et, contrairement à l'avis du Conseil d'Etat de 1834, a décidé que ces anciennes routes étaient définitivement comprises parmi les propriétés départementales (art. 59 L. 10 août 1871).

2° Les chemins de fer départementaux (L. 12 juillet 1865 sur les chemins de fer d'intérêt local).

Les biens du domaine *privé* départemental comprennent :

1° Les édifices publics départementaux (hôtels de préfecture et de sous-préfecture, de cours d'assises et des tribunaux, prisons, etc.) affectés, soit à un service public, soit à un service d'utilité départementale (1);

2° Les immeubles non affectés à un service public quelconque et dont le département tire des revenus (établissements thermaux, pépinières, fermes modèles, etc.);

3° Des créances, des rentes, des meubles meublants formant le mobilier des préfectures, sous-préfectures, des cours d'assises, et des tribunaux civils et de commerce, et de tous objets mobiliers garnissant, même les musées et bibliothèques, etc.).

(1) Nous devons dire toutefois, qu'en ce qui concerne les édifices publics, soit de l'*Etat*, soit du *département*, soit de la *commune*, c'est une question très controversée que celle de savoir s'ils font ou non partie du domaine public. L'opinion générale, dans la doctrine, c'est que ces édifices ne font pas partie du domaine public, parce qu'ils peuvent, sans changer de *nature*, recevoir différentes destinations et qu'on ne peut les comprendre, aux termes de l'article 538 C. civ., dans les portions du *territoire* français qui ne sont *pas susceptibles d'une propriété privée.* Le système contraire est enseigné par MM. Aubry et Rau et la jurisprudence tend à le consacrer. Spécialement, pour les églises cathédrales et métropolitaines et pour les églises paroissiales, des doutes plus sérieux s'élèvent dans la doctrine et un grand nombre d'auteurs sont d'avis que ces édifices font partie du domaine public, en vertu de l'article 12 du Concordat qui les met à la *disposition des évêques* et semble les retirer du commerce.

En ce qui concerne les objets mobiliers affectés à l'usage ou au service public, tels que les livres des bibliothèques, les tableaux ou œuvres d'art des musées, les tapisseries, etc., nous devons observer également que c'est une question très débattue que celle de savoir s'ils ne font pas partie du domaine public soit de l'Etat, soit du département, soit de la commune, quoique l'article 538 Code civil, *in fine*, semble encore moins s'y appliquer. L'opinion générale des auteurs les classe dans les biens du domaine privé; mais plusieurs auteurs, notamment MM. Aubry et Rau, les considèrent comme faisant partie du domaine public et la jurisprudence tend à leur attribuer le caractère de biens du domaine public. (Arrêt de la Cour de Paris du 3 janvier 1846; jugement du tribunal de la Seine du 14 janvier 1859 à l'occasion de détournements de livres de la bibliothèque du Sénat; arrêt de la Cour de Paris du 12 juillet 1879, à l'occasion de la vente de tapisseries de l'église Saint-Gervais revendiquées par la ville de Paris.)

Autorités administratives du département. — Les diverses autorités administratives du département et qui siègent au chef-lieu du département sont :

Le *préfet* qui représente principalement l'administration *active;*

Le *conseil général* et la *commission départementale* qui représentent, à des titres divers et avec plus ou moins d'étendue, l'administration *délibérative et consultative;*

Le *conseil de préfecture,* qui, en dehors de quelques attributions consultatives, représente surtout l'administration *contentieuse.*

Nous verrons, en outre, que dans chaque préfecture il y a un *secrétaire général* dont le rôle, quelque important qu'il soit, n'est que secondaire.

Nous allons passer en revue ces différentes autorités en déterminant successivement les règles relatives à leur *organisation* et à leurs *attributions.* Nous parlerons incidemment du secrétaire général à l'occasion des attributions contentieuses du conseil de préfecture devant lequel il joue le rôle de commissaire du gouvernement.

PRÉFET.

Les principales règles sur l'*organisation* et les *attributions* de l'autorité préfectorale se trouvent toujours dans la loi du 28 pluviôse an VIII, loi fondamentale sur l'administration départementale et communale.

Organisation.

Le préfet est le chef de l'administration *active* dans chaque département. Il correspond avec tous les ministres, quoiqu'il relève plus spécialement du ministre de l'intérieur; il est nommé et révoqué par le Chef du pouvoir exécutif dont il est le représentant (1). Aucune condition particulière d'âge ou de capacité n'est exigée pour sa nomination; la qualité de citoyen suffit.

Les préfectures sont divisées en trois classes qui se distinguent par le traitement des préfets.

La préfecture de la Seine et la préfecture de police sont hors classe. Le traitement des préfets a varié; il est actuellement fixé par un décret du 23 décembre 1872; un autre décret du 15 avril 1877 détermine les règles de l'avancement et du traitement de non-activité (2).

---

(1) La Constitution de 1848 soumettait le droit de nomination et de révocation à l'avis du conseil des ministres.

(2) Nous reproduisons les termes de ces deux décrets qui s'appliquent à tous les fonctionnaires du département ou de l'arrondissement.

Traitement (décret du 23 décembre 1872). Les traitements des fonctionnaires administratifs des départements sont fixés ainsi qu'il suit;

— Le préfet prête serment entre les mains du Chef

Préfectures de 1re classe.	Traitement du Préfet....................	35.000
	— du Secrétaire général........	7.000
	— des Conseillers de préfecture.	4.000
Préfectures de 2e classe.	Traitement du Préfet	24.000
	— du Secrétaire général	6.000
	— des Conseillers de préfecture .	3.000
Préfectures de 3e classe.	Traitement du Préfet....................	18.000
	— du Secrétaire général	4.500
	— des Conseillers de préfecture.	2.000
Traitement des sous-Préfets.	De 1re classe..........................	7.000
	De 2e classe..........................	6.000
	De 3e classe..........................	4.500
Département de la Seine.	Traitement du Préfet de la Seine........	50.000
	— du Préfet de police..........	40.000
	— du Secrétaire général de la préfecture de la Seine.....	18.000
	— du Secrétaire général de la préfecture de police	15.000
	— du Président du Conseil de préfecture de la Seine.....	16.000
	— des Conseillers de préfecture.	8.000
	— des Commissaires du Gouvernement près le Cons. de préf.	6.000

Avancement et traitement de non-activité (décret du 15 avril 1877):
Art. 1. Les Préfets des départements compris dans les deuxième et troisième classes pourront après cinq ans de services dans la même classe et dans la même résidence ou après sept ans de fonctions dans la même classe et dans des résidences différentes, obtenir sur place une *augmentation de traitement* égale à la moitié de la différence existant entre le traitement de la classe à laquelle ils appartiennent et le traitement de la classe immédiatement supérieure. Cette augmentation pourra être doublée après une nouvelle période de cinq ans de services dans le même département ou de sept ans dans différents départements de la même classe.
Art. 2. Les sous-Préfets et Secrétaires généraux des préfectures compris dans la deuxième ou la troisième classe pourront après cinq ans de services dans la même classe et dans la même résidence ou après sept ans de fonctions dans la même classe et dans des résidences différentes obtenir le *traitement de la classe supérieure* sans qu'il soit nécessaire de les changer de résidence.
Art. 3. Après dix ans d'exercice dans le même département les Conseillers de préfecture de la deuxième ou de la troisième classe

du, pouvoir exécutif ou d'un commissaire délégué à cet effet.

Il doit résider au chef-lieu du département et ne peut s'absenter de son département sans la permission du ministre de l'intérieur.

En cas d'absence ou d'empêchement, le préfet peut déléguer ses fonctions au secrétaire général ou à un conseiller de préfecture et sa délégation n'a pas besoin d'être approuvée par le ministre de l'intérieur, s'il ne sort pas de son département. A défaut de délégation, le préfet est remplacé par le plus ancien membre du conseil de préfecture,...............

En cas de mort, de démission, ou de révocation, le préfet est remplacé par le plus ancien membre du conseil de préfecture, s'il n'y a pas eu de délégation antérieure (ord. du 29 mars 1821).

pourront obtenir le *traitement de la classe supérieure*, sans qu'il soit nécessaire de les changer de résidence.

Art. 4. Les Préfets, sous-Préfets, Secrétaires généraux ou Conseillers de préfecture compris dans la première ou la deuxième classe pourront être appelés à un poste d'un rang *inférieur*, en *conservant leur traitement*, pourvu qu'il en soit ainsi décidé par le décret qui changera leur résidence.

Art. 5. Les Préfets sous-Préfets, Secrétaires généraux et Conseillers de préfecture qui, au moment où ils cesseront d'être en activité, ne réuniront pas les conditions voulues pour obtenir une pension de retraite, pourront recevoir un traitement de *non-activité*, pourvu qu'ils comptent au moins six ans de services rétribués par l'Etat.— Le traitement de non-activité est fixé comme suit :

Pour les Préfets de 1re classe............................ 8.000
Pour les Préfets de 2e et 3e classe....................... 6.000
Pour les sous-Préfets et Secrétaires généraux de 1re classe. 3.000
Pour les sous-Préfets et Secrétaires généraux de 2e et 3e cl. 2.400
Pour les Conseillers de préfecture de 1re classe........... 2.000
Pour les Conseillers de préfecture de 2e et de 3e classe..... 1.500

La durée du traitement de *non-activité* ne pourra s'étendre au delà de six ans. — Le traitement de non-activité ne pourra se cumuler avec un traitement quelconque payé par le Trésor public, ni avec une pension payée sur les fonds du Trésor. Cette prohibition n'est point applicable aux pensions militaires.

— D'après la loi organique du 30 novembre 1875 sur l'élection des députés, les préfets, ainsi que d'autres fonctionnaires énumérés dans la loi, ne peuvent être élus députés dans les départements administrés par eux et pendant les six mois qui suivent la cessation de leurs fonctions.

— D'après un décret du 28 février 1863, le titre de préfet *honoraire* peut être conféré aux préfets placés hors des cadres d'activité ou admis à la retraite. Ce titre leur donne le droit de porter le costume, moins l'écharpe, dans les cérémonies officielles. (Voir le D. 16 avril 1878 sur le costume des préfets.)

Attributions.

La loi du 28 pluviôse an VIII, fondée sur la maxime: *agir est le fait d'un seul, délibérer est le fait de plusieurs,* confia dans le département l'administration *active* au préfet qui remplaça ainsi les administrations collectives du *Directoire* de l'Assemblée constituante et de l'*administration centrale* de la Constitution de l'an III.

Le préfet, dit l'art. 3 de la loi du 28 pluviôse **an VIII**, sera *seul* chargé de l'administration.

Les attributions du préfet sont, en général, des attributions d'administration pure; ce n'est que par exception, en raison de la création du conseil de préfecture, qu'il exerce des attributions contentieuses.

Nous examinerons séparément ces deux espèces d'attributions, soit administratives, soit contentieuses.

I. *Attributions administratives.* — Les attributions administratives du préfet sont nombreuses et variées : car si, d'une part, elles sont bornées au département, d'autre part, elles se rapportent à tous les services publics. A ce double point de vue, elles diffèrent des attributions des ministres qui s'appliquent à tout le territoire, mais sont restreintes à une branche particulière de service public.

7.

Les pouvoirs du préfet ont été considérablement augmentés par les décrets, appelés décrets de décentralisation, des 25 mars 1852 et 13 avril 1861 (1).

(1) Ces deux décrets n'ont pas le même caractère, ni la même importance. Le premier décret est un *décret-loi* rendu pendant la période dictatoriale qui a suivi le coup d'État du 2 décembre 1851, alors que le Chef de l'Etat réunissait les pouvoirs législatif et exécutif. Le décret du 13 avril 1861 qui n'est que le développement du précédent est un pur acte du pouvoir exécutif qui, par conséquent, n'a pu modifier des lois, mais seulement des actes du pouvoir exécutif.

Ces décrets, appelés décrets de *décentralisation*, n'ont pas eu pour but de donner aux départements et aux communes plus d'autonomie et d'indépendance, ni aux citoyens plus de liberté d'action; ce sont plutôt des décrets de *déconcentration*. Ils ont eu simplement pour effet de déplacer l'action ou le contrôle du pouvoir central, en conférant au préfet un droit de décision ou d'approbation dans une foule de cas où, autrefois, il fallait recourir au ministre ou au Chef de l'Etat, en un mot, à l'administration centrale. Ces décrets sont fondés sur la maxime que *si l'on peut gouverner de loin, on n'administre bien que de près.*

Les affaires qui ont été l'objet de la décentralisation sont indiquées dans les quatre tableaux : A, B, C, D.

Le tableau A est relatif aux affaires d'administration départementale et communale qui ressortissent au ministère de l'Intérieur; le tableau B correspond au ministère de l'Agriculture et du Commerce; le tableau C au ministère des Finances et le tableau D est relatif aux Travaux publics.

En général, l'homologation du préfet est suffisante pour les affaires d'administration départementale et communale, sauf celles formellement exceptées dans le tableau A. Au contraire, pour les autres tableaux, la décentralisation est l'exception; elle ne s'applique qu'aux affaires qui y sont énumérées.

Le préfet peut, en outre, nommer à certains emplois départementaux et communaux.

Les affaires relatives au culte n'ont pas été comprises dans le système de la décentralisation.

Quoique le préfet ait reçu le droit de décision dans les affaires décentralisées, le ministre compétent peut néanmoins annuler d'*office* ses arrêtés pour violation des lois et règlements, sans préjudice du droit qui appartient aux intéressés de se pourvoir devant lui afin d'en obtenir pour toute autre cause l'annulation (art. 6 du décret de décentralisation du 25 mars 1852).

Le décret de 1852 (art. 7) avait excepté du régime de la décenrat-

Rôle du préfet comme administrateur. — En qualité d'administrateur, le préfet peut être considéré comme *agent du pouvoir central* et comme *représentant du département* (1).

C'est à ce double point de vue que s'est placé le législateur dans la loi de 1871 sur les conseils généraux. Il résulte, en effet, de l'art. 3 de cette loi :

1° Que le préfet est le *représentant du pouvoir exécutif* dans le département.

2° Qu'il est chargé de l'*instruction* préalable des affaires du département et de l'*exécution* des décisions du Conseil général et de la Commission départementale.

Agent du pouvoir central. Comme *agent du pouvoir central* et *représentant du pouvoir exécutif* dans le département, le préfet est l'agent politique et administratif du gouvernement, l'organe des intérêts généraux.

A ce titre, il est chargé de l'exécution des lois, des décrets et des arrêtés ministériels. Il est le représentant

lisation le département de la Seine et la ville de **Paris.** Mais un décret du 9 janvier 1861, dont la constitutionnalité avait été, du reste, contestée, avait abrogé l'article 7 du décret de 1852 et soumis au droit commun le département de la Seine et la ville de Paris.

Les lois postérieures sur les conseils généraux et les conseils municipaux ont formellement déclaré applicable le décret de 1852 sur la décentralisation au département de la Seine et à la ville de Paris, sauf pour leurs emprunts et leurs impositions extraordinaires (art. 13 et 14. L. du 18 juillet 1866 et L. du 16 septembre 1871; et art. 17 L. du 24 juillet 1867).

— Nous verrons plus tard, en étudiant les attributions des conseils généraux et des conseils municipaux, que le législateur est entré dans la voie de la *véritable décentralisation*, en accordant à ces conseils le droit de statuer définitivement dans une foule de cas où, autrefois, l'approbation du pouvoir exécutif central ou local était nécessaire.

(1) Cette distinction du double rôle du préfet comme administrateur est celle de M. Vuatrin, à son cours. Elle est à peu près adoptée, dans les mêmes termes, par M. Cabantous. Elle offre le mérite de correspondre à la distinction faite, dans la loi de 1837 et la nouvelle loi du 5 avril 1884, pour le rôle du maire.

judiciaire et civil de l'Etat. Il dirige la police administrative du département (1). Il est chargé spécialement
d'élever le conflit devant l'autorité judiciaire pour les
affaires qui sont de la compétence de l'autorité administrative, de rendre exécutoires les rôles des contributions
directes, etc.

C'est à ce titre également qu'il exerce des fonctions de
tutelle administrative à l'égard des communes et des
établissements publics.

Représentant du département. Comme *représentant du
département,* le préfet est, au point de vue de l'*action,*
l'organe des intérêts du département considéré comme
personne morale. Il figure en justice et dans les actes
civils au nom du département. Il est chargé, comme le
dit la loi de 1871, d'une mission d'instruction préalable
des affaires du département et de la mise à exécution
des décisions du conseil général et de la commission
départementale.

Nous verrons, en expliquant la loi de 1871 sur les
conseils généraux, que les attributions du préfet ont été
restreintes par suite du nouveau système de décentralisation inauguré en 1866 et de la création de la commission départementale instituée par la loi de 1871.

— Il est à remarquer que la qualité d'agent du pouvoir central est dominante chez le préfet. C'est ainsi
qu'en cas de procès entre l'Etat et le département, le
préfet représente l'Etat et, depuis la loi du 10 août 1871,
c'est un membre de la commission départementale qui
représente le département, tandis qu'avant cette loi
c'était le plus ancien membre du conseil de préfecture.

Divers arrêtés du préfet. — Le préfet, comme le chef
de l'Etat et le maire, est investi du pouvoir réglementaire.

_____

(1) Il est même officier de police judiciaire (art. 10 C. instr. cr

Par suite, on distingue les arrêtés du préfet en arrêtés généraux et réglementaires et en arrêtés spéciaux et individuels.

1° *Arrêtés généraux et réglementaires.* — Le préfet a le pouvoir réglementaire dans tous les cas où un texte législatif le lui accorde formellement.

C'est ainsi que le préfet est chargé de déterminer l'époque de l'ouverture et de la clôture de la chasse dans son département (art. 3 L. 3 mai 1844). De même, il est chargé de faire des règlements en matière de chemins vicinaux (art. 21 L. 21 mai 1836).

En vertu de la loi des 22 décembre 1789-8 janvier 1790, les préfets, substitués aux anciens directoires, sont chargés de veiller au maintien de la salubrité, de la sûreté et de la tranquillité publique.

Dans ces diverses matières, qui sont également soumises à la vigilance de l'autorité municipale, on s'est demandé comment on pouvait concilier le pouvoir réglementaire du Préfet avec le pouvoir réglementaire du Maire.

Avant la nouvelle loi du 5 avril 1884, sur l'organisation municipale, la question était controversée.

On décidait généralement que si l'arrêté du Préfet n'était pris que pour une seule commune, cet arrêté n'était pas valable, parce que le Préfet ne pouvait se substituer au maire et absorber le droit de police de ce dernier; mais que si l'arrêté du Préfet s'appliquait à toutes les communes du département, il devait être valable et obligatoire toutes les fois qu'il avait pour objet une mesure d'utilité générale.

La nouvelle loi du 5 avril 1884 a tranché la controverse; nous verrons que, d'après l'article 99 de cette loi, le Préfet peut prendre pour toutes les communes du département ou plusieurs d'entre elles, lorsqu'il n'y a pas été pourvu par l'autorité municipale, toutes les mesures relatives au maintien de la salubrité, de la sûreté et de la tranquillité publiques. Il peut même prendre un arrêté applicable à une seule commune, mais seulement après une mise en demeure au maire restée sans résultat.

Au surplus, que l'arrêté intervienne pour toutes les communes ou même pour une seule, il doit avoir le caractère d'utilité générale, que son application plus ou moins étendue ne peut par elle-même lui conférer (1).

— La sanction des arrêtés réglementaires du préfet est, comme celle de tous les actes du pouvoir réglementaire, prévue par l'art. 471 n° 15 du Code pénal. Cet article punit l'infraction aux réglements *légalement* faits d'une amende de simple police de 1 à 5 francs. L'autorité judiciaire a donc le droit d'apprécier la légalité du réglement.

2° *Arrêtés spéciaux et individuels.* — Les arrêtés spéciaux et individuels s'appliquent à un fait particulier ou à une personne déterminée. Tels sont les arrêtés par lesquels le préfet autorise l'ouverture d'un magasin général (loi du 31 août 1871), l'établissement d'une usine sur les cours d'eaux non navigables ni flottables, ordonne la suspension d'un conseil municipal ou nomme à certains emplois départementaux et communaux.

— Pour les matières administratives, le préfet statue tantôt *seul*, tantôt après avoir pris *l'avis du conseil de préfecture.* L'avis de ce dernier ne le lie pas; mais, s'il statuait sans avoir demandé cet avis, dans le cas où les lois et règlements l'y obligent, il commettrait un excès de pouvoir.

Voies de recours. — Les *voies de recours* contre les

_____

(1) C'est ainsi que la cour de cassation a déclaré illégaux les arrêtés fixant l'heure du balayage de la voie publique (18 juin 1861) ou prescrivant aux habitants l'échardonnage de leurs propriétés (26 janvier 1866).

arrêtés du préfet en matière purement administrative
sont :

1º La rétractation, par laquelle on demande au préfet
l'annulation ou la réformation de son arrêté;

2º L'appel au ministre, son supérieur hiérarchique;

3º Le recours au Conseil d'Etat pour *excès de pouvoirs
ou incompétence*, en vertu du principe proclamé par
l'Assemblée constituante et formellement reproduit dans
la loi de 1872 sur le Conseil d'Etat, qui permet au Conseil d'Etat d'annuler pour incompétence et excès de
pouvoir tout acte de l'autorité administrative, soit active, soit délibérative, soit contentieuse.

II. *Attributions contentieuses*. Les attributions contentieuses du préfet sont exceptionnelles. Avant la loi du
21 juin 1865, dont nous parlerons en traitant du Conseil de préfecture, le préfet, en matière contentieuse
comme en matière administrative, statuait tantôt seul,
tantôt après avoir pris l'avis du Conseil de préfecture.
Depuis cette loi, les trois cas dans lesquels il statuait,
après avoir pris l'avis du Conseil de préfecture, ont
été attribués à la juridiction du Conseil de préfecture,
qui exerce un pouvoir de décision propre. Nous aurons
soin d'indiquer ces trois cas en nous occupant des attributions contentieuses du Conseil de préfecture.

Les principaux cas dans lesquels le préfet statue *seul*
sont les suivants :

Pour autoriser les établissements dangereux, incommodes et insalubres des deux premières classes, sauf
recours au Conseil d'Etat de la part de l'impétrant, en
cas de refus d'autorisation, et l'opposition de la part
des tiers devant le Conseil de préfecture (décret du
25 mars 1852, art. 2, nº 8);

Pour prononcer la *déchéance* de l'acheteur d'un bien
de l'Etat pour défaut de payement, sauf approbation
du ministre des finances (art. 2 loi du 11 juin 1817);

Pour ordonner la *suspension* de travaux de mines ou la fermeture d'une exploitation de mines, lorsque des puits ou galeries ont été ouverts contrairement aux lois et règlements (art. 7 et 8 de la loi du 27 avril 1838);

Pour frapper d'interdiction les moulins situés à l'extrême frontière, lorsqu'il est justifié qu'ils servent à la contrebande des grains et farines. Son arrêté peut être déféré au Conseil d'Etat par la voie contentieuse, mais il est provisoirement exécutoire (art. 76 loi du 30 avril 1806).

Pour interdire les entreprises de fabrication du sel marin qui ont été formées sans autorisation préalable (art. 7 et 11 loi du 17 juin 1840).

Voies de recours. — Les *voies de recours* contre les décisions du préfet, en matière contentieuse, sont :

1° L'opposition contre les décisions par défaut;

2° La tierce opposition de la part des tiers qui se prétendraient lésés;

3° L'appel au ministre compétent ;

4° Le recours direct au Conseil d'Etat : 1° lorsque la loi a dit : *sauf recours au Conseil d'Etat* : comme elle l'a fait notamment dans le cas d'établissements dangereux, incommodes ou insalubres; 2° lorsque le **recours** est fondé sur *l'incompétence* ou *l'excès de pouvoir*.

CONSEIL GÉNÉRAL

ET

COMMISSION DÉPARTEMENTALE.

L'organisation et les attributions des Conseils généraux sont réglées par la nouvelle loi du 10 août 1871, dont le but a été d'étendre l'application du principe de la décentralisation administrative.

Cette loi comprend 7 titres et quelques dispositions spéciales ou transitoires.

L'innovation la plus importante de cette loi est la création d'une *Commission départementale* qui doit être élue, chaque année, par le Conseil général et dans son sein.

Il résulte du titre premier qui contient des dispositions générales :

1° Qu'il y a dans chaque département un Conseil général (art 1er) ;

2° Que le Conseil général élit, dans son sein, une Commission départementale (art. 2) ;

3° Que le préfet est le représentant du *pouvoir exécutif* dans le département ; qu'en outre, il est chargé de *l'instruction préalable* des affaires qui intéressent le département ainsi que de *l'exécution des décisions* du Conseil général et de la Commission départementale (art. 3).

Nous étudierons successivement : 1° l'organisation et les attributions du Conseil général ; 2° l'organisation et les attributions de la Commission départementale ; 3° les règles spéciales aux intérêts communs de plusieurs départements, auxquelles nous rattacherons la loi du 15 février 1872.

§ 1er. — DU CONSEIL GÉNÉRAL.

La loi fondamentale du 28 pluviôse an VIII avait réglé en même temps l'organisation et les attributions du Conseil général.

Depuis l'introduction du principe de l'élection sous le gouvernement de 1830, l'*organisation* et les *attributions* du Conseil général étaient l'objet de lois distinctes.

L'*organisation* était régie :

1o Par la loi fondamentale du 22 juin 1833, qui avait admis le principe de l'élection des membres du Conseil général, par des électeurs payant un certain cens ;

2o Par le décret du 3 juillet 1848, qui avait étendu le principe de l'élection par l'admission du suffrage universel ;

3o Par la loi du 7 juillet 1852, qui avait conféré au Chef du pouvoir exécutif le droit de nommer les président et secrétaire du Conseil général.

Les *attributions* étaient réglées :

1o Par la loi fondamentale du 10 mai 1838 ;

2o Par les décrets de décentralisation des 25 mars 1852 et 13 avril 1861 ;

3o Par la loi du 18 juillet 1866, qui avait fait un grand pas dans la voie de la véritable décentralisation en accordant au Conseil général le droit de statuer définitivement dans une foule de cas où, auparavant, l'approbation du préfet ou de l'administration supérieure était nécessaire.

— Aujourd'hui, l'*organisation* et les *attributions* du Conseil général sont réglées par la loi unique du 10 août 1871, qui abroge les dispositions contraires des lois et règlements antérieurs (art. 92 et 93).

Toutefois, cette loi n'est pas applicable au département de la Seine, à l'égard duquel il a été statué par une loi spéciale (art. 94) (1).

Organisation.

I. — FORMATION DU CONSEIL GÉNÉRAL (titre 2, articles 4-22). Le Conseil général de chaque département se compose d'autant de membres qu'il y a de cantons dans le département (2) ; chaque canton élit un membre du Conseil général (art. 4).

L'*élection* se fait au suffrage universel, dans chaque commune, sur les listes dressées pour les élections municipales (art. 5) (3).

Conditions d'éligibilité. — Pour être *éligible* au Conseil général il faut : 1° être inscrit sur une liste d'électeurs ou justifier qu'on devrait être inscrit avant le jour de l'élection ; 2° être âgé de 25 ans accomplis ; 3° être domicilié dans le département ou du moins être inscrit ou *justifier qu'on devait* être inscrit au rôle d'une des contributions directes au 1er janvier de l'année dans laquelle se fait l'élection, ou *avoir hérité* depuis la même époque d'une propriété foncière dans le département.

(1) Cette loi spéciale a été faite le 16 septembre 1871. Nous donnons à la fin de nos explications sur l'administration départementale et communale, l'économie de la loi du 16 septembre sur le Conseil général de la Seine.

(2) D'après la loi de 1833, le nombre des conseillers ne devait pas excéder trente. Quand le département contenait plus de trente cantons, plusieurs cantons étaient réunis pour nommer un conseiller général. Le décret du 3 juillet 1848 appelait déjà chaque canton à élire un membre du Conseil général.

(3) Les conditions de l'électorat municipal avaient été déterminées par la loi du 7 juillet 1874. Elles étaient plus rigoureuses que celles exigées pour l'électorat politique pour lequel il suffisait d'une résidence de 6 mois. La loi du 5 avril 1884, sur l'organisation municipale, conférant le droit électoral dans la commune à ceux qui n'ont qu'une résidence de 6 mois, les conditions de l'électorat politique et de l'électorat municipal sont désormais confondues.

Toutefois, le nombre des conseillers généraux non domiciliés ne peut dépasser le quart du nombre total dont le Conseil doit être composé (art. 6).

En dehors de ces conditions générales d'éligibilité, la loi prévoit certains cas d'*incapacité* ou d'*incompatibilité*.

L'*incapacité* suppose l'inaptitude à être élu et elle entraîne la nullité de l'élection.

L'*incompatibilité* suppose simplement l'impossibilité de la coexistence de deux qualités qui s'excluent ; elle empêche l'élu de conserver son mandat en même temps que d'autres fonctions, de telle sorte qu'il doit opter entre sa qualité de conseiller et l'exercice des fonctions avec lesquelles elle ne peut concourir.

Les incapacités et les incompatibilités sont *absolues* ou *relatives*, suivant qu'elles empêchent l'élection dans toute la France ou seulement dans une certaine circonscription territoriale.

Sont *incapables* d'une manière *absolue* : les citoyens pourvus d'un conseil judiciaire (art. 7) (1).

Sont *incapables* d'une manière *relative* : certains fonctionnaires qui ne peuvent être élus dans une circonscription territoriale déterminée, parce qu'on redoute l'influence que leur donnent leurs fonctions dans le ressort où ils les exercent (art. 8) (2).

(1) Les individus qui peuvent être pourvus d'un conseil judiciaire sont : 1º les prodigues; 2º ceux dont l'état habituel d'imbécillité, de démence ou de fureur n'est pas assez grave pour faire prononcer contre eux l'interdiction (art. 499 et 513 Code civil).

(2) D'après l'article 8, ne peuvent être élus membres du Conseil général; 1º les préfets, sous-préfets, secrétaires généraux et conseillers de préfecture, dans le département où ils exercent leurs fonctions; 2º les procureurs généraux, avocats généraux et substituts du procureur général près les Cours d'appel, dans l'étendue du ressort de la Cour; 3º les présidents, vices-présidents, juges titulaires, juges d'instruction et membres du parquet des tribunaux de première instance, dans l'arrondissement du tribunal; 4º les juges de paix, dans leur canton; 5º les généraux commandant les divisions ou subdivisions territoriales, dans l'étendue de leurs commandements; 6º les préfets maritimes, majors-généraux de la marine et commissaires

Le mandat de conseiller général est *incompatible*, dans toute la France, avec les fonctions énumérées aux nᵒˢ 1 et 7 de l'art. 8, c'est-à-dire avec les fonctions de préfet, sous-préfet, secrétaire général et conseiller de préfecture et avec les fonctions de commissaire et d'agent de police (art. 9) (1).

Le mandat de conseiller général est *incompatible*, seulement dans le département, avec les fonctions d'architecte départemental, d'agent voyer, d'employé des bureaux de la préfecture ou d'une sous-préfecture et, généralement, de tous les agents salariés ou subventionnés sur les fonds départementaux. — La même incompatibilité existe à l'égard des entrepreneurs des services départementaux (art. 10).

Enfin, nul ne peut être membre de plusieurs Conseils généraux (art. 11).

Convocation des électeurs. — Les collèges électoraux sont convoqués par le pouvoir exécutif, de manière

de l'inscription maritime, dans le département où ils résident; 7° les commissaires et agents de police, dans les cantons de leur ressort; 8° les ingénieurs en chef de département et les ingénieurs ordinaires d'arrondissement, dans le département où ils exercent leurs fonctions; 9° les ingénieurs du service ordinaire des mines, dans les cantons de leur ressort; 10° les recteurs d'académie, dans le ressort de l'académie; 11° les inspecteurs d'académie et les inspecteurs des écoles primaires, dans le département où ils exercent leurs fonctions; 12° les ministres des différents cultes, dans les cantons de leur ressort; 13° les agents et comptables de tout ordre, employés à l'assiette, à la perception et au recouvrement des contributions directes ou indirectes et au payement des dépenses publiques de toute nature, dans le département où ils exercent leurs fonctions; 14° les directeurs et inspecteurs des postes, des télégraphes et des manufactures de tabacs, dans le département où ils exercent leurs fonctions; 15° les conservateurs, inspecteurs et autres agents des eaux et forêts, dans les cantons de leur ressort; 16° les vérificateurs des poids et mesures, dans les cantons de leur ressort.

(1) Ces diverses fonctions sont des causes d'incapacité dans le ressort où elles s'exercent et des causes d'incompatibilité partout ailleurs.

qu'il y ait toujours au moins 15 jours francs entre la date du décret de convocation et le jour de l'élection qui doit être un dimanche.

Le scrutin est ouvert à 7 heures du matin et clos le même jour à 6 heures. Le dépouillement a lieu immédiatement. Si un second tour de scrutin est nécessaire il y est procédé le dimanche suivant (art. 12).

Recensement des votes. — Immédiatement après le dépouillement du scrutin, les procès-verbaux de chaque commune, arrêtés et signés, sont portés au chef-lieu de canton par deux membres du bureau. Le recensement général des votes est fait par le bureau du chef-lieu et le résultat est proclamé par son président, qui adresse tous les procès-verbaux et les pièces au préfet (art. 13).

— Nul n'est élu membre du Conseil général au premier tour de scrutin, s'il n'a réuni : 1º la majorité absolue des suffrages exprimés ; 2º un nombre de suffrages égal au quart de celui des électeurs inscrits. Au second tour de scrutin, l'élection a lieu à la majorité relative, quel que soit le nombre des votants.

Si plusieurs candidats obtiennent le même nombre de suffrages, l'élection est acquise au plus âgé (art. 14).

Réclamations contre les élections. — Avant la loi du 10 août 1871, le *Conseil de préfecture* jugeait, sauf appel au Conseil d'Etat, les réclamations contre les élections.

D'après la loi du 10 août 1871 c'était le *Conseil général*, lui-même, qui, chargé de vérifier les pouvoirs de ses membres, statuait dans tous les cas et d'une manière souveraine.

Une loi du 31 juillet 1875 modifiant les articles 15-17 de la loi de 1871, charge désormais le *Conseil d'Etat* de statuer directement sur les réclamations, sans frais, avec dispense de timbre et d'avocat, sauf à renvoyer devant les tribunaux civils, à titre de questions préjudicielles, celles fondées sur l'incapacité légale de l'élu (1).

Dans le cas où le Conseil d'Etat surseoit ainsi à statuer jusqu'à ce que la question de capacité ait été jugée par les tribunaux compétents, il fixe un bref délai dans lequel la partie qui aura élevé la question préjudicielle devra justifier de ses diligences. L'appel du jugement rendu par le tribunal civil doit, à peine de nullité, être notifié à la partie dans les 10 jours du jugement. La question préjudicielle est, du reste, jugée sommairement par les tribunaux.

— Les élections peuvent être arguées de nullité par tout électeur du canton, par les candidats et par les membres du Conseil général.

Si la réclamation n'a pas été consignée dans le procès-verbal, elle doit être déposée dans les 10 *jours* qui suivent l'élection : soit au secrétariat de la section du contentieux du Conseil d'Etat, soit au secrétariat général de la Préfecture du département où l'élection a eu lieu. Il en est donné récépissé. Dans tous les cas, la réclamation est notifiée à la partie intéressée dans le délai d'un mois, à compter du jour de l'élection. Le Préfet, dans les 20 jours qui suivent leur réception, transmet au Conseil d'Etat les réclamations consignées au procès-verbal ou déposées au secrétariat général de la Préfecture.

Le Préfet peut également réclamer, mais seulement pour inobservation des conditions et formalités prescrites par les lois, dans les 20 *jours* de la réception des procès-verbaux des opérations électorales. Il adresse sa réclamation au Conseil d'Etat.

Les réclamations doivent être jugées par le Conseil

(1) Cette innovation ne s'applique qu'aux Conseils généraux. Il en résulte que c'est toujours le Conseil de préfecture qui statue sur la validité des élections aux Conseils d'arrondissement et aux Conseils municipaux, ainsi que nous le verrons plus loin.

d'Etat dans le délai de trois mois à partir de l'arrivée des pièces au secrétariat général du Conseil d'Etat ; mais, lorsqu'il y aura lieu à renvoi devant les tribunaux, le délai de 3 mois ne courra que du jour où la décision judiciaire sera devenue définitive (art. 15 et 16 d'après la loi du 31 juillet 1875).

Durée des fonctions. — Sous l'empire de la loi de 1833, les membres du Conseil général étaient nommés pour *neuf* ans et renouvelés par *tiers* tous les trois ans. D'après la nouvelle loi, les conseillers généraux sont nommés pour *six* ans et renouvelés par *moitié* tous les trois ans. Ils sont indéfiniment rééligibles.

En cas de renouvellement intégral, à la session qui suit ce renouvellement, le Conseil général divise les cantons du département en deux séries, en répartissant, autant que possible, dans une proportion égale, les cantons de chaque arrondissement dans chacune des séries et il procède ensuite à un tirage au sort pour régler l'ordre du renouvellement des séries (art. 21) (1).

Vacances accidentelles. — En cas de vacance par *décès, option, démission,* ou par toute autre cause, les électeurs doivent être réunis dans le délai de *trois* mois. Toutefois, si le renouvellement légal de la série à laquelle appartient le siège vacant doit avoir lieu avant la prochaine session ordinaire du Conseil général, l'élection partielle se fait à la même époque. La Commission départementale est chargée de veiller à l'exécution de ces dispositions. Elle adresse ses réquisitions au préfet et, s'il y a lieu, au ministre de l'intérieur (art. 22).

Le conseiller général, élu dans plusieurs cantons, est tenu de déclarer son *option* au président du Conseil général, dans les trois jours qui suivent l'ouverture de la session ou la notification de la décision du Conseil

---

(1) Un renouvellement de moitié a eu lieu en 1883.

d'Etat s'il y a eu contestation. A défaut d'option dans ce délai, le Conseil général détermine, en séance publique et par la voie du sort, à quel canton le conseiller appartiendra.

Lorsque le nombre des conseillers non domiciliés dans le département dépasse le quart du Conseil, le Conseil général procède de la même façon pour désigner celui ou ceux dont l'élection doit être annulée; s'il s'élève une question préjudicielle sur le domicile, le Conseil général surseoit, et le tirage au sort est fait par la Commission départementale pendant l'intervalle des sessions (art. 17 L. 31 juillet 1875).

— Tout conseiller général qui, par une cause survenue postérieurement à son élection, se trouve dans un des cas d'incapacité ou d'incompatibilité prévus par les articles 7 à 10 de la loi, ou se trouve frappé de l'une des incapacités qui font perdre la qualité d'électeur, est déclaré démissionnaire par le Conseil général, soit d'office, soit sur la réclamation de tout électeur (art. 18).

Lorsqu'un conseiller général a manqué à une session ordinaire, sans excuse légitime, admise par le Conseil, il est déclaré démissionnaire par le Conseil général, dans la dernière séance de la session (art. 19).

Le conseiller général qui donne sa *démission* doit l'adresser au président du Conseil général ou au président de la Commission départementale qui en donne immédiatement avis au préfet (art. 20).

II. — Sessions du conseil général (tit. III, art. 23-36). Le Conseil général a des sessions ordinaires et des sessions extraordinaires.

Sessions ordinaires. — Autrefois, le Conseil général n'avait qu'une session ordinaire annuelle; depuis la nouvelle loi il a, chaque année, *deux sessions ordinaires.*

La session la plus importante est celle dans laquelle sont délibérés le budget et les comptes. Elle commence de plein droit le premier lundi qui suit le 15 août et ne peut être retardée que par une loi.

L'autre session devrait s'ouvrir au jour fixé par le Conseil général dans la session du mois d'août précédent et, à défaut du Conseil général, par la Commission départementale, mais une loi du 12 août 1876 a fixé le jour d'ouverture de la session du printemps au deuxième lundi qui suivra le jour de Pâques.

La durée de la session d'août ne peut excéder un mois. — Celle de l'autre session ordinaire ne peut excéder quinze jours (art. 23).

Sessions extraordinaires. — Les Conseils généraux peuvent être réunis extraordinairement :

1º Par décret du pouvoir exécutif;

2º Si les deux tiers des membres en adressent la demande écrite au président. Dans ce cas, le président est tenu d'en donner avis immédiatement au préfet qui doit convoquer d'urgence.

La durée des sessions extraordinaires ne peut excéder huit jours (art. 24).

Nomination des président, vice-présidents et secrétaires. — En 1852, les président, vice-présidents et secrétaires du Conseil général étaient choisis par le chef de l'Etat.

La loi nouvelle, conformément à loi de 1833 et à la législation de 1848, charge le Conseil général de nommer lui-même son président, un ou plusieurs vice-présidents et ses secrétaires.

Cette nomination est faite à l'ouverture de la session d'août, sous la présidence du doyen d'âge, le plus jeune membre faisant les fonctions de secrétaire.

Les président, vice-présidents et secrétaires sont nommés au scrutin secret et à la majorité absolue. Leurs fonctions durent jusqu'à la session d'août de l'année suivante (art. 25).

Séances et délibérations. — Le Conseil général, comme chacune des Chambres législatives, fait son règlement intérieur (article 26) (1).

Le préfet a son entrée au Conseil; il est entendu quand il le demande et assiste aux délibérations, excepté lorsqu'il s'agit de l'apurement de ses comptes (art. 27).

Sous la législation de 1833 et de 1852, les séances du Conseil général n'étaient pas publiques. La loi du 10 août 1871, reproduisant une règle déjà consacrée en 1848, établit la *publicité* des séances.

Néanmoins, sur la demande de cinq membres, du président ou du préfet, le Conseil général, par assis et levé, sans débats, décide s'il doit se former en comité secret (art. 28).

Le président a seul la police de l'assemblée. Il peut faire expulser de l'auditoire ou arrêter tout individu qui troublerait l'ordre.

En cas de crime ou de délit, il en dresse procès-verbal et le procureur de la République en est immédiatement saisi (art. 29).

Le Conseil général ne peut délibérer valablement qu'autant que la moitié plus un des membres dont il doit se composer est présente.

Les votes sont recueillis au scrutin public, toutes les fois que le sixième des membres présents le demande. En cas de partage, la voix du président est prépondérante. Néanmoins les votes sur les nominations ont toujours lieu au scrutin secret. Le résultat des scrutins publics énonçant les noms des votants est reproduit au procès-verbal (art. 30).

Le Conseil général doit établir jour par jour un *compte rendu* sommaire et officiel de ses séances, qui est

(1) Nous devons observer qu'une loi du 23 juillet 1870 avait déjà décidé : 1° que le Conseil général nommerait ses président, vice-présidents et secrétaires; 2° qu'il pourrait faire son règlement intérieur.

tenu à la disposition de tous les journaux du département dans les quarante-huit heures qui suivent la
séance (art. 31, § 1) (1).

Les procès-verbaux des séances, rédigés par un des
secrétaires, sont arrêtés au commencement de chaque
séance et signés par le président et le secrétaire. Ils
contiennent les rapports, les noms des membres qui
ont pris part à la discussion et l'analyse de leurs opinions. Tout *électeur* ou *contribuable* du département a le
droit de demander la communication sans déplacement
et de prendre copie de toutes les délibérations du Conseil général ainsi que des procès-verbaux des séances
publiques et de les reproduire par la voie de la *presse*
(art. 32) (2).

Tout acte et toute délibération du Conseil général,
relatifs à des objets qui ne sont pas légalement compris
dans ses attributions, sont nuls et de nul effet. La nullité est prononcée par un décret rendu dans la forme
des règlements d'administration publique (art. 33).

Toute délibération prise hors des réunions du Conseil
prévues ou autorisées par la loi est nulle et de nul
effet.

Le préfet, par arrêté motivé, déclare la réunion illégale, prononce la nullité des actes, prend toutes les
mesures nécessaires pour que l'assemblée se sépare immédiatement et transmet son arrêté au procureur général du ressort pour l'exécution des lois et l'application,
s'il y a lieu, des peines déterminées par l'article 258 du
Code pénal. En cas de condamnation, les membres con-

---

(1) Le paragraphe 2 de l'article 31, sur l'appréciation par les journaux des discussions du Conseil, a été supprimé par la loi sur la
presse du 29 juillet 1881 (art. 68).

(2) Cette disposition avait été déjà édictée par la loi du 23 juillet
1870. Elle existait déjà pour les délibérations des Conseils municipaux dans la loi du 5 mai 1855 (art. 22) et d'une façon plus restreinte
dans la loi antérieure de 1831.

damnés sont déclarés par le jugement exclus du Conseil et inéligibles pendant les trois années qui suivent la condamnation (art. 34).

Dissolution du Conseil général. — La dissolution du Conseil général est soumise à des règles différentes, suivant qu'elle a lieu pendant les sessions des Chambres législatives ou dans l'intervalle de ces sessions.

Pendant les sessions des Chambres législatives, là dissolution d'un Conseil général ne peut être prononcée par le Chef du pouvoir exécutif que sous l'obligation expresse d'en rendre compte aux Chambres dans le plus bref délai possible. En ce cas, une *loi* fixe la date de la nouvelle élection et décide si la Commission départementale doit conserver son mandat jusqu'à la réunion du nouveau Conseil général, ou autorise le pouvoir exécutif à en nommer provisoirement une autre (art. 35).

Dans l'intervalle des sessions des Chambres le Chef du pouvoir exécutif peut prononcer la dissolution d'un Conseil général pour des causes spéciales à ce Conseil. Le décret de dissolution doit être motivé ; il ne peut jamais être rendu par voie de mesure générale. Il convoque en même temps les électeurs du département pour le quatrième dimanche qui suit sa date. Le nouveau Conseil général se réunit de plein droit le deuxième lundi après l'élection et nomme sa commission départementale (art. 36).

Attributions.

La nouvelle loi du 10 août 1871 a eu pour but d'étendre les attributions des conseils généraux, d'augmenter leurs pouvoirs en restreignant ceux des préfets. Elle a ainsi réalisé plus efficacement encore le principe de la décentralisation déjà consacré par la loi de 1866.

8.

Dans l'exercice de ses attributions, le Conseil général peut être envisagé à différents point de vue :

1º Au point de vue de *la nature de sa mission*. A cet égard, il peut être considéré : tantôt comme *délégué du pouvoir législatif*, tantôt comme *représentant légal du département*, tantôt comme *conseil du pouvoir central*. C'était le point de vue auquel M. Vivien s'était placé dans son rapport sur la loi de 1838 ;

2º Au point de vue de l'*étendue des intérêts* sur lesquels il est appelé à statuer. A cet égard, le Conseil général, sorte d'intermédiaire entre le pouvoir central et le pouvoir communal, est chargé non seulement des intérêts départementaux, mais aussi quelquefois des intérêts généraux et des intérêts municipaux. C'est le point de vue de cerains auteurs, notamment de M. Aucoc.

3º Au point de vue de l'*autorité de ses actes*. A cet égard, le Conseil général exerce ses attributions :

1º Par des délibérations *exécutoires* par elles-mêmes.

2º Par des délibérations qui ne sont exécutoires qu'après une *approbation expresse* de l'autorité supérieure.

3º Par des *avis* et *propositions*, par des *réclamations* et des *vœux*, qui sont destinés à éclairer le pouvoir central.

Cette dernière division, qui résulte du texte des articles de la loi de 1871, est celle que nous suivrons dans nos explications (1).

§ I. — Délibérations exécutoires par elles-mêmes sans approbation expresse de l'autorité supérieure. — Sous l'empire de la loi de 1838, les délibérations du Conseil général n'étaient, en général, exécutoires qu'après une approbation : soit du préfet, soit du ministre, soit du chef de l'Etat, soit du Corps législatif.

(1) C'est la division qui est adoptée par plusieurs auteurs, notamment par M. Batbie. Elle est conforme, du reste, à la division que nous retrouverons pour les attributions des conseils municipaux.

Les décrets, dits de décentralisation, des 25 mars 1852 et 13 avril 1861, avaient, dans la plupart des cas, transporté au préfet le droit d'approuver les délibérations. Il en résultait que la règle générale était que l'approbation du préfet suffisait, à moins d'une disposition contraire, tandis qu'auparavant l'autorisation du préfet n'était suffisante qu'autant qu'un texte formel le déclarait.

La loi du 18 juillet 1866 fit un grand pas dans la voie de la véritable décentralisation, en attribuant au Conseil général le pouvoir de statuer *définitivement*, sans aucune approbation, sur un grand nombre de matières intéressant le département.

La nouvelle loi du 10 août 1871, s'inspirant de l'esprit de la loi de 1866, a élargi encore le cercle des matières sur lesquelles le Conseil général est appelé à prendre des délibérations réglementaires, exécutoires par elles-mêmes ; et ce n'est qu'exceptionnellement qu'elle réserve au pouvoir central, Chef de l'Etat ou Chambres législatives, le droit d'approbation.

Les délibérations du Conseil général *exécutoires sans aucune approbation expresse* sont de deux sortes :

Les unes dont l'exécution ne peut être empêchée que par une *annulation*.

Les autres dont l'exécution peut être paralysée par une simple *suspension*.

Les premières ont un caractère de décisions définitives et sont exécutoires si, dans un certain délai, l'annulation n'a pas été demandée et prononcée.

Les secondes sont exécutoires si, dans un certain délai, la suspension de leur exécution n'a pas été ordonnée.

L'annulation, mesure plus grave que la suspension, en diffère sous plusieurs rapports :

1° L'annulation ne peut avoir lieu que pour excès de pouvoir, violation d'une disposition de la loi ou d'un règlement d'administration publique. — La suspension n'est soumise à aucune cause déterminée ; il suffit qu'elle soit motivée ;

2° L'annulation est prononcée par un décret en Conseil d'Etat. — La suspension est prononcée par un simple décret du Chef du pouvoir exécutif ;

3° L'annulation doit être demandée par le préfet, dans un délai de vingt jours, à partir de la clôture de la session, et elle doit être prononcée dans le délai de deux mois, à partir de la notification de son recours au Président du Conseil général ou de la Commission départementale, sinon, la délibération est exécutoire. — La suspension doit être prononcée dans le délai de trois mois, à partir de la clôture de la session; sinon la délibération est exécutoire (art. 47 et 49).

I. — *Délibérations exécutoires à moins d'annulation.* — Le Conseil général statue souverainement :

1° *Sur la répartition des impôts directs.* — Chaque année à sa session d'août, le Conseil général est chargé de répartir les impôts directs de répartition entre les *arrondissements* (art. 37).

Pour comprendre cette mission du Conseil général, il faut savoir que les impôts directs se divisent en impôts *de répartition* et en impôts de *quotité* (1). Les impôts de répartition sont : l'impôt foncier, l'impôt personnel et mobilier et l'impôt des portes et fenêtres.

Chaque année le Corps législatif répartit ces trois impôts entre les départements. Dans chaque département le Conseil général est chargé de faire entre les arrondissements la répartition du contingent assigné par le Corps législatif au département. Dans chaque arrondissement, le Conseil d'arrondissement répartit entre les communes le contingent assigné par le Conseil général à chaque arrondissement. Enfin, dans cha-

(1) Voir plus loin ce que nous disons des impôts.

que commune, une commission de répartiteurs répartit entre les particuliers, c'est-à-dire entre les contribuables, le contingent assigné par le Conseil d'arrondissement à la commune. Il y a ainsi quatre degrés de répartition.

Le Conseil général, avant d'effectuer la répartition entre les arrondissements, statue sur les demandes délibérées par les Conseils d'arrondissement en réduction du contingent et il prononce définitivement sur les demandes en réduction de contingent formées par les communes et préalablement soumises aux Conseils d'arrondissement (art. 37 et 38) (1).

Si le Conseil général ne se réunissait pas, ou s'il se séparait sans avoir arrêté la répartition des impôts directs, les mandements des contingents seraient délivrés par le préfet, d'après les bases de la répartition précédente, sauf les modifications à apporter dans le contingent en exécution des lois.

Cette mission, pour laquelle le Conseil général joue le rôle de délégué du pouvoir législatif, lui était déjà reconnue dans la loi de 1838 et à l'origine de son institution.

2° *Sur les centimes additionnels départementaux.* Le Conseil général *vote* les centimes additionnels, soit ordinaires, soit spéciaux, dont la perception est autorisée par les lois. Il peut voter également des centimes extraordinaires dans la limite du maximum fixé annuellement par la loi de finances (art. 40) (2).

3° *Sur certains emprunts départementaux.* — Le Conseil

(1 La nouvelle loi évite de parler de Conseils d'*arrondissement*. Elle parle de Conseils *compétents*. Elle a voulu réserver probablement la question de la création des Conseils *cantonaux* qui est à l'étude dans le projet de loi sur la décentralisation administrative.

(2) Le maximum des centimes extraordinaires est habituellement fixé à 12 centimes, dans lesquels sont compris les centimes dont l'imposition a été précédemment autorisée par des lois spéciales.

général peut voter des emprunts départementaux remboursables dans un délai qui ne peut excéder quinze
années sur les ressources ordinaires et extraordinaires
(art. 40).

4° *Sur la fixation du maximum des centimes extraordinaires communaux.* — Dans l'intérêt des communes, le
Conseil général arrête chaque année, dans sa session
d'août et dans les limites fixées annuellement par la loi
de finances, le maximum du nombre des centimes extraordinaires que les Conseils municipaux sont autorisés à voter pour en affecter le produit à des dépenses
extraordinaires d'utilité communale.

Si le Conseil général se sépare sans l'avoir arrêté,
le maximum fixé pour l'année précédente est maintenu
jusqu'à la session d'août de l'année suivante (art. 42) (1).

5° *Sur la révision des sections électorales dans les communes.* — Chaque année, dans sa session d'août, le
Conseil général, par un travail d'ensemble comprenant
toutes les communes du département, procède à la
révision des sections électorales et en dresse le tableau
(art. 43).

Cette disposition est reproduite de la loi du 14 avril
1871 sur les Conseils municipaux. Le Conseil général a
été substitué au préfet.

6° *Sur les chemins vicinaux de grande communication et
d'intérêt commun.* — Le Conseil général est chargé : soit
d'opérer la reconnaissance et de déterminer la largeur
des chemins de grande communication et d'intérêt commun, soit d'en prescrire l'ouverture ou le redressement
(art. 44) (2).

---

(1) Le maximum de ces centimes extraordinaires d'utilité communale est ordinairement fixé à 20 centimes.
(2) Nous développerons plus tard les règles concernant cette attribution, en traitant des chemins vicinaux.

7° *Sur la nomination et la révocation des titulaires des bourses* entretenues sur les fonds départementaux, et sur les règles et conditions de nomination des candidats aux fonctions rétribuées exclusivement sur les fonds départementaux, sous la réserve des droits des archivistes paléographes (art. 45).

— Enfin, l'art. 46 énumère dans 26 numéros les matières d'intérêt départemental et communal sur lesquelles le Conseil général statue définitivement.

Aux termes de cet article, qui a développé le système de décentralisation de la loi de 1866, le Conseil général statue définitivement sur les objets ci-après désignés, savoir :

1° Acquisition, aliénation et échange des propriétés départementales mobilières ou immobilières, quand ces propriétés ne sont pas affectées à l'un des services énumérés au numéro 4 ;

2° Mode de gestion des propriétés départementales ;

3° Baux de biens donnés ou pris à ferme ou à loyer, quelle qu'en soit la durée ;

4° Changement de destination des propriétés et des édifices départementaux, autres que les hôtels de préfecture et de sous-préfecture et des locaux affectés aux cours d'assises, aux tribunaux, aux écoles normales, au casernement de la gendarmerie et aux prisons ;

5° Acceptation ou refus de dons et legs faits au département quand ils ne donnent pas lieu à réclamation (1) ;

6° Classement et direction des routes départementales (2) ; projets, plans et devis des travaux à exécuter pour la construction, la rectification ou l'entretien desdites routes ; désignation des services qui seront chargés de leur construction ou de leur entretien (3) ;

(1) D'après la loi de 1866, il fallait, en outre, que les dons et legs ne fussent pas grevés de charges ou d'affectations immobilières.

(2) Il n'est plus nécessaire, comme sous la loi de 1866, que le tracé de ces routes ne se prolonge pas sur le territoire d'un autre département.

(3) La loi de 1866 réservait au corps des ponts et chaussées la construction et l'entretien de ces routes.

7º Classement et direction des chemins vicinaux de grande communication et d'intérêt commun; désignation des communes qui doivent concourir à la construction et à l'entretien desdits chemins et fixation du contingent de chaque commune, le tout sur l'avis des conseils compétents (1). — Répartition des subventions accordées sur les fonds de l'Etat ou du département aux chemins vicinaux de toute catégorie. Désignation des services auxquels sera confiée l'exécution des travaux sur les chemins vicinaux de grande communication et d'intérêt commun et mode d'exécution des travaux à la charge du département; — taux de la conversion en argent des journées de prestation;

8º Déclassement des routes départementales, des chemins vicinaux de grande communication et d'intérêt commun (2);

9º Projets, plans et devis de tous autres travaux à exécuter sur les fonds départementaux et désignation des services auxquels ces travaux seront confiés;

10º Offres faites par les communes, les associations ou les particuliers pour concourir à des dépenses quelconques d'intérêt départemental;

11º Concessions à des associations, à des compagnies ou à des particuliers de travaux d'intérêt départemental;

12º Direction des chemins de fer d'intérêt local, mode et conditions de leur construction, traités et dispositions nécessaires pour en assurer l'exploitation (voir loi du 10 juillet 1865 sur les chemins de fer d'intérêt local);

13º Etablissement et entretien des bacs et passages d'eau sur les routes et chemins à la charge du département; fixation des tarifs de péage (3);

14º Assurance des bâtiments départementaux;

15º Actions à intenter ou à soutenir au nom du départe-

(1) D'après la loi de 1866, c'était le préfet qui fixait le contingent annuel des communes.

(2) Il n'y a plus à distinguer, comme sous la loi de 1866, si les routes ou chemins se prolongent sur le territoire d'un ou de plusieurs départements.

(3) Ce droit appartenait auparavant au ministre des travaux publics.

ment, sauf les cas d'urgence, dans lesquels la commission départementale pourra statuer (1);

16° Transactions concernant les droits des départements;

17° Recettes de toute nature et dépenses des établissements d'aliénés appartenant au département; approbation des traités passés avec des établissements privés ou publics pour le traitement des aliénés du département;

18° Service des enfants assistés;

19° Part de la dépense des aliénés et des enfants assistés, qui sera mise à la charge des communes et bases de la répartition à faire entre elles;

20° Créations d'institutions départementales d'assistance publique, et service de l'assistance publique dans les établissements départementaux;

21° Établissement et organisation des caisses de retraite ou de tout autre mode de rémunération en faveur des employés des préfectures et sous-préfectures et des agents salariés sur les fonds départementaux;

22° Part contributive du département aux dépenses des travaux qui intéressent à la fois les départements et les communes;

23° Difficultés élevées relativement à la répartition de la dépense des travaux qui intéressent plusieurs communes du département;

24° Délibération des conseils municipaux, ayant pour but l'établissement, la suppression ou les changements de foires et marchés (autrefois il ne donnait qu'un avis) (2);

25° Délibérations des conseils municipaux ayant pour but la prorogation des taxes additionnelles d'octroi actuellement existantes ou l'augmentation des taxes principales au delà d'un décime, le tout dans les limites du maximum des droits

(1) En cas d'urgence, la Commission départementale a été substituée au préfet.

(2) D'après une loi du 16 septembre 1879, les Conseils généraux statuent, dans ce cas, souverainement et nonobstant toute opposition; mais lorsqu'il s'agit de foires et marchés établis ou à établir dans des communes situées à moins de deux myriamètres d'un département voisin, le conseil général de ce département doit être préalablement consulté, conformément au décret du 13 août 1864.

9

et de la nomenclature des objets fixés par le tarif général établi conformément à la loi du 24 juillet 1867 (1) ;

26° Changements à la circonscription des communes d'un même canton et à la désignation de leurs chefs-lieux, lorsqu'il y a accord entre les conseils municipaux (2).

II. — *Délibérations exécutoires à moins de suspension.* — Les matières qui sont l'objet de ces délibérations sont énumérées dans les cinq numéros de l'article 48.

Aux termes de cet article, le Conseil général délibère :

1° Sur l'acquisition, l'aliénation et l'échange des propriétés départementales affectées aux hôtels de préfecture et de sous-préfecture, aux écoles normales, aux cours d'assises et tribunaux, au casernement de la gendarmerie et aux prisons ;

2° Sur le changement de destination des propriétés départementales affectées à un des services ci-dessus énumérés ;

3° Sur la part contributive à imposer au département dans les travaux exécutés par l'État, qui intéressent le département ;

4° Sur les demandes des conseils municipaux : 1° pour l'établissement ou le renouvellement d'une taxe d'octroi sur des matières non comprises dans le tarif général indiqué à l'article 46 ; 2° pour l'établissement ou le renouvellement d'une taxe excédant le maximum fixé par ledit tarif ; 3° pour l'assujettissement à la taxe d'objets non encore imposés dans le tarif local ; 4° pour les modifications aux règlements et aux périmètres existants (3) ;

5° Sur tous les autres objets sur lesquels il est appelé à délibérer par les lois et règlements, et généralement sur tous les objets d'intérêt départemental dont il est saisi, soit

(1) Cette disposition est abrogée par la loi du 5 avril 1884 (art. 139) qui confère aux Conseils municipaux le droit de décision.

(2) La délibération du Conseil général remplace l'approbation que le préfet donnait, sur l'avis du Conseil général, d'après la loi du 24 juillet 1867.

(3) Ce § est abrogé par la loi du 5 avril 1884 (art. 137). Le Conseil général ne donne plus qu'un avis.

par une proposition du préfet, soit sur l'initiative d'un de ses membres.

§ II. Délibérations qui ne sont exécutoires qu'après une approbation expresse. — Les cas dans lesquels les délibérations du Conseil général ont besoin d'une approbation expresse pour être exécutoires sont très rares depuis la loi nouvelle de 1871.

Ces délibérations sont notamment relatives :

1° Aux impositions extraordinaires qui dépassent la limite du maximum fixé annuellement par la loi de finances;

2° Aux emprunts départementaux qui sont remboursables dans un délai excédant 15 années;

Dans ces deux cas, le Conseil général doit être autorisé par une loi (art. 41);

3° Aux dons et legs faits au département quand ils donnent lieu à réclamation (art. 46, n° 5).

4° Au budget départemental et aux comptes d'administration du préfet qui doivent être définitivement réglés, comme nous le verrons, par décret du Chef de l'Etat (art. 57 et 66).

§ III. Avis et propositions, réclamations et vœux. — Le Conseil général est chargé d'éclairer le pouvoir central par ses avis et propositions et par ses réclamations et ses vœux.

Avis. D'après l'article 50, le Conseil général donne son avis :

1° Sur les changements proposés à la circonscription du territoire du département, des arrondissements, des cantons et des communes et à la désignation des chefs-lieux, sauf le cas où il statue définitivement conformément à l'article 46, numéro 26 (1);

(1) Le cas où le Conseil général statue définitivement est relatif

2º Sur l'application des dispositions de l'article 90 du Code forestier, relatives à la soumission au régime forestier des bois, taillis ou futaies appartenant aux communes et à la conversion en bois de terrains en pâturages;

3º Sur les délibérations des conseils municipaux relatives à l'aménagement, au mode d'exploitation, à l'aliénation et au défrichement des bois communaux;

Et généralement sur tous les objets sur lesquels il est appelé à donner son avis en vertu des lois et règlements, ou sur lesquels il est consulté par les ministres.

Il résulte de cet article que le Conseil général est appelé à donner son avis : tantôt d'une manière *obligatoire*, tantôt d'une manière *facultative*. Il *doit* être consulté toutes les fois que les lois et règlements réclament son avis. Il *peut* l'être toutes les fois que les ministres croient devoir provoquer ses conseils.

Dans tous les cas, il est de principe que l'avis donné ne lie pas l'administration, qui peut ne pas le suivre. Mais, dans le cas où l'avis est impérativement exigé, si l'administration prenait une décision sans avoir demandé cet avis, la décision prise pourrait être l'objet d'un recours contentieux devant le Conseil d'Etat, comme entachée d'un excès de pouvoir.

Propositions. — Aux termes de l'art. 68, le Conseil général fait des propositions pour l'allocation de certains crédits ouverts sur les fonds généraux du budget en ce qui concerne :

Les secours pour travaux concernant les églises et presbytères ;

aux changements à la circonscription des communes d'un même canton, et à la désignation de leurs chefs-lieux, lorsqu'il y a accord entre les conseils municipaux.

Les secours généraux à des établissements et institutions de bienfaisance ;

Les subventions aux communes pour acquisition, construction et réparation de maisons d'école et de salles d'asile ;

Les subventions aux comices et associations agricoles.

A cet effet, le Conseil général dresse un tableau collectif des propositions, en les classant par ordre d'urgence, et le ministre compétent fixe définitivement les allocations.

Réclamations et vœux. — Le Conseil général peut adresser directement au ministre compétent, par l'intermédiaire de son président, les réclamations qu'il aurait à présenter dans l'intérêt spécial du département, ainsi que son opinion sur l'état et les besoins des différents services publics, en ce qui touche le département.

Il peut même, dans l'intérêt général du pays, émettre des vœux sur toutes les questions économiques et d'administration générale ; mais les vœux *politiques* lui sont interdits (art. 51).

Les réclamations et les vœux diffèrent des avis en ce que : 1° les réclamations et les vœux émanent de l'initiative du Conseil général, tandis que les avis sont provoqués par l'administration ; 2° les réclamations et les vœux sont adressés directement au ministre compétent, par l'intermédiaire du président du Conseil général, tandis que les avis sont transmis à l'administration centrale par l'intermédiaire du préfet.

— Rôle du Préfet en ce qui touche les dons et legs, les contrats et les actions judiciaires intéressant le département.

Dons et legs. — Nous savons que l'autorisation d'accepter les dons et legs faits au département est donnée définitivement par le Conseil général, quand il n'y a pas de réclamation des familles, et par décret en Conseil d'Etat quand il y a réclamation.

Dans tous les cas, c'est le préfet qui, en conformité des décisions du Conseil général ou du gouvernement, accepte ou refuse les dons et legs.

Il peut toujours accepter les dons et legs à *titre conservatoire*, et la décision du Conseil général ou du gouvernement, qui intervient ensuite, a effet du jour de cette acceptation (art. 53 de la loi du 10 août 1871, à combiner avec les art. 910 et 937 du Code civil).

Contrats. — Le préfet, sur l'avis conforme de la Commission départementale, passe les contrats au nom du département (art. 54).

Actions judiciaires. — Le Conseil général, comme nous l'avons vu, statue définitivement sur les actions à intenter ou à soutenir au nom du département. Toutefois, dans les cas d'*urgence*, la Commission départementale peut statuer (art. 46, n° 15).

En principe, c'est le préfet qui représente en justice le département, comme demandeur ou comme défendeur; il est, en outre, chargé de faire tous actes conservatoires et interruptifs de déchéance.

Par exception, en cas de litige entre l'État et le département, le préfet représente l'Etat, et c'est un membre de la Commission départementale désigné par elle qui représente le département (art. 54) (1).

Il y a un double intérêt à distinguer si le département est *demandeur* ou *défendeur* :

1° Quand le département est demandeur, le préfet intente l'action en vertu de la décision du Conseil général. Quand le département est défendeur, le préfet peut défendre à l'action sur l'avis conforme de la Commission départementale.

(1) Avant cette loi, c'était le plus ancien membre du Conseil de préfecture qui représentait le département.

2° Quand le département est demandeur, il est dispensé du préliminaire de conciliation et n'a aucune formalité à remplir vis-à-vis du défendeur. Quand il est défendeur, il ne peut être cité directement devant les tribunaux par le demandeur, excepté s'il s'agit d'une action possessoire. Hors ce cas, aucune action judiciaire ne peut, à peine de nullité, être intentée contre un département qu'autant que le demandeur a préalablement adressé au préfet un *mémoire* exposant l'objet et les motifs de sa réclamation. La remise du mémoire, dont il est donné récépissé, interrompt la prescription, si elle est suivie, dans les trois mois, d'une demande en justice (1). L'action ne peut être portée devant les tribunaux que *deux* mois après la date du récépissé, sans préjudice des actes conservatoires (art. 55).

— *Règles spéciales au budget et aux comptes du département*. (Titre V de la loi de 1871, art. 59-68.)

Budget du département. — Le projet de budget du département est préparé et présenté par le préfet, qui est tenu de le communiquer à la Commission départementale avec les pièces à l'appui, dix jours au moins avant la session d'août. Le budget délibéré par le Conseil général est définitivement réglé par décret (art. 57).

— En raison de l'importance du budget départemental, nous dirons quel était son mécanisme sous la loi de 1838, quelles innovations y avaient été apportées par la loi de 1866 et quelles sont les règles qui le régissent actuellement, d'après la loi du 10 août 1871.

Loi du 10 mai 1838.

Sous l'empire de la loi de 1838, le budget départe-

---

(1) La remise d'un mémoire, imposée au demandeur, équivaut à une citation en conciliation, mais celle-ci n'interrompt la prescription qu'autant qu'elle est suivie, dans le mois, d'une demande en justice. (Art. 57 C. de proc. civ.)

mental se divisait en *quatre sections*, comprenant, chacune, des dépenses et des recettes corrélatives et correspondant à quatre espèces de centimes additionnels : les
centimes *ordinaires*, les centimes *facultatifs*, les centimes
extraordinaires et les centimes *spéciaux* (1).

La *première section* comprenait les *dépenses ordinaires*
auxquelles il était pourvu principalement par les *centimes additionnels ordinaires*, appelés aussi *législatifs*,
parce qu'ils étaient votés chaque année par la loi de
finances, en addition au principal de l'impôt foncier et
de l'impôt personnel et mobilier. Les dépenses ordinaires étant obligatoires jusqu'à concurrence du montant des recettes destinées à y pourvoir et, à défaut par
le Conseil général de les voter, le préfet, en Conseil de
préfecture, pouvait les inscrire d'office au budget.

La *deuxième section* comprenait les *dépenses facultatives*, c'est-à-dire celles que le Conseil général avait la
faculté de voter ou non. Il y était principalement pourvu
à l'aide des *centimes additionnels facultatifs*, portant
également sur l'impôt foncier et l'impôt personnel et
mobilier, et que le Conseil général pouvait voter
dans la limite du maximum fixé par la loi annuelle de
finances.

La *troisième section* comprenait les *dépenses extraordinaires*. Il y était pourvu à l'aide de *centimes additionnels
extraordinaires* que votait le Conseil général, mais qu'une
loi spéciale d'intérêt local devait ensuite autoriser, en
fixant leur nombre et les impôts auxquels ils devaient
être appliqués.

La *quatrième section* comprenait les *dépenses spéciales*
ayant pour objet : le *cadastre*, les *chemins vicinaux* et

(1) Un centime additionnel est le centième du principal de l'impôt, c'est-à-dire un centime par franc, qui s'ajoute au principal.
Voter 4 ou 5 centimes additionnels, c'est dire que le principal de
l'impôt sera augmenté de 4 ou 5 centimes par franc.

Il y a des centimes additionnels *généraux*, *départementaux* et
communaux.

l'*instruction primaire*, de telle sorte qu'elle se subdivi-
sait elle-même en trois petites sections (1). Il était
pourvu à ces trois sortes de dépenses par des *centimes
additionnels spéciaux* pour chacune d'elles et autorisés
à l'avance par les lois générales du 2 août 1829 sur le
cadastre, du 21 mai 1836 sur les chemins vicinaux, et
du 15 mars 1850 sur l'instruction primaire.

Ces diverses sections formaient autant de petits
budgets distincts et, en principe, chaque espèce de recette devait rester exclusivement affectée à la dépense
particulière de chaque section. Toutefois, les fonds destinés aux dépenses *facultatives* pouvaient être employés
au payement des dépenses *ordinaires*, mais les fonds
destinés au payement de celles-ci n'auraient pu être
consacrés aux dépenses facultatives.

Loi du 18 juillet 1866.

Nous avons déjà vu que la loi de 1866 avait fait un
grand pas dans la voie de la véritable décentralisation.

Spécialement, en ce qui concerne le budget départemental, elle introduisit les innovations suivantes :

1º Elle supprima la division du budget en sections et
le divisa en budget *ordinaire* et en budget *extraordinaire;*

2º Elle diminua le nombre des dépenses ayant un
caractère obligatoire et pouvant être inscrites d'office
au budget ;

(1) Souvent, dans le budget départemental, chacune de ces trois
classes de dépenses était l'objet d'une section spéciale. Il en résultait
qu'on pouvait distinguer six sections dans le budget départemental.
Depuis 1852, toutes les communes étant cadastrées, la section du
cadastre avait fini par disparaître du budget. Aussi, dans les docu-
ments officiels et notamment dans la loi de 1866, il était question de
cinq sections : les trois sections relatives aux dépenses ordinaires,
facultatives et extraordinaires, et les deux sections spéciales relatives aux chemins vicinaux et à l'instruction primaire.

9.

3° Elle fit disparaître l'institution du *fonds commun* (1) et le remplaça par un *fonds de secours* créé avec les ressources de l'Etat. Le fonds de secours, fixé à la somme de 4 millions, devait être inscrit au budget du ministère de l'intérieur et réparti par décret en Conseil d'Etat, entre les départements nécessiteux;

4° Elle décida que les centimes ordinaires comprendraient désormais les anciens centimes ordinaires, facultatifs et de fonds commun dont la réunion formait un maximum de 25, et que les Conseils généraux les voteraient dans la limite du maximum fixé annuellement par la loi de finances;

5° Elle maintint les centimes spéciaux avec leur affectation spéciale, mais elle permit d'appliquer aux dépenses ordinaires l'excédant de ce qui serait nécessaire pour assurer le service des chemins vicinaux et de l'instruction primaire;

6° Elle autorisa les Conseils généraux : 1° à voter des centimes extraordinaires dans la limite d'un maximum fixé annuellement par la loi de finances, une loi spéciale ne devenant ainsi nécessaire qu'au cas où les centimes dépasseraient le maximum fixé; 2° à voter des emprunts remboursables dans un délai n'excédant pas douze années;

(1) Le *fonds commun* était formé à l'aide de centimes additionnels s'ajoutant à l'impôt foncier et à l'impôt personnel et mobilier. Il était destiné à venir au secours des départements dont les dépenses ordinaires excédaient le produit de leurs centimes ordinaires. Chaque année, le produit du fonds commun était réparti entre les départements, en proportion de leurs besoins, par un décret inséré au *Bulletin des lois*. L'appât du fonds commun était un encouragement aux dépenses immodérées que pouvaient faire certains départements, au préjudice des autres.

Le fonds commun supposait entre les départements une sorte d'association mutuelle. Par la suppression du fonds commun et le maintien des centimes additionnels qui y étaient affectés, chaque département put désormais compter sur l'intégralité du produit de ses centimes et ne dut compter que sur ses propres ressources, d'autant plus que le nouveau fonds de secours, créé avec les deniers de l'Etat, est de beaucoup inférieur au produit de l'ancien fonds commun.

7° Elle décida qu'à l'avenir tout centime additionnel ordinaire ou extraordinaire, établi en sus de ceux déjà autorisés, porterait sur toutes les contributions directes.

Cette loi de 1866 a eu pour but d'accorder aux Conseils généraux des pouvoirs plus étendus et une plus grande liberté d'action dans l'établissement du budget départemental.

Nous allons voir que la loi de 1871 s'est inspirée de son esprit et a reproduit les principes de ses innovations.

Loi du 10 août 1871.

Le budget départemental se divise en budget *ordinaire* et en budget *extraordinaire* (art. 57).

Chacun de ces budgets comprend deux éléments : les recettes et les dépenses.

Budget ordinaire. — Les *recettes* du budget ordinaire se composent (art. 58) :

1° Du produit des centimes additionnels ordinaires dont le nombre est fixé annuellement par la loi de finances (1);

2° Du produit des centimes autorisés pour les dépenses des chemins vicinaux et de l'instruction primaire par les lois des 21 mai 1836, 25 mars 1850 et 10 avril 1867, dont l'affectation spéciale est maintenue (2);

(1) Le maximum est ordinairement fixé à 25, portant sur l'impôt foncier et l'impôt personnel et mobilier, plus un centime sur les quatre contributions directes.

(2) Pour l'instruction primaire, les Conseils municipaux et les Conseils généraux sont habituellement autorisés à voter un maximum de 3 ou 4 centimes sur les quatre contributions directes en cas d'insuffisance des revenus ordinaires. Pour les chemins vicinaux, les Conseils généraux sont habituellement autorisés à voter 7 centimes additionnels aux quatre contributions directes, en cas d'insuffisance des centimes ordinaires, sans préjudice de l'application des lois des 21 mai 1836 et 11 juillet 1868 sur les chemins vicinaux.

3º Du produit des centimes spéciaux affectés à la confection du cadastre par la loi du 2 août 1829 (1);

4º Du revenu et du produit des propriétés départementales;

5º Du produit des expéditions d'anciennes pièces ou d'actes de la préfecture déposés aux archives;

6º Du produit des droits de péage des bacs et passages d'eau sur les routes et chemins à la charge du département, des autres droits de péage et de tous autres droits concédés au département par les lois;

7º De la part allouée au département sur le fonds inscrit annuellement au budget du ministère de l'intérieur et réparti, conformément au tableau annexé à la loi de finances, entre les départements qui, en raison de leur situation financière, doivent recevoir une allocation sur les fonds généraux du budget (2);

8º Des contingents de l'Etat et des communes pour le service des aliénés et des enfants assistés et de toute autre subvention applicable au budget ordinaire;

9º Du contingent des communes et autres ressources éventuelles pour le service vicinal et pour les chemins de fer d'intérêt local.

Les *dépenses* du budget ordinaire comprennent (art. 60):

1º Le loyer, le mobilier et l'entretien des hôtels de préfecture et de sous-préfecture, du local nécessaire à la réunion du conseil départemental d'instruction publique et du bureau de l'inspecteur d'académie;

2º Le casernement ordinaire des brigades de gendarmerie;

3º Le loyer, l'entretien, le mobilier et les menues dépenses des Cours d'assises, tribunaux civils et tribunaux de commerce et menues dépenses des justices de paix;

(1) Ordinairement le maximum est de 5 centimes additionnels à l'impôt foncier.

(2) Il s'agit du fonds de secours établi par la loi de 1866 et qui a remplacé le fonds commun. Mais le fonds de secours n'est plus réparti par décret en Conseil d'Etat; il est réparti par le législateur lui-même. Il est ordinairement fixé à 4 millions.

4° Les frais d'impression et de publication des listes pour les élections consulaires ; les frais d'impression des cadres pour la formation des listes électorales et des listes du jury ;

5° Les dépenses ordinaires d'utilité départementale ;

6° Les dépenses imputées sur les centimes spéciaux établis en vertu des lois du 2 août 1829, 21 mai 1836, 15 mars 1850 et 10 avril 1867. (Ces dépenses sont relatives au cadastre, aux chemins vicinaux et à l'instruction primaire.)

Néanmoins, les départements qui, pour assurer le service des chemins vicinaux et de l'instruction primaire, n'auront pas besoin de faire emploi de la totalité des centimes spéciaux, pourront en appliquer le surplus aux autres dépenses de leur budget ordinaire. L'affectation de l'excédant du produit des trois centimes spéciaux de l'instruction primaire à des dépenses étrangères à ce service ne pourra avoir lieu qu'à l'une des sessions de l'année suivante et lorsque cet excédant aura été constaté en fin d'exercice.

Les départements, qui seraient en situation d'user de la faculté autorisée par le paragraphe précédent et qui n'en feraient pas usage, ne pourront recevoir aucune allocation sur le fonds mentionné au numéro 7 de l'art. 58.

Les dépenses du budget ordinaire sont *obligatoires* ou *facultatives.*

Les dépenses *obligatoires* comprennent, outre l'acquittement des dettes exigibles, les dépenses relatives aux objets mentionnés aux quatres premiers numéros qui précèdent (1).

Toutes les autres dépenses sont *facultatives.*

Il y a grand intérêt à distinguer ces deux sortes de dépenses (art. 61) :

Les dépenses *obligatoires*, comme l'indique leur nom, ne peuvent être éludées et, si le Conseil général omet

(1) Il faut y ajouter, depuis la loi du 9 août 1879, celles relatives à une école normale d'instituteurs ou d'institutrices primaires.

d'inscrire au budget un crédit suffisant pour leur acquittement, il y est pourvu au moyen d'une contribution spéciale portant sur les quatre contributions directes. Cette contribution est établie par un décret, en
Conseil d'Etat, inséré au Bulletin des lois, si elle est
dans les limites du maximum fixé annuellement par la
loi de finances, et par une loi, si elle doit excéder ce
maximum (1).

Les dépenses *facultatives*, au contraire, ne peuvent
être inscrites d'office au budget, et les allocations qui
leur sont attribuées ne peuvent être changées ni modifiées par le décret qui règle le budget.

Budget extraordinaire. — Les *recettes* du budget extraordinaire se composent (art. 59) :

1° Du produit des centimes extraordinaires votés annuellement par le Conseil général, dans les limites déterminées par
la loi de finances, ou autorisées par des lois spéciales;
2° Du produit des emprunts ;
3° Des dons et legs;
4° Du produit des biens aliénés ;
5° Du remboursement des capitaux exigibles et des rentes
rachetées ;
6° De toutes autres recettes accidentelles.

Sont comprises définitivement parmi les propriétés
départementales les anciennes routes impériales de
troisième classe, dont l'entretien a été mis à la charge
des départements par décret du 16 décembre 1811 ou
postérieurement (2).

(1) Le maximum est habituellement fixé à 2 centimes.
(2) Cette disposition a pour but de trancher une question qui était
controversée : celle de savoir à qui appartenait le sol des anciennes routes impériales de troisième classe mises à la charge du département. Le Conseil d'Etat le considérait comme propriété de
l'Etat; désormais ce sol est déclaré appartenir au département.

Les *dépenses* du budget extraordinaire comprennent toutes celles qui sont imputées sur les recettes dont il vient d'être parlé (art. 62).

Les fonds qui n'auraient pu recevoir leur emploi dans le cours de l'exercice sont reportés, après la clôture, sur l'exercice en cours d'exécution, avec l'affectation qu'ils avaient au budget voté par le Conseil général.

Les fonds libres provenant d'emprunts, de centimes ordinaires et extraordinaires recouvrés et à recouvrer dans le cours de l'exercice, ou de toute autre recette sont cumulés, suivant la nature de leur origine, avec les ressources de l'exercice en cours d'exécution, pour recevoir l'affectation nouvelle qui pourra leur être donnée par le Conseil général dans le budget rectificatif de l'exercice courant.

Enfin, les Conseils généraux peuvent, comme le décidait déjà la loi de 1866, porter au budget un crédit pour dépenses imprévues (art. 63).

— *Comptes du département.* — Les comptes du département, d'après les règles générales de la comptabilité publique, comprennent les comptes d'*aministration* de l'ordonnateur et les comptes de *deniers* du comptable.

L'*ordonnateur* est le préfet qui délivre des mandats de payement par délégation du ministre de l'intérieur et sous le contrôle, comme nous le verrons, de la Commission départementale.

Le *comptable* est le trésorier payeur du département qui touche les recettes et paie les dépenses.

Les recettes sont effectuées en vertu des rôles et états de produits rendus exécutoires par le préfet. Les dépenses sont payées sur les mandats délivrés par le préfet dans la limite des crédits ouverts par les budgets du département (art. 64 et 65) (1).

(1) D'après le décret réglementaire du 31 mai 1862 sur la comptabilité publique (art. 479), la liquidation et l'ordonnancement des dé-

— Le *préfet*, en sa qualité d'ordonnateur, rend des comptes d'administration au Conseil général. Ces comptes doivent d'abord être communiqués à la Commission départementale, avec les pièces à l'appui, dix jours au moins avant l'ouverture de la session d'août.

Le Conseil général entend et débat les comptes d'administration du préfet et les arrête hors sa présence (art. 27). Ses observations, à cet égard, sont adressées directement par son président au ministre de l'intérieur.

Les comptes, provisoirement arrêtés par le Conseil général, sont définitivement réglés par décret (art. 56).

Les budgets et les comptes du département, définitivement réglés, sont rendus publics par la voie de l'impression (art. 67).

— Le *trésorier payeur général*, en sa qualité de comptable en deniers, rend ses comptes de gestion à la Cour des comptes.

§ 2. De la commission départementale.

La création d'une Commission départementale, dont l'idée a été empruntée à la législation belge, est l'innovation la plus importante de la loi de 1871.

Cette Commission est destinée à continuer l'action du Conseil général, à exercer en son nom une sorte de direction en sous-ordre, une surveillance permanente dans la limite des attributions du Conseil général lui-même.

Nous examinerons, comme nous l'avons fait pour le Conseil général, son organisation et ses attributions qui font l'objet du titre 6 de la loi (art. 69-88).

penses peuvent avoir lieu jusqu'au 31 mai de la deuxième année de l'exercice, et le payement peut se faire jusqu'au 30 juin.

Le déchéance quinquennale, qui s'applique aux créanciers de l'Etat, ne s'applique pas aux créanciers des départements (art. 480 du même décret).

Organisation.

I. Formation de la commission départementale. —
La Commission départementale est élue par le Conseil
général et dans son sein.

Chaque année, à la fin de la session d'août, le Conseil
général procède à la nomination des membres qui doivent la composer.

Elle se compose de *quatre* membres au moins et de
sept au plus, et elle comprend un membre choisi, autant
que possible, parmi les conseillers élus ou domiciliés
dans chaque arrondissement.

Les membres de la Commission sont indéfiniment
rééligibles (art. 69).

Les fonctions de membre de la Commission départementale sont incompatibles avec celles de maire du
chef-lieu du département et avec le mandat de député
(art. 70), ou de sénateur (L. 19 déc. 1876).

Elles sont, comme les fonctions de membre du Conseil
général, essentiellement gratuites (art. 75) (1).

Réunions, séances et délibérations. — La Commission départementale se réunit au moins une fois par
mois, aux époques et pour le nombre de jours qu'elle détermine elle-même, sans préjudice du droit qui appartient à son président et au préfet de la convoquer extraordinairement (art. 73).

Elle siège à la préfecture et prend, sous l'approbation
du Conseil général avec le concours du préfet, toutes les
mesures nécessaires pour assurer son service.

Tout membre de la Commission qui s'absente des
séances pendant *deux mois* consécutifs, sans excuse lé-

---

(1) Plusieurs amendements avaient proposé d'accorder aux membres de la Commission départementale une indemnité de déplacement. Ces amendements ont été rejetés.

gitime, est réputé démissionnaire. Il est pourvu à son remplacement à la plus prochaine session du Conseil général (art. 74).

La Commission est présidée par le plus âgé de ses membres ; elle élit elle-même son secrétaire (art. 71).

Le préfet ou son représentant assiste aux séances de la Commission ; ils sont entendus quand ils le demandent.

La Commission départementale ne peut délibérer si la majorité de ses membres n'est présente.

Les décisions sont prises à la majorité absolue des voix.

En cas de partage, la voix du président est prépondérante.

Il est tenu procès-verbal des délibérations. Les procès-verbaux font mention du nom des membres présents (art. 72).

Attributions.

La Commission départementale, émanation permanente du Conseil général, rend des décisions, exerce des actes de contrôle, donne des avis et rend compte au Conseil général auquel elle fait des rapports et des propositions (art. 77, 79 et 80).

Elle peut charger un ou plusieurs de ses membres d'une mission relative à des objets compris dans ses attributions (art. 84).

§ I. DÉCISIONS. — La Commission départementale prend des décisions : tantôt par délégation du Conseil général, tantôt en vertu d'un pouvoir qui lui est directement conféré par la loi.

Par *délégation du Conseil général*, la Commission départementale règle les affaires qui lui sont renvoyées par le Conseil général, dans les limites de la délégation qui lui est faite (art. 77).

Les matières sur lesquelles la Commission est ainsi appelée à statuer n'ont pas été déterminées par la loi. C'est au Conseil général à préciser les objets pour lesquels il délègue ses pouvoirs soit temporairement, soit d'une manière permanente.

En vertu du pouvoir qui lui est directement *conféré par la loi,* la Commission départementale prend des décisions tantôt définitives, tantôt susceptibles d'un recours.

Décisions définitives. — Elle assigne à chaque membre du Conseil général et aux membres des autres conseils électifs le canton pour lequel ils devront siéger dans le conseil de révision (art. 82).

Décisions tantôt définitives, tantôt susceptibles de recours. Sur l'avis et les propositions du préfet, elle est chargée :

1º De répartir : les subventions diverses portées au budget départemental et dont le Conseil général ne s'est pas réservé la distribution ; les fonds provenant des amendes de police correctionnelle et les fonds provenant du rachat des prestations en nature sur les lignes que ces prestations concernent ;

2º De déterminer l'ordre de priorité des travaux à la charge du département, lorsque cet ordre n'a pas été fixé par le Conseil général ;

3º De fixer l'époque et le mode d'adjudication ou de réalisation des emprunts départementaux , lorsqu'ils n'ont pas été fixés par le Conseil général (1);

4º De fixer l'époque de l'adjudication des travaux d'utilité départementale (art. 81).

Dans ces divers cas la décision est définitive, s'il y a accord entre la Commission et le préfet.

S'il y a désaccord entre la Commission départementale et le préfet, l'affaire peut être renvoyée à la plus

_____

(1) Sur la comptabilité des emprunts départementaux et communaux, voir un décret du 23 juin 1879.

prochaine session du Conseil général qui statue définitivement.

S'il y a conflit entre la Commission départementale et le préfet ou si la Commission a outrepassé ses attributions, le Conseil général est immédiatement convoqué en réunion extraordinaire et statue sur les faits qui lui sont soumis.

Le Conseil général peut, s'il le juge convenable, procéder dès lors à la nomination d'une nouvelle Commission départementale (art. 85).

Décisions toujours susceptibles de recours. — Les décisions de la Commission qui sont toujours susceptibles de recours ont pour objet des matières plus importantes pour lesquelles elle a été substituée au préfet :

1° Elle prononce, sur l'avis des conseils municipaux, la déclaration de vicinalité, le classement, l'ouverture et le redressement des chemins vicinaux *ordinaires*, la fixation de la largeur et de la limite desdits chemins. Elle exerce, à cet égard, les pouvoirs conférés au préfet par les art. 15 et 16 de la loi du 21 mai 1836 (art. 86) (1);

2° Elle approuve les abonnements relatifs aux subventions spéciales pour la dégradation des chemins vicinaux, conformément au dernier paragraphe de l'article 14 de la même loi qui accordait ce pouvoir au préfet en conseil de préfecture (art. 86);

3° Elle approuve le tarif des évaluations cadastrales

(1) En ce qui concerne les chemins de *grande communication* et d'*intérêt commun*, c'est, comme nous l'avons vu, le Conseil général qui, aux termes de l'art. 44 de la nouvelle loi, prescrit ces diverses mesures relatives soit à la reconnaissance et à la fixation, soit à l'ouverture ou au redressement.

— La loi du 20 août 1881 charge également la commission départementale de prendre des arrêtés de reconnaissance des chemins *ruraux*, sur la proposition du Préfet, après enquête préalable, et sur l'avis des conseils municipaux (art. 4. L. 20 août 1881).

et elle exerce, à cet égard, les pouvoirs attribués au préfet en conseil de préfecture par la loi du 15 septembre 1807 et le règlement du 16 mars 1827 ;

4° Elle nomme les membres des commissions syndicales dans le cas où il s'agit d'entreprises subventionnées par le département, conformément à l'art. 23 de la loi du 21 juin 1865 (art. 87) (1).

Ces diverses décisions doivent être communiquées au préfet, aux conseils municipaux et aux autres parties intéressées.

Elles sont susceptibles de deux espèces de recours :

1° Elles peuvent être frappées d'appel devant le *Conseil général* pour cause d'inopportunité ou de fausse appréciation des faits. L'appel est formé par le préfet, par les conseils municipaux ou par toute autre partie intéressée ; il doit être signifié au président de la Commission dans le délai d'un mois à partir de la communication de la décision, et le Conseil général statue définitivement à sa plus prochaine session.

2° Elles peuvent aussi être déférées au *Conseil d'Etat*, statuant au contentieux, pour cause d'excès de pouvoir ou de violation de la loi ou d'un règlement d'administration publique. Le recours au Conseil d'Etat doit avoir lieu dans le délai de deux mois à partir de la communication de la décision attaquée ; il peut être formé sans frais et il est *suspensif* dans tous les cas (art. 88) (2).

§ II. CONTRÔLE. — La Commission départementale est principalement chargée de contrôler les actes du préfet en ce qui concerne le budget et la comptabilité du département.

Nous avons vu déjà que le projet de budget du département, préparé et présenté par le préfet, doit être

(1) Cette loi est relative aux associations syndicales, dont nous parlerons dans la 2e partie de notre résumé.

(2) En général, le recours au Conseil d'Etat n'est pas suspensif. C'est donc ici une exception à ce principe.

communiqué à la Commission départementale, avec les pièces à l'appui, 10 jours au moins avant la session d'août (art. 57).

En outre, au commencement de chaque mois, le préfet est tenu d'adresser à la Commission départementale l'état détaillé des ordonnances de délégation qu'il a reçues ou des mandats de payement qu'il a délivrés pendant le mois précédent, concernant le budget départemental.

La même obligation existe pour les ingénieurs en chef, sous-ordonnateurs délégués (art. 78).

— La Commission départementale vérifie l'état des archives et celui du mobilier appartenant au département (art. 83).

Elle remplit, à cet égard, la mission qui était autrefois dévolue au Conseil général (1).

§ III. AVIS. — Nous avons vu que, sur l'avis conforme de la Commission départementale, le préfet peut : 1º défendre à toute action intentée contre le département ; 2º passer les contrats au nom du département (art. 54).

En outre, la Commission départementale donne son avis au préfet sur toutes les questions qu'il lui soumet ou sur lesquelles elle croit devoir appeler son attention dans l'intérêt du département (art. 77).

§ IV. RAPPORTS ET PROPOSITIONS AU CONSEIL GÉNÉRAL. — A l'ouverture de chaque session ordinaire du Conseil général, la Commission départementale lui fait un rapport sur l'ensemble de ses travaux et lui soumet toutes les propositions qu'elle croit utiles (art. 79).

(1) C'est également par suite de son droit de contrôle et de surveillance qu'elle est chargée de veiller à ce qu'il soit pourvu au remplacement des conseillers généraux, en cas de vacances, et qu'elle peut, au besoin, adresser, dans ce but, des réquisitions au préfet, et s'il y a lieu, au ministre de l'intérieur (art. 22).

Spécialement, à l'ouverture de la session d'août, elle doit présenter : 1° dans un rapport sommaire, ses observations sur le budget proposé par le préfet (art. 79) ; 2o le relevé de tous les emprunts communaux et de toutes les contributions extraordinaires communales qui ont été votés depuis la précédente session d'août, avec indication du chiffre total des centimes extraordinaires et des dettes dont chaque commune est grevée (art. 80).

§ 3. — DES INTÉRÊTS COMMUNS A PLUSIEURS DÉPARTEMENTS.

La loi de 1833 défendait aux Conseils généraux de correspondre entre eux.

La nouvelle loi (titre 7) accorde aux Conseils généraux de deux ou plusieurs départements le droit de se concerter ensemble sur des objets d'utilité départementale compris dans leurs attributions et qui intéressent à la fois leurs départements respectifs (1).

L'entente, à cet effet, est provoquée par l'entremise des présidents des divers Conseils généraux, après avis préalable donné aux préfets (art. 89).

Les questions d'intérêt commun sont débattues dans des conférences où chaque Conseil général est représenté soit par la Commission départementale, soit par une commission spéciale nommée à cet effet.

Les préfets des départements peuvent toujours assister à ces conférences.

Les décisions qui y sont prises ne sont exécutoires qu'après avoir été ratifiées par tous les Conseils géné-

(I) Parmi ces intérêts, on peut citer la construction d'une route ou d'un chemin de fer, la création d'établissements communs pour le service des aliénés, la fondation ou la dotation d'universités provinciales, la réunion de plusieurs écoles normales primaires en une seule et la conservation de certains monuments historiques. (Rapport.)

raux intéressés et sous les réserves énoncées aux articles 47 et 49 relativement au droit d'annulation ou de suspension (art. 90).

Si des questions autres que celles prévues par l'article 89 étaient mises en discussion, le préfet du département où la conférence a lieu déclarerait la réunion dissoute. Toute délibération prise après cette déclaration donnerait lieu à l'application des dispositions et pénalités énoncées à l'article 34 de la présente loi (art. 91) (1).

Fonctions ou prérogatives individuelles des membres des Conseils généraux. — Les membres des Conseils généraux sont investis individuellement de certaines fonctions ou prérogatives ; ainsi, ils peuvent être désignés : par le préfet pour remplacer temporairement le sous-préfet de l'arrondissement (ord. du 29 mars 1821) ; par la Commission départementale pour faire partie du Conseil de révision en matière de recrutement (art. 82 L. 10 août

(1) On peut rattacher à ces dispositions la nouvelle loi du 15 février 1872 qui, prévoyant le cas ou les Chambres législatives seraient illégalement dissoutes ou empêchées de se réunir, accorde aux Conseils généraux le droit de se réunir, et de nommer des délégués se constituant en assemblée générale afin d'assurer la tranquillité publique et l'ordre légal et de pourvoir provisoirement à l'administration générale du pays.

Cette assemblée, composée de deux délégués élus par chaque Conseil général, se réunit dans le lieu où se sont rendus les membres du gouvernement légal et les membres des Chambres qui ont pu se soustraire à la violence.

Elle n'est valablement constituée qu'autant que la moitié des départements, au moins, s'y trouve représentée.

Elle doit se dissoudre aussitôt que l'Assemblée nationale s'est reconstituée par la réunion de la majorité de ses membres sur un point quelconque du territoire.

Si cette reconstitution ne peut se réaliser dans le mois qui suit les événements, l'assemblée des délégués doit décréter un appel à la nation pour les élections générales. Ses pouvoirs cessent le jour où l'Assemblée nationale est constituée.

1871). Ils peuvent être appelés : à siéger comme suppléants au Conseil de préfecture ; à faire partie de la Commission chargée d'arrêter, pour chaque arrondissement, la liste annuelle du jury en matière criminelle (L. du 24 novembre 1872) ; de la Commission d'arrondissement, chargée de donner son avis sur les détails d'exécution des travaux d'utilité publique en cas d'expropriation (art. 8 loi du 3 mai 1841), etc.

En outre, d'après la loi constitutionnelle du 24 février 1875 ils sont, de droit, électeurs pour les élections sénatoriales des départements (art. 4 L. 24 février 1875).

C'est en vue d'assurer l'accomplissement de ces diverses fonctions qu'une loi du 7 juin 1873 autorise le Conseil d'Etat à déclarer *démissionnaire :* tout membre d'un Conseil général ou d'arrondissement ou d'un Conseil municipal qui, sans excuse valable, aura refusé de remplir une des fonctions qui lui sont dévolues par les lois, en déclarant, en outre, que le membre ainsi démissionnaire ne pourrait être réélu avant le délai d'un an.

CONSEIL DE PRÉFECTURE.

C'est la loi du 28 pluviôse an VIII, loi fondamentale sur l'organisation départementale et communale, qui a créé le Conseil de préfecture.

Ainsi que nous l'avons dit, cette loi prenant pour base la maxime : *Agir est le fait d'un seul, délibérer est le fait de plusieurs*, sépara nettement les trois fonctions administratives : l'action, le contrôle, le jugement, ou en d'autres termes, l'administration active, l'administration consultative et l'administration contentieuse.

Le Conseil de préfecture fut spécialement créé pour remplir la fonction de *juge* dans les matières les plus importantes. Il fut également chargé, par la loi du 28 pluviôse an VIII, d'une mission de tutelle administrative, à l'effet d'autoriser les communes à plaider.

Nous allons examiner successivement l'organisation et les attributions du Conseil de préfecture, telles qu'elles résultent de la loi du 28 pluviôse an VIII et des actes législatifs postérieurs, notamment de la loi du 21 juin 1865.

Organisation.

Composition du Conseil, nomination et révocation de ses membres. — D'après la loi du 28 pluviôse an VIII, il y a trois classes de conseillers de préfecture, comme il y a trois classes de préfectures. Sous l'empire de cette loi, le Conseil de préfecture était composé de trois, quatre ou cinq membres, suivant l'importance du département.

En vertu de la nouvelle loi du 21 juin 1865, le Conseil de préfecture se compose de trois ou quatre membres, suivant l'importance du département. Il était de huit pour le département de la Seine et, après avoir été réduit à 7 en 1871, il a été d'abord ramené à 8 par un décret du 3 février 1874, puis porté à 9, y compris le président, par une loi du 23 mars 1878.

Le traitement des conseillers de préfecture est fixé à 4, 3 ou 2,000 fr., suivant la classe des préfectures (1). Dans le département de la Seine, le traitement qui était de 8,000 fr. en 1872, a été porté à 10,000 fr.

Les membres du Conseil de préfecture sont nommés et révoqués par le Chef du pouvoir exécutif.

Conditions d'aptitude des conseillers. — Avant la loi du 21 juin 1865 aucune condition d'aptitude n'était exigée. D'après la loi de 1865, nul ne peut être nommé conseiller de préfecture s'ils n'est âgé de *vingt-cinq* ans, s'il n'est, en outre, *licencié en droit*, ou s'il n'a rempli pendant *dix ans* des fonctions rétribuées dans l'ordre administratif ou judiciaire, ou s'il n'a été membre d'un Conseil général ou maire.

Divers actes législatifs avaient déclaré l'incompatibilité des fonctions de conseiller de préfecture avec celles de magistrat ou de greffier de l'ordre judiciaire, de notaire, d'avoué, de conseiller général ou d'arrondissement, de conseiller municipal, de maire ou d'adjoint.

La loi du 21 juin 1865, établissant, à cet égard, une règle générale, dispose que les fonctions de conseiller de préfecture sont incompatibles avec un autre *emploi public* et l'*exercice d'une profession*. Il en résulte, notamment, qu'un avocat ne pourrait en même temps exer-

---

(1) C'était le dixième du traitement des préfets. Mais depuis la réduction de ce traitement, par un décret du 23 décembre 1872, cette proportion n'existe plus. En traitant du préfet, nous avons rapporté les dispositions du décret de 1872 sur le traitement des fonctionnaires du département et de l'arrondissement et celles du décret du 15 avril 1877 sur l'avancement et le traitement de non-activité, Nous y renvoyons.

cer sa profession et faire partie du Conseil de préfecture (1).

Réunion et délibération du Conseil. — Le préfet est président du Conseil de préfecture, et il a voix prépondérante en cas de partage.

Le Conseil de préfecture de la Seine a un président permanent distinct du préfet ; il est, en outre, divisé en *deux sections.*

Dans les départements autres que le département de la Seine, un décret du Chef du pouvoir exécutif désigne, chaque année, un conseiller de préfecture qui devra présider le Conseil, en cas d'absence ou d'empêchement du préfet (loi du 21 juin 1865).

Les Conseils de préfecture ne peuvent prendre aucune délibération, si les membres présents ne sont au moins au nombre de *trois,* y compris le président.

En cas de partage ou d'insuffisance du nombre des membres du Conseil, ils sont remplacés par des membres du Conseil général, désignés par les membres restants. Dans le cas où tous les conseillers de préfecture sont empêchés, la désignation des conseillers généraux chargés de les remplacer est faite par le ministre de l'intérieur. En tout cas, le choix ne peut porter sur des conseillers généraux qui seraient membres des tribunaux de l'ordre judiciaire ; c'est une application du principe de la séparation des pouvoirs administratif et judiciaire (arrêté du 10 fructidor an IX et décret du 16 juin 1808).

— Dans les affaires *contentieuses,* un décret du 30 décembre 1862, dont les dispositions ont été reproduites et développées par la loi du 21 juin 1865, a introduit trois grandes innovations établies pour le Conseil d'Etat depuis 1831 : la *publicité des audiences,* le *débat oral* et le *ministère public.*

(1) Le Conseil d'Etat a décidé que les fonctions de conseiller de préfecture étaient incompatibles avec l'emploi de chef du cabinet du Préfet (24 juin 1868)

Par exception, les audiences ne sont pas publiques, lorsque le Conseil de préfecture statue sur les comptes des receveurs des communes et établissements de bienfaisance dont le revenu n'excède pas 30,000 francs. Comme la Cour des comptes, chargée dans ce cas de statuer, en appel, ne juge pas en audience publique les comptes des comptables, on n'a pas voulu que la publicité puisse exister devant la juridiction du premier degré, lorsqu'elle n'a pas lieu devant la juridiction d'appel.

Le ministère public est représenté par le *secrétaire général* et, au besoin, par des auditeurs du Conseil d'Etat attachés aux préfectures (1). Le secrétaire général, remplissant les fonctions de commissaire du gouvernement, donne ses conclusions dans les affaires contentieuses (2).

(1) Devant le Conseil de préfecture de la Seine il y a, depuis 1871, des commissaires spéciaux, dont le traitement a été élevé à 7,000 fr.

(2) *Secrétaire général.* — L'institution d'un secrétaire général près de chaque préfecture remonte à la loi du 28 pluviôse an VIII. Il était chargé de la garde des papiers et de la signature des expéditions.

Les secrétaires généraux, supprimés en 1817, rétablis en 1820, furent supprimés de nouveau en 1832, si ce n'est dans quelques départements. Dans les départements où il n'existait pas de secrétaire général, les fonctions en étaient remplies par un conseiller de préfecture. En 1848, on ne conserva que les secrétaires généraux des deux préfectures de la Seine. De 1851 à 1854, on rétablit des secrétaires généraux dans les départements les plus importants.

La nouvelle loi du 21 juin 1865, en instituant un secrétaire général titulaire n'a fait que reproduire le principe de la loi de l'an VIII; mais, en outre de ses fonctions habituelles, elle l'a chargé de remplir le rôle de ministère public dans les affaires contentieuses, conformément aux dispositions du décret du 30 décembre 1862.

Nous avons vu qu'en outre, le secrétaire général pouvait être délégué pour remplacer le préfet en cas d'absence.

10.

Auprès de chaque Conseil de préfecture il y a un *secrétaire-greffier* nommé par le préfet et choisi parmi les employés de la préfecture.

— A la différence de ce qui avait lieu devant le Conseil d'Etat, il n'existait pas de règlement de procédure devant le Conseil de préfecture pour les affaires contentieuses. Toutefois, la loi du 21 juin 1865 dispose qu'en attendant une loi, qui devait être faite dans le délai de cinq ans, un règlement d'administration publique déterminera provisoirement les principales règles de procédure.

Un décret du 12 juillet 1865, destiné sans doute à servir d'épreuve préparatoire, a tracé quelques règles générales relatives à l'introduction de l'instance, à l'instruction des affaires et à leur jugement.

— Les conseillers de préfecture ont quelques prérogatives individuelles; ainsi, ils peuvent remplacer le préfet temporairement, ou même le sous-préfet, sur la délégation du préfet (ord. du 29 mars 1831); ils peuvent faire partie du Conseil de révision pour le recrutement de l'armée et même le présider par délégation du préfet (L. 27 juillet 1872, art. 27). Nous savons, en outre, qu'autrefois, en cas de procès entre l'Etat et le département, celui-ci était représenté par le plus ancien membre du Conseil de préfecture, et l'Etat par le préfet, mais depuis la loi de 1871 sur les Conseils généraux, c'est un membre de la Commission départementale qui représente le département contre l'Etat.

Attributions.

— Le Conseil de préfecture a des attributions *contentieuses* et des attributions *administratives*.

Jusqu'en 1865, il exerçait les unes et les autres tantôt avec un pouvoir de décision propre, tantôt en ne donnant qu'un avis au préfet, chargé de prendre la décision. La loi du 21 juin 1865 ne reconnaît plus au Conseil de préfecture qu'un pouvoir de décision propre en matière contentieuse; elle lui a déféré, en effet, les cas dans lesquels le préfet statuait au contentieux, après avoir pris l'avis du Conseil de préfecture (1).

Nous aurons donc à étudier, dans trois paragraphes distincts, les attributions diverses du Conseil de préfecture :

1° Ses attributions contentieuses;

2° Ses attributions administratives avec pouvoir de décision propre;

3° Ses attributions administratives dans lesquelles il ne fait que donner son avis.

A l'occasion de ses attributions contentieuses, nous indiquerons les trois cas dans lesquels il ne donnait autrefois qu'un avis.

§ I. ATTRIBUTIONS CONTENTIEUSES.

— C'est surtout pour exercer la mission de *juge* que le Conseil de préfecture a été créé par la loi du 28 pluviôse an VIII. Nous savons même que c'est une ques-

(1) Nous croyons devoir résumer les principales innovations de la loi du 21 juin 1865 :

1° Elle détermine les conditions de capacité des conseillers de préfecture;

2° Elle élargit, par une disposition générale, le cercle des incompatibilités;

3° Elle établit dans toutes les préfectures un secrétaire général titulaire et consacre les trois grandes innovations du décret du 30 décembre 1862 en matière contentieuse: la publicité des audiences, le débat oral et le ministère public;

4° Elle investit le Conseil de préfecture d'un pouvoir de décision propre en matière contentieuse dans *trois cas* que nous indiquerons plus loin, où il ne faisait auparavant que donner un avis au préfet. (En matière d'octrois, de boissons et d'abonnement avec l'administration des contributions indirectes.)

tion controversée que celle de savoir s'il ne doit pas être considéré comme le juge de droit commun. L'opinion générale reconnaît que ce sont les ministres qui sont investis, en principe, de la juridiction administrative, du moins pour toutes les matières postérieures à l'an VIII et sur lesquelles la loi garde le silence. Cette opinion se fonde, ainsi que nous l'avons dit en traitant des ministres : 1° sur les précédents historiques ; 2° sur le dispositif de la loi du 28 pluviôse an VIII, qui procède par *énumération* des matières sur lesquelles le Conseil de préfecture est chargé de statuer.

La juridiction du Conseil de préfecture diffère, sous plusieurs rapports, de la juridiction du tribunal civil.

En effet, le Conseil de préfecture a une compétence qui s'étend sur tout le département dans le ressort duquel se sont passés les actes qui donnent lieu au procès, et sans égard au caractère de l'action ou au domicile des parties. En outre, il ne statue jamais en dernier ressort, et comme nous venons de le dire, il ne forme pas la juridiction ordinaire et de droit commun.

Nous examinerons d'abord les matières sur lesquelles le Conseil de préfecture est appelé à statuer d'après la loi du 20 pluviôse an VIII. Nous indiquerons ensuite quelles sont celles pour lesquelles il a reçu compétence par des lois postérieures.

1° *Attributions contentieuses d'après la loi du 28 pluviôse an VIII.*

— D'après la loi du 28 pluviôse an VIII, art. 4, le Conseil de préfecture est compétent :

En matière d'impôts directs ;
En matière de travaux publics ;
En matière de grande voirie ;
En matière de domaines nationaux.
Nous allons étudier ces diverses matières.

I. *Impôts directs.* — Le Conseil de préfecture statue :

1° Sur les demandes des *particuliers* tendant à obtenir la *décharge* ou la *réduction* de leur cote de contributions directes. Ces demandes sont fondées sur un droit. Le contribuable prétend qu'il ne devait pas être imposé ou qu'il l'a été d'une manière excessive. On oppose ces demandes aux demandes en *remise* et en *modération*, dans lesquelles le contribuable sollicite une faveur et s'adresse au préfet, dans des circonstances malheureuses, pour obtenir la grâce de ne pas payer ou de ne payer qu'en partie le montant de sa cote ;

2° Sur les demandes formées par les percepteurs pour la décharge des cotes indûment imposées (art. 6 de la loi de finances du 3 juillet 1846) ;

3° Sur les demandes en *mutation de cote* relative à l'impôt foncier (art. 2 de l'arrêté du 24 floréal an VIII) et à l'impôt des portes et fenêtres (art. 13 de la loi de finances du 8 juillet 1852) ;

4° Sur les réclamations élevées en matière de *cadastre* contre l'opération du *classement* (art. 9 de l'ord. royale du 3 octobre 1821) ;

5° Sur les demandes en *réintégration au rôle* (art. 28 de la loi du 21 avril 1832).

Nous renvoyons pour les détails aux explications que nous donnons plus loin sur les impôts.

II. *Travaux publics* (1). — On doit entendre par tra-

(1) La loi du 16 septembre 1807, intitulée loi sur le desséchement des marais, forme, malgré son titre restreint, un véritable *Code de travaux publics.*

Nous aurons si souvent l'occasion de parler de cette loi, que nous croyons devoir en donner l'économie générale.

Cette loi contient douze titres. Les six premiers seulement sont exclusivement relatifs au desséchement des marais ; les derniers s'occupent principalement de tous autres travaux publics.

On peut rattacher les diverses dispositions de cette loi : soit aux

vaux publics : non-seulement ceux faits par l'Etat ou les départements, mais aussi ceux faits par les *communes* et

indemnités qui sont dues par les propriétaires, soit à celles qui peuvent leur être dues.

Indemnités dues par les propriétaires. (Titres 1-10.) Le principe de ces indemnités repose sur le *quasi-contrat de gestion d'affaires.* Les propriétaires peuvent être obligés de payer des indemnités en raison des améliorations causées à leurs propriétés par un desséchement de marais ou par l'exécution de tous autres travaux publics.

Desséchement de marais. — Un édit de 1599, sous Henri IV, accordait à l'Etat le droit de contraindre au desséchement des marais; il attribuait aux compagnies chargées du desséchement pour la rémunération de leurs travaux, la *moitié* des terrains desséchés. En 1791, les propriétaires étaient d'abord requis de faire le desséchement; en cas de refus de leur part, l'administration y procédait elle-même, et les propriétaires étaient obligés d'abandonner leur propriété moyennant une indemnité qui leur était payée, à leur choix, en argent ou avec une partie des terrains desséchés.

D'après la loi du 16 septembre 1807, le desséchement des marais n'implique ni un partage ni une expropriation des terrains. Faute par les propriétaires de s'entendre pour opérer le desséchement, celui-ci est fait par l'Etat ou par des concessionnaires, à la charge par les propriétaires de payer une indemnité. Quand une concession est accordée, il faut remarquer que les propriétaires sont préférés à tous autres. C'est une différence avec ce qui a lieu pour la concession d'une mine : celle-ci n'est pas accordée par préférence au propriétaire de la surface; le gouvernement jouit de la plus entière liberté.

La concession du desséchement est faite par un décret en Conseil d'Etat.

Que le desséchement soit entrepris par l'Etat, ou qu'il ait fait l'objet d'une concession, des experts sont, dans l'un et l'autre cas, chargés de *classer* et d'*estimer* les terrains avant et après les travaux. La différence entre l'estimation qui a précédé et qui a suivi les travaux indique le montant de la plus-value.

C'est *sur cette plus-value* que les propriétaires ont à payer une indemnité aux concessionnaires ou à l'Etat.

Pour les concessionnaires, cette indemnité consiste dans une portion de la plus-value, déterminée par le décret de concession. — En faveur de l'Etat, elle est fixée de manière à le rembourser seulement de ses dépenses. La loi a voulu que les propriétaires puissent s'enrichir, mais sans jamais s'appauvrir.

Les créanciers de l'indemnité ont un *privilège* sur la plus-value; ils le conservent par la *transcription*, au bureau du conservateur des

même par les établissements publics ou les associations syndicales *autorisées*, du moment où ils se rapportent à

hypothèques, de l'acte de concession ou du décret ordonnant le desséchement au compte de l'Etat; mais, pour éviter des frais, on n'exige pas la transcription des *procès-verbaux* d'expertise (Voir art. 2110 et 2113 c. civ., relatifs au privilège des architectes et ouvriers).

Les propriétaires ont trois moyens de s'acquitter de l'indemnité par eux due:

1º En payant un capital en argent ;

2º En constituant une rente de 4 pour 100, dont le capital, représenté par vingt-cinq fois les arrérages, sera toujours remboursable, même par portions d'au moins un dixième;

3º En abandonnant une partie des terrains desséchés, d'après la dernière estimation. Cette *datio in solutum* est encore favorisée, car elle ne donne lieu qu'à un droit fixe de 1 fr.

Ces facilités ont été accordées par respect pour le droit de propriété; elles ont été l'objet de critiques assez fondées, car elles ne sont pas faites pour encourager les entreprises et attirer les concessionnaires.

La loi de 1807 chargeait une commission spéciale de sept membres, nommés par le chef de l'Etat, de connaître tout ce qui était relatif: au classement, à l'estimation des terrains, à l'exécution des clauses de l'acte de concession, ainsi qu'à la formation des rôles de plus-value.

La loi du 21 juin 1865 sur les associations syndicales, dont nous parlerons plus tard en traitant des cours d'eau, a modifié la loi de 1807 sur divers points : 1º elle énumère le desséchement parmi les travaux pouvant être l'objet d'une association syndicale libre ou autorisée; et ce n'est qu'à défaut d'une association syndicale qu'il y aurait lieu d'appliquer encore la loi de 1807; 2º elle charge le Conseil de préfecture, pour les travaux qu'elle prévoit, de statuer sur les contestations qui, d'après la loi de 1807, devaient être jugées par la commission spéciale dont nous venons de parler.

Travaux autres que le desséchement. — D'après la loi de 1807, lorsque les propriétés privées doivent acquérir une notable augmentation de valeur par suite de l'exécution de travaux publics, elles peuvent être chargées de payer une indemnité de *plus-value*. Cette indemnité ne peut s'élever au delà de la *moitié* de la plus-value; elle est fixée par la commission de sept membres nommée par le Chef de l'Etat; elle n'est due, toutefois, qu'autant qu'un décret en Conseil d'Etat l'a déclaré.

Cette indemnité de plus-value peut être payée par l'un des trois

un service public et ne sont pas faits dans un intérêt patrimonial. C'est de leur but et non de l'objet sur lequel il s'exécutent qu'ils tirent leur caractère. Peu imrorte que les travaux soient exécutés sur le domaine public ou sur le domaine privé, ils auront le caractère de travaux publics, s'ils sont faits dans un but d'utilité publique, en vue de satisfaire un des besoins communs des citoyens.

Pour ceux faits par les *communes* il y avait eu autrefois une grande controverse.

Les uns disaient que les travaux faits par les communes n'avaient pas le caractère d'utilité publique. Ils argumentaient : 1° de l'esprit de la loi du 28 pluviôse an VIII elle-même, qui, en matière de voirie, n'accorde compétence au Conseil de préfecture qu'autant qu'il s'agit de la *grande voirie*, c'est-à-dire de la voirie nationale ou départementale; 2° des articles 649 et 650 du Code civil, qui distinguent l'utilité publique de l'utilité communale.

D'autres soutenaient qu'ils avaient le caractère d'utilité publique, du moment où ils étaient relatifs à un service public et étaient destinés à satisfaire les besoins collectifs de l'association communale; que l'utilité publique devait être déterminée par le caractère du travail et non par l'origine des deniers servant à le payer. Ils s'appuyaient : 1° sur le texte de la loi du 28 pluviôse

moyens indiqués plus haut, à l'occasion du desséchement des marais.

2° *Indemnités dues aux propriétaires.* — Les propriétaires peuvent avoir le droit de réclamer des indemnités : soit à la suite d'une expropriation, soit à l'occasion de certaines servitudes, soit enfin pour dommages causés à leurs propriétés par l'exécution de travaux publics. Sous l'empire de la loi de 1807, c'était le Conseil de préfecture qui fixait l'indemnité, même au cas d'expropriation. Nous verrons qu'en matière d'expropriation, le jury, depuis son institution en 1833, est chargé de fixer l'indemnité. Dans les autres cas, ainsi que nous allons l'expliquer, c'est le Conseil de préfecture qui est compétent (L. 1807, titre XI, art. 48-57).

an VIII, dont les termes généraux embrassent l'utilité publique à tous ses degrés, d'autant plus qu'il ne reproduit pas la distinction faite ensuite pour la voirie; 2° sur l'article 30 de la loi spéciale du 16 septembre 1807 sur le desséchement des marais, qui parle de travaux publics appliqués aux travaux communaux ; 3° enfin sur l'article 3 de la loi de l'expropriation du 3 mai 1841, qui donne également la qualification de travaux publics aux travaux communaux. C'est dans ce dernier sens qu'est fixée la jurisprudence. Le Conseil d'Etat avait admis cette solution dès 1843, et la Cour de Cassation s'est rangée, en 1853, à la même doctrine, après des décisions conformes du tribunal des conflits.

Du reste, il est bien entendu que les travaux entrepris même par l'Etat ou par le département n'ont le caractère de travaux publics, comme ceux entrepris par la commune, qu'autant qu'ils sont relatifs à un service public, qu'ils sont destinés à satisfaire l'intérêt général. C'est le même caractère que celui qui est exigé pour l'expropriation.

S'ils se rapportaient au domaine privé et n'étaient faits que dans un intérêt de conservation et d'amélioration du patrimoine privé, la compétence n'appartiendrait plus au Conseil de préfecture, mais bien aux tribunaux civils.

— En cette matière, la compétence du Conseil de préfecture a un triple objet; elle s'applique à trois chefs distincts.

Le Conseil de préfecture prononce :

1° Sur les difficultés qui pourraient s'élever entre les entrepreneurs de travaux publics et l'administration, concernant le *sens* ou l'*exécution* des clauses de leurs marchés (1);

(1) Il ne faut pas confondre les marchés de *travaux publics* avec des marchés de *fournitures*. Ceux ci sont de la compétence du mi-

11

Il faut soigneusement remarquer que le Conseil de préfecture n'est compétent qu'autant que le débat s'élève *entre* les *entrepreneurs* et *l'administration;* par conséquent si la contestation s'élevait entre les entrepreneurs et des sous-traitants, elle serait de la compétence des tribunaux ordinaires (trib. des conflits 23 novembre 1878). Du reste, la jurisprudence interprète le mot entrepreneurs dans un sens large, C'est ainsi qu'elle décide que les architectes, soit pour responsabilité, soit pour la rémunération de leurs services sont, à l'occasion de travaux publics, justiciables du Conseil de préfecture (C. d'Etat 11 juillet 1867); qu'en outre, les propriétaires qui ont promis une subvention pour l'exécution de travaux publics, sont justiciables du Conseil de préfecture pour l'exécution de leurs obligations qui se réfèrent à un marché de travaux publics (trib. des conflits 13 mars 1875, 27 mai 1876, 20 décembre 1879 et 7 août 1880).

2° Sur les demandes et contestations concernant les indemnités dues aux particuliers, à raison des terrains *pris* ou *fouillés* pour la confection des chemins, canaux et autres ouvrages publics.

Le mot *pris* se référait au cas d'expropriation; c'est aujourd'hui le jury, depuis son institution en 1833, qui fixe l'indemnité. Néanmoins, le mot *pris* dont se sert la loi de pluviôse an VIII serait encore exact pour des occupations *temporaires* de terrains.

Fouilles. — Les particuliers sont grevés d'une servitude par suite de laquelle les entrepreneurs autorisés

nistre, lorsqu'ils intéressent l'Etat, et de la compétence des tribunaux ordinaires, lorsqu'ils sont faits pour le compte des départements ou des communes.

Les marchés de fournitures ont pour objet la fourniture des choses de *consommation* nécessaires aux divers services publics. Ces marchés constituent des ventes, tandis que les marchés de travaux publics sont des louages d'industrie.

par le préfet (1) ont le droit de faire des fouilles et des extractions de matériaux pour la confection des ouvrages publics (arrêt du Conseil du 7 septembre 1755 — art. 650 C. civ. et L. 16 septembre 1807, art. 55-57).

En vertu d'*anciens arrêts du Conseil* toujours en vigueur, les fouilles ne peuvent être pratiquées dans des lieux fermés par *murs* ou *autre clôture équivalente* (arrêt du Conseil du 7 septembre 1755). Dans les propriétés attenant aux habitations (*cours, jardins, vergers*), une clôture en planches, haies vives, etc., peut équivaloir à un mur, suivant les usages du pays ; dans les lieux non réservés, un mur sera nécessaire (arrêt interprétatif du Conseil du 20 mars 1780).

L'indemnité s'applique d'abord aux *terrains occupés ;* elle comprend, en outre, la valeur des *matériaux* au prix courant, mais seulement *si une carrière était en exploitation*. (Art. 55 L. 16 septembre 1807.)

L'évaluation de l'indemnité est faite par des experts. Pour les travaux de grande voirie, ils sont nommés : l'un par le propriétaire, l'autre par le préfet, et le tiers expert, au besoin, est de droit l'ingénieur en chef du département. Lorsqu'il y a des concessionnaires ou des entrepreneurs, un expert est nommé par le propriétaire, un par le concessionnaire ou entrepreneur et le tiers expert par le préfet. S'il s'agit de travaux des villes, un expert est nommé par le propriétaire, un par le maire de la ville, ou de l'arrondissement pour Paris, et le tiers expert est nommé par le préfet (art. 55-57 de la loi du 16 septembre 1807). Pour les chemins vicinaux, la loi du 21 mai 1836, art. 17, dispose que l'un des experts est nommé par le propriétaire, un autre par le sous-préfet, et que le tiers expert est nommé par le Conseil de préfecture.

Un décret du 8 février 1868, indique les formalités à remplir pour l'occupation temporaire des terrains nécessaires à l'exécution des travaux publics.

(1) La question de savoir si l'entrepreneur était autorisé pourrait donner lieu, devant un tribunal correctionnel, à un arrêté de conflit.

L'occupation temporaire est *autorisée* par un *arrêté du préfet* indiquant la situation des terrains et le nom du propriétaire.

L'arrêté du préfet est adressé à l'ingénieur en chef et au maire de la commune. L'ingénieur en remet une copie certifiée à l'entrepreneur et le maire le notifie au propriétaire ou à son représentant.

A défaut d'arrangement amiable l'entrepreneur doit, préalablement à toute occupation du terrain désigné, et *10 jours au moins à l'avance*, inviter le propriétaire, par lettre chargée, à désigner un expert pour procéder avec celui qu'il aura choisi à la constatation de *l'état des lieux*, au jour par lui fixé. Le maire est informé par écrit de la notification faite au propriétaire.

Si le propriétaire refuse ou néglige de nommer son expert, le maire en désigne un d'office pour procéder contradictoirement avec l'expert de l'entrepreneur.

Après ces formalités, l'entrepreneur peut occuper le terrain et y commencer les travaux; toutefois s'il y a des arbres fruitiers ou de haute futaie qu'il soit nécessaire d'abattre, l'entrepreneur est tenu de les conserver jusqu'à ce qu'ils aient été estimés.

En cas d'opposition de la part du propriétaire, l'occupation du terrain a lieu avec l'assistance du maire ou de son délégué.

Lorsque les travaux sont achevés, il est fait une *nouvelle constatation des lieux*.

A défaut d'accord entre l'entrepreneur et le propriétaire pour l'évaluation partielle ou totale de l'indemnité, il est alors procédé, comme il vient d'être dit, à cette évaluation, que fixe définitivement le conseil de préfecture.

Il est à remarquer qu'à la différence de ce qui a lieu au cas d'*expropriation*, l'occupation temporaire de terrains est autorisée sans que l'indemnité soit *préalable à la prise de possession*.

3° Sur les réclamations des particuliers qui se plain-dront des *torts* et *dommages* procédant du *fait personnel* des entrepreneurs, et non du *fait de l'administration* (1).

Le texte semble ne s'appliquer qu'au *fait personnel* de l'entrepreneur et exclure le *fait de l'administration*. Mais ce n'est point en ce sens qu'il a été rédigé. Il signifie que ıe Conseil de préfecture est compétent, *même* au cas où le dommage viendrait du fait personnel de l'entrepreneur et non du fait de l'administration ; de telle sorte que le Conseil de préfecture est, *a fortiori*, compétent si le dom-mage vient du fait de l'administration faisant exécuter les travaux en régie.

Le vice de rédaction de la loi de pluviôse an VIII s'ex-plique historiquement. Avant cette loi, sous la législa-tion de 1790, la distinction entre le fait de l'administra-tion et le fait des entrepreneurs se référait à une diffé-rence de juridiction. Pour le fait de l'administration, le directoire de district et, en appel, le directoire de dépar-tement statuaient; et pour le fait de l'entrepreneur, la municipalité et, en appel, le directoire de district étaient compétents.

La loi du 28 pluviôse an VIII, qui supprimait les ad-ministrations de district et de département, et établis-sait au département l'unité de juridiction par la création d'un Conseil de préfecture, a conservé par inadvertance les traces d'une distinction qui n'avait plus d'objet.

(1) Les expressions *torts* et *dommages* visent-elles deux situations et s'appliquent-elles, la première, au préjudice causé aux *personnes* par la négligence ou l'imprudence de l'entrepreneur; et la seconde, au préjudice causé à la *propriété* par l'exécution des travaux?

La jurisprudence a varié sur ce point. Le Conseil d'État, dans plusieurs arrêts, a décidé que la compétence du Conseil de préfec-ture s'appliquait aussi bien aux dommages causés aux personnes qu'à ceux causés aux biens (arrêts des 19 juin 1866, 26 décembre 1873 et 9 janvier 1874); mais dans d'autres décisions il a reconnu que c'était à l'autorité judiciaire à statuer sur les dommages causés aux per-sonnes (arrêts des 13 décembre 1866 et 15 avril 1868). C'est en ce sens que paraît devoir se fixer la jurisprudence du tribunal des conflits (7 mars 1874 et 23 novembre 1880. — *Contra* : 8 juillet 1881).

— Pour que le dommage donne lieu à une indemnité, le Conseil d'Etat exige, en principe, qu'il soit *direct* et *matériel*.

Le Conseil de préfecture est certainement compétent quand il s'agit de dommages *temporaires*, par exemple : de dégradations ou dépréciations causées par une occupation momentanée de terrains, un passage provisoire, un dépôt de matériaux, etc.; mais l'est-il encore quand il s'agit de dommages *permanents*, tels que ceux qui résultent de l'exhaussement ou de l'abaissement de la voie publique, de la suppression ou réduction de la force motrice d'une usine ?

Cette question n'était pas douteuse sous l'empire de la loi du 28 pluviôse an VIII et de la loi du 16 septembre 1807, qui forme, ainsi que nous l'avons dit, un véritable code de travaux publics, malgré son titre restreint de loi sur le desséchement des marais.

A cette époque, en effet, le Conseil de préfecture était certainement compétent pour statuer sur l'indemnité en cas de dommage permanent, puisque les lois citées plus haut lui reconnaissaient le droit de fixer l'indemnité, même au cas d'une expropriation, qui suppose non seulement un dommage permanent, mais encore une dépossession matérielle.

En 1810, ce furent les tribunaux civils qui, par la loi du 8 mars, furent investis de la mission de prononcer l'expropriation et en même temps de fixer l'indemnité due aux expropriés. A partir de cette loi, la question de compétence pour le cas de dommage permanent fut controversée ; les uns la résolvaient en faveur de l'autorité administrative, c'est-à-dire du Conseil de préfecture ; d'autres, en faveur de l'autorité judiciaire, c'est-à-dire du tribunal civil.

En 1833, lorsqu'on eut institué le jury pour fixer l'indemnité en cas d'expropriation, la question de compétence pour les dommages permanents se compliqua d'un nouvel élément de discussion, et quelques auteurs soutinrent que c'était au jury à statuer sur l'indemnité pour dommages permanents.

C'est ainsi qu'à partir de 1833 cette question célèbre avait donné naissance à trois systèmes :

En faveur de la compétence des tribunaux civils, on observait que la loi de 1810 avait placé la propriété sous la sauvegarde de l'autorité judiciaire ; que le dommage permanent constituait, sinon une expropriation, au moins une altération irrévocable de la propriété, une restriction aux droits qui en découlent (art. 544 C. Nap.), et dont l'importance et la réparation devaient être appréciées par l'autorité judiciaire.

En faveur de la compétence du jury, on disait que le dommage permanent équivaut à une expropriation ; que les lois de 1833 et de 1841 ayant confié la mission de fixer l'indemnité, en cas d'expropriation, à un jury spécial, ce dernier devait également apprécier un dommage permanent. On tirait notamment, dans ce système, un argument d'analogie de l'art. 3 de la loi du 15 avril 1829 sur la pêche fluviale. Aux termes de cet article, dans le cas où un cours d'eau est déclaré navigable ou flottable, l'indemnité due aux riverains pour la perte de leur droit de pêche doit être fixée d'après les règles sur l'expropriation. Or, en 1810, c'étaient sans doute les tribunaux civils qui la fixaient ; mais depuis 1833, c'est le jury qui les a remplacés et qui doit en connaître.

En faveur de la compétence du Conseil de préfecture, on faisait remarquer : que le dommage permanent n'est pas une expropriation, car celle-ci suppose une dépossession matérielle, un envahissement de la propriété ; que le texte de la loi du 28 pluviôse an VIII ne distingue pas entre les dommages temporaires et les dommages permanents ; que si la durée du dommage peut exercer de l'influence sur la quotité de l'indemnité, elle ne peut en avoir sur la détermination du juge chargé de la fixer. On invoquait en outre, dans ce système, plusieurs textes importants, particulièrement l'article 10 de la loi du

15 juillet 1845 sur la police des chemins de fer, et l'art. 3 de la loi du 22 juin 1854 sur les servitudes autour des magasins à poudre. D'après ces textes, l'administration est autorisée, dans l'intérêt de la sûreté publique, à supprimer les constructions, clôtures, plantations, dépôts, etc., qui existent dans un certain rayon de la voie de fer ou des magasins à poudre, à la charge de payer une indemnité. Or, cette indemnité ne doit être fixée par le jury qu'en cas de suppression de construction; *dans tout autre cas*, elle est fixée par le Conseil de préfecture, conformément aux dispositions de la loi du 16 septembre 1807.

Ce dernier système, suivi par le Conseil d'Etat, était rejeté par la Cour de cassation, qui reconnaissait la compétence de l'autorité judiciaire. En 1850, le tribunal des conflits, appelé à se prononcer sur cette grave controverse, trancha la question dans le sens de l'autorité administrative, c'est-à-dire du Conseil de préfecture, et, depuis 1852, la Cour de cassation elle-même s'est rangée à cette doctrine. Cette question, si vivement débattue, ne fait donc plus doute en jurisprudence.

— Que décider dans le cas où l'exécution des travaux publics, au lieu de causer un dommage à la propriété privée, en a, au contraire, augmenté la valeur? Les particuliers doivent-ils, à leur tour, une indemnité de *plus-value*?

A cet égard, la loi du 16 septembre 1807 dispose qu'un règlement d'administration publique pourra imposer aux propriétaires l'obligation de payer une indemnité. Toutefois, cette indemnité ne pourra pas s'élever au-dessus de la *moitié* de la valeur de la plus-value, et elle sera acquittée, au choix des débiteurs, en argent ou en rentes constituées à 4 pour 100, ou en délaissement d'une partie de la propriété (art. 30 à 33 de la loi du 16 septembre 1807).

Cette indemnité de plus-value est réglée, d'après la

loi du 16 septembre 1807, par une *commission spéciale* de sept membres nommés par le chef de l'Etat.

— Lorsque l'exécution d'un travail public cause un dommage direct et matériel, et donne en même temps une plus-value à la propriété, peut-il y avoir lieu à une compensation totale?

En dehors du cas d'expropriation, dont nous ne nous occupons pas actuellement, la jurisprudence du Conseil d'Etat décide qu'il peut y avoir une compensation totale entre le dommage et la plus-value, conformément à l'art. 54 de la loi du 16 septembre 1807.

Nous verrons, au contraire, que si le jury, en cas d'expropriation, peut prendre en considération la plus-value apportée au restant de la propriété, il doit toujours allouer une indemnité à l'exproprié (art. 51 de la loi du 3 mai 1841).

III. *Grande voirie.* — En matière de grande voirie, le Conseil de préfecture a une double compétence :

1º Une compétence *civile*, à l'effet de statuer sur les anticipations commises au préjudice de la voie publique, pour ordonner la réintégration du sol et le rétablissement des lieux, et sur les questions de servitudes relatives à la grande voirie, notamment pour le remboursement de frais de plantations faites d'office par l'administration; ou encore si un riverain de la voie publique prétendait qu'il n'est pas tenu de recevoir les eaux qui découlent de la voie publique;

2º Une compétence *pénale*, à l'effet de prononcer des peines pour toutes les *contraventions de grande voirie* résultant d'usurpations sur la voie publique, de dégradations, d'enlèvements de terre ou de matériaux, de violation des règlements relatifs à l'alignement, etc.

Ces contraventions sont des faits, intentionnels ou non, qui affectent l'état matériel de la voie publique et en empêchent le libre usage. En cette matière, le Conseil de préfecture joue le rôle de tribunal correctionnel

11.

La juridiction *pénale* du Conseil de préfecture, en matière de grande voirie, a été expressément établie par la loi du 29 floréal an X.

Les peines que prononce le Conseil de préfecture sont fixées par d'anciens règlements ou arrêts du conseil du roi, antérieurs à 1789, expressément maintenus en 1791 par l'Assemblée constituante.

Ces peines sont : l'emprisonnement et des amendes tantôt *fixes,* tantôt *arbitraires.* Les amendes *fixes* sont celles dont le chiffre, dont le quantum est déterminé d'une manière invariable. Les amendes *arbitraires* sont celles dont le chiffre ou le quantum est indéterminé et abandonné à l'appréciation des juges.

Depuis longtemps, le Conseil d'Etat reconnaissait que l'emprisonnement ne pouvait être prononcé par le Conseil de préfecture, et que les amendes arbitraires, laissées à l'appréciation des juges, étaient inconciliables avec notre législation pénale.

Quant aux amendes *fixes,* qui étaient très fortes, le Conseil de préfecture était obligé de les appliquer ; mais, en appel, le Conseil d'Etat, qui n'avait pas de pouvoir propre, les réduisait sans violer la loi, car sa décision n'était qu'un projet, qu'une proposition, le chef de l'Etat, en l'approuvant, était censé faire grâce.

Les vices de cette jurisprudence étaient : en cas d'amende arbitraire, d'assurer l'impunité ; et, en cas d'amende fixe, d'obliger le condamné à un recours dispendieux devant le Conseil d'Etat.

Une loi du 23 mars 1842 permit de modérer les amendes *fixes* jusqu'au *vingtième,* avec un minimum de 16 fr., et établit pour les amendes *arbitraires* un minimum de 16 francs et un maximum de 300 francs. — Ce minimum de 16 francs a été établi afin de laisser à l'amende son caractère d'amende de police correctionnelle, parce que les amendes de simple police que prononcent les tribunaux de simple police pour les contraventions de petite voirie ont un maximum de 15 francs.

Il faut observer que, même depuis cette loi de 1842, le Conseil d'Etat, en appel, pouvait encore réduire le chiffre de l'amende prononcée par le Conseil de préfecture, l'abaisser même jusqu'au taux des amendes de simple police, car le chef de l'Etat, en approuvant le projet de décision du Conseil d'Etat, était censé faire grâce.

Mais depuis la nouvelle loi sur le Conseil d'Etat du 24 mai 1872, le Conseil d'Etat ayant reçu, en matière contentieuse, un pouvoir de décision propre, ne pourrait plus abaisser l'amende au-dessous du vingtième ou du minimum de 16 fr. Le chef de l'Etat seul aurait droit de faire grâce et de modérer la peine prononcée par le Conseil d'Etat.

La jurisprudence du Conseil d'Etat applique aux contraventions de grande voirie les règles de la prescription des contraventions de simple police (1 an pour l'action, 2 ans pour la peine) (1).

Exceptionnellement, en matière de *petite voirie*, le Conseil de préfecture a une compétence *civile* pour statuer sur les *anticipations* commises, sur les chemins *vicinaux*, par plantations (loi du 9 ventôse an XIII, ou même autrement, d'après le Conseil d'Etat ; mais il *n'a pas* de compétence *pénale*. C'est au tribunal de *simple police* à appliquer la peine de simple police édictée par l'art. 479 n° 11 du Code pénal, en cas de contravention sur la petite voirie. La peine est une amende de 11 à 15 francs (décision du tribunal des conflits du 21 mars 1850 ; *id.* du 17 mai 1873).

La compétence *civile* du Conseil de préfecture est exceptionnelle en matière de petite voirie ; aussi la jurisprudence décide qu'elle n'a lieu qu'en cas d'anticipation ou d'usurpation et non en cas de simple dégradation (Rejet 23 février 1878).

(1) Le Conseil de préfecture exerce encore une juridiction pénale pour *certaines* contraventions à la police du roulage, d'après la loi du 30 mai 1851. Il prononce des amendes qui varient de 3 à 50 francs.

IV. *Domaines nationaux.* — Dans un sens général, on entend par domaines nationaux les biens qui composent le domaine de l'Etat. Dans un sens plus restreint, ces expressions sont employées quelquefois pour désigner les biens confisqués et vendus par l'Etat à l'époque révolutionnaire, en 1793. La loi de pluviôse an VIII ne faisant aucune distinction, c'est dans le sens général qu'il faut entendre ici les expressions domaines nationaux.

La compétence du Conseil de préfecture, en cette matière, est *exceptionnelle*. Elle a été motivée par le désir de donner, à l'origine, de la sécurité aux *acquéreurs* de biens nationaux. Elle ne concerne, en principe, que les *ventes* de biens nationaux.

A cet égard, il faut distinguer l'époque qui a précédé la Charte de 1814 et celle qui a suivi.

Avant la Charte de 1814, le Conseil de préfecture avait une double compétence. Il statuait : 1° sur les contestations entre l'Etat vendeur et l'acquéreur, concernant le sens et l'exécution des actes de vente ; 2° sur les réclamations élevées par des tiers à l'occasion de droits de propriété ou autres droits réels par eux prétendus sur les biens aliénés. Il est même à remarquer que, d'après la Constitution de l'an VIII, l'acquéreur ne pouvait être dépossédé ; le tiers n'avait qu'une action en indemnité contre le Trésor ; il en résultait qu'à cette époque, la vente de la chose d'autrui par l'Etat transférait la propriété. C'était la reproduction du système du droit romain, tel qu'il est exposé dans le dernier paragraphe du titre de l'Usucapion, aux Institutes.

Après la Charte de 1814, qui abolit la *confiscation*, on considéra comme virtuellement abrogée la disposition de la Constitution de l'an VIII qui protégeait l'acquéreur de la chose d'autrui, et on reconnut que les tiers pouvaient utilement revendiquer leur droit de propriété ou tous autres droits réels. A partir de cette époque, la jurisprudence décide que la compétence du Conseil de préfecture ne s'applique plus qu'aux contestations entre l'*Etat vendeur et l'acheteur*, concernant le sens et l'exécution des actes de vente ; que les actions en revendication de propriété, ou autres actions réelles formées par les tiers, doivent être portées devant les tribunaux *civils*, seuls juges des questions de propriété.

— Devant les tribunaux civils, nul ne peut intenter une action contre l'Etat sans avoir préalablement déposé un *mémoire* à la préfecture, lequel interrompt la prescription. Ce n'est qu'*un mois* après la remise du mémoire que l'action peut être intentée. En matière domaniale, c'est le préfet qui représente l'Etat soit comme demandeur soit comme défendeur (1) (art. 69 C. pr.).

La compétence du Conseil de préfecture, même ainsi restreinte, depuis 1814, aux difficultés qui peuvent naître des actes de vente entre l'Etat et l'adjudicataire ou concessionnaire, est encore *exceptionnelle,* car, en principe, c'est aux tribunaux civils à statuer sur les contestations nées d'un acte administratif contractuel, aussi bien que sur les questions de propriété.

Cette compétence, qui résulte d'un texte qui a survécu à l'esprit qui l'avait dicté, doit donc être limitée au cas de *vente* d'un bien de l'Etat. Elle ne s'appliquerait pas en matière de *bail.* C'est ainsi que l'art. 4 de la loi du 15 avril 1829 sur la pêche fluviale dispose que les contestations relatives à l'interprétation et à l'exécution des conditions des baux et adjudications seront portées devant les tribunaux judiciaires. Par exception, le Conseil de préfecture est compétent : 1º en matière de location des établissements d'eaux minérales appartenant à l'Etat (arrêté du 3 floréal an VIII art. 2 et loi du 14 juillet 1856 art. 4) ; 2º en matière de location des droits de bacs ou

---

(1 Dans une instance administrative, lorsqu'il s'agit de l'interprétation d'un acte de vente de biens nationaux c'est aussi le préfet qui représente l'Etat devant le Conseil de préfecture ; mais en appel, devant le Conseil d'Etat, l'Etat sera représenté par le ministre des finances.

bateaux de passage sur les rivières navigables ou flottables (loi du 6 frimaire an VII).

2° *Attributions contentieuses d'après des lois postérieures à la loi du 28 pluviôse an VIII.*

Des lois postérieures à la loi du 28 pluviôse an VIII ont étendu la compétence du Conseil de préfecture à d'autres matières.

Les principaux cas où le Conseil de préfecture a été investi d'une mission contentieuse sont les suivants :

En matière *d'impôts indirects.*

En principe, comme nous le verrons, les contestations relatives aux impôts indirects sont de la compétence de l'autorité judiciaire, des tribunaux ordinaires. Par exception, le Conseil de préfecture est chargé de statuer :

1° Sur les contestations entre les communes et les régisseurs des *octrois* en régie intéressée, relativement à la perception et à l'administration des droits d'octroi et entre les communes et les fermiers des octrois, sur le sens des clauses du bail (article 136 du décret du 17 mai 1809);

2° Sur les contestations entre la régie des impôts indirects et les débitants de *boissons*, relativement à l'exactitude de la déclaration du prix de vente en détail (art. 49 de la loi du 28 avril 1816);

3° Sur les difficultés entre ces mêmes personnes, relativement au montant de l'abonnement destiné à remplacer le droit de détail (art, 70 et 78 de la loi du 28 avril 1816).

Il est à remarquer que ce sont ces trois cas dans lesquels le Conseil de préfecture ne faisait autrefois que donner un avis au préfet qui rendait la décision ; mais comme nous l'avons dit, la loi du 21 juin 1865 a attribué au Conseil de préfecture un pouvoir de décision propre dans tous les cas où, en matière contentieuse, il ne donnait qu'un avis au préfet.

En matière *d'établissements dangereux, incommodes et insalubres* (décret du 15 octobre 1810).

Nous renvoyons à ce que nous dirons plus loin de ces sortes d'établissements.

En matière de *comptabilité publique* (décret du 31 mai 1862, art. 427 et suiv.).

Ainsi que nous l'avons dit, en traitant de la Cour des comptes, le Conseil de préfecture statue en premier ressort, lorsque le revenu n'excède pas 30,000 francs, sur les comptes des receveurs municipaux, des trésoriers des hôpitaux et autres établissements de bienfaisance, des receveurs des octrois, des économes des écoles normales primaires, et sur les comptes des associations syndicales autorisées. Il est à remarquer, en cette matière : 1° que les audiences du Conseil de préfecture ne sont pas publiques; 2° que l'appel se porte, non devant le Conseil d'Etat, mais devant la Cour des comptes.

En matière *d'élections*, dans divers cas :

1° Pour les élections au *Conseil d'arrondissement* et au *Conseil municipal* et pour l'élection des *maires*.

Nous verrons qu'à cet égard le Conseil de préfecture est compétent pour statuer sur les réclamations ayant pour objet les irrégularités des opérations électorales, et qu'il renvoie, à titre préjudiciel, devant les tribunaux civils, les questions d'état et d'incapacité légale. Nous renvoyons à nos explications sur le Conseil d'arrondissement et le Conseil municipal (1).

2° Pour les élections aux Conseils de prud'hommes (L. 1er juin 1853, art. 19).

3° Pour les élections des délégués des Conseils municipaux chargés de concourir à la nomination des sénateurs (art. 8 L. 2 août 1875 et L. 9 décembre 1884).

(1) Il n'est pas question des élections au Conseil général, car nous savons que d'après la nouvelle loi du 10 août 1871, c'était le Conseil général lui-même qui statuait et que depuis la loi du 31 juillet 1875, c'est le Conseil d'Etat qui est compétent, en premier et dernier ressort.

En matière *d'associations syndicales* (loi du 21 juin 1865).
Nous renvoyons à ce que nous dirons plus loin de ces sortes d'associations.

Nous avons vu, en traitant de la compétence en matière de grande voirie, que le Conseil de préfecture était exceptionnellement compétent en matière de petite voirie pour statuer, en vertu de la loi du 9 ventôse an XIII, sur les *anticipations* commises sur les chemins *vicinaux*, mais qu'il n'avait à cet égard qu'une compétence civile ; qu'en outre, la loi du 30 mai 1851 l'avait chargé de statuer sur certaines contraventions à la *police du roulage*.

— Le Conseil de préfecture est, en outre, compétent pour statuer sur une foule d'autres matières prévues par des lois diverses, notamment en matière de mines (art. 37 et 46 L. 21 avril 1810 et art. 5 L. 27 avril 1838), — en matière *forestière* (art. 50, 64, 65 et 67 C. forestier), — en matière de *logements insalubres* (art. 6 et 10 L. 13 avril 1850), — de servitudes *militaires* ou défensives (L. 10 juillet 1851 et décret du 10 août 1853 ou de *servitudes* autour des magasins à poudre (art. 3 L. 22 juin 1854), — *de partages* des biens communaux (L. 10 juin 1793, art. 6 L. ventôse an XII et avis du C. d'Etat du 18 juin 1809), — de pêche (L. 30 mai 1865, art. 3), etc.

3° *Procédure en matière contentieuse*

Nous avons dit déjà qu'un décret du 30 décembre 1862 avait établi devant le Conseil de préfecture, pour les affaires contentieuses, trois garanties précieuses, introduites depuis 1831 devant le Conseil d'Etat : la *publicité* des audiences, la *plaidoirie* et le *ministère public.*

La loi du 21 juin 1865 consacrant ces trois grandes innovations disposait, en outre, qu'en attendant une loi qui devait être faite dans un délai de cinq ans, un règlement d'administration publique déterminerait les règles de procédure à suivre devant les Conseils de préfecture.

La loi projetée n'a pas été faite dans le délai et n'est pas encore faite ; mais un décret du 12 juillet 1865, destiné sans doute à servir d'épreuve préparatoire, a établi quelques règles générales relatives à la demande, à l'instruction et au jugement devant les Conseils de préfecture. Ces règles doivent être complétées par les analogies tirées du Code de procédure civile, et principalement du décret de 1806, qui règle la procédure à suivre devant le Conseil d'Etat.

Demande. — La demande n'a pas besoin d'être introduite par une assignation. Elle peut être formée par simple *requête* sur papier timbré (1), adressée au préfet, en sa qualité de président du Conseil de préfecture, ou même aux membres du Conseil.

Les requêtes et mémoires introductifs d'instances avec les pièces à l'appui, sont déposés au *greffe* du Conseil, inscrits à leur arrivée sur un registre d'ordre, et marqués d'un timbre indiquant la date de l'arrivée.

Instruction. — Le préfet ou le conseiller de préfecture qui le remplace désigne un *rapporteur* auquel le dossier de l'affaire est transmis dans les vingt-quatre heures.

Le rapporteur dirige l'instruction et propose au Conseil de préfecture les moyens d'instruction. Sur sa proposition, le Conseil de préfecture règle les *communications* à faire aux parties intéressées, et fixe le délai pour la communication et la présentation des défenses.

Les décisions du Conseil sont notifiées aux parties dans la forme administrative. Quand les parties sont appelées a produire des défenses, elles sont invitées à faire connaître si elles entendent user du droit de présenter des *observations orales* à la séance publique.

---

(1) En matière d'élections, la demande est dispensée d'être écrite sur timbre, et en matière d'impôts directs, la réclamation n'est faite sur timbre qu'autant qu'il s'agit d'une cote d'au moins 30 francs.

La communication aux parties se fait au greffe, sans déplacement.

Le Conseil de préfecture peut ordonner une enquête, une expertise, la comparution personnelle des parties, un interrogatoire sur faits et articles, une prestation de serment, par analogie de ce qui a lieu en matière civile, même une vérification d'écritures, dont il pourra connaître par analogie de ce qui a lieu devant le Conseil d'Etat; mais s'il s'élève une question de faux ou une question d'état, il doit en renvoyer la connaissance aux tribunaux ordinaires.

En matière de *contraventions*, à défaut de règles spéciales établies par la loi, on procède ainsi qu'il suit:

Lorsque l'affaire est en état, le rapporteur prépare le rapport et le projet de décision.

Le dossier, avec le rapport et le projet de décision, est remis au secrétaire greffier, qui le transmet immédiatement au commissaire du gouvernement.

Sur la proposition de ce dernier, le préfet ou le conseiller qui le remplace arrête le rôle de chaque séance publique.

Toute partie qui a fait connaître l'intention de présenter des observations orales est avertie par lettre à son domicile, ou à celui de son mandataire ou défenseur, du jour où l'affaire sera appelée en séance publique. Cet avertissement est donné quatre jours au moins avant la séance.

Dans les cinq jours de la rédaction du procès-verbal de contravention et de son affirmation, s'il y a lieu, le préfet, dans la forme administrative, fait faire une notification de la copie du procès-verbal et de son affirmation, avec citation devant le Conseil de préfecture.

La citation indique au contrevenant qu'il est tenu de fournir ses défenses écrites dans le délai de quinze jours à partir de la notification qui lui est faite, et l'invite à faire connaître s'il veut user du droit de présenter des observations orales.

Il est dressé acte de la notification et de la citation. Cet acte est immédiatement envoyé au sous-préfet, qui l'adresse sans délai au préfet, pour être transmis au Conseil de préfecture. Le rapporteur s'assure de l'accomplissement de ces formalités (1).

Jugement et voies de recours. — Les arrêtés pris par les Conseils de préfecture dans les affaires contentieuses mentionnent qu'il a été statué en audience publique et sur les conclusions du commissaire du gouvernement.

Ils contiennent les noms et conclusions des parties, le vu des pièces principales et des dispositions législatives dont ils font l'application, les motifs de la décision et les noms des membres qui ont pris part au jugement

La minute est signée par le président, le rapporteur et le secrétaire greffier. — Elle est conservée au greffe avec les pièces relatives à l'instruction; elle est transcrite sur un registre tenu par le greffier.

L'expédition des décisions est délivrée aux parties intéressées par le secrétaire général.

Les arrêtés des Conseils de préfecture ont le caractère de véritables jugements. Ils sont *exécutoires*, sans avoir besoin d'être revêtus de la formule exécutoire (2). Ils emportent *hypothèque*.

Avant d'être exécutés, ils doivent être signifiés. La signification a lieu par acte d'huissier entre parties

---

(1) Des règles spéciales de procédure sont établies en matière d'impôts directs (art. 28-30 de la loi du 21 avril 1832) ; en matière de travaux publics (art. 56 et 57 de la loi du 16 septembre 1807, et art. 17 de la loi du 21 mai 1836); en matière de grande voirie (lois du 29 floréal an X et 23 mars 1842) et de police de roulage (loi du 30 mai 1851) ; et en matière d'élections (lois des 22 juin 1833 et 5 avril 1884). Nous renvoyons, à cet égard, à nos explications sur ces diverses matières et aux textes qui s'y réfèrent.

(2) La formule exécutoire est prescrite en matière de comptabilité (art. 434 du décret du 31 mai 1862).

privées ou d'une partie privée à l'administration ; mais de l'administration à une partie privée, la signification peut être faite par un agent administratif ou même par simple lettre missive.

Voies de recours. — Les voies de recours contre les arrêtés du Conseil de préfecture sont :

1° L'*opposition* contre les décisions rendues par défaut, c'est-à-dire lorsque le défendeur n'a pas produit de défenses écrites, car l'instruction par écrit est la base de la procédure.

L'opposition, étant une voie de rétractation, est portée devant le Conseil de préfecture qui a rendu la décision attaquée. Elle est recevable jusqu'à l'exécution et produit un effet *suspensif ;*

2° L'*appel* contre les décisions contradictoires ou contre les décisions par défaut à l'égard desquelles l'opposition n'est plus recevable.

Il doit être formé dans le délai de *trois mois* à partir de la notification de la décision attaquée.

L'appel est porté devant le *Conseil d'Etat* et il n'est pas suspensif de l'exécution, ainsi que nous l'avons dit, en traitant des recours devant le Conseil d'Etat. Mais le Conseil de préfecture peut subordonner l'exécution de sa décision, en cas de recours, à la charge de donner caution ou de justifier d'une solvabilité suffisante (art. 24 L. 1872 sur le C. d'Etat).

Par exception, l'appel est porté devant la *Cour des comptes*, lorsque le Conseil de préfecture a statué sur les comptes des receveurs des communes ou de certains établissements publics et des associations syndicales dont le revenu ne dépasse pas 30,000 francs. L'appel doit être déclaré suspensif, en l'absence de toute disposition contraire ;

3° La *tierce opposition* de la part des tiers qui se prétendent lésés par la décision du Conseil. Elle est recevable pendant trente ans.

— Le Conseil de préfecture ne statuant jamais en dernier ressort, il suit que la requête civile ne peut être admise contre ses arrêtés, et que le recours en cassation devant le Conseil d'Etat ne peut avoir lieu, puisque l'appel est toujours possible.

§ II. ATTRIBUTIONS ADMINISTRATIVES AVEC POUVOIR PROPRE.

Ces attributions se réfèrent principalement à l'autorisation de plaider, accordée aux communes et aux établissements publics. Cette mission de *tutelle administrative* avait été attribuée au Conseil de préfecture par la loi du 28 pluviôse an VIII, pour les procès intéressant des communes ou sections de communes. Elle a été étendue par divers actes législatifs aux procès des hospices, bureaux de bienfaisance, fabriques, etc.

§ III. ATTRIBUTIONS ADMINISTRATIVES PUREMENT CONSULTATIVES.

Les *attributions administratives* dans lesquelles le Conseil de préfecture ne fait que donner son *avis* lui ont été conférées par des lois postérieures à la loi du 28 pluviôse an VIII.

Le Conseil de préfecture *peut* toujours être appelé à délibérer sur les affaires dont la connaissance appartient au préfet. Dans certains cas, il *doit* nécessairement être consulté; mais la décision qui intervient n'est jamais qu'une décision préfectorale. Elle s'appelle : *arrêté du préfet en Conseil de préfecture*, et non *arrêté du Conseil de préfecture.* C'est, en effet, le préfet qui, dans tous les cas, statue sous sa responsabilité, en adoptant ou en rejetant l'avis du Conseil de préfecture (1).

(1) On peut signaler deux grandes différences entre l'arrêté d'un Conseil de préfecture et l'arrêté d'un préfet en Conseil de pré-

Les divers cas dans lesquels le Conseil de préfecture est ainsi appelé à donner un avis au préfet en matière purement administrative sont très nombreux, par exemple,

En matière d'administration communale :

Pour l'annulation des délibérations prises par des Conseils municipaux sur des objets étrangers à leurs attributions ou hors la réunion légale, ou en violation d'une loi ou d'un réglement (art. 65 loi du 5 avril 1884);

Pour l'inscription d'office au budget communal d'une dépense obligatoire, si le Conseil municipal n'avait rien alloué ou avait alloué une somme insuffisante (art. 149 loi du 5 avril 1884).

Pour l'ordonnancement, en cas de refus du maire, d'une dépense communale régulièrement autorisée et liquidée (art. 152 loi 5 avril 1884).

fecture : 1º L'arrêté d'un Conseil de préfecture est une décision propre à ce Conseil, prise par lui après délibération et à la majorité des voix. — L'arrêté du préfet pris en Conseil de préfecture est une décision du préfet, prise par lui sous sa responsabilité, sans que l'avis du Conseil puisse le lier, cet avis fût-il donné à l'unanimité. 2º L'arrêté d'un Conseil de préfecture, pris en vertu d'un pouvoir propre, comme dans les autorisations de plaider, est susceptible de recours devant le Conseil d'Etat. — L'arrêté d'un préfet, pris en Conseil de préfecture, peut être l'objet d'un recours devant le ministre.

SECTION II.

—

ARRONDISSEMENT.

L'arrondissement, à la différence du département et de la commune, n'est pas une personne morale ; il n'est qu'une subdivision territoriale du département, une simple circonscription administrative dont l'utilité est d'ailleurs fort contestable (1).

Le décret du 9 avril 1811, qui a constitué ou plutôt développé la personnalité du département, semblait bien reconnaître également le caractère de personne civile à l'arrondissement ; en effet, ce décret attribuait à l'arrondissement la propriété des édifices et bâtiments nationaux affectés à certains services publics. En outre, la loi du 16 septembre 1807, sur le desséchement des marais, dans les articles 28 et 29, supposait déjà que l'arrondissement pouvait avoir des ressources et des charges personnelles, puisqu'elle obligeait l'arrondisse-

(1) Il nous semble que l'arrondissement pourrait être supprimé sans inconvénient, et que la véritable décentralisation consisterait à organiser dans le canton des autorités judiciaires et administratives qui veilleraient plus efficacement aux intérêts des communes et des particuliers.

Le discours de l'Empereur, à l'ouverture de la session législative de 1869-1870, annonçait que des *conseils cantonaux* seraient institués principalement pour relier les forces communales et en diriger l'emploi.

La loi de 1871 sur le Conseil général réserve la question, car à l'occasion de la répartition des impôts directs, elle parle de conseils *compétents* et évite de désigner les conseils d'arrondissement.

Une commission de décentralisation avait été saisie de la question de la création des conseils *cantonaux* ; mais son travail n'a pas abouti encore.

ment à contribuer aux dépenses de certains travaux publics. De même la loi du 21 avril 1832 sur l'impôt personnel et mobilier (art. 15) supposait également que l'arrondissement était une personne civile. Malgré les arguments tirés de ces textes, on reconnut, dans la discussion de loi du 10 mai 1838 sur les attributions des Conseils généraux et d'arrondissement, que si le langage du législateur avait été vicieux, sa pensée était manifeste, et que l'arrondissement ne constituait pas une personnalité distincte du département. Aussi, depuis la loi de 1838, le doute à cet égard n'est plus possible.

— Dans l'arrondissement, l'administration active est représentée par le sous-préfet; l'administration délibérative et consultative est représentée par le Conseil d'arrondissement. Nous allons étudier l'organisation et les attributions de ces deux autorités qui siègent au cheflieu d'arrondissement.

SOUS-PRÉFET.

Organisation.

Il y a un sous-Préfet dans chaque arrondissement, excepté dans l'arrondissement où est situé le chef-lieu du département et qui est administré par le Préfet (L. 28 pluviose an VIII, art. 11) (1).

Les sous-Préfets sont, comme les Préfets, nommés et révoqués par le Chef de l'Etat, sur le rapport du ministre de l'Intérieur. Pour leur nomination, aucune condition spéciale d'aptitude n'est exigée. Ils prêtent serment entre les mains du Préfet.

En cas d'absence ou d'empêchement du sous-Préfet, il est remplacé par un membre du Conseil d'arrondissement ou par un conseiller de préfecture désigné par le Préfet.

On distingue trois classes de sous-Préfets, suivant leur traitement, qui, comme nous le savons, est fixé à 7,000 francs pour la première classe, à 6,000 francs pour la deuxième et à 4,500 pour la troisième (décret du 23 décembre 1872).

Quand le sous-Préfet cesse ses fonctions il peut être nommé sous-Préfet *honoraire*. Ce titre lui confère le droit de porter le costume de sous-préfet, moins l'écharpe (D. 28 février 1863, art. 3 et 4).

Attributions.

Le sous-Préfet a des attributions purement adminis-

(1) Une autre exception vient d'être admise par la loi du 2 avril 1880. Aux termes de cette loi les sous-préfectures des arrondissements de Saint-Denis et de Sceaux sont supprimées; les arrondissements sont directement administrés par le préfet de la Seine et leurs conseils se réunissent, lors de leur session, à la préfecture de la Seine.

tratives et, dans certains cas assez rares, des attributions contentieuses.

I. *Attributions administratives.*—Le Sous-Préfet, chef de l'administration active de l'arrondissement, a succédé aux anciennes *administrations municipales de canton* éta-blies par la Constitution de l'an III. Il remplit les fonc-tions autrefois exercées par ces administrations, à l'ex-ception de celles conférées aux Conseils d'arrondisse-ment et aux municipalités. C'est ainsi, comme nous le verrons, qu'il nomme les répartiteurs chargés de faire la répartition entre les contribuables de chaque com-mune des impôts directs de répartition (1).

Il doit prendre les mesures nécessaires pour assurer l'exécution des lois et le maintien de l'ordre. Le plus souvent, il n'est qu'un agent de transmission entre le Préfet et les maires; il remplit un rôle d'instruction et d'information, et fait parvenir ses renseignements et son avis au Préfet.

Par exception, en dehors des fonctions des adminis-trations municipales de canton auxquelles il a succédé, le sous-Préfet est chargé d'un droit d'action et de déci-sion dans les cas suivants :

1º Lorsque le Préfet lui a délégué ses pouvoirs ;
2º En cas d'urgence;
3º Lorsque la loi ou un règlement lui a conféré ce droit (Voir l'article 420 C. instr. crim.)

Le décret du 13 avril 1861, qui est venu compléter la décentralisation administrative établie par le décret du 25 mars 1852, confère notamment aux sous-Préfets: la légalisation des signatures données pour les actes de l'état civil, les certificats de vie, d'indigence, de bonne vie et mœurs, pour la libération du service militaire ou

(1) Observation de M. Vuatrin, à son cours

la constatation de l'état de soutien de famille; — le droit: de délivrer des passe ports, des permis de chasse, d'accorder des débits de boissons temporaires; d'approuver les travaux ordinaires et de simple entretien des bâtiments communaux, dont la dépense n'excède pas 1,000 fr.; — d'approuver pour les bureaux de bienfaisance: les budgets et comptes, les conditions des baux à ferme dont la durée n'excède pas dix-huit ans, les acquisitions, ventes et échanges d'objets mobiliers, l'acceptation faite par ces établissements de dons et legs d'objets mobiliers ou de sommes d'argent, lorsque la valeur n'excède pas 3,000 fr. et qu'il n'y a pas réclamation des héritiers. Enfin ce décret leur confère le droit de nommer les simples préposés d'octroi.

Dans tous les cas, les sous-Préfets rendent compte de leurs actes aux Préfets, qui peuvent les annuler ou les réformer, soit pour violation des lois et règlements, soit sur la réclamation des parties intéressées, sauf recours devant l'autorité supérieure (art. 6 et 7 du décret de 1861).

— La loi du 4 mai 1864 autorise le sous-Préfet à délivrer des alignements sur les routes nationales et départementales et sur les chemins de grande communication, toutes les fois qu'il y a un plan d'alignement régulièrement approuvé.

II. *Attributions contentieuses.* — Les principaux cas où le sous-Préfet exerce des attributions contentieuses sont relatifs: à l'autorisation des établissements dangereux et insalubres de troisième classe, pour laquelle la loi réserve un recours devant le Conseil de préfecture (décret du 15 octobre 1810, art. 8); — à la perception du droit d'octroi de navigation intérieure, sauf recours au Conseil de préfecture (arrêté du 8 prairial an XI, art. 15); toutefois si le payement soulève une difficulté sur l'application du tarif, les tribunaux ordinaires sont compétents (loi du 9 juillet 1836, art. 21).

CONSEIL D'ARRONDISSEMENT.

Autrefois le Conseil d'arrondissement était régi par les mêmes lois que le Conseil général.

Depuis la loi du 10 août 1871 exclusivement applicable aux Conseils généraux, les Conseils d'arrondissement restent soumis aux anciennes lois sur les Conseils généraux. En conséquence: leur organisation est réglée par la loi organique du 22 juin 1833, modifiée en 1848, en 1852 et en 1870. Leurs attributions sont indiquées dans la loi du 10 mai 1838.

Organisation.

I. COMPOSITION. — Le Conseil d'arrondissement se compose d'autant de membres qu'il y a de cantons dans l'arrondissement, sans que leur nombre puisse être au-dessous de *neuf*. En conséquence, si le nombre des cantons est inférieur à neuf, un acte du pouvoir exécutif détermine les cantons les plus peuplés qui auront à élire plusieurs membres du Conseil d'arrondissement (art. 20 et 21 de la loi du 22 juin 1833).

Ce sont les mêmes *électeurs* qui élisent les membres du Conseil général et les membres du Conseil d'arrondissement. L'élection se fait également dans les mêmes formes (L. du 30 juillet 1874).

Les conditions d'*éligibilité* sont: l'âge de 25 ans, la jouissance des droits civils et politiques, le domicile ou le payement d'une contribution directe dans l'arrondissement (art 14 D. du 3 juillet 1848).

Les incompatibilités sont celles prévues par l'article 5 de la loi du 22 juin 1833. En outre, nul ne peut être membre de plusieurs Conseils d'arrondissement, ni d'un Conseil d'arrondissement et d'un Conseil général.

Contentieux relatif aux élections (art. 50-54 L. 22 juin 1833). — C'est le Conseil de préfecture qui est chargé de statuer sur les difficultés auxquelles peuvent donner lieu les élections (1). Toutefois si la nullité d'une élection est fondée sur l'*incapacité légale* de l'élu, le Conseil de préfecture doit, s'il y a contestation, surseoir à statuer et renvoyer devant le tribunal civil la question *préjudicielle* de nationalité, d'âge, de domicile.

Le Conseil de préfecture peut être saisi d'une demande en nullité : soit par le préfet, soit par un électeur.

Le préfet a quinze jours à partir de la réception du procès-verbal des élections pour déférer le jugement de la nullité au Conseil de préfecture.

L'électeur dont la réclamation n'aurait pas été consignée au procès-verbal, n'a qu'un délai de cinq jours à partir de l'élection pour déposer sa demande en nullité au secrétariat de la sous-préfecture. Le délai n'est pas un délai franc (C. d'Etat, 16 et 22 mai 1866).

Les réclamations peuvent être faites sur papier libre ; elles sont dispensées du droit et de la formalité du timbre. Le Conseil de préfecture doit statuer dans le mois qui suit la réception des pièces à la préfecture.

La décision du Conseil de préfecture peut être attaquée par la voie de l'appel devant le Conseil d'Etat. Ce recours est remarquable en ce qu'il n'exige pas la constitution d'un *avocat au Conseil d'Etat,* et il est jugé sans frais (2) ;

_____

(1) Il ne s'agit pas de difficultés relatives au droit de l'électeur et à son inscription, qui sont jugées par une commission municipale et ensuite en appel par le juge de paix (D. 2 février 1852).

(2) L'article 54 de la loi de 1833 contenait une autre dérogation au droit commun relativement à l'effet de l'appel.

D'après cet article l'appel formé devant le Conseil d'Etat était *suspensif,* quand il était exercé par le conseiller dont l'élection

Lorsque le tribunal civil a été saisi d'une question préjudicielle, par suite du renvoi qui lui a été fait par le Conseil de préfecture, son jugement sur la question d'état ou de capacité est susceptible d'appel devant la Cour d'appel.

L'appel formé contre ce jugement présente également cette particularité qu'il doit être formé dans les dix jours, et doit être jugé sommairement.

— Ces règles sur le contentieux, en matière d'élections, sont d'autant plus à remarquer qu'elles sont confirmées pour les élections au Conseil municipal par la loi du 5 avril 1884. Elles étaient également observées autrefois pour le Conseil général ; mais nous avons vu que la nouvelle loi du 10 août 1871, sur les Conseils généraux, attribuait à ces conseils le droit de statuer eux-mêmes souverainement sur la validité des élections de leurs membres et qu'une loi du 31 juillet 1875 a chargé le Conseil d'Etat de statuer en premier et dernier ressort sur la validité des élections au Conseil général, sauf à renvoyer devant les tribunaux civils, à titre de questions *préjudicielles*, les réclamations fondées sur l'*incapacité légale* de l'élu.

Durée des fonctions. — Les membres du Conseil d'arrondissement sont nommés pour *six ans* et renouvelables par moitié tous les trois ans. C'est également la

---

avait été annulée par le Conseil de préfecture (contrairement au principe que le recours au Conseil d'Etat n'est pas suspensif). Et à l'inverse, l'appel du jugement du tribunal civil ayant statué sur une question de capacité formée devant la Cour d'appel n'était pas suspensif quand il était interjeté par le préfet et qu'il avait été rendu en faveur du conseiller élu (contrairement au principe que l'appel des jugements des tribunaux ordinaires est suspensif). Cet article, qui n'a plus d'application pour le Conseil général, est-il encore en vigueur pour le Conseil d'arrondissement ? La question est discutée. L'affirmative semble d'autant plus raisonnable que la loi du 5 avril 1884 sur l'organisation municipale (art. 40) a reproduit les mêmes règles.

durée des fonctions des membres du Conseil général,
depuis la nouvelle loi du 10 août 1871.

En cas de vacance par décès, démission, option, annulation d'élection, les électeurs doivent être convoqués dans le délai de 2 mois (L. 1833, art. 11, 25 et 26).

II. Sessions du Conseil. — Le Conseil d'arrondissement a une session *ordinaire* annuelle, sans préjudice
des sessions extraordinaires qui peuvent être spécialement autorisées. Seulement, il est à remarquer que la
session ordinaire annuelle se divise en *deux parties :*
l'une qui précède, et l'autre qui suit la session du mois
d'août du Conseil général ; nous en verrons bientôt la
raison, en traitant des attributions du Conseil d'arrondissement.

Les sessions sont autorisées par le Chef du pouvoir
exécutif et la convocation est faite par le Préfet.

Nomination des président, vice-président et secrétaire. —
En 1833, ainsi qu'en 1848, les président, vice-président
et secrétaire du Conseil d'arrondissement étaient choisis
par le Conseil.

En 1852, ils étaient désignés par le Préfet, comme
sous la loi de pluviôse an VIII.

La loi du 23 juillet 1870 a reproduit le système de la
loi de 1833, de telle sorte que le choix des président,
vice-président et secrétaire appartient au Conseil.

Séances et délibérations. — Le sous-Préfet a entrée
dans le Conseil d'arrondissement; il est entendu quand
il le demande et assiste aux délibérations. Les articles
13-19 de la loi de 1833 indiquent quelques règles relatives à la tenue des Conseils d'arrondissement. Ces règles doivent être complétées par la loi du 23 juillet
1870 qui a introduit quelques innovations. Elle permet
au Conseil d'arrondissement de régler l'ordre de ses
délibérations et d'adopter un règlement intérieur. En

outre, elle autorise tout habitant ou contribuable du département à demander communication sans déplacement et à prendre copie des procès-verbaux; mais elle n'a pas admis la publicité des séances du Conseil, qui n'existait pas non plus en 1848.

Suspension et dissolution. — D'après la loi de 1833, un Conseil d'arrondissement peut être *suspendu* par le Préfet, sauf approbation par le Chef du pouvoir exécutif : 1° pour correspondance avec un conseil d'arrondissement ou de département; 2° pour publication d'une proclamation et adresse (art. 16 et 17 L. 1833).

La *dissolution* d'un Conseil d'arrondissement ne peut être prononcée que par le Chef du pouvoir exécutif; en ce cas, il est procédé à une nouvelle élection avant la session et au plus tard dans le délai de trois mois du jour de la dissolution.

— En comparant l'organisation du Conseil général et celle du Conseil d'arrondissement nous ferons ressortir les principales différences suivantes :

1° Le Conseil général se compose invariablement d'autant de membres qu'il y a de cantons dans le département. — Le Conseil d'arrondissement devant se composer d'au moins *neuf* membres, il peut se faire qu'il y ait plus de membres que de cantons.

2° L'éligible au Conseil général doit être domicilié ou payer une contribution directe dans le département. — L'éligible au Conseil d'arrondissement doit remplir l'une ou l'autre de ces conditions dans l'arrondissement.

Il est même à remarquer que pour le Conseil général le nombre des conseillers non domiciliés ne doit pas dépasser le quart, mais que cette restriction n'est pas formulée pour le Conseil d'arrondissement.

3° C'est le Conseil d'Etat qui statue sur la validité des élections au Conseil général. — Pour le Conseil d'arrondissement, comme pour les Conseils municipaux, c'est le Conseil de préfecture qui est compétent sauf renvoi, à titre préjudiciel, des questions de capacité devant le tribunal civil ;

4° Les séances du Conseil général sont publiques. — Celles du Conseil d'arrondissement, qui, du reste, sont peu intéressantes, ne sont pas publiques.

5° Le Conseil général, depuis la loi de 1871, a *deux* sessions ordinaires annuelles. — Le Conseil d'arrondissement n'a qu'*une* session ordinaire, mais elle se décompose en deux parties.

Attributions.

L'arrondissement ne formant pas une personne civile, les attributions du Conseil d'arrondissement sont très restreintes. Elles se manifestent par des délibérations, des avis et des vœux.

Délibérations. — Le Conseil d'arrondissement ne procède par voie de délibération qu'en matière *d'impôts directs de répartition*, et nous allons voir, à cette occasion, pourquoi sa session ordinaire se divise en *deux parties.*

Dans la première partie de sa session ordinaire, il délibère : 1° sur les réclamations auxquelles peut donner lieu la fixation du contingent de l'arrondissement dans les impôts directs de répartition (1) ; 2° sur les demandes en réduction du contingent des mêmes impôts formées par les communes.

Dans la deuxième partie de sa session, et lorsque le Conseil général, qui s'est réuni dans l'intervalle, a sta-

(1) Nous avons dit déjà que les impôts directs de répartition étaient répartis entre les départements par les Chambres législatives; entre les arrondissements par le Conseil général de chaque département; entre les communes par le Conseil d'arrondissement, et entre les contribuables de la même commune par une commission de répartiteurs.

tué définitivement sur ces deux sortes de réclamations, le Conseil d'arrondissement, en se conformant aux décisions du Conseil général, répartit entre les communes le contingent des impôts directs de répartition assigné à l'arrondissement (art. 40, 43, 45 à 47, loi du 10 mai 1838).

Avis. — Les avis que peut donner le Conseil d'arrondissement, tantôt sont provoqués par l'administration, tantôt émanent de l'initiative du Conseil. Les avis provoqués sont obligatoires ou facultatifs suivant que l'administration est ou non obligée de les demander. On peut distinguer ainsi les avis *obligatoires*, les avis *facultatifs* et les avis *spontanés*.

Le Conseil d'arrondissement *doit* être consulté dans les cas prévus par l'art. 41 de la loi de 1838 et par d'autres dispositions de lois particulières. Les plus remarquables se réfèrent : aux changements proposés à la circonscription du territoire de l'arrondissement, des cantons et des communes, et à la désignation de leurs chefs-lieux ; au classement et à la direction des chemins vicinaux de grande communication et d'intérêt commun, ainsi qu'à la désignation des communes qui doivent concourir à leur construction et à leur entretien ; à l'établissement, à la suppression ou au changement des foires et marchés, autres que ceux de simple approvisionnement, pour lesquels les Conseils municipaux statuent définitivement (art 11 L. 24 juillet 1867).

Le Conseil d'arrondissement *peut* être consulté toutes les fois que l'administration le juge à propos.

Quoique les avis ne lient pas l'administration et ne servent qu'à l'éclairer, néanmoins il y a intérêt à distinguer les avis qui *doivent* être demandés (avis obligatoires) et ceux qui *peuvent* l'être (avis facultatifs). Dans les cas où l'avis est exigé, la décision qui aurait été prise par l'administration sans cet avis préalable serait entachée d'excès de pouvoir, et son annulation pourrait être

demandée, même par la voie contentieuse, devant le
Conseil d'Etat.

Le Conseil d'arrondissement donne des avis *spontanés*
sur toutes les matières qui intéressent l'arrondissement
et dans lesquelles le Conseil général est appelé, soit à
statuer définitivement, soit seulement à délibérer (art.
42 de la loi de 1838).

Vœux. — La loi autorise le Conseil d'arrondissement
à émettre des vœux en faisant connaître son opinion sur
l'état et les besoins des divers services publics en ce qui
touche l'arrondissement (art. 44 de la loi de 1838).

Les vœux diffèrent des avis spontanés en ce qu'ils
sont adressés directement par le président du Conseil au
Préfet, tandis que les avis spontanés sont transmis au
Préfet par l'intermédiaire du sous-Préfet.

Prérogatives individuelles des conseillers d'arrondissement.
— Les conseillers d'arrondissement jouissent, en leur
seule qualité, de plusieurs prérogatives. Nous indiquons
les principales :

1º Ils peuvent être désignés par le Préfet pour remplacer *temporairement* le sous-Préfet de l'arrondissement
(art. 3 ord. 29 mars 1821) ;

2º Ils font partie du conseil de révision pour le recrutement de l'armée (art. 27 L. 27 juillet 1872) ;

3º En matière d'expropriation pour cause d'utilité publique ils font partie de la commission d'enquête, sur la
désignation du Préfet (art. 8 L. 3 mai 1841) ;

4º Ils peuvent être nommés par le Préfet membres de
la Commission instituée dans chaque arrondissement
pour l'examen administratif des comptes de deniers des
hospices et autres établissements de charité (décret du
7 floréal an XIII) ;

5º Ils sont électeurs de droit des Sénateurs nommés
par les départements (art. 4 L. 24 février 1875).

TITRE III.

ADMINISTRATION COMMUNALE

NOTIONS HISTORIQUES SUR L'ORGANISATION MUNICIPALE.

Depuis la Révolution de 1789, on peut distinguer trois périodes historiques sur l'organisation municipale, comme aussi sur l'organisation départementale : la période de l'Assemblée constituante, celle de la Constitution de l'an III et celle de la Loi du 28 pluviôse an VIII jusqu'à nos jours.

Assemblée constituante. — Les lois des 2-14 décembre 1789, 30 décembre 1789 — 8 janvier 1790, en supprimant toutes les anciennes municipalités, établirent une administration municipale fondée sur le principe *électif*.

Dans chaque commune, les citoyens *actifs*, c'est-à-dire ceux qui payaient une contribution égale à la valeur de trois journées de travail, nommaient :

1° Un *maire* ;

2° Des *officiers* municipaux, dont le nombre variait suivant la population et qui formaient, avec le maire, le *corps municipal* de la commune ;

3° Des *notables* en nombre double de celui des membres du corps municipal et qui formaient, avec le corps municipal, le *conseil général* de la commune ;

4° Un *procureur* de la commune.

Quand le corps municipal avait plus de trois membres, il se divisait en deux parties : le *bureau* et le *conseil*. Le bureau composé du tiers des officiers municipaux, y compris le maire, qui en était le président, était chargé collectivement de l'*action* administrative. Le conseil, formé des deux autres tiers, était chargé de la *délibération* dans les cas ordinaires.

Quand le corps municipal n'avait pas plus de trois membres, c'est-à-dire dans les communes au-dessous de 500 habitants, l'action administrative appartenait au maire, et la délibération au corps municipal.

Le conseil général de la commune était appelé à délibérer dans les affaires les plus importantes (1).

Le procureur de la commune était chargé de défendre les intérêts et de poursuivre les affaires de la commune.

L'Assemblée constituante, dans son décret du 14 décembre 1789, distinguait les fonctions propres au pouvoir municipal et les fonctions déléguées par l'administration générale de l'État. En accordant aux corps municipaux une complète indépendance pour les premières, elle les subordonnait, pour les dernières, aux administrations de département et de district.

Constitution du 5 fructidor de l'an III (22 août 1795). — Cette Constitution, qui établissait le Directoire, supprimait le district et le remplaçait par des *administrations municipales de canton.*

Elle distinguait entre les communes n'ayant pas 5,000 habitants et celles dont la population était de 5,000 habitants et au-dessous.

Dans les communes au-dessous de 5,000 habitants, il y avait un agent municipal et un adjoint, tous deux élus par les citoyens de la commune et qui étaient investis

---

(1) Jusqu'à ces derniers temps, nous avions un vestige du conseil général de la commune, dans le concours des plus imposés qui devaient, dans certains cas d'emprunt ou d'imposition extraordinaire, délibérer avec le conseil municipal. Une loi du 5 avril 1882 a supprimé l'adjonction des plus imposés.

13

de l'action administrative, mais la délibération était confiée à une *administration municipale par canton*, composée de la réunion des agents municipaux de toutes les communes du canton et d'un président élu par tous les citoyens du canton. Cette administration ou municipalité de canton cumulait l'administration des communes avec celle du canton.

Dans les communes de 5.000 à 100,000 habitants, il y avait une administration spéciale *distincte* (de cinq à sept membres), nommée par les électeurs du canton, et cumulant la délibération et l'action, sans préjudice de l'administration municipale par canton.

Dans les communes de plus de 100.000 habitants, il y avait trois administrations municipales de sept membres chacune, avec un *bureau* central de trois membres pour les objets indivisibles ; ces derniers étaient nommés par l'administration du département et confirmés par le pouvoir exécutif.

La ville de Paris était divisée en douze municipalités, avec un bureau central.

La Constitution de l'an III subordonnait aussi les administrations municipales de canton aux administrations de département.

Ce système, assez compliqué, inspiré par le désir de donner plus d'influence aux communes par la centralisation de leurs intérêts, leur enlevait véritablement leur vie propre et les absorbait dans le canton.

Loi du 28 *pluviôse an* VIII (17 février 1800). — Après l'établissement du Consulat par la Constitution du 22 frimaire an VIII, la loi du 28 pluviôse de la même année restitua à toutes les communes leur individualité.

Cette loi fondamentale sur l'organisation départementale et communale, prenant pour base la maxime : *agir est le fait d'un seul, délibérer est le fait de plusieurs*, confia dans chaque commune l'*action* administrative au maire et à un ou plusieurs adjoints, la *délibération* à un

conseil municipal; mais le principe électif disparaît et
les maires, ainsi que les conseils municipaux eux-mêmes,
sont choisis par le pouvoir exécutif et nommés, soit par
le chef de l'État, soit par le préfet.

Cette loi établissait l'unité administrative, dans la
commune, comme dans le département, mais avec une
centralisation excessive.

Les autorités créées par la loi de pluviôse an VIII ont
toujours été maintenues; mais leur organisation et leurs
attributions ont été modifiées par des lois postérieures,
dans un sens plus libéral et de plus en plus décentralisateur.

Au point de vue de l'*organisation* :

Une loi du 24 mars 1831 introduisit de nouveau le
principe de l'*élection* pour les conseils municipaux, en
laissant au pouvoir exécutif le soin de nommer les maires et les adjoints, mais sous la condition de les prendre
dans le sein du conseil municipal.

Une loi du 3 juillet 1848 élargit le droit électoral par
l'institution du suffrage universel et confia le soin de
nommer les maires et les adjoints au conseil municipal
lui-même, dans la plupart des communes.

Une loi du 7 juillet 1852 fit un retour à la loi de
pluviôse, en réservant au pouvoir exécutif le droit de
nommer les maires et adjoints, même en dehors du conseil.

Ces trois lois furent fondues dans la loi générale d'organisation du 5 mai 1855 qui, elle-même, comme nous
le verrons, fut plusieurs fois modifiée, quant à la nomination des maires et adjoints, par diverses lois spéciales
qui, tour à tour, et avec plus ou moins d'étendue, confièrent la nomination des maires tantôt au conseil municipal, tantôt au pouvoir exécutif.

Au point de vue des *attributions* :

La loi du 18 juillet 1837 fixa avec précision et un grand
discernement les attributions des maires et adjoints et
des conseils municipaux, en donnant à ces autorités plus

d'initiative, et en attribuant, dans certains cas, aux conseils municipaux, un pouvoir de décision propre qui a servi de point de départ au système de décentralisation actuellement établi.

Le décret-loi de décentralisation du 25 mars 1852, rendu pendant la période dictatoriale qui suivit le coup d'Etat du 2 décembre 1851, ne fit que déplacer le droit de contrôle et de surveillance de l'Etat, en confiant au préfet, dans la plupart des cas, le droit d'autorisation réservé jusque-là au pouvoir central. Ce fut, comme on l'a dit, un décret de *déconcentration*.

Énfin, la loi du 24 juillet 1867 fit un nouveau pas dans la voie de la véritable décentralisation déjà inaugurée en 1837, en augmentant les cas dans lesquels les conseils municipaux pouvaient prendre des décisions définitives, mais en exigeant alors qu'il y eût accord entre le conseil municipal et le maire, qui était à cette époque nommé par le pouvoir exécutif, même en dehors du conseil.

— C'est sous l'empire de ces précédents qu'a été faite la nouvelle loi du 5 avril 1884.

Législation actuelle.

La loi du 5 avril 1884 sur l'administration municipale est, comme la loi du 10 août 1871 sur les conseils généraux, une loi régissant à la fois l'organisation et les attributions des autorités communales.

Elle a refondu, en les codifiant et en les améliorant, les lois antérieures : particulièrement la loi du 5 mai 1855 sur l'organisation des autorités municipales, et la loi du 18 juillet 1837 sur les attributions de ces autorités, qui, elle-même, avait été modifiée par la loi du 24 juillet 1867 sur les conseils municipaux.

— La nouvelle loi est conçue dans un esprit d'extension des pouvoirs des autorités municipales; elle établit pour les conseils municipaux un système de décentralisation analogue à celui de la loi du 10 août 1871 sur les conseils généraux.

Nous indiquons sommairement ses principales innovations :

Elle facilite les réunions de communes et de sections
de communes, afin de leur donner plus de force et d'influence; — elle élargit les bases de l'*électorat municipal*,
en conférant à tous les électeurs politiques le droit à l'é-
lectorat municipal; — elle consacre définitivement, pour
les conseils municipaux, le droit, déjà concédé en 1882,
de *nommer* dans toutes les communes, à l'exception de
Paris, les maires et adjoints; — elle entoure de *garanties* plus sérieuses la *suspension* et la *révocation* des
maires et adjoints, la *suspension* et la *dissolution* des
conseils municipaux; — elle introduit la *publicité* des
séances des conseils municipaux, afin d'intéresser les
citoyens aux affaires de la commune et de stimuler le
zèle de leurs élus; — elle étend les *attributions* des maires
et adjoints, et développe surtout, pour les conseils municipaux, le système de *décentralisation* des lois de 1837
et 1867, en leur accordant le droit de prendre des délibérations *réglementaires*, exécutoires par elles-mêmes,
dans une foule de cas où autrefois l'approbation de l'autorité supérieure était nécessaire; — elle donne aux autorités municipales plus d'indépendance et de liberté
d'action dans leurs rapports avec les fabriques et l'autorité ecclésiastique; — elle autorise, sous le contrôle et
la surveillance de l'administration, deux ou plusieurs
conseils municipaux a se concerter entre eux dans des
conférences sur des intérêts communs; — elle restreint
dans des limites plus équitables la *responsabilité* des
communes à l'occasion de délits commis sur leur territoire par attroupements et rassemblements.

La loi de 1884, comme l'a dit le ministre de l'intérieur,
« marque un pas considérable dans la voie des *franchises*
« *municipales*; elle ne maintient la tutelle de l'Etat que
« dans la mesure des exigences impérieuses de la souve-
« raineté nationale, de l'unité de la patrie et des intérêts
« généraux. » (Circulaire du 15 mai 1884.)

La loi nouvelle comprend 7 titres dont l'énumération suit :

Titre I : des Communes (articles 1-9).

Titre II : des Conseils municipaux (articles 10-72).

Titre III : des Maires et des Adjoints (articles 73-109).

Titre IV : de l'Administration des Communes (articles 110-160).

Titre V : des biens et droits indivis entre les Communes (articles 161-163).

Titre VI : Dispositions relatives à l'Algérie et aux Colonies (articles 164-166).

Titre VII : Dispositions générales et transitoires (articles 167-168) (1).

Nous suivrons, dans nos explications, l'ordre de ces titres, en nous bornant à renvoyer au texte des deux derniers qui sont spéciaux ou transitoires.

---

(1) Les rapporteurs de cette loi ont été : M. de Marcère, à la Chambre des députés, et M. Demôle, au Sénat.

Le ministre de l'intérieur, dans deux circulaires adressées aux préfets, l'une à la date du 10 avril, l'autre, plus importante, à la date du 15 mai 1884, a donné de cette loi un commentaire dont nous avons fait souvent notre profit.

DES COMMUNES.

(Titre I ; art. 1-9).

La Commune n'est pas, comme l'Arrondissement, une simple circonscription administrative ; elle forme aussi, comme le Département et l'Etat, une personne civile.

Nous donnerons quelques notions générales et sommaires sur la personnalité civile de la commune, avant de l'étudier au point de vue de sa circonscription administrative et de ses autorités.

§ 1. PERSONNALITÉ DES COMMUNES. — Les communes sont des personnes civiles très anciennes. Leur personnalité n'est pas, comme celle des départements, une création récente et arbitraire de la loi (1). La propriété communale a précédé toute organisation administrative. D'après l'opinion générale, elle remonte soit à la domination romaine pour certaines communes urbaines, surtout dans le midi de la France, soit à l'époque féodale, lors de l'affranchissement des communes qui se multiplièrent à partir de Louis-le-Gros, soit enfin, pour quelques-unes, à l'origine de l'établissement communal et de la répartition primitive du sol entre les habitants.

La personnalité civile de la commune ne se confond pas avec sa circonscription administrative. Une commune est une unité administrative dont la circonscription peut embrasser plusieurs personnes civiles. C'est ce

---

(1) Le département a été créé par l'Assemblée constituante. Sa personnalité, contenue en germe dans les lois de cette assemblée, a été surtout développée par le décret du 9 avril 1811, qui concédait aux départements, districts et communes, les édifices nécessaires aux différents services publics (voir, à cet égard, ce que nous avons dit, en traitant du Département.)

qui arrive lorsqu'une commune renferme des *sections de commune*; en effet, celles-ci ont un patrimoine propre et des intérêts distincts; mais elles forment une partie intégrante de la commune et sont, comme nous le verrons, soumises à la même administration municipale (1).

En sa qualité de personne civile, la commune a son patrimoine et son budget; elle peut contracter, acquérir, aliéner et comparaître en justice. Elle peut être ainsi propriétaire, créancière et débitrice.

I. **Commune propriétaire.** — La commune a diverses sortes de biens :

Les biens du domaine public et les biens du domaine privé.

Biens du domaine public. — Les biens du domaine public sont ceux qui sont affectés à un usage public et qui, tant qu'ils conservent leur destination, sont inaliénables et imprescriptibles (art. 538 et 2226 C. civ.). Ils comprennent :

1º Les chemins vicinaux (art. 10, L. 21 mai 1836) et même, depuis la loi du 20 août 1881, les chemins ruraux *reconnus* (art. 6, L. 20 août 1881);

2º Les rues, places et passages (sauf les rues qui sont le prolongement des routes nationales et départementales) qui composent la voirie urbaine, et les accessoires de la voie publique : arcs de triomphe, colonnes, statues, becs de gaz, fontaines publiques et même les eaux affectées à l'alimentation des fontaines publiques (C. cas., 24 janvier 1883);

3º Les chemins de fer communaux, qui, du reste, sont

---

(1) Il peut se faire, à l'inverse, qu'une même commune. constituant une seule personne civile, comme Paris et Lyon, soit divisée en plusieurs arrondissements municipaux ayant pour certains objets une administration distincte. Les expressions de commune et de municipalité ne sont pas nécessairement synonymes.

assez rares (L. 11 juin 1880 sur les chemins de fer d'intérêt local).

Biens du domaine privé. — Les biens du domaine privé comprennent : 1° les biens patrimoniaux; 2° les biens communaux proprement dits.

Ces deux classes de biens sont visées dans l'article 542 du Code civil qui, reproduisant la loi du 10 juin 1793, définit les biens communaux, « ceux à la *propriété* ou « au *produit* desquels les habitants d'une ou plusieurs « communes ont un droit acquis. »

Cet article s'exprime inexactement, en disant que la propriété peut appartenir aux habitants. La propriété des biens de la commune est celle de l'être moral et non celle des habitants considérés *ut singuli.*

—Les biens *patrimoniaux* sont ceux qui appartiennent à la commune comme ils pourraient appartenir à des particuliers. La commune, être moral, les emploie ou les exploite elle-même sans que les habitants puissent directement en tirer un profit personnel. Outre le mobilier appartenant aux communes, ils comprennent :

1° Les édifices et autres immeubles employés aux services publics, tels que les hôtels de ville et les maisons communes, les bâtiments affectés aux tribunaux de justice de paix et de simple police; les bâtiments servant aux établissements d'instruction publique, les casernes et autres bâtiments militaires, les hôpitaux, hospices, les halles et marchés, les salles d'asile, les presbytères, les théâtres, les abattoirs, les cimetières, etc. (1);

(1) En ce qui concerne les *édifices* affectés à un service public, nous devons dire que c'est une question controversée que celle de savoir s'ils font partie du domaine public ou du domaine privé, soit qu'il s'agisse de l'Etat ou du département, soit qu'il s'agisse de la commune. L'opinion qui prévaut, dans la doctrine, c'est que ces immeubles font partie du domaine privé, car on ne peut pas dire qu'ils sont des portions du *territoire* français *non susceptibles* de propriété privée (art. 538 *in fine.* C. civ.).

15.

2° Les biens que la commune afferme et dont le revenu tombe dans la caisse municipale. Ce sont des maisons, des fermes, des biens ruraux, etc., que la loi du 10 juin 1793 appelait spécialement biens *patrimoniaux*.

— Les biens *communaux proprement dits* sont ceux dont la jouissance en *nature* est abandonnée aux habitants. Ils consistent habituellement en forêts, pacages, terres vaines et vagues, droits d'usage dans les bois de l'Etat ou des particuliers. C'est à ces biens que fait allusion l'article 542 du Code civil, en parlant du *produit* auquel peuvent avoir droit les habitants. Parmi ces biens, il importe de remarquer les droits d'*affouage* (*ad focus*) que les habitants exercent sur les bois de la commune, soit pour le chauffage, soit pour la construction de leurs maisons. D'après l'article 105 du Code forestier, tel qu'il a été modifié par une loi postérieure du 23 novembre 1883, s'il n'y a titre contraire, le partage des bois de chauffage se fait par *feu*, c'est-à-dire par chef de famille ou de maison ayant domicile réel ou fixe dans la commune. Quant aux bois de construction, chaque année le conseil municipal, dans sa session de mai, décide s'ils doivent être, en tout ou en partie, vendus au profit de la *caisse communale* ou s'ils doivent être délivrés *en nature*. Dans le premier cas, la vente a lieu aux enchères publiques par les soins de l'administration forestière; dans le second, le partage a lieu suivant les formes et le mode indiqués pour le partage des bois de chauffage. La nouvelle loi abolit les usages contraires à ce mode de partage. Elle consacre la loi de 1874, qui admet au partage les étrangers, à la condition qu'ils aient été autorisés à établir *leur domicile* en France, conformément à l'art. 13 du Code civil (art. 105, C. forestier).

On s'est demandé quel est le caractère de cette jouissance en *nature* accordée aux habitants sur les biens communaux proprement dits. Ce n'est pas un véritable droit d'usage, tel qu'il est réglementé par les articles 625 et suivants du Code civil; il ne constitue pas un véritable droit réel, un démembrement de propriété. La commune a la pleine propriété de ces biens; aussi elle seule serait mise en cause dans un procès en revendication; la jouissance des habitants ne s'exerce qu'à titre précaire. En effet, le conseil municipal peut réglementer la jouissance des biens *communaux*; ceux-ci peuvent être affermés et même vendus; les habitants, d'après le Code forestier, peuvent disposer de leur affouage, contrairement à la règle de l'article 631 du Code civil qui déclare que le droit d'usage ne peut être ni loué, ni cédé; en outre, la commune seule supporte l'impôt des bois sur lesquels les habitants ont des droits de jouissance.

Il importe de distinguer ces diverses sortes de biens composant le patrimoine de la commune, notamment en cas de réunion ou de distraction de communes ou de sections de communes, ainsi que nous le verrons plus loin (art. 7, L. 5 avril 1884; voir aussi art. 110) (1).

(1) Nous avons dit que l'article 542 du Code civil, en déclarant que les biens de la commune sont ceux à la *propriété* ou au *produit* desquels les *habitants* ont un droit acquis, ne s'exprimait pas exactement, car c'est à la commune, être moral, qu'appartient la propriété, et non aux individus qui la composent. Il est probable que ce vice de rédaction tient à ce que l'article a été emprunté à la loi du 10 juin 1793 qui considérait les habitants comme des co-propriétaires et autorisait entre eux le *partage* des biens ds la commune.

Déjà la loi du 14 août 1792 avait ordonné le partage de la *propriété* des biens communaux, autres que les bois. La loi du 10 juin 1793 substitua seulement le partage *facultatif* au partage obligatoire, en déclarant que le partage aurait lieu par *tête* d'habitant *domicilié*, de tout âge et de tout sexe, s'il était voté par le *tiers* des habitants de tout sexe, âgés de 21 ans. Cette loi de 1793, d'abord suspendue en l'an IV, a été implicitement abrogée par une loi du 9 ventôse an XII et un décret du 9 brumaire de l'an XIII et n'a jamais été à cet égard reproduite, ni dans la loi municipale, ni dans d'autres lois. Le Code forestier déclare, au contraire, formellement, dans l'article 92, « que la propriété des bois communaux ne peut, « jamais donner lieu à partage entre les habitants. »

La jurisprudence du Conseil d'Etat a toujours considéré ces partages comme interdits (avis des 21 février et 16 mars 1838 et arrêt du 26 février 1844).

Mais si les partages ayant pour objet la *propriété* même des

II. Commune créancière. — En qualité de créancière, la commune est soumise au droit commun; toutefois, on peut remarquer :

1° Qu'elle a une hypothèque légale sur les immeubles de ses comptables (art. 2121 C. civ.);

2° Qu'elle peut, en outre, comme le département, se créer des titres exécutoires pour effectuer ses recettes. Nous verrons, en effet, que toutes les recettes municipales, pour lesquelles les lois et règlements n'ont pas prescrit un mode spécial de recouvrement, s'effectuent sur les *états* dressés par le maire et qui sont *exécutoires* lorsqu'ils ont été visés par le préfet ou le sous-préfet, sauf opposition (art. 154, L. 5 avril 1884).

III. Commune débitrice. — La commune peut être débitrice, comme un particulier, à la suite non seulement d'un contrat, mais aussi d'un quasi-contrat résultant du paiement de l'indu ou même d'une gestion d'affaires ; toutefois, en cas de gestion d'affaires, la commune ne peut être tenue qu'autant que le gérant a fait pour elle une dépense *obligatoire*, car il ne peut dépendre d'un tiers de faire supporter par la commune une dépense que l'autorité supérieure ne pourrait lui imposer.

Enfin, elle peut aussi devenir débitrice, par suite d'une responsabilité civile résultant d'un délit ou d'un quasi-délit.

Sa responsabilité peut être ainsi encourue :

1° En vertu de l'article 1384 du Code civil qui, d'une

biens communaux entre les habitants de la commune ne sont pas permis, les partages de *jouissance*, à titre provisoire, peuvent être autorisés par le conseil municipal. En outre, les biens communaux pourraient être distribués entre les habitants à la charge par eux de payer une certaine somme ; il y aurait alors une vente amiable plutôt qu'un partage, lequel suppose un droit de co-propriété qui n'existe pas entre les habitants. Seulement, en cas d'aliénation ou de bail de plus de 18 ans, l'autorisation de l'autorité supérieure serait nécessaire (art. 68, L. 5 avril 1884).

manière générale, déclare les maîtres et *commettants* responsables du dommage causé par leurs domestiques ou *préposés* dans les fonctions auxquelles ils sont employés;

2° En vertu de l'article 72 du Code forestier qui, spécialement, déclare les communes ou sections de communes responsables des délits forestiers commis par les pâtres ou gardiens de troupeaux pendant le temps de leur service et dans les limites du parcours;

3° Particulièrement en vertu de la loi municipale qui, reproduisant, comme nous le verrons, le principe de la loi du 10 vendémiaire an IV, déclare la commune responsable des dégats et dommages résultant de crimes ou délits commis à force ouverte ou par violence sur son territoire par des *attroupements* ou *rassemblements* armés ou non armés (art. 106-109, L. avril 1884).

— Dans tous les cas, la commune, de même que l'Etat, le département et d'autres établissements publics, ne peut être poursuivie que par voie d'*ordonnancement*. Ses dettes constituent, comme nous le verrons, des dépenses *obligatoires* (art. 136. n° 17, L. 5 avril 1884); de telle sorte que si le conseil municipal n'allouait pas les fonds exigés à leur acquittement, l'allocation pourrait être inscrite d'office au budget par l'autorité supérieure, et il y serait pourvu, au besoin, par une contribution extraordinaire (art. 149). Mais le créancier, quoique muni d'un titre exécutoire, ne peut recourir aux voies ordinaires d'exécution. Il ne saurait être admis à *saisir* les biens de la commune ni à les faire vendre (avis du C. d'Etat du 12 août 1807). Cette dérogation au droit commun a été admise parce qu'on n'a pas voulu qu'un créancier pût venir troubler l'ordre et l'économie du budget et paralyser par des poursuites la marche des services publics. Toutefois, s'il ne lui est pas donné satisfaction à l'aide des allocations inscrites au budget ou des impositions extraordinaires établies d'office, il peut demander une autorisation de faire vendre les biens non

affectés à un service public ; cette autorisation ne peut
être accordée que par un décret du Président de la République (art. 110).

§ II. Dénomination et circonscription administrative
des communes. — Une commune a son nom et ses limites
en même temps qu'elle est un centre d'administration
locale ayant ses autorités.

La nouvelle loi trace des règles sur les changements
de nom et les modifications à la circonscription territoriale des communes. Elle reproduit le plus souvent, à
cet égard, les dispositions de la loi de 1837 ; mais elle a
eu pour but de favoriser les réunions de communes ou
de sections de communes, afin de leur donner plus de
force et de leur assurer ainsi plus d'influence et d'autorité.

I. **Changement de nom.** — L'ancienne législation ne
contenait pas de règles à l'égard des changements de
nom. La nouvelle loi, confirmant la pratique suivie antérieurement, dispose que le changement de nom d'une
commune est décidé par un décret du Président de la
République, sur la demande du conseil municipal, le
conseil général consulté et le Conseil d'Etat entendu
(art. 2).

C'est donc un *décret* rendu dans la *forme des règlements d'administration publique*, c'est-à-dire le Conseil
d'Etat entendu, qui statue sur le changement de nom
d'une commune.

Ce changement ne peut avoir lieu que sur la *demande*
du conseil municipal qui a, par conséquent, l'initiative
du projet. Il est statué après avis du conseil général ;
mais la loi de 1884, contrairement à l'usage antérieurement suivi, n'exige pas l'avis du conseil d'arrondissement.

Il faut, du reste, entendre par changement de *nom*
non seulement la substitution d'un nom à un autre,

mais aussi les additions de noms ou les simples rectifications d'orthographe.

Par exception, quand une dénomination nouvelle résulte d'un changement de chef-lieu ou de la création
d'une commune nouvelle, elle est fixée par l'autorité
même qui statue sur ces changements dont nous allons
parler.

II. Translation de chefs-lieux d'une commune et changements à sa circonscription territoriale.

Le chef-lieu d'une commune peut être déplacé; son
territoire peut aussi être changé.

La circonscrition territoriale des communes peut se
trouver modifiée: 1° par la réunion de plusieurs communes en une seule; 2° par la distraction d'une section
de commune pour la réunir à une autre commune; 3° par
la distraction d'une section pour l'ériger en commune
séparée (1).

En ce qui concerne les translations de *chefs-lieux* et
les changements à la *circonscription territoriale*, la loi
de 1884 détermine : l'instruction à suivre, — les auto-

(1) Une section de commune est une fraction de la commune,
ayant un patrimoine propre, mais soumise, en général, à la même
administration municipale. Toutefois, nous verrons qu'en certains
cas, notamment en cas de procès et de changements à la circonscription territoriale des communes, dont nous nous occupons actuellement, lorsque les intérêts de la section sont en opposition
avec ceux de la commune ou d'une autre section, une *commission
syndicale* est chargée de la représenter.

On compte environ 33,000 sections de communes réparties sur
tout le territoire de la France, spécialement dans le centre.

Les sections de commune ont une origine très ancienne qui se
rattache à des concessions et répartitions de droits d'usage ou de
pâturage, exclusivement réservés à des habitants de villages ou ha-
meaux.

Actuellement une section de commune peut résulter encore d'une
modification à la circonscription territoriale des communes. En
effet, quand une commune est réunie à une autre commune, elle
forme alors une section de celle-ci.

rités chargées de statuer — et les effets qui peuvent en résulter.

Instruction. — Autrefois, il n'y avait pas de règles spéciales d'instruction pour les translations de chefs-lieux. La loi de 1884 met sur la même ligne, au point de vue de l'introduction des demandes et de l'instruction préalable des projets, les translations de chefs-lieux et les modifications à la circonscription territoriale des communes.

Toutes les fois qu'il s'agit de transférer le chef-lieu d'une commune, de réunir plusieurs communes en une seule, ou de distraire une section de commune, soit pour la réunir à une autre, soit pour l'ériger en commune séparée, le préfet prescrit une *enquête* sur le projet en lui-même et sur ses conditions.

A la différence de ce qui a lieu pour les changements de nom, le préfet peut prendre l'initiative et ordonner l'enquête *de commodo et incommodo*, soit d'*office*, soit sur la *réclamation* de tout intéressé. Mais la nouvelle loi lui *ordonne* de prescrire l'enquête, lorsqu'il a été saisi d'une demande à cet effet, soit par le *conseil municipal* de l'une des communes intéressées, soit par le *tiers* des électeurs inscrits de la commune ou de la section.

Après cette enquête, les conseils municipaux et les conseils d'arrondissement donnent leur *avis* et la proposition est soumise au conseil général qui, comme nous allons le voir, statue définitivement ou sinon donne lui-même son avis (art. 3).

Si le projet concerne une section de commune, il est créé pour celle-ci une *commission syndicale* qui doit donner son avis sur ce projet. C'est un arrêté du préfet qui décide la création de la commission pour cette section, ou pour la section du chef-lieu si les représentants de la première sont en majorité dans le conseil municipal; car la commission syndicale est destinée à représenter le groupe d'habitants ayant des intérêts opposés à ceux que représente la majorité du conseil municipal. L'arrêté préfectoral détermine le nombre des membres de cette commission, qui sont élus par les électeurs domiciliés dans la section et nomment leur président (art. 4).

Autorités chargées de statuer. — Les autorités chargées de statuer sur le projet sont indiquées dans les articles 5 et 6 de la nouvelle loi. Le législateur de 1884 a simplifié les règles de compétence établies par les lois de 1837 et de 1867 sur les conseils municipaux et par la loi du 10 août 1871 sur les conseils généraux, ainsi que par les avis du Conseil d'Etat des 17 octobre 1872 et 18 février 1873. Le droit de statuer appartient tantôt au législateur, tantôt au chef du pouvoir exécutif, tantôt au conseil général.

Quand il s'agit de créer une commune *nouvelle*, une loi est indispensable, et elle n'intervient qu'après l'avis du conseil général et le Conseil d'Etat entendu (art. 5). Le législateur n'a pas voulu se montrer favorable à la division des communes et à leur multiplication, qui est une cause d'affaiblissement.

Les autres modifications à la circonscription territoriale des communes, les suppressions et les réunions de deux ou de plusieurs communes et la désignation des nouveaux chefs-lieux sont réglées de la manière suivante :

Si les changements proposés modifient la circonscription d'un *département*, d'un *arrondissement* ou d'un *canton*, il est également statué par une *loi*, les conseils généraux et le Conseil d'Etat entendus.

Dans tous les autres cas, il est statué par un *décret en Conseil d'Etat*, les conseils généraux entendus.

Néanmoins le *conseil général* statue définitivement, pourvu : 1° qu'il *approuve* le projet; 2° que les communes ou sections soient situées dans le *même canton*; 3° que la modification projetée réunisse, quant au fond et quant aux conditions de la réalisation, l'*adhésion* des conseils municipaux et des commissions syndicales intéressés. On ne recourt ainsi à un décret en Conseil d'Etat qu'autant que le conseil général n'approuve pas le projet ou que les communes et sections n'y ont pas donné leur adhésion.

Effets des réunions ou distractions de communes. — Le législateur détermine les conséquences de la réunion ou distraction des communes, en ce qui touche la composition du patrimoine communal.

Il reproduit les principales dispositions de la loi de 1837, en visant les diverses hypothèses auxquelles peut aboutir une réunion ou distraction, soit qu'une commune soit réunie à une autre, soit qu'une section de commune soit réunie à une autre commune, soit qu'une section soit érigée en commune séparée.

La commune réunie à une autre commune conserve la *propriété* des biens qui lui appartenaient et les habitants de cette commune conservent la *jouissance* de ceux de ces mêmes biens dont les fruits sont perçus en *nature,* c'est-à-dire la jouissance des biens communaux proprement dits.

Il en est de même de la section réunie à une autre commune pour les biens qui lui appartenaient exclusivement.

Quant aux édifices et aux autres immeubles servant à *usage public* et situés sur le territoire de la commune ou de la section de la commune réunie à une autre commune ou de la section érigée en commune *séparée*, ils deviennent la *propriété de la commune* à laquelle est faite la réunion ou de la nouvelle commune.

Ces réunions ou distractions de communes peuvent donner lieu à des difficultés, soit quant aux biens indivis, soit quant aux dettes à répartir, soit, enfin, quant aux compensations qui peuvent être accordées en raison

surtout de l'abandon des immeubles servant à un usage
public. Ce sont les actes qui prononcent ces réunions ou
distractions qui en déterminent expressément toutes les
autres conditions (1). Un point certain, c'est qu'en vertu
du principe de la séparation des pouvoirs, l'autorité
judiciaire n'aurait pas le droit de statuer sur des réclamations élevées à cet égard.

La nouvelle loi comble une lacune de la précédente
législation, en décidant qu'en cas de *division*, la commune ou la section de commune réunie à une autre
commune ou érigée en commune séparée reprend la
pleine propriété de tous les biens qu'elle avait apportés
(art. 7).

Ainsi que nous l'avons dit, les *dénominations* nouvelles qui résultent, soit d'un changement de *chef-lieu*,
soit de la création d'une *commune nouvelle,* sont fixées
par les autorités compétentes pour prendre ces décisions
(art. 8).

En tout cas, à la suite d'une réunion ou d'un fraction-
nement de communes, les conseils municipaux sont *dissous de plein droit.* Il n'est plus nécessaire, comme auparavant, d'un décret de dissolution. Il est procédé
immédiatement à des élections nouvelles (art. 9).

§ III. AUTORITÉS COMMUNALES. — Le corps municipal
de chaque commune se compose : 1º du conseil municipal ; 2º du maire et d'un ou plusieurs adjoints (art. 1).

Depuis la loi du 28 pluviôse an VIII, les autorités
communales sont toujours les mêmes ; mais la nouvelle
loi, à la différence de la loi de 1855 et des lois antérieures, donne la première place au conseil municipal,

_____

(1) Autrefois, quand la réunion ou la distraction était prononcée
par une loi, la fixation des conditions pouvait être renvoyée à un
décret ultérieur. Actuellement, c'est toujours l'autorité chargée de
statuer sur la réunion ou la distraction qui, dans le même acte,
doit également en fixer les autres conditions.

probablement parce que le maire est toujours l'élu du conseil, qui le choisit nécessairement parmi ses membres.

Nous suivrons l'ordre de la loi et nous examinerons successivement l'organisation et les attributions : 1° des conseils municipaux représentant l'administration *délibérative* et *consultative*; 2° des maires et adjoints représentant l'administration *active*.

CONSEILS MUNICIPAUX.

(Titre II ; art, 10-72.)

Organisation.

§ Ier. FORMATION DES CONSEILS MUNICIPAUX. — Le Conseil municipal se compose d'un certain nombre de membres élus, dans chaque commune, par le suffrage universel.

Le nombre des conseillers municipaux varie de dix à trente-six, suivant la population de la commune (1).

Dans les villes divisées en plusieurs mairies, le nombre des conseillers est augmenté de trois par mairie. Cette dernière disposition est une innovation de la loi de 1884 (art. 10).

1. **Élections.** — L'élection des membres du Conseil municipal a lieu au *scrutin de liste* pour toute la commune.

---

(1) 10 conseillers dans les communes de 500 habitants et au-dessous ;

12 dans les communes de		501 — 1.500 h.
16	—	1.501 — 2.500
21	—	2.501 — 3.500
23	—	3.501 — 10.000
27	—	10.001 — 30.000
30	—	30.001 — 40.000
32	—	40.001 — 50.000
34	—	50.001 — 60.000
36	—	60.001 et au-dessus.

La population qui sert de base aux calculs est la population municipale totale constatée par le dernier recensement officiel (V. D. du 3 novembre 1881 et 7 août 1882).

Néanmoins la commune peut être divisée *en sections électorales*, dont chacune élit un nombre de conseillers proportionné au chiffre des *électeurs inscrits*, et non au chiffre de la population, comme le disait la loi de 1871.

La loi nouvelle impose, en outre, des restrictions à cette faculté de sectionnement. Celui-ci ne peut avoir lieu que dans les deux cas suivants :

1° Quand la commune se compose de plusieurs agglomérations d'habitants distinctes et séparées; dans ce cas, *aucune* section ne peut avoir moins de *deux* conseillers à élire ;

2° Quand la population agglomérée de la commune est supérieure à 10,000 habitants; dans ce cas, la section ne peut être formée de fractions de territoire appartenant à des cantons ou à des arrondissements municipaux différents et les fractions de territoire ayant des biens propres ne peuvent être divisées en plusieurs sections électorales. Au surplus, aucune de ces sections ne peut avoir moins de *quatre* conseillers à élire.

Dans tous les cas où le sectionnement est autorisé, chaque section doit, en outre, être composée de territoires contigus (art. 11).

Le sectionnement est fait par le *Conseil général;* mais à la différence de ce qui avait lieu sous l'empire de la législation précédente (L. 14 avril 1871), il peut être fait sur l'initiative non seulement du Préfet ou d'un membre du Conseil général ou Conseil municipal, mais aussi sur l'initiative d'électeurs de la commune intéressée.

La nouvelle loi trace des règles pour l'introduction et l'instruction des demandes.

Aucune décision ne peut être prise qu'après avoir été demandée avant la session d'avril ou au cours de cette session au plus tard. Le Conseil général prononce, dans sa session d'août, sur le projet de sectionnement; mais la loi nouvelle exige que, dans l'intervalle, entre la session d'avril et la session d'août, une enquête soit ouverte à la mairie de la commune intéressée et que le Conseil municipal soit consulté par les soins du Préfet.

Les sectionnements opérés par le Conseil général subsistent jusqu'à une nouvelle décision. Un tableau en est dressé par lui dans sa session d'août pour servir aux élections *intégrales* faites dans l'année ; il est publié dans les communes intéressées par les soins du Préfet, qui détermine, d'après le chiffre des électeurs inscrits dans chaque section, le nombre des conseillers que la loi lui attribue.

Les sectionnements sont représentés par un plan déposé à la Préfecture et à la mairie de la commune intéressée. Tout électeur peut le consulter et en prendre copie ; à cet effet, avis du dépôt est donné aux intéressés par voie d'affiche à la mairie (art. 12) (1).

En outre de cette division en *sections électorales*, laquelle est confiée au Conseil général, la loi autorise le Préfet à diviser la commune en plusieurs *bureaux de vote* (2), qui concourront à l'élection des mêmes conseillers. A cet égard, le Préfet doit prendre un arrêté spécial publié dix jours au moins à l'avance. Cet arrêté ne doit plus, comme autrefois, être pris en Conseil de préfecture.

Il est délivré à chaque électeur une carte électorale. Cette carte indique le lieu où doit siéger le bureau de

---

(1) Il est bon d'observer qu'aucun recours n'est autorisé contre les décisions du conseil général en matière de sectionnement.

Les Chambres ont rejeté les amendements tendant à conférer un recours direct soit aux membres du conseil général ou municipal, soit aux électeurs.

Le préfet seul, en vertu de la loi du 10 août 1871, sur les conseils généraux, peut former un recours au Conseil d'Etat contre des sectionnements irréguliers. Quant aux particuliers, ils ne peuvent réclamer que sous formes de protestations contre les opérations électorales.

(2) La loi nouvelle appelle bureaux de vote ce qu'on appelait autrefois sections de vote, afin d'éviter toute confusion avec les sections électorales.

vote (art. 13). Si la délivrance de cette carte est obligatoire pour le maire, sa présentation ne l'est pas pour
l'électeur qui peut être admis à voter, s'il n'y a aucun
doute sur son identité (circulaire du 10 avril 1884).

Conditions de l'électorat municipal. — La nouvelle loi
a élargi les bases de l'électorat municipal qui avaient
été fixées par la loi du 7 juillet 1874.

Sont *électeurs* tous les Français âgés de 21 ans accomplis et n'étant dans aucun des cas d'incapacité prévus
par la loi.

La liste électorale municipale, qui désormais se con-
fondra avec la liste électorale politique, comprend :

1º Tous les électeurs qui ont leur domicile réel dans la
commune, ou y habitent depuis six moins au moins (1) ;
2º Ceux qui y auront été inscrits au rôle d'une des quatre
contributions directes ou au rôle des prestations en nature,
et, s'ils ne résident pas dans la commune, auront déclaré vou-
loir exercer leurs droits électoraux. — Seront également inscrits aux termes du présent paragraphe, les membres de la
famille des mêmes électeurs compris dans la cote de la prestation en nature, alors même qu'ils n'y sont pas personnelle-

(1) Cette condition d'une simple résidence de six mois assimile les
électeurs municipaux aux électeurs politiques. Avant la nouvelle
loi de 1884, il y avait, depuis 1871, deux listes électorales : une
liste *municipale* qui servait aux élections des conseils municipaux
et des conseils généraux et d'arrondissement, et une liste *politique*
qui servait aux élections des députés, et qui, d'après la loi du 30 novembre 1875 sur l'élection des députés, comprenait, en outre des électeurs inscrits sur les listes de l'électorat municipal dressées en exécution de la loi du 7 juillet 1874, ceux qui résidaient dans la commune depuis six mois.

La liste électorale municipale comprenant désormais ceux qui on
une simple résidence de six mois dans la commune, les deux liste
sont dès lors confondues et n'en forment qu'une seule.

Il n'y a plus à l'avenir qu'une liste unique, comprenant toutes
les personnes énumérées à l'article 14 de la nouvelle loi (circulaire
du 10 avril 1884).

ment portés, et les habitants qui, en raison de leur âge ou de leur santé, ont cessé d'être soumis à cet impôt;

3° Ceux qui, en vertu de l'article 2 du traité du 10 mai 1871, ont opté pour la nationalité française et déclaré fixer leur résidence dans la commune, conformément à la loi du 19 juin 1871 ;

4° Ceux qui sont assujettis à une résidence obligatoire dans la commune en qualité, soit de ministre des cultes reconnus par l'Etat, soit de fonctionnaires publics.

Seront également inscrits les citoyens qui, ne remplissant pas les conditions d'âge et de résidence ci-dessus indiquées lors de la formation des listes, les remplissent avant la clôture définitive.

L'absence de la commune résultant du service militaire ne portera aucune atteinte aux règles ci-dessus édictées pour l'inscription sur les listes électorales.

Le législateur déclare applicables aux élections municipales : les dispositions concernant l'affichage, la libre distribution des bulletins, circulaires et professions de foi, les réunions publiques électorales, la communication des listes d'émargement, les pénalités et poursuites en matière législative (V. art. 3, L. 30 novembre 1875 et L. 29 juillet 1881 sur la liberté de la presse) et spécialement les paragraphes 3 et 4 de l'article 3 de la loi organique du 30 novembre 1875 sur l'élection des députés (art. 14, L. 1884).

—Le soin de dresser la liste électorale est confié à une *commission spéciale*, composée du maire, d'un délégué de l'administration désigné par le Préfet et d'un délégué choisi par le Conseil municipal, conformément aux règles prescrites par la loi du 7 juillet 1874.

Assemblée des électeurs. — Mode de vote. — Proclamation du résultat du scrutin. — L'assemblée des électeurs est convoquée par un arrêté du Préfet, publié dans la commune quinze jours au moins avant l'élection, qui doit toujours avoir lieu un dimanche. Cet arrêté fixe le

14

local où le scrutin sera ouvert, ainsi que les heures auxquelles il doit être ouvert et fermé (art. 15 et 16).

Les *bureaux* de vote sont présidés par le maire, les
adjoints, les conseillers municipaux, dans l'ordre du
tableau et, en cas d'empêchement, par des électeurs désignés par le maire (art. 17).

Le président a seul la police de l'assemblée qui ne peut
s'occuper d'autres objets que de l'élection qui lui est
attribuée; toute discussion, toute délibération lui sont
interdites (art. 18).

Les fonctions d'assesseurs sont remplies par les deux
plus âgés et les deux plus jeunes des électeurs présents
à l'ouverture de la séance et sachant lire et écrire.

Le secrétaire est désigné par le président et par les
assesseurs. Dans les délibérations du bureau, il n'a que
voix consultative.

Trois membres du bureau, au moins, doivent être présents pendant tout le cours des opérations (art. 19).

Le bureau juge provisoirement les difficultés qui s'é-
lèvent sur les opérations de l'assemblée. Ses décisions
sont motivées. — Toutes les réclamations et décisions
sont insérées au procès-verbal. Les pièces et les bulletins qui s'y rapportent y sont annexés après avoir été
paraphés par le bureau (art. 21).

Pendant toute la durée des opérations, une copie de
la liste des électeurs, certifiée par le maire, reste déposée sur la table autour de laquelle siège le bureau
(art. 22).

— Nul ne peut être admis à voter s'il n'est inscrit sur la
liste électorale, à l'exception toutefois des électeurs qui
seraient porteurs d'une décision du juge de paix ordonnant leur inscription ou d'un arrêt de la Cour de cassation annulant un jugement qui aurait prononcé leur
radiation (art. 23) (1).

(1) Tout électeur inscrit a le droit de prendre part au vote; néanmoins ce vote est suspendu pour les détenus, pour les accusés con

Nul électeur ne peut entrer dans l'assemblée porteur d'armes quelconques (art. 24).

Les électeurs apportent leurs bulletins préparés en dehors de l'assemblée. Le papier doit être blanc et sans signe extérieur. L'électeur remet au président son bulletin fermé. Le président le dépose dans la boîte du scrutin qui, avant le vote, a dû être fermée à deux serrures, dont les clefs restent, l'une entre les mains du président, et l'autre entre les mains de l'assesseur le plus âgé.

Le vote de chaque électeur est constaté sur la liste, en marge de son nom, par la signature ou le paraphe *avec initiales* de l'un des membres du bureau (art. 25).

Le scrutin ne dure qu'un jour (art. 20). Le président doit constater, au commencement de l'opération, l'heure à laquelle le scrutin est ouvert. — Le scrutin ne peut être fermé qu'après avoir été ouvert pendant six heures au moins (1). Le président constate l'heure à laquelle il déclare le scrutin clos; après cette déclaration, aucun vote ne peut être reçu (art. 26).

Après la clôture du scrutin, il est procédé au dépouillement de la manière suivante :

La boîte du scrutin est ouverte et le nombre de bulletins vérifié. Si ce nombre est plus grand ou moindre que celui des votants, il en est fait mention au procès-verbal.

Le bureau désigne parmi les électeurs présents un certain nombre de scrutateurs.

---

tumaces et pour les personnes non interdites, mais retenues dans un établissement d'aliénés en vertu de la loi du 30 juin 1838. (Arrêt du C. d'Etat du 16 août 1866 et Circulaire du 10 avril 1884.)

(1) Avant la loi de 1884, la durée du scrutin n'était au minimum que de trois heures, et l'article 44 de la loi de 1855 autorisait un deuxième tour de scrutin dans la même journée. D'après la loi nouvelle, il ne peut y avoir lieu à un deuxième tour de scrutin le même jour ; il est renvoyé au dimanche suivant (art. 30).

Le président et les membres du bureau surveillent l'opération du dépouillement. Ils peuvent y procéder eux-mêmes s'il y a moins de trois cents votants (art. 27).

Les bulletins sont valables, bien qu'ils portent plus ou moins de noms qu'il n'y a de conseillers à élire. Les derniers noms inscrits au delà de ce nombre ne sont pas comptés.

Les bulletins *blancs* ou *illisibles*, ceux qui ne contiennent pas une désignation suffisante, ou dans lesquels les votants se font connaître, n'entrent *pas en compte* dans le résultat du dépouillement, mais ils sont annexés au procès-verbal (art. 28) (1).

Immédiatement après le dépouillement, le président proclame le résultat du scrutin.

Le procès-verbal des opérations est dressé par le secrétaire; il est signé par lui et les autres membres du bureau. Une copie, également signée du secrétaire et des membres du bureau, en est aussitôt envoyée par l'intermédiaire du sous-préfet au préfet qui en constate la réception sur un registre et en donne récépissé. Extrait en est immédiatement affiché par les soins du maire (2).

Les bulletins autres que ceux qui doivent être annexés au procès-verbal sont brûlés en présence des électeurs (art. 29).

— Nul n'est élu au premier tour de scrutin s'il n'a réuni : 1° la *majorité absolue* des suffrages exprimés; 2° un nombre de suffrages égal au *quart* de celui des électeurs inscrits.

Au *deuxième tour* de scrutin, l'élection a lieu à la majorité *relative*, quel que soit le nombre des votants.

(1) Cet article est la reproduction de l'art 42 de la loi de 1855, avec cette différence qu'il n'ajoute pas que les bulletins contenant une désignation ou une qualification *inconstitutionnelle* seront nuls.

(2) Cette dernière disposition est une innovation de la loi.

, Si plusieurs candidats obtiennent le même nombre de suffrages, l'élection est acquise au plus âgé.

En cas de deuxième tour de scrutin, l'assemblée est de droit convoquée pour le dimanche suivant. Le maire fait les publications nécessaires (art. 30).

Conditions d'éligibilité. —La loi de 1884 s'est montrée plus facile que la législation précédente, aussi bien pour les conditions d'éligibilité que pour les conditions de l'électorat.

En principe, les conditions exigées pour être éligible sont :

1° L'âge de vingt-cinq ans accomplis ;

2° La qualité d'électeur de la commune ou de citoyen inscrit au rôle des contributions directes ou justifiant qu'il devait y être inscrit au 1er janvier de l'année de l'élection.

Toutefois, le nombre des conseillers qui ne résident pas dans la commune au moment de l'élection ne peut excéder le *quart* des membres du Conseil. S'il dépasse ce chiffre, la préférence est déterminée suivant les règles posées à l'article 49, c'est-à-dire : par la date de la plus ancienne des nominations ou entre conseillers élus le même jour par le plus grand nombre de suffrages obtenus et à égalité de voix par la priorité d'âge (art. 31).

Les restrictions apportées au principe de l'éligibilité sont contenues dans les articles 31 *in fine*, 32 et 33.

La loi, du reste, distingue les causes d'inéligibilité et les causes d'incompatibilité.

L'inéligibilité peut tenir à la personne même du candidat, qui est indigne ou incapable, ou aux fonctions par lui exercées, soit d'une manière absolue et générale, soit d'une manière relative et locale.

L'incompatibilité tient à l'exercice de certaines fonctions inconciliables avec le mandat de conseiller municipal. Elle diffère de l'inéligilité, en ce qu'elle ne vicie

14.

pas l'élection et qu'elle permet d'opter entre la fonction et le mandat.

Ne *peuvent* être conseillers municipaux :

1º Les individus privés du droit électoral (voir le D. organique du 2 février 1852);
2º Ceux qui sont pourvus d'un conseil judiciaire (c'est-à-dire les prodigues et demi-interdits) (1);
3º Ceux qui sont dispensés de subvenir aux charges communales et ceux qui sont secourus par les bureaux de bienfaisance;
4º Les domestiques attachés *exclusivement* à la personne (art. 32).

Cette dernière disposition est empruntée à la loi du 5 mai 1855, mais on y a ajouté le mot exclusivement.

Ne sont pas éligibles d'une manière *absolue* les militaires et employés des armées de terre et de mer en activité de service (art. 31 *in fine*).

Ne sont pas éligibles dans le *ressort* où ils exercent leurs fonctions :

1º Les préfets, sous-préfets, secrétaires généraux, conseillers de préfecture; et dans les colonies régies par la présente loi, les gouverneurs, directeur de l'intérieur et les membres du conseil privé;
2º Les commissaires et les agents de police;
3º Les magistrats des Cours d'appel et des Tribunaux de première instance, à l'exception des juges suppléants auxquels l'instruction n'est pas confiée (2);
4º Les juges de paix titulaires;

(1) Cette disposition est nouvelle dans la loi; elle est raisonnable, car ceux qui sont incapables de gérer leurs affaires ne doivent pas avoir qualité pour gérer la fortune publique. Cette disposition est empruntée à la loi du 10 août 1871 sur les conseils généraux.
Quant aux interdits qui sont en tutelle, ils sont incapables, en vertu de l'article 15, § 15 du décret organique de 1852.
(2) D'après la loi de 1855, les trois premières catégories de fonctions publiques étaient seulement des causes d'incompatibilité.

5° Les comptables des deniers communaux et les entrepreneurs de services municipaux;

6° Les instituteurs publics;

7° Les employés de préfecture et de sous-préfecture;

8° Les ingénieurs et les conducteurs des ponts-et- chaussées, chargés du service de la voirie urbaine et vicinale et les agents-voyers;

9° Les ministres en exercice d'un culte légalement reconnu;

10° Les agents salariés de la commune, parmi lesquels ne sont pas compris ceux qui, étant fonctionnaires publics ou exerçant une profession indépendante, ne reçoivent une indemnité de la commune qu'à raison des services qu'ils lui rendent dans l'exercice de cette profession (tels sont notamment les médecins, avocats, notaires, avoués, architectes) (art. 33).

Les fonctions de conseiller municipal sont *incompatibles* avec celles:

1° De préfet, de sous-préfet et de secrétaire général de préfecture;

2° De commissaire et d'agent de police (1);

3° De gouverneur, directeur de l'intérieur et de membre du conseil privé dans les colonies.

Les fonctionnaires désignés au présent article qui seraient élus membres d'un conseil municipal ont, à partir de la proclamation du résultat du scrutin, un délai de 10 jours pour opter entre l'acceptation du mandat et la conservation de leur emploi. A défaut de déclaration adressée, dans ce délai, à leurs supérieurs hiérarchiques, ils sont réputés avoir opté pour la conservation dudit emploi (art. 34).

(1) On peut remarquer à l'occasion des fonctions prévues aux § 1 et 2 la différence entre l'incapacité et l'incompatibilité. Elles sont une cause d'incapacité, d'inéligibilité dans le *ressort* où elles s'exercent (art. 33); elles ne sont, au contraire, qu'une cause d'incompatibilité absolue et générale partout ailleurs que dans le *ressort* où elles s'exercent. C'est une innovation de la loi empruntée à la loi du 10 août 1871, sur les conseils généraux.

Il faut ajouter :

Que nul ne peut être membre de *plusieurs* conseils municipaux. Le conseiller municipal nommé dans plusieurs communes a un délai de 10 jours, à partir de la proclamation du résultat du scrutin, pour faire la déclaration d'option qui est adressée aux préfets des départements intéressés. Si, dans ce délai, le conseiller élu n'a pas fait connaître son option, il fait partie de droit du conseil de la commune où le nombre des électeurs est le *moins élevé;*

Qu'enfin, dans les communes de 501 habitants et au-dessus, les ascendants et les descendants, les frères et les alliés au même degré ne peuvent être simultanément membres du même conseil municipal. Quand il y aura parenté ou alliance au degré prohibé entre les membres d'un même conseil municipal, c'est celui qui aura eu le plus de voix ou, à égalité de voix, le plus âgé, qui sera préféré (art. 35 et 49).

Tout conseiller municipal qui, pour une cause survenue postérieurement à sa nomination, se trouve dans un des cas d'exclusion ou d'incompatibilité prévus par la loi, est immédiatement déclaré démissionnaire par le préfet, sauf réclamation au Conseil de préfecture dans les 10 jours de la nomination, et sauf recours au Conseil d'Etat, conformément aux articles 38-40 dont nous parlons ci-après (art. 36).

Contentieux des élections. — Les contestations auxquelles peuvent donner lieu les élections municipales sont soumises à des règles analogues à celles relatives aux élections pour le conseil d'arrondissement.

Les articles 37 à 40 de la nouvelle loi reproduisent en grande partie les dispositions de la loi de 1855.

Le droit d'arguer de nullité les opérations électorales appartient :

1º A tout électeur et même, d'après la nouvelle loi, à tout éligible;

2º Au préfet.

Toutefois, il importe de distinguer entre l'électeur et l'éligible, d'une part, et le préfet, d'autre part, soit au point de vue des causes du recours, soit au point de vue du délai.

L'électeur ou l'éligible peut arguer de nullité les opérations électorales pour toute espèce de cause. — Le préfet ne peut réclamer qu'autant que les conditions et les formes légalement prescrites n'ont pas été remplies.

Les réclamations de l'électeur ou de l'éligible doivent être consignées au procès-verbal, sinon être déposées, à peine de nullité, dans les 5 jours qui suivent le jour de l'élection, au secrétariat de la mairie ou à la sous-préfecture ou à la préfecture, pour être adressées de suite au préfet et enregistrées par ses soins au greffe du conseil de préfecture. — Le préfet a un délai de quinzaine, à dater de la réception du procès-verbal, pour déférer les opérations au conseil de préfecture.

Dans tous les cas, le préfet donne immédiatement connaissance de la réclamation par la voie administrative aux conseillers dont l'élection est contestée, en les prévenant qu'ils ont 5 jours pour tout délai à l'effet de déposer leur défense au secrétariat de la mairie, de la sous-préfecture ou de la préfecture et de faire connaître s'ils entendent user du droit de présenter des observations orales, afin d'être avertis du jour de l'audience où l'affaire sera appelée (D. 12 juillet 1865, art. 12).

Il est donné récépissé, soit des réclamations, soit des défenses (art. 37).

— C'est le *Conseil de préfecture* qui est compétent pour statuer sur les réclamations contre les opérations électorales, sauf recours au Conseil d'Etat (1).

Toutefois, si la réclamation implique la solution *pré-*

(1) Pour les élections au *Conseil général* c'est, au contraire, le conseil d'Etat qui est compétent en premier et dernier ressort, depuis 1875.

judicielle d'une question d'état, le conseil de préfecture renvoie les parties à se pourvoir devant les juges compétents, c'est-à-dire devant les tribunaux civils, et la partie doit justifier de ses diligences dans le délai de *quinzaine*, sinon il sera passé outre, et le conseil de préfecture devra statuer dans le mois à partir de l'expiration de ce délai de quinzaine.

La nouvelle loi fixe, du reste, avec précision, suivant les cas, le délai dans lequel le conseil de préfecture doit statuer.

En principe, il doit prononcer sa décision dans le délai d'*un mois*, à compter de l'enregistrement des pièces au greffe de la préfecture, et le préfet la fait notifier dans la huitaine de sa date; toutefois, en cas de renouvellement *général*, le délai est porté à 2 *mois* et, s'il intervient une décision ordonnant une preuve, le délai d'un mois ne court qu'à partir de cette décision.

Dans le cas d'une question préjudicielle à résoudre par les tribunaux civils, ces délais d'un ou de deux mois ne courent que du jour où le jugement sur la question préjudicielle est devenu définitif.

Faute par le conseil d'avoir statué dans les délais ci-dessus fixés, la réclamation est considérée comme rejetée; le conseil est dessaisi et le préfet en informe la partie intéressée qui peut porter sa réclamation devant le Conseil d'Etat, en notifiant son recours dans le court délai de 5 jours au secrétariat de la préfecture (art. 38 et 39).

— Le recours au Conseil d'Etat contre la décision du conseil de préfecture est ouvert soit au préfet, soit aux parties intéressées.

Il doit, à peine de nullité, être déposé au secrétariat de la sous-préfecture ou de la préfecture, dans le délai d'un mois. Ce délai court, à l'encontre du préfet, à partir de la décision, et à l'encontre des parties, à partir de la notification qui leur est faite (1).

(1) Autrefois le délai du recours était de trois mois, délai ordi-

Le préfet, par la voie administrative, donne immédiatement connaissance du recours aux parties intéressées,
en les prévenant qu'elles ont 15 jours pour tout délai,
à l'effet de déposer leurs défenses au secrétariat de la
sous-préfecture et de la préfecture. Ce délai expiré, le
préfet transmet au ministre de l'intérieur qui les adresse
au Conseil d'Etat : le recours, les défenses, s'il y a lieu,
le procès-verbal des opérations électorales, la liste qui
a servi aux émargements, une expédition de l'arrêté
attaqué et toutes les autres pièces visées dans ledit arrêté; il y joint son avis motivé.

Les délais pour la constitution d'un avocat au Conseil
d'Etat et pour la communication au ministre de l'intérieur sont d'un mois pour chacune de ces opérations, et
de trois mois en ce qui concerne les colonies.

Le pourvoi au Conseil d'Etat a cela de particulier
qu'il est jugé comme affaire urgente et sans *frais* et
qu'il est dispensé du *timbre* et du ministère *d'un avocat
au conseil*.

Jusqu'à ce qu'il ait été définitivement statué sur les
réclamations, les conseillers municipaux proclamés élus
restent en fonctions (1).

Quand l'annulation de tout ou partie des élections est
devenue définitive, l'assemblée des électeurs est convoquée dans un délai qui ne peut excéder deux mois
(art. 40) (2).

II. Durée des fonctions. — La durée des fonctions
des conseillers municipaux a beaucoup varié.

naire des recours au Conseil d'Etat. En outre, le recours était déposé directement au greffe de la section du contentieux.

(1) Il résulte de cette disposition que si l'élection a été annulé
par le conseil de préfecture, le pourvoi est *suspensif* en faveur du
conseiller qui peut continuer à siéger. C'est une dérogation au
principe que les recours au *Conseil d'Etat* ne sont pas suspensifs
(art. 24, L. 1872, sur le Conseil d'Etat).

(2) Ce délai était de trois mois dans la loi de 1855.

En 1831, ils étaient élus pour 6 ans et renouvelés par moitié tous les 3 ans.

D'après la loi de 1855, ils étaient élus pour 5 ans ; une loi du 27 juillet 1867 avait même fixé la durée de leur mandat à 7 ans pour empêcher que le renouvellement des conseils municipaux ne coïncidât avec la nomination des maires, qui était faite par le pouvoir exécutif.

En 1870, on en était revenu à la durée de 5 ans.

Depuis la loi du 14 avril 1871, la durée des fonctions était fixée à 3 ans.

D'après la nouvelle loi de 1884, les conseils municipaux sont nommés pour 4 *ans*. Ils sont renouvelés intégralement le *premier dimanche de mai* dans toute la France, lors même qu'ils ont été élus dans l'intervalle (art. 41) (1).

Lorsque le conseil municipal se trouve, par l'effet des vacances survenues, réduit aux *trois quarts* de ses membres, il doit être procédé à des élections complémentaires (2). La loi de 1855 ne fixait, dans ce cas, aucun délai pour procéder à ces élections. La nouvelle loi fixe un délai de 2 mois à dater de la dernière vacance.

Toutefois, dans les 6 mois qui précèdent le renouvellement intégral, les élections complémentaires ne sont obligatoires qu'au cas où le conseil municipal aurait perdu plus de la *moitié* de ses membres.

Il est bien entendu que l'autorité conserve toujours le

(1) Quelques membres de la Chambre des députés et du Sénat avaient demandé qu'on en revînt au système de la loi de 1831 et que les conseillers municipaux fussent élus pour six ans et renouvelés par moitié tous les trois ans, ainsi que cela a lieu pour les conseillers généraux. C'était un moyen d'assurer une certaine continuité dans les traditions et d'initier les nouveaux élus aux affaires de la commune. La date du mois de mai, pour le renouvellement intégral, a été critiquée, parce que la session de mai est la session où se discute le budget et qu'il est à craindre que les nouveaux élus ne soient point assez préparés à cette discussion.

(2) La loi du 14 avril 1871 exigeait que le nombre des vacances excédât le quart.

droit de compléter le conseil municipal, alors même que le nombre des vacances est inférieur au quart (circulaire du 15 mai 1884).

— Spécialement dans les communes divisées en *sections*, il y a toujours lieu à faire des élections partielles, quand la section a perdu la moitié de ses conseillers (art. 42).

Nous verrons, en étudiant l'article 77, que le conseil municipal doit être complété, quel que soit le nombre des vacances, lorsqu'il y a lieu de remplacer le maire ou l'adjoint.

III. Dissolution et suspension des Conseils municipaux. — Sous l'empire de la loi de 1855, les conseils municipaux pouvaient être dissous par le chef de l'Etat et ils pouvaient être suspendus par le préfet pendant un délai de 2 mois que le ministre pouvait prolonger jusqu'à un an.

La loi nouvelle apporte des restrictions et des garanties à cette faculté de dissolution et de suspension.

Un conseil municipal ne peut être *dissous* que par décret *motivé* du Président de la République rendu en *conseil des ministres* et publié au *Journal officiel*.

S'il y a urgence, il peut être provisoirement *suspendu* par arrêté *motivé* du préfet, qui doit en rendre compte immédiatement au ministre de l'intérieur. La durée de la suspension ne peut excéder *un mois*.

Dans les colonies régies par la présente loi, un conseil municipal ne peut être dissous que par arrêté du gouverneur en conseil privé, inséré au *journal officiel* de la colonie. Il peut être suspendu par arrêté motivé du gouverneur pour un mois au plus. Le gouverneur rend compte immédiatement de sa décision au ministre de la marine et des colonies (art. 43).

— Sous la loi de 1855, dans le cas de suspension comme dans le cas de dissolution, une commission municipale était nommée par le préfet ou le chef du pouvoir exécu-

15

tif pour remplir les fonctions du conseil municipal. Elle devait comprendre un nombre de membres qui ne pouvait être inférieur à la moitié de celui des conseillers municipaux et qui avait les mêmes attributions que le conseil municipal.

A cet égard, la nouvelle loi contient encore plusieurs innovations importantes :

1° Elle substitue à la commission municipale de la loi de 1855 une délégation de 3 à 7 membres suivant le chiffre de la population (3 membres jusqu'à 35,000 habitants et de 3-7 dans les villes d'une population supérieure) ;

2° Elle n'autorise pas cette délégation au cas de simple *suspension*, mais seulement en cas de *dissolution* du conseil ou en cas de *démission* de tous ses membres en exercice et lorsqu'aucun conseil municipal ne peut être constitué ;

3° Dans tous les cas, et dans la huitaine qui suit la dissolution ou l'acceptation de la démission, les membres de la délégation sont nommés par décret et dans les colonies par arrêté du gouverneur. Le décret ou l'arrêté qui institue cette délégation en nomme le président et au besoin le vice-président (1) ;

4° Les pouvoirs de cette délégation sont limités aux actes de pure administration conservatoire et urgente.

En aucun cas il ne lui est permis d'engager les finances municipales au-delà des ressources disponibles de l'exercice courant. Elle ne peut ni préparer le budget, ni recevoir les comptes du maire ou du receveur, ni modifier le personnel ou le régime de l'enseignement public (art. 44).

— D'après la loi de 1855, la commission municipale, en cas de dissolution, pouvait être maintenue en fonctions

_____

(1) Il résulte de la discussion de la loi que les membres de la délégation peuvent être pris hors de la commune et choisis en dehors des éligibles.

jusqu'au renouvellement intégral. D'après la loi nouvelle, dans les cas où une délégation spéciale a été nommée, il est procédé à la réélection d'un conseil municipal dans les *deux mois*, à dater de la dissolution ou de la dernière démission, et les fonctions de la délégation expirent de plein droit dès que le conseil municipal est reconstitué (art. 45).

§ II. FONCTIONNEMENT DES CONSEILS MUNICIPAUX (art. 46-60). — Sous cette rubrique, la loi de 1884 règle ce qui concerne les sessions, les convocations et le mode de délibération des conseils, la publicité de leurs séances, la publication et la communication de leurs délibérations, la formation de commissions et la démission des conseillers.

1. Sessions des Conseils municipaux. — Les conseils municipaux ont des sessions *ordinaires* et des sessions *extraordinaires*.

Les sessions *ordinaires* ont lieu quatre fois l'année. La loi de 1855 fixait l'époque de ces sessions au commencement de février, mai, août et novembre et limitait leur durée à 10 jours. La loi de 1884 indique les mêmes mois, mais sans préciser de date et fixe la durée de chaque session à 15 jours, en autorisant le sous-préfet à la prolonger.

En outre, la session pendant laquelle le budget est discuté peut durer six semaines ; c'est la session de mai, appelée la session budgétaire.

Pendant les sessions ordinaires, le conseil municipal peut s'occuper de toutes les matières qui rentrent dans ses attributions (art. 46).

Les sessions *extraordinaires* ont été facilitées par la nouvelle loi ; autrefois, elles ne pouvaient avoir lieu qu'avec une autorisation du préfet ou du sous-préfet. Actuellement, le conseil peut se réunir extraordinairement : 1° si le préfet ou le sous-préfet le prescrit ; 2° s le maire le juge utile ; 3° si la majorité des conseillers en exercice le demande, cas auquel il est tenu de le convoquer ; dans ces deux derniers cas, il suffit au maire de donner avis au préfet ou au sous-préfet de la réunion et des motifs qui la rendent nécessaire.

La convocation contient alors l'indication des objets spéciaux et déterminés pour lesquels le conseil doit s'assembler, et le conseil ne peut s'occuper que de ces objets (art. 47).

Les sessions extraordinaires ne sont pas limitées, quant à leur durée; elles ne sont limitées que par la spécialité de leur objet.

II. Convocation du Conseil et mode de délibération. — Toute *convocation* est faite par le maire ; mais la loi nouvelle exige, pour augmenter la publicité de la convocation, qu'elle soit mentionnée au registre des délibérations et affichée à la porte de la mairie. Enfin, elle est adressée par écrit et à domicile trois jours francs au moins avant celui de la réunion (1).

En cas d'urgence, le délai peut être abrégé par le préfet ou le sous-préfet (art. 48).

Les conseillers municipaux prennent rang dans l'ordre du tableau. Celui-ci est déterminé, même quand il y a des sections électorales : 1° par la date de la plus ancienne des nominations ; 2° entre conseillers élus le même jour, par le plus grand nombre de suffrages obtenus ; 3° et à égalité de voix, par la priorité d'âge.

Un double du tableau reste déposé dans les bureaux de la mairie, de la sous-préfecture et de la préfecture, où chacun peut en prendre communication ou copie (art. 49).

— Le Conseil municipal ne peut délibérer que lorsque la majorité de ses membres en exercice assiste à la séance.

(1) Sous la loi de 1855 le délai était de trois jours pour les sessions ordinaires et de cinq jours pour les sessions extraordinaires.

Si, après deux convocations successives à *trois jours* au moins d'intervalle et dûment constatées, le conseil municipal ne s'est pas réuni en nombre suffisant, la délibération prise après la troisième convocation est valable, quel que soit le nombre des membres présents (art. 50) (1).

Ce délai de trois jours est un délai franc, comme celui de l'art. 48; mais, à la différence de ce dernier, il ne peut être abrégé par le préfet ou le sous-préfet. (Circulaire du 15 mai 1884.)

Les délibérations sont prises à la majorité *absolue* des votants. En cas de partage, d'après la loi nouvelle, sauf le cas de scrutin secret, la voix du président est prépondérante.

Le scrutin peut avoir lieu : 1° par assis et levé; 2° au scrutin public; 3° au scrutin secret. (Ciculaire du 15 mai 1884.)

Le premier mode est le plus ordinaire; mais, si un quart des membres présents le demande, le vote a lieu au scrutin public, et les noms des votants sont insérés au procès-verbal avec la mention de leur vote.

Le scrutin *secret* est obligatoire dans deux cas : 1° lorsque le tiers des membres présents le réclame; 2° lorsqu'il s'agit de procéder à une nomination ou présentation. Dans ce dernier cas, après deux tours de scrutin secret, si aucun des candidats n'a obtenu la majorité absolue, il est procédé à un troisième tour de scrutin et l'élection a lieu à la majorité relative; à égalité de voix, l'élection est acquise au plus âgé (art. 51).

— La *présidence* du conseil appartient au maire ou à celui qui le remplace, c'est-à-dire aux adjoints dans l'ordre des nominations, et aux conseillers municipaux dans l'ordre du tableau.

---

(1) Si le maire et l'adjoint étaient seuls présents, pourraient-ils valablement délibérer? La négative nous paraît conforme à l'esprit de la loi.

Cette règle comporte deux exceptions :

1° Quand il s'agit d'élire le maire ou les adjoints. La présidence est alors dévolue au plus âgé des conseillers municipaux (art. 77) ;

2° Dans les séances où les comptes d'administration du maire sont débattus, le conseil municipal élit son président. Dans ce cas, le maire peut, même quand il ne serait plus en fonctions, assister à la discussion ; mais il doit se retirer au moment du vote, et le président adresse directement la délibération au sous-préfet (art. 52 et v. art. 49, 77 et 84).

— Au début de chaque session et pour sa durée, le conseil municipal nomme un ou plusieurs de ses membres pour remplir les fonctions de *secrétaire*. Il peut leur adjoindre des *auxiliaires* pris en dehors de ses membres qui assisteront aux séances, mais sans participer aux délibérations (art. 53).

Cette dernière disposition a eu pour but de régulariser un usage généralement suivi dans la pratique antérieure, mais qui n'était pas conforme à la loi et qui consistait à faire assister aux séances le secrétaire de *mairie*.

III. Publicité des séances — **Publication et communication des délibérations.** — La nouvelle loi de 1884 a introduit pour la première fois une innovation importante, en établissant la publicité des séances des conseils municipaux. Cette publicité n'existait pas en 1848, quoiqu'on eût déjà, à cette époque, autorisé la publicité des séances des conseils généraux, supprimée en 1852 et rétablie dans la loi du 10 août 1871.

Cette innovation peut se justifier par le désir d'habituer les citoyens à la vie publique et de les intéresser aux affaires communales; la publicité a, du reste, l'avantage de stimuler le zèle des élus et d'engager davantage leur responsabilité; elle peut être, dans un pays de suffrage universel, jouissant de la liberté du droit de

réunion et de la liberté de la presse, un puissant moyen
d'éducation politique.

Aucune exception n'étant faite à la publicité des séances, elle existe même pour la séance dans laquelle sont
élus le maire et les adjoints. (Circulaire du 10 avril 1884.)

Du reste, il n'est pas nécessaire d'être électeur pour
assister aux séances, et les femmes peuvent entrer dans
la salle des délibérations.

Les inconvénients de la publicité sont tempérés :

1º Par le droit qu'a le conseil municipal, sur la demande de trois de ses membres ou du maire, de décider
par assis et levé et sans débat, qu'il se forme en comité
secret (art. 54) ;

2º Par le droit de police qui appartient au maire ou
à celui qui préside l'assemblée, et en vertu duquel il
peut faire expulser de l'auditoire ou arrêter tout individu
qui trouble l'ordre, sans préjudice, en cas de crime ou de
délit, du droit qui lui est conféré d'en dresser procès-
verbal et d'en saisir immédiatement le procureur de la
République (art. 55 et v. art. 28 et 29, L. 10 août 1871).

— Pour compléter le système de publicité, la loi exige
que le *compte rendu* de la séance soit, dans la huitaine,
affiché par extrait à la porte de la mairie (art. 56).

Quant aux délibérations, elles sont inscrites par ordre
de date sur un registre coté et paraphé par le préfet ou
le sous-préfet ; elles sont signées par tous les membres
présents à la séance ou mention est faite de la cause qui
les a empêchés de signer (art. 57).

La nouvelle loi, plus explicite que la loi de 1855, accorde à tout habitant ou contribuable le droit de demander *communication*, sans déplacement, et de prendre copie totale ou partielle des procès verbaux du conseil
municipal, des budgets et des comptes de la commune
et des arrêtés municipaux, avec faculté de les publier
sous sa responsabilité (art. 58).

IV. Commissions spéciales. — Le législateur de 1884,

consacrant un usage antérieur, autorise formellement le conseil municipal à former, au cours de chaque session, des *commissions* chargées d'étudier les questions à lui soumises par l'administration ou par l'initiative de ses membres.

En outre, il permet à ces commissions de tenir leurs séances, même dans *l'intervalle* des sessions, pour hâter la solution des affaires qui leur sont renvoyées.

Le maire, qui en est de droit le président, est tenu de les convoquer dans les huit jours qui suivent leur nomination, ou même à plus bref délai, sur la demande de la majorité des membres qui les composent. Dans cette première réunion, les commissions désignent un vice-président, qui peut les convoquer et les présider, si le maire est absent ou empêché (art. 59).

Cette désignation d'un vice-président n'empêche pas le maire de se faire suppléer dans la présidence, s'il le juge convenable, par un de ses adjoints. Ces commissions ne peuvent être que des commissions d'études; elles n'ont pas de pouvoir propre et ne peuvent exercer, même en vertu de délégations, aucune des attributions réservées par la loi au conseil municipal. Elles doivent se borner à préparer et à instruire les affaires qui leur ont été envoyées. (Circulaire du 15 mai 1884.)

V. Démissions des conseillers municipaux. — Les démissions des conseillers municipaux peuvent être prononcées d'office, ou avoir lieu volontairement.

Démissions d'office. — Tout membre du conseil municipal qui, sans motifs *reconnus légitimes* par le conseil, a manqué à *trois convocaions* successives peut être, après avoir été admis à fournir ses explications, *déclaré* démissionnaire par le préfet, sauf recours dans les dix jours de la notification, devant le conseil de préfecture et en appel devant le Conseil d'État (art. 60 1°).

Ce cas de démission d'office était déjà prévu par la loi

de 1855. La loi nouvelle a seulement mieux marqué, dans ses termes, le pouvoir du conseil d'apprécier souverainement la légitimité des motifs de l'absence.

Les convocations successives dont parle l'article se rapportent à des sessions ordinaires ou extraordinaires, et non à des séances de la même session. (Circulaire du 15 mai 1884.)

Démissions volontaires. — Les démissions volontaires sont adressées au sous-préfet. Avant la loi de 1884, on ne les considérait comme définitives que lorsqu'elles avaient été acceptées par le préfet. D'après la nouvelle loi, elles sont définitives dès que le préfet en a accusé réception, et, à défaut de cet accusé de réception, un mois après le nouvel envoi de la démission constaté par lettre recommandée; dès lors, il n'est plus besoin d'une acceptation expresse (art. 60 2°).

En comparant l'organisation des conseils municipaux avec celle des conseils généraux et d'arrondissement, on peut signaler les principales différences suivantes :

1° Au point de vue de leur *composition*. Les conseils municipaux se composent, suivant l'importance de la population de chaque commune, de 10 à 36 membres, nommés au scrutin de liste, et, au besoin, par sections.— Les conseils généraux et d'arrondissement se composent d'autant de membres qu'il y a de *cantons* dans le département ou l'arrondissement, sans que, pour ce dernier, il puisse être inférieur à 9. Chaque canton élit un conseiller.

2° Au point de vue des causes d'*exclusion*. Les causes d'incapacité et d'incompatibilité ne sont pas absolument les mêmes dans ces divers conseils. Spécialement, la parenté et l'alliance, qui, dans les communes de plus de 500 habitants, sont une cause d'exclusion pour les conseils municipaux, ne le sont pas pour les conseils généraux ou d'arrondissement.

15.

3° Au point de vue du *contentieux* des élections. Les réclamations contre les élections au conseil municipal et au conseil d'arrondissement sont jugées par le conseil de préfecture, sauf appel au Conseil d'État. — Celles formées contre les élections au conseil général sont, depuis 1875, jugées en premier et dernier ressort par le Conseil d'État.

On peut, en outre, observer que, pour les élections au conseil municipal et au conseil d'arrondissement, le conseil de Préfecture doit statuer dans le mois, sinon la réclamation, en ce qui touche au moins les élections municipales, est considérée comme rejetée ; — qu'enfin, spécialement au moins pour les élections municipales, le recours au Conseil d'État est, par exception, *suspensif*, en faveur du conseiller élu dont l'élection a été annulée par le conseil de préfecture.

4° Au point de vue de la *durée des fonctions*. Les conseils municipaux sont nommés pour 4 ans et se renouvellent intégralement après cette période. — Les conseils généraux ou d'arrondissement sont nommés pour 6 ans et renouvelables par moitié tous les 3 ans.

5° Au point de vue des *remplacements individuels*. En cas de vacances dans un conseil municipal, il n'est procédé obligatoirement à des élections complémentaires qu'autant que le nombre de ses membres est réduit aux trois quarts. — En cas de vacances dans un conseil général ou d'arrondissement, il est toujours procédé au remplacement d'un conseiller.

6° Au point de vue de la *dissolution* et de la *suspension*. Un conseil municipal peut être dissous par un décret motivé du Président de la République, rendu en conseil des ministres et publié au *Journal officiel*, et, dans ce cas, il est remplacé par une *délégation* spéciale nommée par décret ; et, dans les 2 *mois*, il est procédé à la réélection d'un nouveau conseil. Il peut, en cas d'urgence, être suspendu pour un mois par un arrêté motivé du préfet, qui en rend compte au ministre de l'intérieur. — Un conseil d'arrondissement, d'après la loi du 22 juin 1833, peut être dissous par le chef du pouvoir exécutif. — Quant au conseil général, d'après la loi du 10 août 1871, il ne peut être que dissous, et il peut l'être par simple décret; mais on distingue si la dissolution a lieu ou non pendant la session des Chambres. Dans le premier cas, le chef du pouvoir exécutif doit en rendre compte aux Chambres dans le plus bref délai; dans ce cas, c'est une *loi* qui fixe la date de la nouvelle élection et décide si la *commission départementale* conservera son mandat ou si le chef du pouvoir exécutif pourra en nommer provisoirement une autre. Dans l'autre cas, le décret de dissolution, qui est spécial et motivé, convoque les électeurs pour le quatrième dimanche qui suit sa date.

7° Au point de vue de *leurs sessions ordinaires*. Les conseils municipaux ont quatre sessions ordinaires annuelles (février, mai, août, novembre). — Les conseils généraux ont, chaque année, deux sessions ordinaires (le premier lundi qui suit le 15 août et le deuxième lundi qui suit le jour de Pâques). Le conseil d'arrondissement n'a qu'une session ordinaire qui se divise en deux parties, l'une qui précède et l'autre qui suit la session d'août du conseil général.

8° Au point de vue des *démissions d'office*. Un conseiller municipal est déclaré démissionnaire par le préfet, soit par suite de son incapacité ou d'incompatibilité survenue après son élection, soit par suite d'absence après trois convocations successives. — Un conseiller général ne peut être déclaré démissionnaire que par le conseil général lui-même, soit par suite d'incapacité ou d'incompatibilité survenue après son élection, soit par suite d'une absence à une seule session ordinaire.

La démission volontaire d'un conseiller municipal est adressée au sous-préfet; — celle d'un conseiller général est adressée au président du conseil général ou au président de la commission départementale.

Attributions.

Le conseil municipal, dans une sphère plus modeste et plus restreinte, a des attributions analogues à celles du conseil général.

Au point de vue de l'importance et de l'autorité de ses actes, on distingue :

1° Les délibérations réglementaires, exécutoires par elles-mêmes, sans aucune approbation ;

2° Les délibérations exécutoires seulement après une approbation de l'autorité supérieure ;

3° Les avis, les réclamations et les vœux (art. 61) (1).

Par ses délibérations, il statue sur les affaires qui intéressent directement le patrimoine communal. Il a l'initiative et le droit de formuler la règle avec plus ou moins d'autorité.

Par ses avis, ses réclamations et ses vœux, il est le conseil ou l'inspirateur de l'administration supérieure chargée de prendre la décision. Il l'éclaire, par ses avis, sur une décision qu'elle doit prendre ; il la sollicite, par ses réclamations, à modifier une décision précise. Il provoque, par ses vœux, une décision à prendre dans l'intérêt de l'avenir de la commune.

§ I. Délibérations réglementaires, *exécutoires par*

(1) En outre, le conseil municipal procède à diverses nominations, telles que celles du maire et des adjoints, des conseillers remplissant les fonctions de secrétaire, des commissions d'études, des commissions spéciales chargées de débattre les questions intéressant plusieurs communes, des délégués chargés de nommer les sénateurs, des conseillers qui font partie des commissions administratives des hospices et bureaux de bienfaisance.

Il désigne les candidats soit à certaines fonctions, comme celles de receveur et de répartiteur, soit à certains bénéfices, par exemple pour la dispense provisoire du service militaire à titre de soutien de famille.

elles-mêmes sans aucune approbation. — A l'occasion de
ces délibérations, la loi de 1884 a introduit les innovations les plus graves à la législation antérieure, en
accordant, en général, aux conseils municipaux, le droit
de régler d'une manière souveraine les affaires de la
commune.

Sous l'empire de la loi du 18 juillet 1837, le droit de
prendre des délibérations réglementaires exécutoires
par elles-mêmes ne s'appliquait qu'à de simples intérêts
de jouissance qui n'engageaient pas le fond ni l'avenir
de la propriété communale. Ces délibérations avaient
pour objet : 1º le mode d'administration des biens communaux ; 2º les conditions des baux à ferme ou à loyer
dont la durée n'excédait pas 18 ans pour les biens ruraux
et 9 ans pour les autres biens ; 3º le mode de jouissance
et la répartition des pâturages et fruits communaux
autres que les bois ; 4º les affouages, mais en se conformant aux lois forestières.

La loi du 24 juillet 1867 avait étendu les cas dans lesquels
les conseils municipaux pouvaient prendre des délibérations réglementaires, mais en exigeant pour cela qu'il
y eût accord entre le maire et le conseil municipal ; sinon
les délibérations ne devenaient exécutoires qu'après l'approbation du préfet. Elles avaient ainsi un caractère
mixte, puisqu'elles étaient tantôt réglementaires, tantôt
soumises à une approbation.

La nouvelle loi, s'inspirant à cet égard de la loi du
10 août 1871 sur les conseils généraux, fait encore un
plus grand pas dans la voie de la véritable décentralisation, en accordant, en principe, au conseil municipal, le
droit de *régler* définitivement les affaires de la commune
par des délibérations exécutoires par elles-mêmes sans
aucune approbation. Il en résulte que ces délibérations
qui, autrefois, étaient une exception, sont devenues la
règle générale.

Les délibérations réglementaires ne deviennent néanmoins exécutoires qu'un *mois* après le dépôt fait à la

préfecture ou à la sous-préfecture, sauf au préfet à abréger ce délai (art. 68 *in fine*).

Le préfet n'a plus, comme sous la loi de 1837, le pouvoir d'en suspendre l'exécution pendant un autre délai de 30 jours.

§ II. DÉLIBÉRATIONS EXÉCUTOIRES APRÈS UNE APPROBATION. — Les délibérations qui, par exception, ne sont exécutoires qu'après une approbation de l'autorité supérieure, sont indiquées, pour la plupart, dans l'article 68. Elles portent sur les objets prévus dans les 13 nos suivants :

1º Les conditions des baux dont la durée *dépasse* dix-huit ans ;

2º Les aliénations et échanges de propriétés communales;

3º Les acquisitions d'immeubles, les constructions nouvelles, les reconstructions entières ou partielles, les projets, plans et devis des grosses réparations et d'entretien, quand la dépense totalisée avec les dépenses de même nature pendant l'exercice courant *dépasse* les limites des ressources *ordinaires et extraordinaires* que les communes peuvent se créer sans autorisation spéciale (voir art. 139 et 141) ;

4º Les transactions (1) ;

5º Le changement d'affectation d'une propriété communale déjà affectée à un service public ;

6º La vaine pâture (2) ;

7º Le classement, le déclassement, le redressement ou le prolongement, l'élargissement, la suppression, la dénomination des rues et places publiques (3), la création et la sup-

(1) Par suite de l'abrogation de l'arrêté du 21 frimaire an XII, par l'article 168, la consultation de jurisconsultes n'est plus *obligatoire*.

(2) La loi ne parlant pas du droit de *parcours*, on doit en conclure que sur ce point la délibération du conseil municipal n'a pas besoin d'être approuvée (circulaire du 15 mai 1884).

(3) Autrefois la dénomination des rues et places publiques appartenait au maire.

Les dénominations ayant le caractère d'un hommage public restent soumises à l'autorisation du Chef de l'Etat (ordonn. du 10 juillet 1816).

pression des promenades, squares ou jardins publics, champs de foire, de tir ou de course, l'établissement des plans d'alignement et de nivellement des voies publiques municipales, les modifications à des plans d'alignement adoptés, le tarif des droits de voirie, le tarif des droits de stationnement et de location sur les dépendances de la grande voirie, et généralement les tarifs des droits divers à percevoir au profit des communes, en vertu de l'article 133 de la présente loi;

8º L'acceptation des dons et legs faits à la commune, lorsqu'il y a des charges ou conditions ou lorsqu'ils donnent lieu à des réclamations des familles;

9º Le budget communal;

10º Les crédits supplémentaires;

11º Les contributions extraordinaires et les emprunts, sauf dans le cas prévu par l'article 141 de la présente loi;

12º Les octrois, dans les cas prévus aux articles 137 et 138 de la présente loi;

13º L'établissement, la suppression ou les changements des foires et marchés autres que les simples marchés d'approvisionnement (voir L. 10 août 1871, art. 46, nº 24, et L. 16 septembre 1879 (1).

En général, c'est au préfet qu'il appartient de rendre exécutoires, par son approbation, les délibérations ci-dessus, à moins que les lois et règlements n'aient exigé l'approbation, soit du conseil général ou de la commission départementale, soit d'un décret ou d'une loi.

Dans les cas prévus aux nºs 1, 2, 4 et 6, le préfet statue en conseil de préfecture.

Si le préfet refuse son approbation ou n'a pas fait connaître sa décision dans le délai d'un mois, à partir de la date du récépissé de la délibération, le conseil municipal peut se pourvoir devant le ministre de l'intérieur (art. 69; v. conf. art. 6, D. 25 mars 1852 sur la décentralisation).

(1) Les simples marchés d'approvisionnement peuvent être l'objet de délibérations règlementaires.

§ III. Avis. — Le conseil municipal donne son avis, toutes les fois que cet avis est requis par les lois et règlements ou qu'il est demandé par l'administration supérieure (art. 61). On distingue ainsi les avis *nécessaires* que la loi prescrit de demander et les avis *facultatifs* que l'administration peut ou non provoquer.

Le conseil municipal est toujours appelé à donner son avis sur les objets suivants :

1º Les circonscriptions relatives aux cultes ;

2º Les circonscriptions relatives à la distribution des secours publics ;

3º Les projets d'alignement et de nivellement de grande voirie dans l'intérieur des villes, bourgs et villages ;

4º La création de bureaux de bienfaisance ;

5º Les budgets et les comptes des hospices, hôpitaux et autres établissements de charité et de bienfaisance, des fabriques et autres administrations préposées aux cultes dont les ministres sont salariés par l'Etat ; les autorisations d'acquérir, d'aliéner, d'emprunter, d'échanger, de plaider ou de transiger demandées par les mêmes établissements ; l'acceptation des dons et legs qui leur sont faits ;

6º Enfin tous les objets sur lesquels les conseils municipaux sont appelés par les lois et règlements à donner leur avis et ceux sur lesquels ils seront consultés par le préfet.

Ces avis soit nécessaires, soit facultatifs, sont destinés à éclairer l'autorité supérieure ; mais ils ne la lient pas, et si l'autorité est quelquefois obligée de les demander, elle n'est jamais tenue de les suivre.

Il y a, toutefois, intérêt à distinguer les avis *nécessaires* des avis *facultatifs*, en ce que les avis nécessaires devant être demandés, si l'administration prenait une décision sans les avoir provoqués, elle commettrait un *excès de pouvoir* donnant lieu à un recours contentieux devant le Conseil d'État.

Au surplus, si le conseil municipal régulièrement requis et convoqué à cet effet, refuse ou néglige de donner son avis, il peut être passé outre (art. 70).

§ IV. Réclamations. — Le conseil municipal est appelé à réclamer contre le contingent assigné à la commune dans l'établissement des impôts de répartition.

Pour comprendre cette attribution, il faut savoir que chaque année la loi de finances répartit les impôts directs de répartition, c'est-à-dire les impôts foncier, personnel et mobilier et des portes et fenêtres, entre les départements; que le conseil général fait ensuite la répartition entre les arrondissements, et que le conseil d'arrondissement fait la répartition entre les communes; qu'enfin, dans chaque commune, la répartition est faite entre les contribuables par une commission de répartiteurs.

Le conseil municipal est chargé de réclamer annuellement contre le contingent qui lui a été assigné par le conseil d'arrondissement. Sa demande est soumise d'abord au conseil d'arrondissement qui l'examine dans la première partie de sa session, ensuite elle est soumise au conseil général qui statue définitivement.

Spécialement, en ce qui concerne la commission de répartiteurs chargée de faire la répartition entre les contribuables de la commune, la loi de 1884 *substitue* le conseil municipal au maire pour la présentation des candidats parmi lesquels le préfet ou le sous-préfet doit choisir les membres qui ne font pas partie de droit de cette commission.

A cet effet, le conseil municipal dresse, chaque année, une liste contenant un nombre double de celui des répartiteurs et des répartiteurs suppléants à nommer, et, sur cette liste, le sous-préfet nomme les cinq répartiteurs visés dans l'article 9 de la loi du 3 frimaire an VII et les cinq répartiteurs suppléants (art. 61 *in fine*).

§ V. Vœux. — Le conseil municipal peut émettre des vœux sur tous les objets d'intérêt local.

Les vœux, à la différence des avis qui sont provoqués

par l'administration, sont abandonnés à l'initiative du conseil.

— En résumé : le conseil municipal *règle* les affaires de la commune soit d'une manière définitive, soit sous l'approbation de l'autorité supérieure, par des délibérations qui intéressent, en général, directement le patrimoine communal. — Il *éclaire* l'administration par ses *avis* dans des matières qui n'intéressent la commune qu'indirectement. — Il appelle son attention sur les besoins locaux par ses *vœux*.

Enfin, au point de vue de la contribution de la commune aux charges de l'État, il *réclame* contre le contingent qui lui est assigné dans les impôts de répartition.

Nous verrons également qu'en ce qui concerne spécialement la comptabilité communale, il exerce une mission de contrôle, en délibérant sur les comptes d'administration du maire et en arrêtant provisoirement les comptes de deniers du receveur municipal (art. 71, 151 et 157).

— D'après la nouvelle loi, une expédition de *toute* délibération est adressée dans la *huitaine* par le maire au sous-préfet. Celui-ci en constate la réception sur un *registre* et en délivre immédiatement récépissé (art. 62).

Nullité ou annulabilité des délibérations.—Il importe à l'ordre public que les conseils municipaux se renferment dans les attributions qui leur sont dévolues et que leurs délibérations soient prises avec indépendance. Dans ce but :

D'une part, la loi déclare nulles *de plein droit* :

1° Les délibérations d'un conseil municipal portant sur un objet *étranger* à ses attributions ou prises *hors* de sa réunion légale, conformément à la législation antérieure ;

2° Les délibérations prises en violation d'une loi ou d'un règlement d'administration publique ; à cet égard, la nullité de plein droit est une innovation de la loi de 1884 (art. 63).

D'autre part, elle déclare *annulables :* les délibérations auxquelles auraient pris part les membres du conseil intéressés, soit en leur nom personnel, soit comme mandataires, à l'affaire qui en a fait l'objet (art. 64).

La nullité de *droit* est déclarée par le préfet en conseil de préfecture. Elle est prononcée par lui et peut être proposée ou opposée par les parties *intéressées,* à *toute époque.* Elle est ainsi absolue et perpétuelle, en même temps qu'elle est obligatoire (art. 65).

Dans le cas d'*annulabilité,* l'annulation est également prononcée par le préfet en conseil de préfecture; elle peut aussi être provoquée d'office par le préfet ou demandée par tout intéressé et même par un contribuable de la commune. Mais, à la différence de la nullité de *plein droit,* l'annulation est *facultative,* en ce sens que le préfet a un pouvoir d'appréciation pour la prononcer ou non; en outre, elle doit être *demandée* et *prononcée* dans un certain délai. A cet égard, le préfet a, pour la provoquer, un délai de 30 jours, à partir du dépôt du procès-verbal de la délibération à la sous-préfecture ou à la préfecture, et tout autre réclamant a 15 jours, à partir de l'affichage à la mairie, pour déposer à la préfecture ou à la sous-préfecture sa demande en annulation dont il lui est donné récépissé. La décision du préfet doit intervenir dans le délai d'un mois; mais si, après le délai de 15 jours, aucune demande ne s'est produite, le préfet peut déclarer qu'il ne s'oppose pas à la délibération (art. 66).

— Dans tous les cas, l'arrêté du préfet peut être l'objet d'un recours devant le *Conseil d'État.* Pour entourer ce recours de plus de garanties, la loi accorde le droit de le former non seulement au conseil municipal, mais encore à toute partie intéressée : en outre, le pourvoi est introduit et jugé dans les formes du recours pour excès de pouvoir, c'est-à-dire sans avocat et sans frais (art. 67).

Actes spécialement interdits au conseil municipal.
— Il est spécialement interdit au conseil municipal :

1° De publier des proclamations et adresses;

2° D'émettre des vœux politiques;

3° De se mettre en communication avec un ou plusieurs conseils municipaux, hors les cas prévus par la loi, notamment par les articles 116-118.

La nullité des actes et des délibérations prises en violation de cette prohibition est une nullité de *plein droit*, qui doit être prononcée par le préfet, dans les formes dont il vient d'être parlé (art. 72).

— En dehors de ses attributions normales et ordinaires le conseil municipal est appelé à exercer une attribution de l'ordre *politique*, en nommant un délégué et un suppléant pour l'élection des sénateurs. Dans ce cas particulier, il n'y a pas de débat; l'élection se fait au scrutin secret et à la majorité absolue des suffrages. Au surplus, le choix du conseil peut se porter sur tous les électeurs de la commune, y compris les conseillers municipaux eux-mêmes sans distinction entre eux. Le choix ne peut porter ni sur un député, ni sur un conseiller général, ni sur un conseiller d'arrondissement qui sont déjà électeurs de droit (art. 2, L. 2, août 1875 sur les élections des sénateurs et art. 4, Loi constitutionnelle du 24 février 1875).

Prérogatives individuelles des conseillers municipaux.
— Ainsi que nous le verrons, la qualité de conseiller municipal est indispensable pour être nommé maire ou adjoint (art. 73, L. 1884). En outre, la loi de 1884 et divers textes législatifs attribuent aux conseillers municipaux certaines prérogatives :

Ils peuvent être appelés à remplacer temporairement le maire suivant certaines distinctions (art. 82-85); à présider les sections électorales ou bureaux de vote (art. 17); — à assister le maire dans les adjudications publiques (art. 89); — à faire partie de la commission des répartiteurs dans les communes de 5,000 habitants et au-dessus (L. 3 frimaire an VIII, art. 9); — enfin ils peuvent être désignés par le préfet pour remplacer temporairement le sous-préfet. (Ord. du 29 mars 1831, art. 3).

MAIRES ET ADJOINTS

(Titre III ; art. 73-109.)

Le nom de *maire* vient probablement du vieux mot *mayeur*, dérivé du latin *major*, pour désigner le plus grand, le chef de la commune. Autrefois on l'appelait aussi, suivant les localités, *consul, jurat, capitoul, syndic, échevin*. Le nom de maire a été seul adopté par l'Assemblée constituante. La Constitution de l'an III avait appelé le chef de la commune *agent* municipal et les assesseurs, suppléants ou lieutenants de maire, *adjoints*. Depuis la loi de pluviôse an VIII, les dénominations de *maire* et d'*adjoint* n'ont pas cessé d'être employées.

Organisation.

Dans chaque commune il y a *un maire* et *un* ou *plusieurs adjoints* élus parmi les membres du conseil municipal.

Nombre des adjoints. — Le nombre des ajoints varie suivant la population de la commune. Il y a un adjoint dans les communes de 2,500 habitants et au-dessous; il y en a deux dans celles de 2,501 à 10,000. Dans les communes d'une population supérieure, il y a un adjoint de plus par chaque excédent de 25,000 habitants, sans que le nombre des adjoints puisse dépasser 12 (1), sauf

(1) Sous la loi de 1855, il *pouvait* y avoir un adjoint de plus pour chaque excédent de 20,000 habitants. Actuellement il y a *nécessairement* un adjoint de plus, mais pour 25,000 habitants.

en ce qui concerne la ville de Lyon où le nombre des adjoints est porté à 17 (art. 73) (1).

Adjoint spécial. — En dehors des adjoints destinés à remplacer le maire, la nouvelle loi, conformément à la loi de 1855, permet d'instituer un adjoint *spécial* lorsqu'un *obstacle quelconque* ou l'*éloignement* rend difficiles, dangereuses ou momentanément impossibles les communications entre le chef-lieu et une fraction de la commune.

Cet adjoint est institué, sur la demande du conseil municipal, par un décret rendu en Conseil d'Etat.

Il est *élu* par le conseil et, d'après la loi de 1884, il est pris d'abord parmi les conseillers et, à défaut d'un conseiller résidant dans cette fraction de commune, ou s'il est empêché, parmi les habitants de la fraction. L'obligation de le prendre d'abord parmi les conseillers est une innovation de la loi de 1884.

Cet adjoint spécial remplit les fonctions d'officier de l'état civil et il peut être chargé de l'exécution des lois et règlements de police dans cette partie de la commune; mais il n'a pas d'autres attributions (art. 75).

Gratuité des fonctions municipales. — Conformément à la législation précédente, la loi de 1884 proclame le principe de la *gratuité* des fonctions de maire, d'adjoint et de conseiller municipal. Elle apporte, toutefois, à ce principe deux tempéraments qui étaient déjà consacrés par l'usage.

D'une part, elle permet de réclamer *le remboursement des frais que nécessite l'exécution* des mandats spéciaux, tels que frais de voyage et autres du même genre.

D'autre part, elle autorise le conseil municipal à voter, pour le maire, à titre de frais de représentation, des

(1) La ville de Paris est soumise à une organisation spéciale dont nous parlons plus loin.

indemnités à prendre sur les ressources ordinaires de la commune (art. 74).

§ I. Mode de nomination des maires et adjoints. — Le mode de nomination des maires et adjoints a beaucoup varié.

Sous l'Assemblée constituante, toutes les autorités communales étaient soumises à l'élection.

Le principe électif fut maintenu par la Constitution de l'an III.

Sous la loi fondamentale du 28 pluviôse an VIII, qui fit disparaître le système électif, les maires et les adjoints étaient nommés par le chef de l'Etat ou le préfet, suivant l'importance des communes, et pouvaient être pris même en dehors du conseil municipal.

En 1831, lorsqu'on rétablit l'élection pour les conseillers municipaux, les maires et les adjoints furent choisis par le pouvoir exécutif (chef de l'Etat ou préfet) parmi les membres du conseil.

Après la révolution de 1848, les maires et les adjoints furent élus, dans la plupart des communes, par les conseils municipaux.

Sous le second Empire, d'après la loi d'organisation du 5 mai 1855, les maires et adjoints étaient nommés par le chef de l'Etat ou le préfet, suivant l'importance des communes, et ils pouvaient être choisis même en dehors du conseil. C'était un retour à la loi du 28 pluviôse an VIII. Toutefois, une loi du 22 juillet 1870 obligeait le pouvoir exécutif à choisir parmi les membres du conseil.

Après la chute du gouvernement impérial, un décret du Gouvernement de la Défense nationale chargea les conseils municipaux de nommer les maires et adjoints.

Le loi du 14 avril 1871, rendue au moment de l'insurrection de la commune de Paris, conserva, en principe, aux conseils municipaux le droit de nommer les maires et adjoints ; mais le chef du pouvoir exécutif était chargé de la nomination dans les chefs-lieux de département et d'arrondissement et dans les villes de plus de 20,000 habitants.

En 1874, on était revenu à peu près au système de la loi de 1885. Le chef du pouvoir exécutif ou le préfet était chargé de nommer les maires et adjoints, en les choisissant, mais sous certaines restrictions, même en dehors du conseil.

Une loi de 1876 confiait au conseil municipal le droit de choisir parmi ses membres le maire et les adjoints ; toutefois une exception était faite pour les chefs-lieux de département, d'arrondissement et de canton dans lesquels la nomination était réservée **au Président de la République.**

Une loi du 28 mars 1882 fit disparaître cette exception en décidant que dans toutes les communes (sauf ce qui concerne la ville de Paris) le maire et les adjoints seraient nommés par le conseil municipal.

C'est cette règle qu'a de nouveau consacrée la loi de 1884.

Formes de l'élection. — Le maire et les adjoints sont *élus* par le conseil municipal parmi *ses membres,* au scrutin secret et à la majorité absolue (1).

Si, après deux tours de scrutin, aucun candidat n'a obtenu la majorité absolue, il est procédé à un troisième tour de scrutin et l'élection a lieu à la majorité relative. En cas d'égalité de suffrages, le plus âgé est déclaré élu (art. 76) (2).

---

(1) La majorité absolue se calcule sur le nombre des suffrages exprimés et, par conséquent, déduction faite des bulletins blancs, ou ne contenant pas de désignation suffisante, ou dans lesquels les votants se seraient fait connaître. Les conseillers doivent remettre leur bulletin fermé au président (circulaire du 10 avril 1884).

(2) Autrefois, après deux scrutins, il y avait un scrutin de ballottage entre les deux candidats ayant obtenu le plus de voix au second tour ; désormais le choix des votants n'est plus limité, il peut

16

La séance dans laquelle il est procédé à l'élection du maire est présidée par le *plus âgé* des membres du conseil. Il résulte de la discussion de la loi que le maire élu préside ensuite le conseil pour l'élection des adjoints.

Pour toute élection du maire et des adjoints, les membres du conseil municipal sont convoqués dans les formes et délais prévus par l'article 48, c'est-à-dire à trois jours francs, par écrit et à domicile ; la convocation contient la mention spéciale de l'élection à laquelle il doit être procédé.

Avant toute convocation, il est procédé aux élections qui pourraient être nécessaires pour *compléter* le conseil. Si, après les élections complémentaires, de nouvelles vacances se produisent, le conseil municipal procède néanmoins à l'élection du maire et des adjoints, à moins qu'il ne soit réduit aux trois quarts de ses membres, cas auquel il y aurait lieu de recourir à de nouvelles élections complémentaires dans le délai d'un mois, à dater de la dernière vacance (art. 77).

— Les nominations sont rendues *publiques* dans les vingt-quatre heures de leur date, par voie d'affiche à la porte de la mairie ; elles sont, dans le même délai, notifiées au sous-préfet (art. 78).

— L'élection du maire et des adjoints peut être arguée de *nullité* dans les conditions, formes et délais prescrits pour les réclamations contre les élections du conseil municipal ; mais le délai de cinq jours court à partir de vingt-quatre heures après l'élection.

Lorsque l'élection est annulée ou que pour toute autre cause le maire ou les adjoints ont cessé leurs fonctions, le conseil municipal, s'il est au complet, est convoqué pour procéder au remplacement dans le délai de quinzaine. — S'il y a lieu de compléter le conseil, il est pro-

se porter sur un candidat qui n'aurait pas eu de suffrages aux deux premiers tours.

cédé aux élections complémentaires dans la quinzaine
de la vacance et le nouveau maire est élu dans la quinzaine qui suit. Si, après les élections complémentaires,
de nouvelles vacances se produisent, on applique les
règles indiquées plus haut dans l'article 77 (art. 79).

Incapacités spéciales. — Le maire et les adjoints (sauf
les adjoints *spéciaux*) devant être pris dans le conseil
municipal, sont d'abord soumis aux mêmes règles d'inéligibilité ou d'incompatibilité que celles qui concernent
les conseillers municipaux.

En outre, la loi déclare *incapables* d'exercer, même
temporairement, les fonctions de maire ou d'adjoint :

Les agents et employés des administrations finan-
cières; les trésoriers-payeurs généraux, les receveurs
particuliers et les percepteurs ;

Les agents des forêts ;

Ceux des postes et des télégraphes;

Les gardes des établissements publics et des particuliers.

Spécialement les agents salariés du maire ne peuvent
être adjoints (art. 80).

§ II. DURÉE DES FONCTIONS. — Les maires et les adjoints
sont nommés pour la même durée que le conseil municipal, c'est-à-dire pour quatre ans.

Ils continuent l'exercice de leurs fonctions jusqu'à
l'installation de leurs successeurs, sauf l'application des
articles relatifs aux causes d'inéligibilité (art. 80), aux
cas de suspension ou révocation (art. 86), ou de nomination d'une délégation spéciale. Dans ce dernier cas, le
président, et à son défaut le vice-président de la délégation spéciale, remplit les fonctions de maire, et ses pouvoirs prennent fin dès l'installation du nouveau conseil
(art. 87).

Toutefois, en cas de renouvellement intégral, les fonctions de maire et d'adjoint sont, à partir de l'installation

du nouveau conseil jusqu'à l'élection du maire, exercées par les conseillers municipaux dans l'ordre du tableau (art. 81).

§ III. Délégations et remplacements. — Le maire, seul chargé de l'administration, peut, sous sa surveillance et sa responsabilité, *déléguer*, par arrêté, une partie de ses fonctions à un ou plusieurs de ses *adjoints*, et en l'absence ou en cas d'empêchement des adjoints, à des *membres du conseil* municipal (1). Ces délégations subsistent tant qu'elles ne sont pas rapportées (art. 80).

Le remplacement du maire peut avoir lieu dans plusieurs circonstances :

1° Dans le cas spécialement prévu par la loi de 1884 où ses intérêts se trouvent en opposition avec ceux de la commune; le conseil municipal désigne alors un autre de ses membres pour représenter la commune soit en justice, soit dans les contrats (art. 83);

2° Dans le cas d'absence, de *suspension,* de *révocation* ou de tout autre empêchement; le maire est alors provisoirement remplacé dans la plénitude de ses fonctions, par un *adjoint*, dans l'ordre des nominations, et à défaut d'adjoint, par un conseiller municipal désigné par le *conseil*, sinon pris dans l'ordre du tableau (art. 84) (2);

3° Dans le cas où le maire refuse ou néglige de faire un des actes qui lui sont prescrits par la loi, le préfet peut alors, comme sous l'empire de la loi de 1837, après l'en avoir requis, y procéder d'office par lui-même ou par un délégué spécial (art. 85).

§ IV. Suspension et révocation. — Les maires et ad-

---

(1) Il n'est pas nécessaire que la délégation soit donnée dans l'ordre du tableau, comme on le décidait sous la législation antérieure.

(2) La nouvelle loi a ajouté les cas de suspension et de révocation ; et, à défaut d'adjoint, elle charge le conseil municipal et non le préfet, de désigner le conseiller devant remplacer le maire.

joints peuvent être *suspendus* par *arrêté du préfet* pour un temps qui, d'après la nouvelle loi, ne peut excéder un mois et qui peut être porté à trois mois par le Ministre de l'Intérieur (1).

Ils ne peuvent être *révoqués* que par *décret* du Président de la République.

La révocation, à la différence de la suspension, emporte de plein droit l'inéligibilité aux fonctions de maire et même à celles d'adjoint pendant une année, à dater du décret de révocation, à moins qu'il ne soit procédé auparavant au *renouvellement général* des conseils municipaux (2).

Dans les *colonies* régies par la nouvelle loi, la suspension peut être prononcée par arrêté du gouverneur pour une durée de trois mois qui ne peut être prolongée par le ministre. Le gouverneur rend compte immédiatement de sa décision au ministre de la marine et des colonies (art. 86).

Attributions.

Les attributions des maires sont nombreuses et variées. Il faut distinguer d'abord les attributions de l'ordre *civil* ou *judiciaire* et les attributions de l'ordre *administratif :*

— Dans l'ordre *civil* ou *judiciaire*, le maire joue divers rôles : il est officier de *l'état civil*, chargé de recevoir et de conserver les actes de naissance, mariage, décès, etc.

— Il est un officier de la *police judiciaire* qui a pour ob-

(1) Avant la loi nouvelle, l'arrêté du Préfet cessait d'avoir son effet s'il n'était confirmé dans   délai de deux mois par le Ministre.

(2) Cette exception ne peut être étendue par analogie et ne s'applique pas à tous les cas de renouvellement intégral. Par suite, si, après la révocation du maire ou de l'adjoint le conseil municipal tout entier donnait sa démission, le fonctionnaire révoqué resterait, malgré le renouvellement du conseil, inéligible pendant un an (circulaire du 15 mai 1884).

16.

jet de rechercher les crimes, les délits et les *contraventions*, d'en rassembler les preuves et d'en livrer les auteurs aux tribunaux de répression (1). — Enfin, il remplit devant le juge de paix, en matière de simple police, les fonctions du *ministère public*, à défaut du commissaire de police (2).

Dans cet ordre de fonctions, le maire est sous la surveillance du procureur de la République près le tribunal d'arrondissement; il relève de l'autorité *judiciaire* et non de l'autorité administrative (3).

—Dans l'ordre *administratif*, qui seul doit nous occuper, le maire exerce ses attributions : tantôt comme *chef de l'association communale* en vertu des pouvoirs qu'il tient directement de la loi, tantôt comme *délégué de l'administration supérieure*.

Cette double qualité du maire, ces deux espèces d'attributions lui ont toujours été reconnues, depuis l'Assemblée constituante jusqu'à nos jours.

La loi du 14 décembre 1789 sur les municipalités s'exprimait ainsi :

(1) En cas de crime ou délit, il ne peut faire des actes d'instruction qu'en cas de crime flagrant ou de réquisition d'un chef de maison. Il agit alors en qualité d'officier de police auxiliaire du procureur de la République (art. 11, 48-50 et 53 du Code d'instruction criminelle).

(2) Autrefois, le maire était même *juge* de simple police, concurremment avec le juge de paix, pour certaines contraventions; mais une loi du 27 janvier 1873 lui a enlevé sa juridiction de police ; de telle sorte que, dans tous les cas, le juge de paix a une compétence exclusive pour statuer sur les contraventions de police.

(3) La distinction des fonctions de l'ordre civil ou judiciaire et des fonctions de l'ordre administratif présentait, en outre, un grand intérêt avant l'abrogation, par le gouvernement de la défense nationale, de l'article 75 de la Constitution de l'an VIII. En effet, le maire, dans ses fonctions de l'ordre administratif, était un *agent du gouvernement* et à ce titre, d'après l'art. 75 de ladite Constitution, il n'aurait pu être poursuivi, devant l'autorité judiciaire, pour faits relatifs à ses fonctions, qu'en vertu d'une autorisation du Conseil d'Etat.

« Les corps municipaux auront deux espèces de fonc-
« tions à remplir : les unes *propres* au *pouvoir munici-*
« *pal*, les autres *propres* à l'administration *générale* de
« l'Etat et déléguées par elle aux municipalités. »

La loi du 28 pluviôse an VIII, fondée sur la maxime :
agir est le fait d'un seul, délibérer est le fait de plusieurs,
en confiant l'administration active au maire seul, lui
avait conservé ce double rôle d'agent du pouvoir central
et d'agent de la commune.

La loi du 18 juillet 1837 reconnaissait également au
maire ce double rôle et divisait ses attributions en énu-
mérant d'abord les fonctions qu'il exerçait comme agent
du pouvoir central, sous l'autorité de l'administration
supérieure et celles qu'il exerçait comme agent de la
commune, sous la simple surveillance de l'administration supérieure.

La loi de 1884 conserve au maire son double caractère, mais en le présentant en première ligne comme
chef de l'association communale qui est, en effet, sa qualité dominante, d'autant plus qu'il est élu par le conseil
municipal. Le législateur s'est inspiré, à cet égard, de
la loi de l'Assemblée constituante, qui plaçait au premier rang des fonctions conférées aux corps municipaux
celles propres au *pouvoir municipal* (1).

_____

(1) C'est ce double rôle d'agent de la commune et d'agent du pouvoir central, attribué au maire, qui explique pourquoi sa nomination a été, suivant les époques et les divers systèmes politiques,
tantôt confiée à l'élection soit des habitants, soit du conseil municipal, tantôt confiée, avec plus ou moins de liberté, au choix du
pouvoir exécutif.

Il faut reconnaître néanmoins qu'en raison des attributions spéciales appartenant aux maires dans l'ordre *civil* et *judiciaire*, il y
aurait peut-être avantage à laisser au pouvoir exécutif, soit au Chef
de l'Etat, soit au préfet, le soin de désigner les maires parmi les
conseillers municipaux. Ce serait un puissant moyen de maintenir
et de fortifier le lien de solidarité qui doit rattacher les intérêts
locaux aux intérêts généraux; le choix du pouvoir exécutif aurait,
en outre, pour effet, de donner aux maires plus d'autorité et de les
rendre plus indépendants du conseil municipal.

Il importe de distinguer les deux espèces de fonctions qu'exerce le maire, soit en qualité d'agent de la commune, soit en qualité d'agent du pouvoir central, car pour les premières il est simplement sous *la surveillance* de l'administration supérieure, tandis que pour les secondes, il est sous son *autorité*.

Dans le premier cas, l'administration supérieure peut lui donner des instructions; dans le second cas, elle peut lui donner des ordres.

§ 1. ATTRIBUTIONS DU MAIRE EN QUALITÉ D'AGENT DE LA COMMUNE ET DE CHEF DE L'ASSOCIATION COMMUNALE. — En qualité d'agent de la commune, le maire exerce ses attributions : 1° tantôt sous le contrôle du conseil municipal et la surveillance de l'administration supérieure; 2° tantôt sous la simple surveillance de l'administration supérieure.

I. *Attributions exercées sous le* CONTROLE *du conseil municipal et la* SURVEILLANCE *de l'administration supérieure.* — Dans cet ordre d'attributions, le maire est préposé à la gestion des intérêts communaux; il est le mandataire légal de la commune, chargé de la représenter dans les actes relatifs à son patrimoine au point de vue civil, financier ou judiciaire ; il est l'agent d'exécution des délibérations du conseil municipal.

L'article 90 énumère, à cet égard, les attributions dont il est investi.

Le maire est chargé, sous le *contrôle* du conseil municipal et la *surveillance* de l'administration supérieure:

1° De conserver et d'administrer les propriétés de la commune et de faire, en conséquence, tous actes conservatoires de ses droits ;

2° De gérer les revenus, de surveiller les établissements communaux et la comptabilité communale ;

3° De préparer et proposer le budget et ordonnancer les dépenses ;

4° De diriger les travaux communaux ;

5° De pourvoir aux mesures relatives à la voirie municipale ;

6° De souscrire les marchés, de passer les baux des biens et les adjudications des travaux communaux dans les formes établies par les lois et règlements et par les articles 68 et 69 de la présente loi ;

7° De passer, dans les mêmes formes, les actes de vente, échange, partage, acceptation de dons ou legs, acquisition, transaction, lorsque ces actes ont été autorisés conformément à la présente loi ;

8° De représenter la commune en justice, soit en demandant, soit en défendant (1) ;

9° De prendre, de concert avec les propriétaires ou les détenteurs du droit de chasse, dans les buissons, bois et forêts, toutes les mesures nécessaires à la destruction des animaux nuisibles, désignés dans l'arrêté du préfet, pris en vertu de l'article 9 de la loi du 3 mai 1844 ; — de faire, pendant le temps de neige, à défaut des détenteurs du droit de chasse, à ce dûment invités, détourner les loups et sangliers réunis sur le territoire ; de requérir, à l'effet de les détruire, les habitants avec armes et chiens propres à la chasse de ces animaux ; — de surveiller et d'assurer l'exécution des mesures ci-dessus et d'en dresser procès-verbal (2) ;

10° Et, d'une manière générale, d'exécuter les décisions du conseil municipal.

On a quelquefois assimilé le maire à un tuteur et la commune à un mineur. Cette assimilation n'est pas tout à fait exacte. Le tuteur peut faire, en général, tous les actes d'administration sans autorisation. Le maire, au contraire, ne peut faire, de sa propre autorité, que des actes conservatoires, tels qu'une interruption de prescription, une acceptation, à *titre provisoire*, de dons et legs. Il ne peut faire les actes d'administration qu'autant qu'ils ont été autorisés par le conseil municipal.

(1) Cette énumération est reproduite de la loi de 1837.
(2) Cette disposition n'est que la confirmation des pouvoirs dévolus au maire par la loi du 24 août 1790.

C'est principalement en raison de ces attributions que le maire nomme à tous les *emplois communaux* pour lesquels les lois, décrets et ordonnances actuellement en vigueur ne fixent pas un droit spécial de nomination (1). Il suspend et révoque les titulaires de ces emplois. Il peut même faire assermenter et commissionner les agents nommés par lui, mais à la condition qu'ils seront agréés par le préfet et le sous-préfet (art. 88).

Spécialement, quand le maire procède à une adjudication publique pour le compte de la commune, il est *assisté* de deux membres du conseil municipal désignés d'avance par le conseil ou, à défaut de cette désignation, appelés dans l'ordre du tableau. Le receveur municipal est, du reste, appelé à toutes les adjudications. Toutes les difficultés qui peuvent s'élever sur les opérations préparatoires de l'adjudication sont résolues séance tenante, par le maire et les deux assistants, à la majorité des voix, sauf le recours de droit. Ces règles ne dérogent pas aux prescriptions du décret du 17 mai 1809 relatives à la mise en ferme des octrois (art. 89).

II. *Attributions exercées sous la* SIMPLE SURVEILLANCE *de l'administration supérieure.* — Dans cet ordre d'attributions, le maire a un pouvoir *propre*, indépendant du conseil municipal. Il est *magistrat* municipal : à ce titre il est chargé de la police municipale, de la police rurale et de l'exécution des actes de l'autorité supérieure qui y sont relatifs (art. 91).

(1) Le maire nomme le secrétaire et les employés de la mairie, le bibliothécaire, le conservateur du musée, l'architecte, les pâtres communaux, les sergents de ville, les cantonniers de la commune. Il peut nommer les gardes-champêtres sous la condition, comme nous le verrons, qu'ils soient agréés et commissionnés par le préfet ou le sous-préfet (art. 102).

Il ne peut nommer les gardes-forestiers, les commissaires de police, les instituteurs, ni les receveurs municipaux.

Afin de ne pas scinder nos explications sur les attributions du maire, nous examinerons un peu plus loin les règles importantes relatives à ses pouvoirs de police.

§ II. ATTRIBUTIONS DU MAIRE EN QUALITÉ D'AGENT DE L'ETAT ET DE DÉLÉGUÉ DE L'ADMINISTRATION SUPÉRIEURE. — Le maire est chargé, sous l'*autorité* de l'administration supérieure :

1º De la publication et de l'exécution des lois et règlements. La publication des lois résulte d'un certain délai. Ce délai est d'un jour franc à partir de la réception au chef-lieu d'arrondissement du *Journal officiel*, ou d'un délai qui varie suivant les distances de Paris au chef-lieu du département, pour les lois et décrets qui n'auraient pas été insérés au *Journal officiel* et qui l'auraient été au Bulletin des lois (art. 1, C. civ. et décret du 5 novembre 1870). Le maire peut être chargé de donner à la loi une publication plus efficace par affiches, son de trompe ou de tambour, soit en cas d'urgence, soit pour compléter la publication légale ;

2º De l'exécution des mesures de sûreté générale ;

3º Des fonctions *spéciales* qui lui sont attribuées par les lois (art. 92). Ces fonctions sont nombreuses et variées. Ainsi le maire est chargé de présider la commission municipale qui doit procéder à la révision des listes électorales ; de dresser les tableaux de recensement des jeunes gens soumis au tirage au sort pour former le contingent cantonal en matière de recrutement militaire; de publier les rôles déclarés exécutoires par le préfet, en matière d'impôts directs ; de recevoir, en cas d'expropriation, les réclamations des intéressés, après le dépôt à la mairie du plan parcellaire indiquant les propriétés sujettes à l'expropriation, etc., etc.

C'est ainsi encore que la nouvelle loi de 1884 lui délègue, ou à son défaut, au sous-préfet, le soin de pourvoir d'urgence à ce que toute personne décédée soit ensevelie et inhumée décemment sans distinction de culte, ni de croyance (art. 93) (1).

RÈGLES RELATIVES AUX POUVOIRS DU MAIRE EN MATIÈRE DE POLICE. — Le maire, en sa qualité de *magistrat* muni-cipal, est investi, sous la simple surveillance de l'ad-ministration supérieure, d'un pouvoir de police très im-portant.

Arrêtés du maire, en matière de police. — Dans l'in-térêt de la police, le maire prend des arrêtés à l'effet :

1° D'ordonner les mesures *locales* sur les objets con-fiés par les lois à sa vigilance et à son autorité ;

2° De publier de nouveau les lois et les règlements de police et de rappeler les citoyens à leur observation (art. 94).

Les arrêtés pris par le maire sont immédiatement adressés au sous-préfet, ou dans l'arrondissement du chef-lieu, au préfet.

Le préfet peut les *annuler* ou en *suspendre* l'exécution (art. 95). Il faut observer que ce droit d'annulation ou de suspension des divers arrêtés du maire n'emporte pas pour le préfet le pouvoir de les modifier ; autrement le préfet se substituerait au maire. Il peut, toutefois, vain-cre la résistance du maire, soit en suspendant celui-ci de ses fonctions, soit en prenant un arrêté réglemen-taire dans l'intérêt du département.

— Le maire procède tantôt par arrêtés *réglementaires* ou généraux, tantôt par arrêtés *individuels*, notamment en matière d'alignement. Les premiers ne sont obliga-toires qu'autant qu'ils ont été *publiés et affichés* et les seconds ne le deviennent qu'autant qu'ils ont été *notifiés* aux parties intéressées.

(1) Il résulte des observations faites dans la discussion de cet ar-ticle que le législateur n'a pas entendu porter atteinte au droit des familles de recourir aux cérémonies religieuses pour les obsèques de la personne décédée.

La publication est constatée par une déclaration certifiée par le maire. La notification aux particuliers est établie par le récépissé de la partie intéressée ou, à son défaut, par l'original de la notification conservé dans les archives de la mairie.

Les arrêtés, actes de publication et de notification sont inscrits à leur date sur le registre de la mairie (art. 96).

Les arrêtés *réglementaires* du maire se divisent en deux classes : 1° les arrêtés *permanents* ; 2° les arrêtés *temporaires.*

Les arrêtés permanents ne sont exécutoires qu'*un mois* après la remise de l'ampliation constatée par les récépissés délivrés par le sous-préfet ou le préfet ; néanmoins, en cas d'urgence, le préfet peut en autoriser l'exécution immédiate (art. 95 (1).

Les arrêtés temporaires sont immédiatement exécutoires, dès le lendemain de leur publication, sauf au préfet à les annuler, en respectent les droits acquis.

— La sanction générale des arrêtés de police des maires, comme de ceux faits par le chef de l'Etat ou le préfet, se trouve dans l'article 471 du Code pénal, qui punit d'une amende de un à cinq francs toute contravention à un arrêté *légalement* fait par l'autorité administrative. Les tribunaux de simple police ont ainsi le droit d'examiner si le règlement a été légalement fait, car la légalité du règlement est la condition à laquelle est subordonné le droit d'infliger une peine.

Matières soumises au droit de police du maire. — Le droit de police du maire a pour objet la police municipale proprement dite et la police rurale. En outre, il a

(1) Sous l'empire de la loi de 1837 c'était une question débattue que celle de savoir si, avant le délai d'un mois, le préfet pouvait les rendre exécutoires. La Cour de cassation décidait la négative.

17

certains pouvoirs de police, même sur la grande voirie, dans l'intérieur des agglomérations.

Police municipale. — La police municipale a pour objet général d'assurer le bon ordre, la sûreté et la salubrité publiques.

La loi de 1884 énumère les matières les plus importantes qui s'y réfèrent.

Aux termes de l'article 97 la police municipale comprend notamment :

1° Tout ce qui intéresse la sûreté et la commodité du passage dans les rues, quais, places et *voies publiques*, ce qui comprend le nettoiement, l'éclairage, l'enlèvement des encombrements, la démolition ou la réparation des édifices menaçant ruine, l'interdiction de rien exposer aux fenêtres ou aux autres parties des édifices qui puisse nuire par sa chute, ou celle de rien jeter par les fenêtres qui puisse endommager les passants ou causer des exhalaisons nuisibles ;

2° Le soin de réprimer les atteintes à la tranquillité publique ; telles que les rixes et disputes accompagnées d'ameutement dans les rues, le tumulte excité dans les lieux d'assemblée publique, les attroupements, les bruits et rassemblements nocturnes qui troublent le repos des habitants et tous actes de nature à compromettre la *tranquillité publique* ;

3° Le maintien du bon ordre dans les endroits où il se fait de grands rassemblements d'hommes, tels que les foires, marchés, réjouissances et cérémonies publiques, spectacles, jeux, cafés, églises et autres lieux publics ;

4° Le mode de transport des personnes décédées, les inhumations et exhumations, le maintien du bon ordre et de la décence dans les *cimetières*, sans qu'il soit permis d'établir des distinctions ou des prescriptions particulières à raison des croyances ou du culte du défunt ou des circonstances qui ont accompagné sa mort (1) :

(1) Cette disposition est empruntée au décret du 23 prairial an XII, sur la police des cimetières, tel qu'il a été modifié par la loi

5º L'inspection sur la fidélité du débit des *denrées* qui se vendent au poids ou à la mesure et sur la salubrité des commestibles exposés en vente ;

6º Le soin de prévenir, par des précautions convenables et celui de faire cesser, par la distribution des secours nécessaires, les accidents et les fléaux calamiteux, tels que les incendies, les inondations, les maladies épidémiques ou contagieuses, les épizooties, en provoquant, s'il y a lieu, l'intervention de l'administration supérieure ;

7º Le soin de prendre provisoirement les mesures nécessaires contre les aliénés dont l'état pourrait compromettre la morale publique, la sécurité des personnes ou la conservation des propriétés ;

8º Le soin d'obvier ou de remédier aux événements fâcheux qui pourraient être occasionnés par la divagation des animaux malfaisants ou féroces.

Cette énumération est la reproduction à peu près textuelle de la loi de l'Assemblée constituante des 16-24 août 1790. Les mesures qu'elle mentionne en dehors de celles prévues par cette dernière loi sont celles indiquées au nº 4, relativement au transport des personnes décédées et à la police des sépultures.

La loi des 19-22 juillet 1791 confère également au maire le droit de taxer le pain et la viande de boucherie et, malgré le décret réglementaire du 22 juin 1863 sur la liberté de la boulangerie, la Cour de Cassation a reconnu que le droit du maire restait intact. (C. Cas. 12 novembre 1867, 29 mai 1868.)

Police rurale. — Dans l'intérêt de la police rurale le maire est chargé, d'une manière générale, par la loi sur

---

du 14 novembre 1881 qui abroge l'article 15 de ce décret, d'après lequel il devait y avoir un lieu particulier d'inhumation pour les différents cultes.

Le droit de régler le mode de transport des personnes décédées est contraire au décret du 18 mai 1806 (voir au surplus le décret du 25 mars 1852, art. 1, tableau A, § 39, qui réserve l'intervention du préfet, quand le transport est fait en dehors du département).

le Code rural des 28 septembre-6 octobre 1791, de veiller à la tranquillité, à la salubrité et à la sûreté des campagnes.

On admet généralement que le maire peut publier des bans de vendange, ainsi que des bans de fauchaison, de moisson et de troupeau commun, de même qu'il peut réglementer le glanage, le râtelage et le grapillage (art. 475 n° 1 et 471, § 10 C. pénal).

— C'est principalement dans l'intérêt de la police rurale que toute commune peut avoir un ou plusieurs *gardes-champêtres*.

La loi du 20 messidor an III imposait à toute commune l'obligation d'avoir un garde-champêtre, ce qui était pour les communes pauvres une lourde charge ; aussi cette loi n'était-elle pas appliquée rigoureusement.

La nouvelle loi de 1884, comme la loi de 1791, laisse, à cet égard, toute liberté aux communes ; mais il est certain que plusieurs communes ne peuvent s'associer pour entretenir un seul garde-champêtre. Le Sénat a refusé cette faculté qu'avait accordée la Chambre des députés.

Cette loi rend au maire la nomination des gardes-champêtres que le décret de décentralisation du 25 mars 1852 lui avait retirée ; mais elle exige qu'ils soient agréés et commissionnés par le sous-préfet ou par le préfet dans l'arrondissement du chef-lieu. Si le préfet ou le sous-préfet n'a pas fait connaître son agrément dans le mois, il est censé le donner.

Les gardes-champêtres, étant officiers de police judiciaire, doivent être assermentés. Ils peuvent être suspendus par le maire pendant un mois. Le préfet seul a le droit de les révoquer.

En dehors de leurs fonctions relatives à la police rurale, les gardes-champêtres sont chargés de rechercher, chacun dans le territoire pour lequel il est assermenté, les contraventions aux règlements et arrêtés de police municipale. Ils dressent des procès-verbaux pour constater ces contraventions (art. 102).

Cette disposition est empruntée à l'article 20 de la loi du 24 juillet 1867.

Police de la voirie. — Le maire a d'abord, en vertu de son droit de police municipale, la police de la voirie urbaine proprement dite (art. 91 n° 1). En outre, la loi de 1884 lui reconnaît d'une manière formelle, en ce qui touche la *circulation* sur la voie publique, la police des routes nationales et départementales et des autres voies de communication dans l'*intérieur* des agglomérations. Il peut ainsi prendre toutes les mesures nécessaires pour assurer la commodité, la liberté et la sécurité du passage sur toutes les voies publiques de la grande ou de la petite voirie.

Le législateur, en ne parlant que de la *circulation*, a voulu faire une réserve au sujet des pouvoirs qui appartiennent sur d'autres objets à l'autorité supérieure en matière de grande voirie, de grande ou de moyenne vicinalité, par exemple, pour les autorisations de bâtir le long de la voie publique, les alignements individuels et les simples permissions de voirie.

En dehors de cette réserve, il n'a pas entendu restreindre les attributions de police municipale du maire à l'égard des mesures ayant pour objet le bon ordre, la sécurité ou la salubrité publiques (circulaire du 15 mai 1884).

Il peut, moyennant le paiement de redevances fixées par un tarif dûment établi, sous les réserves imposées au profit de l'État par l'article 7 de la loi du 11 frimaire an VII, donner des *permis de stationnement* ou de dépôt temporaire sur la voie publique, sur les rivières, ports et quais fluviaux et autres lieux publics (1).

_____

(1) Cette disposition qui a fait cesser les difficultés qui s'étaient élevées à cet égard et qui confirme d'ailleurs les décisions de la ju-

— D'après la nouvelle loi le maire est appelé à donner son *avis* à l'autorité compétente quand il s'agit de la délivrance des alignements individuels, des autorisations de bâtir, et autres permissions de voirie, qu'il ne peut délivrer lui-même (1).

Avant la loi de 1884 les simples permissions de voirie, à la différence des alignements individuels et des autorisations de bâtir, étant purement facultatives, le préfet, en cas de refus de les délivrer, ne pouvait se substituer à lui.

La nouvelle loi contient encore à cet égard une innovation.

Aux termes de l'article 98 *in fine*, les permissions de voirie, à titre précaire ou essentiellement révocable, sur les voies publiques qui sont placées dans les attributions du maire, et ayant pour objet notamment l'établissement dans le sol de la voie publique des canalisations destinées au passage ou à la conduite soit de l'eau, soit du gaz, peuvent, en cas de refus du maire non justifié par l'intérêt général, être accordées par le *préfet* (art. 98).

Conciliation des pouvoirs de police du maire avec ceux du préfet. — Les pouvoirs de police appartenant au maire, dans la commune, ne peuvent faire obstacle au droit du *préfet* de prendre pour toutes les communes du département ou *plusieurs* d'entre elles, et dans tous les cas où il n'y aurait pas été pourvu par les auto-

---

risprudence de la Cour de cassation et du Conseil d'Etat, n'abroge pas l'article 471 du Code pénal, concernant les dépôts sur la voie publique dans les cas de nécessité ou de force majeure. Ces dépôts peuvent avoir lieu, en principe, sans autorisation (circulaire du 15 mai 1884).

(1) Pour la grande voirie (routes nationales et départementales) et pour les chemins de grande et de moyenne communication, ainsi que pour les rues qui y font suite, c'est le préfet ou le sous-préfet qui délivre les alignements, les autorisations de bâtir et les permissions de voirie.

rités municipales, toutes mesures relatives au maintien de la salubrité, de la sûreté et de la tranquillité publiques.

Ce droit ne peut être exercé par le Préfet à l'égard
d'une *seule* commune qu'après une mise en demeure au
maire restée sans résultat (art. 99).

Le droit de police qui appartient au préfet pour le département, en vertu des lois de l'assemblée constituante
(L. 22 décembre 1789, — 8 janvier 1790), doit se concilier avec celui du maire. Le préfet ne peut prendre des
arrêtés sur des matières qui font également l'objet de
la police municipale qu'autant que les mesures par lui
ordonnées ont un caractère d'*utilité générale* et ne concernent pas exclusivement l'intérêt des habitants d'une
commune ; autrement le préfet empiéterait sur les attributions du maître. La distinction entre les mesures ayant
une utilité générale et celles ne concernant que l'utilité
locale ou communale est quelquefois très délicate. En
tout cas, ce n'est pas nécessairement d'après l'application plus ou moins étendue de la mesure qu'il faut déterminer le droit du préfet.

Un règlement de police applicable à *toutes* les communes du département, sur des matières pouvant également faire l'objet de la police municipale, ne serait pas
valable, s'il n'avait pas un caractère d'*utilité générale* (1).

(1) C'est ainsi que la Cour de cassation déclare illégaux les arrêtés
d'un préfet fixant, dans les communes du département, l'heure du
balayage et du nettoiement des voies publiques (28 juin 1861), ou
prescrivant aux habitants l'échardonnage de leurs propriétés (26 janvier 1866) ; — qu'à l'inverse, elle déclare obligatoires, comme ayan
le caractère d'utilité générale, les arrêtés réglementant les couvertures en chaume, les bals publics, les heures d'ouverture et de fermeture des débits de boissons, la divagation des chiens, les dépôts
de fumiers ou d'immondices près les habitations (12 septembre 1845,
19 et 26 janvier 1856, 15 novembre 1856, 17 mai 1861, 4 janvier
1862, 6 juillet 1869, 17 janvier 1868), ou l'arrêté interdisait dans le
département l'importation de plants de vigne provenant de pays atteints par le phylloxéra (9 novembre 1878.)

A l'inverse, la nouvelle loi, tranchant les difficultés et les controverses élevées à ce sujet, reconnaît qu'un règlement, pris pour une *seule commune*, pourrait avoir ce caractère, bien que son application fût restreinte aux limites d'une simple circonscription territoriale d'une commune. Mais, dans ce dernier cas, en raison de son application restreinte, la loi exige que le préfet ne prenne son arrêté de police qu'au refus du maire et après l'avoir mis en demeure de faire lui-même le règlement (1).

— Une disposition nouvelle, qui se rattache à l'exercice du droit de police du maire, concerne spécialement la *sonnerie des cloches* des églises. Pour prévenir les difficultés et les conflits entre l'autorité civile et l'autorité religieuse, le législateur, tout en reconnaissant que les cloches des églises sont spécialement affectées aux cérémonies du culte, déclare qu'elles peuvent être employées dans les cas de *péril commun* qui exigent un prompt secours et dans les circonstances où cet emploi est prescrit par des dispositons de lois ou règlements ou autorisé par les usages locaux. Il décide que les sonneries religieuses, comme les sonneries civiles, seront l'objet d'un règlement concerté entre l'évêque et le préfet ou entre le préfet et le consistoire et arrêté, en cas de désaccord, par le ministre des cultes (art 100).

Afin d'assurer l'indépendance des autorités civiles et religieuses relativement à l'usage des sonneries, le législateur exige qu'une clef du clocher soit déposée entre les mains des titulaires ecclésiastiques et une autre entre les mains du maire, qui ne pourra en faire usage que dans les circonstances prévues par les lois ou règlements. Si l'entrée du clocher n'est pas indé-

(1) On comprendrait qu'un arrêté applicable à une seule commune ntéressât cependant tout ou partie d'un département, par exemple s'il prescrivait aux propriétaires de mares ou d'étables de prendre des précautions ou d'exécuter certains travaux pour éviter une insalubrité pouvant atteindre une portion du département.

pendante de celle de l'église, une clef de la porte de l'église doit être déposée entre les mains du maire (art. 10).

Organisation du personnel de la police. — La loi de 1884, reproduisant à peu près les dispositions de la loi du 24 juillet 1867 et du 20 janvier 1874 distingue, quant à l'organisation du personnel de la police, entre les villes ayant ou non plus de 40,000 habitants.

Dans les villes ayant plus de 40,000 habitants, l'organisation du personnel chargé du service de la police est réglée sur *l'avis* du conseil municipal, par *décrets* du Président de la République. La nouvelle loi n'exige plus qu'il s'agisse d'un chef-lieu de département, ni que le Conseil d'Etat intervienne. — Dans les autres communes, l'organisation est réglée par le maire.

Mais dans toutes les communes, même dans celles qui ont plus de 40,000 habitants, la nouvelle loi réserve au maire la nomination des inspecteurs de police, des brigadiers et sous-brigadiers et des agents de police, pourvu toutefois qu'ils soient agréés par le préfet ou le sous-préfet. En outre, dans toutes les communes, le maire peut les suspendre, le préfet seul pouvant les révoquer.

La dépense relative à la police municipale est obligatoire, et si un conseil municipal n'allouait pas les fonds exigés pour cette dépense ou n'allouait qu'une somme insuffisante, l'allocation nécessaire serait inscrite au budget par décret du Président de la République, le Conseil d'Etat entendu (art. 103) (1).

(1). Des dispositions spéciales régissent la ville de Lyon et quelques communes environnantes. Dans l'agglomération lyonnaise le préfet du Rhône exerce les mêmes attributions que celles qu'exerce le préfet de police à Paris et dans les communes suburbaines de la Seine. Les maires restent investis de tous les pouvoirs de police conférés aux administrations municipales par les § 1, 4 5, 6, 7 et 8 de l'article 97. Ils sont, en outre, chargés du maintien du bon ordre dans les foires, marchés, réjouissances et cérémonies publiques, spectacles, jeux, cafés, églises et autres lieux publics (art. 104 et 105.)

17.

Responsabilité civile des communes. — La responsabilité civile des communes se lie intimement aux pouvoirs de police conférés au maire ; car elle pourra être encourue par suite du défaut ou de l'insuffisance des mesures prises pour empêcher les dommages causés.

— L'Assemblée constituante, dans un décret du 23 février 1790, déclarait, d'une manière générale, la commune responsable du dommage qu'elle aurait pu empêcher dans le sein de son territoire et de celui causé dans la commune voisine à laquelle elle aurait refusé son assistance. Elle établissait ainsi une sorte de solidarité entre tous les membres de la commune et un devoir d'assistance mutuelle entre les communes elles-mêmes.

La loi du 10 vendémiaire an IV (2 octobre 1795), rendue dans des circonstances exceptionnelles, au moment où les sections de la commune de Paris, vaincues plus tard par Bonaparte, étaient insurgées contre la Convention nationale, vint confirmer le principe de l'Assemblée constituante, en précisant les cas de responsabilité de la commune.

Cette loi déclarait la commune responsable des délits commis à force ouverte ou par violence sur son territoire par des *attroupements* et *rassemblements* armés ou non armés, soit envers les personnes, soit contre les propriétés, ainsi que des dommages-intérêts pouvant en résulter.

La commune ne pouvait échapper à la responsabilité qu'en prouvant que les rassemblements étaient formés d'indidivus *étrangers* et qu'elle avait pris toutes les *mesures* nécessaires pour prévenir les délits. En outre, elle sanctionnait d'une manière rigoureuse la responsabilité. En cas de non-restitution des objets enlevés, elle obligeait la commune à payer le *double* de leur valeur et dans le cas où les habitants de la commune avaient pris part aux délits commis sur son territoire, la commune était tenue

pénalement d'une *amende* égale au montant de la réparation.

— La loi de 1884 maintient le principe de la responsabilité établie par la loi de l'an IV, mais elle en atténue
la rigueur et la renferme dans des limites plus équitables (1).

Les communes sont *civilement* responsables des dégâts et dommages résultant des crimes ou délits commis
à *force ouverte* ou par *violence* sur leur territoire par des
attroupements ou *rassemblements* armés ou non armés,
soit envers les personnes, soit contre les propriétés publiques ou privées.

Les dommages-intérêts dont la commune est responsable sont répartis entre tous les habitants *domiciliés*
dans ladite commune, en vertu d'un rôle spécial comprenant les quatre contributions directes (art. 106).

Si les attroupements et rassemblements ont été formés d'habitants de plusieurs communes, chacune d'elles
est responsable des dégâts et dommages causés dans la
proportion qui est fixée par les *tribunaux* (art. 107).

D'après la nouvelle loi, la responsabilité établie
par les articles précédents n'a pas lieu dans trois cas :

1° Lorsque la commune peut prouver que toutes les
mesures qui étaient en son pouvoir avaient été prises, à
l'effet de prévenir les attroupements et rassemblements
et d'en faire connaître les auteurs (2) ;

(1) M. Batbie, au Sénat, demandait l'abrogation pure et simple de
la loi de vendémiaire an IV, rendue dans des circonstances exceptionnelles. Il observait que la responsabilité de la commune ne devait pas plus être encourue que celle de l'Etat ou du département
et qu'il y a inconséquence à rendre la commune responsable du dommage commis par un attroupement et à la mettre à l'abri de toute
responsabilité pour le dommage causé par le malfaiteur.

(2) Sous l'empire de la loi de vendémiaire an IV, on s'était demandé s'il ne fallait pas la réunion de deux circonstances pour que
la commune échappât à la responsabilité : 1° qu'elle eût pris toute
les mesures pour prévenir le dommage ; 2° que les rassemblements
eussent été composés d'individus étrangers à la commune. Cette

2º Dans les communes où la municipalité *n'a pas* la disposition de la police locale ni de la *force armée*; exception qui s'applique à Paris et à Lyon (1);

3º Lorsque les dommages causés sont le résultat d'un *fait de guerre* (art. 108).

Au surplus, la commune déclarée responsàble peut exercer son recours contre les auteurs et complices du désordre (art. 109).

ATTRIBUTIONS CONTENTIEUSES DU MAIRE. — En dehors de ses attributions de pure administration, le maire a de très rares attributions contentieuses, dans lesquelles il joue le rôle de juge administratif.

Le cas le plus remarquable de juridiction contentieuse exercée par le maire est relatif aux contestations qui s'élèvent entre l'administration des contributions indirectes et les débitants de boissons spiritueuses sur l'exactitude de la déclaration du prix de *vente en détail* (art. 49. Loi du 28 avril 1816). Le maire ne statue qu'en premier ressort. L'appel de sa décision était porté autrefois devant le préfet, qui statuait après avoir pris l'avis du conseil de préfecture; mais, depuis la loi du 21 juin 1865, c'est le conseil de préfecture qui statue dans ce cas, avec un pouvoir de décision propre, comme dans tous les autres cas où auparavant il ne faisait que donner un avis au préfet, en matière contentieuse (abonnement avec l'administration des impôts indirects et octroi) (2).

Le maire statue également, comme juge administratif,

question est tranchée par la nouvelle loi, dans le sens admis déjà par la jurisprudence, qu'il suffit de prouver que toutes les mesures ont été prises pour préveuir les attroupements et en faire connaître les auteurs.

(1) Avant la loi de 1884 on controversait la question de savoir si la loi de vendémiaire an IV était applicable à la ville de Paris. La jurisprudence décidait déjà la négative (C. cas., 15 mai 1841 et 4 imai 1881.)

(2) Voir, à cet égard, ce que uous avons dit en traitant de la compétence des conseils de préfecture.

sur les contestations auxquelles peuvent donner lieu les indemnités de logement dues par les officiers marchant sans troupes (L. du 23 mai 1792, — 13 janvier 1793; règlement annexe, art, 26 et 52). Le recours contre sa décision peut être porté devant le préfet qui statuera sauf recours au ministre, et ensuite, au besoin, au Conseil d'Etat; de telle sorte qu'en matière administrative, une affaire peut subir l'épreuve de quatre degrés de juridiction. En matière civile et commerciale, au contraire, il n'y a, en principe, que deux degrés de juridiction.

ADMINISTRATION DES COMMUNES.

(Titre IV, ar:. 110-160).

Sous cette rubrique, un peu générale, le législateur traite dans quatre chapitres :

1º Des biens, travaux et établissements communaux;
2º Des actions judiciaires;
3º Du budget communal;
4º De la comptabilité publique.

Ce titre IV de la loi de 1884 correspond à peu près aux titres III, IV, V et VI de la loi de 1837. Il se réfère à des actes importants de la vie civile des communes et établissements communaux; il est le développement des attributions des conseils municipaux.

§ 1. BIENS, TRAVAUX ET ÉTABLISSEMENTS COMMUNAUX. — Après avoir établi le principe dont nous avons parlé et d'après lequel la vente *forcée* des biens de la commune ne peut être poursuivic par un créancier muni d'un titre exécutoire, sans une autorisation du Président de la République (art. 110), le législateur trace les règles relatives : aux dons et legs faits à la commune, aux travaux communaux et aux délibérations d'établissements communaux ayant pour objet un emprunt ou un changement d'affectation de leurs biens.

Dons et legs. — Les délibérations du conseil municipal ayant pour objet l'*acceptation* de dons et legs faits à une commune ou section de commune sont, en principe, exécutoires par elles-mêmes. Par exception une autorisation de l'autorité supérieure devient nécessaire pour l'acceptation :

1° Lorsque les dons et legs sont faits avec des *charges* ou *conditions*; dans ce cas, les délibérations ne sont exécutoires qu'après une approbation donnée par le préfet, en conseil de préfecture (art. 68 8° et 111 1°);

2° S'il y a *réclamation* de la famille, c'est-à-dire de prétendants droit à la succession; dans ce cas l'autorisation d'accepter ne peut être accordée que par un décret en Conseil d'État (art. 68 8° et 111 1°) (1).

Ces dispositions ne sont que la consécration de la loi de 1867; mais une règle nouvelle est établie pour les libéralités faites à un hameau ou quartier d'une commune. Lorsque la libéralité est faite à un hameau ou quartier de commune qui n'est *pas* encore à l'état de section ayant la *personnalité civile*, les habitants du hameau ou quartier sont appelés à élire une commission syndicale, conformément à l'art. 129. Cette commission délibère sur l'acceptation de la libéralité et, dans *aucun cas*, l'autorisation d'accepter ne peut être accordée que par un décret rendu dans la forme des règlements d'administration publique (art. 111 *in fine*).

— Quand la délibération porte *refus* de dons et legs, d'après la loi de 1837, elle ne devenait exécutoire que par une décision du chef de l'Etat, parce qu'on craignait que le conseil municipal ne sacrifiât l'intérêt de la commune à celui des héritiers. D'après la nouvelle loi le conseil municipal est simplement invité, par un arrêté

---

(1) Un décret en Conseil d'Etat est nécessaire lorsqu'une réclamation est formée : soit contre l'ensemble des libéralités intéressant la commune ou section et divers établissements publics, soit seulement contre une ou plusieurs des libéralités. Il est encore nécessaire lorsqu'une convention ou transaction intervient entre les héritiers la commune, la section et les établissements intéressés, avant qu'il ait été statué par l'autorité supérieure, car cette convention ou transaction suppose une réclamation des prétendants droit. Il faut également un décret en Conseil d'Etat, même s'il n'y a pas réclamation, lorsqu'une ou plusieurs des libéralités concernent des établissements religieux, et que le préfet n'est pas compétent pour les autoriser. (Circulaire du 15 mai 1884.)

motivé du préfet, à revenir sur sa première délibération ; mais si, dans une seconde délibération, il persiste dans son refus, celui-ci devient définitif.

Si le don ou legs a été fait à une *section* de commune et que le conseil municipal soit d'avis de le refuser, une commission syndicale formée pour la section est appelée à délibérer et un décret en Conseil d'Etat peut, malgré l'opposition du conseil municipal, autoriser l'acceptation de la libéralité. La section se trouve ainsi protégée par la nouvelle loi contre la résistance intéressée et jalouse du conseil municipal (art. 112).

— Conformément à l'ancienne législation, le maire a le droit d'accepter à *titre conservatoire* les dons ou legs faits à la commune. Il peut former aussi, avant toute autorisation, une demande en délivrance. L'autorisation qui interviendra ensuite de la part soit du conseil municipal, soit du préfet, soit du chef de l'Etat en Conseil d'Etat, aura un effet *rétroactif* au jour de l'acceptation faite par le maire. Cette faculté donnée au maire aura pour effet d'éviter à la commune la perte de libéralités ou d'intérêts qui pourrait résulter d'un retard dans l'autorisation (art. 113).

Travaux communaux. — La loi de 1884 étend les pouvoirs du conseil municipal en matière de projets, plans et devis des travaux communaux. Ses délibérations sont, en principe, à cet égard, exécutoires par elles-mêmes (art. 61 et 114). Toutefois, les constructions nouvelles, les reconstructions entières ou partielles, les projets, plans et devis des grosses réparations et d'entretien ne sont exécutoires qu'après approbation de l'autorité supérieure, quand la dépense totalisée avec les dépenses de même nature pendant l'exercice courant dépasse les limites des ressources ordinaires et extraordinaires que les communes peuvent se créer sans autorisation spéciale (art. 68, n° 3). En tout cas, aucune construction nouvelle ou reconstruction ne peut être faite que sur la *production* des plans et devis approuvés par le conseil municipal, sauf les exceptions prévues par les lois spéciales (notamment pour les travaux de grande ou moyenne vicinalité ou d'ouvrages constituant des dépenses obligatoires) (art. 114).

—Les travaux et fournitures à exécuter par entreprise sont l'objet soit d'une adjudication, soit d'un traité de gré à gré.

D'après l'ordonnance du 14 novembre 1837 l'adjudication avec *publicité* et *concurrence* est la règle. Toutefois, dans certains cas exceptionnels, il peut être traité de gré à gré. L'article 115 de la nouvelle loi décide que les traités de gré à gré à passer dans les conditions prévues par l'ordonnance du 14 novembre 1837 et qui ont pour objet l'exécution par entreprise des travaux d'ouverture des nouvelles voies publiques et de tous autres travaux communaux sont approuvés par le préfet, si les revenus ordinaires de la commune sont inférieurs à trois millions et par décret s'ils atteignent ou dépassent ce chiffre (1); il en est de même des traités portant concession à titre exclusif ou pour une durée de plus de trente ans des grands services municipaux, ainsi que des tarifs et traités relatifs aux pompes funèbres (2).

— Plusieurs communes sont souvent intéressées à l'exécution et à l'entretien de certains travaux, tels qu'un chemin, un pont, une digue, un canal, ou à la fondation de certaines institutions, par ex. : d'établissements de bienfaisance ou d'écoles professionnelles. La loi de 1884 permet d'organiser des *conférences intercommunales* afin que les communes puissent débattre à cet égard

(1) La loi de 1867 exigeait que le décret fût rendu en Conseil d'Etat, et que les travaux fussent déclarés d'utilité publique. Ces conditions ne sont plus nécessaires.

(2) Dans les villes ayant 3 millions de revenus ces derniers traités doivent être approuvés par décret, sans qu'il y ait à distinguer s'ils sont conclus de gré à gré ou par voie d'adjudication. (Circulaire du 15 mai 1884.)

leurs intérêts respectifs, par analogie de ce que la loi du 10 août 1871 (art. 89-91), sur les conseils généraux, a décidé pour les intérêts communs à plusieurs départements.

Dans ce but, les conseils municipaux provoquent entre eux, par l'entremise de leurs présidents et après en avoir averti les préfets, une entente sur les objets d'utilité communale compris dans leurs attributions et intéressant à la fois leurs communes respectives (art. 116). Les question d'intérêt commun sont débattues dans des conférences où *chaque* conseil municipal est représenté par une *commission spéciale* nommée à cet effet et composée de trois membres élus au scrutin secret.

Les préfets et les sous-préfets des départements et arrondissements comprenant les communes intéressées peuvent toujours assister à ces conférences.

Les décisions qui y sont prises ne sont exécutoires qu'après avoir été ratifiées par *tous* les conseils municipaux intéressés. Elles sont en outre subordonnées à la même sanction que les délibérations des conseils municipaux, lorsqu'elles ne sont exécutoires qu'en vertu d'une approbation donnée par l'autorité supérieure (article 117).

Si des questions autres que celles prévues par l'article 116 étaient mises en discussion, le préfet du département où la conférence a lieu déclarerait la réunion dissoute, et toute délibération prise après cette déclaration donnerait lieu à l'application des dispositions et pénalités énoncées à l'article 34 de la loi du 10 août 1871 sur les conseils généraux (art. 118).

Établissements communaux. — Le conseil municipal est appelé à donner son avis, ainsi que nous l'avons vu, sur le budget et les comptes, ainsi que sur les différents actes intéressant le patrimoine (art. 70 n° 5) des hospices, hôpitaux et autres établissements de charité et de bienfaisance.

La loi nouvelle détermine quelles sont les autorités chargées d'autoriser les emprunts de ces établissements et les changements d'affectation des biens qui leur appartiennent.

En ce qui touche les *emprunts*, les délibérations des commissions administratives des établissements charitables communaux sont exécutoires, en vertu d'un arrêté du préfet, sur avis conforme du conseil municipal, lorsque la somme à emprunter ne dépasse pas le chiffre des revenus ordinaires de l'établissement et que le remboursement doit être effectué dans un délai de douze années.

Si la somme à emprunter dépasse ledit chiffre ou si le délai de remboursement excède douze années, l'emprunt ne peut être autorisé que par un décret du Président de la République.

Si l'avis du conseil municipal est contraire ou s'il s'agit d'un établissement ayant plus 100,000 francs de revenus, le décret est rendu en Conseil d'Etat.

Enfin si la somme à emprunter dépasse 500,000 francs ou si, réunie aux chiffres d'autres emprunts non encore remboursés, elle dépasse 500,000 francs, l'emprunt ne peut être autorisé que par une loi (art. 119).

En ce qui touche les *changements d'affectation*, les délibérations par lesquelles les commissions administratives changeraient en totalité ou en partie l'affectation des locaux ou objets immobiliers ou mobiliers appartenant à ces établissements, dans l'intérêt d'un service public ou privé quelconque, ou mettraient les dits locaux ou objets à la disposition soit d'un autre établissement public ou privé, soit d'un particulier, ne sont exécutoires qu'après un avis du conseil municipal et en vertu d'un décret rendu sur la proposition du ministre de l'intérieur (art. 120).

§ II. ACTIONS JUDICIAIRES. — La loi de 1884 reproduit sur la matière importante des actions judiciaires les règles de la loi de 1837, avec certaines modifications destinées à les compléter et à les préciser.

En principe nulle commune ou section de commune ne peut *ester en justice* sans y être autorisée par le *conseil de préfecture* qui remplit, à cet égard, une mission de tutelle administrative.

Il importe de distinguer si la commune joue le rôle de demanderesse ou le rôle de défenderesse.

Ce que nous dirons de la commune devra s'appliquer également à une section de commune.

Commune demanderesse. — La commune qui veut intenter une action en justice doit demander l'autorisation au conseil de préfecture, qui doit statuer dans le délai de *deux mois* à compter du jour de la demande en autorisation. Sous la loi de 1837, tant que la commune n'était pas autorisée par le conseil de préfecture, elle ne pouvait régulièrement agir, sous peine d'être déclarée *non recevable* dans sa demande. D'après la nouvelle loi, si la décision du conseil de préfecture n'est pas rendue dans les deux mois, la commune est autorisée à plaider ; de telle sorte qu'après ce délai elle ne peut plus être déclarée non recevable; l'expiration du délai sans que le conseil de préfecture ait statué équivaut à une autorisation (art. 121).

Après tout jugement intervenu la commune ne peut se pourvoir devant un autre degré de juridiction et même devant la Cour de cassation (art. 127) qu'en vertu d'une nouvelle autorisation du conseil de préfecture.

Conformément à la loi de 1837, la nouvelle loi reconnait à un *simple particulier* le droit d'exercer, avec l'*autorisation du conseil de préfecture*, et à ses frais et risques, les actions qu'il croirait appartenir à la commune. Mais ce droit ne lui est accordé qu'aux conditions suivantes: 1° qu'il soit contribuable, c'est-à-dire inscrit au rôle de la commune; 2° que la commune ait été mise en demeure, c'est-à-dire qu'elle ait été préalablement

appelée à délibérer sur l'action à intenter et qu'elle ait
refusé ou négligé de l'exercer; 3° que la commune soit
mise en cause, car la décision à intervenir doit avoir
effet à son égard (art. 123). Il importe d'observer que le
contribuable, à la différence de la commune, ne peut
jamais plaider sans une autorisation formelle du conseil de préfecture; de telle sorte que si le conseil de préfecture ne statuait pas dans le délai de deux mois, le
contribuable ne pourrait se considérer comme autorisé,
sauf à lui, comme nous allons le voir, à se pourvoir
devant le Conseil d'Etat.

Commune défenderesse. — Aucune action judiciaire,
autre qu'une action possessoire, ne peut, à peine de nullité, être intentée contre une commune sans que le demandeur ait préalablement adressé au préfet ou au sous-
préfet un *mémoire* exposant les motifs de sa réclamation
et dont il lui est donné récépissé.

D'après la loi de 1884, l'action ne peut être portée devant les tribunaux que *deux mois* après la date du récépissé, sans préjudice des actes conservatoires. La présentation du mémoire interrompt toute prescription ou
déchéance, mais à la condition, d'après la nouvelle loi,
qu'elle soit suivie d'une demande en justice dans le *délai
de trois mois* (art. 124). C'est là une règle analogue à
celle établie par le Code de procédure civile à l'occasion
de la citation en conciliation (art. 57. C. pr. civ.).

Le préfet ou le sous-préfet adresse immédiatement le
mémoire au maire, en l'invitant à convoquer le conseil
municipal, dans le plus bref délai, pour en délibérer. La
délibération du conseil municipal est transmise au conseil de préfecture, qui décide si la commune doit être
autorisée à ester en justice. La décision du conseil de
préfecture doit être rendue dans le délai de deux mois,
à dater du dépôt du mémoire (art. 125).

S'il y a refus d'autorisation ou si la commune auto-
séeri ne veut pas plaider, le demandeur pourra sans

doute intenter son action et obtenir, au besoin, un jugement par défaut (1).

Recours contre le refus d'autorisation. — Quand le conseil de préfecture a refusé l'autorisation de plaider par
un arrêt qui doit alors être motivé, la commune ou le
contribuable peut se pourvoir devant le Conseil d'Etat.

Le pourvoi n'ayant aucun caractère contentieux, puisqu'il est formé à l'occasion d'une mission de tutelle administrative, est introduit et jugé en la *forme administrative;* dès lors, il n'y a ni plaidoirie, ni ministère public, ni publicité de séance. L'affaire est même délibérée
définitivement par la section de l'intérieur du conseil
d'Etat et non en assemblée générale.

Le pourvoi doit, à peine de déchéance, être formé dans
le délai de *deux mois* à dater de la notification de l'arrêté du conseil de préfecture et il doit être statué sur le
pourvoi dans le délai de deux mois à partir du jour de
son enregistrement au secrétariat général du Conseil
d'Etat (art. 126).

— En cas de pourvoi de la commune contre la décision du conseil de préfecture lui refusant l'autorisation
de plaider, en qualité de défenderesse, le demandeur
peut néanmoins introduire son action devant les tribunaux; mais l'instance est suspendue jusqu'à ce qu'il
ait été statué par le Conseil d'Etat ou jusqu'à l'expiration du délai dans lequel le Conseil d'Etat doit statuer.

(1) Quand la commune est autorisée à plaider en qualité de défenderesse, si le maire, conformément au vœu du conseil municipal,
refuse de défendre à l'action, le préfet ne pourrait se substituer au
maire pour soutenir les intérêts de la commune. Cette décision,
admise par la jurisprudence, a été implicitement consacrée par la
loi nouvelle, car un amendement, ayant été d'abord adopté par la
Chambre des députés pour conférer ce droit au préfet, a été rejeté
par le Sénat. Mais si le refus du maire était contraire à la résolution du conseil municipal, le préfet pourrait alors intervenir en
vertu de l'article 85, et charger, au besoin, un délégué spécial de
la défense de la commune

A défaut de décision rendue dans les délais ci-dessus impartis, la nouvelle loi décide que le silence du Conseil d'Etat, comme celui du conseil de préfecture, tiendra lieu d'autorisation et que la commune pourra ester en justice. Toutefois, en cas d'appel ou de pourvoi en cassation, la commune devra solliciter une nouvelle autorisation, conformément à l'article 121 (art. 127).

Exceptions à la nécessité de l'autorisation. — L'autorisation du conseil de préfecture n'est pas nécessaire :

1° En matière d'*actions possessoires*. En effet, le maire peut toujours, sans autorisation préalable, intenter toute action possessoire ou y défendre et faire tous actes conservatoires ou interruptifs de déchéance. L'article 122, consacrant une jurisprudence établie déjà sous l'empire de la loi de 1837, reconnaît, en outre, au maire le droit d'interjeter appel de tout jugement et de se pourvoir en cassation ; mais il ne peut ni suivre sur son appel, ni suivre sur le pourvoi qu'en vertu d'une nouvelle autorisation (art. 122) ;

2° En cas d'opposition formée contre les *états* dressés par le maire pour le recouvrement des recettes communales (art. 154).

On admet généralement qu'une commune ayant *gagné* son procès en première instance après avoir été autorisée à plaider, n'a pas besoin d'une nouvelle autorisation pour défendre en appel (1).

Enfin, aucune autorisation n'est nécessaire devant les *juridictions administratives.*

— Dans tous les cas où la commune n'a pas besoin

---

(1) Dans le cas où la commune est poursuivie comme responsable des délits commis par attroupements sur son territoire, la jurisprudence décidait également qu'aucune autorisation n'était nécessaire (C. cass., 1er décembre 1875.) La nouvelle loi ne s'étant pas expliquée à cet égard, il est probable qu'elle a voulu consacrer la jurisprudence.

d'une autorisation, le maire chargé de représenter la commune, soit en demandant, soit en défendant, doit toujours obtenir l'autorisation du conseil municipal pour engager et suivre l'instance (art. 61).

Règles spéciales aux procès entre une section et sa commune ou entre deux sections de la même commune. — Quand une section de commune se propose d'intenter ou de soutenir une action judiciaire, soit contre la commune dont elle dépend, soit contre une autre section de la même commune, il est formé, pour la section et pour chacune des sections intéressées une *commission syndicale* distincte (art. 128).

Les membres de cette commission sont choisis parmi les éligibles de la commune. Sous la loi de 1837 ils étaient nommés par le préfet. D'après la loi de 1884 ils sont nommés par les électeurs de la section qui l'habitent et par les personnes qui, sans être portées sur la liste électorale, y sont propriétaires fonciers. En outre, la nouvelle loi *impose* au préfet l'obligation de convoquer les électeurs dans le délai d'un mois afin de nommer la commission syndicale, toutes les fois qu'un tiers des habitants ou propriétaires de la section lui adresse à cet effet une demande motivée sur l'existence d'un droit litigieux à exercer au profit de la section contre la commune ou une autre section de la commune. Le nombre des membres de la commission, qui était autrefois de trois à cinq, n'est plus limité; il est fixé par l'arrêté qui convoque les électeurs, au chiffre que le préfet juge convenable. Ces membres élisent parmi eux un *président* chargé de suivre l'action (art. 129).

D'après la loi de 1837, tous les membres du conseil municipal intéressés à la jouissance des biens et droits revendiqués par une section devaient être remplacés dans les délibérations relatives au litige. D'après la loi de 1884, le remplacement n'est exigé qu'autant que le conseil municipal se trouve réduit à moins du tiers de ses membres par suite de l'abstention des conseillers intéressés, prescrite par l'article 64. Dans ce cas, le préfet convoque les électeurs de la commune, déduction faite de ceux qui habitent ou sont propriétaires sur le territoire de la section, à l'effet d'élire ceux d'entre eux qui doivent prendre part aux délibérations aux lieu et place des conseillers municipaux obligés de s'abstenir (art. 30).

Frais de procès. — Une disposition très équitable, reproduite de la loi de 1837, décide que la section, de même que toute partie, qui a gagné son procès contre une commune ou section de commune, n'est point passible des charges ou contributions imposées pour l'acquittement des frais et dommages-intérêts résultant du procès (art. 131).

§ III. Budget communal. — Le budget communal comprend des recettes et des dépenses qui sont votées et doivent être réglées, c'est-à-dire approuvées par l'autorité supérieure. Nous aurons ainsi à examiner : 1° les recettes et les dépenses; 2° le vote et le règlement du budget.

I. — **Recettes et dépenses du budget.** — Le budget communal se divise en budget *ordinaire* et en budget *extraordinaire* (art. 132). Chacun de ces budgets a ses recettes et ses dépenses.

Recettes. — Les recettes du budget *ordinaire* se composent :

1° Des revenus de tous les biens dont les habitants n'ont pas la jouissance en nature;

2° Des cotisations imposées annuellement sur les ayants droit aux fruits qui se perçoivent en nature;

18

3° Du produit des centimes additionnels ordinaires et spéciaux affectés aux communes par les lois de finances (1);

4° Du produit de la portion accordée aux communes dans certains des impôts et droits perçus pour le compte de l'Etat (2);

5° Du produit des octrois municipaux affectés aux dépenses ordinaires;

6° Du produit des droits de place perçus dans les halles, foires, marchés, abattoirs, d'après les tarifs dûment établis (3);

7° Du produit des permis de stationnement et de location sur la voie publique, sur les rivières, ports et quais fluviaux et autres lieux publics;

8° Du produit des péages communaux, des droits de pesage, mesurage et jaugeage, des droits de voirie et autres droits légalement établis;

9° Du produit des terrains communaux affectés aux inhumations et de la part revenant aux communes dans le prix des concessions dans les cimetières (4);

(1) Un centime additionnel est le centième du principal de l'impôt, c'est-à-dire un centime par franc, qui s'ajoute au principal.

On distingue trois espèces de centimes additionnels communaux:

1° Les centimes ordinaires établis anuellement par la loi de finances, sans vote du conseil municipal;

2° Les centimes spéciaux, autorisés par des lois générales et créés pour certains services, pour les dépenses particulières des chemins vicinaux, de l'instruction primaire et le traitement du garde-champêtre;

3° Les centimes extraordinaires, soit pour subvenir à l'insuffisance des revenus ordinaires ou spéciaux, soit pour exécuter des travaux extraordinaires et qui sont votés par le conseil municipal, tantôt définitivement, tantôt avec approbation de l'autorité supérieure, soit du préfet, soit du chef de l'Etat, soit du législateur. Dans ce dernier cas, il intervient une loi spéciale d'intérêt local.

(2) Notamment dans l'impôt des patentes et dans les droits de permis de chasse.

(3) Les tarifs des droits de place dans les halles, foires et marchés sont approuvés par le préfet. (Art. 68 et 69, L. 1884.)

Le tarif des taxes d'abatage est homologué, tantôt par le préfet, tantôt par décret par Conseil d'Etat. (D. 1er août 1864.)

(4) Le produit des terrains communaux affectés aux inhumations

10° Du produit des concessions d'eau et de l'enlèvement des boues et immondices de la voie publique et autres concessions autorisées pour les services communaux;

11° Du produit des expéditions des actes administratifs et des actes de l'état civil ;

12° De la portion que les lois accordent aux communes dans les produits des amendes prononcées par les tribunaux de police correctionnelle et de simple police (1) ;

13° Du produit de la taxe du balayage dans les communes de France et d'Algérie où elle sera établie, sur leur demande, conformément aux dispositions de la loi du 26 mars 1873, en vertu d'un décret rendu dans la forme des règlements d'administration publique (2) ;

14° Et généralement du produit des contributions, taxes et droits dont la perception est autorisée par les lois dans l'intérêt des communes et de toutes ressources annuelles et permanentes ; en Algérie et dans les colonies, des ressources dont la perception est autorisée par les lois et décrets (3) ;

comprend le produit spontané qui d'après le décret du 30 décembre 1809 (art. 136), faisait partie des revenus de la fabrique. Cette disposition du décret a été abrogée par l'article 168 de la loi de 1884.

La part revenant aux communes dans le prix des concessions dans les cimetières a été fixée aux deux tiers par l'ordonnance du 6 décembre 1843; l'autre tiers est destiné aux pauvres ou aux établissements de bienfaisance (art. 3 de l'ordonn. et art. 11 du décret du 22 prairial an XII). Les délibérations relatives aux concessions sont soumises à l'approbation du préfet.

(1) Les amendes de police municipale et rurale appartiennent aux communes sur le territoire desquelles les contraventions ont été commises; il en est de même des amendes pour délits de chasse, sauf les gratifications accordées aux agents.

Les amendes de police correctionnelle forment un fonds commun dont la commission départementale dispose sur les propositions du préfet.

(2) D'après les règlements locaux ou les anciens usages, le balayage des voies publiques, à l'intérieur des agglomérations, incombe aux propriétaires des fonds riverains sous la sanction d'une peine (art. 471 nos 3 et 15). La plupart des villes se chargent moyennant un abonnement *facultatif* de faire le balayage. Une loi du 26 mars 1873 convertit pour Paris la charge du balayage en une taxe *obligatoire* à payer par les riverains ; la loi de 1884 étend à toutes les communes la faculté d'imposer une taxe semblable, avec une autorisation donnée par un simple décret en Conseil d'Etat.

(3) Parmi les produits dont il est question au § 14, on peut citer:

L'établissement des centimes pour insuffisance de revenus est autorisée par arrêté du préfet, lorsqu'il s'agit de dépenses obligatoires; il est approuvé par décret dans les autres cas.

— Les recettes du budget *extraordinaire* se composent (art. 134) :

1° Des contributions extraordinaires dûment autorisées ;
2° Du prix des biens aliénés ;
3° Des dons et legs ;
4° Du remboursement des capitaux exigibles et des rentes rachetées ;
5° Du produit des coupes extraordinaires de bois ;
6° Du produit des emprunts ;
7° Du produit des taxes ou des surtaxes d'octroi spécialement affectées à des dépenses extraordinaires et à des remboursements d'emprunt ;
8° Et de toutes autres recettes accidentelles.

Dépenses. — Les dépenses du budget *ordinaire* comprennent les dépenses annuelles et permanentes d'utilité communale.

Les dépenses du budget *extraordinaire* comprennent les dépenses accidentelles ou temporaires qui sont imputées sur les recettes extraordinaires ou sur l'excédent des recettes ordinaires (art. 135).

En fait, avant la loi 1884, les dépenses du budget ordinaire et du budget extraordinaire étaient déjà séparées. La loi de 1884 ne fait à cet égard, que maintenir un état de choses préexistant.

— Les dépenses des communes sont *obligatoires* ou *facultatives*. Il y a grand intérêt à les distinguer.

En effet, les dépenses obligatoires sont ainsi appelées parce qu'elles ne peuvent être éludées. En conséquence, si un conseil municipal n'allouait pas les fonds exigés

le produit de la taxe sur les chiens, celui du vingtième de l'impôt sur les cheveaux et voitures, celui de la délivrance des livrets d'ouvriers.

pour une dépense obligatoire ou n'allouait qu'une somme insuffisante, l'allocation serait, comme nous le verrons, inscrite d'*office* au budget, soit par un arrêté du préfet, en conseil de préfecture, soit par décret du Président de la République, suivant que le revenu de la commune serait ou non inférieur à 3 millions; et en cas d'insuffisance des ressources de la commune, il y serait pourvu, en cas de refus du conseil municipal, par une contribution *extraordinaire* établie par un décret ou par une loi, suivant qu'elle serait ou non dans les limites du maximum fixé annuellement par la loi de finances (art. 149).

Au surplus, les dépenses obligatoires ou facultatives ne correspondent pas aux recettes ordinaires ou extraordinaires. Il n'y a pas corrélation entre la nature des recettes et le caractère obligatoire ou facultatif des dépenses. Les recettes, tant ordinaires qu'extraordinaires, peuvent être consacrées indistinctement aux dépenses obligatoires et facultatives. Toutefois, les centimes spéciaux, de même que les centimes extraordinaires, doivent être appliqués aux besoins pour lesquels ils ont été créés.

Sont *obligatoires* pour les communes les dépenses suivantes (art. 136) :

1o L'entretien de l'Hôtel-de-Ville, ou, si la commune n'en possède pas, la location d'une maison ou d'une salle pour en tenir lieu;

2o Les frais de bureau et d'impression pour le service de la commune, de conservation des archives communales et du recueil des actes administratifs du département; les frais d'abonnement au Bulletin des communes, et, pour les communes chefs-lieux de canton, les frais d'abonnement et de conservation du Bulletin des lois;

3o Les frais de recensement de la population, ceux des assemblées électorales qui se tiennent dans les communes et ceux des *cartes électorales* (art. 13);

4o Les frais des registres de l'état civil et des livrets de fa-

13

mille (1) et la portion de la table décennale des actes de l'état civil à la charge des communes;

5° Le traitement du receveur municipal, du préposé en chef de l'octroi et les frais de perception;

6° Les traitements et autres frais du personnel de la police municipale et rurale et des gardes des bois de la commune;

7° Les pensions à la charge de la commune, lorsqu'elles ont été régulièrement liquidées et approuvées;

8° Les frais de loyer et de réparation du local de la justice de paix, ainsi que ceux d'achat et d'entretien de son mobilier dans les communes, chefs-lieux de canton;

9° Les dépenses relatives à l'instruction publique, conformément aux lois;

10° Le contingent assigné à la commune, conformément aux lois, dans la dépense des enfants assistés et des aliénés;

11° L'indemnité de logement aux curés et desservants et ministres des autres cultes salariés par l'État, lorsqu'il n'existe pas de bâtiment affecté à leur logement, et, lorsque les fabriques ou autres administrations préposées aux cultes ne pourront pourvoir elles-mêmes au paiement de cette indemnité;

12° Les grosses réparations aux édifices communaux, sauf, lorsqu'ils sont consacrés aux cultes, l'application préalable des revenus et des ressources disponibles des fabriques à ces réparations, et sauf l'exécution des lois spéciales concernant les bâtiments affectés à un service militaire;

S'il y a désaccord entre la fabrique et la commune, quand le concours financier de cette dernière est réclamé par la fabrique dans les cas prévus aux paragraphes 11 et 12, il est statué par décret sur les propositions des ministres de l'intérieur et des cultes (2);

_____

(1) Le livret de famille est un livret remis gratuitement aux conjoints lors de la célébration de leur mariage. Il est destiné à recevoir, par extrait, les énonciations principales des actes de l'état civil intéressant chaque famille. Ces livrets sont, comme le dit la circulaire du 15 mai 1884, un troisième dépôt des actes de l'état civil confié à la garde des intéressés.

(2) Les § 11 et 12 ont été l'objet de vives discussions. La nouvelle loi modifiant la loi de 1837 et le décret du 30 décembre 1809, n'a pas maintenu, au nombre des dépenses obligatoires, les secours aux fa

13º La clôture des cimetières, leur entretien et leur translation dans les cas déterminés par les lois et règlements d'administration publique (1);

14º Les frais d'établissement et de conservation des plans d'alignement et de *nivellement* (2);

15º Les frais et dépenses des conseils de prud'hommes pour les communes comprises dans le *territoire de leur juridiction* et proportionnellement au nombre des électeurs inscrits sur les listes électorales spéciales à l'élection et les menus frais des chambres consultatives des arts et manufactures pour les communes où elles existent;

16º Les prélèvements et contributions établis par les lois sur les biens et revenus communaux;

17º L'acquittement des dettes exigibles;

18º Les dépenses des chemins vicinaux dans les limites fixées par la loi;

19º Dans les colonies régies par la présente loi, le traitement du secrétaire et des employés de la mairie, les contributions assises sur les biens communaux, les dépenses pour

briques des églises et autres administrations préposées aux cultes en cas d'insuffisance de leurs revenus, ni les dépenses d'entretien des édifices communaux consacrés aux cultes. Ces dépenses ne sont plus que facultatives.

Quant au logement des ministres des cultes et aux grosses réparations des édifices religieux, le loi de 1884 consacre la législation et la jurisprudence antérieures, en ne les mettant à la charge des communes qu'à défaut des ressources disponibles des fabriques.

— C'est dans le même esprit de liberté et d'indépendance des communes vis-à-vis des cultes, que l'article 167 permet aux conseils municipaux de prononcer, dans les mêmes formes que l'affectation elle-même, la désaffectation d'immeubles consacrés aux cultes, à des services religieux ou à des établissements quelconques, soit ecclésiastiques, soit civils, en respectant toutefois la loi organique des cultes et le Concordat de l'an X.

(1) La loi de 1884 ayant attribué aux communes (art. 136), contrairement au décret de 1809, le produit spontané des lieux de sépulture, a mis l'entretien des cimetières à la charge des communes.

(2) Les frais de plan de *nivellement* ont été ajoutés par la loi de 1884. Le ministre de l'intérieur en conclut que désormais les propriétaires riverains devront demander, lorsqu'ils voudront construire le long de la voie publique, non seulement un alignement individuel, mais encore l'indication des cotes de nivellement. (Circulaire du 15 mai 1884.)

le service de la milice qui ne sont pas à la charge du Trésor;

20° Les dépenses occasionnées par l'application de l'article 85 de la présente loi et généralement toutes les dépenses mises à la charge des communes par une disposition de loi (1).

Régles spéciales sur les taxes d'octroi ou autres taxes particulières et sur les contributions extraordinaires et les emprunts. — Les délibérations des conseils municipaux relatives aux *octrois* sont, en général, soumises à l'approbation de l'autorité supérieure; néanmoins, quelques délibérations sont exécutoires par elles-mêmes.

— Sont approuvées par un *décret en Conseil d'Etat*, après avis du conseil général ou de la commission départementale, dans l'intervalle des sessions, les délibérations concernant:

1° L'établissement des taxes d'octroi;

2° L'augmentation ou la prorogation d'une ou plusieurs taxes pour une période de plus de 5 ans;

3° Les modifications aux règlements ou aux périmètres existants;

4° L'assujettissement à la taxe d'objets non encore imposés au tarif local;

5° L'établissement ou le renouvellement d'une taxe non comprise dans le tarif général;

6° L'établissement ou le renouvellement d'une taxe excédant le maximum fixé par le tarif général.

— Par exception, une *loi* est nécessaire pour les *surtaxes* d'octroi sur les vins, les cidres, poirés, hydromels, alcools, au delà des proportions déterminées par les lois spéciales concernant les droits d'entrée du Trésor (art. 137).

— Sont exécutoires, sur l'*approbation du préfet*, conformément à l'article 69, mais après avis du conseil gé-

(1) L'article 85 vise le cas où le préfet procède d'office ou par un délégué spécial à l'accomplissement d'un acte que le maire refuse de remplir. La loi de 1837 n'avait pas énuméré la dépense parmi les dépenses obligatoires.

néral ou de la commission départementale, dans l'intervalle des sessions, les délibérations concernant :

La suppression ou la diminution des taxes d'octroi (art. 138).

— Sont exécutoires *par elles-mêmes* les délibérations prononçant :

La prorogation ou l'augmentation des taxes d'octroi pour une période de 5 ans au plus, sous la réserve qu'aucune des taxes ainsi maintenues ou modifiées n'excédera le maximum déterminé par le tarif général et ne portera que sur des objets compris dans ce tarif (art. 139) (1).

— D'après les articles 133 et 134, il y a deux catégories de taxes d'octroi : les taxes principales, dont le produit est inscrit au budget ordinaire de la commune et les taxes additionnelles ou extraordinaires dont le produit doit être inscrit au budget extraordinaire. Cette distinction a une grande importance, car, d'après l'article 3 de la loi du 16 juin 1881, le cinquième du produit des taxes ordinaires d'octroi doit être affecté aux dépenses de l'instruction primaire.

— Les taxes *particulières* dues par les habitants ou propriétaires en vertu des lois et des usages locaux sont réparties par une délibération du conseil municipal approuvée par le préfet.

Ces taxes sont perçues suivant les formes établies pour le recouvrement des contributions publiques (art. 140). Elles comprennent notamment les taxes d'affouage, de pacage ou de pâturage, de pavage, d'établissement de trottoirs.

— Les articles 141-143 apportent des modifications importantes aux règles établies par les lois de 1837 et 1867, en ce qui touche les impositions extraordinaires et les emprunts.

(1) Le tarif général prescrit par la loi du 24 juillet 1867 a été fait et annexé au décret du 14 février 1870.

Les conseils municipaux peuvent voter par des délibérations *exécutoires par elles-mêmes* :

1° Dans la limite du maximum fixé chaque année par le conseil général, des contributions extraordinaires n'excédant pas cinq centimes pendant cinq ans, pour en appliquer le produit à des dépenses extraordinaires d'utilité communale;

2° Trois centimes extraordinaires exclusivement affectés aux chemins vicinaux ordinaires et trois centimes extraordinaires exclusivement affectés aux chemins *ruraux reconnus ;*

3° Les emprunts communaux remboursables sur les centimes extraordinaires votés comme il vient d'être dit au *primo* du présent article, ou sur les ressources ordinaires quand l'amortissement, en ce dernier cas, ne dépasse pas 30 *ans* (12 *ans*, L. 1867) (art. 141).

Les conseils municipaux votent, sauf l'*approbation du Préfet* :

1° Les contributions extraordinaires qui dépasseraient cinq centimes, sans excéder le maximum fixé par le conseil général et dont la durée excédant 5 années ne serait pas supérieure à 30 ans;

2° Les emprunts remboursables sur les mêmes contributions extraordinaires ou sur les revenus ordinaires dans un délai excédant, pour ce dernier cas, 30 ans (art. 142).

Toute contribution extraordinaire dépassant le maximum fixé par le conseil général et tout emprunt remboursable sur cette contribution sont autorisés par *décret* du Président de la République.

Si la contribution est établie pour une durée de plus de 30 ans, ou si l'emprunt remboursable sur ressources extraordinaires doit excéder cette durée, le décret est rendu en *Conseil d'Etat*. — Enfin il est statué par une *loi* si la somme à emprunter dépasse un million ou si,

réunie aux chiffres d'autres emprunts non encore remboursés, elle dépasse un million (art. 143) (1).

— Les forêts et les bois de l'Etat acquittent les centimes additionnels ordinaires et extraordinaires affectés
aux dépenses des communes dans la même proportion
que les propriétés privées (art. 144). Cette disposition
est conforme à la loi de finances du 8 mai 1869 ; mais
la loi de 1867 ne faisait contribuer les bois et les forêts
de l'Etat que pour la moitié de leur valeur imposable.

II. — **Vote et règlement du budget.** — Le budget de
chaque commune est *proposé* par le maire, *voté* par le
conseil municipal et, en principe, *réglé* par le préfet.
Par exception, il est réglé par un décret du Président de
la République, sur la proposition du ministre de l'intérieur, dans les villes dont le revenu est de trois millions (2). Le revenu est réputé atteindre ce chiffre lorsque les recettes ordinaires constatées dans les comptes
se sont élevées à cette somme, pendant les trois dernières années. Il n'est réputé être descendu au-dessous
de trois millions que lorsque pendant les trois dernières
années les recettes ordinaires sont restées inférieures à
cette somme.

Lorsque le budget pourvoit à toutes les dépenses
obligatoires et qu'il n'applique aucune recette extraordinaire aux dépenses, soit obligatoires, soit facultatives, ordinaires ou extraordinaires, les allocations portées audit budget pour les dépenses *facultatives* ne
peuvent être modifiées par l'autorité supérieure (art. 145).

Il en résulte que toutes les fois que le conseil munici-

_____

(1) Ce n'est plus, comme sous la loi de 1867, d'après le chiffre des
revenus communaux qu'est déterminée la nécessité de recourir au
Conseil d'Etat, mais bien d'après la durée de l'amortissement de l'emprunt.

(2) Autrefois, quand le revenu était de plus de 100.000 francs et
qu'il y avait des impositions extraordinaires, il fallait également un
décret.

pal ne fait qu'employer ses recettes ordinaires, il est complètement libre, après avoir satisfait aux dépenses obligatoires, de voter des dépenses facultatives. Cette règle n'est, d'ailleurs, que la consécration de la législation antérieure.

Des crédits additionnels peuvent, au surplus, sous la même approbation, être votés en cours d'exercice (art. 146).

Les conseils municipaux peuvent également porter au budget un crédit pour dépenses *imprévues*.

La somme inscrite pour ce crédit ne peut être réduite ou rejetée qu'autant que les revenus ordinaires, après avoir satisfait à toutes les dépenses obligatoires, ne permettraient pas d'y faire face.

La nouvelle loi modifie la loi de 1837 sur deux points. Elle ne limite plus la somme inscrite de ce chef au dixième des recettes ordinaires ; en outre, elle n'oblige plus le maire à obtenir l'approbation du préfet ou sous-préfet pour faire emploi du crédit voté. Seulement, dans la première session qui suit l'ordonnancement de chaque dépense, le maire doit rendre compte au conseil municipal, avec pièces justificatives à l'appui, de l'emploi de ce crédit. Ces pièces demeurent annexées à la délibération (art. 147).

— L'arrêté du préfet ou le décret du Président de la République qui règle le budget peut *rejeter* ou *réduire* les dépenses qui y sont portées, sauf ce que nous venons de dire relativement aux dépenses facultatives (art. 145 § 2) et aux dépenses imprévues (art. 147 § 2) ; mais il ne peut les augmenter, ni en introduire de nouvelles qu'autant qu'elles sont *obligatoires* (art. 148).

Nous avons vu que si un conseil municipal n'allouait pas les fonds suffisants pour les dépenses obligatoires, l'allocation pourrait être inscrite d'office au budget par le préfet en conseil de préfecture pour les communes d'un revenu inférieur à trois millions, et par le Président de la République pour les autres.

Cette inscription d'office ne peut être opérée qu'autant que le conseil municipal a été préalablement appelé à délibérer sur ce sujet.

Le chiffre de cette allocation, s'il s'agit d'une dépense annuelle et variable, est fixé sur la quotité moyenne pendant les trois dernières années, et s'il s'agit d'une dépense annuelle et fixe de sa nature ou d'une dépense extraordinaire, elle est inscrite pour sa quotité réelle.

Lorsque les ressources de la commune sont insuffisantes pour subvenir aux dépenses obligatoires inscrites d'office, il y est pourvu par le conseil municipal, ou, en cas de refus de sa part, au moyen d'une contribution extraordinaire, qui est établie d'office par un *décret*, si elle n'excède pas le maximum à fixer annuellement par la loi de finances, et par une *loi* spéciale, si elle excède ce maximum (art. 149)

La loi prévoyant le cas où pour une cause quelconque le budget d'une commune n'aurait pas été définitivement réglé avant le commencement de l'exercice, décide que les recettes et dépenses ordinaires continuent, jusqu'à l'approbation du budget, à être faites conformément à celui de l'année précédente. Cette disposition est la reproduction de la loi de 1837; mais la nouvelle loi comble une lacune, en prévoyant le cas où il n'y aurait eu aucun budget antérieurement voté; dans ce cas, elle ordonne que le budget sera établi par le préfet en conseil de préfecture.

§ IV. COMPTABILITÉ DES COMMUNES. — Le maire est *ordonnateur* des dépenses, le receveur municipal est *comptable* des deniers.

Le *maire*, en sa qualité d'ordonnateur, peut seul délivrer des mandats.

S'il refuse d'ordonnancer une dépense régulièrement autorisée et liquide, il est statué par le préfet en con-

19

seil de préfecture et l'arrêté du préfet tient lieu du mandat du maire (art. 152).

Le maire peut ordonnancer les paiements jusqu'au 15 mars de l'année qui suit celle de l'ouverture de l'exercice ; les paiements peuvent être faits jusqu'au 31 mars, époque de la clôture de l'exercice.

Les *comptes d'administration* du maire pour l'exercice clos sont présentés au conseil municipal avant la délibération du budget. Ils sont définitivement approuvés par le préfet, sans qu'il y ait à distinguer si les revenus sont ou non inférieurs à 3 millions (art. 151).

— Le *receveur municipal*, en sa qualité de comptable, effectue les recettes et les dépenses communales. Il est chargé seul et sous sa responsabilité de poursuivre la rentrée de tous les revenus de la commune et de toutes sommes qui lui seraient dues, ainsi que d'acquitter les dépenses ordonnancées par le maire jusqu'à concurrence des crédits régulièrement accordés. Tous les rôles de taxes, de sous-répartitions et de prestations locales doivent lui être remis (art. 153).

Nous avons vu que toutes les recettes municipales, pour lesquelles les lois et règlements n'ont pas prescrit un mode spécial de recouvrement, s'effectuent sur les *états* dressés par le maire et qui sont exécutoires dès qu'ils ont été visés par le préfet ou le sous-préfet (art. 154).

Toute personne, autre que le receveur municipal, qui, sans autorisation légale, s'est ingérée dans le maniement des deniers de la commune (et qu'on appelle quelquefois un comptable *occulte*) est, par ce seul fait, constituée comptable et peut, en outre, être poursuivie en vertu du Code pénal, comme s'étant immiscée sans titre dans les fonctions publiques (art. 155).

C'est le percepteur qui remplit, en principe, les fonctions de receveur municipal.

Néanmoins dans les communes dont les revenus ordinaires excèdent 30,000 francs, ces fonctions peuvent être confiées, sur la demande du Conseil municipal, à un receveur municipal *spécial*. Ce receveur est nommé sur une liste de trois noms présentés par le Conseil municipal. Il est nommé par le préfet dans les communes dont le revenu ne dépasse pas 300,000 francs et par le Président de la République, sur la proposition du ministère des finances, dans les communes dont le revenu est supérieur. En cas de refus, le conseil municipal doit faire de nouvelles présentations (art. 156).

Les *comptes de deniers* du receveur municipal sont apurés par le *conseil de préfecture*, sauf recours à la *Cour des comptes*, pour les communes dont les revenus ordinaires dans les trois dernières années n'excèdent pas 30,000 francs. Ils sont appurés et définitivement réglés par la *Cour des comptes*, qui statue ainsi à la fois en premier et en dernier ressort, pour les communes dont le revenu est supérieur.

Ces distinctions sont également applicables aux comptes des trésoriers des hôpitaux et autres établissements de bienfaisance (art. 157).

La responsabilité des receveurs municipaux et les formes de la comptabilité des communes sont déterminées par des règlements d'administration publique. Les receveurs municipaux sont assujettis, pour l'exécution de ces règlements, à la surveillance des receveurs des finances. Dans les communes où les fonctions de receveur municipal et de percepteur sont réunies, la gestion du comptable est placée sous la responsabilité du receveur des finances d'après les conditions déterminées par un règlement d'administration publique (art. 158).

Les comptables qui n'ont pas présenté leurs comptes dans les délais prescrits par les règlements peuvent être condamnés par l'autorité chargée de juger les dits comptes à une amende de 10 à 100 francs par chaque mois de retard pour les receveurs et trésoriers justiciables du conseil de préfecture et de 50 à 500 francs pour ceux qui sont justiciables de la Cour des comptes.

Ces amendes sont attribuées aux communes ou établissements que concernent les comptes en retard. Elles sont assimilées, quant au mode de recouvrement et de poursuites, aux débets de comptables de deniers de l'État et la remise n'en peut être accordée que d'après les mêmes règles (art. 159).

Les budgets et les comptes des communes restent déposés à la mairie; ils sont rendus publics dans les communes dont le revenu est de 100,000 francs et au-dessus, et, dans les autres, quand le conseil municipal a voté la dépense de l'impression (art. 160).

Toutes ces règles ne sont que la reproduction de la loi de 1837.

DES BIENS ET DROITS INDIVIS ENTRE PLUSIEURS COMMUNES.

(Titre V ; art. 161-163.)

Les conférences inter-communales organisées par la nouvelle loi (art. 116-118) pour permettre à deux ou plusieurs communes de débattre leurs intérêts sur des objets d'utilité communale seraient le plus souvent insuffisantes pour permettre aux municipalités d'administrer directement des biens ou droits indivis entre plusieurs communes. Aussi, dans le cas particulier où plusieurs communes ont des biens ou des droits indivis, le législateur de 1884, comme celui de 1837, a cru devoir organiser une représentation spéciale pour l'administration de ces biens et l'exécution des travaux qui s'y rattachent.

A cet effet, si l'une des communes co-propriétaires le réclame, un décret du Président de la République institue une *commission syndicale* composée de délégués des conseils municipaux des communes intéressées.

Chacun des conseils élit alors, dans son sein, au scrutin secret, le nombre de délégués déterminé par le décret.

La commission syndicale est présidée par un syndic qui, au lieu d'être nommé par le préfet, comme sous la loi de 1837, est élu par les délégués et pris parmi eux. Cette commission est renouvelée après chaque renouvellement des conseils municipaux. Ses délibérations sont soumises à toutes les règles établies pour les délibérations des conseils municipaux (art. 161).

Les attributions de la commission syndicale et de son président comprennent *l'administration* des biens et droits indivis et *l'exécution* des travaux qui s'y rattachent.

Ces attributions sont les mêmes que celles des conseils municipaux et des maires en pareille matière.

La nouvelle loi ajoute que les ventes, échanges, *partages* (1), acquisitions, transactions, demeurent réservés aux conseils municipaux qui peuvent autoriser le président de la commission à passer les actes qui y sont relatifs (art. 162).

La répartition des dépenses votées par la commission

(1) Nous avons vu que les partages de propriété des biens communaux entre les habitants d'une même commune sont interdits ; qu'en effet, les habitants ne sont pas des co-propriétaires de ces biens qui appartiennent à l'être moral, la commune, et que la loi du 10 juin 1783 qui avait autorisé ces partages par tête, est considérée, sur ce point, comme abrogée.

En ce qui concerne les partages de biens *indivis* entre *plusieurs communes*, ils ont toujours été possibles et la loi de 1884, comme celle de 1837, suppose, en effet, dans son article 162, que ces partages peuvent avoir lieu.

Ces partages restent soumis aux règles spéciales de la loi du 10 juin 1793, et il y est procédé dans les formes administratives prévues par cette loi. Toutefois la jurisprudence décide, conformément aux avis du Conseil d'État des 20 juillet 1807 et 2 avril 1808, qu'à moins de titre contraire, ces partages doivent être faits en prenant pour base le nombre de *feux* existant dans chaque commune. Quant aux contestations qui peuvent s'élever, celles relatives au *mode* du partage sont de la compétence du Conseil de Préfecture, ainsi que le décide la loi de 1793, et celles qui soulèvent des questions de propriété restent dans le domaine de l'autorité judiciaire. Mais une question très débattue est celle de savoir si l'article 815 du Code civil qui dispose que « nul ne peut être contraint à demeu- « rer dans l'indivision et que le partage peut toujours être pro- « voqué » est applicable à des communes co-propriétaires.

Dans un système on soutient que l'article 815 du Code civil n'est pas applicable, que l'autorité judiciaire ne peut ordonner le partage, puisque son jugement n'aurait pas de sanction, attendu qu'elle ne pourrait faire procéder aux opérations du partage qui, d'après la loi de 1793 sont toutes confiées à l'autorité administrative (en ce sens : Macarel, Meaume et Ducrocq).

Dans un autre système on décide que l'article 815 du Code civil est applicable ; qu'en effet, *nul* n'est tenu de rester dans l'indivision ; que l'article 92 § 2 du Code Forestier applique lui-même cette règle du droit commun au cas où plusieurs communes possèdent des bois par indivis ; que cet article décide que chacune d'elles conserve le droit d'en provoquer le partage ; que l'autorité judiciaire sera chargée de constater l'indivision et de déclarer que la commune demanderesse a le droit d'en sortir ; que l'autorité administrative aura ensuite le droit d'apprécier l'opportunité du partage et d'y faire procéder conformément aux règles de la loi de 1793 ; qu'ainsi chaque autorité reste dans son rôle et ses attributions propres (en ce sens : Aucoc et Batbie et décision ministérielle du 2 février 1856).

syndicale est faite entre les communes intéressées par
les conseils municipaux, dont les délibérations sont soumises à l'approbation du préfet.

En cas de désaccord entre les conseils municipaux, le
préfet prononce, sur l'avis du Conseil général ou, dans
l'intervalle des sessions, de la Commission départementale.

Si les conseils municipaux appartiennent à des départements différents, il est statué par décret.

La part de la dépense définitivement assignée à chaque
commune est portée d'office aux budgets respectifs,
conformément à l'article 149 de la présente loi (art. 163).

Cette dernière disposition est conforme à la loi de
1837, sauf que l'article supprime l'avis du conseil d'arrondissement et que, dans l'intervalle des sessions, il
appelle la Commission départementale à remplacer le
Conseil général.

Nous renvoyons au texte de la loi pour les titres VI
et VII contenant des dispositions relatives à l'Algérie et
aux colonies (art. 164-166), et des dispositions générales
et transitoires (art. 167-168).

*Organisation spéciale du département de la Seine
et des villes de Paris et Lyon.*

Département de la Seine. — Dans le département de la
Seine, l'administration *active* est représentée par le
préfet de la Seine et le préfet de police.

Le préfet de la Seine a, de plus que les autres préfets,
l'administration économique de la commune chef-lieu,
c'est-à-dire de la ville de Paris et sa représentation en
justice. Il a de moins qu'eux la police du département.

Le préfet de police est chargé, non seulement de la
police municipale de Paris, mais aussi de la police générale du département de la Seine et de quelques communes du département de Seine-et-Oise (Saint-Cloud, En-
ghien, Sèvres, Meudon). Il exerce même dans les

communes du département de la Seine les fonctions de simple police municipale (loi du 10 juin 1853) (1).

D'après la loi du 16 septembre 1871, prorogée par diverses lois, l'administration *délibérative* et *consultative* est représentée dans le département de la Seine par un *Conseil général* qui se compose : 1° des quatre-vingts membres du Conseil municipal de Paris ; 2° de huit membres élus dans les arrondissements de Sceaux et de Saint-Denis, à raison d'un membre par canton.

Il est à remarquer :

1° Qu'il n'y a pas de *commission départementale*, comme dans les autres départements ;

2° Que la tenue des *sessions* du Conseil général de la Seine est encore régie par l'ancienne loi du 22 juin 1833 ; par suite les séances ne sont pas *publiques;*

3° Qu'enfin les *attributions* du Conseil général de la Seine sont encore réglées par les anciennes lois du 10 mai 1838 et du 18 juillet 1866.

— L'arrondissement de Paris n'a pas de Conseil d'arrondissement. La ville de Paris formant à elle seule l'arrondissement, son Conseil d'arrondissement ne pourrait que se confondre avec son Conseil municipal.

Les Conseils d'arrondissement de Sceaux et Saint-Denis sont composés de neuf membres (2).

Ville de Paris. — L'origine de l'administration propre de la ville de Paris remonte au *collège des nautoniers* dont les chefs devinrent chefs de la commune de Paris. C'est pour cela que dans les armes de la ville de Paris figure un vaisseau. (*Fluctuat, nec mergitur.*)

(1) Un décret du 17 février 1874 chargeait le préfet de police de la *direction générale* des affaires de la sûreté publique. Il a été abrogé par le décret du 9 février 1876. La direction de la sûreté générale est rentrée sous l'autorité immédiate du ministre de l'intérieur.

(2) Nous rappelons que les sous-préfectures de Sceaux et de Saint-Denis sont supprimées et que l'administration de ces arrondissements a été rattachée à la préfecture de la Seine.

L'administration *active* de la ville de Paris est exercée par le préfet de la Seine, le préfet de police, et pour chacun des 20 arrondissements de Paris par un maire et trois adjoints choisis par le Chef du pouvoir exécutif et qui ne peuvent être membres du Conseil municipal (art. 16 L. 14 avril 1871) (1).

Le *préfet de la Seine* a la représentation économique et la représentation légale de la ville de Paris.

Le *préfet de police* a la direction de la police municipale.

Les *maires* et *adjoints* des arrondissements sont principalement chargés des attributions concernant l'état civil, les élections, le jury, l'instruction primaire, l'assistance publique, les contributions directes.

L'administration *délibérative* et *consultative* était, sous le régime précédent, représentée par une commission de soixante membres qui étaient nommés par le Chef de l'Etat.

Depuis la loi du 14 avril 1871 sur les élections municipales, Paris a un Conseil électif, comme il en avait un sous la Royauté de 1830.

Ce Conseil, d'après la nouvelle loi, se compose de quatre-vingts membres élus par le suffrage universel, conformément à la loi sur l'électorat municipal.

Les vingt arrondissements de Paris nomment chacun quatre membres du Conseil. Ceux-ci sont élus par scrutin individuel, à la majorité absolue, à raison d'un membre par quartier (art. 10 L. 14 avril 1871).

Le Conseil municipal de Paris a, comme les conseils des autres communes, quatre sessions ordinaires dont la durée ne peut excéder dix jours, sauf la session ordinaire où le budget est discuté et qui peut durer six semaines (art. 11 L. 1871).

Au commencement de chaque session ordinaire, le

(1) Une loi du 9 août 1882 permet de nommer deux adjoints en plus, dans ceux des arrondissements ayant plus de 120,000 habitants.

19.

Conseil nomme, au scrutin secret et à la majorité, son *président*, ses *vice-présidents* et ses *secrétaires*.

Pour les sessions extraordinaires qui sont tenues dans l'intervalle, on maintient le bureau de la dernière session ordinaire (art. 12 L. 1871).

Le préfet de la Seine et le préfet de police ont entrée au Conseil. Ils sont entendus toutes les fois qu'ils le demandent (art. 13 L. 1871).

— Les incapacités et les incompatibilités établies par l'art. 5 de la loi du 22 juin 1833 sur les Conseils généraux sont applicables aux conseillers municipaux de Paris, indépendamment de celles établies par la loi sur l'organisation municipale (art. 15 L. 1871).

Spécialement, il y a incompatibilité entre les fonctions de maire ou adjoint d'arrondissemen et celles de conseiller municipal de la ville de Paris (art. 17 L. 1871).

C'est là une grande dérogation au droit commun, puisque les maires et adjoints sont, au contraire, pris partout ailleurs qu'à Paris dans le sein du Conseil municipal.

Le Conseil municipal de Paris ne peut s'occuper, à peine de nullité de ses délibérations, que des matières d'administration communale, telles qu'elles sont déterminées par les lois en vigueur sur les attributions municipales. En cas d'infraction l'annulation est prononcée par décret du Chef du pouvoir exécutif (art. 14 L. 1871).

On peut observer que dans la ville de Paris aucun emprunt, ni aucune imposition extraordinaire ne peuvent être établis sans une loi (art. 17, Loi du 24 juillet 1867 et Loi du 5 avril 1884, art. 168 n° 15).

Ville de Lyon. Une loi du 4 avril 1873, supprimant la mairie centrale de Lyon constituée à la suite du mouvement insurrectionnel du 4 septembre 1870, avait étendu à la ville de Lyon le système d'organisation municipale établi en 1871 pour la ville de Paris. La ville était divisée en six arrondissements municipaux, dans chacun desquels il y avait un maire et deux adjoints nommés par le chef du pouvoir exécutif. Le Préfet du Rhône exerçait les fonctions qui appartiennent, à Paris, au Préfet de la Seine et au Préfet de police. Les maires et adjoints des six arrondissements étaient chargés de la tenue des registres de l'Etat civil et avaient les mêmes attributions que celles conférées aux maires et adjoints de la ville de Paris.

La loi du 21 avril 1881 vint restituer à la ville de Lyon ses droits municipaux et rétablir sa mairie centrale.

La nouvelle loi du 5 avril 1884, sur l'organisation municipale, a consacré ce retour au droit commun. En principe, la ville de Lyon est soumise au même régime municipal que les autres communes de France.

Toutefois il importe de signaler les particularités suivantes :

1° La ville de Lyon continue à être divisée en six arrondissements municipaux. Dans chucun de ces arrondissements le maire délègue spécialement deux de ses adjoints, qui sont chargés de la tenue des registres de l'état civil et des autres attributions déterminées par le règlement d'administration publique du 11 juin 1881 rendu en exécution de la loi du 21 avril 1881 (art. 73, Loi 1884).

2° Il y a pour la ville de Lyon un maire et 17 adjoints, conformément à l'article 73 de la loi de 1884 ;

3° Le Conseil municipal se compose de 54 membres, en vertu de l'article 10 de la loi de 1884, qui exige que dans les villes divisées en plusieurs mairies le nombre des conseillers, qui est au maximum de 36 pour les villes de plus de 60.000 habitants, soit augmenté de trois par mairie (art. 10, Loi de 1884);

4° Dans la ville de Lyon et diverses communes formant l'agglomération lyonnaise, le Préfet du Rhône exerce les mêmes attributions que celles qu'exerce le

Préfet de police dans les communes suburbaines de la Seine (art. 104).

Toutefois les maires restent investis de tous les pouvoirs de police conférés aux administrations municipales par les § 1, 4, 5, 6, 7, et 8 de l'article 97 de la loi de 1884. Ils sont, en outre, chargés du maintien du bon ordre dans les foires, marchés, réjouissances et cérémonies publiques, spectacles, jeux, cafés, églises et autres lieux publics (art. 105).

Il résulte de ces restrictions que le Préfet du Rhône reste chargé :

1° Du soin de réprimer les atteintes à la tranquillité publique (art. 97 § 2) ;

2° De la mission d'assurer le maintien du bon ordre dans les endroits où il se fait de grands rassemblements (art. 97 § 3).

Les maires de l'agglomération lyonnaise conservent ainsi, en principe, pour ce qui concerne la police municipale proprement dite, les mêmes pouvoirs que ceux attribués aux maires des autres communes de France. (Circulaire du 15 mai 1884).

DEUXIÈME PARTIE.

MATIÈRES ADMINISTRATIVES

D'après les divisions générales que nous avons indiquées dans les notions préliminaires, les matières administratives, qui sont l'objet du programme, peuvent ainsi se grouper :

Les impôts se rattachent à la *fortune publique*, dont ils sont l'élément principal;

Les établissements dangereux, incommodes et insalubres, les principes sur la séparation des pouvoirs se réfèrent, à des points de vue différents, à la *sécurité;*

Les cours d'eau, l'expropriation et la voirie se rapportent au *bien-être matériel.*

Nous étudierons ces diverses matières dans l'ordre du programme.

IMPÔTS.

NOTIONS GÉNÉRALES.

L'impôt est une dette imposée par la loi aux citoyens pour la satisfaction des besoins sociaux. C'est la cotisation mise à la charge des individus pour subvenir aux dépenses publiques.

Considéré au point de vue de sa destination, il s'appelle *contribution*, parce qu'il est établi pour faire contribuer les individus aux frais généraux, aux dépenses des services publics : *Ubi emolumentum, ibi debet esse onus.*

Coup d'œil historique. — Dans l'*ancien droit*, les États généraux votaient l'impôt ; en dernier lieu, la royauté l'établissait. Il n'était pas proportionnel, car le clergé et la noblesse avaient, même en cette matière, leurs privilèges.

L'Assemblée constituante formule les deux grands principes :

Que l'impôt doit être établi par une *loi*;

Qu'il doit être *proportionnel* à la fortune des citoyens.

Elle abolit la plupart des impôts indirects, sous l'influence des économistes du xviiie siècle (principalement Quesnay et Turgot) appelés les *physiocrates*, parce qu'ils ne reconnaissaient qu'une seule source de richesses, la terre.

Sous le *Directoire*, les lois sur les impôts sont remaniées ; l'impôt des portes et fenêtres est établi. L'an VII est une date remarquable pour les impôts.

Le *Consulat* rétablit la division des impôts directs et indirects, abolie par la Constituante.

Les principales lois rendues postérieurement sont, dans l'ordre chronologique :

La loi du 28 avril 1816 sur les impôts indirects ;

La loi du 21 avril 1832 sur l'impôt personnel et mobilier et des portes et fenêtres ;

La loi du 25 avril 1844 sur les patentes ;

Une foule de lois votées à la suite de la guerre désastreuse de 1870-1871, créant de nouveaux impôts ou augmentant ceux déjà existants.

Division des impôts. — Les impôts se divisent en impôts *directs* et en impôts *indirects*.

L'impôt *direct* est celui qui est perçu en vertu d'un rôle *nominatif* désignant nominativement le contribuable contre lequel l'impôt est exigible par voie de contrainte. Il est ainsi appelé, parce qu'il atteint *directement* la personne soumise à l'impôt, en raison de ses facultés imposables, sans qu'elle puisse s'y soustraire.

L'impôt *indirect* est celui qui est perçu en vertu d'un *tarif*, à l'occasion de certains *faits* imposables et indépendamment de toute détermination de personne. Il est anonyme, comme dit M. Batbie. Il est ainsi appelé parce qu'il n'atteint le contribuable qu'*indirectement*, en raison de ce qu'il est auteur des faits donnant lieu à la perception d'un droit. Ainsi, celui qui introduit dans une ville des denrées soumises au droit d'entrée doit payer la taxe, qu'il soit ou non propriétaire de ces denrées (1).

L'impôt direct frappe la richesse acquise sur ses possesseurs connus et dénommés. L'impôt indirect frappe certains faits de production, de circulation et de consommation de la richesse, quels qu'en soient les auteurs.

(1) Au point de vue de l'économie politique, l'impôt est direct ou indirect suivant son *incidence*, c'est-à-dire suivant qu'il frappe ou non celui qui doit, en définitive, le supporter. A ce point de vue, l'impôt des patentes serait indirect, parce que celui qui le paie n'est pas celui qui le supporte définitivement. En effet, le négociant, dit Franklin, *met la patente dans sa facture*. C'est le consommateur qui, en définitive, est atteint par l'impôt.

On peut dire que l'impôt direct est *in personam* et l'impôt indirect *in rem*.

L'impôt direct a l'avantage de pouvoir être établi proportionnellement, tandis que l'impôt indirect; étant payé en vertu d'un tarif uniforme, ne tient pas compte de la fortune du contribuable; mais l'impôt indirect a l'avantage d'être facultatif, en ce sens qu'on peut plus ou moins s'y soustraire en ne réalisant pas ou en réalisant moins souvent les actes qui y sont assujettis; en outre, il se paie au fur et à mesure de la consommation et souvent par faibles fractions, tandis que l'impôt direct est exigible par douzièmes.

— C'est surtout au point de vue de la *compétence* qu'il y a grand intérêt de distinguer l'impôt direct de l'impôt indirect. En effet, les contestations à l'occasion de l'impôt *direct* sont de la compétence *administrative*, parce que son exigibilité suppose des actes administratifs dont il faut faire l'application, notamment : les rôles nominatifs préparés par l'administration des contributions directes et l'arrêté du préfet qui rend les rôles de l'administration exécutoires; — au contraire, les contestations qui peuvent s'élever à l'occasion de l'impôt *indirect* sont de la compétence *judiciaire*, parce qu'il n'y qu'à appliquer un tarif qui est dans la loi.

Établissement de l'impôt. — Conformément au principe établi par l'Assemblée constituante tous les impôts sont établis par la *loi*.

Chaque année la loi du budget détermine les impôts qui seront supportés par les contribuables pour faire face aux dépenses dont nous avons donné la nomenclature, en traitant de la comptabilité publique, à l'occasion de la Cour des comptes.

Le principe que tout impôt doit être établi en vertu d'une loi ne souffre que quelques restrictions en matière de douanes.

Nous verrons, en effet, que, par exception, les tarifs

de douanes peuvent être établis ou modifiés *provisoirement* et en cas d'*urgence*, par des décrets du Chef du pouvoir exécutif, sauf ratification ultérieure par les Chambres (loi du 17 décembre 1814).

— La sanction du principe que tout impôt doit être établi par une loi consiste :

1° Dans une action pénale en concussion (art. 174 C. pénal) contre les autorités qui auraient ordonné une contribution autre que celle autorisée, contre les employés qui auraient confectionné les rôles et tarifs et ceux qui en auraient fait le recouvrement ;

2° Une action en répétition, pendant 3 ans, contre tous receveurs, percepteurs ou individus qui auraient fait la perception.

Cette sanction est rappelée dans l'article final de chaque loi du budget.

Indépendamment des impôts qui sont le principal élément destiné à faire face aux dépenses publiques, l'État possède encore d'autres ressources qui concourent au même but.

Nous avons vu que les dépenses ordinaires étaient évaluées, dans les budgets des dernières années, à plus de 3 milliards.

Parmi les voies et moyens destinés à couvrir les dépenses :

Les impôts *directs,* dont le recouvrement est confié à l'administration des contributions directes, sont évalués à plus de 400 millions ;

Les impôts *indirects* (lato sensu) dont le recouvrement est confié soit à l'administration des contributions indirectes, soit à l'administration des douanes, soit à l'administration de l'enregistrement figurent au budget pour plus de 2 milliards ;

Les produits du *domaine,* y compris le domaine forestier, sont évalués à plus de 55 millions ;

Les produits des *postes et des télégraphes* sont évalués à près de 170 millions ;

Divers *revenus* comprenant, notamment l'impôt de 3 0/0 sur le revenu des valeurs mobilières sont évalués à plus de 83 millions.

Enfin des produits divers sont évalués à près de 58 millions.

Les prévisions du budget sont presque toujours démenties par le résultat et le budget qui, d'après les évaluations, devrait se solder par un excédent de recettes se solde souvent par un déficit.

Nous donnons ici le tableau général des dépenses et des recettes du budget ordinaire de l'exercice 1884.

BUDGET GÉNÉRAL DES DÉPENSES ET RECETTES DE L'EXERCICE 1884.

DÉPENSES (ou crédits accordés).

PREMIÈRE PARTIE : Dette publique, dotation et dépenses des pouvoirs législatifs..............	1.314.907.480
DEUXIÈME PARTIE : Services généraux des ministères.	1.355.622.380
TROISIÈME PARTIE : Frais de régie, de perception et d'exploitation des impôts et revenus publics.....	334.386.646
QUATRIÈME PARTIE : Remboursements et restitutions non valeurs et primes......................	20.456.500
Total général....................	3.025.373.006

RECETTES (ou évaluation des voies et moyens).

§ 1. IMPOTS DIRECTS.

Contributions directes.

Impôt foncier { propriétés non bâties..............	118.620.000
{ propriétés bâties...............	57.700.000
Impôt personnel et mobilier......................	65.403.000
Impôt des portes et fenêtres......................	45.162.000
Impôt des patentes.............................	98.618.600
Taxe de premier avertissement..................	604.500

Taxes spéciales assimilées aux contributions directes.

Taxe des biens de main-morte....................	5.795.000
Redevances des mines...	2.700.000
Droits de vérifications des poids et mesures........	4.320.000
Droits de visite des pharmacies et drogueries......	291.000
Contributions sur les voitures, chevaux, mules et mulets..................................	10.186.460
Taxe sur les billards publics et privés............	1.037.700
Taxe sur les cercles, sociétés et lieux de réunion....	1.474.800
Contributions et taxes spéciales en Algérie..........	7.846.000

§ 2. PRODUITS DOMANIAUX.

Produits du domaine, autres que le domaine forestier.	17.694.000
— pour l'Algérie................	2.440.492
Produit des forêts............................	35.085.600
— pour l'Algérie....................	350.214

§ 3. IMPOTS ET REVENUS INDIRECTS.

Enregistrement et timbre.

Droits d'enregistrement, de greffe, d'hypothèque.....	557.029.000
Droits d'enregistrement, de greffe, d'hypothèque pour l'Algérie.................................	3.658.000
Droits de timbre...............................	156.072.000
— pour l'Algérie....................	3.560.000

Douanes.

Pour la France et l'Algérie....................	322.738.000

Contributions indirectes.

Droits sur les alcools..........................	242.176.000
Droits sur les bières.........................	26.509.000
Droits de 40 cent. par expédition..............	4.519.000
Taxe de consommation des sels perçue hors du rayon des douanes.............................	12.166.000
Droit sur les allumettes......................	16.065.000
Droit sur le papier...........................	15.895.000
Droit sur l'huile minérale	8.400.000
Droit d'entrée sur les huiles autre que les huiles minérales..................................	3.100.000
Droit sur la stéarine et les bougies.............	9.012.000
Droit de consommation des vinaigres et de l'acide acétique......................................	2.833.000
Droit de fabrication sur la dynamite..............	2.282.000
Produit des 2/10 du prix de transport des voyageurs et des marchandises par chemins de fer en grande vitesse...................................	92.304.000
Produit des 2/10 du prix de transport des voyageurs et des marchandises par autres voitures publiques.	4.560.000
Droits divers et recettes à différents titres..........	41.664.000
Produits de la vente des tabacs..................	373.500.000
Produit de la vente des poudres à feu..............	74.914.000
Contributions diverses de l'Algérie................	2.835.000
Sucres (coloniaux, étrangers et indigènes)..........	163.975.500
Droits sur les vins, cidres, poirés et hydromels......	152.549.000

Postes et télégraphes.

Produits des postes..........................	135.678.000
— pour l'Algérie....................	1.772.000

Produits des télégraphes..........................	30.730.000
— pour l'Algérie..............	1.172.000

§ 4. DIVERS REVENUS.

Impôt de 3 pour 100 sur le revenu des valeurs mobilières en France et en Algérie..................	50.124.000
Produits universitaires...........................	3.812.587
Produits des amendes et condamnations pécuniaires, en France et en Algérie.......................	8.063.174
Retenues et autres produits perçus en exécution de la loi du 9 juin 1853 sur les pensions civiles.....	21.546.000

§ 5. PRODUITS DIVERS DU BUDGET.

Bénéfices de la fabrication des monnaies et médailles — de l'Imprimerie Nationale — de l'exploitation des chemins de fer par l'État — du Journal Officiel — des brevets d'invention — du travail des détenus, etc., etc..............................	57.655.490

CHAPITRE PREMIER.

IMPOTS DIRECTS.

Les impôts directs se divisent en impôts de *répartition* et en impôts de *quotité*.

Les premiers n'atteignent le contribuable qu'après des répartitions successives ; les seconds ne supposent aucune répartition et atteignent immédiatement le contribuable.

Pour les premiers, le produit total est certain, déterminé ; mais la part de chacun est incertaine jusqu'à la répartition. — Pour les autres, la quote-part (quotité) de chacun est certaine ; mais le total est incertain jusqu'à la perception. Aussi, pour les premiers, la loi du budget en opère la *fixation*, tandis que, pour les seconds, elle n'en contient que l'*évaluation*, c'est-à-dire l'approximation.

— Les impôts indirects ne supportent pas une telle division, car ils sont tous de quotité.

Les impôts de répartition, dont la somme totale est connue à l'avance et fixée dans le budget annuel, sont répartis :

Par les Chambres *législatives entre les départements ;*

Dans chaque département par le *Conseil général*, qui fait une répartition, *entre les arrondissements*, du contingent assigné au département.

Et dans chaque arrondissement par le *Conseil d'arrondissement*, qui répartit *entre les communes* le contingent affecté à l'arrondissement ;

Enfin, dans chaque commune par une *commission* de *répartiteurs* qui opère la répartition du contingent communal *entre les contribuables*. Cette commission se compose de sept membres (maire et adjoint dans les communes de moins de 5,000 hab., ou deux conseillers municipaux dans les autres communes, et cinq contribuables nommés par le sous-préfet, et dont deux au moins, s'il est possible, sont domiciliés hors de la commune) (1).

Il y a ainsi *quatre degrés* de répartition : entre les départements, entre les arrondissements, entre les communes et entre les particuliers.

— L'intérêt de distinguer les impôts de répartition des impôts de quotité, c'est que les premiers obligent la commune entière, de telle sorte qu'en cas de décharge ou de réduction obtenue par les contribuables, le montant en est mis à la charge de la commune, qui est *réimposée* d'autant l'année suivante ; au contraire, pour les impôts de quotité, les cotes mal à propos imposées sont à la charge du Trésor et tombent dans les fonds de *non-valeurs*.

Les impôts de répartition comprennent : l'impôt *foncier*, l'impôt *personnel et mobilier*, l'impôt des *portes et fenêtres*.

Les impôts de quotité comprennent : l'impôt des *patentes*, la redevance sur les mines et d'autres taxes assimilées aux impôts directs. L'impôt sur les chevaux et voitures établi en 1862, puis supprimé en 1865, et rétabli en 1871, est aussi un impôt de quotité.

— Les règles sur les impôts directs se rattachent aux quatres idées suivantes :

La *répartition*, pour ceux qui en sont susceptibles ;

L'*assiette*, qui détermine la base de l'impôt ;

Le *recouvrement* et le *contentieux*.

(1) Ce n'est pas le Conseil municipal qui fait la répartition entre les contribuables du contigent communal. On a voulu confier cette opération à une commission spéciale plus indépendante des contribuables par le choix de ses membres. Le sous-préfet qui fait les nominations a été investi, à cet égard, du droit qui était accordé à cette époque aux administrations municipales de canton (L. 3 frimaire an VII et 19 floréal an VIII).

Nous avons dit déjà comment se fait la répartition des impôts qui en sont susceptibles.

Nous étudierons dans deux sections différentes :

1º L'assiette des quatre grands impôts directs, c'est à-dire de l'impôt foncier, de l'impôt personnel et mobilier, de l'impôt des portes et fenêtres et de l'impôt des patentes ;

2º Le recouvrement et les réclamations en matière d'impôts directs.

Ces diverses opérations sont confiées à des autorités différentes.

L'assiette est confiée à l'administration des contributions directes, représentée par un directeur général à Paris et, dans chaque département, par un directeur, des inspecteurs et des contrôleurs.

Le recouvrement est fait, dans chaque département, par le trésorier payeur général, des receveurs particuliers et des percepteurs.

Quant au contentieux, nous avons dit déjà qu'en principe c'est l'autorité administrative qui est chargée de statuer sur les réclamations qui peuvent être faites par les contribuables. Nous verrons que d'après la nature des réclamations, suivant que le recours est contentieux ou gracieux, c'est le Conseil de préfecture, ou le Préfet, qui a la mission de statuer.

SECTION PREMIÈRE.

ASSIETTE DES IMPOTS DIRECTS.

—

IMPÔT FONCIER (1).

(Loi fondamentale du 3 frimaire an VII, 23 novembre 1798.)

Les principes de l'impôt foncier furent établis par le décret du 23 novembre 1790. Ce décret fut abrogé et remplacé par la loi du 3 frimaire an VII, qui est encore aujourd'hui la loi fondamentale.

L'impôt foncier est *assis* sur le *revenu imposable* des propriétés bâties ou non bâties (2).

On distingue le revenu *brut*, le revenu *net* et le revenu *imposable*.

Le revenu *brut* comprend tous les produits d'un fonds sans aucune déduction pour les dépenses et frais de culture.

Le revenu *net* est le revenu brut, déduction faite des frais de culture ou d'entretien.

Le revenu *imposable* est le revenu *net moyen* calculé sur un certain nombre d'années.

CADASTRE. — La base de la répartition de l'impôt foncier entre les contribuables de chaque commune, est le

---

(1) Il figure au budget général de 1884 pour plus de 176 millions.

(2) Il est destiné à atteindre la fortune *immobilière* ; néanmoins les bains et moulins sur bateaux, les bacs, bateaux de blanchisserie et autres semblables, quoiqu'ils n'aient pas le caractère d'*immeubles*, parce qu'ils ne sont retenus que par des amarres, ont été soumis à l'impôt foncier par une loi de 1836 (art. 20 L. 18 juillet 1836).

cadastre parcellaire ou état descriptif et estimatif du revenu imposable de chaque parcelle de propriété.

Historique. — L'institution du cadastre avait été décrétée déjà par l'Assemblée constituante et la Convention.

Sous le Consulat on reprit le projet de la confection d'un cadastre. En 1799 le premier Consul avait fortement appuyé au Conseil d'Etat l'idée de l'établissement d'un cadastre. Il disait : « On n'a jamais rien fait, en France, pour la propriété; celui qui fera une bonne loi sur le cadastre méritera une statue. » On institua une commission qui proposa la confection d'un cadastre par *grandes masses de culture*. Un arrêté des Consuls du 12 brumaire an XI ordonna l'arpentage dans chaque arrondissement de deux communes au moins et de huit au plus. On avait eu l'idée de cadastrer 1,800 communes disséminées sur tout le territoire et de déterminer par analogie le revenu des autres communes. Le projet fut abandonné et, sur l'insistance du duc de Gaëte, ministre des finances, on résolut de procéder à la confection d'un cadastre parcellaire.

Ce fut la loi du 15 septembre 1807 qui ordonna la confection d'un cadastre *parcellaire*, contenant l'état descriptif et estimatif de toutes les propriétés distinctes par leur *culture* ou *leur propriétaire* (1).

---

(1) Le mois de septembre de l'année 1807 est une date mémorable pour les lois.

Une loi du 3 septembre 1807 fixe le taux de l'intérêt de l'argent.

Une loi de la même date décide qu'à la suite d'un jugement portant reconnaissance ou vérification d'une obligation sous seing privé, il ne pourra être pris d'inscription hypothécaire avant l'*échéance* ou l'*exigibilité* de la dette.

Une loi du 5 septembre 1807 règle les droits de privilège ou d'hypothèque du Trésor sur les biens des comptables.

Une loi du 15 septembre 1807 (même date que celle du cadastre),

20

ASSIETTE DES IMPOTS DIRECTS.

—

IMPÔT FONCIER (1).

(Loi fondamentale du 3 frimaire an VII, 23 novembre 1798.)

Les principes de l'impôt foncier furent établis par le décret du 23 novembre 1790. Ce décret fut abrogé et remplacé par la loi du 3 frimaire an VII, qui est encore aujourd'hui la loi fondamentale.

L'impôt foncier est *assis* sur le *revenu imposable* des propriétés bâties ou non bâties (2).

On distingue le revenu *brut*, le revenu *net* et le revenu *imposable*.

Le revenu *brut* comprend tous les produits d'un fonds sans aucune déduction pour les dépenses et frais de culture.

Le revenu *net* est le revenu brut, déduction faite des frais de culture ou d'entretien.

Le revenu *imposable* est le revenu *net moyen* calculé sur un certain nombre d'années.

CADASTRE. — La base de la répartition de l'impôt foncier entre les contribuables de chaque commune, est le

(1) Il figure au budget général de 1884 pour plus de 176 millions.

(2) Il est destiné à atteindre la fortune *immobilière* ; néanmoins les bains et moulins sur bateaux, les bacs, bateaux de blanchisserie et autres semblables, quoiqu'ils n'aient pas le caractère d'*immeubles*, parce qu'ils ne sont retenus que par des amarres, ont été soumis à l'impôt foncier par une loi de 1836 (art. 20 L. 18 juillet 1836).

cadastre parcellaire ou état descriptif et estimatif du revenu imposable de chaque parcelle de propriété.

Historique. — L'institution du cadastre avait été décrétée déjà par l'Assemblée constituante et la Convention.

Sous le Consulat on reprit le projet de la confection d'un cadastre. En 1799 le premier Consul avait fortement appuyé au Conseil d'État l'idée de l'établissement d'un cadastre. Il disait : « On n'a jamais rien fait, en France, pour la propriété; celui qui fera une bonne loi sur le cadastre méritera une statue. » On institua une commission qui proposa la confection d'un cadastre par *grandes masses de culture.* Un arrêté des Consuls du 12 brumaire an XI ordonna l'arpentage dans chaque arrondissement de deux communes au moins et de huit au plus. On avait eu l'idée de cadastrer 1,800 communes disséminées sur tout le territoire et de déterminer par analogie le revenu des autres communes. Le projet fut abandonné et, sur l'insistance du duc de Gaëte, ministre des finances, on résolut de procéder à la confection d'un cadastre parcellaire.

Ce fut la loi du 15 septembre 1807 qui ordonna la confection d'un cadastre *parcellaire,* contenant l'état descriptif et estimatif de toutes les propriétés distinctes par leur *culture* ou *leur propriétaire* (1).

(1) Le mois de septembre de l'année 1807 est une date mémorable pour les lois.

Une loi du 3 septembre 1807 fixe le taux de l'intérêt de l'argent.

Une loi de la même date décide qu'à la suite d'un jugement portant reconnaissance ou vérification d'une obligation sous seing privé, il ne pourra être pris d'inscription hypothécaire avant l'*échéance* ou l'*exigibilité* de la dette.

Une loi du 5 septembre 1807 règle les droits de privilège ou d'hypothèque du Trésor sur les biens des comptables.

Une loi du 15 septembre 1807 (même date que celle du cadastre),

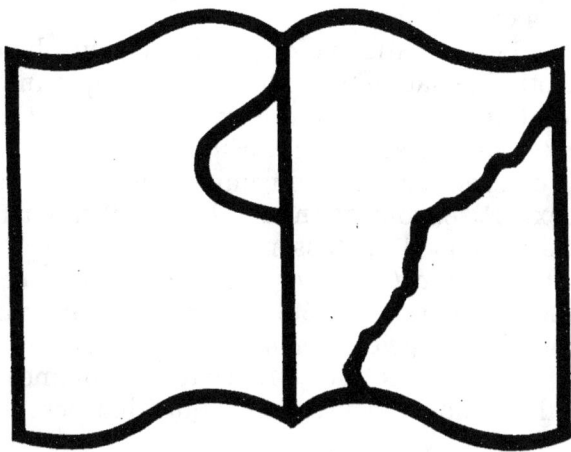

Texte détérioré — reliure défectueuse

NF Z 43-120-11

Depuis 1852, toutes les communes de France sont cadastrées, sauf en Savoie et en Corse.

D'après une loi du 7 août 1850, il peut être procédé dans les communes cadastrées depuis *trente ans* au moins à la révision et au renouvellement du cadastre. Ce renouvellement ne peut avoir lieu que sur la demande du Conseil municipal et sur l'avis conforme du Conseil général et à la charge par la commune de supporter les frais des nouvelles opérations.

Opérations cadastrales. — Il y a deux sortes d'opérations cadastrales :

1° Les opérations d'*art*, qni ont pour objet l'état descriptif de chaque parcelle et qui comprennent : la délimitation, la triangulation et l'arpentage (1) ;

2° Les opérations *administratives*, qui ont pour objet de déterminer le revenu imposable et qui, sous le nom d'expertise, comprennent : la classification, le tarif des évaluations et le classement.

La *classification* détermine en combien *de classes* chaque *nature* de propriété sera divisée : au maximum cinq pour les propriétés non bâties et dix pour les bâties. Elle est faite par les propriétaires nommés par le Conseil municipal seul, sans adjonction des plus imposés,

déclare le Code de commerce exécutoire à partir du 1er janvier 1808.

Une loi du 16 septembre 1807, complétée par un décret du 28 du même mois, organise la Cour des comptes.

Une loi du 16 septembre 1807 fixe les règles relatives au desséchement des marais. Nous savons que, sous ce titre restreint, elle forme un véritable code des travaux publics.

(1) La *délimitation* consiste à déterminer les limites du territoire de la commune. La *triangulation* est une opération qui consiste à couvrir de triangles le territoire de la commune. Ces triangles sont des points de repère qui dirigent les géomètres dans la levée des plans parcellaires et servent à contrôler l'arpentage au point de vue de la contenance. Les géomètres dressent un plan par village de la commune.

réduction

depuis la loi du 5 avril 1882. Ces classificateurs sont au nombre de cinq, dont deux, s'il est possible, ne sont pas domiciliés dans la commune. Les classificateurs indiquent, pour chaque classe, les deux parcelles qui ont été prises pour types supérieur et inférieur et dont ils prennent la moyenne pour déterminer la relation entre les classes.

Le *tarif des évaluations* détermine quel est le revenu imposable de chaque classe. Il est fixé par le Conseil municipal (sans l'adjonction des plus imposés), puis soumis autrefois à l'approbation du préfet en Conseil de préfecture et actuellement à la Commission départementale (art. 87 L. 10 août 1871).

Le *classement* consiste à ranger chaque propriété particulière dans telle ou telle classe. Il est fait par les classificateurs. Le classement est une opération concrète et spéciale, tandis que la classification est une opération abstraite et générale (1).

Contre les deux premières opérations : la classification et l'évaluation, qui ne présente qu'un intérêt général et collectif, un recours gracieux peut être formé devant la Commission départementale, substituée au préfet qui statuait en Conseil de préfecture ; contre le classement, qui seul peut violer un droit en atteignant un intérêt privé et individuel, un recours contentieux devant le Conseil de préfecture est autorisé. Le délai de ce recours est de 6 mois.

Fixité des évaluations cadastrales. — Les évaluations cadastrales sont *fixes*. Cette fixité a l'avantage d'engager les propriétaires à faire des améliorations, car ils n'auront pas à craindre une augmentation d'impôt ; en outre, elle évite les difficultés et les réclamations ; toute-

---

(1) Po̶ ̶ ̶ ̶ ̶ ̶actériser ces trois opérations on a dit que la classification fa̶ ̶ ̶ ̶s cases, que le tarif des évaluations leur donne une étiquette ̶ ̶ ̶ ̶assement les remplit.

fois le principe de la fixité des évaluations cadastrales reçoit une double exception, d'après la loi du 15 septembre 1807 :

1° Pour les propriétés *bâties* à l'occasion desquelles le propriétaire peut réclamer tous les ans : soit pour erreur dans l'évaluation primitive, soit en cas de destruction totale ou partielle, même volontaire ; et à l'inverse les répartiteurs peuvent aussi élever la cote en cas de constructions nouvelles ;

2° Pour les propriétés non bâties à l'occasion desquelles le propriétaire peut réclamer une décharge ou une réduction, en cas de perte totale ou partielle résultant d'un cas fortuit (art. 37 et 38 L. 15 septembre 1807).

Nous devons, en outre, observer qu'une loi du 21 mars 1874 a apporté une grave dérogation au principe de la fixité des évaluations cadastrales, dérogation justifiée, du reste, par de puissantes considérations de justice et d'équité, car il importe que l'impôt soit proportionnel à la fortune, aux revenus des citoyens.

D'après cette loi les parcelles figurant comme terres incultes ou improductives et cotisées comme telles qui, depuis la confection du cadastre, ont été mises en valeur ou sont devenues productives doivent être évaluées et cotisées comme les autres propriétés de même nature et d'égal revenu de la commune. A l'inverse, les parcelles qui, depuis la même époque, ont cessé d'être cultivées ou productives doivent être l'objet d'un nouveau classement et d'une nouvelle cotisation (art. 9 L. 21 mars 1874) (1).

_____

(1) C'est principalement par suite de ces restrictions au principe de la fixité des évaluations cadastrales qu'on comprend que, chaque année, la répartition proportionnelle entre les départements, les arondissements et les communes puisse un peu varier, car le contingent de ces diverses circonscriptions territoriales se trouve en effet modifié : soit par suite de l'augmentation ou de la diminution des propriétés bâties, soit par suite de l'élévation ou de la

Mode d'évaluation du revenu imposable (art 56-102 et s. L. frimaire an VII). — L'évaluation du revenu imposable est faite de diverses manières, suivant les différentes natures de propriété. Nous en indiquons sommairement les règles générales.

— Pour les terres labourables, les prairies naturelles, les vignes, le revenu imposable s'obtient en prenant la moyenne du produit net calculé sur *quinze années*, en retranchant les deux plus fortes et les deux plus faibles (1). — Pour les jardins potagers le revenu imposable est évalué sur le produit net de la location possible, calculé sur quinze années, déduction faite des deux plus fortes et des deux plus faibles; mais il ne peut jamais être au-dessous du taux des meilleures terres labourables de la commune.

Pour les terrains enlevés à la culture pour agrément (parterres, pièces d'eau, avenues, etc.), le revenu imposable est fixé au taux des meilleures terres labourables de la commune. Il en est de même des canaux et des chemins de fer. — Pour les bois mis en coupes réglées, le revenu imposable est le prix net moyen des coupes annuelles, déduction faite des frais d'entretien, de garde et de repeuplement.

— Pour les maisons d'habitation, le revenu imposable est le revenu net moyen, calculé sur *dix années*, d'après la valeur locative. Le revenu net s'obtient en déduisant

de la cotisation autorisée par la loi de 1874 pour les terres mises en valeur ou devenues improductives, soit aussi par suite d'un changement de destination d'une parcelle de terre qui passerait notamment du domaine public dans le domaine privé ou réciproquement.

(1) C'est un système analogue à celui prescrit pour le rachat des rentes perpétuelles dont les prestations consistent en denrées. On évalue le prix des denrées des 14 dernières années qui précèdent l'époque du rachat. On retranche les deux dernières années où le prix en est le plus élevé et les deux années où il a été le plus faible, on prend la moyenne des 10 autres et on multiplie cette moyenne par 25 pour déterminer le capital à payer pour le rachat.

20.

un quart du revenu brut pour dépérissement et frais d'entretien.

En tout cas la cotisation ne sera jamais au-dessous de ce qu'elle serait à raison du terrain enlevé à la culture, évalué sur le pied du double des meilleures terres labourales de la commune, si la maison n'a qu'un rez-de-chaussée, du triple si elle a un étage et du quadruple si elle en a plusieurs.

S'il s'agit de fabriques, manufactures, forges, moulins et autres usines, le revenu net s'obtient en déduisant un tiers du revenu brut, et le revenu imposable se calcule toujours sur dix années, d'après la valeur locative.

Quant au *sol* sur lequel s'élève la construction, le revenu est évalué comme celui des meilleures terres labourables de la commuue.

Les maisons inhabitées pendant toute l'année, ainsi que les bàtiments servant aux exploitations rurales, ne sont soumis à l'impôt qu'en raison du terrain enlevé à la culture, évalué sur le pied des meilleures terres labourables de la commune.

Application du cadastre. — Primitivement les évaluations cadastrales étaient destinées à servir de base aux *quatre degrés* de répartition.

Pour la réalisation de cette idée, il aurait fallu que les évaluations fussent faites dans le même temps et par des experts qui auraient partout suivi les mêmes bases d'estimation. Il n'en a pas été ainsi. C'est pour cela que le cadastre, depuis *une loi de* 1821, ne sert plus de base qu'à la répartition du dernier degré, c'est-à-dire entre les contribuables de la *commune*.

Pour cette dernière répartition les évaluations du cadastre ayant été faites, dans chaque commune, d'après une égale mesure, les contribuables de chaque commune supportent bien, entre eux, l'impôt d'une manière proportionnelle. Mais les inégalités d'estimation faites dans les diverses communes, à des époques différentes et par des experts n'ayant pas le même esprit d'impartialité et procédant sur des bases différentes d'estimation, ont laissé subsister entre les départements, les arrondissements et les communes des différences de traitement qui sont contraires au principe de l'égalité proportionnelle de l'impôt. C'est ainsi que certains départements paient 4 0/0 du revenu foncier et d'autres plus de 9 0/0.

Depuis longtemps on cherche à résoudre le problème de la *péréquation* de l'impôt, c'est-à-dire à rétablir l'égalité entre les départements, les arrondissements et les communes, en faisant disparaître les erreurs des évaluations primitives et en tenant compte des déplacements de richesse qui se sont produits postérieurement (1).

Pour les propriétés *bâties*, une loi du 17 août 1835 exige que les *nouvelles* constructions soient cotisées, et qu'à l'inverse la part d'impôt des constructions *démolies* soit déduite du contingent de ces diverses circonscriptions territoriales.

— Le directeur des contributions directes dresse les états de section et la matrice du rôle.

Les *états de section* indiquent les parcelles comprises dans chaque section, le nom du propriétaire, le numéro du plan, le canton ou lieu-dit, la nature de la propriété, la contenance, la désignation de la classe, le revenu imposable.

(1) Une loi du 21 mars 1874, dans un but de péréquation, permet d'augmenter l'impôt des terres mises en valeur et de réduire celui des parcelles devenues improductives, de manière à ce qu'il soit tenu compte de ces augmentations ou réductions dans le contingent des départements, arrondissements et communes.

D'après la loi de finances du 29 décembre 1884 sont imposés en accroissement de ce contingent les terrains *non cultivés* employés à un *usage commercial* ou *industriel*. Ces terrains sont cotisés : 1° à raison de leur superficie sur le même pied que les terrains environnants ; 2° d'après leur valeur locative, déduction faite de l'estimation de la superficie.

La *matrice*, espèce de grand livre dressé par ordre alphabétique des propriétaires, contient le relevé des parcelles que chacun d'eux possède dans les diverses sections du territoire, avec indication du total de la contenance et du revenu (1).

EXEMPTIONS A L'IMPÔT FONCIER (art. 103-123 L. frimaire an VII). — Il y a des exemptions *temporaires* et des exemptions *permanentes*.

(1) Nous donnons ci-dessous un exemple d'un extrait de la matrice cadastrale :

M. BOURGEOIS (Paul-Victor).

Numéros du plan cadastral.	Culture.	Classe.	Contenance	Revenu	Total de la contenance.	Total du revenu.
			H. A. C.	Fr. C.	H. A.	Fr.
Section A. 1.	Terre.....	1re	2 50 20	120	8 50	375
— 2.	Vigne	2e	1 70 30	100		
— 3.	Pré.......	3e	0 80 15	48.50		
— 4.	Bois......	4e	3 29	92		
Section B. 2.	Terre.....	1re	0 20 35	14.50		

En additionnant les revenus de tous les propriétaires de la commune et en rapprochant le total des revenus du contingent d'impôt que la commune doit payer, il est facile de faire la répartition entre les contribuables. On détermine le nombre de centimes par franc du revenu que telle commune doit payer, et pour savoir le montant de la cote de chaque propriétaire il suffira de multiplier son revenu par le nombre de centimes par franc de son revenu. Ainsi le revenu foncier d'une commune étant de 100,000 francs et son contingent dans l'impôt foncier de 6,000 francs, chaque franc ou 100 centimes (de revenu) doit contribuer pour 6 centimes. Dans notre espèce, le propriétaire Bourgeois devant payer le 6 0/0 de son revenu sera imposé pour 22 fr. 50. C'est d'après ce mode de calcul que l'administration des contributions directes dresse, dans chaque commune, le rôle cadastral.

Les exemptions *temporaires*, établies dans le but d'encourager l'industrie et l'agriculture, s'appliquent :

Aux propriétés *bâties* ou *reconstruites*, qui sont exemptes jusqu'à la troisième année; le terrain seul restant cotisé pendant les deux premières années qui auront suivi la construction ou la reconstruction;

Aux marais *desséchés*, qui ne subissent pas d'augmentation pendant vingt-cinq ans ;

Aux terrains en friche *plantés* ou *semés* en *bois*, qui ne subissent pas d'augmentation pendant trente ans;

Aux terrains en friche *plantés* en *vignes*, *mûriers* ou autres *arbres fruitiers*, qui ne subissent pas d'augmentation pendant vingt ans ; et s'ils sont déjà en valeur, pendant quinze ans ;

Aux terres vaines et vagues qui, étant *défrichées*, ne subissent pas d'augmentation pendant dix ans;

Quant aux terrains déjà en valeur, plantés ou semés en *bois*, ils ne sont évalués, pendant trente ans, qu'au *quart* du revenu des terres de même valeur non plantées (art. 111-116 L. 3 frimaire an VII).

Spécialement, d'après l'art. 226 du Code forestier, tel qu'il résulte de la loi du 18 juin 1859, les semis et plantations de bois sur le sommet et le penchant des montagnes, sur les dunes et dans les landes, sont *exempts* de tout impôt pendant trente ans (1).

Des exemptions spéciales ont été accordées : pendant vingt ans pour la rue de Rivoli, à Paris (loi du 8 août 1851); pendant vingt-cinq ans pour la rue et la place Impériale, à Lyon (loi du 22 juin 1854); pendant trente ans pour les maisons élevées sur les terrains vendus aux abords du Louvre et des Tuileries (loi du 3 mai 1854).

(1) Par suite du principe de la *fixité* des évaluations cadastrales, ces exemptions ont de l'utilité : soit dans le cas d'un renouvellement de cadastre, soit dans le cas où l'on élèverait la cotisation en vertu de la loi du 21 mars 1874 qui réserve formellement l'application des articles 111 à 114 de la loi de frimaire an VII et celle de l'art. 226 du Code forestier.

Les exemptions *permanentes* s'appliquent :

Aux biens non productifs de revenu, par suite, aux biens du *domaine public* de la commune, du département, de l'État, et même aux bâtiments non productifs de revenu et dont la destination a pour objet l'utilité publique (1) ;

Aux bois et forêts de l'Etat (loi du 19 ventôse an IX) ;

Aux rivières.

En ce qui concerne les bois et forêts de l'Etat, nous ferons remarquer que la loi de 1866 sur les Conseils généraux et la loi de 1867 sur les Conseils municipaux les soumettent au payement des centimes additionnels départementaux et communaux, dans la proportion de la *moitié* (2) de leur valeur imposable et sans préjudice des dispositions particulières relatives aux chemins vicinaux et aux chemins de fer d'intérêt local, pour lesquels ils contribuent dans la même proportion que les propriétés privées.

Débiteur de l'impôt. — L'impôt foncier est exigible du propriétaire ; il doit être supporté, au besoin, par l'usufruitier, mais non par les fermiers et locataires ou créanciers antichrésites (art. 2086 C. civ.) qui, s'ils en font l'avance, ont un recours contre le propriétaire ou l'usufruitier, à moins de convention contraire.

Appendice à l'impôt foncier ; taxe annuelle des biens de main morte. — Il faut rattacher à l'impôt foncier la *taxe annuelle* sur les biens de main morte, établie par la loi du 20 février 1849.

Cette taxe frappe les immeubles passibles de l'impôt foncier et appartenant aux départements, communes, établissements publics et sociétés anonymes.

Elle est destinée à remplacer les droits de *transmission entre-vifs ou par décès,* auxquels ne donneraient guère

(1) Les biens de l'Etat productifs de revenus sont soumis à l'impôt foncier. Il semble que ce soit inutile, puisque l'Etat est en même temps créancier et débiteur. Mais la détermination du revenu imposable des propriétés de l'Etat offre de l'intérêt : 1° en cas d'aliénation ; 2° pour les centimes additionnels départementaux et communaux que l'Etat doit supporter.

(2) Pour *toute* leur valeur, d'après la loi du 5 avril 1884.

u les biens de ces personnes morales qui n'aliènent
s souvent et ne meurent pas. Fixée d'abord à 62 c. 1/2
ur franc du principal de l'impôt foncier, elle a été portée
70 c. par la loi du 30 mars 1872.

Une loi du 14 déc. 1875 en exempte les sociétés ano-
mes, ayant pour objet l'achat et la vente d'immeubles.
Cette taxe est une annexe de l'impôt foncier, car elle
pour base, pour assiette, le principal de cet impôt.

Les compagnies concessionnaires de chemins de fer
nt soumises à l'impôt foncier. Mais doivent-elles la
xe annuelle ? La jurisprudence du Conseil d'Etat dé-
de la négative, parce que les chemins de fer ne leur
partiennent pas et font partie du domaine public.

IMPÔT PERSONNEL ET MOBILIER (1).
(Loi du 21 avril 1832.)

I. *Notions historiques.* — Pour atteindre la *fortune mo-*
lière, l'Assemblée constituante établit un impôt sur le
yer, les domestiques, les chevaux et voitures, et une
xe personnelle de trois journées de travail (18 février
791).

Une loi du 28 fructidor an VI fixa la journée de travail
atre 50 c. et 1 fr. 50 c.

La loi du 3 nivôse an VII décida que le *reste* du contin-
ent serait réparti en impôt mobilier, au marc le franc
e la valeur du *loyer d'habitation personnelle*. La fortune
lobilière était ainsi présumée d'après l'importance des
byers.

Sous l'Assemblée constituante, l'impôt personnel
tait distinct de l'impôt mobilier et formait un impôt de
uotité.

Depuis la loi de l'an VII, les deux impôts sont réunis ;
ls doivent ensemble produire une somme fixée à
avance, ce qui en fait un impôt unique de répartition.

En 1831, on sépara l'impôt personnel de l'impôt mobilier pour faire du premier un impôt de quotité ; mais

(1) Il figure au budget de 1884 pour plus de 65 millions.

cette division des deux éléments de l'impôt avait aggravé les charges des contribuables et soulevé des réclamations. L'Etat était, en effet, intéressé à multiplier le nombre des contribuables pour l'impôt personnel.

La loi du 21 *avril* 1832 les réunit de nouveau, pour faire de ces deux impôts un impôt unique de répartition.

Pour faire la répartition entre les contribuables de la commune, on multiplie d'abord le nombre des contribuables par trois fois le prix de la journée de travail, tel qu'il a été fixé par le Conseil général ; on déduit ensuite la somme ainsi obtenue du chiffre total du contingent, et le reste est réparti au prorata des loyers d'habitation, comme nous l'avons dit pour l'impôt foncier.

II. *Législation actuelle* (loi de 1832). — L'impôt *personnel* est fixé à la valeur de trois journées de travail. Cette valeur varie de 50 c. à 1 fr. 50 ; elle est déterminée par le Conseil général.

L'impôt *mobilier* est assis sur la valeur *du loyer*, mais seulement de *l'habitation personnelle*. On ne doit donc pas y faire entrer les locaux servant à l'industrie ou à l'exercice d'une profession patentée (ni même, par suite, le cabinet d'un avocat, surtout s'il était distinct de l'habitation).

L'estimation de la valeur locative est faite par les répartiteurs ; par conséquent, elle ne concorde pas nécessairement avec le prix réel de la location.

L'habitant, qui n'occupe qu'un appartement garni, n'est assujetti à l'impôt qu'en raison de la valeur locative du logement considéré comme non meublé (art. 16).

L'expression de *mobilier* donnée à l'impôt n'est pas exacte au point de vue de son assiette, car le loyer se paie aussi bien avec les ressources provenant des revenus des immeubles qu'avec celles provenant des revenus des meubles.

On a, comme nous l'avons dit, présumé la fortune mobilière d'après l'importance du loyer.

Débiteur de l'impôt. — L'impôt *personnel* et *mobilier* est dû par tout habitant, Français ou étranger, jouissant de ses droits et non réputé indigent par le Conseil municipal. Celui-ci désigne les habitants qu'il croit devoir exempter de toute cotisation et ceux qu'il juge convenable de n'assujettir qu'à la taxe personnelle (art. 28 L. 1832).

Sont considérés comme jouissant de leur droits : les veuves et les femmes séparées ; les garçons et filles, majeurs ou mineurs, ayant des moyens suffisants d'existence, soit par leur fortune personnelle, soit par leur profession, lors même qu'ils habitent avec leurs père, mère, tuteur ou curateur (art. 12).

Il y a plusieurs différences entre les deux éléments de l'impôt :

1º L'impôt personnel est dû dans la commune du domicile réel (1). — L'impôt mobilier est dû dans toutes les communes où le contribuable a une habitation meublée, même *gratuite*, car c'est à la valeur locative et non au paiement d'un loyer qu'on s'attache ;

2º La taxe personnelle n'est jamais imposée qu'en principal. — La taxe mobilière est imposée tant en principal qu'en centimes additionnels ;

3º La taxe personnelle est fixe. — La taxe mobilière est proportionnelle ;

4º L'exemption pour cause d'indigence, prononcée par le Conseil municipal, peut s'appliquer à l'impôt mobilier sans s'appliquer à l'impôt personnel; mais l'exemption, pour cette cause, de l'impôt personnel entraîne l'exemption de l'impôt mobilier (2).

---

(1) Le paiement de l'impôt personnel est ainsi un des moyens de déterminer le domicile, c'est-à-dire le lieu où l'on a son principal établissement (art. 102 C. civ.).

(2) Nous verrons, en outre, que quand l'impôt est payé en partie, avec les produits de l'octroi, ce qui reste à percevoir est réparti sur la cote mobilière seulement et non sur la cote personnelle.

21

Annalité de l'impôt. — L'impôt personnel et mobilier est *annal*, en ce sens que le droit de l'Etat à l'impôt est acquis au commencement de l'année; de telle sorte qu'en cas de décès, les héritiers sont tenus de payer l'année entière; de même, en cas de révocation d'un fonctionnaire, l'impôt est dû pour toute l'année, mais il peut demander sa décharge dans la nouvelle résidence où il aurait été imposé.

En cas de déménagement hors du ressort de la perception, comme en cas de vente volontaire ou forcée, l'impôt personnel et mobilier est exigible pour la totalité de l'année courante; le débiteur est considéré comme déchu du bénéfice du terme, parce qu'il n'offre plus les mêmes garanties.

Le propriétaire ou le principal locataire doit, un mois avant l'époque du déménagement d'un locataire, se faire représenter par celui-ci les quittances de l'impôt; à défaut par ce dernier de représenter sa quittance, le propriétaire ou principal locataire est tenu, sous sa responsabilité personnelle, de donner dans les 3 jours avis du déménagement au percepteur (art. 22 L. 1832).

Dans le cas de déménagement furtif le propriétaire, ou à son défaut le principal locataire, est responsable des termes échus, s'il n'a pas fait constater dans les 3 jours le déménagement par le juge de paix, le maire ou le commissaire de police. Dans tous les cas et nonobstant toute déclaration, il est responsable de l'impôt des personnes qu'il loge en garni (art. 23 L. 1832).

Conversion de l'impôt pour les villes ayant un octroi. — D'après la loi de 1832, les villes ayant un octroi ont la faculté de payer leur contingent dans cet impôt, en tout ou en partie, sur le produit de l'octroi. L'exercice de ce droit est subordonné à une demande faite par le Conseil municipal et approuvée par décret du Chef du pouvoir exécutif.

Quand la conversion n'est que partielle, ce qui reste

percevoir est réparti en cote mobilière seulement, au
rorata des loyers, et sauf à exempter les faibles loyers
t à établir au besoin un tarif gradué en raison de la
rogression ascendante des loyers, comme à Paris et
ans d'autres villes (art. 12, 18, 20 L. 1832 et L. 3 juil-
et 1846) (1).

IMPÔT DES PORTES ET FENÊTRES (2).
(Loi du 21 avril 1832).

I. *Notions historiques.* — Cet impôt est d'origine plus
'écente que les autres. Il a été emprunté à l'Angleterre
t date du Directoire (loi du 4 frimaire an VII).

Son but, comme le précédent, a été d'atteindre la for-
une mobilière et de servir de supplément et de correc-
ion à l'impôt mobilier. Celui-ci offre un inconvénient:
l est assis sur la valeur locative de l'habitation; or cette

---

(1) Ainsi, à Paris, les loyers au-dessous de 400 fr. sont exempts de
et impôt. Toutefois cette exonération n'est pas applicable: 1° aux
'ersonnes ayant un simple pied à terre à Paris; 2° aux propriétaires
'ogés ou non dans leur propre maison, imposés au rôle foncier de
'aris et dont l'indigence n'a pas été régulièrement constatée; 3° aux
'atentés dont le loyer d'habitation réuni au loyer industriel atteint
00 fr. — La division d'un appartement ou d'un local occupé par
'lusieurs personnes passibles de l'impôt personnel ne peut avoir
'our effet de modifier l'impôt mobilier dû pour l'ensemble de ce
'ocal.

Les loyers de 400 à 599 fr. paient 6 fr. 50 0/0; de 600 à 699 fr.,
' fr. 50 0/0; de 700 à 799 fr., 8 fr. 50 0/0; de 800 à 899 fr., 9 fr. 50 0/0,
le 900 fr. et au-dessus 9 fr. 88 0/0. (Délibération du Conseil muni-
'ipal de Paris approuvée par décret du 2 janvier 1884.)

Cette conversion de l'impôt mobilier en impôt d'octroi est favo-
'able aux riches. C'est pour cela qu'en cas de conversion partielle,
on exempte les faibles loyers et on établit pour les autres une progression ascendante qui fait de l'impôt une sorte d'impôt progressif;
mais la progression est limitée; elle s'arrête à un certain chiffre et
ne varie plus. Du reste, le contribuable ne peut pas être obligé de
payer un impôt plus élevé que celui qu'il aurait eu à payer s'il n'y
avait pas eu de conversion.

(2) Il figure au budget de 1884 pour plus de 45 millions.

valeur dépend d'une estimation toujours un peu arbitraire. L'impôt des portes et fenêtres présente, au contraire, une assiette facile et certaine, puisqu'il repose sur le nombre des ouvertures d'une maison. Il est donc destiné à modifier les inexactitudes de l'estimation du loyer et à corriger ainsi les inégalités qui peuvent en résulter. La fortune mobilière est ainsi présumée à la fois par la valeur locative et par le nombre des ouvertures de la maison.

A son origine, l'impôt des portes et fenêtres était un impôt de quotité. La loi du 13 floréal an X en fit un impôt de répartition, en indiquant la somme totale qu'il devait produire.

Une loi du 26 mars 1831 lui restitua le caractère d'impôt de quotité. Devenu plus onéreux, il souleva des réclamations.

La loi du 21 avril 1832 le rétablit comme impôt de répartition.

Cet impôt, d'une assiette facile, repose sur une base qui présente cependant certains vices, car ce n'est pas d'après la valeur des propriétés qu'il est établi, mais seulement d'après les ouvertures d'une maison, sans distinction des quartiers riches ou pauvres.

Pour remédier à ces inconvénients, une loi du 17 mars 1852 autorise la ville de Paris à établir un tarif spécial, combiné de manière à tenir compte de la *valeur locative* et du nombre *des ouvertures*. — Ce système mixte a été étendu par diverses lois à plusieurs grandes villes (Lyon, Bordeaux, etc.).

II. *Législation actuelle* (loi de 1832 et système de 1852). — L'impôt est *assis* sur les portes et fenêtres donnant sur les rues, cours et jardins des maisons et bâtiments. — Sont exceptées : les ouvertures non clôturées par des portes ou fenêtres et servant à éclairer ou aérer les granges, bergeries, étables, caves et autres locaux non destinés à l'habitation des hommes ; — les portes et fenêtres des bâtiments employés à un service public ; — les fenêtres des manufactures (1), sauf celles qui éclairent les lieux destinés à l'habitation (L. 4 germinal an XI). Il existe, en outre, une dispense temporaire de trois ans en faveur de l'assainissement des logements insalubres (L. 13 avril 1850).

Débiteur de l'impôt.—A la différence de l'impôt mobilier, qui est exigible contre les locataires, l'impôt des portes et fenêtres est payable par le propriétaire, sauf son recours contre les locataires, à moins de conventions contraires dans le bail. C'est donc, en définitive, le locataire qui supporte l'impôt, soit en remboursant le propriétaire, soit en payant un loyer plus élevé quand le bail met expressément l'impôt à la charge du propriétaire. Cette observation avait un grand intérêt lorsque le droit d'élection, avant 1848, était subordonné au payement d'une certaine somme d'impôts. On comprenait l'impôt des portes et fenêtres dans le cens électoral du locataire seul, même dans le cas où le bail mettait l'impôt à la charge du propriétaire.

Une partie de l'impôt est cependant définitivement supportée par le propriétaire. En effet, lorsqu'il y a des ouvertures dont l'usage est commun à tous ceux qui habitent la maison, l'impôt en est à la charge du propriétaire seul. Cet impôt est donc tantôt et habituellement une addition à l'impôt personnel et mobilier, et tantôt, par exception, une augmentation de l'impôt foncier.

L'impôt des portes et fenêtres est perçu d'après un tarif proportionné : 1° à la population de la commune ; 2° au nombre des ouvertures ; et 3° à l'étage auquel elles se trouvent. C'est cette application d'un tarif qui le

---

(1) La jurisprudence du Conseil d'Etat entend par manufactures les établissements où le travail de l'homme est prédominant, à la différence des usines où les moteurs mécaniques sont la principale force employée.

fait ressembler à un impôt de quotité. (1) Néanmoins, comme la somme totale qu'il doit produire est fixée à l'avance, ce n'est qu'un impôt de répartition.

Pour opérer la répartition du contingent de la commune entre les particuliers, on applique le tarif aux ouvertures de la commune, et si le total est supérieur ou inférieur au contingent, on diminue ou on augmente proportionnellement les cotes des contribuables.

IMPÔT DES PATENTES (2).

(Loi du 15 juillet 1880).

Cet impôt, à la différence des trois précédents, est un impôt de quotité, dont le produit n'est pas déterminé à l'avance d'une manière fixe. Il ne figure dans le budget que pour une somme approximative. Une partie de cet impôt est, en outre, consacrée par les lois de finances, aux besoins des communes.

1. *Notions historiques.* — L'Assemblée constituante, après avoir supprimé les maîtrises et jurandes et proclamé la liberté du commerce et de l'industrie, soumit à la patente quiconque voudrait exercer un commerce, une industrie ou une profession. L'impôt des patentes fut assis sur les valeurs locatives *tant de l'habitation* que des locaux destinés à l'*exercice de la profession.*

Cette base était vicieuse, parce que les bénéfices d'une profession ne sont pas proportionnels à l'étendue des lieux occupés.

---

(1) Ce tarif est fixé par l'article 24 de la loi du 21 avril 1832.

A Paris et dans les autres villes qui ont été autorisées par des lois, en outre des trois éléments du tarif ordinaire, on tient compte de la valeur locative. Par suite de ce système mixte, il y a à Paris deux droits : un droit fixe multiplié par le nombre des ouvertures, et un droit proportionnel plus ou moins élevé, suivant l'importance du revenu cadastral.

(2) Il est *évalué*, dans le budget de 1884, à près de 100 millions.

Une loi du 21 mars 1793 supprima cet impôt comme faisant double emploi avec l'impôt mobilier.

Une loi du 4 thermidor de l'an III le rétablit pour certaines professions, d'après un tableau gradué sur l'importance de la profession et de la population de la commune. Ce système était également vicieux, car il taxait également dans la même localité tous les patentables exerçant la même profession, sans tenir compte de la différence d'étendue de leur commerce ou industrie.

Une loi du 6 fructidor an IV, généralisant l'impôt, lui donna pour base un système *mixte* encore en vigueur : la combinaison d'un droit *fixe* et d'un droit *proportionnel*.

La loi du 1er frimaire an VII maintint le principe de la loi précédente, mais régularisa l'impôt d'après un nouveau tarif.

La loi du 25 avril 1844, codifiant la matière, établit un nouveau tarif en abaissant le droit proportionnel.

Cette loi a été pendant longtemps la loi fondamentale de la matière. Plusieurs lois de finances l'avaient modifiée sur quelques points, et les lois les plus récentes depuis la guerre de 1870-1871, avaient augmenté les tarifs et établi un grand nombre de centimes additionnels.

— L'impôt des patentes est actuellement régi par la loi du 15 juillet 1880, qui a révisé la législation antérieure, en modifiant les tarifs et les classifications des patentables.

II. *Législation actuelle* (L. 15 juillet 1880). — L'impôt des patentes frappe non seulement les commerçants, comme on le dit généralement, mais *tout individu*, français ou étranger, exerçant en France un *commerce*, une *industrie* ou une *profession* quelconque, à moins d'exemption formelle (art. 1 L. 1880). C'est ainsi que la profession d'avocat et plusieurs autres professions libérales sont soumises à la patente, quand même elles seraient incompatibles avec l'exercice d'un commerce. Ce principe avait été déjà proclamé par l'Assemblée Constituante. L'impôt a pour but d'atteindre les bénéfices de tout travail lucratif. Son nom lui vient de l'acte qui est délivré au contribuable par le directeur des contributions directes.

— La contribution des patentes se compose de deux droits : le droit *fixe* et le droit *proportionnel* (art. 2 L. 1880).

Avec le droit fixe on tient compte de l'importance abstraite des diverses professions, suivant certaines considerations ; avec le droit proportionnel, basé sur la valeur locative, on tient compte de l'importance relative et du développement de la profession de chaque patentable.

Droit fixe. — Le droit fixe est réglé conformément à trois tableaux A, B, C :

1° Eu égard à la *population* et d'après un tarif *général*, pour les industries et professions énumérées au tableau A. Ce tableau contient huit classes de professions, divisées suivant leur importance et suivant qu'il s'agit d'un commerce en gros, demi-gros ou détail, et dont chacune est imposée eu égard à la population qui, en dehors de Paris, a été répartie en huit nombres, sur une échelle de huit degrés. Ce tarif varie, pour Paris, entre un maximum de 400 fr. et un minimum de 12 fr., suivant la classe des professions, et partout ailleurs entre un maximum de 300 fr. et un minimum de 2 fr., suivant la classe des professions et le chiffre de la population (1).

(1) Nous donnons ci-dessous le tarif général du tableau A.

Clas-ses.	A. Pa-ris.	DANS LES COMMUNES							
		Au-dessus de 100.000	De 50.001 à 100.000	De 30.001 à 50.000	De 20.001 à 30.000	De 10.001 à 20.000	De 5.001 à 10.000	De 2.001 à 5.000	De 2.000 et au-des-sous.
1	400	300	240	180	120	80	60	45	35
2	200	150	120	90	60	45	40	30	25
3	140	100	80	60	40	30	25	22	18
4	75	75	60	45	30	25	20	15	12
5	50	50	40	30	20	15	12	9	7
6	40	40	32	24	16	10	8	6	4
7	20	20	16	12	8	8	5	4	3
8	12	12	10	8	6	5	4	3	2

2° Eu égard à la *population* et d'après un tarif *exceptionnel* pour les industries et professions portées dans le tableau B. Ce tableau énumère certaines professions ou industries spéciales qui relèvent du haut commerce, telles que celles d'agent de change, banquier, commissionnaire, courtier, facteur aux halles, entrepreneur de roulage, marchand de diamants ou pierres fines, etc. Le droit fixe varie suivant *chaque profession* et en raison de la *population*, répartie sur une échelle dont les degrés sont plus ou moins nombreux.

D'après la loi de 1880, le droit fixe du tableau B se compose, en général, de deux éléments : 1° d'une taxe déterminée pour chaque profession; 2° d'une taxe par personne employée, en sus du nombre de cinq, aux écritures, aux caisses, à la surveillance, aux achats et aux ventes intérieures ou extérieures.

3° *Sans égard à la population*, pour les industries et professions qui font l'objet du tableau C. Ce tableau passe en revue, dans cinq parties (1), une foule de professions ou industries qui sont imposées pour le droit fixe, sans égard à la population, car ces professions ou industries peuvent s'exercer utilement dans des localités fort diverses et le plus souvent à la campagne, aussi bien qu'à la ville. Suivant la nature de l'industrie ou de la profession, le droit fixe consiste tantôt dans une somme déterminée, tantôt, et dans la plupart des cas, dans une taxe qui fait varier le droit suivant le nombre des établissements, des ouvriers, métiers, machines, bêtes de somme, ou autres moyens de production (art. 3, L. 1880).

— Les commerces, industries et professions non dénommés dans ces trois tableaux, n'en sont pas moins assujettis à la patente. Les droits auxquels ils doivent être soumis sont réglés, d'après l'analogie des opérations ou des objets de commerce, par un arrêté spécial du préfet, rendu sur la proposition du directeur des contributions directes et après avoir pris l'avis du maire; et tous les cinq ans des tableaux additionnels sont soumis à la sanction législative (art. 4 L. 1880).

— En dehors des restrictions et réductions que peut

(1) Ces cinq parties sont à distinguer pour l'application du droit *proportionnel.*

21.

subir le droit fixe, par suite de circonstances particulières, notamment d'un accroissement de population, de l'âge des ouvriers employés, du chômage d'usines à moteurs hydrauliques (art. 5, 6, 10, 11), son assiette est à remarquer dans deux cas : 1° celui d'un patentable exerçant plusieurs commerces, industries ou professions; 2° celui d'une société.

Le patentable qui exerce plusieurs professions dans un *même établissement*, ne doit qu'un seul droit fixe, le plus élevé; et c'est avec raison, car souvent et surtout dans les campagnes, on est obligé d'exercer plusieurs industries pour vivre; toutefois le patentable est assujetti à toutes les taxes *variables* en raison du nombre des ouvriers, machines, ou autres moyens de production (art. 7).

S'il exerce plusieurs professions dans des établissements *distincts*, il est alors passible d'autant de droits fixes que d'établissements (art. 8), sauf exemption pour le magasin de vente en gros le plus rapproché de la fabrique où ne se vendraient pas les produits (art. 9).

En cas de *société*, nous verrons, en étudiant le principe de la personnalité des patentes, qu'il faut distinguer :

Dans les sociétés en *nom collectif*, où tous les associés sont personnellement responsables, l'associé principal paie le droit fixe entier, mais chacun des autres associés secondaires ne paie qu'une part de ce droit fixe divisé entre tous les associés; de telle sorte que quand il y a cinq associés, l'associé principal paie un droit fixe et chacun des autres ne paie qu'un cinquième de ce droit. En définitive, la société paie un droit et quatre cinquièmes, c'est-à-dire un droit entier et une fraction de ce droit dont le dénominateur est représenté par le nombre des associés et le numérateur par ce même nombre moins un.

Dans les sociétés *anonymes*, où aucun des associés n'est personnellement responsable, la société n'est imposée qu'à un seul droit fixe pour chacun de ses établissements, sous la désignation de l'objet de l'entreprise.

Dans les sociétés en *commandite*, les gérants et associés solidaires sont assimilés aux associés dans les sociétés en nom collectif; quant aux commanditaires ou actionnaires, qui ne sont pas personnellement responsables, ils ne sont pas imposés (art. 20-22).

Droit proportionnel. — Le droit proportionnel est établi d'après la valeur locative, tant des locaux servant à la profession ou à l'industrie, que de l'*habitation personnelle*. A ce dernier point de vue on lui fait le reproche de faire double emploi avec l'impôt mobilier.

Il est dû lors même que le logement et les locaux occupés sont concédés à titre gratuit.

La valeur locative est déterminée : soit au moyen de baux authentiques ou de déclarations de locations verbales enregistrées, soit par comparaison avec d'autres locaux dont le loyer a été régulièrement constaté ou est notoirement connu et, à défaut de ces bases, par voie d'appréciation (art. 12). On s'attache à la valeur *réelle*.

— Le taux du droit proportionnel est fixé conformément au tableau D (art. 13). Il est du 10°, 15ᵉ, 20°, 30°, 40°, 50° ou 60° de la valeur locative. Le droit porte tantôt d'une manière uniforme sur tous les locaux occupés, tantôt d'une manière différente sur la maison d'habitation et sur l'établissement industriel, suivant les distinctions et restrictions faites audit tableau. Il est, en général, du 20° de la valeur locative.

Exemptions de l'impôt. — Ne sont pas soumises au droit *fixe* certaines professions libérales (avocats, médecins, vétérinaires, architectes, maîtres de pension, officiers ministériels, etc.); mais elles sont assujetties au droit proportionnel du quinzième de la valeur locative.

Ne sont pas soumis au droit *proportionnel* les patentables des septième et huitième classes du tableau A vendant en ambulance, en étalage ou sous échoppe, ni les patentables desdites classes du même tableau dans les villes de 20,000 âmes et au-dessous.

Ne sont pas assujetties à l'*impôt* des patentes, un certain nombre de professions ou d'industries énumérées dans l'article 17 de la loi de 1880; notamment : 1° les fonctionnaires, les artistes, professeurs, instituteurs primaires publics; 2° les sages-femmes, les éditeurs de feuilles périodiques; 3° les laboureurs et cultivateurs, concessionnaires de mines, pêcheurs, les associés en commandite, les assurances mutuelles; 4° les commis et toutes personnes travaillant à gages, à façon et à la journée dans les ateliers et boutiques des personnes de leur profession, les ouvriers travaillant sans compagnons ni apprentis ou avec un apprenti âgé de moins de 16 ans, ceux qui vendent en ambulance, dans les rues, des fleurs, statues, fruits, légumes et autres menus comestibles, les savetiers, chiffonniers au crochet, porteurs d'eau, garde-malades, etc.

Personnalité et annalité de l'impôt. — Les patentes sont *personnelles* et ne peuvent servir qu'à ceux à qui elles sont délivrées.

L'application de ce principe donne lieu, comme nous l'avons déjà dit, à quelques particularités au cas de société.

Dans les sociétés en nom collectif, tous les associés figurant en nom et étant tous personnellement et solidairement responsables, sont tous assujettis à la patente ; mais nous savons que, quant au droit fixe, l'associé principal le paie seul, en entier, et que chacun des associés secondaires ne paie qu'une part du même droit divisé entre tous les associés. Les associés secondaires sont, du reste, affranchis des taxes variables du tableau C. Quant au droit proportionnel, il est établi sur la maison d'habitation de l'associé principal, et sur tous les locaux servant à la société ; mais la maison d'habitation des associés secondaires, lorsqu'elle ne sert pas à la société, est affranchie du droit proportionnel (art. 20 et 21).

Dans les sociétés anonymes où aucun des associés ne figure en nom et n'est personnellement responsable, aucun d'eux n'est assujetti à la patente. La société seule est imposée à un seul droit fixe pour chacun de ses établissements, sans préjudice du droit proportionnel.

Dans les sociétés en commandite, les gérants et associés solidaires, qui seuls figurent en nom et ont une responsabilité personnelle, sont assimilés aux associés en nom collectif. Les commanditaires ou simples bailleurs de fonds ne sont pas assujettis à la patente (art. 22).

— L'impôt des patentes est *annal*, en ce sens qu'il est dû pour l'année entière par ceux qui, le 1er janvier, avaient une profession qui y était soumise. Ceux qui auraient été omis au rôle primitif, seraient imposés en vertu de rôles supplémentaires. Par exception. en cas de cession d'établissement, la patente est, sur la demande du cédant ou du cessionnaire, transférée à son successeur ; la mutation de cote est réglée par un arrêté du préfet ; en outre, en cas de fermeture des magasins, boutiques et ateliers par suite de décès ou de faillite déclarée, les droits ne sont dus que pour le passé et le mois courant.

Le principe de l'annalité de l'impôt est établi au profit du trésor ; mais il ne peut lui être opposé par les patentables. Aussi, ceux qui s'établissent dans le cours de l'année ou entreprennent une profession donnant lieu à un droit plus élevé, sont soumis à un impôt ou augmentés, à partir du premier du mois dans lequel la profession a été commencée ou a reçu de l'extension (art. 28).

— Quoique les impôts directs ne soient, en général, payables que par douzièmes, les marchands forains, colporteurs et tous autres patentables dont la profession n'est pas exercée à demeure fixe, sont tenus d'acquitter le montant total de leur cote au moment où la patente leur est délivrée (art. 29 L. 1880).

L'impôt des patentes, comme l'impôt mobilier, est immédiatement exigible, en totalité, en cas de déménagement hors du ressort de la perception, comme en cas de vente volontaire ou forcée.

Les propriétaires et, à leur place, les principaux locataires, sont aussi responsables du dernier terme échu et du terme courant, s'ils n'ont pas, un mois avant le terme fixé par le bail, donné avis au percepteur du déménagement de leurs locataires, ou, dans le cas d'un déménagement anticipé ou furtif, s'ils n'en ont pas donné avis dans les trois jours (art. 30 L. 1880).

— Les formules des patentes sont délivrées par le directeur des contributions directes ; elles sont, à la diligence des patentés, visées par le maire et revêtues du sceau de la commune (art. 31).

Tout patentable est tenu d'exhiber sa patente, lorsqu'il en est requis par les maires, adjoints, juges de paix et tous autres officiers ou agents de police judiciaire (art. 32 et 33).

RECOUVREMENT ET RÉCLAMATIONS EN MATIÈRE D'IMPÔTS DIRECTS

§ I. *Recouvrement.*

Les rôles des contributions directes sont prépares par la direction de l'administration des contributions directes, et rendus *exécutoires* par le Préfet.

Ils sont envoyés aux percepteurs, qui sont chargés d'en recouvrer le montant (1). Ils sont publiés par un avis du maire. Cette publication est très importante, car nous verrons qu'elle est le point de départ du délai de 3 mois accordé au contribuable pour former une demande en décharge ou en réduction.

Les impôts directs sont payables par *douzièmes.*

Chaque contribuable reçoit d'abord un *avertissement* qui lui indique la somme dont il est *débiteur.*

Après l'expiration des 10 jours qui suivent l'échéance, le contribuable peut être poursuivi.

On distingue les poursuites *administratives* et les poursuites *judiciaires.*

Les poursuites *administratives* comprennent :

1° Une sommation *sans* frais ;

2° Une sommation *avec* frais, qui peut intervenir huit jours après la sommation sans frais ; mais elle n'a lieu qu'à la suite d'une *contrainte* générale délivrée par le

---

(1) Un arrêt du Conseil d'Etat du 18 juin 1868, annulant pour excès de pouvoir un arrêté d'un sous-préfet et une décision du ministre des finances, décide que l'administration ne peut dispenser le percepteur de se rendre à des époques déterminées dans les communes de sa perception, ni obliger les contribuables à se transporter dans la commune du percepteur.

receveur particulier des finances et visée par le sous-Préfet (1).

La contrainte est un acte *exécutoire* ; elle est assimilée à un jugement, et d'après l'opinion générale, elle emporte hypothèque judiciaire.

Cette contrainte, lorsque la sommation avec frais est demeurée inefficace, autorise les poursuites judiciaires.

Les poursuites *judiciaires* comprennent :

1° Le commandement, qui peut être fait trois jours après la contrainte générale ;

2° La saisie et la vente des meubles, qui sont précédées d'une contrainte *individuelle* et *nominative* ;

3° La saisie immobilière avec l'autorisation du ministre des finances.

— Le Trésor a un privilège (art. 2098 C. civ. et loi du 12 novembre 1808) :

1° Pour l'impôt foncier de l'année échue et de l'année courante, sur les récoltes, fruits, loyers et revenus des immeubles ;

2° Pour les autres impôts de l'année échue et de l'année courante, sur les autres effets mobiliers appartenant aux redevables, en quelque lieu qu'ils se trouvent.

---

(1) Autrefois, à la suite de la contrainte générale, il y avait lieu à la poursuite par *garnison collective* ou *individuelle*. La poursuite par garnison consistait dans l'envoi d'un agent spécial, appelé garnisaire, dont le salaire était payé par les contribuables en retard.

La garnison collective s'exerçait contre tous les contribuables en retard en même temps ; chaque redevable recevait un bulletin séparé par lequel la garnison lui était notifiée, et payait une certaine somme pour le salaire du garnisaire, fixé par arrêté du préfet.

La garnison individuelle était celle qui était exercée contre un seul contribuable en retard par un garnisaire établi à ses frais dans la commune. Le garnisaire tenait garnison chez le contribuable, il s'installait chez lui ; il avait droit à une somme par jour d'après le tarif du prix de journée fixé par le préfet.

Une loi du 9 février 1877 a supprimé le mode de poursuite par garnison individuelle et a remplacé le mode de poursuite désigné sous le nom de garnison collective par la *sommation* avec *frais*.

Ce privilège s'exerce avant tout autre, sauf celui des frais de justice et du locateur (art. 657 et 662 C. pr. civ.)

L'action en réclamation de l'impôt se prescrit par *trois ans*, de même que l'action en répétition d'impôts payés et non dus.

— Les difficultés qui peuvent s'élever sur les poursuites judiciaires, sur les questions de privilège et sur l'action civile en répétition sont de la compétence de l'autorité judiciaire (trib. des conflits 21 octobre 1871 et 30 juin 1877).

§ II. *Contentieux et réclamations en matière d'impôts directs.*

Les réclamations que peuvent former les contribuables, en matière d'impôts directs, ont pour objet :

Soit la *réintégration* au rôle ;

Soit un *dégrèvement*, c'est-à-dire la *suppression* ou *diminution* de cote ;

Soit une *mutation* de cote.

Ces réclamations sont très importantes et les règles qui les régissent doivent être soigneusement remarquées.

Réintégration. — La demande en *réintégration* est celle par laquelle un contribuable réclame contre son omission au rôle où il veut être porté. L'intérêt de cette demande se présentait, autrefois, pour l'exercice des droits politiques subordonnés au cens. Actuellement, l'intérêt que peut avoir un particulier à se faire porter au rôle des contributions où il a été omis se rencontre dans plusieurs circonstances, notamment :

1° Pour l'éligibilité au Conseil général, au Conseil d'arrondissement ou au Conseil municipal, qui exige le domicile ou le payement d'une contribution directe dans le département, l'arrondissement ou la commune ;

2° Pour l'exercice d'une action judiciaire qu'une commune négligerait d'intenter et qu'un contribuable peut intenter à ses risques, avec l'autorisation du Conseil de préfecture (art. 123, L. du 5 avril 1884);

3° Dans divers cas où il y a lieu, dans l'intérêt d'une section de commune, à la constitution d'une commission syndicale (art. 111, 112, 129, L. 5 avril 1884) (1).

Dégrèvement. — La demande en *dégrèvement* est celle par laquelle le contribuable réclame la suppression ou la diminution de sa cote. On distingue, à cet égard : les demandes en *décharge* et en *réduction*, d'une part, et les demandes en *remise* et en *modération*, d'autre part.

Dans la demande en *décharge*, le contribuable soutient qu'il ne devait pas être imposé, et que sa cote doit être supprimée ; par exemple, parce qu'il n'est pas propriétaire de l'immeuble pour lequel il a été imposé au rôle de l'impôt foncier, ou parce qu'il est dans un des cas d'exemption de l'impôt des patentes. — Dans la demande en *réduction*, il soutient que sa cote est excessive et qu'elle doit être diminuée, soit parce que la valeur locative de son habitation a été exagérée, soit parce qu'il figure au rôle des patentes pour une profession plus imposée que celle qu'il exerce.

(1) La qualité de **contribuable est** encore utile dans d'autres circonstances : soit pour l'électorat municipal, soit pour le droit de prendre copie des délibérations des conseils départementaux ou communaux; soit pour être membre de la commission des répartiteurs.

— Autrefois, les plus imposés avaient encore le droit de voter, avec le Conseil municipal, en certains cas, notamment pour les emprunts et les impositions extraordinaires intéressant une commune ayant moins de 100,000 fr. de revenus et pour un avis à donner sur les changements à la circonscription des communes; mais la loi du 5 avril 1882 a supprimé, dans tous les cas, l'adjonction au conseil municipal des plus imposés.

Dans la demande en *remise*, le contribuable, dûment imposé, sollicite l'exemption du payement total de sa cote, parce qu'il a été victime d'un accident, d'un sinistre ; par exemple : il a perdu toute sa récolte par suite d'une inondation, d'un incendie. — Dans la demande en *modération*, il sollicite un dégrèvement partiel, une diminution, dans les mêmes circonstances, parce que l'accident n'a amené qu'une perte partielle.

— Des différences très importantes sont à signaler entre les demandes en *décharge* et en *réduction*, d'une part, et les demandes en *remise* et en *modération*, d'autre part :

1° Les premières sont fondées sur un droit et donnent lieu à un recours contentieux. — Les autres sont fondées sur un intérêt et donnent lieu à un recours gracieux ;

2° Les premières sont de la compétence du Conseil de préfecture. — Les autres sont de la compétence du Préfet ;

3° Contre les décisions du Conseil de préfecture, il y a lieu à un recours au Conseil d'État, avec dispense de constitution d'avocat. — Contre les décisions du Préfet, le recours est formé devant le Ministre des finances ;

4° En cas de décharge ou de réduction des impôts de répartition, (sauf celui des portes et fenêtres, qui, à l'origine, était un impôt de quotité), les cotes ainsi déchargées ou réduites sont réimposées l'année suivante sur les autres contribuables. — En cas de remise et de modération, les cotes remises ou diminuées tombent dans les *fonds de non-valeurs*, de même que les cotes déchargées ou réduites des portes et fenêtres et des patentes.

Les *fonds de non-valeurs* s'obtiennent au moyen de centimes additionnels aux quatre contributions directes ; ils forment, comme dit M. Serrigny, une espèce de société d'assurances mutuelles.

— Nous rappelons qu'en matière de cadastre, un recours contentieux peut avoir lieu devant le Conseil de préfecture, contre le classement, — et un recours gra-

eux devant la Commission départementale, contre le
rif des évaluations.

Mutation de cote. — Quant aux demandes en *mutation*
cote, qui ont pour but de substituer le nom d'une
ersonne à celui d'une autre sur le rôle des contribua-
les, à la suite d'une mutation de propriété ou de la ces-
on d'un commerce ou d'une industrie, il faut distin-
uer. Pour l'impôt foncier et celui des portes et fenêtres,
est le Conseil de préfecture qui est compétent; pour les
atentes, c'est le Préfet, et pour l'impôt personnel et
iobilier, c'est l'administration des contributions direc-
s qui statue. Il y a un défaut d'harmonie.

— Les demandes en réintégration au rôle, en décharge
u réduction, ou en mutation de cote, doivent être for-
iées dans les *trois mois*, à partir de la publication des
ôles par le maire, et spécialement, en cas de faux ou
iouble emploi, à partir de la connaissance des poursuites
L. 29 décembre 1884).

La réclamation est assujettie au droit de timbre, à
moins qu'il ne s'agisse d'une cote au-dessous de 30 fr.
Elle est adressée au Préfet ou au sous-Préfet.

Le contribuable doit y joindre la quittance des derniers termes échus de sa cotisation, sans pouvoir différer le payement des termes qui viendraient à échoir
jusqu'au jugement de sa demande par le Conseil de
préfecture. La réclamation contre le classement, en matière cadastrale, peut être formée dans les six mois.

La pétition est renvoyée au contrôleur qui donne son
avis et transmet le dossier au directeur des contributions directes.

Si celui-ci est d'avis que la demande doit être accueil-
iie, il fait son rapport qui est transmis au Conseil de
préfecture; dans le cas contraire, il exprime les motifs
de son opinion, transmet le dossier à la sous-préfecture
et invite le réclamant à en prendre communication et à
faire connaître, dans les dix jours, s'il veut fournir de
nouvelles observations ou recourir à une expertise. Si

l'expertise est demandée, deux experts nommés, l'un par le sous-Préfet, l'autre par le réclamant, procèdent à la vérification. En cas de désaccord, un tiers expert est désigné par le juge de paix à la demande de l'une des parties (art. 5 L. 29 décembre 1884). Le sous-Préfet donne son avis et envoie le dossier au Préfet.

La décision du Conseil de préfecture doit être rendue dans les trois mois qui suivent la réclamation.

Nous savons que le recours au Conseil d'Etat contre l'arrêté du Conseil de préfecture peut être formé sans le ministère d'un avocat au Conseil; il est alors transmis par l'intermédiaire du Préfet, sans frais (art. 28-30 L. du 21 avril 1832).

— Ce que nous venons de dire s'applique aux réclamations des particuliers. Les impôts directs sont également l'objet de réclamations de la part des *percepteurs*. Ceux-ci peuvent, dans les trois premiers mois de l'exercice, présenter des états de cotes *indûment imposées*, sur lesquels statue le Conseil de préfecture; ils sont autorisés, même après ce délai, et à la fin de l'année, à porter les cotes indûment imposées sur les états de *cotes irrécouvrables* pour être allouées en décharge par le Conseil de préfecture. — Quant aux autres cotes irrécouvrables qui doivent tomber dans les fonds de non-valeurs, le percepteur doit adresser au préfet, dans les deux premiers mois de la seconde année de chaque exercice, les états pour en obtenir la remise ou la modération (1).

(1) Nous ferons remarquer qu'indépendamment des grandes contributions directes, il y a une foule d'impôts moins généraux qui leur sont assimilés au point de vue du mode de perception, à l'aide d'un rôle nominatif, et de la compétence du Conseil de préfecture. Les principaux de ces impôts sont ;

La redevance sur les mines ;

La taxe annuelle sur les biens de main morte, qui remplace, pour les personnes morales, le droit de mutation que paient les particuliers;

Les prestations pour les chemins vicinaux ;

CHAPITRE II.

IMPOTS INDIRECTS.

Les impôts indirects sont perçus au profit de l'*Etat* ou au profit des *communes*.

Les principaux impôts indirects perçus au profit de l'*État* comprennent :

1º Les impôts indirects proprement dits, dont le recouvrement est confié à l'administration des contributions indirectes ;

2º Les droits de douane, dont le recouvrement est confié à l'administration des douanes ;

3º Les droits d'enregistrement, de timbre, de greffe et d'hypothèque, dont le recouvrement est confié à l'administration des domaines et de l'enregistrement.

Les impôts indirects perçus au profit des *communes* comprennent, notamment, les droits d'octroi, les droits de place dans les foires et marchés, les droits de voirie.

— Nous rappelons qu'en principe les impôts indirects

Les taxes de pavage ou balayage dans certaines villes ;

La taxe municipale sur les chiens ;

Les taxes d'établissement de trottoirs ;

Les taxes d'affouage ;

Les taxes pour le droit des pauvres sur les billets d'entrée dan les spectacles publics ;

Les taxes pour les dépenses de bourses et chambres de commerce ;

Les taxes des associations syndicales, etc. ;

Enfin d'après des lois récentes : l'impôt sur les billards, sur les cercles (L. du 16 septembre 1871) ;

L'impôt sur les chevaux et voitures déjà établi en 1862, puis supprimé en 1865 et rétabli de nouveau en 1871 et réglé par la loi du 23 juillet 1872 et celle du 22 décembre 1879.

donnent lieu à la compétence de l'autorité *judiciaire*, à la différence des impôts directs qui sont soumis à la compétence de l'autorité administrative. Nous savons que la raison de cette différence tient à ce que les impôts indirects, étant perçus en vertu d'un *tarif* qui est dans la loi, ne donnent lieu qu'à l'application de la loi elle-même et non à des actes administratifs, tandis que les impôts directs, étant perçus en vertu de rôles nominatifs préparés par l'administration des contributions directes et rendus exécutoires par le Préfet, donnent lieu à l'application d'actes administratifs.

IMPÔTS INDIRECTS AU PROFIT DE L'ÉTAT.

Nous donnerons quelques notions générales sur les impôts indirects proprement dits et sur les douanes, et nous expliquerons, avec quelques développements, les règles relatives aux droits d'enregistrement, principalement en ce qui concerne l'enregistrement proprement dit.

§1. IMPÔTS INDIRECTS PROPREMENT DITS.

Les impôts indirects proprement dits, désignés autrefois sous le nom d'*aides* et *gabelles*, comprennent une foule de droits divers dont la multiplicité et la variété ont fait donner à l'administration des contributions indirectes le nom de *régie des droits réunis* sous lequel on la désigne souvent dans la pratique. Cette dénomination lui convenait mieux encore quand, en 1851, l'administration des douanes y avait été rattachée. Mais depuis un décret du 19 mars 1869 le service des contributions indirectes est séparé de celui des douanes.

Les principaux impôts indirects comprennent : les droits sur les boissons, les sels, les sucres, les cartes à jouer, les voitures publiques, les tabacs, les poudres et

alpêtres, etc., auxquels il faut ajouter plusieurs impôts
tablis depuis 1871, notamment sur le papier, les allu-
iettes, etc.

Nous ne passerons pas en revue tous ces divers im-
ôts ; nous nous bornerons à donner quelques explica-
ions sur l'impôt des boissons qui est un des plus
mportants.

BOISSONS. — Dans l'ancien régime, les droits sur les
oissons étaient connus sous le nom d'*aides*. Ces droits
urent supprimés, en 1791, par l'Assemblée constituante
qui, comme nous le savons, abolit tous les impôts indi-
ects proprement dits.

Les droits sur les boissons furent rétablis en l'an XII.
ls ont été de nouveau réglementés dans la fameuse loi
le finances du 28 avril 1816 qui, malgré les modifica-
ions résultant de lois ultérieures, est encore la loi fon-
lamentale sur les boissons et sur la plupart des impôts
ndirects.

— Pour atteindre les boissons, on pourrait faire un inventaire estimatif après la récolte et les taxer d'après leur
valeur. C'était le système de la loi du 5 ventôse an XII,
qui établissait un droit d'inventaire sur les vins et cidres
et un droit de fabrication sur les bières. En 1806, on
ajouta un droit sur le prix de la vente en gros et sur
celui de la vente en détail. En 1808, le droit d'inventaire
et le droit de vente en gros furent remplacés par le droit
de circulation ; en outre, on éleva le droit de vente en
détail et on créa un droit d'entrée dans les villes ayant
une certaine population. Ce dernier système a servi de
base à la loi fondamentale du 28 avril 1816.

— Les droits sur les boissons comprennent :
1° Le droit de circulation ou d'expédition ;
2° Le droit d'entrée dans les villes d'au moins
4,000 âmes ;
3° Le droit de vente en détail ;
4° Le droit de consommation sur les spiritueux ;

5° Le droit de fabrication sur les bières;

6° Le droit de licence exigé des fabricants et débitants.

Droit de circulation. — Le droit de circulation est celui qui est exigé à chaque enlèvement ou déplacement des vins, cidres, poirés ou hydromels.

Par exception, il n'est pas dû lorsque le liquide est transporté du pressoir au cellier, d'un cellier à un autre cellier ou d'un magasin à un autre magasin appartenant au même marchand (L. 17 juillet 1819). En outre, ce droit n'est pas exigible pour les expéditions faites à un débitant, soumis à un droit de détail avec lequel il ne se cumule pas (L. 25 mars 1817) (1).

Le droit de circulation est perçu d'après un tarif gradué suivant les départements qui ont été divisés en 3 classes (L. 19 juill. 1880). Le droit est d'autant plus élevé qu'on s'éloigne davantage des pays de production. Le tarif établi en 1871 a été réduit par la loi du 19 juill. 1880.

Le liquide voyage en vertu :

D'un *congé*, lorsque le droit a été perçu au moment de l'enlèvement;

D'un *acquit-à-caution*, si le droit n'est payable qu'à l'arrivée; cet acquit-à-caution contient l'engagement par l'expéditeur de représenter le chargement au lieu de destination et de payer le droit, s'il n'est pas payé par le destinataire. L'engagement de l'expéditeur est cautionné par un tiers ou accompagné de la consignation du droit;

D'un *passavant*, si le déplacement a lieu dans un des cas d'exemption du droit, comme dans le cas d'un transport du pressoir au cellier;

D'un *laissez-passer*, s'il n'y a point de bureau au lieu du départ; dans ce cas, l'expéditeur se délivre à lui-même, sur des formules remises à l'avance par l'administration,

---

(1) A Paris, tous les droits étant remplacés par une taxe unique payable à l'entrée, le droit de circulation n'est pas dû pour les expéditions qui y sont faites des départements.

un laissez-passer qui sera échangé, au premier bureau, contre un des titres indiqués plus haut (L. 21 avril 1832, art. 43).

Droit d'entrée. — Le droit d'entrée est perçu dans les villes ayant au moins 4,000 habitants. Il varie avec la classe du département et, en outre, d'après l'importance de la population de la ville.

Le tarif, d'après ces deux éléments, a été augmenté par une loi du 31 décembre 1873, mais une loi du 19 juillet 1880 a réduit le droit d'un tiers. Le droit d'entrée est destiné à frapper la consommation locale. Quand les boissons n'entrent que pour sortir, elles peuvent traverser la ville : soit au moyen d'un *passe-debout* si elles ne doivent pas séjourner plus de vingt-quatre heures, cas auquel elles ne peuvent être déchargées ; soit à l'aide d'une déclaration de *transit*, si elles doivent séjourner plus longtemps. Dans ce cas, la déclaration est accompagnée d'une consignation des droits ou d'une caution et si, à la sortie, il n'y a pas de manquants, les droits sont restitués ou la caution est déchargée.

— Pour se dispenser de faire l'avance de l'impôt, les marchands peuvent user de la faculté d'entrepôt réel ou fictif.

L'entrepôt *réel* est celui qui se fait dans un magasin public placé sous la garde de l'administration ; le droit d'entrée n'est alors perçu qu'au fur et à mesure de l'enlèvement. L'entrepôt *fictif* est celui qui se fait dans des magasins privés, lorsque dans les villes il n'y a pas d'établissement public (L. 28 juin 1833). Ces magasins privés sont alors assujettis à l'exercice, c'est-à-dire au contrôle et aux visites des employés chargés de constater les manquants et de percevoir le droit.

Droit de détail. — Le droit de détail est perçu sur les ventes en détail faites par les débitants de vins, cidres, poirés et hydromels. On ne considère comme ventes en détail que celles qui sont inférieures à 25 litres. Le droit est fixé à 15 0/0 de la valeur vénale déclarée. La perception en est assurée au moyen de l'*exercice*, c'est-à-dire des visites des employés de l'administration. Les débitants peuvent se soustraire à l'exercice et à la déclaration du prix de vente, à l'aide d'un abonnement, moyennant le paiement d'une certaine somme considérée comme représentant l'impôt qu'ils auraient eu à supporter.

On distingue trois espèces d'abonnement :

1° L'abonnement *individuel*, qui se fait tantôt pour une somme fixe, tantôt à tant par hectolitre. Dans le premier cas, le débitant est affranchi de l'exercice ; dans le second cas, il est affranchi de la déclaration du prix de vente en détail ; en outre, dans le premier cas, l'abonnement ne peut avoir lieu pour plus d'une année ; dans l'autre cas, il ne peut être consenti pour plus de deux trimestres ;

2° L'abonnement par *corporation*, en vertu duquel les débitants s'affranchissent ensemble du droit de détail moyennant une somme déterminée ; l'abonnement voté par les deux tiers des débitants et approuvé par le Ministre des finances est obligatoire pour tous ; un syndicat fixe la part contributive de chaque débitant. Le traité ne peut avoir lieu que pour une année ;

3° L'abonnement par *commune*, consenti par la régie sur la demande du Conseil municipal, sauf approbation du Ministre des finances ; par suite de cet abonnement, les droits de détail et de circulation sont remplacés par le paiement d'une somme exigible de la commune par 24ᵉˢ de quinzaine en quinzaine (1).

(1) Des lois de finances de 1832 et 1841 avaient permis aux villes, sujettes au droit d'*entrée*, de remplacer le droit d'*entrée* et le droit de *détail* par une taxe unique. Les villes qui ont usé de ce droit sont appelées villes *rédimées*. Une loi du 9 juin 1875 a rendu obligatoire cette conversion dans les villes de 10,000 âmes et au-dessus. — A Paris, la taxe unique perçue à l'entrée remplace les droits

Droit de consommation sur les spiritueux. — Le droit de onsommation frappe spécialement les alcools, les eaux-e-vie et liqueurs. Il a été augmenté par les lois des er septembre 1871 et 26 mars 1872; il est de 125 francs, n principal, par hectolitre d'alcool pur contenu dans es eaux-de-vie et esprits en cercles, et de 175 francs, en rincipal, par hectolitre d'alcool pur contenu dans les aux-de-vie et esprits en bouteilles (1). L'absinthe est articulièrement taxée comme alcool pur, et la vente de on essence ne peut avoir lieu qu'à titre de substance nédicamenteuse.

Une exception avait été faite pour les alcools jetés sur es vins dans l'opération dite de *vinage;* mais cette ex-eption, qui avait été restreinte, en 1852, à 21 départe-nents du midi de la France, a été abrogée par la loi de inances du 8 juin 1864. D'après la loi du 1er septembre 871, ces vins sont soumis au droit de consommation, l'entrée et d'octroi pour la quantité d'alcool comprise ntre 15 et 21 degrés ; mais les vins qui, dans leur état aturel, ont une force alcoolique supérieure à 15 degrés, n sont affranchis (L. 2 août 1872).

Les alcools dénaturés servant à l'industrie ne paient qu'une taxe de *dénaturation,* fixée à 30 francs, en principal,)ar hectolitre d'alcool pur (L. 2 août 1872).

— Le droit de consommation, qui remplace le droit de irculation et de détail, est indépendant du droit d'entrée uquel les esprits, eaux-de-vie et liqueurs, sont soumis l'après un tarif gradué sur la population de la commune.

l'entrée, de détail et même de circulation. Cette taxe a été aug-nentée, en dernier lieu, par la loi du 31 décembre 1873.

Une loi du 19 juillet 1880 a réduit le droit d'un tiers, en le fixant à 12 francs 50 0/0.

(1) D'après la loi du 24 juin 1824, les liqueurs paient le droit de :onsommation comme si elles étaient entièrement composées d'alcool; nais la loi de 1872 les a soumises à la perception de l'impôt propor-tionellement à leur richesse alcoolique que l'on détermine par l'em-ploi de l'alcoomètre.

Droit de fabrication. — Ce droit atteint les bières et boissons distillées. Les brasseurs, bouilleurs et distillateurs doivent, avant chaque mise au feu, en faire la déclaration vingt-quatre heures à l'avance; ils sont soumis à l'exercice, c'est-à-dire aux visites des employés des contributions indirectes. On peut, toutefois, dans les villes de 30,000 habitants se soustraire à l'obligation de déclarations à faire, au moyen d'abonnements annuels qui doivent être approuvés par le Ministre des finances.

La loi du 1er septembre 1871 a augmenté le droit à la fabrication de la bière forte et de la petite bière (1).

Droit de licence. — Le droit de licence est dû par les marchands et débitants, brasseurs, bouilleurs et distillateurs, à l'effet d'être autorisés à débiter ou fabriquer.

Ce droit ne se confond pas avec la patente à laquelle sont soumis, du reste, tous ceux qui exercent un commerce, une industrie ou une profession quelconque.

Le droit de licence est exigé pour chacun des établissements appartenant au contribuable.

Il a été augmenté par la loi du 1er septembre 1871. Pour les débitants de boissons, il varie suivant la population des communes. Pour les brasseurs, il varie suivant les départements divisés en deux classes. Pour les bouilleurs et distillateurs et pour les marchands en gros de boissons, il est le même partout (2).

Contentieux relatif à l'impôt des boissons. — Conformément au principe général qui régit la compétence en matière d'impôts indirects, les contestations relatives à

(1) Les bouilleurs de *cru*, c'est-à-dire les propriétaires et fermiers distillant les vins, marcs, cidres, prunes et cerises provenant exclusivement de leurs récoltes, avaient été soumis en 1872 à des déclarations préalables et à l'exercice; mais une loi du 14 décembre 1875 les en a dispensés.

(2) Le droit de licence frappe également les fabricants de cartes et les fabricants de sucres et glucoses.

l'impôt des boissons sont soumises à l'autorité judiciaire.

Les tribunaux civils statuent sur les questions qui touchent au fond du droit, c'est-à-dire sur les difficultés relatives à l'*application* du tarif. Ils jugent en chambre du conseil et avec les formalités prescrites en matière d'enregistrement, sans plaidoirie, sur les conclusions du ministère public et en dernier ressort (art. 88 L. de finances du 5 ventôse an XII).

Les tribunaux de police correctionnelle statuent sur les *contraventions* qui donnent lieu à l'application d'une peine publique (art. 90 L. 15 ventôse an XII) (1).

§ 2. DROITS DE DOUANE.

Les droits de douane sont des droits perçus sur certaines denrées ou marchandises, à l'entrée ou à la sortie du territoire, c'est-à-dire à l'*importation* ou à l'*exportation*. Ils étaient connus, autrefois, sous le nom de *traites foraines* (2).

(1) Par exception, l'autorité administrative est quelquefois compétente en matière de boissons. Nous avons vu en effet, que le Conseil de préfecture est appelé à statuer :

1° Sur les contestations qui s'élèvent entre l'administration des contributions indirectes et les débitants de boissons sur l'exactitude de la déclaration du prix de vente en détail (L. 28 avril 1816, art. 49);

2° Sur les contestations entre les mêmes parties, relativement au montant de l'abonnement destiné à remplacer le droit de vente en détail (L. 28 avril 1816, art. 70 et 78).

Dans ces deux cas (ainsi que dans un troisième cas dont nous avons déjà parlé en traitant de la compétence des Conseils de préfecture et que nous rappellerons encore plus tard en traitant des octrois) c'était autrefois le préfet qui statuait, après avoir pris l'avis du Conseil de préfecture; mais depuis la loi de 1865 sur les Conseils de préfecture, la mission de statuer appartient au Conseil de préfecture lui-même, qui désormais a un pouvoir de décision propre.

(2) Avant 1789, les droits de douane étaient perçus non seulement aux limites du territoire français, mais aussi dans l'intérieur de la France, aux limites de chaque province. Ces douanes intérieures ou *traites intérieures* contre lesquelles avait vainement protesté Col-

22.

Les droits de douane peuvent être établis dans un double but : 1° à titre d'impôt ; 2° à titre de protection pour l'industrie nationale.

La doctrine générale des économistes repousse les droits de douane comme droits protecteurs, parce qu'ils créent des entraves à la liberté des échanges entre les nations et sont, par suite, préjudiciables à la masse des consommateurs.

—L'Assemblée constituante, dans la loi fondamentale des 6-22 août 1791, s'était inspirée d'un esprit de sage liberté commerciale et avait établi des droits de douane très modérés. La Convention nationale et après elle l'Empire, avec son blocus continental, établirent un système de prohibitions, dans l'intérêt de la défense nationale. Sous les gouvernements postérieurs, la législation douanière prit un caractère de protection très marqué.

A partir de 1852, on leva certaines prohibitions et on abaissa les droits sur plusieurs espèces de marchandises. Enfin le fameux traité du 23 janvier 1860, conclu avec l'Angleterre, fit faire un grand pas dans la voie du libre-échange, en abolissant les prohibitions et les droits dits prohibitifs, en supprimant quelques droits protecteurs et en en réduisant d'autres.

Le traité de 1860 servit de base à une foule d'autres traités conclus avec les puissances étrangères et amena des modifications profondes dans notre législation douanière.

Après la guerre avec la Prusse, les besoins du Trésor et les plaintes de plusieurs industries firent remettre en vigueur un régime de protection ; mais après avoir dénoncé les traités de commerce avec l'Angleterre et la Belgique, le gouvernement s'est vu obligé de les remettre en vigueur dans de nouveaux traités.

Une loi récente, du 7 mai 1881, vient d'établir un

bert étaient une entrave au commerce et à l'écoulement des produits nationaux ; elles furent supprimées en 1790.

nouveau tarif général des douanes, qui sera applicable
aux nations avec lesquelles nous ne ferons pas de traités
particuliers. Ce tarif général des douanes est conçu
dans un but de protection et de relèvement des droits (1).

En général le tarif doit épargner, autant que possible,
les matières premières *venant* de l'étranger et ne frapper
que les produits fabriqués.

Les droits de douane, considérés comme droits protecteurs de notre industrie nationale, peuvent être des
droits *prohibitifs* ou des droits *protecteurs* proprement
dits.

Les droits *prohibitifs* sont ceux qui, par leur élévation,
équivalent à une prohibition ou interdiction d'entrée
des produits étrangers, parce qu'ils ont pour effet de
rendre impossible la concurrence avec nos produits
similaires (2).

Les droits *protecteurs* proprement dits sont ceux qui
ont pour but d'établir des conditions égales de concurrence entre les produits nationaux et les produits étran-

(1) Le traité de 1860 avec l'Angleterre avait été conclu par le
Chef du pouvoir exécutif, en vertu des pouvoirs qui lui étaient conférés par la Constitution de 1852.

Actuellement, d'après nos lois constitutionnelles, les traités de
commerce doivent être sanctionnés par le pouvoir législatif. Par
exception, ainsi que nous l'avons dit, depuis une loi de 1814, le Chef
du pouvoir exécutif peut, provisoirement et en cas d'urgence, modifier les tarifs de douane, sauf approbation ultérieure par les
Chambres.

(2) Le droit *prohibitif* ne doit pas être confondu avec la *prohibition*
elle-même. Le droit *prohibitif* n'est pas un obstacle absolu à l'entrée des produits étrangers, tandis que la *prohibition* ne permet
pas l'introduction en France de ces produits ; en outre, les matières
soumises à un *droit prohibitif* sont présumées l'avoir acquitté lorsqu'elles ont franchi le *rayon frontière*, tandis que les matières *pro-
hibées* n'ayant pu entrer qu'en contrebande, peuvent être saisies
partout où on les trouve.

Dans le traité de 1860 avec l'Angleterre, toutes les prohibitions
ont été levées.

gers, de manière à protéger nos produits contre l'invasion des produits étrangers.

C'est par l'élévation ou l'abaissement des droits protecteurs, qu'on s'éloigne ou qu'on se rapproche du système du libre-échange.

— Les droits de douanes sont perçus, soit d'après la valeur, soit d'après la nature et l'espèce des marchandises : dans le premier cas, on les appelle droits *ad valorem;* dans le second cas, droits *spécifiques.*

Quand les droits sont établis sur la valeur des marchandises, ils sont perçus d'après une estimation faite par les parties; mais pour se mettre à l'abri des déclarations frauduleuses, l'administration a le droit de *préemption,* c'est-à-dire le droit de prendre la marchandise au prix indiqué, augmenté de 5 p. 100, pour la vendre ensuite au compte de l'Etat (L. du 4 floréal an IV et 2 juillet 1836).

Les droits *spécifiques* sont perçus sur les diverses espèces de marchandises d'après la quantité ou d'après le poids ou même pour les animaux, par tête (*ex mensurâ pondere vel numero*).

Les droits *ad valorem,* quoique plus justes et plus équitables, sont moins nombreux, car ils donnent lieu à des difficultés d'application, relativement à la détermination de la valeur; les droits *spécifiques,* qui sont les plus nombreux, ont l'avantage de pouvoir être perçus d'après une exactitude rigoureuse, mais ils ont l'inconvénient de ne pas tenir compte des fluctuations qui se produisent dans la valeur des marchandises (1).

(1) Autrefois, on percevait, à l'entrée ou à la sortie des marchandises, un droit de *balance* servant à constater la différence entre les importations et les exportations, par allusion au système *mercantile,* qui considérait à tort comme une cause d'enrichissement pour une nation l'excédant des exportations sur les importations, sous le prétexte que la différence était payée en numéraire. Le droit de balance a été remplacé par un droit de *statistique* commerciale, qui se perçoit même sur des matières non soumises aux droits de douane, (L. 22 janvier 1872, art. 3.)

—Pour assurer l'exécution des droits de douane le législateur a déterminé une zone de 4 lieues, qui s'étend parallèlement à la frontière et qu'on appelle *rayon-frontière* soit de terre, soit de mer. Dans ce rayon de douanes aucune marchandise portée au tarif d'importation ou d'exportation ne peut circuler sans être accompagnée d'un *congé* délivré par les agents de la douane, après paiement des droits ; du moins, d'un *passavant* ou d'un *acquit-à-caution*, dans les cas analogues à ceux que nous avons vus en traitant des boissons.

Les négociants qui veulent s'approvisionner peuvent user également de la faculté de l'*entrepôt* soit réel, soit fictif, afin de ne payer les droits que successivement, au fur et à mesure de la sortie des marchandises de l'entrepôt.

Et s'il s'agit de marchandises devant seulement emprunter le territoire de la France pour passer à l'étranger, la faculté de *transit* est accordée ; de telle manière que les marchandises peuvent traverser la France dans des caisses ou des wagons plombés par la douane sans acquittement de droits ou bien à l'aide d'acquits-à-caution, délivrés, après payement des droits, qui seront restitués à la sortie.

Enfin, pour certaines matières brutes qui doivent être travaillées en France et ensuite réexportées, elles jouissent de la faveur, soit de l'*admission temporaire*, soit des *drawbachs* ou primes à l'exportation.

L'*admission temporaire* consiste à laisser entrer en franchise et sous un acquit-à-caution certaines marchandises, à la condition de les réexporter dans un certain délai, après leur avoir fait subir une transformation.

Le *drawbach* est la restitution des droits perçus sur la matière brute à son entrée en France. Cette restitution a lieu sur la présentation d'un produit fabriqué avec le même genre de matière et destiné à l'exportation.

Contentieux en matière de douanes. — C'est l'autorité judiciaire qui est appelée à statuer sur les contestations qui peuvent s'élever en matière de douanes, conformément au principe sur la compétence en matière d'impôts indirects.

D'après la loi du 14 fructidor an III, le juge de paix est le juge de droit commun en matière de douanes (1).

Lorsqu'il s'agit de difficultés relatives à l'*application* du tarif, le juge de paix statue en dernier ressort jusqu'à 100 fr. et à charge d'appel devant le tribunal civil, au-dessus de cette somme.

Par exception, lorsqu'il s'agit de *contraventions*, la compétence appartient aux tribunaux de police correctionnelle (L. 28 avril 1816, art. 36 et 53), sauf la faculté de transiger qui est accordée à l'administration.

§ III. DROITS D'ENREGISTREMENT (2).

Les droits d'enregistrement, dans un sens général, comprennent : les droits de greffe, d'hypothèque, de timbre et de l'enregistrement proprement dit.

Tous ces impôts, comme la plupart de ceux que nous avons déjà étudiés, ont été remaniés en l'an VII, sous le Directoire.

§ I. DROITS DE GREFFE (loi du 21 ventôse an VII, 11 mars 1799). Ils ont pour objet :

Les droits de mise au rôle, droits fixes ;

Les droits de rédaction et de transcription, tantôt fixes, tantôt proportionnels ;

Et les droits d'expédition, droits fixes, calculés d'après le nombre de rôles.

(1) La loi de 1791 avait chargé, dans tous les cas, les tribunaux de district de juger les contestations en matière de douanes.

(2) Ils figurent au budget de 1884 pour plus de 700 millions. L'impôt du timbre est évalué spécialement à plus de 160 millions.

§ II. Droits d'hypothèque. — Ces droits, également fixés par la loi du 21 ventôse an VII, s'appliquent :

1° A l'inscription des privilèges et hypothèques (art. 2155 C. civ.); le droit est de 1 fr. par 1,000 fr.;

2° A la transcription des actes translatifs de propriété ou droits immobiliers; il est de 1 fr. 50 c. 0/0 (1).

La loi de brumaire an VII, qui exigeait vis-à-vis des tiers la transcription des actes contenant des mutations d'immeubles ou de droits immobiliers susceptibles d'hypothèque, avait donné à ce droit de transcription une grande importance.

Sous le Code civil, comme on reconnaissait qu'en général la transcription n'était pas exigée pour que la propriété fût transférée vis-à-vis des tiers (sauf pour les donations et les substitutions), la transcription était devenue rare.

Et bien que l'article 834 du Code de procédure civile eût donné une nouvelle utilité à la transcription, en décidant que les créanciers hypothécaires antérieurs à l'aliénation, auraient 15 jours à partir de la *transcription*, pour s'inscrire valablement à l'effet d'exercer leur droit de suite, la transcription n'avait encore qu'une application restreinte, et le Trésor en souffrait.

Aussi la loi de finances du 28 avril 1816, loi fondamentale comme nous l'avons dit, en matière d'impôts indirects, vint dire que le droit proportionnel de transcription pour les ventes d'immeubles et pour les actes de nature à être transcrits, serait perçu au moment même de l'enregistrement et que la formalité de la transcription au bureau du conservateur des hypothèques ne donnerait plus lieu qu'à un droit fixe (art. 52 et 54 L. 1816).

La loi de 1855 a étendu l'utilité de la transcription, mais les nouveaux actes soumis à la transcription d'après

(1) Pour favoriser les donations contenant un *partage d'ascendants*, la loi du 21 juin 1875 réduit le droit de transcription à 0,50 0/0.

la loi de 1855 et qui n'étaient pas auparavant soumis à cette formalité, ne donnent lieu qu'à un droit fixe de 1 franc (art. 12 L. 1855).

§ III. Droits de timbre (loi du 13 brumaire an VII, 3 novembre 1798). D'après l'article 1ᵉʳ de la loi de l'an VII, la contribution du timbre est établie, en général, sur tous les papiers destinés aux actes civils et judiciaires et aux écritures qui peuvent être produites en justice et y faire foi.

L'impôt du timbre a été modifié par de nombreuses lois postérieures, surtout depuis 1871.

Spécialement, d'après la loi du 23 août 1871, il doit être ajouté deux décimes au principal des droits de timbre de toute nature, sauf quelques exceptions (1).

Diverses espèces de timbre. — Au point de vue de l'assiette de l'impôt et du montant des droits, on distingue :

Le timbre de *dimension*, qui donne lieu à un droit *fixe*, tarifé en raison de la dimension du papier;

Et le timbre *proportionnel*, gradué en raison des sommes à y exprimer, sans égard à la dimension du papier.

Le timbre de *dimension* était de 50 c. à 3 francs (loi du 2 juillet 1862); mais il faut y ajouter le double décime depuis la loi de 1871. Il s'applique principalement aux actes reçus par les officiers publics ou ministériels et aux actes sous seing privé constatant des obligations synallagmatiques.

Les affiches sont soumises à un timbre particulier, et une loi de 1868 sur la presse en exempte les affiches électorales.

La loi du 23 août 1871 a soumis au droit de timbre de 10 centimes : 1° les quittances ou acquits donnés au

(1) Une loi du 2 juin 1875 soumet également aux décimes alors établis les droits de douanes, de contributions indirectes et de timbre existant avant 1870 et qui depuis n'ont pas été augmentés en principal ou décimes.

pied des factures et mémoires, les quittances pures et simples, reçus ou décharges de sommes, titres, valeurs ou objets, et généralement tous titres, signés ou non, emportant libération, reçu ou décharge ; 2° les chèques (et pour ceux tirés de place en place 20 c., L. 19 février 1874). Par exception, sont exempts de ce droit de timbre de 10 centimes : les acquits inscrits sur les effets de commerce, les quittances de 10 fr. et au-dessous, certaines autres quittances, notamment celles délivrées par les comptables de deniers publics.

Le timbre *proportionnel* frappe principalement :

1° Les effets de commerce, dont le tarif de 5 centimes par 100 francs, établi par la loi du 5 juin 1850, avait été doublé par la loi du 23 août 1871 et augmenté de moitié en 1874, de telle sorte que le droit était de 15 c. 0/0 ; mais la loi de finances du 22 décembre 1878 l'a réduit des 2/3 à partir du 1er mai 1879 ; de telle sorte que le **droit** est ramené à 5 centimes par 100 fr. et à **partir du** 1er janvier 1882, il est gradué de 100 fr. en 100 fr. (1).

2° Les actions dans les compagnies et sociétés industrielles et les obligations négociables des départements, communes, et établissements publics (L. 15 mai 1850 et 13 mai 1863) ;

3° Les titres de rente, emprunts et autres effets publics des gouvernements étrangers, pour lesquels le droit a été élevé par une loi du 25 mai 1872 ;

4° Les billets, même non négociables, constatant des obligations *unilatérales* (loi du 6 prairial an VII) (2).

— Au point de vue de la perception du droit et de la manière dont il est payé, on distingue :

Le timbre *ordinaire* ;

Le timbre *extraordinaire* ;

(1) La loi du 19 février 1874 soumet aux mêmes droits les billets ou mandats, non négociables, servant à procurer une remise de fonds de place à place.

(2) Une loi du 18 mars 1879 a supprimé les droits de timbre sur les mandats de poste.

23

Le timbre *mobile ou adhésif.*

Le timbre *ordinaire* est apposé sur un papier que l'Etat fabrique et vend lui-même. Il est imposé aux officiers publics et ministériels pour la rédaction de leurs actes.

Le timbre *extraordinaire* est celui qui est apposé par l'administration sur les papiers qui lui sont présentés par les particuliers avant d'en faire usage : par exemple les affiches, les bordereaux d'agents de change et courtiers (1).

Le timbre *mobile* ou *adhésif* est celui qui, à l'exemple des timbres-poste, peut être apposé sur certains actes, notamment les effets de commerce, les warrants, les quittances (Lois 11 juin 1859, 27 juill. 1870 et 23 août 1871, 19 fév. et 18 juin 1874, 8 sept. 1877), les copies d'exploit ou autres actes de procédure (L. 29 déc. 1873), les affiches, même non imprimées (L. 30 mars 1880). Il peut servir aussi à remplacer le timbre extraordinaire ou le visa pour timbre (L. 8 juill. 1865 et 27 juill. 1870). — (Voir D. 1er avril 1880.)

— *Exceptions et exemptions.* — Les exceptions ou exemptions comprennent :

1° Les actes qui sont timbrés en *débet*, sauf recouvrement ultérieur ; par exemple, ceux produits en justice par une personne ayant obtenu l'assistance judiciaire ;

2° Ceux qui sont timbrés *gratis*, par exemple, les actes d'acquisitions faites par l'Etat, les actes relatifs à l'expropriation pour cause d'utilité publique, les actes nécessaires au mariage des indigents ou à la légitimation de leurs enfants ;

3° Ceux enfin qui sont *dispensés* du droit et de la formalité même du timbre.

Sont notamment dispensés du droit et de la formalité

---

(1) Il ne faut pas confondre le timbre extraordinaire avec le *visa pour timbre;* le premier est apposé avant qu'il soit fait usage du papier; le visa pour timbre est donné sur le papier dont il a été fait usage; par exemple sur une lettre missive produite en justice, ou sur des effets de commerce.

du timbre : les actes du pouvoir législatif et du pouvoir
exécutif, les actes de police, les quittances que délivrent
les percepteurs des contributions, les registres des administrations publiques et des receveurs des contributions, etc. (loi de brumaire an VII), les avis, annonces
et prospectus (art. 83 L. 15 mai 1818), les livres de commerce (loi du 20 juillet 1837), les réclamations en matière
de contributions directes, quand il s'agit d'une cote au-
dessous de 30 francs, ainsi que nous l'avons vu ; les affiches électorales, les journaux et autres publications (L.
29 juillet 1881 sur la presse).

§ IV. DROITS DE L'ENREGISTREMENT PROPREMENT DIT.
— Ces droits sont importants, d'autant plus qu'ils touchent à toutes les matières du droit civil.

La loi fondamentale qui les a établis est du 22 frimaire de l'an VII (12 décembre 1798). Elle contient
73 articles répartis en 12 titres.

Cette loi a été modifiée par quelques lois postérieures.
Les droits ont été augmentés par la loi du 23 août 1871
qui a rétabli le double décime (1) et par d'autres lois récentes, spécialement des 28 février 1872, 19 février 1874
et 21 juin 1875.

I. *Division et application des droits.* —Les droits d'en-
registrement se divisent :
D'une part, en droits *fixes* et en droits *proportionnels* (2);
D'autre part, en droits *d'acte* et en droits de *mutation.*

Du droit fixe et du droit proportionnel. — Le droit *fixe*
est, en quelque sorte, le prix de la formalité de l'enre-

(1) Une loi du 30 décembre 1873 a encore augmenté le droit, de
5 0/0, sur les impôts et produits déjà soumis aux décimes; de sorte
que les droits d'enregistrement donnent lieu à une perception supplémentaire de deux décimes et demi par franc, soit une augmentation d'un quart du principal des droits.
(2) Nous verrons bientôt que la loi de 1872 a établi, en outre, un
droit *gradué* qui tient du droit fixe et du droit proportionnel.

gistrement. D'après la loi de frimaire an VII, il est le *même* pour tous les actes de la *même nature*, parce qu'il est indépendant des valeurs.

Le droit *proportionnel*, au contraire, est assis sur les sommes ou valeurs; il *varie* suivant leur *importance*. Il se calcule, en effet, à raison de tant par cent. Le taux (tant par cent) est le même pour les actes de la même nature; mais le produit qu'il donne varie suivant le capital dont il a été le multiplicateur.

Le droit *fixe* s'applique aux actes qui ne contiennent ni *obligation*, ni *libération*, ni *condamnation*, ni *collocation* ou *liquidation* de sommes et valeurs, ni *transmission* de propriété, d'usufruit ou de jouissance de biens meubles ou immeubles.

Le droit *proportionnel* s'applique, au contraire, aux actes qui produisent un de ces effets.

Ainsi les acceptations ou répudiations de succession, ou communauté, les inventaires, le délaissement en matière de privilèges et d'hypothèques, les bilans, le concordat ordinaire, le concordat par abandon d'actif, l'union, sont soumis à un droit fixe. — Les baux, les ventes, échanges et donations, les successions ou legs, les actes constatant des obligations de sommes, des quittances, etc., sont soumis à un droit proportionnel.

— Le droit *fixe* est toujours exigible, soit en vertu du tarif établi par l'art. 68 de la loi de frimaire pour un acte nommément désigné, soit en vertu d'une disposition générale pour un acte innomé. En effet, l'art. 68, § 1, n° 51, soumet à un droit fixe de 1 franc tous les actes *innomés* civils, administratifs, judiciaires ou extra-judiciaires. Ce droit a été porté à 2 francs par une loi du 18 mai 1850 pour les actes civils et administratifs.

— La loi du 28 février 1872 a modifié les droits fixes sous deux rapports :

1° Elle établit, pour certains actes énumérés dans neuf numéros de l'art. 1er, notamment : pour les formations de sociétés, les partages, les contrats de mariage, les délivrances de legs, les titres nouvels et reconnaissances de rentes, etc., des droits fixes particuliers, dont la quotité est *graduée* suivant l'importance de l'acte ; de telle sorte que le taux du droit fixe s'élève progressivement à mesure qu'augmente la valeur pécuniaire de l'acte.

Il est fixé à 5 francs pour les sommes ou valeurs de 5,000 francs et au-dessous ; à 10 francs pour les sommes ou valeurs supérieures à 5,000 francs et n'excédant pas 10,000 francs ; à 20 francs pour les sommes ou valeurs supérieures à 10,000 francs, mais n'excédant pas 20,000 francs ; et ensuite à raison de 20 francs par chaque somme ou valeur de 20,000 francs ou fraction de 20,000 francs.

Cette innovation crée ainsi une troisième sorte de droit, une variété de droit fixe qu'on peut appeler le droit fixe *gradué*.

Il tient le milieu entre le droit fixe proprement dit, qui est invariablement le même pour tous les actes de la même nature, quelle que soit leur importance, et le droit proportionnel, qui se calcule toujours en raison de tant par cent, et dont la perception suit les sommes et valeurs de 20 francs en 20 francs inclusivement et sans fraction et sans qu'il puisse être au-dessous de 25 centimes (L. 27 ventôse an IX, art. 2 et 3).

2° Elle augmente de *moitié* les droits fixes relatifs aux actes civils, administratifs ou judiciaires, autres que ceux qui donnent lieu à un droit fixe gradué. (Id. pour les actes extra-judiciaires, L. 19 février 1874.)

— Le droit *proportionnel*, véritable impôt, n'est dû que pour les actes et mutations spécialement *désignés* par la loi. L'art. 69 de la loi de frimaire an VII en donne l'énumération avec l'indication du taux du droit proportionnel auquel ils sont soumis.

La loi du 23 août 1871 a formellement soumis à certains droits proportionnels les actes d'ouverture de crédit et les contrats d'assurances maritimes et contre l'incendie.

La loi du 28 février 1872 a soumis également au droit proportionnel les ordres, collocations ou distributions de sommes et les mutations de propriété de navires. Cette loi a porté, en outre, à 50 centimes par cent francs le droit proportionnel d'enregistrement des lettres de change (1).

Du droit d'acte et du droit de mutation. — Les droits d'acte et de mutation ont leur origine dans les droits de *contrôle* et de *centième denier* de l'ancien régime.

Le droit d'*acte* est celui qui est perçu sur un *écrit*, constatant l'opération juridique qui donne lieu à la perception.

Le droit de *mutation* est celui qui est perçu indépendamment d'un écrit, par cela seul qu'en fait une certaine *mutation* s'est opérée. L'enregistrement se fait, au besoin, sur un acte contenant la *déclaration* des parties, et l'administration peut rechercher les faits qui donnent lieu à la perception du droit. Il est dû :

1º En cas de transmission par décès de biens meubles ou immeubles (L. de frimaire an VII);

2º En cas de transmission entre-vifs de propriété ou d'usufruit d'immeubles (L. 27 ventôse an IX);

3º Pour les baux d'immeubles (L. 23 août 1871);

4º Pour les mutations de propriété de fonds de commerce ou de clientèle et de navires (L.28 février 1872).

Dans tous ces cas les transmissions, même verbales, donnent lieu à un droit de mutation, à un droit indépen-

---

(1) Depuis cette loi, il n'y a plus de différence, au point de vue de l'enregistrement, entre les lettres de change et les autres effets à ordre. Auparavant la lettre de change n'était soumise qu'à un droit proportionnel d'enregistrement de 25 centimes 0/0, et le droit n'était exigible qu'avec l'assignation. Désormais, la lettre de change est soumise aux règles des autres effets négociables; le droit est de 50 centimes 0/0 et l'enregistrement se fait au moment du protêt. Cette loi abroge, en conséquence, les dispositions de l'article 50 de la loi du 28 avril 1816, concernant les lettres de change (art. 10 L. 28 février 1872).

dant de tout écrit les constatant et, si elles ne sont pas déclarées, l'administration peut poursuivre le nouveau possesseur, en établissant la mutation qui s'est opérée : soit
par l'inscription du nouvel ayant droit au rôle des contributions directes ou le paiement fait par lui de l'impôt
en vertu de ce rôle, soit par des baux par lui passés, soit
par tous autres actes constatant l'acquisition du bien
donnant lieu à la perception du droit (art. 12 et 13 L. frimaire an VII, et art. 7 et 8 L. février 1872).

— Il ne faut pas confondre les droits fixes et proportionnels, d'une part, avec les droits d'acte et de mutation
d'autre part.

Tous les droits *fixes* sont des droits d'*acte*.

Les droits *proportionnels* sont tantôt des droits d'*acte*
et tantôt des droits de *mutation*. Ainsi, les ventes de
meubles, les baux de meubles (1), les billets constatant
des obligations de sommes, les quittances, sont soumis
à un droit proportionnel d'*acte*, en ce sens que le droit
n'est exigible qu'autant qu'il y a un écrit constatant les
faits juridiques donnant lieu à la perception ; au contraire, la transmission par décès, soit de meubles, soit
d'immeubles, la transmission entre-vifs de propriété ou
d'usufruit d'immeubles, ou d'une simple jouissance à
titre de bail, depuis la loi de 1871, donnent lieu à une
perception d'un droit proportionnel de *mutation*, c'est-à-
dire à un droit qui peut être exigé, quoiqu'il n'y ait au-

(1) Avant la loi du 23 août 1871, les baux d'immeubles ne donnaient lieu également qu'à des droits d'*acte* qui ne se percevaient
que sur un écrit constatant le contrat de bail. Depuis la loi de 1871,
les baux d'immeubles donnent lieu à un droit de *mutation*, de telle
sorte que les locations *verbales* sont soumises à un droit proportionnel. Par exception les locations verbales n'excédant pas 3 ans
et pour un prix n'excédant pas 100 fr. ne sont pas soumises à une
déclaration (art. 11 L. 23 août 1871).

La déclaration du prix du bail, d'après la loi du 28 février 1872,
doit être faite par le bailleur qui est tenu du payement des droits,
sauf son recours contre le preneur ; mais les parties restent solidaires pour le droit simple (art. 6 L. 1872).

cun écrit qui constate la transmission de propriété ou la mutation de jouissance (1).

— L'impôt n'est dû et perçu que sur la minute des actes et non sur les expéditions.

Quand un acte translatif de propriété ou d'usufruit comprend à la fois des meubles et des immeubles, le droit est perçu sur la totalité du prix, au taux réglé pour les immeubles, à moins qu'il ne soit stipulé un prix particulier pour les objets mobiliers et qu'ils ne soient désignés et estimés article par article dans le contrat (art. 9 L. frimaire an VII).

La loi de 1872, en matière de vente de fonds de commerce, a fait l'application de ce principe aux mutations de propriété à titre onéreux de fonds de commerce ou de clientèles. Le droit à percevoir est de 2 francs 0/0 sur le prix de la vente, de l'achalandage, de la cession du droit au bail et des objets mobiliers ou autres servant à l'exploitation du fonds, à la seule exception des marchandises *neuves* garnissant le fonds. Ces marchandises ne sont assujetties qu'à un droit de 50 c. 0/0, à la condition qu'il soit stipulé pour elles un prix particulier et qu'elles soient désignées et estimées, article par article, dans le contrat ou dans la déclaration (art. 7 L. 1872).

Il est possible qu'un même acte à enregistrer comprenne plusieurs faits juridiques différents; il s'agit de savoir si, dans ce cas, il n'y a lieu qu'à un droit unique le plus élevé, ou s'il y a lieu à autant de droits que de faits juridiques différents? La loi distingue (art. 10 et 11 L. frimaire an VII) :

(1) Le legs nous fournit l'occasion d'un rapprochement entre les droits fixes et les droits proportionnels, d'une part, et les droits d'acte ou de mutation, d'autre part.

1° L'enregistrement du testament est un droit fixe; — l'enregistrement de la déclaration des légataires ou de celle des héritiers *ab intestat* est un droit proportionnel. 2° Le premier est un droit d'acte; — le second est un droit de mutation.

En cas de transmission de biens, la *quittance* donnée ou l'*obligation* consentie par le même acte pour tout ou partie du prix entre les contractants ne peut être assujettie à un droit particulier.

Mais lorsque, dans un acte quelconque, soit civil, soit judiciaire ou extra-judiciaire il y a plusieurs dispositions indépendantes ou ne dérivant pas nécessairement les unes des autres, il est dû pour chacune d'elles, et selon son espèce, un droit particulier. Ainsi l'acte qui contient l'engagement du débiteur principal, et celui de la caution donnera lieu à deux droits distincts, car si l'engagement de la caution est accessoire, il est distinct et indépendant de l'engagement du débiteur principal qui peut exister sans lui (art. 69, § 2 n° 8 L. frimaire an VII).

II. *Application du droit proportionnel.* — L'application du droit proportionnel donne naissance à deux théories : celle de la *quotité* ou *exigibilité* et celle de la *liquidation*. En effet, le taux du droit proportionnel varie d'abord suivant qu'il s'agit de vente, d'échange ou de bail, et, en outre, l'impôt à percevoir sera plus ou moins considérable suivant que les sommes ou valeurs comprises dans l'acte de mutation seront plus ou moins élevées.

Déterminer quel est le *quantum* à percevoir par cent francs (1, 2, 3, 4 francs) sur un acte et une mutation, expressément prévus par la loi, c'est l'objet de la *quotité* ou *exigibilité* réglée par l'art. 69 de la loi de frimaire an VII.

Déterminer sur quel capital le droit sera perçu, c'est l'objet de la *liquidation*, réglée par les art. 14-16 de la loi de frimaire.

Quotité ou *exigibilité.* — La quotité ou exigibilité est réglée par l'article 69 de la loi de frimaire, qui passe en revue les divers actes ou mutations soumis au droit pro-

23.

portionnel. Le tarif a été modifié, sur certains points, par des lois postérieures.

Nous n'entrerons pas dans le détail des divers actes et mutations donnant lieu à l'exigibilité de tel ou tel droit proportionnel; nous dirons seulement, à titre d'exemples : que les ventes sont soumises pour les meubles à 2 0/0 ; pour les immeubles à 5,50 (y compris le droit de transcription de 1,50 qui est perçu au moment de l'enregistrement); les échanges, pour les meubles, à 2 0/0, pour les immeubles à 3,50 (y compris le droit de transcription) (Loi de 1875) (1) ; les baux à durée limitée à à 0,20 c. 0/0 ; les obligations à 1 0/0; les cautionnements à 0,50 c. 0/0 ; les libérations de sommes et valeurs à 0,50 c. 0/0 ; que les donations de meubles ou d'immeubles donnent lieu à des droits dont le taux varie suivant qu'elles ont lieu au profit de parents en ligne directe ou en ligne collatérale ou au profit d'étrangers; que notamment les donations faites par contrat de mariage ou celles contenues dans un partage d'ascendant sont favorisées ; que les mutations par décès, sans distinction de meubles ou immeubles, donnent également lieu à des droits dont le taux varie suivant qu'elles se réalisent au profit de parents en ligne directe ou de parents, à tel ou tel degré, en ligne collatérale, ou enfin au profit d'étrangers (le taux varie entre 1 et 9 0/0) ; le tout, sans préjudice de l'application du double décime et demi par franc, c'est-à-dire du quart du droit principal.

Liquidation. —Le capital sur lequel le droit proportionnel est perçu se détermine d'une manière différente, suivant qu'il s'agit d'actes ou mutations à titre onéreux, en général, ou d'actes ou mutations à titre gratuit.

(1) Toutefois, les échanges d'immeubles *ruraux* ne sont soumis qu'à un droit de 20 centimes par 100 francs lorsqu'ils sont situés dans la même commune ou dans des communes limitrophes ou si l'un des immeubles est contigu à la propriété de celui qui l'acquiert (L. 3 novembre 1884).

Pour les actes et mutations à titre *onéreux* (autres que les échanges), le capital sur lequel se perçoit le droit de tel ou tel taux est déterminé par le prix convenu, par la somme exprimée dans l'acte ou déclarée par les parties, en ajoutant au principal le prix des charges accessoires, s'il y en a. Spécialement, pour les baux, le droit est perçu, sur le total des loyers et fermages compris dans toute la durée du bail, à moins que les parties ne demandent à fractionner le paiement en périodes triennales (L. 1871, art. 11); pour une cession de créance, il est perçu sur le montant nominal de la créance.

Si l'obligation a pour objet une rente perpétuelle ou viagère, le capital se détermine par 20 fois les arrérages ou prestations annuelles, pour la rente perpétuelle, et par 10 fois, pour la rente viagère. La loi sur l'enregistrement estime une rente viagère ou un droit d'usufruit à la *moitié* de la valeur du droit perpétuel ou de la pleine propriété.

Pour les actes et mutations à *titre gratuit* (et pour les échanges), le capital se détermine par une déclaration *estimative* des parties. Mais cette évaluation se fait différemment, suivant qu'il s'agit de meubles ou d'immeubles.

Quant aux *meubles*, la déclaration estimative porte sur la valeur en capital (art. 14 § 8, L. frimaire an VII) (1). S'il

(1) En cas de mutation par *décès*, d'après la loi du 21 juin 1875, la valeur est déterminée : 1° par l'estimation contenue dans les inventaires ou autres actes passés dans les 2 années du décès ; 2° par le prix exprimé dans les actes de vente, lorsque la vente a lieu publiquement et dans les 2 années qui suivent le décès; cette disposition s'applique aux objets inventoriés et estimés conformément à ce qui vient d'être dit et dont l'évaluation serait inférieure au prix de la vente; 3° enfin, à défaut d'inventaire ou d'acte de vente, par la déclaration faite conformément à l'article 14 § 8 de la loi de frimaire an VII, le tout, sans distraction des charges.

L'insuffisance dans l'estimation des biens déclarés est punie d'un droit en sus, si elle résulte d'un acte antérieur à la déclaration; si au contraire l'acte est postérieur à cette déclaration il n'est perçu

s'agit seulement d'un usufruit transmis à titre gratuit, il s'évalue à la *moitié* de la valeur entière de l'objet (art. 14 § 11 L. frimaire). Pour une rente ou pension créée à titre gratuit, le droit se perçoit, comme nous l'avons dit, sur 20 fois ou 10 fois le produit annuel de la rente, suivant qu'elle est perpétuelle ou viagère (art 14 § 9 loi de frimaire).

Quant aux *immeubles*, la déclaration estimative porte sur le *revenu*, et le capital sur lequel le droit est perçu est formé de 20 fois le revenu, pour la pleine propriété, et de 10 fois pour l'usufruit, comme dans le cas où il s'agirait d'une transmission à titre onéreux de propriété ou de jouissance d'immeubles moyennant une rente perpétuelle ou viagère. Nous observons, toutefois, que s'il s'agit d'immeubles *ruraux*, le revenu ou la rente est multiplié par 25 ou par 12 1/2, depuis la loi de 1875.

— Pour les échanges, le droit est assis sur la valeur de l'un seulement des objets échangés, et si l'on échange un meuble contre un immeuble, ce n'est plus le droit d'échange qui est perçu, mais bien le droit de vente d'immeubles (5 fr. 50 c., y compris le droit de transcription).

— Il importe d'observer que dans les transmissions à titre *gratuit*, soit entre-vifs, soit par suite de mutations par décès, le droit est perçu sur l'actif *brut*, sans distraction des *dettes* et *charges*. Ainsi, quand une succession comprend 100 d'actif et 80 de passif, le droit de mutation est perçu sur 100 (art. 14 § 8 et art. 15 § 7 et 8). Ce mode de calcul est très critiqué et avec raison. Plusieurs fois des propositions de réforme ont été faites; mais elles n'ont pas abouti : on craint la fraude consistant à simuler des dettes.

qu'un droit simple sur la différence existant entre l'estimation des parties et l'évaluation contenue aux actes.

Ces dispositions ne sont applicables ni aux créances, ni aux rentes, actions, obligations, effets publics et tous autres biens meubles dont la valeur et le mode d'estimation sont déterminés par des lois spéciales (art. 3 L. 21 juin 1875).

Expertise. — Lorsqu'il s'agit de transmissions de propriété ou d'usufruit d'immeubles (art. 17 et 19), la sincérité des prix convenus ou déclarés par les parties peut être contrôlée par l'administration de l'enregistrement, à l'aide d'une expertise que le tribunal *doit* ordonner sur sa demande. L'administration et la partie adverse nomment, chacune, leur expert. En cas de désaccord entre les deux experts, un tiers expert est désigné par eux, et s'ils ne peuvent s'entendre, par le juge de paix (1).

Plusieurs différences existent entre l'expertise qui concerne les actes à titre *onéreux*, et celle qui concerne les actes à titre *gratuit* : 1° pour les actes à titre onéreux, les experts estiment la *valeur vénale;* — pour les actes à titre gratuit, l'estimation porte sur le *revenu* (art. 17 et 19); 2° dans le premier cas, l'expertise doit être requise dans l'année, à compter de l'enregistrement; — dans l'autre cas, l'expertise doit être demandée dans les deux ans (art. 17 et 61 L. frimaire an VII); 3° les frais de l'expertise, pour les actes à titre onéreux, ne sont à la charge de l'acquéreur qu'autant que l'estimation excède d'un huitième au moins le prix énoncé au contrat; — ceux de l'expertise, pour les autres actes restent à la charge du contribuable, par cela seul que l'estimation excède la valeur déclarée (art. 17 et 39); 4° enfin, on peut observer que, pour les actes à titre onéreux, l'expertise est un moyen de contrôle qui peut être requis par l'administration toutes les fois qu'il lui semble que le prix énoncé est inférieur à la valeur vénale; — qu'au contraire,

(1) Cette désignation par chaque partie d'un expert est une dérogation aux principes du Code de procédure civile, qui veulent que les parties ou le tribunal nomment un ou trois experts. La loi du 23 août 1871 décide que, lorsqu'il y a lieu à expertise et que le prix exprimé ou la valeur déclarée n'excède pas 2,000 francs, cette expertise doit être faite par un *seul* expert, nommé par toutes les parties, ou, en cas de désaccord, par le président du tribunal et sur simple requête.

pour les actes à titre gratuit, l'expertise n'est qu'un moyen subsidiaire qui ne peut être employé qu'à défaut d'actes pouvant déterminer le revenu (art. 19) (1).

— Le contrôle résultant de l'expertise ne paraît pas devoir s'appliquer aux *meubles*. Toutefois, la loi du 28 février 1872 (art. 8) y soumet dans un délai de trois mois les ventes de fonds de commerce ou de clientèle.

III. *Délais.* — Les délais dans lesquels la loi exige l'enregistrement des actes et déclarations sont variables. Il faut notamment distinguer les actes publics et les actes sous signatures privées.

Pour les actes publics, les délais sont très courts: (quatre jours pour les actes d'huissiers, dix ou quinze jours pour les actes notariés, suivant que les notaires résident ou non dans la commune où se trouve le bureau d'enregistrement; vingt jours pour les actes judiciaires art. 20 L. frimaire an VII).

Quant aux actes sous signatures privées, les uns doivent être enregistrés dans les *trois mois* de leur date, sous peine d'un *double droit ;* ce sont les actes portant transmission de propriété ou d'usufruit d'*immeubles* et les baux et engagements de biens de même nature et aussi, depuis la loi du 28 février 1872, les actes constatant les mutations de propriété de fonds de commerce ou de clientèle (2); les autres, tels que les ventes de meubles, les billets constatant des obligations unilatérales, les quittances, ne sont soumis à *aucun délai* mais il n'en peut être fait *usage* soit dans un acte public, soit en justice, sans qu'ils soient enregistrés (art. 20-25).

---

(1) La loi du 23 août 1871 soumet également à l'expertise les *baux* d'immeubles, conformément aux articles 19 et 39 de la loi de frimaire qui régissent l'expertise des transmissions à titre gratuit (art. 11 L. 23 août 1871).

(2) S'il n'y a pas d'acte, la déclaration de mutation doit être faite, dans les mêmes cas, dans le délai de 3 mois, depuis l'entrée en possession.

Spécialement, l'enregistrement du *testament* doit être fait dans les trois mois, et celui de la *déclaration de mutation par décès*, (même *ab intestat*), dans les six mois. Nous rappelons, en outre, que l'enregistrement du testament donne lieu à un droit *fixe* qui est un droit d'*acte*, tandis que l'enregistrement de la déclaration des légataires donne lieu à un droit *proportionnel* qui est, en outre, un droit de *mutation* et non un droit d'acte (1).

— Les articles 26 et 27 indiquent les bureaux où les actes et mutations doivent être enregistrés.

IV. *Payement des droits.* — Il faut distinguer, relativement au payement, la *poursuite* et la *contribution* (art. 28-32).

L'administration peut *poursuivre* le payement contre les divers officiers publics pour les actes de leur ministère, contre les parties pour les actes sous signatures privées, et contre les héritiers ou légataires pour les successions *ab intestat* ou testamentaires (2).

Pour les droits de mutation par décès, la jurisprudence accorde à l'Etat un privilège sur les *revenus;* mais l'Etat a-t-il un privilège sur le capital? Cette question controversée a été résolue négativement par un arrêt célèbre de la Cour de cassation du 23 juin 1857. Le privilège, étant de droit étroit, doit être formellement établi. S'il est vrai qu'on n'a pas égard aux dettes de la succession, ce n'est que pour la liquidation du droit, c'est-à-dire pour la détermination du capital sur lequel

---

(1) L'article 1016 du Code civil dit que *chaque legs pourra être enregistré séparément.* Il ne s'agit, bien entendu, que du droit proportionnel de *mutation* et *non* de l'enregistrement du testament lui-même.

(2) Les *héritiers* sont solidaires. Les légataires ne sont donc tenus qu'en proportion du montant de leurs legs. L'art. 1016 du Code civil dispose, du reste, à l'égard des légataires à titre particulier, que chaque legs peut être enregistré *séparément.*

il sera perçu, et non pour son exigibilité et sa perception par préférence aux créanciers.

La *contribution* a pour but de déterminer par qui et dans quelle proportion les droits doivent, en définitive, être supportés. Quand il s'agit d'actes emportant obligation ou libération, c'est le débiteur qui les supporte ; de même qu'en cas de mutation de propriété ou de jouissance, c'est le nouveau possesseur. Pour les autres actes, le principe est que les droits d'enregistrement doivent être supportés par ceux qui en profitent, à moins, dans tous les cas, de convention contraire. Il faut aussi excepter, conformément à l'article 1382 C. civ., le cas où la perception serait le résultat d'une faute de l'une des parties. Ainsi, dans le cas d'une demande en reconnaissance d'écriture sous seing privé, formée *avant* l'échéance ou l'exigibilité de la dette, les frais d'enregistrement sont à la charge du débiteur, non seulement lorsqu'il a dénié sa signature, mais même lorsqu'il ne s'est pas libéré au moment de l'échéance ou de l'exigibilité de sa dette (art. 2 L. 3 septembre 1807).

V. *Peines*. — A titre de sanction des obligations relatives à l'enregistrement, la loi établit diverses pénalités :

1º Des *amendes* contre les officiers publics qui n'ont pas fait enregistrer leurs actes dans les délais, et quelquefois même la nullité, notamment de certains actes d'huissier (art. 33-37) ;

2º La peine d'un *double droit :* soit pour les actes sous seing privé ou les testaments qui n'ont pas été enregistrés dans les délais ; soit pour les mutations entre-vifs de propriété, d'usufruit ou de jouissance d'immeubles, ou même pour les mutations de propriété de fonds de commerce qui n'ont pas été déclarées dans les délais (art. 38 L. de frimaire an VII ; art. 4 L. 27 ventôse an IX et art. 11 et 14 L. 23 août 1871 ; art. 8 L. du 28 février 1872) ; soit, en cas de mutation par décès, pour omission de biens ou insuffisance d'estimation dans les déclarations, et d'une manière générale sur le supplément de l'estimation, dans tous les cas où l'expertise est aux frais du contribuable.

3° La peine d'un *demi-droit* en sus : spécialement pour le défaut de déclaration de mutation par décès dans les délais (art. 39).

— La loi de frimaire an VII, voulant réprimer sévèrement la fraude, déclarait *nulle* toute *contre-lettre*, faite sous signature privée, ayant pour objet une augmentation d'un prix stipulé dans un acte précédemment enregistré, sans préjudice d'une amende égale au *triple* du droit qu'il y aurait eu à percevoir (art. 40).

L'article 1321 du Code civil ayant admis la validité des contre-lettres entre les parties, on a reconnu que la nullité prononcée par la loi de frimaire an VII n'était plus applicable, mais que la disposition relative à l'amende du *triple* n'était pas abrogée.

— Dans le but d'empêcher des fraudes nombreuses au préjudice du Trésor, la loi du 23 août 1871 punit toute *dissimulation* dans le prix d'une vente et dans la soulte d'un échange ou d'un partage d'une amende égale au *quart* de la somme dissimulée. Cette loi décide, en outre, que la dissimulation peut être établie par tous les modes de preuves admis par le droit commun. Toutefois, l'administration ne peut déférer le serment décisoire, et elle ne peut user de la preuve par témoins que pendant dix ans.

VI. *Droits acquis.* — L'article 60 de la loi du 22 frimaire an VII formule un grand principe en matière d'enregistrement. Il est ainsi conçu :

« Tout droit d'enregistrement *régulièrement* perçu ne « pourra être restitué, quels que soient les événements « ultérieurs. »

Il résulte d'abord, *a contrario*, de cet article qu'un droit *irrégulièrement* perçu est sujet à restitution ; et nous verrons, en effet, que la loi prévoit elle-même le cas d'une demande en restitution de droits qu'elle soumet à une prescription de deux ans.

Ces demandes en restitution sont assez fréquentes, d'autant plus que les parties sont obligées de payer les droits réclamés par le receveur sans pouvoir en atténuer ou en différer le payement, sous le prétexte d'une contestation quelconque (art. 28 L. frimaire an VII). Or, il peut se faire que le receveur ait exigé un droit qui n'était pas dû ou un droit supérieur à celui qui était dû. Il est certain, dans ce cas, que les parties intéressées pourraient former une demande en restitution, car le droit ne serait pas *régulièrement* perçu.

C'est ainsi qu'en nous référant aux matières de l'examen sur le Code civil, on devra dire qu'en cas d'acceptation par la femme d'un remploi fait antérieurement pour elle par son mari, le droit proportionnel ne serait pas dû, si l'on décide que l'acceptation a un effet rétroactif; que de même, en cas de transaction à l'occasion d'un immeuble, le droit proportionnel de mutation immobilière n'est pas dû, si l'on décide que la transaction est *déclarative* et non *translative* de droits.

Mais peut-on dire, quand le droit a été *régulièrement* perçu, c'est qu'il était dû, et il semble dès lors que ce soit une naïveté de décider qu'il n'est pas sujet à restitution, car on ne peut répéter que l'*indu*.

L'utilité et la portée de cette règle s'expliquent, cependant, par la phrase finale de l'article 60, « *quels que soient les événements ultérieurs* ». Le législateur a voulu poser ce principe : quand, à l'origine, au moment de l'enregistrement, un droit a été perçu régulièrement, en conformité de la loi, ce droit est *définitivement acquis* à l'État, quand même plus tard l'acte ou la mutation qui a servi de base à l'impôt serait rétroactivement anéanti, par suite d'une nullité ou d'une résolution.

L'application de l'article 60 se rattache ainsi intimement à la théorie des nullités et des effets de la condition suspensive ou résolutoire,

Des nullités. — **La nullité suppose un vice originel, inhé-** ent à la formation d'un acte ou d'un contrat.

Nous avons à nous demander : 1° si un acte ou un con- rat nul peut donner lieu à la perception régulière d'un roit et mettre ainsi obstacle à une restitution ; 2° si le ugement prononçant une nullité peut lui-même donner ieu à la perception d'un nouveau droit proportionnel.

1° Sur la question de savoir si un acte nul peut don- ner lieu à la perception régulière d'un droit, non sujet à restitution, il faut distinguer :

Si l'acte est *informe, imparfait*, parce qu'il ne réunit pas les solennités voulues pour son existence même, le droit n'est pas dû et par suite, s'il avait été perçu, il serait sujet à restitution ; tel serait le cas d'un acte no- tarié ne contenant pas la signature du notaire ou des témoins, ou d'un testament olographe ne contenant ni date, ni signature. En effet, le droit ne peut être régu- lièrement perçu que sur un acte ayant une existence juridique ; or, un acte qui ne réunit pas les conditions extrinsèques, nécessaires à sa formation, est inexistant et ne peut servir de base à l'impôt, car on ne perçoit pas un droit sur le néant.

Mais si l'acte, quoique régulier dans la forme, est enta- ché, au fond, d'une nullité *absolue*, par exemple s'il s'agit de la vente d'une chose qui n'est pas dans le commerce, de la renonciation à une succession future, ou d'une ma- nière générale, d'une convention contraire à l'ordre public ou aux bonnes mœurs, peut-il donner lieu à la perception régulière d'un droit non restituable ? La ques- tion est très débattue. On soutient généralement, dans la doctrine, qu'un tel acte ne pouvant produire d'effet, n'étant susceptible d'aucune confirmation, doit être con- sidéré comme inexistant et que si un droit a été perçu, il est sujet à restitution ; mais la jurisprudence semble admettre l'opinion contraire, sous le prétexte que le receveur, ne pouvant se rendre juge de la valeur intrinsèque des actes et conventions, doit percevoir le droit suivant la teneur des actes qui lui sont présentés, et que le droit par lui perçu sur un acte régulier en la forme n'est pas sujet à restitution, bien que la nullité soit plus tard prononcée.

Enfin si l'acte n'est entaché que d'une nullité *relative* résultant, notamment, de l'erreur, du dol, de la violence ou de l'incapacité, il faut décider que cet acte donne lieu à la perception régulière d'un droit et que ce droit ne sera pas restituable, quoique la nullité de l'acte serait ensuite prononcée par les juges. En effet, cet acte avait une existence juridique; il n'était pas *mort-né;* il était né *viable* et il pouvait produire un effet, malgré son vice originel, car il pouvait se consolider avec le temps ou par une confirmation expresse ou tacite.

2° Quant au jugement prononçant la nullité *radicale* d'un acte, il ne donne lieu qu'à un droit *fixe* et non à un nouveau droit proportionnel (art. 68 § 3 n° 7 L. frimaire an VII). En effet, ce jugement n'est qu'un acte déclaratif, constatant une nullité préexistante. Par conséquent, si une vente d'immeubles a été rescindée par un jugement pour cause d'erreur, de dol, de violence ou d'incapacité, ce jugement a un effet rétroactif et fait considérer la vente comme n'ayant jamais eu lieu. Sans doute le droit perçu originairement sur cette vente a été régulièrement perçu et ne sera pas sujet à restitution; mais le jugement ne donnera pas lieu à la perception d'un nouveau droit proportionnel, parce qu'il n'opère pas une nouvelle transmission; il ne fait que considérer comme non avenue la première mutation qui s'est opérée, en rétablissant les choses dans leur état primitif.

Toutefois, la jurisprudence décide que le jugement prononçant la rescision d'une vente d'immeubles pour lésion de plus des 7/12es donne lieu à un droit proportionnel, comme s'il y avait eu *revente*, attendu qu'il n'y a pas de nullité *radicale*, puisque l'acquéreur aurait pu garder l'immeuble en payant le supplément du prix, sous la déduction du 10° du prix total (art. 1681 C. civ.); mais cette jurisprudence est, avec raison, très critiquée, car du moment où la rescision est prononcée, elle produit son effet rétroactivement, même vis-à-vis des tiers (art. 1681 in fine C. civ.); la vente est dès lors considérée comme n'ayant jamais existé et le jugement ne fait que déclarer et constater que le vendeur n'a pas cessé d'être propriétaire et ne lui attribue pas une propriété nouvelle.

De la condition suspensive ou résolutoire. — La condition *suspensive* tient en suspens l'existence même d'un droit. Par suite, tant que la condition n'est pas arrivée, l'acte sera bien susceptible d'un droit fixe, comme acte innomé; mais il ne pourra donner lieu à la perception d'un droit proportionnel, car il n'a encore produit ni obligation, ni transmission; par suite, le droit proportionnel qui aurait été perçu devrait être restitué, si la condition venait à défaillir, parce qu'il n'aurait pas été régulièrement perçu à l'origine.

— La condition *résolutoire*, à la différence de la nullité proprement dite, suppose un contrat valablement formé, ayant actuellement une existence, mais pouvant être anéanti par suite d'un événement postérieur à sa formation.

Le contrat affecté d'une condition résolutoire est un contrat pur et simple; ce n'est que la résolution qui est conditionnelle. Le contrat, produisant immédiatement ses effets, a donné naissance à la perception régulière d'un droit proportionnel d'obligation ou de transmission; par suite, conformément à l'article 60, le droit perçu ne serait pas restituable, quoique la résolution se produirait ensuite.

Ainsi, dans le cas d'une vente, faite avec clause expresse de faculté de rachat, le droit proportionnel perçu au moment de la vente ne serait pas restitué, quoique, dans le délai fixé, le vendeur aurait exercé son réméré; car bien que la vente se trouverait rétroactivement considérée comme non avenue, le droit avait été régulièrement perçu à l'origine et l'exercice du rachat est un de ces événements ultérieurs dont parle l'article 60 et qui n'autorise pas la restitution du droit ; mais il ne serait pas perçu un nouveau droit de mutation sur l'acte ou le jugement constatant la résolution par suite de l'exercice du réméré, car ce réméré n'est pas un rachat proprement dit, mais seulement une résolution de la première vente qui fait considérer le vendeur comme ayant toujours été propriétaire.

Il en faut dire autant de toute condition résolutoire expresse, ou même de la condition résolutoire *tacite*, c'est-à-dire sous-entendue dans les contrats synallagmatiques, pour le cas où l'une des parties n'exécute pas son obligation. Toutefois, dans le cas d'un jugement prononçant la résolution d'une vente pour *défaut de paiement de prix*, la loi du 27 ventôse an IX, art. 12, autorise la perception d'un nouveau droit proportionnel, lorsque l'acheteur a déjà payé une portion de son prix ou lorsqu'il est déjà entré en *possession*. La loi craint que sous la forme d'une action en résolution pour défaut de paiement de prix, les parties n'aient voulu dissimuler une résiliation volontaire d'une vente définitive, qui constituerait une véritable rétrocession. Mais on rentrerait dans les principes sur les effets de la condition résolutoire, et le jugement ne donnerait lieu qu'à un droit fixe, si les choses étaient encore entières, c'est-à-dire si l'acheteur n'avait encore payé aucune portion du prix et n'était pas entré en possession. Cette restriction à l'application des principes pour le cas où l'acheteur a payé déjà une partie de son prix ou est entré en possession n'est plus en harmonie avec notre Code civil, d'après lequel la vente transfère la propriété par le seul consentement ; elle est une réminiscence de notre ancien droit et du droit romain d'après lesquels la propriété n'était transférée que par la tradition, et en outre par le payement du prix, à moins que le vendeur n'eût suivi la foi de l'acheteur(1).

(1) Dans le cas d'une adjudication définitive, à la suite d'une *folle enchère* ou même d'une *surenchère*, on décide généralement

— En résumé :

Le droit d'enregistrement perçu: soit sur un acte entaché d'une nullité *absolue*, du moins sur un acte *imparfait* et révélant lui-même les vices extrinsèques qui l'ont empêché de se former valablement ; soit sur un acte dont l'existence était subordonnée à une *condition suspensive* non accomplie, est irrégulièrement perçu et se trouve sujet à restitution ;

Mais le droit perçu : soit sur un acte entaché d'une nullité simplement *relative;* soit sur un acte soumis à une condition *résolutoire*, est valablement perçu et n'est pas sujet à restitution, malgré la nullité ou la résolution plus tard prononcée ;

Quant au jugement prononçant la nullité ou la résolution, il est, en général, considéré comme simplement déclaratif et n'autorise pas la perception d'un nouveau droit proportionnel, mais seulement d'un droit fixe.

— *Exceptions à la règle de l'article* 60.

La règle d'après laquelle les droits régulièrement perçus ne sont pas sujets à restitution, quels que soient les événements ultérieurs, souffre quelques exceptions. Deux sont indiquées dans la loi de frimaire an VII. Quatre autres résultent de textes législatifs postérieurs.

Nous reproduisons toutes ces exceptions dans leur ordre chronologique :

1° Lorsqu'un jugement *omet* de mentionner l'enregistrement d'un acte à l'occasion duquel il est intervenu, le receveur peut exiger le droit dû pour cet acte, sauf restitution, s'il est justifié plus tard que ledit acte avait été enregistré (art. 48 L. frimaire an VII) ;

2° Lorsque, dans un contrat, un prix est délégué pour que la première adjudication, étant considérée comme résolue, il n'est pas dû un nouveau droit proportionnel sur le prix de l'adjudication définitive, si ce n'est pour ce qui excède le prix de la précédente adjudication.

acquitter une créance à terme envers un tiers, *sans qu'il y ait énonciation* que le titre de la créance de ce tiers est enregistré, le receveur perçoit le droit d'obligation sur cette créance; sauf restitution, s'il est justifié d'un titre précédemment enregistré (art. 69 § 3 n° 3 L. frimaire an VII);

3° Lorsque l'adjudication d'un immeuble a été faite en justice, le droit perçu est restituable, si plus tard l'adjudication est annulée par les voies légales (avis du C. d'Etat du 23 octobre 1808);

4° En cas de retour d'un individu déclaré absent, les droits de mutation par décès payés par les envoyés en possession provisoire leur sont restitués, sous la déduction de ceux par eux dus pour la jouissance que leur réserve l'article 127 du Code civil (L. 28 avril 1816, art. 40);

5° En matière d'expropriation pour cause d'utilité publique, les droits perçus sur les acquisitions amiables faites *antérieurement à l'arrêté de cessibilité* (1) du Préfet sont restitués, lorsque, dans le délai de 2 ans, à partir de la perception, il est justifié que les immeubles acquis sont compris dans l'arrêté de cessibilité (L. 3 mai 1841, art. 58);

6° En cas de cession d'un office ministériel, le droit proportionnel perçu sur le traité constatant la cession est restitué, toutes les fois que la transmission, subordonnée à l'agrément du gouvernement, n'a pas été suivie d'effet; et s'il y a lieu seulement à réduction du prix de l'office, tout ce qui a été perçu sur l'excédant est sujet à restitution (L. 25 juin 1841, art. 14).

---

(1) Si les acquisitions avaient été faites *postérieurement* à l'arrêté de cessibilité, elles seraient affranchies du droit, de même que tous les actes faits en vertu de la loi du 3 mai 1841 sur l'expropriation pour cause d'utilité publique.

Cette exception, ainsi que celle relative à l'absence, sont d'autant plus à remarquer qu'elles se réfèrent aux matières du Code civil qui sont l'objet de l'examen de licence.

VII. *Prescription des droits.* — La prescription la plus fréquente en matière d'enregistrement, est celle de *deux* ans.

Cette prescription s'applique :

Aux demandes en restitution de droits non régulièrement perçus ;

Aux réclamations de l'administration pour défaut ou insuffisance de perception sur une disposition particulière d'un acte ;

A la demande d'expertise relative aux actes à titre gratuit, ainsi que nous l'avons vu (art. 61) (1).

Parmi les autres prescriptions, nous ferons remarquer :

La prescription de cinq ans pour omission de biens dans une déclaration après décès (art. 61 modifié par la L. 18 mai 1850, art. 11) ;

Celle de dix ans pour les successions non déclarées ;

En dehors des prescriptions particulières prévues par la loi, il faudrait appliquer la prescription du droit commun de 30 ans. Cette prescription aurait lieu notamment pour les actes qui n'ont pas été présentés à la formalité de l'enregistrement dans un délai prescrit, et pour les mutations secrètes entre-vifs.

VIII. *Compétence et procédure.* — Les difficultés relatives à l'enregistrement sont de la *compétence* du tribunal civil. Cette règle n'est que l'application des principes ; nous savons, en effet, qu'en général, c'est l'autorité judiciaire qui est compétente en matière d'impôts indirects.

Au point de vue de la *procédure à suivre* plusieurs règles spéciales sont à remarquer.

Si c'est l'administration qui réclame, le premier acte de poursuite de sa part est une *contrainte* décernée par

_____

(1) L'article 14 de la loi du 16 juin 1824 soumet également à la prescription de 2 ans les amendes encourues pour contravention aux dispositions de la loi de frimaire an VII.

24

le receveur de l'enregistrement, visée et déclarée *exécutoire* par le juge de paix (1), emportant même hypothèque, suivant l'opinion générale. Le contribuable qui veut paralyser l'exécution de la contrainte doit y former une *opposition motivée*, avec assignation de l'administration devant le tribunal. Si c'est, au contraire, le particulier qui prend l'initiative des poursuites, notamment pour une demande de restitution de droits, il procède par voie d'assignation devant le tribunal, conformément au droit commun.

La procédure n'exige pas le ministère des avoués ; l'instruction se fait sur des *mémoires* respectivement signifiés, sans *plaidoirie* (art. 65 et L. 27 ventôse an IX, art 17).

Le jugement qui intervient est rendu sur le rapport d'un juge, fait en audience publique, et sur les conclusions du ministère public ; mais le jugement n'est pas susceptible d'appel ; il ne peut donner lieu qu'à un *recours en cassation* (art. 63-66) (2).

IX. *Exceptions ou exemptions.* — En matière d'enregistrement, comme en matière de timbre, il y a trois sortes d'immunités. Certains actes sont enregistrés en débet, d'autres gratis, d'autres sont exempts de la formalité.

Sont enregistrés en *débet*, c'est-à-dire sauf recouvrement ultérieur, notamment les actes de poursuite en matière pénale, et les actes qui intéressent un plaideur qui a obtenu l'assistance judiciaire.

(1) En matière d'impôts directs, la contrainte est délivrée par le receveur particulier des finances et visée par le sous-préfet. Cette différence tient précisément à ce que les impôts directs sont de la compétence de l'autorité administrative, tandis que les impôts indirects donnent lieu à la compétence de l'autorité judiciaire.

(2) Ces règles de compétence et de procédure s'appliquent en général à tous les impôts perçus par l'administration de l'enregistrement, même à la taxe de 3 0/0 établie sur le *revenu* des valeurs mobilières par la loi du 29 juin 1872 (art. 5 L 1872).

Sont enregistré *gratis*, par exemple : les actes qui se rattachent à l'expropriation pour cause d'utilité publique (art. 58 L. 3 mai 1841).

Sont *dispensés* de l'enregistrement : spécialement les actes du pouvoir législatif et du pouvoir exécutif, les inscriptions sur le grand-livre de la dette publique, les quittances des contributions, les actes de l'état civil, etc. (art. 70 L. de frimaire an VII).

IMPÔTS INDIRECTS AU PROFIT DES COMMUNES.

Les principaux impôts indirects perçus au profit des communes comprennent :

Les droits d'octroi, les droits de voirie, les droits de place dans les foires et marchés.

Nous ne parlerons que des droits d'octroi qui sont les plus importants.

Octrois.

Les droits d'octroi sont des taxes perçues exclusivement au profit des communes, sur certains objets de consommation.

Jusqu'en 1852, un prélèvement du dixième était fait dans l'intérêt du Trésor. Il a été supprimé par la loi de finances du 17 mars 1852.

I. *Notions historiques.* — Le nom d'*octroi* se rattache à l'origine des taxes et de l'émancipation des communes. Le roi, premier chef des villes libres, leur *octroyait* le droit de s'imposer. Ce droit, il est vrai, ne pouvait s'exercer que moyennant un certain profit pour l'État. D'après un édit de 1663, la moitié des droits d'octroi devait être versée dans les caisses de l'État.

L'Assemblée constituante supprima tous les impôts perçus à l'entrée des villes, bourgs et villages.

Nous rappelons, du reste, que l'Assemblée constituante, sous l'inspiration du système des physiocrates, avait aboli tous les impôts indirects proprement dits.

L'octroi de la commune de Paris fut le premier rétabli, sous le nom d'octroi municipal et de bienfaisance, par la loi du 27 vendémiaire an VII.

La loi du 5 ventôse an VIII autorisa d'une manière générale l'établissement des octrois, sous le prétexte de pourvoir aux besoins des hospices.

Le décret du 17 mai 1809 fit un règlement général sur les octrois. Ce décret a servi de base à la législation actuelle. Il a été modifié :

1° Par la loi du 8 décembre 1814 et l'ordonnance royale faite le lendemain et portant règlement sur les octrois;

2° Par la loi du 28 avril 1816, sur les contributions indirectes, qui est, en matière d'octrois, le texte fondamental ;

3° Par les lois du 10 août 1871 sur les Conseils généraux, et 5 avril 1884 sur les Conseils municipaux, qui ont apporté des changements considérables en ce qui concerne les autorisations, modifications ou suppression des octrois.

II. *Législation.* — Nous examinerons les règles qui concernent l'établissement, la modification ou la suppression des octrois ; les matières soumises à la perception des droits ; le mode de perception et le contentieux.

Établissement, modification et suppression des octrois. — D'après l'article 147 de la loi du 28 avril 1816, les octrois peuvent être établis sur la demande du *Conseil municipal,* lorsque les revenus d'une commune sont insuffisants pour ses dépenses.

Il résulte de cet article que l'initiative de la commune est nécessaire pour l'établissement d'un octroi, et qu'à la différence de ce qui avait lieu sous l'empire de la loi du 5 ventôse an VIII, un octroi ne pourrait être imposé d'office.

La commune ne peut être autorisée à établir un octroi que par décret en Conseil d'Etat.

À cet effet, la demande du Conseil municipal est soumise d'abord à la section de l'intérieur du Conseil d'Etat, qui l'examine au point de vue de la situation financière et des ressources de la commune. Ensuite, si la commune est autorisée à voter le tarif, une nouvelle délibération du Conseil municipal, portant fixation du tarif, est examinée par la section des finances du Conseil d'Etat au point de vue des taxes et de la quotité des droits. C'est à la suite de ce double examen qu'est rendu un décret en assemblée générale du Conseil d'Etat.

Le gouvernement peut donner ou refuser son approbation, réduire un article ou le supprimer; mais il ne peut se substituer au Conseil municipal pour créer **un** article ou y ajouter.

— Avant les lois du 24 juillet 1867 sur les Conseils municipaux, et du 10 août 1871 sur les Conseils généraux, les changements proposés aux règlements ou tarifs devaient être approuvés et délibérés de la même manière que l'établissement même de l'octroi. Enfin la suppression d'un octroi ne pouvait résulter également que d'**un** décret en Conseil d'Etat.

Depuis les lois de 1867 et de 1871 modifiées elles-mêmes par la loi du 5 avril 1884 sur l'organisation municipale, une décentralisalion importante a été introduite dans cette matière.

Tantôt la délibération du conseil municipal à besoin d'être approuvée par un décret en Conseil d'Etat; tantôt il suffit d'une approbation du Préfet; tantôt enfin la délibération du conseil municipal est exécutoire par elle-même sans avoir besoin d'aucune approbation.

Doivent être approuvées par un *décret en Conseil d'Etat*, après avis du conseil général ou de la commission départementale, dans l'intervalle des sessions, les délibérations concernant :

1° L'établissement des taxes d'octroi ;

2° L'augmentation ou la prorogation d'une ou plusieur taxes pour une période de plus de 5 ans ;

24.

3° Les modifications aux règlements ou aux périmètres existants ;

4° L'assujettissement à la taxe d'objets non encore imposés au tarif local ;

5° L'établissement ou le renouvellement d'une taxe non comprise dans le tarif général ;

6° L'établissement ou le renouvellement d'une taxe excédant le maximum fixé par le tarif général (1).

Sont exécutoires, sur l'approbation du *Préfet*, après avis du conseil général ou de la commission départementale, dans l'intervalle des sessions, les délibérations concernant :

La suppression ou la diminution des taxes d'octroi.

Enfin sont exécutoires par elles-mêmes, *sans aucune approbation*, les délibérations des conseils municipaux prononçant :

La prorogation ou l'augmentation des taxes d'octroi pour une période de 5 ans au plus, sous la réserve qu'aucune des taxes ainsi maintenues ou modifiées n'excédera le maximum déterminé par le tarif général et ne portera que sur des objets compris dans ce tarif (2).

Ces règles nouvelles résultent des articles 137-139 de la loi du 5 avril 1884 sur l'organisation municipale, qui a codifié, à cet égard, les dispositions diverses résultant des lois de 1867 et de 1871.

Matières soumises au droit d'octroi. — Les matières soumises au droit d'octroi sont des objets destinés à la consommation locale. Le décret de 1809 indiquait cinq catégories : 1° les boissons et liquides; 2° les comestibles; 3° les combustibles; 4° les fourrages; 5° les matériaux.

(1) Une loi est même nécessaire pour les *surtaxes* d'octroi sur les vins, les cidres, poirés, hydromels, alcools, au-delà des proportions déterminées par les lois spéciales concernant les droits d'entrée du trésor (art. 137 L. 5 avril 1884).

(2) Le tarif général prescrit par la loi de 1867 a été fait et annexé au décret du 12 février 1870.

La loi du 28 avril 1816 abandonne aux Conseils municipaux le soin de déterminer les objets de consommation soumis à l'octroi ; dès lors, il n'y a plus de catégories obligatoires, il n'y a pas même à distinguer entre les matières soumises à la consommation domestique et celles qui s'appliquent à la consommation industrielle.

Modes de perception. — Le Conseil municipal peut adopter pour la perception des droits quatre combinaisons : la *régie simple*, le *bail à ferme*, la *régie intéressée* et l'*abonnement* avec l'administration des contributions indirectes (art. 147 L. du 18 avril 1816).

Dans la *régie simple*, mode vraiment municipal, et le plus suivi, la perception se fait directement par les agents de la commune, sous la direction du maire.

Dans le *bail à ferme* (1), qui suppose une adjudication aux enchères des produits de l'octroi, la perception est faite par les agents du fermier et pour le compte de ce dernier, qui paye à la commune le prix de son adjudication. L'adjudication se fait aux enchères publiques devant le sous-préfet ou le maire, à l'extinction des bougies, au plus offrant et dernier enchérisseur. Elle n'est définitive qu'autant qu'elle a été approuvée par le ministre des finances. Le bail à ferme ne peut être consenti que pour trois ans, et le droit au bail n'est cessible qu'avec le consentement de l'administration. Une surenchère du dixième peut être faite dans les vingt-quatre heures, par acte d'huissier.

L'adjudication peut avoir lieu également par soumissions cachetées.

Dans la *régie intéressée*, sorte de bail mélangé de société, la perception se fait toujours par les soins du fer-

---

(1) Ce mode de perception rappelle celui qui était adopté, dans l'ancien droit, pour les impôts dont le recouvrement était fait par des fermiers généraux qui, moyennant une somme déterminée à payer à l'Etat, avaient le droit de percevoir les impôts à leur profit.

mier; mais au delà d'une certaine somme, égale au prix
du bail et aux frais de perception, il y a lieu à un partage des bénéfices entre la commune et le fermier. La
somme représentative des frais est fixée par le cahier des
charges et, autant que faire se peut, elle ne doit pas dépasser 12 0/0 (décret de 1809, art 105).

Dans l'*abonnement* avec l'administration des contributions indirectes, la perception est confiée à cette dernière; la commune paie les frais et encaisse les produits
de l'impôt.

— Les droits sont perçus dans les bureaux de perception indiqués dans le règlement de l'octroi. Les voitures des particuliers, depuis la loi du 24 mai 1834, aussi
bien que les voitures publiques, peuvent être visitées
par les employés ; mais les personnes voyageant à pied
ou à cheval ne peuvent être fouillées par les employés ;
ceux-ci ont seulement le droit de les conduire devant le
maire, qui les interroge et ordonne, au besoin, la visite
de leurs effets (ord. de 1814).

L'octroi ne pouvant porter que sur des objets de consommation locale, ne doit pas atteindre ceux qui traversent la commune; dans ce cas, le conducteur qui veut
seulement traverser la commune ou n'y séjourner que
vingt-quatre heures se fait délivrer un *passe debout*,
moyennant caution ou consignation des droits. A la
sortie dans le délai, la caution est déchargée ou les
sommes consignées sont restituées. Si le conducteur
veut séjourner plus de vingt-quatre heures il fait une
déclaration de *transit*, mais avec indication des lieux où
les objets seront déposés et où ils devront être représentés à toute réquisition. Les droits sont cautionnés ou
consignés comme pour le passe debout.

Pour faciliter les approvisionnements, la faculté d'*entrepôt* est admise pour les droits d'octroi, comme pour
les droits d'entrée et les droits de douane. On distingue
l'entrepôt *réel*, qui se fait dans les magasins de l'admi-

nistration, et l'entrepôt *fictif*, qui a lieu à domicile dans les magasins du contribuable, soumis dès lors à l'exercice par les agents de la régie, qui a le droit de constater les manquants. L'entrepôt permet ainsi de n'acquitter les droits qu'au fur et à mesure de la vente ou de la consommation des objets.

Contentieux en matière d'octroi. — Les contestations en matière d'octrois donnent lieu tantôt à la *compétence judiciaire*, tantôt à la *compétence administrative*.

Quand la contestation s'élève entre la commune et le contribuable, l'autorité *judiciaire* est compétente, conformément à la règle générale sur les impôts indirects.

L'autorité judiciaire a une compétence civile et pénale: s'il s'agit d'une difficulté relative à l'*application* du tarif, le juge de paix statue, soit en dernier ressort, soit à charge d'appel, suivant la quotité du droit réclamé (ord. du 9 décembre 1814, art. 81).

S'il s'agit d'une *contravention*, c'est le tribunal correctionnel qui est saisi et qui applique la peine; sauf la faculté de transiger qui appartient à l'administration.

Quand, au contraire, la contestation s'élève entre la commune et les régisseurs ou fermiers des octrois, l'autorité *administrative* est compétente pour l'interprétation et l'application des clauses du bail (art. 136 D. 17 mai 1809).

Avant 1865, le préfet statuait en Conseil de préfecture, sauf recours au Conseil d'Etat. Depuis la loi de 1865, c'est le Conseil de préfecture qui est compétent, ainsi que nous l'avons expliqué précédemment. C'est un des trois cas dans lesquels la loi du 21 juin 1865 (art. 11) a donné au Conseil de préfecture un pouvoir de décision *propre*, au lieu du simple *avis* qu'il donnait autrefois au préfet (1).

(1) La jurisprudence reconnaît également la compétence du Conseil de préfecture pour l'interprétation et l'application du bail, relativement aux locations de place dans les halles et marchés (trib. des conflits, 4 août 1877).

RÉGIME DES EAUX.

On distingue, au point de vue administratif, les eaux du domaine public et les cours d'eau non navigables ni flottables.

Les eaux du domaine public embrassent le domaine public maritime et le domaine public fluvial.

I. *Domaine public maritime.* — Le domaine public maritime comprend : les *rivages* de la mer, les *ports*, les *havres* et les *rades* (art. 538 C. civ.).

On entend par rivage tout ce que la mer couvre et découvre pendant les nouvelles et pleines lunes, et jusqu'où le grand flot de mars peut s'étendre sur les grèves (art. 1er de l'ordonnance de 1681 sur la marine).

Il est défendu de bâtir sur le rivage, d'y planter aucun pieu, d'y faire aucun ouvrage nuisible à la navigation, sous peine d'être poursuivi et puni comme en matière de grande voirie.

Les héritages riverains des côtes doivent-ils la servitude de passage? A défaut de textes, on décide généralement la négative.

— Nous observerons que c'est à tort que l'article 538 du Code civil a rangé les *lais* et *relais* de la mer parmi les dépendances du domaine public; cette erreur tient à une confusion entre le domaine public et le domaine national. Les lais et relais font partie du domaine *privé* de l'Etat. Ils sont aliénables et prescriptibles. Ils peuvent, en effet, être concédés à perpétuité, ainsi que l'éta-

issent divers textes, notamment la loi du 16 septembre
807.

— Les limites de la mer sont déterminées par des dé-
ets rendus dans la forme des règlements d'administra-
on publique, sous réserve des droits des tiers. Quant
ux déclarations de domanialité, relatives à des portions
u domaine public maritime, elles sont faites par les
réfets, dont les arrêtés déclaratifs sont visés par le mi-
istre de la marine (décret du 21 février 1852).

En mer, le droit de *pêche* appartient à tout le monde
voir un décret du 20 novembre 1875 sur la pêche mari-
me). Sur les côtes, les règles de la pêche sont fixées
ar le décret du 9 janvier 1852, qui exige une autorisa-
ion du ministre de la marine.

II. *Domaine public fluvial.* — Le domaine public fluvial
omprend les fleuves et rivières *navigables* ou *flottables*.

Les rivières sont *navigables* quand elles peuvent porter
les bateaux et *flottables*, quand elles peuvent transporter
les radeaux et trains de bois.

Les rivières flottables seulement à bûches perdues,
'est-à-dire ne pouvant charrier que des bûches isolées,
ne font pas partie du domaine public fluvial.

C'est l'autorité administrative qui fixe la largeur du
lit des rivières navigables et flottables. L'arrêté pris par
le préfet est déclaratif et non attributif. Toutefois les
tiers qui auraient des droits antérieurs à l'ordonnance
de Moulins de 1566, laquelle a déclaré l'inaliénabilité du
domaine, pourraient les faire valoir devant les tribunaux
judiciaires. Ils pourraient également se pourvoir au
Conseil d'Etat contre l'arrêté qui serait entaché d'*excès
de pouvoir* (1).

(1) Les actes de délimitation sont des actes d'administration à
l'occasion desquels l'autorité administrative ne peut se constituer
juge des droits de propriété, ni s'attribuer le pouvoir d'incorporer
au domaine public les terrains dont l'occupation lui semblerait utile

— **Les rives** sont des propriétés privées. Les îles, îlots, atterrissements, qui se forment dans le lit des rivières navigables ou flottables, font partie du domaine privé de l'Etat, mais non du domaine public (art. 560 C. civ.).

COURS D'EAU NON NAVIGABLES NI FLOTTABLES.

— Les cours d'eau non navigables ni flottables ne font pas partie du domaine public ; car ils ne sont pas compris dans l'énumération de l'article 538 du Code civil, et l'article 644 du même Code, sur le droit d'irrigation, montre bien que les cours d'eau non navigables ni flottables ne sont pas considérés comme des dépendances du domaine public ; mais c'est une question très controversée que celle de savoir à qui appartiennent ces cours d'eau. Il y a sur ce point trois systèmes principaux : l'un attribuant la propriété de ces cours d'eau à l'Etat ; l'autre, aux riverains, et enfin un troisième, soutenant que la propriété n'en est à personne.

Dans le premier système qui attribue la propriété de ces cours d'eau à l'Etat, on argumente : de l'ancien droit qui distinguait les grandes rivières, les petites rivières et les ruisseaux : « Les *grandes* rivières, dit Loysel, ap-« partiennent au roi, les *petites* rivières aux seigneurs

aux besoins de la navigation, sans remplir les formalités de l'expropriation.

Pour la mer, comme pour les rivières navigables et flottables, les droits des tiers sont réservés. En conséquence, ceux-ci peuvent se pourvoir soit devant l'autorité administrative pour faire rectifier la délimitation, soit en annulation devant le Conseil d'Etat pour excès de pouvoir, mais non devant l'autorité judiciaire pour faire rectifier ou annuler la délimitation et se faire remettre en possession ; toutefois il appartient à l'autorité judiciaire de reconnaître le droit de propriété, de vérifier si le terrain a cessé, par le mouvement des eaux, d'être susceptible de propriété privée et de régler une indemnité de dépossession (décisions du tribunal des conflits des 11 janvier 1873 et 13 mai 1876. Voir aussi un arrêt de cassation du 6 novembre 1872).

des terres et les *ruisseaux* aux particuliers tenanciers (1). » Or, l'Etat, dit-on, pour les petites rivières qui constituent les cours d'eau non navigables ni flottables, aurait succédé aux anciens seigneurs justiciers.

On argumente, en outre, de la loi de frimaire an VII qui, sans distinction entre les rivières navigables ou non, les affranchit toutes de l'impôt foncier; de l'article 713 du Code civil qui attribue à l'Etat les choses sans maître; de la loi du 15 avril 1829 sur la pêche fluviale, qui, en cas de suppression du droit de pêche par suite d'une déclaration de navigabilité, n'accorde pas aux riverains une indemnité pour le lit, mais seulement pour le droit de pêche dont ils sont privés; enfin de l'article 563 du Code civil qui, en cas de changement de lit, attribue le lit abandonné aux propriétaires des fonds nouvellement occupés, aussi bien pour les rivières non navigables que pour les autres; l'Etat sacrifiant, par équité, le lit abandonné, aussi bien pour les unes que pour les autres.

Dans le second système, qui soutient que les cours d'eau non navigables ni flottables appartiennent aux riverains, on observe que ces cours d'eau ne sont pas affectés à un service public; qu'ils ne peuvent être loués comme biens de l'Etat; qu'en outre, le Code civil reconnaît aux riverains le droit de profiter de l'alluvion (art. 556 et 557); le droit de se servir de l'eau pour l'irrigation de leurs propriétés (art. 644 et 645); la propriété des îles, îlots et atterrissements, qui peuvent être considérés comme une portion du lit mis à découvert; que la loi de 1829 leur reconnaît le droit de pêche; qu'ainsi les riverains ont tous les avantages et tous les attributs de propriété que ces cours d'eau peuvent comporter; qu'enfin la propriété des riverains se trouve consacrée par l'article 645 du Code civil qui, à l'occasion du

(1) D'après Loysel « les grosses rivières ont pour le moins 14 pieds de largeur; les petites, 7 et les ruisseaux 3 1/2.

droit d'usage de l'eau attribué aux riverains, dispose qu'en cas de contestation entre les propriétaires auxquels ces eaux peuvent être utiles, les tribunaux devront concilier les intérêts de l'agriculture avec le respect dû à la *propriété*. (En ce sens MM. Batbie et Laurent.)

Dans le troisième système, qui consiste à dire que ces cours d'eau ne sont à personne, on leur applique la règle de l'article 714 du Code civil, d'après lequel « il est des « choses qui n'appartiennent à personne et dont l'usage « est commun à tous ; des lois de police règlent la ma- « nière d'en jouir ». On s'appuie, principalement, pour soutenir ce système, sur la législation intermédiaire. En effet, la loi des 22 décembre 1789-8 janvier 1790 chargeait les administrations de département de la conservation des forêts, *rivières*, chemins et autres choses *communes* ; la loi, en forme d'instruction, de l'Assemblée constituante, des 12-20 août 1790, chargeait spécialement les administrations de département « de rechercher « et d'indiquer les moyens de procurer le libre cours des « eaux, d'empêcher que les prairies ne soient submergées « par la trop grande élévation des écluses, des moulins « et autres ouvrages d'art établis sur les rivières ; de di- « riger, enfin, autant que possible, toutes les eaux de « leur territoire vers un but d'utilité générale, d'après « les principes de l'irrigation ». En outre, dans son rapport à l'Assemblée constituante, Arnoult s'exprimait ainsi : « Nécessaires aux besoin de tous, les *rivières*, non « plus que les *fleuves*, ne peuvent être la propriété d'un « seul... Le droit du propriétaire de la glèbe ne s'étend « pas au delà des limites de son champ ; le cours d'eau « qui en baigne les bords la confine, mais n'en fait pas « partie. » On ajoute, dans ce système, que les articles qui reconnaissent aux riverains certains droits impliquent, par là même, qu'ils ne sont pas propriétaires, car il serait inutile de leur accorder des droits sur des choses leur appartenant ; que le mot propriété, qui se trouve dans l'article 645 du Code civil, ne s'entend pas de la propriété du cours d'eau, mais de la propriété riveraine, même industrielle ; que l'article 560, qui attribue l'île aux riverains, démontre bien que la propriété de ces cours d'eau n'appartient pas à l'Etat, car si l'Etat en était propriétaire, il serait propriétaire de l'île, de même que l'île lui appartient dans les cours d'eau navigables et flottables ; qu'enfin si ces cours d'eau étaient reconnus appartenir aux riverains, on ne comprendrait pas que l'article 563 accordât, à titre d'*indemnité*, le lit abandonné aux propriétaires envahis et dépouillât ainsi les anciens riverains au profit des nouveaux ; que si les nouveaux riverains ont l'ancien lit, à titre d'*indemnité*, c'est que le nouveau cours d'eau ne leur appartient pas ; que l'usage de l'eau et les autres avantages accordés aux riverains ne sont que des compensations aux inconvénients qui résultent pour eux du voisinage de la rivière et à l'obligation du curage qui leur est imposée.

En adoptant ce dernier système, il faudrait décider :

Que si le lit de la rivière venait à être desséché ou si la rivière, se frayant un passage souterrain, laissait à découvert son ancien lit, celui-ci appartiendrait à l'Etat, comme étant une chose sans maître (art. 713 C. civ.) ;

Qu'il n'y aurait pas lieu, en cas d'*expropriation*, à une indemnité pour le lit de la rivière (C. de cas., 10 juin 1846 et 17 juin 1850) ;

Qu'en cas de suppression de la force motrice d'une usine, par suite de l'exécution de travaux publics, il y aurait lieu à un dommage permanent et non à une expropriation pour cause d'utilité publique, et que dès lors l'indemnité serait réglée par le Conseil de préfecture et non par le jury ;

Que le propriétaire d'un héritage traversé par un cours d'eau ne pourrait intercepter le passage de la rivière par un barrage avec des chaînes, quoique son terrain traversé serait *enclos* (C. de cas. 8 mars 1865) (1).

_____

(1) Quant aux simples ruisseaux, le législateur a dû les confondre

— *Intérêt de distinguer les cours d'eau du domaine public et les rivières non navigables ni flottables.* — Nous examinerons, à cet égard, les règles qui concernent la navigation, l'établissement des usines, la pêche, les irrigations, les îles ou atterrissements qui se forment dans le lit des rivières, le curage et la compétence :

1° *Navigation.* — Dans l'intérêt de la navigation, les riverains de rivières navigables et flottables sont grevés de la servitude de *halage* et de *marchepied.* Le chemin de halage, du côté où les bateaux se tirent, est de *vingt-quatre pieds;* cette servitude est d'autant plus onéreuse que, du même côté, il ne peut y avoir ni plantations, ni haies, ni clôtures à *trente pieds* du bord de l'eau. Le marchepied, sur l'autre bord, est de *dix pieds* (ordonnance de 1669, tit. 28, art. 7, et 650 C. civ.).

Pour les rivières flottables à *bûches perdues,* quoiqu'elles ne fassent pas partie du domaine public fluvial, les riverains sont tenus de laisser un chemin de *quatre pieds* (ordonnance de 1672, tit. 17, art. 7).

La servitude de halage et de marchepied, comme en général toute servitude d'utilité publique, ne donne lieu à aucune indemnité.

A la rigueur, l'administration pourrait établir un chemin de halage des *deux* côtés de la rivière et sans indemnité, du moment où les besoins de la navigation exigeraient que les bateaux se tirassent des deux côtés. Ç'est ce qu'a décidé un arrêt du Conseil du 24 juin 1777 relatif à la navigation de la Marne et autres rivières et canaux navigables (1).

avec le terrain où ils coulent. En effet, l'art. 563 ne parle que des fleuves et des rivières ; en outre, la loi de frimaire an VII n'exclut des biens cotisables pour l'impôt foncier que les rivières (Valette).

(1) Cet arrêt du Conseil reconnaît, en outre, que le chemin de halage peut être exercé sur les îles. L'interprétation de cet arrêt du Conseil doit être considérée comme ayant l'autorité d'une interprétation législative, d'autant plus que le décret du 22 janvier 1808 confirme tous les règlements sur la matière.

Néanmoins, si des travaux rendaient **navigable un** fleuve ou une rivière qui ne l'était pas, une indemnité serait due pour cette servitude nouvellement établie. Cette indemnité serait réglée par le Conseil de préfecture, après expertise, conformément à la loi du 16 septembre 1807 (décret du 22 janvier 1808).

— Sur les rives des cours d'eau non navigables ni flottables cette servitude n'existe pas.

2° *Usines.* — Sur les rivières navigables et flottables, les usines doivent être autorisées par décret du Chef du pouvoir exécutif. Par exception, le préfet, depuis le décret de décentralisation de 1852, a le droit d'autoriser les établissements temporaires ou même des établissements permanents qui ne modifieraient pas sensiblement le régime des eaux. En cas de suppression des usines, il n'y a pas lieu à une indemnité, à moins qu'elles ne soient antérieures à l'édit de Moulins de 1566 ou qu'elles n'aient été concédées à titre onéreux.

— Sur les rivières non navigables ni flottables, le préfet peut autoriser toute espèce d'établissements et, en cas de suppression, une indemnité est due, à moins d'une réserve contraire qui aurait été faite dans l'intérêt de la police des eaux.

3° *Pêche.* — Dans les rivières navigables et flottables, le droit de pêche appartient à l'Etat, qui peut l'affermer. — Dans les rivières non navigables ni flottables, le droit de pêche appartient aux riverains qui, en cas d'expropriation, ont droit à une indemnité qui est fixée par le jury (loi du 15 avril 1829) (1).

(1) Lorsque les riverains sont privés du droit de pêche par suite de l'interdiction de pêcher dans certaines parties de la rivière ou par suite de l'établissement d'*échelles* dans les barrages, pour assurer la circulation du poisson, l'indemnité est réglée par le Conseil de préfecture, après expertise (art. 3 de la loi du 31 mai 1865 sur la pêche, et décret du 25 janvier 1868 portant règlement sur la pêche fluviale. Voir, en outre, le décret du 10 août 1875 et le décret du 18 mai 1878 portant règlement sur la pêche fluviale).

4° *Irrigations.* — Sur les fleuves et rivières navigables et flottables, toute concession pour prises d'eau doit être autorisée par décret du Chef du pouvoir exécutif ou par le préfet, suivant les distinctions établies pour les usines.

Sur les rivières non navigables ni flottables, l'irrigation est un droit pour les *riverains* (art. 644 et 645 Code civil), sauf à eux à se conformer aux règlements d'eau; mais le gouvernement ne pourrait pas leur imposer une redevance. Dans l'intérêt de l'agriculture, plusieurs servitudes ont été établies : 1° une servitude de passage des eaux sur les fonds intermédiaires, au profit du propriétaire riverain du cours d'eau qui veut arroser des fonds qui en sont éloignés, ou qui veut assainir des fonds submergés (loi du 29 avril 1845); 2° une servitude d'appui d'un barrage sur la rive opposée pour élever le niveau de l'eau et favoriser l'irrigation (loi du 11 juillet 1847). Dans ces deux cas, la servitude ne s'exerce que sauf indemnité, réglée par les tribunaux judiciaires (1).

5° *Iles et ilôts.* — Les îles, îlots et atterrissements qui se forment dans le lit des rivières navigables et flottables appartiennent au domaine privé de l'Etat. — Ceux qui se forment dans le lit des rivières non navigables ni flottables sont la propriété des riverains (art. 560 et 561 (Code civ.).

6° *Curage.* — Le curage des rivières navigables et flottables est à la charge de l'Etat.

Le curage des rivières non navigables ni flottables est à la charge des riverains (loi du 14 floréal an XI).

(1) C'est également dans l'intérêt de l'agriculture que la loi favorise le drainage, opération inverse de celle de l'irrigation. Le drainage est un mode particulier d'asséchement qui se pratique à l'aide de *drains* ou tuyaux établis en terre. La loi du 10 juin 1854 accorde, pour l'écoulement des eaux recueillies par ces tuyaux, une servitude d'aqueduc sur les fonds voisins, sauf indemnité réglée par le juge de paix. Le crédit foncier est chargé, par une loi du 20 mai 1858, de faire des prêts destinés à faciliter le drainage.

7º *Compétence*. — Pour les eaux du domaine public, le Conseil de préfecture est compétent, comme en matière de grande voirie, pour connaître des anticipations et détériorations. — Pour les cours d'eau non navigables ni flottables, les contraventions sont déférées au tribunal de simple police et même, en matière de pêche, au tribunal correctionnel, et les contestations relatives à l'usage des eaux sont de la compétence des tribunaux civils (art. 645 Code civ.).

— Les travaux d'irrigation, de drainage et de curage peuvent être l'objet d'associations syndicales entre les propriétaires intéressés.

En raison de l'importance et du développement qu'ont pris les associations syndicales, nous croyons utile de donner une explication de la nouvelle loi du 21 juin 1865, qui les a réglementées.

Associations syndicales.

Les associations *syndicales* sont des associations formées entre des propriétaires intéressés à un travail d'utilité collective.

On les appelle *syndicales*, parce que leurs administrateurs, qui les représentent, sont qualifiés de *syndics* (1).

§ I. NOTIONS HISTORIQUES. — Les associations *syndicales* sont très anciennes. Avant la loi du 21 juin 1865 qui les régit aujourd'hui, on distinguait déjà les syndicats formés librement sans le concours de l'administration et les syndicats organisés par l'administration. Les associations libres étaient en petit nombre.

D'après un état joint à l'exposé des motifs de la loi de

(1) Le nom de *syndics* était le nom sous lequel on désignait, avant 1789, les chefs ou représentants des associations municipales, surtout dans le midi de la France. Aujourd'hui, encore, on appelle *syndics* les administrateurs d'une faillite.

1865, sur 2,475 associations syndicales, on en comptait seulement234 qui se fussent constituées librement; elles avaient principalement pour objet l'irrigation des terres. Elles existaient surtout dans les départements de la Haute-Loire et des Bouches-du-Rhône.

Ces associations formées librement vivaient sous l'empire du droit commun et de leurs statuts. Leurs contestations étaient soumises à l'autorité judiciaire et la Cour de cassation ne leur avait pas reconnu le caractère de personnes civiles (C. de cas., 26 mars 1841).

Les associations organisées par l'administration étaient ou *forcées* ou *volontaires*.

Les syndicats *forcés* avaient été établis par la loi du 16 septembre 1807 (1), soit dans l'intérêt du desséchement des marais (art. 7 et 26), soit pour les travaux de digues contre la mer, les fleuves, rivières et torrents (art. 33 et 34).

En outre, des syndicats forcés avaient été créés à l'occasion de la loi du 14 floréal an XI, relative au curage des cours d'eau non navigables ni flottables.

Dans ces divers cas, les syndicats étaient formés par l'administration, même contre le gré des intéressés et les syndics étaient nommés par le préfet.

Les associations volontaires, qui s'organisaient avec l'autorisation et sous le patronage de l'administration, avaient principalement pour objet les travaux d'irrigation. Comme il ne s'agissait plus d'un intérêt public de salubrité ou de sécurité, mais seulement d'une plus-value à créer, nul ne pouvait être malgré lui engagé dans une telle association.

— Les syndicats *forcés*, établis pour le desséchement, l'endiguement et le curage, étaient constitués par un décret en Conseil d'Etat; toutefois, pour le curage, le décret de décentralisation du 25 mars 1852 avait accordé

(1) Nous avons donné l'économie générale de cette loi, intitulée loi sur le desséchement des marais, en traitant de la compétence du Conseil de préfecture, en matière de travaux publics.

au préfet le droit d'établir un syndicat (tableau **D** nº 5).

Les syndicats volontaires, constitués pour les irrigations, étaient autorisés par le préfet et le décret de décentralisation de 1852 lui avait également accordé le droit de constituer une association syndicale, même pour les travaux relatifs à l'endiguement et à des canaux d'arrosage ou de desséchement, mais à la condition que les propriétaires intéressés fussent d'accord (tableau **D** nº 6). Les syndicats organisés par l'administration à titre de syndicats forcés, même contre le gré des propriétaires, ou autorisés par elle, avec l'assentiment des propriétaires à titre d'associations volontaires, avaient le caractère de personnes civiles et jouissaient, en outre, de certains avantages, soit pour le recouvrement des taxes, soit pour l'obtention de subventions sur les fonds du Trésor.

§ II. Législation actuelle (loi du 21 juin 1865). — La loi du 21 juin 1865, en réglementant les associations syndicales a eu pour but :

1º De coordonner les règles de la législation antérieure ;

2º De favoriser l'extension des associations syndicales, en augmentant les cas dans lesquels elles peuvent être formées ;

3º D'encourager l'initiative individuelle, en reconnaissant aux associations formées sans l'intervention de l'administration, le caractère de personnes civiles qui leur avait été dénié par la Cour de cassation.

Travaux qui peuvent être l'objet d'associations syndicales. — Les associations syndicales peuvent avoir pour objet l'exécution et l'entretien des travaux suivants :

1º De défense contre la mer, les fleuves, les torrents et les rivières navigables ou non ;

2º De curage, approfondissement, redressement et régularisation des canaux et cours d'eau non navigables

ni flottables et des canaux de desséchement et d'irrigation;

3° De desséchement des marais;

4° Des étiers et ouvrages nécessaires à l'exploitation
des marais salants;

5° D'assainissement des terres humides et insalubres;

6° D'irrigation et de *colmatage*. Cette dernière expression, qui vient de l'italien *colmare*, combler, désigne
l'exhaussement de bas-fonds submergés;

7° De drainage;

8° De chemins d'exploitation et de toute autre *amélioration agricole*, ayant un intérêt collectif (art. 1. L 21
juin 1865).

Les chemins d'exploitation dont il est parlé dans ce
paragraphe ne doivent s'entendre que des chemins privés. Nous verrons, toutefois, qu'une loi du 20 août 1881
permet d'organiser des syndicats pour l'exécution des
chemins ruraux reconnus, qui sont des chemins publics
appartenant à la commune.

— Les travaux énumérés dans les *cinq* premiers numéros sont à remarquer, car nous verrons que pour ces
travaux, une association peut être autorisée, sans qu'il
y ait consentement de tous les intéressés, par cela seul
qu'une certaine majorité a donné son adhésion.

II. *Diverses espèces d'associations syndicales.* — La loi
de 1865 distingue deux espèces d'associations : les associations syndicales *libres* et les associations syndicales
autorisées (art 2).

Règles communes aux deux espèces d'associations. — Les
associations syndicales libres, aussi bien que celles qui
sont autorisées, constituent des *personnes civiles* (art. 3).
C'est l'innovation la plus considérable de la loi. Il en
résulte que les unes et les autres peuvent ester en justice
par leurs syndics, acquérir, aliéner, transiger, emprunter, hypothéquer.

C'est à cause de cette personnalité que les associations syndicales sont soumises à des règles de publicité.

L'adhésion aux unes et aux autres est facilitée pour les biens des incapables ou pour les biens dotaux et les majorats. Il suffit que les représentants légaux des propriétaires obtiennent, sur simple requête, l'autorisation du tribunal donnée en chambre du conseil (art. 4), comme en matière d'expropriation, lorsqu'il s'agit d'une cession amiable de terrain.

Les unes et les autres sont administrées par un syndicat, composé de membres choisis par l'assemblée générale des propriétaires intéressés ; ces syndics élisent l'un d'eux pour exercer les fonctions de directeur (art. 20-24).

Règles spéciales à la constitution de ces associations. — Les associations libres et les associations autorisées sont soumises à des règles différentes pour leur constitution.

Associations libres. — Elles se forment sans l'intervention de l'administration, mais avec le consentement *unanime* des associés, constaté par écrit.

L'acte d'association spécifie le but de l'entreprise; il règle le mode d'administration de la société et fixe les limites du mandat confié aux administrateurs ou syndics; il détermine les voies et moyens nécessaires pour subvenir à la dépense, ainsi que le mode de recouvrement des cotisations (art. 5).

Un *extrait* de l'acte d'association doit, dans le délai d'un mois, à partir de sa date, être *publié* dans un journal d'annonces légales de l'arrondissement ou, s'il n'en existe aucun, dans l'un des journaux du département. Il est, en outre, transmis au préfet et inséré dans le recueil des actes de la préfecture (art. 6).

A défaut de publication l'association ne jouit pas de l'avantage de la personnalité civile et l'omission de cette formalité ne peut être opposée aux tiers par les associés (art. 7).

Associations autorisées. — Les associations autorisées se forment avec le concours de l'administration ; elles ne sont constituées que par un arrêté du Préfet.

Mais le consentement unanime des propriétaires n'est pas toujours exigé. A cet égard, la loi distingue, suivant qu'il s'agit des travaux indiqués dans les cinq premiers numéros de l'article premier ou des autres travaux.

Pour ces derniers, qui ne touchent qu'à un intérêt agricole (irrigation, drainage, chemins d'exploitation, ou autre amélioration agricole), la loi laisse aux propriétaires le soin de se constituer, s'il y a accord entre eux, en associations libres ou autorisées (1).

Mais s'il s'agit des cinq premiers travaux indiqués dans l'article premier (défense contre les eaux, curage, desséchement de marais, exploitation de marais salants, assainissement de terres humides et insalubres), comme ces travaux touchent à des intérêts publics de sécurité ou de salubrité, la loi a permis de vaincre la résistance de la minorité et elle autorise le préfet, soit d'office, soit sur la demande d'un ou plusieurs intéressés, à réunir les propriétaires en association syndicale autorisée (art. 9).

A cet effet, le préfet procède à une enquête adminis-

(1) L'intitulé du titre 3 et l'article 9 de la loi semblent n'admettre d'associations *autorisées* que pour les cinq premiers travaux indiqués dans l'article 1er et, dans nos précédentes éditions, nous avions enseigné, avec plusieurs auteurs (voir notamment M. Aucoc, nos 877 et 884), que les associations autorisées ne pouvaient exister que dans les cas de ces cinq sortes de travaux.

Mais il résulte du rapport de la loi que les propriétaires peuvent, même en dehors de ces cinq sortes de travaux, faire autoriser leur association. Nous ajoutons que l'esprit de la loi commande aussi cette solution, car le législateur a voulu donner de l'extension aux associations syndicales, encourager leur autorisation (art. 8). Or, avant la loi de 1865, c'était surtout en matière d'irrigations qu'un grand nombre d'associations s'étaient formées avec l'autorisation de l'administration ; il serait bizarre qu'elles ne pussent plus se former, avec cette autorisation, sous la législation actuelle. Nous adoptons, en conséquence, l'opinion de M. Vuatrin à son cours, tout en observant que la loi n'est pas clairement rédigée et que son texte et son cadre prêtent à l'opinion contraire.

trative ; il convoque ensuite les propriétaires intéressés en assemblée générale, sous la présidence d'un de ses membres désignés par lui (art. 10 et 11) et, d'après le résultat de la délibération, le préfet autorise, s'il y a lieu, l'association, pourvu qu'on ait obtenu l'adhésion d'une certaine *majorité* en *nombre* et en *intérêt*. Cette majorité doit être : ou de plus de moitié des propriétaires représentant au moins les deux tiers en superficie, ou des deux tiers des propriétaires représentant plus de la moitié en superficie (art. 12, 1°) (1).

Un extrait de l'acte d'association et l'arrêté du préfet sont *affichés* dans les communes de la situation des biens et *insérés* dans le recueil des actes de la préfecture (art. 12, 2°).

La loi réserve aux propriétaires intéressés et aux tiers le droit de recourir contre l'arrêté du préfet et de le déférer au ministre des travaux publics dans le délai d'un mois, à partir de l'affichage ; il est statué sur le recours par un décret en Conseil d'État (art. 13).

— Spécialement, quand il s'agit des travaux spécifiés aux n°s 3, 4 et 5 de l'article 1°r, les propriétaires qui n'ont pas adhéré au projet d'association peuvent, dans le même délai d'un mois, déclarer à la préfecture qu'ils entendent *délaisser* leurs terrains moyennant une indemnité que paiera l'association et qui est fixée, comme en matière d'expropriation pour les chemins vicinaux, par un petit jury de quatre membres (art. 14).

Intérêt de distinguer les associations libres des associations autorisées. — Les associations *libres* sont régies par le droit commun et les conventions faites entre les associés.

Les associations syndicales *autorisées* jouissent de cer-

(1) On retrouve une majorité analogue, en droit commercial, lorsqu'il s'agit du vote du *concordat*. La loi exige pour la formation du concordat : la *majorité* en *nombre* des créanciers représentant les *trois quarts en sommes* (art. 507 C. com.).

tains avantages énumérés dans les articles 15 à 19 de la nouvelle loi :

1° Les taxes ou cotisations que doivent payer les divers intéressés pour l'exécution des travaux sont recouvrées sur des rôles dressés par le syndicat, approuvés, s'il y a lieu, et rendus exécutoires par le préfet. Le recouvrement des rôles est fait comme en matière d'*impôts directs*;

2° Les contestations relatives à la classification ou au classement des propriétés, à la perception des taxes, à l'exécution des travaux, qui ont le caractère de travaux *publics*, sont de la compétence du Conseil de préfecture. L'apurement des comptes de ces associations se fait comme celui des *comptes des receveurs municipaux*, c'est-à-dire par le Conseil de préfecture, ou par la Cour des comptes, suivant que le revenu ne dépasse pas 30,000 fr., ou qu'il est supérieur à ce chiffre;

3° Dans le cas où les travaux exigent une *expropriation*, il est procédé, d'après la déclaration d'utilité publique par décret en Conseil d'Etat, conformément aux règles établies pour les *chemins vicinaux;* l'indemnité, notamment, est fixée par un petit jury de *quatre membres ;*

4° Les contestations relatives à l'établissement des *servitudes légales* sont portées en premier ressort devant le juge de paix, comme le prescrivait déjà la loi du 10 juin 1854, sur le drainage.

C'est en raison de ces avantages particuliers conférés aux associations syndicales *autorisées*, que la loi de 1865 permet aux associations *libres* de se convertir en associations *autorisées*, pourvu qu'il n'y ait pas de convention contraire dans l'association et que la conversion soit demandée par la majorité légale en nombre et en intérêt, telle que nous l'avons indiquée (art. 8).

Dans le cas où une association autorisée n'entreprend pas les travaux en vue desquels elle a été autorisée, elle peut, après mise en demeure, être privée du bénéfice de l'autorisation; si l'interruption ou le défaut d'entretien des travaux est nuisible à l'intérêt public, le préfet, après une mise en demeure, peut faire procéder d'office à l'exécution des travaux nécessaires pour y remédier (art. 25).

— A défaut d'association libre ou autorisée, la loi de 1865 réserve, dans trois cas, le droit d'obliger les propriétaires à se réunir en syndicat et à contribuer aux frais d'exécution des travaux, conformément aux lois antérieures du 14 floréal an XI sur le curage, et du 16 septembre 1807 sur le desséchement des marais. Ces cas, qui font l'objet des trois premiers numéros de l'énumération contenue dans l'article 1er de la loi, se réfèrent à la défense contre les eaux, au curage et au desséchement des marais. Ce sont les cas qui pouvaient autrefois déjà faire l'objet de syndicats forcés.

Néanmoins, tout en maintenant le système d'un *syndicat forcé*, dans ces trois cas où la sécurité publique est particulièrement intéressée, l'art. 26 de la loi de 1865 apporte deux grandes modifications aux lois antérieures : 1° c'est le Conseil de préfecture qui, désormais, statuera sur les contestations soumises auparavant à une commission spéciale de sept membres; 2° on appliquera, dans ces trois cas de *syndicat forcé*, toutes les règles des associations *syndicales autorisées*, en ce qui concerne : la perception des taxes, l'expropriation et l'établissement de servitudes (art. 26).

ÉTABLISSEMENTS

dangereux, incommodes et insalubres.

—

NOTIONS HISTORIQUES.

L'Assemblée constituante, en 1791 (loi des 2-17 mars, avait proclamé la liberté du commerce et de l'industrie; mais la loi du 21 septembre-13 novembre 1791 avait provisoirement maintenu les anciens règlements de police, relatifs à l'établissement ou l'interdiction dans les villes des usines, ateliers ou fabriques qui pouvaient nuire à la sûreté et à la salubrité. En outre, l'autorité locale restait chargée de prendre les mesures de police relatives aux divers établissements industriels, comme sur toutes les autres matières de la police municipale.

Les mesures prises par l'autorité municipale étaient variables suivant les localités et changeaient au gré des administrations qui se succédaient. Il en résultait des inégalités et de l'arbitraire.

Après les rapports de la section des sciences de l'Institut, parut le *décret du* 15 *octobre* 1810, destiné à servir de loi générale. Il forme encore le texte fondamental de la matière.

Ce décret a été modifié et complété par une ordonnance du 14 janvier 1815, par le décret de décentralisation du 25 mars 1852, et enfin par le décret du 31 décembre 1866, qui contient une nouvelle nomenclature des établissements dangereux, incommodes et insalubres.

Un décret du 31 janvier 1872 a fait quelques additions à la nomenclature de ces établissements.

Ces additions, qui suivent nécessairement les progrès de l'industrie, ont été modifiées et complétées par des décrets postérieurs (20 juin 1883).

LÉGISLATION ACTUELLE.

Depuis le décret de 1810, les établissements dangereux, incommodes et insalubres se divisent en trois classes :

La *première classe* comprend : ceux qui doivent être éloignés des habitations (art. 1 et 9 D. 1810). Tels sont : les abattoirs, les fabriques de poudre, d'acide sulfurique, d'allumettes chimiques, de collodion (D. 7 mai 1878), etc.

La *seconde classe* comprend : ceux qui peuvent être rapprochés des habitations, en prenant certaines précautions. Tels sont : les fabriques de chlore, les raffineries et fabriques de sucre, les tanneries et corroieries, etc.) ;

La *troisième classe* comprend : ceux qui peuvent être établis sans inconvénient auprès des habitations, mais doivent être soumis à la surveillance de la police. Tels sont : les brasseries, les distilleries de liqueurs alcooliques, les teintureries, les vacheries dans les villes de plus de 5,000 habitants; les fabriques de tuyaux de drainage (D. 7 mai 1878), etc.

Un tableau, annexé au décret de 1810, contenait la nomenclature des établissements de chaque classe. Il fut remplacé par un tableau joint à l'ordonnance de 1815, et depuis il a été complété par des ordonnances ou décrets postérieurs; enfin le décret du 31 décembre 1866 contient un nouveau tableau où se trouvent énumérés les divers établissements avec l'indication de la classe à laquelle chacun d'eux appartient. Nous avons dit que le tableau de classement de 1866 a été complété et modifié en 1872, et par des décrets postérieurs.

— Les établissements *nouveaux*, non compris dans la nomenclature, pourraient être suspendus provisoirement par le préfet, sauf à obtenir, après un décret de classement, l'autorisation de leur fondation (art. 5, ord. de 1815).

Les décrets de *classement* sont rendus en Conseil d'Etat, en assemblée générale (D. R. du 2 août 1879, art. 7 n° 26).

— Les établissements dangereux, incommodes et insalubles donnent lieu : soit à l'intervention de l'autorité administrative, soit à l'intervention de l'autorité judiciaire.

Intervention de l'autorité administrative.

L'intérêt de distinguer les trois classes d'établissements dangereux, incommodes et insalubres se présente à trois points de vue :

1° Au point de vue des diverses autorités chargées de donner l'autorisation de ces établissements ;

2° Au point de vue des règles d'instruction, c'est-à-dire de procédure à suivre pour l'autorisation ;

3° Au point de vue des réclamations auxquelles peut donner lieu la décision de l'autorité administrative.

I. *Autorités chargées de donner l'autorisation.* — D'après le décret de 1810, les établissements de *première classe* devaient être autorisés par décret du Chef du pouvoir exécutif, en Conseil d'Etat.

Depuis le décret de décentralisation du 25 mars 1852, c'est le *préfet* qui donne l'autorisation dans les départements (D. décentr., tableau B, n°s 7 et 8). Quant à leur *suppression* par mesure de police (art. 12 du décret de 1810), un décret en Conseil d'Etat serait toujours nécessaire (arrêt du Conseil d'Etat du 14 mars 1867).

Les établissements de *deuxième classe* ont toujours pu être autorisés par le *préfet*, sur l'avis du sous-préfet, dans les départements (D. 1810, art. 2).

Les établissements de *troisième classe* sont autorisés par le *sous-préfet*, sur l'avis du maire, dans les départements (1).

— A Paris et dans les communes du ressort de la préfecture de police, c'est le préfet de police qui donne les autorisations pour tous les établissements (ord. de 1815, art. 4).

II. *Règles d'instruction.* — Aucune règle spéciale d'instruction n'est prescrite pour les établissements de troisième classe ; mais, dans l'usage, on procède à une enquête de *commodo et incommodo*.

Pour les établissements de première et de seconde classe une instruction est exigée ; mais les règles en sont différentes sous plusieurs rapports :

1º Pour les établissements de première classe, la demande est directement adressée au préfet, — pour ceux de la deuxième classe, elle est d'abord adressée au sous-préfet qui donne son avis ;

2º Pour les établissements de première classe, la demande est affichée, par ordre du préfet, pendant un mois, dans toutes les communes, à 5 kilomètres de rayon ; — pour ceux de la deuxième classe, la demande n'est point affichée ;

3º Pour les établissements de première classe, l'enquête de *commodo et incommodo* se fait dans toutes les communes du rayon par les soins du maire ; — pour ceux de deuxième classe, l'enquête ne se fait que dans

_____

(1) D'après l'article 2 du décret de 1810 c'est le sous-préfet qui autorise et, cependant, d'après l'article 8 du même décret, il semble que le droit d'autoriser appartient au maire. Cette antinomie a disparu. L'ordonnance du 14 janvier 1815, art. 3, décide que l'autorisation est donnée par le sous-préfet, sur l'avis du maire.

la commune où se trouve l'établissement (art. 3 et 7 D. 1810 et art. 2 ord. de 1815).

4° Pour les établissements de première classe, si des oppositions ont été formées, pendant le délai de l'affichage et dans le cours des enquêtes, le Conseil de préfecture est appelé à donner son avis (art. 4 D. 1810) ; — pour les établissements de deuxième classe, cet avis n'est pas exigé.

III. *Réclamations ou voies de recours contre les décisions de l'autorité administrative.* — A cet égard, il faut distinguer les établissements des deux premières classes et ceux de troisième classe.

Pour ceux des deux premières classes, la jurisprudence tient compte de la qualité du réclamant : 1° si l'autorisation a été accordée par le préfet, les tiers qui auraient à se plaindre formeront opposition à la création de l'établissement devant le Conseil de préfecture, sauf recours au Conseil d'Etat contre la décision du Conseil de préfecture; 2° si l'autorisation n'a pas été accordée, ou si elle a été accordée sous des conditions trop rigoureuses, l'industriel, demandeur, pourra se pourvoir contre la décision du préfet devant le Conseil d'Etat (art. 7 D. 1810) (1).

Pour les établissements de troisième classe, le Conseil de préfecture est toujours compétent, sauf recours au Conseil d'Etat, qu'il s'agisse de la réclamation de l'industriel ou de celle des tiers (art. 8. D. 1810) (2).

— Le décret de 1810 n'a pas d'effet rétroactif. En conséquence, les établissements qui étaient en activité avant le décret ont pu être exploités librement depuis le décret, sauf réparation des dommages causés aux voi-

(1) C'est un des cas exceptionnels où l'on peut recourir *directement* devant le Conseil d'Etat contre une décision du préfet.

(2) C'est un cas remarquable où le recours contre la décision du sous-préfet est portée, non devant le préfet, son supérieur hiérarchique, mais devant le Conseil de préfecture.

sins et dont l'appréciation appartient aux tribunaux
(art. 11).

Toutefois, en cas de graves inconvénients pour l'intérêt public, les établissements de première classe pouvaient être supprimés par le Conseil d'Etat (art. 12), et nous avons vu que cette suppression pouvait encore avoir lieu, mais toujours par un décret en Conseil d'Etat, quoique depuis 1852 les établissements de première classe puissent être autorisés par le Préfet. On comprend, en effet, qu'il soit plus difficile de supprimer un établissement que de l'autoriser à se fonder.

Les établissements antérieurs au décret de 1810 et maintenus par ce décret cessaient de jouir de l'avantage de la liberté de leur exploitation, lorsqu'ils étaient transférés dans un autre emplacement ou que leurs travaux étaient interrompus pendant 6 mois. Dans l'un et dans l'autre cas, ils étaient considérés comme des établissements à former et ne pouvaient être remis en activité qu'à la suite d'une nouvelle autorisation (art. 13). La jurisprudence décide qu'il en doit être de même des établissements formés postérieurement au décret de 1810.

Intervention judiciaire.

Par suite de l'autorisation administrative, l'industriel est en règle avec les lois de police générale; mais s'ensuit-il qu'il soit à l'abri des dommages-intérêts envers les tiers, les voisins, à qui l'existence de l'établissement causerait un préjudice?

Dans un premier système, on soutient que l'industriel n'a pas à répondre des conséquences dommageables résultant de l'exploitation de son établissement; que, muni d'une autorisation administrative, il ne fait qu'user de son droit; que la propriété est, par sa nature, soumise à des restrictions (article 544 Code civil), et que les voisins doivent respecter l'exercice d'un droit qui tient à la liberté de l'industrie, du moment où cet exercice a lieu conformément à la loi. On ajoute que décider autrement, ce serait permettre à l'autorité judiciaire de contrôler l'autorité administrative et de paralyser son action. On argumente, enfin, *a contrario*, de l'art. 11 du décret de 1810, qui reconnaît bien la compétence de l'autorité judiciaire pour prononcer des dommages-intérêts, mais à l'occasion des établissements *antérieurs* que cet article maintient.

Dans un autre système, on répond que l'administration n'accorde son autorisation qu'au point de vue de l'intérêt général et sous la *réserve des droits privés*; que le droit de l'industriel ne peut s'exercer qu'à la condition de ne pas nuire au droit de propriété de ses voisins; que si les tribunaux reconnaissent que ceux-ci ont à souffrir un préjudice qui excède la mesure des sacrifices qu'imposent les relations de bon voisinage, ils peuvent condamner l'industriel à payer des dommages-intérêts, conformément au principe de l'article 1382 Code civil (Cassation 26 mars 1873; et arrêt de rejet de la chambre des requêtes du 11 juin 1877).

— Quoi qu'il en soit, l'autorité judiciaire est certainement compétente au point de vue *pénal*. Les tribunaux de police, en effet, sont chargés de prononcer une amende pour les contraventions aux règlements administratifs, conformément à l'article 471 n° 15 du Code pénal; et l'autorisation donnée ne fait pas obstacle à ce qu'un maire ordonne certaines mesures de police, sous la sanction des peines édictées par le Code pénal (C. cas. 1er août 1862 et 7 février 1863). (1).

(1) L'autorité judiciaire peut ordonner les mesures nécessaires pour faire cesser le dommage *souffert*, pourvu qu'elles ne soient pas inconciliables avec celles prescrites par l'autorité administrative (Rejet 18 novembre 1884).

EXPROPRIATION

pour cause d'utilité publique.

—

NOTIONS HISTORIQUES

Dans l'ancien droit, il n'y avait pas de règles fixes, de formes générales tracées pour l'expropriation qu'on appelait *retrait* pour utilité publique. Il n'y avait que des lettres patentes, des édits spéciaux sur cette matière ; de là, des abus et de l'arbitraire.

La déclaration des Droits de l'homme et du citoyen de 1789 posait, en ces termes, le principe de l'inviolabilité de la propriété : «*La propriété est un droit inviolable et* « *sacré ; nul ne peut en être privé, si ce n'est lorsque la né-* « *cessité publique, légalement constatée, l'exige évidemment* « *et sous la condition d'une juste et préalable indemnité.* »

Conformément à ce principe, les Constitutions de 1791, de 1793 et de l'an III ont consacré successivement le droit de priver quelqu'un de sa propriété, moyennant une juste et préalable indemnité, pour cause de *nécessité* publique.

La déclaration de ce principe ne fut pas reproduite dans la Constitution de l'an VIII ; mais le Code civil vint combler cette lacune dans l'art. 545, qui n'exigea que l'*utilité* publique.

Aux termes de cet article « nul ne peut être *contraint* « de *céder* sa propriété, si ce n'est pour cause d'*utilité* « publique, et moyennant une juste et préalable *indem-* « *nité* (1). »

(1) Les Chartes de 1814 et de 1830, confirmant la règle du Code civil, ne parlaient également que de l'intérêt public et la Constitution de 1848 avait reproduit l'expression d'utilité publique.

— Toutes les dispositions législatives sur l'expropriation peuvent se grouper autour de trois idées contenues dans l'article 545 du Code civil. Elles règlent, en effet, ce qui concerne :

La *déclaration d'utilité* publique, qui légitime la privation du droit de propriété ;

L'*expropriation* elle-même, qui est le moyen d'imposer cette privation ;

L'*indemnité*, qui est la condition sous laquelle elle peut s'opérer.

Nous allons indiquer sommairement quelles ont été les autorités qui ont été successivement chargées :

1° De déclarer l'utilité publique ;

2° De prononcer l'expropriation ;

3° De fixer l'indemnité due aux expropriés.

Cet exposé historique est très important.

A cet égard, il faut distinguer *trois* grandes périodes :

1re *période*. — Lois du 28 pluviôse an VIII et du 16 septembre 1807 (1).

La déclaration d'*utilité publique* résultait d'un *décret* du Chef du pouvoir exécutif, autorisant les travaux;

L'*expropriation* et la dépossession s'opéraient par le seul fait de l'autorisation des travaux ;

L'*indemnité* était réglée par le *Conseil de préfecture*.

La propriété privée était ainsi à la discrétion de l'administration.

2e *période*. — Loi du 8 mars 1810.

D'après une note célèbre, dictée à Schœnbrunn par Napoléon et adressée à Cambacérès, et qui distinguait

(1) La loi du 28 pluviôse an VIII, art 4 § 4, chargeait, comme nous l'avons vu, le Conseil de préfecture de statuer sur les indemnités réclamées par les particuliers pour les terrains *pris* ou fouillés. Le mot *pris* se référait tant à l'expropriation qu'aux occupations temporaires.

La loi du 16 septembre 1807 sur le desséchement des marais, véritable code de travaux publics, avait réglé la matière de l'expropriation dans les art. 48 et suivants.

ès nettement les trois grandes périodes de l'expropria-
on, une loi du 8 mars 1810 modifia la législation précé-
ente, en plaçant le droit de propriété sous la garantie de
autorité judiciaire.

L'*utilité publique* était toujours déclarée par le Chef du
ouvoir exécutif, par un *décret en Conseil d'État;*

L'*expropriation* était prononcée par l'*autorité judiciaire;*
L'*indemnité* était également fixée par l'*autorité judi-
aire,* par les tribunaux civils.

L'indemnité devait être *préalable,* conformément à la
isposition de l'article 545 du Code civil, mais on pou-
ait, au moyen de certaines formalités, s'affranchir de
obligation de payer *préalablement* l'indemnité (1).

3ᵉ *période.* — Loi du 7 juillet 1833.

Sous l'empire de cette loi qui a servi de base à la lé-
islation actuelle, l'expropriation est soumise à des
aranties plus sérieuses.

Le droit de déclarer l'*utilité publique* est partagé entre
e pouvoir *législatif* et le pouvoir *exécutif.* Pour les grands
ravaux publics une *loi* est nécessaire ; pour les travaux
noins importants, une *ordonnance royale* suffit.

L'*expropriation* s'opère comme précédemment par au-
orité de justice ; elle est prononcée par le *tribunal civil.*

L'*indemnité* n'est plus réglée par l'autorité judiciaire ;
lle est fixée par un *jury spécial,* dont l'impartialité est
arantie par la double qualité des personnes dont il se
ompose. En qualité de *propriétaires,* les jurés sont inté-
essés à ne pas commettre d'injustice pouvant créer
ontre eux des précédents dont ils pourraient eux-mêmes
ouffrir plus tard. En qualité de *contribuables,* ils ont in-
érêt à ne pas allouer d'indemnités trop fortes et à mé-
iager les finances de l'Etat, pour ne pas avoir à supporter
ine plus grande charge dans l'impôt.

(1) Les chartes de 1814 et 1830 reproduisirent le principe de l'indemnité *préalable.*

— La loi du 3 mai 1841 a remplacé la loi de 1833. Cette loi de 1841 est la loi fondamentale de l'expropriation, dont nous avons à étudier les règles. Elle a reproduit, en l'améliorant, le système de la loi de 1833 dont elle consacre tous les principes. Sa plus *grande innovation* consiste à avoir tracé des règles spéciales, en cas d'*urgence*.

Au point de vue de la déclaration d'*utilité publique*, la loi de 1841 avait été modifiée par le sénatus-consulte du 25 décembre 1852 qui accordait, dans tous les cas et sans distinction de l'importance des travaux, le droit au pouvoir *exécutif*, par un décret en Conseil d'Etat, d'autoriser les travaux pouvant entraîner une expropriation. L'intervention du pouvoir *législatif* n'était exigée qu'autant qu'un crédit spécial était nécessaire pour l'exécution des travaux. C'étaient les *frais* du travail et non le *travail* lui-même, comme disait M. Troplong, qui étaient soumis à la sanction législative.

— Une loi du 27 juillet 1870 a reproduit à peu près le système de la loi de 1841. Elle exige une *loi* pour l'autorisation des grands travaux publics entrepris par l'Etat et un simple *décret en Conseil d'État* pour les travaux de moindre importance et pour les travaux publics à la charge des départements et des communes.

LÉGISLATION ACTUELLE.

La législation actuelle, sur l'expropriation, est réglée par la loi fondamentale du 3 mai 1841, légèrement modifiée, au point de vue de la déclaration d'utilité publique, par la loi du 27 juillet 1870 (1).

(1) Le rapport de la loi de 1841 fut fait par M. Dufaure à la Chambre des députés et par M. Daru à la Chambre des pairs.

Cette loi importante comprend 77 articles répartis en 7 titres. Ces titres ont pour objet : des dispositions préliminaires (titre I, art. 1-3) — les mesures d'administration relatives à l'expropriation (titre II art. 4-12), — l'expropriation et ses suites quant aux privilèges, hypothèques et aux autres droits réels (titre III, art. 13-20), — le règle-

L'expropriation, réglée par la loi du 3 mai 1841, ne s'applique qu'aux immeubles dont elle suppose la dépossession matérielle (1).

Les simples dommages, même permanents, à l'occasion desquels s'était élevée une controverse célèbre, sont régis par les lois du 28 pluviôse an VIII et du 16 septembre 1807, et l'indemnité est fixée par le Conseil de préfecture, ainsi que nous l'avons expliqué précédemment, en traitant de la compétence du Conseil de préfecture. Toutefois, l'occupation de terrains, même temporaire, pour les travaux de fortification, donne lieu à la juridiction d'un jury spécial et se trouve réglée par la loi du 30 mars 1831 dont nous parlerons plus tard (2).

— L'expropriation ne peut avoir lieu que pour des travaux d'*utilité publique*, intéressant l'Etat, le départe-

ment des indemnités (titre IV, art. 21-52), — le paiement des indemnités (titre V, art. 53-55), — des disposition diverses (titre VI, art. 56-64), — des dispositions exceptionnelles (titre VII, art. 65-77).

(1) Le principe général de l'article 545 du Code civil et quelques lois particulières permettent d'exiger, en certains cas, le sacrifice de la propriété mobilière. — Ainsi, certaines lois autorisent des réquisitions de moyens de transports de vivres et fournitures de guerre, et même de chevaux, mulets et voitures (L. 24 juillet 1873, art. 5 et 25 et L. du 1er août 1874 sur la conscription des chevaux) ; la loi sur la police sanitaire permet de détruire, sans indemnité, les animaux et autres objets pouvant transmettre la contagion (loi du 3 mars 1822, art. 5). Divers textes législatifs autorisent le maire à ordonner, dans chaque commune, l'abattage de tout animal malade du typhus contagieux des bêtes à corne ou même d'un animal sain, mais suspect, sauf indemnité des trois quarts de la valeur (L. 30 juin 1866 et D. 30 septembre 1871), à la condition d'avoir dénoncé à l'autorité les animaux malades, dans les 24 heures (arrêté du Conseil d'Etat, 9 avril 1873), etc. Une loi du 20 août 1872 a exproprié les fabricants d'allumettes chimiques.

(2) Nous verrons, en outre, en traitant des servitudes spéciales relatives aux chemins de fer, que le jury fixe exceptionnellement l'indemnité pour la suppression des *constructions* qui se trouvent dans le voisinage d'un chemin de fer, comme aussi dans le voisinage des magasins à poudre, quoique le sol ne soit pas exproprié. Nous avons déjà parlé de ces exceptions, en examinant la question de compétence relative aux dommages permanents.

ment ou la commune. Toutefois, la loi du 21 juin 1865, sur les associations syndicales, autorise l'expropriation pour tous les travaux de ces associations, lorsque celles-ci sont *autorisées*. Une loi du 10 juin 1854 permettait déjà l'expropriation pour travaux de drainage (1).

Division. — Les règles sur l'expropriation sont relatives :

1° A la déclaration d'utilité publique ;
2° Au prononcé de l'expropriation ;
3° A la fixation et au paiement de l'indemnité.

A ces différents points de vue, nous étudierons d'abord les règles générales sur l'expropriation dans les cas ordinaires ; ensuite nous indiquerons les règles spéciales de l'expropriation dans les cas exceptionnels, notamment en cas d'urgence.

---

(1) Les compagnies ou les particuliers concessionnaires de travaux publics sont subrogés aux droits et aux obligations de l'administration (art. 63 de la loi du 3 mai 1841).

Les personnes qui peuvent exproprier sont donc : l'Etat, le département, la commune, les compagnies concessionnaires qui sont subrogées à leurs droits et les associations syndicales *autorisées*.

Il ne suffit pas d'avoir la qualité de personne civile pour pouvoir exproprier. Aussi faut-il considérer comme tout à fait exceptionnelle la loi du 23 juillet 1873, autorisant l'*archevêché* de Paris « à « acquérir à l'amiable ou par voie d'expropriation les terrains nécessaires à la construction d'une église sur la colline de Montmartre. »

SECTION PREMIÈRE.

EXPROPRIATION DANS LES CAS ORDINAIRES.

—

Première période. — *Règles relatives à la déclaration d'utilité publique, ou intervention du pouvoir législatif et de l'autorité administrative.*

(Titres I et II de la L. 3 mai 1841, art. 1-12.)

Les règles relatives à cette première période ont pour objet les formes prescrites par la loi pour la constatation et la déclaration de l'utilité publique qui peut entraîner l'expropriation.

Elles se rattachent : 1º à la déclaration d'utilité publique; 2º à la désignation des localités ou territoires sur lesquels les travaux doivent être exécutés; 3º à la détermination des propriétés particulières qui doivent être cédées.

Déclaration d'utilité publique. — La déclaration d'utilité publique résulte de l'acte qui autorise les travaux devant entraîner l'expropriation.

Ainsi que nous l'avons dit, d'après la loi de 1841 et conformément à la législation de 1833, l'utilité publique était déclarée tantôt par une loi, tantôt par une ordonnance royale, suivant l'importance des travaux.

Le sénatus-consulte du 25 octobre 1852 n'exigeait, dans tous les cas, qu'un décret en Conseil d'Etat.

La loi du 27 juillet 1870 reproduit le principe de la distinction de la loi de 1841. La déclaration d'utilité publique résulte tantôt d'une *loi*, tantôt d'un *décret en Conseil d'État*.

Une *loi* est nécessaire pour tous *grands* travaux publics

26.

entrepris par l'*Etat* (routes nationales, canaux, chemins de fer, canalisation des rivières, bassins et docks.)

Un *décret en Conseil d'Etat* suffit pour les travaux moins importants (canaux et chemins de fer d'embranchement de moins de 20 kilomètres de longueur, lacunes et rectifications de routes nationales, ponts) et pour les travaux publics à la charge des *départements* et des *communes* ou des *associations syndicales autorisées* (sauf pour les chemins de fer d'intérêt local qui exigent une loi. L. 11 juin 1880).

Lorsque la dépense doit être supportée en tout ou en partie par le Trésor, les travaux ne peuvent être mis à exécution qu'en vertu de la loi qui crée les voies et moyens ou d'un crédit préalablement inscrit à un des chapitres du budget.

— La *loi* ou le *décret* qui autorise les travaux et déclare l'utilité publique doit être précédé d'un *avant-projet* ou tracé général et d'une *enquête administrative de commodo et incommodo*, dont les formes ont été tracées par les ordonnances du 18 février 1834 et du 15 février 1835 pour les travaux de l'Etat et des départements, et du 23 août 1835 pour les travaux d'intérêt communal. Cette enquête est exigée dans un but d'intérêt général ; elle est destinée à éclairer le pouvoir central sur l'utilité de l'entreprise (art. 3 L. 1841).

Si le décret n'avait pas été précédé de l'enquête administrative dont il vient d'être parlé, il serait entaché d'*excès de pouvoir* et pourrait être l'objet d'un recours contentieux devant le Conseil d'Etat (arrêt du C. d'Etat du 26 décembre 1873) ; mais l'autorité judiciaire n'aurait pas le droit de refuser de prononcer l'expropriation, car l'article 14 de la loi de 1841 charge le tribunal civil de prononcer l'expropriation sur la production des pièces constatant que les formalités prescrites par l'article 2 du titre 1er et par le titre 2 ont été remplies. Or, cette première enquête administrative qui précède la loi ou le

cret déclarant l'utilité publique, n'a été prescrite
ie par l'article 3 du titre 1er et par conséquent ne
ntre pas dans les formalités que doit vérifier le tribu-
al (C. cas., 14 décembre 1842).

Désignations des localités ou territoires sur lesquels les tra-
ux doivent être exécutés. — La loi ou le décret qui autorise
s travaux d'utilité publique désigne habituellement les
calités ou territoires sur lesquels ils seront exécutés.
i la désignation ne résulte pas de l'acte qui déclare l'u-
lité publique, elle est faite par un **arrêté du préfet**.

Détermination des propriétés particulières à céder. —
rrêté de cessibilité. — Pour arriver à la détermination
es propriétés particulières auxquelles devra s'appli-
uer l'expropriation, la loi ordonne une série de mesures
dministratives destinées à éclairer le préfet qui sera
hargé de rendre un arrêté définitif indiquant d'une ma-
ière précise les propriétés particulières qui devront
tre cédées.

Cette seconde enquête ou instruction, qui précède l'ar-
êté de *cessibilité* du préfet, est une formalité protectrice
e l'intérêt privé, et le tribunal civil chargé plus tard
e prononcer l'expropriation devra vérifier si elle a été
emplie.

Les mesures administratives que comprend cette
econde instruction sont les suivantes :

1o Un plan parcellaire, dressé par un ingénieur, est
éposé à la mairie de chaque commune, où les intéressés
près avoir été avertis collectivement (par insertions
ans les journaux, affiches et publications à son de
rompe ou de caisse dans la commune), peuvent, pen-
ant huit jours, consigner leurs observations sur un
rocès-verbal que le maire doit ouvrir à cet effet ;

2o Une commission d'arrondissement composée du
ous-préfet, de quatre membres du Conseil général ou
d'arrondissement désignés par le préfet, du maire de la

commune et d'un ingénieur, donne son *avis* sur les détails d'exécution (1) ;

3° Dans le cas où la commission propose de modifier le tracé des travaux, avis en est donné aux propriétaires intéressés, qui peuvent, pendant huit jours encore, à dater d'un avertissement collectif, fournir leurs observations écrites. L'administration supérieure est alors appelée à statuer définitivement ou à ordonner une nouvelle instruction.

Après toutes ces formalités, le préfet rend, en connaissance de cause, un arrêté motivé qui désigne les propriétés à céder et indique l'époque à laquelle il sera nécessaire d'en prendre possession. Cet arrêté est souvent appelé arrêté de *cessibilité*.

Cet arrêté ne serait susceptible de recours que pour excès de pouvoirs (arrêt du C. d'Etat du 13 février 1874).

DEUXIÈME PÉRIODE. — *Règles relatives à l'expropriation ou intervention de l'autorité judiciaire.*

(Titre III, L. 3 mai 1841 ; art. 13-20.)

I. *Cession amiable.* — Il est possible qu'il n'y ait pas lieu à l'expropriation des terrains désignés par l'arrêt du préfet. En effet, les propriétaires peuvent en consentir *amiablement* la cession.

Cette cession amiable est protégée sous plusieurs rapports :

1° Les représentants des incapables ou des absents peuvent la consentir avec l'autorisation du tribunal donnée *sur simple requête* (art. 13) ;

(1) Cette commission n'est pas nécessaire pour l'expropriation demandée par une commune et dans un intérêt communal, pour les travaux d'ouverture et de redressement d'un chemin vicinal qui, comme nous le verrons en traitant de la voirie, sont autorisés par le Conseil général ou la Commission départementale.

2° La cession peut s'appliquer, avec la même autorisa-
ion, aux immeubles dotaux ou aux majorats ;

3° Les représentants des personnes morales (Etat, dé-
artements, communes) pouvaient également, même
vant le décret de décentralisation de 1852, réaliser
ette cession avec moins de formalités ;

4° Enfin, les contrats de cession sont passés en la
orme administrative. Le visa pour timbre et l'enregis-
rement sont gratis et la transcription se fait sans
rais (1).

II. *Jugement d'expropriation.* — A défaut de cession
miable, il y a lieu à l'expropriation, qui s'opère par
autorité de justice (art. 1). Le droit de propriété est ainsi
lacé sous la sauvegarde et la protection de l'autorité
udiciaire.

C'est le tribunal civil de l'arrondissement de la situa-
ion des biens qui est chargé de prononcer l'expropria-
ion.

A cet effet, le Préfet transmet au procureur de la République la loi ou le décret qui autorise l'exécution des
ravaux et l'arrêté qu'il a pris lui-même pour indiquer
es biens à exproprier (art. 13) ; et le tribunal, sur les
réquisitions du procureur de la République, prononce
lans les 3 jours l'expropriation (art. 14).

La mission du tribunal, constitué gardien du droit de
propriété, est de *vérifier* si les formalités prescrites par la
loi ont été remplies ; il n'est pas juge de l'*utilité de l'entreprise*. C'est une application du principe de la séparation des pouvoirs administratif et judiciaire.

Ainsi, le tribunal examine s'il y a eu une loi ou un
décret en Conseil d'Etat autorisant les travaux ; si la loi
ou le décret, ou à leur défaut, un arrêté du Préfet désigne les localités ou territoires sur lesquels les travaux

(1) Cette faveur s'applique également au jugement d'expropriation.

doivent s'exécuter ; si les mesures administratives prescrites par la loi dans la *seconde* instruction prévue par le titre 2 pour éclairer le Préfet ont été remplies ; s'il y a un arrêté de *cessibilité* du Préfet indiquant les propriétés particulières soumises à l'expropriation (art. 2 et art. 14).

Le jugement du tribunal indique la justification *des formalités* par un *visa*. Il doit contenir les *noms* des propriétaires à exproprier et la désignation *d'un des juges* chargés de remplir les fonctions de *magistrat directeur* du jury.

Le jugement n'est susceptible que d'un recours *en cassation*, qui doit être formé, dans les trois jours, à dater de la notification du jugement, par une déclaration au greffe du tribunal. Ce recours ne peut être formé que pour *incompétence* (si le tribunal n'est pas celui de la situation), *excès de pouvoirs* (s'il y a eu envoi en possession de terrains non demandés), *vices de forme* (si le jugement n'a pas été rendu par le nombre de juges voulu par la loi).

Le pourvoi est jugé par la chambre *civile*, sans qu'il passe à la chambre des requêtes. La chambre civile doit statuer dans le mois ; et, s'il intervient un arrêt par défaut, cet arrêt n'est pas susceptible d'opposition art. 20).

— Le jugement d'expropriation est publié et affiché, par extrait, dans la commune de la situation des biens ; il est inséré dans un des journaux de l'arrrondissement, notifié aux propriétaires au domicile par eux élu et à défaut d'élection de domicile, en double copie au maire et au fermier ou locataire ; il est, en outre, transcrit au bureau des hypothèques.

Les traités de cession amiable sont également publiés et transcrits (art. 15 et 16).

Effets du jugement. — Le jugement d'expropriation a pour *effet* :

1° D'enlever au propriétaire sa propriété et de l'attri-

buer à l'expropriant ; par suite, de mettre les risques à
la charge de ce dernier et d'empêcher l'exproprié de
consentir des droits réels (1) ; il est dès lors *attributif*
de *propriété;* mais l'exproprié reste en *possession* jusqu'au paiement de l'indemnité. (2). C'est ainsi qu'on
respecte le principe que l'expropriation ne peut avoir
lieu que moyennant une *préalable* indemnité (art. 545
C. civil) ;

2º De transformer en un droit à une somme d'argent
les droits réels ou démembrements du droit de propriété
existant sur l'immeuble ;

3º De résoudre les baux et de conférer aux fermiers
ou locataires un droit à une indemnité ;

Le droit pour les fermiers et locataires de réclamer
une indemnité leur appartient, quand même l'expropriant voudrait maintenir le bail (C. cas. 10 avril 1862;
20 juin, 4 juillet et 9 août 1864 : 22 mars 1870);

Les fermiers ou locataires, qui réclament une indemnité, doivent-ils justifier d'un bail ayant date certaine, conformément à l'art. 1328 du Code civil? La jurisprudence
décide avec raison la négative. L'expropriation n'est pas
un fait volontaire de la part du propriétaire exproprié :
celui-ci la subit, et il n'y a aucune faute à reprocher à
ceux qui ont contracté avec lui ; du reste, le jury est
juge de la sincérité des titres (C. cas., 17 avril 1861);

(1) Il en résulte : que le propriétaire qui vendrait l'immeuble après
le jugement ne ferait que transférer sa créance d'indemnité; qu'il n'y
aurait à percevoir qu'un droit de transmission de créance mobilière
de 1 0/0 et non un droit de mutation pour transmission d'immeuble
de 5,50 0/0; que si le propriétaire mourait ayant légué à un ami
ses meubles, à un autre ses immeubles, le premier légataire aurait
droit à l'indemnité que fixerait le jury; qu'enfin, si le propriétaire
se mariait, après le jugement, sous le régime de la communauté
légale, la créance d'indemnité tomberait dans la communauté.
(2) De ce que l'exproprié conserve la possession jusqu'au paiement
le l'indemnité, il suit : qu'il a droit aux fruits, en qualité de possesseur de bonne foi; qu'il peut exercer les actions possessoires; que sa
possession pourrait lui faire acquérir la propriété par la prescription.

4° **D'enlever aux créanciers privilégiés ou hypothécaires** le droit de suite, et de transporter leur droit sur le prix que fixera le jury (art. 17 L. 1841) (1).

Pour conserver leur droit de préférence sur le prix, les créanciers doivent s'inscrire dans la *quinzaine* de la *transcription* (souvenir de l'art. 834 C. pr.). Toutefois, les femmes, mineurs et interdits le conservent tant que l'indemnité n'a pas été payée ou que l'ordre n'a pas été réglé définitivement entre les créanciers (analogie avec la loi de 1858 modifiant les art. 759 et s. du Code de procédure).

La loi de 1855, sur la transcription, aurait-elle modifié le droit de prendre l'inscription dans la *quinzaine qui suit la trancription du jugement d'expropriation*, et doit-on dire que les créanciers privilégiés ou hypothécaires ne peuvent plus s'inscrire *après la transcription* même du jugement? La négative est généralement enseignée. En effet, dit-on, la loi sur l'expropriation est une loi spéciale, indépendante de la loi de 1855 : *specialia generalibus derogant*. En outre, la loi de 1855 abroge bien expressément les articles 834 et 835 du Code de procédure, mais elle n'abroge pas l'article 17 de la loi de 1841 sur l'expropriation ; donc elle a entendu maintenir ce dernier article. On ajoute, enfin, que la transcription exigée par la loi de 1841 n'a pas le même caractère que celle prescrite par la loi de 1855 ; que la transcription de la loi de 1841 n'est qu'une formalité préparatoire de la purge, tandis que celle de la loi de 1855 est destinée à transférer la propriété à l'égard des tiers (En ce sens MM. **Vuatrin** et Batbie) (2) ;

---

(1) C'est un cas assez remarquable où le droit de préférence survit au droit de suite. Les créanciers inscrits n'ont, dans aucun cas, le droit de surenchérir; mais ils peuvent exiger que l'indemnité soit fixée par le jury et non à l'amiable.

(2) Il faut décider, en effet, qu'après le jugement et avant sa transcription, le propriétaire ne peut plus, comme nous l'avons dit, valablement conférer de droits réels; que l'expropriant est devenu pro-

5° De paralyser toute action en revendication ou réso‑
ttion, ou toute autre action réelle, sauf aux divers in‑
ressés à exercer leurs droits sur le prix que fixera le
ury (art. 18).

— Dans le cas où l'administration ne poursuivrait pas
expropriation dans *l'année* qui suit l'arrêté de cessibi‑
té du préfet, les propriétaires peuvent présenter re‑
uête au tribunal pour la faire prononcer (art. 14, 2°).

Si les propriétaires, tout en consentant à la cession,
'étaient pas d'accord sur le prix avec l'administration,
e tribunal donnerait acte du consentement à la cession
t, sans rendre de jugement d'expropriation, renverrait
es parties devant le jury pour la fixation de l'indem‑
ité (art. 14 in fine).

TROISIÈME PÉRIODE. — *Règlement et paiement de l'indemnité,*
ou intervention du jury.

(Titres IV et V; art 21-55.)

I. *Règlement de l'indemnité par le jury.* — Il y a lieu de
recourir à un jury pour la fixation de l'indemnité:

1° En cas d'expropriation;
2° En cas de cession consentie, sans qu'il y ait eu
accord sur le prix entre les ayants droit et l'administra‑
tion.

Mesures préparatoires. — Avant de convoquer le jury la

priétaire, même vis-à-vis des tiers, par le seul effet du jugement et
sans qu'il y ait eu transcription. La loi de 1855 ne s'applique pas
au jugement d'expropriation, car cette loi n'exige la transcription
vis-à-vis des tiers que pour les jugements constatant des conventions verbales ou pour les jugements d'adjudication. On peut observer,
en outre, que le jugement d'expropriation pour cause d'utilité publique reçoit une assez grande publicité pour que les tiers puissent
être avertis, car il est publié et affiché par extrait dans la commune de la situation des biens et inséré dans un journal (art. 15).

27

loi veut que l'administration fasse une sorte de tentative
de conciliation, en signifiant des offres d'indemnité aux
divers intéressés; de telle sorte que la convocation du
jury ne deviendra nécessaire qu'autant que les offres
de l'administration n'auront pas été acceptées. Mais
pour faire des offres il faut que l'administration con-
naisse les divers intéressés.

La loi divise les intéressés en *deux classes :* ceux que
le propriétaire doit faire connaître et ceux qui doivent
se faire connaître eux-mêmes.

La première classe comprend :

1° Ceux qui ont des droits d'usufruit ou des droits
d'habitation ou d'*usage réglés par le Code civil ;*

2° Ceux qui ont des droits de servitude résultant de
titres mêmes du propriétaire ou d'autres actes dans lesquels il serait *intervenu ;*

3° Les fermiers et locataires (1).

La deuxième classe s'applique à tous *autres intéressés.*
Ces expressions se réfèrent, notamment: aux usagers
dont les droits ne sont pas réglés par le Code civil, spécialement à ceux qui ont des droits d'usage réglés par
le Code forestier; à ceux qui ont des actions en revendication ou en résolution; aux créanciers inscrits ou dispensés d'inscription.

L'intérêt de distinguer ces deux classes d'intéressés
c'est que ceux de la première classe doivent être indiqués par le propriétaire et sous sa *responsabilité,* dans
délai de huitaine de la notification qui lui a été faite du
jugement d'expropriation. Ceux de la seconde doivent
se faire connaître eux-mêmes dans le même délai
ils sont mis en demeure de faire valoir leurs droits p

---

(1) La loi ne parle pas des sous-locataires. Doit-on les ran
dans la première classe ou dans la deuxième classe des intéressés
On décide généralement qu'ils rentrent dans les intéressés de la première classe; qu'en effet, la désignation que doit faire le propriétaire du locataire principal conserve les droits des sous-locatai
subrogés aux droits de ce dernier.

l'avertissement collectif indiqué dans l'art. 6; mais, faute par eux de se faire connaître, ils sont *déchus* de *tous droits* à l'indemnité (art. 21).

— Il est certain que si le propriétaire n'a pas fait connaître les intéressés que la loi désigne, il reste seul chargé envers eux des indemnités qui peuvent leur être dues; mais si les intéressés de la seconde classe ne se sont pas fait connaître, nul doute qu'ils ne soient déchus vis-à-vis de l'administration ; mais pourront-ils se faire indemniser par le propriétaire? La question est controversée. M. Vuatrin semble admettre l'affirmative, parce que le propriétaire ne doit pas s'enrichir à leurs dépens; mais l'opinion contraire est généralement admise, car, dit-on, le propriétaire n'est pas en faute et l'article 21 semble bien leur refuser un recours contre le propriétaire, par *a contrario* de ce qui est dit des intéressés de la première classe et par les expressions qu'il emploie, en disant qu'ils sont déchus de *tous* droits à une indemnité. (En ce sens M. Batbie.)

— L'administration, connaissant les divers ayants droit, leur notifie *ses offres d'indemnité* dans les six mois du jugement. Ceux-ci, dans la *quinzaine*, sont tenus de déclarer leur acceptation ou d'indiquer le montant de leurs réclamations. Leur silence ne les prive pas du droit à l'indemnité, et il n'est pas même considéré comme une acceptation des offres ; il équivaut, au contraire, à un refus ; mais il entraîne contre eux la condamnation aux dépens, quand même le jury leur accorderait plus tard le chiffre d'indemnité qu'ils demanderaient. Les représentants des incapables ont *un mois* pour fixer le chiffre de leurs prétentions, et leur silence n'entraîne pas nécessairement la condamnation aux dépens (art. 23-27 et art. 40).

— A défaut d'acceptation de ses offres, l'administration cite les intéressés devant le *jury* (art. 28). Si, dans les six mois du jugement d'expropriation, l'administration ne poursuivait pas la fixation de l'indemnité, les parties pourraient exiger qu'il y fût procédé, en adressant une requête à la cour ou au tribunal chargé de choisir le jury d'expropriation (art. 55).

Formation du jury. — Le jury d'expropriation est formé à l'aide de trois listes successives, comme en matière criminelle : la liste annuelle, la liste de session et la liste de chaque affaire.

1º *Liste annuelle.* — Le Conseil général désigne, pour chaque arrondissement, sur la liste des électeurs, 36 à 72 jurés ayant leur domicile dans l'arrondissement(1).

Pour le département de la Seine, la désignation est faite pour tout le département, et le nombre des jurés est de 600 (art. 29 in fine).

Pour l'arrondissement de Lyon, le nombre des jurés est de 200 (L. 22 juin 1854).

2º *Liste de session.* — La première chambre de la cour ou du tribunal du chef-lieu du département choisit, en chambre du conseil, 16 jurés et 4 jurés supplémentaires.

Ne peuvent être choisis pour faire partie du jury : les propriétaires, fermiers, locataires des terrains et bâtiments désignés dans l'arrêté de cessibilité du préfet et qui restent à acquérir ; les créanciers ayant inscription sur lesdits immeubles et tous autres intéressés désignés ou intervenant, c'est-à-dire appartenant aux deux classes dont nous avons parlé.

Les septuagénaires sont dispensés, s'ils le requièrent, des fonctions de juré (art. 30).

— Cette liste de session est transmise par le Préfet au sous-Préfet qui, après s'être entendu avec le magistrat directeur du jury, convoque les jurés et les parties, en leur indiquant, au moins huit jours à l'avance, le lieu et le jour de la réunion (art. 31).

Tout juré qui, sans motifs légitimes, manque à l'une

(1) Ce nombre peut être augmenté par des décrets rendus en Conseil d'État, sans pouvoir dépasser 144, lorsque des circonstances exceptionnelles l'exigent (L. 3 juillet 1880).

des séances ou refuse de prendre part à la délibération, encourt une amende de 100 fr. au moins et de 300 fr. au plus. L'amende est prononcée par le magistrat directeur du jury. S'il est formé opposition par le juré condamné, le magistrat directeur du jury statue en dernier ressort. Ce magistrat prononce également sur les causes d'empêchement que les jurés proposent, ainsi que sur les exclusions ou incompatibilités dont les causes ne seraient survenues ou n'auraient été connues que postérieurement à la désignation faite par la première chambre de la cour ou du tribunal (art. 32).

Ceux des jurés qui se trouvent rayés de la liste par suite d'empêchement, exclusions ou incompatibilités, sont remplacés par des jurés supplémentaires que le magistrat directeur du jury appelle dans l'ordre de leur inscription. En cas d'insuffisance, ce magistrat choisit sur la liste annuelle les personnes nécessaires pour compléter le nombre de 16 jurés (art. 33).

3º *Liste de chaque affaire.* — Après la convocation des jurés de session, dont la liste a dû être notifiée aux parties, et lors de l'appel des causes sur lesquelles le jury doit statuer, l'administration et les parties peuvent exercer séparément deux récusations péremptoires ; sinon, le magistrat directeur du jury réduit les jurés au nombre de 12, en retranchant les derniers noms inscrits sur la liste (art. 34).

Ce sont ces 12 jurés qui forment le jury *spécial* en matière d'expropriation. Ils ne peuvent délibérer valablement qu'au nombre de neuf au moins (art. 35).

Différences entre le jury criminel et le jury d'expropriation :

1º Pour le jury criminel, la liste *annuelle* est de 400-600 jurés ; elle est faite pour le département, elle est dressée par le premier président de la cour ou le président du tribunal chef-lieu des assises, conformément aux listes d'arrondissement arrêtées par une *commission spéciale* pour chaque arrondissement (loi du 21 novembre 1872). — En matière d'expropriation, elle est, sauf pour Paris et Lyon, de 36 *à* 72 *jurés;* elle ne s'applique qu'à l'*arrondissement*, et elle est formée par le *Conseil général*, dans sa session d'août;

2° Pour le jury criminel, la liste *de session* comprend 36 *membres* et 4 suppléants qui sont tirés au *sort*, en audience *publique*, par le président de la cour ou du tribunal chef-lieu d'assises. — En matière d'expropriation, la liste de session n'est que de 16 *jurés* et de 4 suppléants *choisis*, en *chambre du conseil*, par la première chambre de la cour ou du tribunal chef-lieu d'assises.

3° En matière criminelle, il peut y avoir lieu, tant pour l'accusé que pour le ministère public, à 12 *récusations* de la part de chaque partie, et c'est l'*accusé* qui exerce le premier le droit de *récusation*. — En matière d'expropriation, il ne peut y avoir lieu qu'à 2 *récusations* pour chaque partie et le droit de récusation appartient d'abord à l'*administration;*

4° Le jury criminel se compose nécessairement, pour chaque affaire, de 12 *jurés;* le chef du jury est tiré au *sort*, et celui-ci n'a *pas voix prépondérante* en cas de partage. — Pour la délibération du jury d'expropriation il suffit de 9 *membres;* le président est *choisi* par les jurés; il a voix *prépondérante* en cas de partage;

5° En matière criminelle, à défaut de récusation, ce sont les *douze premiers jurés sortis par le sort* qui forment le jury. — En matière d'expropriation, à défaut de récusation, ce sont les *douze premiers noms* qui *figurent sur la liste de session* qui composent le jury.

Ainsi, le jury d'expropriation n'est constitué qu'avec douze membres, et neuf au moins sont nécessaires à la délibération.

Décision du jury. — Le jury étant constitué, chaque juré prête serment. Le magistrat directeur met sous l

yeux du jury: 1° le tableau des offres et demandes ;
2° les plans parcellaires et les titres ou autres docu-
ments produits par les parties.

Pour former sa conviction, le jury entend les parties
dans leurs observations, reçoit les renseignements des
personnes qu'il croit pouvoir l'éclairer, et se transporte,
au besoin, sur les lieux ou délègue à cet effet un ou
plusieurs de ses membres (art 36 et 37).

Le magistrat directeur du jury a la direction des débats et la police de l'audience. La discussion est publique, la délibération est secrète.

La décision du jury est prise à la *majorité*, c'est-à-
dire qu'elle ne se forme qu'autant qu'une opinion réunit plus de la moitié des voix. Toutefois, en cas de partage, la voix du président du jury est prépondérante
(art. 38).

Si cinq jurés sont disposés à accorder 60,000 fr., trois
autres 80,000, et quatre autres 100,000 fr., aucune
de ces trois opinions ne réunit la majorité ; mais en
descendant graduellement le chiffre de 100,000 fr., et en
s'arrêtant sur le chiffre de 80,000 fr., on arrive (en supposant que les jurés aient persisté dans leur fixation) à
obtenir la majorité; car ceux qui votent pour 100 voteraient *a fortiori* pour 80, et ce dernier chiffre, dans l'espèce, réunirait la majorité.

Si six jurés, parmi lesquels se trouve le président, allouaient 60,000 fr., quatre autres 80,000 et deux autres
100,000, le chiffre de 60,000 serait définitivement le chiffre adopté; car, en cas de partage, la voix du président
est prépondérante.

Règles relatives à la fixation des indemnités :

1° Le jury fixe l'indemnité en *argent.* Sa mission res-
semble, à cet égard, à celle qu'avait, en droit romain,
le *judex* qui, sous le système formulaire, prononçait toujours une condamnation pécuniaire.

Cette règle résulte du sens habituel du mot indemnité et des expressions de l'art. 38 : le jury fixe le *montant de l'indemnité;* elle résulte aussi de l'obligation pour l'administration de faire des offres ; et enfin, du principe qui exige que l'indemnité soit préalable.

— Il est bien entendu que si l'exproprié consent à recevoir, à titre d'indemnité en tout ou partie, autre chose qu'une somme d'argent, par exemple des matériaux, des terrains, des avantages résultant de certains travaux que l'administration s'oblige à exécuter, la décision du jury sera parfaitement valable ; mais, à défaut de consentement de la part de l'exproprié, la décision du jury qui allouerait autre chose qu'une indemnité pécuniaire serait illégale.

2° Le jury prononce des indemnités *distinctes* en faveur des parties qui les réclament à des titres différents. Toutefois, en cas d'*usufruit,* une seule indemnité est fixée par le jury eu égard à la valeur totale de l'immeuble: le nu-propriétaire et l'usufruitier exercent leurs droits sur le montant de l'indemnité, au lieu de l'exercer sur la chose; mais l'usufruitier dont le droit, dégénéré en *quasi-usufruit,* est transporté sur une somme d'argent, donnera caution, quand même il se trouverait dans un des cas où il en est dispensé d'après l'article 601 du Code civil; car l'expropriation est un événement imprévu, et autre chose est de jouir d'un immeuble ou de jouir du prix. Toutefois, les père et mère continueront, pour leur usufruit légal, à être dispensés de donner caution (art. 39).

3° S'il y a litige sur le fond du droit ou sur la qualité des réclamants. le jury fixe des indemnités *hypothétiques* c'est-à-dire qui dépendront de la solution donnée aux difficultés par les tribunaux, en vue de la réalisation de telle ou telle hypothèse. On appelle aussi ces indemnités des indemnités *alternatives* ou *conditionnelles*; nous allons en donner quelques exemples :

Ainsi, un tiers prétend avoir un droit de servitude qui est nié par le propriétaire. Le jury fixera une in demnité pour la valeur de la propriété sans servitude et, pour le cas où la servitude serait reconnue, une indemnité spéciale pour la propriété grevée de la servitude, et une autre indemnité pour l'ayant droit à la servitude. De même, si l'Etat se dit propriétaire de l'immeuble revendiqué par un tiers, le jury fixera une indemnité pour le cas où le tiers serait reconnu propriétaire. De même encore, s'il y a contestation sur la question de savoir si l'expropriation doit être totale, d'après la réquisition qui en a été faite par le propriétaire, ou si elle ne doit être que partielle, conformément aux indications du jugement, le jury allouera une somme pour le cas où l'expropriation serait déclarée devoir s'appliquer à la totalité, et une autre pour le cas inverse où l'expropriation ne devrait être que partielle. De même enfin, si l'administration contestait le droit à une indemnité à un fermier ou locataire, sous le prétexte qu'il n'aurait pas un bail ayant date certaine, le jury fixerait une indemnité pour le cas où il serait reconnu que le droit à l'indemnité existe (art. 49).

Il en est de même toutes les fois qu'il s'élève des difficultés étrangères à la fixation du montant de l'indemnité.

Le jury, dans tous ces cas, règle l'indemnité indépendamment des litiges et difficultés qui peuvent s'élever et sur lesquels les parties sont renvoyées à se pourvoir devant qui de droit (art. 39). Le jury étant une juridiction temporaire, on ne pouvait surseoir à la fixation de l'indemnité et attendre la décision des juges compétents.

4° L'indemnité allouée par le jury ne peut, en aucun cas, être inférieure à la somme offerte par l'administration, ni supérieure à la demande de la partie intéressée (art. 39). Cette disposition a été ajoutée dans la loi de 1841. Elle est une application de la règle que le juge ne peut pas statuer *ultra petita*. Avant 1841, il y avait eu des cas où les jurés avaient attribué une plus forte indemnité que celle demandée par l'exproprié.

27.

5° Le jury est juge de la sincérité des titres et de l'effet des actes qui seraient de nature à modifier l'évaluation de l'indemnité (art. 48).

6° Dans le cas où l'exécution des travaux doit procurer une *plus-value* immédiate et spéciale au restant de la propriété, cette augmentation est prise en considération dans l'évaluation du montant de l'indemnité (art. 51). Mais la plus-value dont profiterait une partie de la propriété ne pourrait avoir pour effet de priver le propriétaire de toute indemnité pour la partie expropriée. La loi veut, en matière d'expropriation, que le propriétaire soit toujours indemnisé, indépendamment des avantages qu'il pourrait retirer de l'exécution des travaux (1).

C'est une *différence remarquable* avec ce qui a lieu hors du cas d'expropriation. En effet, ainsi que nous l'avons dit, la loi du 16 septembre 1807 (art. 54) permet une compensation totale entre le préjudice souffert et la plus-value produite à la suite de l'exécution de travaux publics; elle oblige même le propriétaire à payer l'excédant de la plus-value sur le dommage.

7° Les constructions, plantations et améliorations ne donneront lieu à aucune indemnité lorsque, à raison de l'époque où elles auront été faites ou de toutes autres circonstances dont l'appréciation est abandonnée au jury, celui-ci acquiert la conviction qu'elles ont été faites en vue d'obtenir une indemnité plus élevée (art. 52).

— Quoique l'indemnité ne doive, en principe, s'appliquer qu'aux terrains expropriés, néanmoins le propriétaire exproprié *partiellement* peut, dans deux cas, requérir l'expropriation *totale* : 1° s'il s'agit d'un bâtiment; 2° s'il s'agit d'un terrain qui serait réduit au quart de la contenance totale, et si la parcelle non comprise dans

(1) Il est arrivé quelquefois au jury d'accorder, dans ce cas, une indemnité d'*un* franc; mais la Cour de cassation a toujours, avec raison, cassé les décisions qui allouaient ainsi une indemnité dérisoire.

l'expropriation est inférieure à dix ares, pourvu toutefois que le propriétaire n'ait pas une propriété contiguë (art. 50) (1).

Dans ces deux cas, des offres nouvelles doivent être faites par l'administration.

Si celle-ci déclare accepter la demande d'expropriation totale, il faut décider que le propriétaire ne pourra plus se rétracter.

Exécution de la décision. — *Depens et recours.* — La décision du jury est rendue exécutoire par le magistrat directeur (art. 41).

Ce dernier taxe les *dépens*, qui sont supportés, conformément aux art. 130 et 131 du Code de procédure, c'est-à-dire : par l'administration, si le jury a alloué une indemnité égale à la somme réclamée par l'exproprié ; par ce dernier, si les offres de l'administration ont été

(1) Un décret du 26 mars 1852 accorde à la ville de Paris un droit réciproque, que d'autres villes peuvent, par des mesures spéciales, obtenir également, dans l'intérêt de la salubrité ou pour la suppression d'anciennes voies publiques. Nous reproduisons l'article 2 de ce décret : « Dans tout projet d'expropriation pour « l'élargissement, le redressement ou la formation des rues « de Paris, l'administration aura la faculté de comprendre la « totalité des immeubles atteints, lorsqu'elle jugera que les parties « restantes ne sont pas d'une étendue ou d'une forme qui permette « d'y élever des constructions salubres. — Elle pourra pareillement « comprendre, dans l'expropriation, des immeubles en dehors des « alignements, lorsque leur acquisition sera nécessaire pour la sup- « pression d'anciennes voies publiques jugées inutiles. — Les par- « celles de terrain acquises en dehors des alignements et non sus- « ceptibles de recevoir des constructions salubres seront réunies « aux propriétés contiguës, soit à l'amiable, soit par l'expropriation « de ces propriétés, conformément à l'art. 53 de la loi du 16 sep- « tembre 1807. La fixation du prix de ces terrains sera faite sui- « vant les mêmes formes et devant la même juridiction que celle des « expropriations ordinaires. L'article 58 de la loi du 3 mai 1841 est « applicable à tous les actes et contrats relatifs aux terrains ac- « quis pour la voie publique par simple mesure de voirie. » (Voir, en outre, un règlement du 27 décembre 1858 et un décret du 14 juin 1876.)

reconnues suffisantes par le jury ; enfin par tous les deux proportionnellement, si l'indemnité n'a donné complètement satisfaction ni à l'une ni à l'autre partie. Nous rappelons que, faute par les intéressés, autres que les incapables, de se prononcer sur les offres faites par l'administration dans un délai de quinzaine, les dépens sont nécessairement à leur charge dans tous les cas, c'est-à-dire quelle que soit l'évaluation du jury.

Le magistrat envoie l'administration en possession, à charge par elle de payer *préalablement* l'indemnité.

— La décision du jury et l'ordonnance du magistrat directeur ne peuvent être attaquées que par la voie du *recours en cassation*. Le délai pour se pourvoir est de quinze jours à partir de la décision. Le pourvoi, comme celui formé contre le jugement, est jugé directement *par la chambre civile*, sans qu'il y ait lieu à l'examen préalable de la chambres des requêtes.

Les causes de recours en cassation sont *limitativement* déterminées par la loi, au moins en ce qui concerne les violations de forme. Nous citerons à titre d'exemples : les règles relatives à la désignation du jury de session, à la notification de la liste aux intéressés, au mode d'exercice du droit de récusation, à la constitution, à la délibération du jury, au mode de fixation des indemnités et aux dispositions sur les dépens (art. 42).

Si la chambre civile *casse* la décision du jury, l'affaire est renvoyée devant un nouveau jury du même arrondissement, ou, suivant les circonstances, devant un jury d'un arrondissement voisin, même d'un autre département (art. 43).

II. *Du payement des indemnités.* — L'indemnité fixée par le jury doit être acquittée *préalablement* à la prise de possession.

En cas de refus de recevoir, des offres réelles, suivies de consignation, permettront la prise de possession. Ces offres réelles peuvent être remplacées, en ce qui concerne l'Etat ou le département, par un mandat de paiement délivré par l'ordonnateur, visé par le payeur; et ce n'est qu'au refus du mandat que la consignation en espèces aura lieu (art. 53).

Une simple consignation, sans offres réelles préalables, sera faite toutes les fois qu'il existera des inscriptions sur l'immeuble exproprié ou d'autres obstacles au versement des deniers, notamment s'il s'agit d'un immeuble dotal ou d'un droit de retour à exercer (art. 54).

— Dans le cas ou l'indemnité n'est ni acquittée ni consignée dans les 6 mois, les intérêts courent de *plein droit* à l'expiration de ce délai, par dérogation aux articles 1153 et 1652 du Code civil.

A l'occasion de cette disposition, nous rappelons que si, dans les six mois du jugement prononçant l'expropriation, l'administration ne poursuivait pas la fixation de l'indemnité, les parties pourraient s'adresser aux tribunaux et exiger qu'il fût procédé à ladite fixation (art. 55). Nous avons vu également qu'après l'arrêté de cessibilité du Préfet, si l'administration ne poursuivait pas l'expropriation dans l'année qui suit cet arrêté, les propriétaires pourraient présenter une requête au tribunal pour la faire prononcer (art. 14).

Les particuliers sont ainsi protégés contre le retard de l'administration : soit à faire prononcer l'expropriation; soit à faire règler l'indemnité ; soit à la payer.

Un autre droit très important est accordé à l'exproprié, c'est le droit qu'on appelle *droit de préemption* ou *de rétrocession* et dont nous parlerons dans un instant.

Dispositions diverses

(Titre VI, art. 56-64.)

Sous cette rubrique, le titre VI de la loi de 1841 contient quelques règles relatives :

1° A certaines faveurs ou immunités dont jouissent divers actes relatifs à l'expropriation. Ainsi, les contrats de vente, quittances et autres actes concernant l'acquisition des terrains peuvent être passés dans la forme des actes administratifs. — Les significations et notifications faites à la diligence du Préfet peuvent être faites par des agents administratifs. — Les contrats, quittances et autres actes faits en vertu de la loi de 1841 sont visés pour timbre et enregistrés gratis. — Il n'est perçu aucun droit pour la transcription des actes ;

2° A la subrogation des concessionnaires dans les droits et obligations de l'administration ; mais il faut remarquer que cette subrogation ne s'applique qu'aux droits et obligations résultant de la loi de 1841. Par suite, les compagnies concessionnaires ne jouissent pas du bénéfice accordé à l'Etat d'être dispensé de la consignation de l'amende, en cas de pourvoi en cassation. De même, les contestations entre l'administration et les entrepreneurs de travaux publics sont de la compétence du Conseil de préfecture ; mais les contestations qui s'élèveraient entre une compagnie concessionnaire et un entrepreneur de travaux publics ne seraient pas de la compétence du Conseil de préfecture ;

3° Enfin au droit de préemption.

Droit de préemption (præ emere, acheter de préférence). — Ce droit consiste dans le privilège accordé aux anciens propriétaires ou à leurs *ayants droit* de demander la remise des terrains qui n'ont pas reçu la destination de l'utilité publique, pour laquelle ils avaient été acquis.

Le prix des terrains rétrocédés est fixé à l'amiable, et, en cas de désaccord, par le jury; mais la fixation du jury ne peut, en aucun cas, excéder la somme moyennant laquelle les terrains ont été acquis par l'administration.

Un avis publié par l'administration fait connaître les terrains qu'elle se propose de revendre. Dans les trois mois de cette publication, les anciens propriétaires doivent déclarer qu'ils veulent exercer le droit de préemption; dans le mois de la fixation du prix, ils doivent passer contrat et payer, le tout à peine de déchéance.

Dans le cas où une portion de l'immeuble ayant été expropriée, le propriétaire aurait ensuite aliéné celle qui lui restait, l'acquéreur à *titre particulier* de cette dernière portion aurait-il le droit d'exercer le privilège de rétrocession, pour la portion expropriée qui n'aurait pas reçu sa destination?

Cette question est très controversée.

Dans une première opinion, on soutient que l'ayant cause à *titre particulier*, aussi bien que l'ayant cause à *titre universel*, peut exercer le droit de préemption; que la loi, en effet, s'est servie du mot ayant droit, qui comprend aussi bien l'ayant cause à titre particulier de l'ancien propriétaire que son ayant cause à titre universel; que, du reste, le but de la loi est d'éviter le morcellement des héritages.

Dans une autre opinion, suivie par M. Batbie, on répond que le droit de préemption n'a pas fait partie de la vente; que l'acquéreur n'a pas pu compter sur un droit qui ne lui était pas vendu, et que l'ayant droit doit s'entendre de celui qui succède aux droits et aux obligations de son auteur; qu'en conséquence, le droit de préemption ne peut être exercé que par ceux qui représentent juridiquement l'exproprié et qui ont succédé à ses droits à titre universel. (En ce sens : C. de cass., 2 mai 1860 et 29 mai 1867; C. de Dijon, 17 juillet 1868.)

— Par exception, la rétrocession ne s'applique pas aux

terrains dont le propriétaire exproprié partiellement a exigé l'acquisition totale. Quand même la portion acquise ne servirait pas aux travaux, le propriétaire n'en pourrait demander la remise, car il a imposé cette acquisition à l'administration, et il a prévu que le terrain acquis par elle pourrait être inutile aux travaux. Mais, si aucune partie du terrain ne recevait d'emploi, il faudrait décider qu'il pourrait exiger la rétrocession totale, parce que l'expropriation se trouverait n'avoir pas de cause (1).

(1) Le droit de préemption était établi déjà dans la loi du 16 septembre 1807 sur le desséchement des marais. Nous verrons, en traitant de la voirie, qu'il a lieu dans tous les cas où une voie publique est délaissée et qu'il s'exerce au profit des riverains.

SECTION II.

EXPROPRIATION DANS CERTAINS CAS EXCEPTIONNELS.

(Titre VII, articles 65-77.)

Des règles exceptionnelles s'appliquent, soit en cas d'urgence, soit pour les travaux militaires.

I. *Expropriation en cas d'urgence* (art. 65-74). — En cas d'urgence, la grande dérogation au droit commun, c'est que la *prise de possession* des terrains peut avoir lieu non seulement avant le paiement, mais même avant le règlement de l'indemnité par le jury.

Cette faculté existait, mais sans garantie pour l'exproprié, sous la législation de 1810.

La loi de 1833 ne l'avait pas reproduite. La loi du 3 mai 1841 la consacra de nouveau, mais en prenant des mesures dans l'intérêt des propriétaires. Nous avons dit déjà que c'est la plus grande innovation de cette loi.

Plusieurs conditions sont exigées pour qu'il y ait lieu à cette prise de possession avant le règlement de l'indemnité par le jury:

1º L'urgence doit être déclarée spécialement par décret;

2º L'occupation préalable ne peut s'appliquer qu'aux terrains *non bâtis*;

3º La prise de possession doit être précédée de la *consignation* d'une somme fixée par le *tribunal* après le prononcé de l'expropriation. Cette somme est une sorte de gage qui remplace pour le propriétaire exproprié la garantie résultant de la possession.

Il est à remarquer que la procédure, en cas d'urgence, est plus *longue* que pour l'expropriation ordinaire. En effet, après les formalités des deux premières périodes, relatives à la déclaration d'utilité publique et au prononcé de l'expropriation par le tribunal, il s'agit, avant de recourir au jury, de faire déterminer, par une nouvelle décision du tribunal, quelle est la somme que devra consigner l'administration avant la prise de possession. Cette décision du tribunal et l'ordonnance de prise de possession rendue par le président ne sont susceptibles ni d'opposition ni d'appel.

Lorsque la prise de possession s'est opérée, il y a lieu, suivant les formalités ordinaires, à faire déterminer par le jury l'indemnité définitive qui sera due à l'exproprié ; si la fixation du jury est supérieure à la somme indiquée par le tribunal, l'excédant doit être consigné dans la quinzaine de la notification de la décision du jury, sinon l'exproprié peut s'opposer à la continuation des travaux.

II. *Expropriation pour des travaux militaires ou de la marine* (art. 75 et 76). — Il faut distinguer les travaux *ordinaires* et les travaux *urgents* de fortification :

1o Pour les travaux *ordinaires*, il n'y a pas lieu d'appliquer les règles de la première période d'expropriation, en ce sens qu'un décret d'autorisation des travaux est rendu sans enquête préalable, et qu'il détermine directement les terrains qui seront soumis à l'expropriation ; de telle sorte que la cessibilité des terrains est prononcée, non par un arrêté du Préfet, mais par un *décret* du Chef du pouvoir exécutif.

Les règles des deux dernières périodes relatives au jugement d'expropriation, au règlement de l'indemnité par le jury et au paiement, sont les mêmes.

2o Pour les travaux de fortification, *en cas d'urgence*, les règles d'expropriation, ou même d'occupation temporaire des terrains, sont fixées par la loi du 20 mars 1831. Toutefois, le règlement définitif de l'indemnité est confié au jury, depuis la loi du 3 mai 1841.

Comme pour les travaux civils urgents, il y a lieu à la déclaration d'utilité publique et à la constatation d'urgence par décret, ainsi qu'au jugement d'expropriation par le tribunal.

Cette expropriation, en cas d'urgence, diffère, sous plusieurs rapports, de celle qui a lieu, dans le même cas, pour les travaux civils :

1º Elle peut s'appliquer aux propriétés *bâties*;

2º L'indemnité *provisionnelle* et approximative est fixée par le *jugement* même d'expropriation, après expertise faite rapidement sous la direction d'un juge commis, et elle peut, après un certain délai, être *payée* au propriétaire.

La simple *occupation* temporaire, en cas d'urgence, ne peut avoir lieu pour les propriétés bâties. L'indemnité est également fixée provisoirement par le tribunal et si, dans le cours de la troisième année, l'occupation n'a pas cessé, le propriétaire peut exiger l'acquisition de sa propriété.

Du reste, soit en cas d'expropriation, soit en cas de possession pour urgence, c'est le *jury* qui fixe *définitivement* l'indemnité.

— Des lois spéciales ont apporté plusieurs modifications à la loi générale du 3 mai 1841.

En matière de *chemins vicinaux*, nous verrons :

1º Que les décisions du Conseil général (pour les chemins de grande communication et d'intérêt commun) et celles de la Commission départementale (pour les chemins de petite vicinalité), portant *reconnaissance* et *fixation* de la largeur d'un chemin vicinal, *attribuent* immédiatement au domaine public de la commune, sans jugement d'expropriation, le terrain compris dans les limites qu'elles déterminent, et que l'indemnité est fixée à l'amiable ou par le juge de paix, sur rapport d'experts (1);

(1) L'expropriation a lieu également sans jugement :
1º Pour le droit de pêche dont les riverains sont privés à la suite

2° Que les mêmes décisions, portant *ouverture* ou *redressement* d'un chemin vicinal, sont par elles-mêmes déclaratives d'utilité publique et remplacent la loi ou le décret en Conseil d'Etat; qu'en outre, l'indemnité est fixée par un jury spécial de 4 membres (loi du 21 mai 1836) (1).

C'est également un *petit* jury de 4 membres qui fixe l'indemnité due, en cas d'ouverture, de redressement ou d'élargissement immédiat d'une *rue* formant le prolongement d'un chemin *vicinal* (art. 2 L. 8 juin 1864).

En cas d'expropriation pour les travaux qui font l'objet d'*associations syndicales autorisées*, l'indemnité est également fixée par un jury de 4 membres, comme en matière de chemins vicinaux (loi du 21 juin 1865).

Depuis notre dernière guerre, ce jury de 4 membres est également chargé de fixer l'indemnité due, en cas d'expropriation par l'Etat, de terrains non clos, désignés par un arrêté du préfet, et dans lesquels se trouvent une ou plusieurs tombes militaires (L. 7 avril 1873, art. 4)

Ce jury de 4 membres établi en matière de chemins vicinaux fonctionne également lorsqu'il y a lieu à une expropriation pour l'établissement de *tramways* (art. 3? L. 11 juin 1880) ou de lignes télégraphiques ou téléphoniques de l'Etat (art. 13 L. 28 juillet 1885).

d'une déclaration de navigabilité d'un cours d'eau, sauf indemni? par le jury (loi du 15 avril 1829);

2° Pour les terrains des maisons sujettes à reculement, par sui? d'un plan général d'alignement.

Les terrains sont incorporés au domaine public du moment o? les maisons qui les recouvrent disparaissent par vétusté, force ma? jeure ou démolition volontaire, sauf indemnité par le jury (loi d? 16 septembre 1807).

(1) Depuis la loi du 20 août 1881, les arrêtés de la commissi? départementale soit pour l'élargissement, soit pour l'ouverture et redressement des chemins *ruraux*, donnent également lieu à u? expropriation spéciale, soumise aux mêmes règles.

VOIRIE ET ALIGNEMENTS.

Notions générales. — La voirie comprend, dans un sens général, toutes les voies de communication, soit par terre, soit par eau.

Dans un sens plus spécial, la voirie ne s'applique qu'aux voies de communication par *terre*. C'est dans ce dernier sens que nous l'envisagerons ici, d'autant plus qu'à l'occasion du régime des eaux, nous avons déjà parlé des voies de communication par eau.

— On distingue la *grande* et la *petite* voirie. Ces expressions, dans l'ancien régime, avaient un sens différent de celui qu'elles ont aujourd'hui. On entendait autrefois, par grande voirie, l'ouverture, l'alignement et la conservation des routes, chemins et rues de toute espèce. Le nom de petite voirie était réservé pour désigner les mesures de police destinées à protéger les voies de communication par des défenses et des pénalités. — Dans le droit actuel, la distinction de la grande et de la petite voirie repose sur la nature même des voies de communication, sur leur importance, et sur le service auquel elles sont affectées. Toutefois, pour les rues de Paris, on a conservé des traces de l'ancienne distinction.

La *grande* voirie comprend :

Les grandes routes, c'est-à-dire les routes *nationales* et *départementales* ;

Les *rues faisant suite* aux grandes routes ;

Les *chemins de fer* ;

Toutes les rues de Paris (1).

---

(1) On rangeait aussi dans la grande voirie les routes *stratégiques*, ainsi appelées parce qu'elles avaient été construites pour faciliter le mouvement des troupes à l'occasion de la pacification des

La *petite* voirie, qui a pour objet l'utilité communale, comprend :

Les voies de communication *intérieure* des villes, bourgs et villages (sauf les rues de Paris et les rues faisant suite aux grandes routes);

Les voies de communication *extérieure*, c'est-à-dire les chemins *vicinaux* et *ruraux*.

L'intérêt de distinguer la grande et la petite voirie se présente : au point de vue de la création et de l'entretien des différentes voies de communication ; des servitudes qui grèvent les riverains, notamment en ce qui concerne l'alignement; enfin et surtout au point de vue de la *compétence* et de la *pénalité*.

C'est à ces divers points de vue que nous nous placerons pour exposer la législation sur la voirie. Nous étudierons, dans un chapitre spécial, ce qui concerne l'alignement.

départements de l'Ouest. Ces routes furent réglementées par les lois des 28 juin 1833 et 1er avril 1837. Elles différaient sous deux rapports des routes nationales : 1° les travaux les concernant avaient été assimilés aux travaux militaires; 2° leur entretien n'était pas complètement à la charge de l'Etat, le tiers devait en être supporté par les départements intéressés. Un décret du 10 juillet 1862 a supprimé le régime spécial des routes stratégiques et en a prescrit le classement parmi les routes nationales et départementales.

CHAPITRE PREMIER

GRANDE VOIRIE.

Nous examinerons dans trois paragraphes distincts les règles qui concernent :

1º La création et l'entretien des voies de communication de la grande voirie ;

2º Les servitudes, autres que l'alignement ;

3º Le contentieux.

§ 1. CRÉATION ET ENTRETIEN DES GRANDES VOIES DE COMMUNICATION.

I. *Routes nationales et départementales.* — Le décret du 16 décembre 1811, contenant règlement sur la construction, la réparation et l'entretien des routes, est le texte fondamental en cette matière.

D'après ce décret on distingue *trois classes* de routes *nationales* :

1º Les routes de première classe, qui vont de Paris à l'étranger et aux grands ports militaires ;

2º Celles de deuxième classe, qui se dirigent également de Paris vers les frontières ou les ports, mais sont d'une largeur moindre ;

3º Celles de troisième classe, qui communiquent de Paris à certaines villes de l'intérieur ou relient entre elles les villes les plus importantes.

Il est vrai que le décret ne contient aucune définition de ces trois classes de routes ; mais d'après les tableaux annexés au décret, on est autorisé à conclure que la distribution de ces trois classes de routes repose sur leur importance et leur direction.

— Les routes *départementales* comprennent les grandes routes qui, en général, vont du chef-lieu du département aux arrondissements, ou qui servent de communication entre deux départements. Depuis le décret de 1811, on distingue deux espèces de routes départementales :

1° Certaines routes qui, avant 1811, étaient connues sous le nom de routes impériales de troisième classe, et dont l'entretien fut mis à la charge des départements ;

2° Les routes construites avec les ressources du département.

Avant la loi du 10 août 1871 sur les Conseils généraux, il y avait intérêt à distinguer ces deux espèces de routes départementales. En effet, on décidait généralement d'après un avis du Conseil d'Etat, du 27 avril 1834, que le sol des premières appartenait à l'Etat, tandis que le sol des secondes était la propriété du département ; par suite, en cas de déclassement, le terrain des premières faisait partie du domaine de l'Etat et celui des secondes du domaine privé du département.

La loi du 10 août 1871 a tranché les difficultés et les controverses qui s'étaient élevées sur cette question. Elle a décidé que ces deux espèces de routes départementales étaient la propriété du département (art. 59 L. 10 août 1871).

Différences entre les routes nationales et les routes départementales :

1° Les routes nationales font partie du domaine *public* de l'Etat et sont à la charge de l'Etat (art. 538 C. civ.) (1).

(1) D'après le décret de 1811, les routes impériales de troisième classe étaient à la charge commune de l'Etat et des départements qui en profitaient ; mais, depuis la loi de finances du 28 mars 1817, elles sont à la charge exclusive de l'Etat.

—Les routes départementales font partie du domaine *public* du département et sont à la charge du département ;

2° Le classement et le déclassement des routes nationales sont ordonnés par décret.— Quant aux routes départementales, c'est le Conseil général qui, dans tous les cas, en ordonne le classement ou le déclassement, d'après la loi du 10 août 1871 (art. 46, 6° et 8°) (1).

Il est bien entendu que le classement des unes et des autres n'a lieu que sous la réserve des règles relatives à l'expropriation. Or, nous savons que la loi du 27 juillet 1870 exige une loi pour l'autorisation des grands travaux publics entrepris par l'État et un simple décret en Conseil d'État pour les travaux moins importants et pour les travaux des départements et des communes.

—Par suite du déclassement des routes nationales, les portions de routes déclassées peuvent, d'après la loi du 24 mai 1842, ou bien être classées parmi les routes départementales ou les chemins vicinaux, sur la demande ou avec l'assentiment des Conseils généraux ou des Conseils municipaux, ou bien être remises à l'administration, qui sera autorisée à les aliéner (art. 1 L. 1842).

Toutefois, dans le cas d'un déclassement pur et simple, qui fait passer la route dans le domaine *privé* de l'État, deux restrictions sont apportées aux pouvoirs de l'administration :

1° Il est réservé, s'il y a lieu, eu égard à la situation des propriétés riveraines, et par arrêté du Préfet en Conseil de préfecture, un chemin d'exploitation dont la largeur ne peut excéder cinq mètres (art. 2 L. 1842);

(1) D'après la loi de 1866 sur les Conseils généraux, on distinguait si la route se prolongeait ou non sur le territoire d'un autre département. Il n'y a plus actuellement à distinguer. Seulement, dans le cas où une route doit se prolonger sur un autre département, il peut y avoir lieu à des conférences entre les représentants des Conseils généraux des divers départements intéressés, et à une entente à cet égard entre les Conseils généraux, ainsi que nous l'avons dit, en traitant des intérêts communs à plusieurs départements. (Titre VII de la loi de 1871 sur les Conseils généraux).

28

2° Les propriétaires riverains sont mis en demeure d'avoir à exercer un droit de *préemption*, à l'effet d'acquérir, de préférence à tous autres, les parcelles de terrain qui se trouvent au-devant de leurs propriétés.

Ce droit de préemption s'exerce dans les formes de l'article 61 de la loi du 3 mai 1841, sur l'expropriation, dont nous avons parlé précédemment.

A défaut par les propriétaires d'exercer le droit de préemption, les terrains sont vendus par adjudication publique ou même, d'après la loi du 20 mai 1836, *échangés*, s'il y a lieu. En principe, quoique l'échange d'un bien de l'Etat exige une loi, dans ce cas particulier il suffira d'une décision du ministre des finances (art. 4 L. 20 mai 1836) et même seulement du Préfet, depuis le décret de décentralisation du 25 mars 1852 (tableau C. n°ˢ 5 et 6).

— Il faut appliquer ces règles aux routes départementales.

II. *Chemins de fer.* — Les chemins de fer, même ceux d'intérêt *local*, font partie de la *grande* voirie. Nous traiterons néanmoins et d'une manière distincte : 1° des chemins de fer d'intérêt général, régis par la loi du 11 juin 1842 et la loi du 15 juillet 1845 sur la police des chemins de fer ; 2° des chemins de fer d'intérêt local régis actuellement par la loi du 11 juin 1880.

Chemins de fer d'intérêt général. — Les travaux de chemins de fer sont autorisés par une loi ou un décret en Conseil d'Etat, suivant les distinctions faites par la loi du 27 juillet 1870, dont nous avons parlé plusieurs fois et notamment en traitant de l'expropriation. Spécialement, un décret en Conseil d'Etat suffit quand il s'agit d'autoriser des chemins de fer d'embranchement de moins de 20 kilomètres.

Les chemins de fer sont construits par l'Etat ou par des compagnies concessionnaires, avec ou sans subvention (loi du 11 juin 1842). En fait, la construction est toujours concédée.

L'exploitation des chemins de fer est aussi confiée aux compagnies concessionnaires (1).

Quoique la concession et l'exploitation soient accordées à des compagnies, celles-ci ne sont pas propriétaires de la voie. La loi du 15 juillet 1845, sur la police des chemins de fer, déclare, en effet, que les chemins de fer, construits ou concédés par l'Etat, font partie de la grande voirie, c'est-à-dire du _domaine public_. Aussi les compagnies ne sont elles pas assujetties à la taxe des biens de mainmorte.

De ce que les chemins de fer font partie du domaine public il résulte, suivant la Cour de cassation, que la jouissance des Compagnies n'a jamais le caractère d'un usufruit ou d'une emphytéose et que, par suite, leurs droits sur les chemins de fer sont purement mobiliers (C. cas., 15 mai 1861). Nous devons observer, cependant, avec M. Batbie, que la concession leur confère, d'après plusieurs lois, un droit réel, susceptible d'hypothèque. En effet, ces lois ont constitué des hypothèques au profit de l'Etat pour la garantie des prêts consentis par le Trésor aux compagnies; mais si celles-ci peuvent hypothéquer le chemin à d'autres créanciers que l'Etat, ces créanciers ne pourraient, par une action hypothécaire, interrompre un servic public. Ils auraient seulement un droit de préférence, dans le cas où le gouvernement ferait vendre la concession; mais ils n'auraient pas le

(1) Il y a actuellement des chemins de fer exploités par l'État, depuis la loi du 18 mai 1878 qui incorpore divers chemins de fer d'intérêt local dans le réseau d'intérêt général et approuve diverses conventions passées entre le ministre des travaux publics et diverses compagnies. Un décret du 25 mai 1878 les classe sous la dénomination de _Chemins de fer de l'État._

Par suite de nouvelles conventions passées en 1883 entre l'État et les six grandes compagnies de chemins de fer, celles-ci se sont engagées sous certaines conditions et moyennant une prolongation de leurs concessions à reprendre et à exploiter une foule de petites lignes qui étaient comprises dans le réseau des chemins de fer de l'État.

droit d'exproprier et de faire vendre le chemin (Batbie, Précis, p. 441).

Pour la *construction*, les compagnies sont des entrepreneurs de travaux publics, et pour l'*exploitation*, des adjudicataires d'un service de voirie. Elles ont droit à titre de rémunération, de percevoir un péage pendant un temps déterminé, d'après un tarif et des conditions fixés par un cahier des charges. Elles sont assujetties, en outre, à l'impôt foncier, à l'impôt des patentes et à l'impôt du dixième du prix des places.

Après le temps fixé pour la concession, qui est habituellement de quatre-vingt-dix-neuf ans, le chemin de fer fait retour à l'Etat, qui peut exploiter directement ou accorder une nouvelle concession.

Chemins de fer d'intérêt local. — La loi du 12 juillet 1865, qui régissait ces chemins de fer, a été remplacée par la loi du 11 juin 1880. (1)

Les départements et les communes peuvent établir des chemins de fer d'intérêt local (art. 1).

Le Conseil général, pour le département; le Conseil municipal, pour la commune, arrêtent la direction de ces chemins, le mode et les conditions de leur construction, ainsi que les traités et les dispositions nécessaires pour en assurer l'exploitation.

L'utilité publique est déclarée et l'exécution est autorisée par une *loi* (art. 2). A cet égard, la loi de 1880 établit une innovation et déroge à la loi de 1870 qui, pour les travaux des départements et des communes, n'exige qu'un décret en Conseil d'Etat.

Pour l'exécution de ces chemins la loi permet d'employer en partie les ressources créées par la loi du 21 mai 1836 sur les chemins vicinaux (art. 12). En outre, l'Etat peut, dans une certaine mesure, accorder des subventions (art. 13); dans ce cas, les chemins peuvent

(1) Cette loi doit être complétée par les décrets des 18 mai et 6 août 1881 et 20 mars 1882.

être assujettis envers l'Etat à un service gratuit ou à une réduction du prix des places (art. 17).

— Par dérogation à la loi du 15 juillet 1845 sur la police des chemins de fer, le Préfet peut dispenser de poser des clôtures sur tout ou partie de la voie ferrée, ainsi que des barrières au croisement des chemins peu fréquentés. Il en est de même pour les chemins de fer industriels destinés à desservir des exploitations particulières (art. 20-22).

— La loi de 1880 permet à l'Etat, aux départements, aux communes d'établir des *tramways* sur les voies dépendant de leur domaine public. La concession est faite; par l'Etat sur son domaine public; par le Conseil général sur une route départementale, sur un chemin de grande communication et d'intérêt commun ou sur le territoire de plusieurs communes; par le Conseil municipal, sur son territoire, sur un chemin vicinal ou rural (art. 26 et 27).

L'utilité publique est déclarée par un décret en Conseil d'Etat et l'expropriation, s'il y a lieu, se fait comme en matière de chemins vicinaux (art. 29 et 31).

La loi de 1845 sur la police des chemins de fer est applicable aux tramways à l'exception des art. 4-10 (art. 37).

III. *Rues de Paris.* — Toutes les rues de Paris sont de la grande voirie. Ailleurs, les rues ne sont de la grande voirie qu'autant qu'elles sont le prolongement des grandes routes. Cette situation exceptionnelle faite pour les rues de Paris résulte des lois et des règlements.

Elle a été confirmée par un décret du 26 mars 1852, qui dispose formellement que les rues de Paris continueront d'être soumises au régime de la grande voirie.

Au point de vue de l'action administrative, il importe cependant de distinguer à Paris la grande et la petite voirie.

D'après l'arrêté du 12 messidor an VIII et le décret du 27 octobre 1808, la grande voirie comprend : les constructions et toutes les saillies faisant corps avec les murs de face, corniches, balcons et entablements.

28.

La petite voirie comprend les avances sur la voie publique résultant de travaux exécutés en application sur le mur de face ou au-devant des maisons, comme les bancs, auvents ou enseignes.

L'intérêt de distinguer, à cet égard, la grande et la petite voirie, se présente sous plusieurs rapports :

1º Avant le décret du 10 octobre 1859, les permissions de grande voirie étaient accordées par le Préfet de la Seine ; celles de petite voirie par le Préfet de police. Depuis ce décret, le Préfet de la Seine est chargé de délivrer les unes et les autres ;

2º Les contraventions de grande voirie sont de la compétence du Conseil de préfecture. — Celles de la petite voirie sont jugées par le tribunal de simple police ;

3º Les peines pour les contraventions de grande voirie sont fixées par d'anciens règlements. — Celles de la petite voirie sont fixées par le Code pénal (art. 479, nº 11 11 à 15 fr. d'amende).

Nous retrouverons ces différences au point de vue de la compétence et de la pénalité, en traitant du contentieux en matière de grande voirie. Il suffit, du reste, de se reporter, à cet égard, à ce que nous avons dit en traitant de la compétence du Conseil de préfecture en matière de grande voirie.

§ II. SERVITUDES DE GRANDE VOIRIE.

Nous étudierons les servitudes qui concernent les grandes routes et celles qui s'appliquent aux chemins de fer.

I. *Servitudes relatives aux grandes routes.* — Les riverains des grandes routes sont grevés de servitudes assez onéreuses établies, pour la plupart, par d'anciens règlements ou arrêts du Conseil du roi.

Ces servitudes consistent dans l'obligation :

1º De supporter le rejet des terres du curage des fossés, lequel curage, depuis 1825, est à la charge de l'administration arrêt du Conseil du 3 mai 1720) ;

2º De recevoir les eaux qui découlent de la route
(règlements de 1754 et de 1781);

3º De souffrir l'occupation temporaire des terrains en
cas de réparation, ou même des fouilles ou des extractions de matériaux pour la confection ou la réparation
des routes (arrêt du Conseil du 7 septembre 1755 et
loi du 16 septembre 1807, art. 56), sauf, dans ce cas,
une indemnité réglée par le Conseil de préfecture, ainsi
que nous l'avons vu en traitant de la compétence du
Conseil de préfecture en matière de travaux publics (1);

4º D'essarter, c'est-à-dire de couper les bois qui sont
le long des grandes routes, sur un espace de soixante
pieds, y compris la chaussée (ordonnance de 1669);

5º D'observer les diverses règles relatives aux *plantations* et à l'*alignement*. Nous présenterons quelques
développements sur ces deux espèces de servitudes, qui
sont les plus importantes. Nous rappelons que nous
devons traiter de l'alignement dans un chapitre spécial.

Plantations. — Conformément aux principes contenus
dans un arrêt du Conseil du 3 mai 1720, la loi du 9 *ventôse an XIII* (28 février 1805) soumit les riverains à
l'obligation de planter des arbres dans l'*intérieur* de la
route et sur le terrain de l'Etat. Après deux années, ces
plantations pouvaient être faites à leurs frais. La propriété des arbres était reconnue aux riverains; mais ils
ne pouvaient les abattre que sur une autorisation administrative.

Les particuliers, qui voulaient planter sur *leurs terrains* des arbres à moins de *six mètres* de la route, devaient obtenir un alignement; mais alors ils n'avaient
besoin d'aucune autorisation pour disposer des arbres
ainsi plantés.

— L'obligation de planter fut reproduite dans le dé-

(1) Cette servitude, très importante, n'est pas spéciale aux grandes
routes. Elle existe pour la confection et la réparation de tous les
travaux publics.

cret du **16** *décembre* 1811 ; mais les riverains devaient
faire les plantations sur *leurs propres terrains* et au moins
à la distance d'*un mètre* du bord extérieur des fossés,
suivant l'essence des arbres (art. 88-90). Les arbres
étaient leur propriété, quoiqu'ils ne pussent être abattus
ou élagués sans la permisison de l'autorité administrative (art. 88 et 99).

Quant aux plantations *anciennes*, le décret de 1811
décidait : que tous les arbres plantés avant ce décret sur
les routes nationales, en dedans des fossés et sur le *terrain de la route* étaient reconnus appartenir à l'Etat,
excepté ceux qui avaient été plantés en vertu de la loi
du 9 ventôse an XIII (art. 86) ; qu'au contraire, les arbres
plantés avant le décret le long desdites routes et sur le
terrain des propriétés communales ou particulières, étaient
reconnus appartenir aux propriétaires du terrain (art. 87).

Il résultait de l'art. 86 du décret que les arbres plantés
avant la loi de l'an XIII étaient déclarés appartenir à
l'Etat, s'ils se trouvaient sur le *sol* de la route. Cette disposition souleva des réclamations.

— La loi du 12 mai 1825, voulant faire cesser toutes
difficultés à cet égard, décida :

1° Que les arbres existant sur le *sol* des routes appar-
tiendraient aux particuliers, qui justifieraient les avoir
légitimement acquis à titre onéreux ou les avoir plantés
à leurs frais, en exécution des *anciens règlements*; de
telle sorte qu'il n'y avait qu'une simple présomption de
propriété au profit de l'Etat;

2° Que les contestations relatives à la propriété des
arbres plantés sur le sol des routes seraient de la compétence des tribunaux ordinaires (1).

Elle maintint, du reste, la nécessité d'une permission
administrative pour l'abattage et l'élagage (2).

(1) Les arbres plantés sur une route ou sur une rue peuvent-ils
être acquis par prescription ? La Cour de cassation a décidé l'affirmative. (Rejet, 21 novembre 1877.)
(2) La loi de l'an XIII et le décret de 1811 ne parlent, à l'occasion

— En résumé, en ce qui concerne les plantations :

1° Les riverains peuvent être *tenus* de planter des arbres sur leurs héritages, le long de la route, à une distance d'un mètre, au moins, du bord extérieur des fossés et sous la défense de les abattre ou élaguer sans la permission administrative (décret de 1811);

2° Les propriétaires ne peuvent planter des arbres sur leurs terrains, à moins de six mètres, sans obtenir un alignement (L. 9 ventôse, an XIII).

II. *Servitudes relatives aux chemins de fer.* — La loi du 15 juillet 1845, sur la police des chemins de fer, impose d'abord à l'administration ou aux concessionnaires, l'obligation d'établir une clôture sur les deux bords de la voie et des barrières au croisement des chemins. Pour les chemins de fer d'intérêt local, nous avons vu que le Préfet pouvait, à cet égard, accorder une dispense.

La loi de 1845 établit, en outre, à la charge des riverains, deux classes de servitudes :

1° Les servitudes ordinaires de grande voirie et qui concernent : l'alignement, l'écoulement des eaux; l'occupation temporaire des terrains en cas de réparation ou l'extraction de matériaux; la distance à observer pour les plantations, et l'élagage des arbres. — Remarquons que les propriétaires ne sont pas *tenus* de faire des plantations;

2° Des servitudes *exceptionnelles.* — Ces dernières se réfèrent : à la défense d'établir aucune construction, autre qu'un mur de clôture, dans une distance de deux

___

des plantations que des routes de l'Etat, des routes nationales. C'est une question très controversée que celle de savoir s'il faut étendre aux routes départementales la servitude de plantations.

Il est certain que la loi du 12 mai 1825 s'applique aux routes départementales aussi bien qu'aux routes nationales et nous pensons qu'il est conforme à l'esprit de la loi de les assimiler sous ce rapport.

mètres ; — de pratiquer sans autorisation, dans le cas
où il y aurait un remblai de plus de trois mètres, des
excavations dans une zone de largeur égale à la hau-
teur verticale du remblai ; — d'établir, à moins de vingt
mètres, des couvertures en chaume ni aucun dépôt de
matières inflammables, sauf pour les récoltes, pendant
le temps de la moisson ; — de faire tout autre dépôt, à
moins de cinq mètres, sans une autorisation, toujours
révocable, du Préfet, excepté dans les localités où le
chemin de fer est en remblai, et sauf le dépôt des objets nécessaires à la culture ; — le tout, sous peine
d'amende de 16 à 300 francs.

L'administration peut même, si la sûreté publique ou
la conservation du chemin de fer l'exige, faire supprimer,
moyennant une juste indemnité, les constructions, plantations, excavations, couvertures en chaume, amas de
matériaux, combustibles ou autres, existant dans les
zones ci-dessus spécifiées lors de l'établissement du
chemin de fer. L'indemnité est réglée, pour la suppression des *constructions*, par le jury, et pour *tous les autres
cas*, par le Conseil de préfecture.

Nous avons reproduit déjà cette disposition de l'article 10 de la loi du 15 juillet 1845, en exposant, à l'occasion de la compétence du Conseil de préfecture en
matière de travaux publics, l'ancienne et célèbre controverse sur les dommages permanents.

§ III. CONTENTIEUX EN MATIÈRE DE GRANDE VOIRIE.

A l'occasion des attributions contentieuses du Conseil
de préfecture, nous avons déjà traité de sa compétence
en matière de grande voirie. Nous rappelons que le Conseil de préfecture a une double compétence :

1º Une compétence civile, à l'effet de statuer sur les
anticipations commises sur la grande voirie, pour ordonner la réintégration définitive du sol appartenant au
domaine public (art. 4 de la loi du 28 pluviôse an VIII);

2º Une compétence pénale, à l'effet d'appliquer aux contraventions de grande voirie les peines édictées par d'anciens règlements (art. 1 et 4 de la loi du 29 floréal an X).

— Au point de vue de la compétence du Conseil de préfecture on comprend aussi dans la grande voirie : le domaine public maritime; — le domaine public fluvial (rivières navigables et flottables); — le domaine public militaire.

Nous renvoyons, au surplus, à ce que nous avons dit à cet égard, en nous occupant des attributions contentieuses du Conseil de préfecture.

CHAPITRE II

PETITE VOIRIE.

La petite voirie comprend :

1° Les voies de communication *intérieure* des villes, bourgs et villages, à l'exception de celles qui font suite aux grandes routes et des rues de Paris ; c'est la voirie *urbaine* (1) ;

2° Les voies de communication *extérieure* qui desservent la campagne et n'ont pour objet que l'utilité communale, c'est-à dire les chemins vicinaux et ruraux ; c'est la voirie *rurale*.

Nous verrons que les rues qui forment le prolongement d'un chemin *vicinal* font aussi partie intégrante du chemin vicinal (L. 8 juin 1864).

— Nous exposerons les règles relatives à la formation et à l'entretien des différentes voies qui composent la petite voirie.

Nous renvoyons, pour le contentieux, à ce que nous avons dit à l'occasion des rues de Paris. Nous retrouverons, du reste, dans la matière de l'alignement, l'application des règles sur ce point.

Voirie urbaine.

La voirie urbaine fait partie du domaine *public* de la

(1) Quand même une rue serait le prolongement d'une route nationale ou départementale et ferait ainsi partie de la grande voirie, le maire n'en est pas moins compétent pour prendre des arrêtés de police municipale, destinés à assurer la liberté et la sécurité de la circulation dans ladite rue. (Cassation, 20 décembre 1876.)

ommune, ainsi que nous l'avons vu, en traitant des
biens composant le patrimoine communal.

L'*ouverture* des voies publiques (rues, places, passages), intéressant l'action de la police, entraînant des
mesures d'ordre et de sécurité, ne peut, d'après l'opinion
générale, être faite par les propriétaires sans autorisation de l'administration (Déclaration du 10 avril 1783
pour Paris et L. 16 septembre 1807 sur le desséchement
les marais, art. 52).

Elle est proposée par l'autorité locale et approuvée
par l'autorité chargée d'homologuer les plans d'alignement.

S'il y a lieu de recourir à l'expropriation pour cause
d'utilité publique, elle se fait conformément à la loi du
3 mai 1841.

— Les rues et places sont à la charge des communes,
soit quant à l'acquisition des terrains, soit quant à l'entretien.

Parmi les dépenses que l'ouverture des rues nouvelles
met à la charge de la commune sont : les frais d'éclairage,
de pavage et d'établissement des trottoirs. Toutefois le
pavage peut être mis à la charge des propriétaires, à la
condition : 1° qu'il y ait insuffisance des revenus ordinaires de la commune ; qu'il y ait un usage leur impo-
sant cette obligation (avis du Conseil d'Etat du 25 mars
1807). Quant à l'établissement des trottoirs, les propriétaires riverains peuvent être tenus d'y contribuer : soit
en totalité ou en partie, en vertu d'usages ; soit pour la
moitié, au maximum, de la dépense, en vertu d'une délibération du conseil municipal approuvée par le Préfet
(loi du 7 juin 1845).

Le recouvrement des taxes imposées aux propriétaires
se fait de la même manière que pour les impôts directs.

— La *suppression* des rues ne peut avoir lieu également
que par suite d'une autorisation administrative.

Dans ce cas, des difficultés s'élèvent sur la question
le savoir quel est le droit des riverains privés des avan-

29

tages que leur offrait le voisinage de la rue (vue, accès, écoulement des eaux, etc.). La jurisprudence ne leur reconnaît que le droit d'obtenir une indemnité réglée par le Conseil de préfecture, comme au cas de dommage permanent résultant de l'exécution de travaux publics, sans qu'ils puissent prétendre exercer des droits de servitude sur l'ancienne rue. En effet, la voie publique, étant une dépendance du domaine public, est inaliénable et imprescriptible, et les riverains n'ont pas pu acquérir sur elle de véritables droits de servitude(Trib. des conflits, 26 juin 1880). C'est également ce qu'on décide, en cas de suppression d'une voie publique quelconque, soit d'une route nationale ou départementale, soit d'un chemin vicinal (Rejet, 16 mai 1877; tribunal des conflits 15 novembre 1879 et C. de cassation 25 février 1880).

Voirie rurale.

La voirie rurale, ainsi que nous l'avons dit, comprend les chemins *vicinaux* et les chemins *ruraux*.

§ 1. *Chemins vicinaux.*
(L. 21 mai 1836).

Les chemins vicinaux sont ceux qui ont été reconnus nécessaires à la communication des communes par un acte de l'autorité compétente (art. 1 L. 1836). — Les rues qui sont le prolongement d'un chemin vicinal font également partie intégrante du chemin vicinal (Loi du 8 juin 1864).

La loi actuellement en vigueur sur les chemins vicinaux est celle du 21 *mai* 1836. Elle a abrogé les dispositions contraires des lois antérieures, et notamment celle de la loi du 28 juillet 1824, qui l'avait précédée (1).

(1) Cette loi de 1836 a introduit les principales innovations suivantes :
1° Elle a créé les chemins vicinaux de *grande* communication;
2° Elle a déclaré obligatoires les dépenses des chemins vicinaux

La loi de 1836 a été commentée par une instruction du ministre de l'intérieur du 24 juin de la même année.

Diverses classes de chemins vicinaux. — On distingue trois classes de chemins vicinaux :

Les chemins vicinaux de *grande communication ;*

Les chemins vicinaux d'*intérêt commun ;*

Les chemins vicinaux *ordinaires;*

En un mot, la grande, la moyenne et la petite vicinalité.

Les chemins vicinaux de *grande communication* traversent plusieurs communes ou même plusieurs cantons, en se reliant, le plus souvent, à des voies de communication plus considérables.

Les chemins vicinaux d'*intérêt commun* traversent plusieurs communes, sans avoir cependant l'importance des précédents;

Les chemins vicinaux *ordinaires* mettent en communication deux communes, mais ne traversent pas les bourgs et villages; ils finissent aux portes de la commune. Toutefois, comme nous l'avons dit, la loi du 8 juin 1864 déclare faire *partie intégrante* d'un chemin vicinal toute rue qui est déclarée en être le prolongement.

Construction, entretien et réparation des chemins vicinaux. — Les dépenses des chemins vicinaux sont, en principe, à la charge des communes. En cas d'insuffisance des ressources ordinaires des communes, il y est pourvu :

1º Par des *centimes additionnels spéciaux* portant sur les

qui, autrefois, étaient facultatives, et a créé, pour leur exécution et leur entretien, des ressources spéciales ;

3º Elle a simplifié les formes de l'expropriation pour l'exécution de ces chemins ;

4º Elle a décentralisé le service de la vicinalité et l'a confié, dans chaque département, à un corps d'agents voyers nommés par le Préfet.

quatre contibutions directes et dont le maximum ést fixé
à cinq. Ces centimes peuvent même être imposés d'office.
En outre, la loi du 24 juillet 1867, sur les conseils municipaux, permet à ces conseils de voter 3 centimes additionnels *extraordinaires*, exclusivement applicables aux
chemins vicinaux *ordinaires* (1);

2° Par des *prestations en nature* dont le maximum est
fixé à trois journées de travail (art. 2 L. 21 mai 1836).

D'après l'article 3 de la loi du 21 mai 1836, tout habitant, chef de famille ou d'établissement, à titre de
propriétaire, de régisseur, de fermier ou de colon par-
tiaire, porté au rôle des contributions directes, pourra
être appelé à fournir chaque année une prestation de
3 jours de travail : 1° pour sa personne et pour chaque
individu mâle valide, âgé de 18 ans au moins et de
60 ans au plus, membre ou serviteur de la famille et résidant dans la commune; 2° pour chacune des char-
rettes ou voitures attelées et, en outre, pour chacune des
bêtes de somme, de trait, de selle, au service de la famille ou de l'établissement dans la commune.

Les trois journées de travail sont dues pour chacune
des personnnes et pour chacun des objets passibles de
la prestation. Celle-ci repose, en conséquence, sur un
double élément : l'élément personnel et l'élément réel.

La prestation peut être acquittée en nature ou en argent, au gré du contribuable. La valeur en argent de la
journée de travail est fixée par le Conseil général, sur la
proposition des conseils d'arrondissement. L'option entre le paiement en nature et le paiement en argent doit
être faite dans le délai d'un mois à partir de la publication du rôle dans la commune; sinon la prestation est
exigible en argent. Par conséquent, la somme d'argent

---

(1) La loi du 11 juillet 1868 (art. 3), dont nous parlerons plus
loin et qui a créé une caisse des chemins vicinaux, permet aux communes dont les charges extraordinaires excèdent 10 centimes d'opter entre une journée de prestation et les 3 centimes extraordinaires
autorisés par la loi du 24 juillet 1867.

est *in obligatione* et la prestation en nature est *in facultate solutionis*.

La prestation non rachetée en argent peut être convertie en tâches, d'après les bases et évaluations de travaux préalablement fixées par le Conseil municipal (art. 4 L. 1836) (1).

—Ces ressources, qui constituent le budget ordinaire de la vicinalité, peuvent être complétées : 1° par des subventions accordées par le Conseil général sur les fonds départementaux (art. 8 L. 21 mai 1836) ; 2° par les subventions spéciales mises à la charge des *industriels* qui auraient dégradé d'une manière extraordinaire les chemins vicinaux et qui sont réglées par le Conseil de préfecture (art. 14 L. 21 mai 1836) ; 3° enfin par des subventions de l'Etat (2).

(1) Les prestations sont un impôt de quotité, recouvrable comme les impôts directs. Leur vice essentiel est qu'ils constituent une capitation égale pour tous, quelle que soit la fortune du contribuable. Il ne faut cependant pas les assimiler aux *corvées* de l'ancien régime. Plusieurs différences les séparent de celles-ci : 1° les prestations sont dues sans exception ni privilège ; les corvées donnaient lieu à une foule d'exemptions, et étaient dues surtout par les cultivateurs ; 2° les prestations ne sont dues que pour les chemins vicinaux et profitent directement à ceux qui en sont tenus. Les corvées s'appliquaient aux grandes routes, ordinairement éloignées des corvéables, qui en profitaient peu.

(2) Dans le but de favoriser la prompte exécution des chemins vicinaux, une loi de 1861 avait d'abord alloué un crédit de 25 millions, répartis sur sept années, pour l'achèvement des chemins vicinaux *d'intérêt commun.*

Une autre loi, du 11 juillet 1868, accorde deux subventions, payables en dix annuités : 1° une allocation de 15 millions pour ces mêmes chemins d'intérêt commun ; 2° une allocation de 100 millions pour les chemins vicinaux *ordinaires.* Cette même loi a créé, en outre, pour l'achèvement des chemins vicinaux ordinaires, une *caisse des chemins vicinaux,* chargée de faire des prêts aux communes ou à leur défaut aux départements jusqu'à concurrence de 200 millions, avec faculté pour les communes ou les départements de se libérer au moyen de trente annuités de 4 pour 100. La gestion de cette caisse est confiée à la caisse des dépôts et consignations.

Une loi du 25 juillet 1873 a réparti sur 10 années, *à partir de*

Différences entre les trois classes de chemins vicinaux. — Plusieurs différences séparent ces diverses espèces de chemins :

1° Pour les chemins de grande communication et pour les chemins d'intérêt commun, la déclaration de vicinalité émane du Conseil général. — Pour les chemins vicinaux ordinaires, elle émane, après avis des conseils municipaux, de la Commission départementale qui a remplacé le Préfet, depuis la loi du 10 août 1871 sur les Conseils généraux (1);

1874, le paiement des subventions attribuées à l'achèvement des chemins vicinaux ordinaires et d'intérêt commun, en réduisant de moitié les subventions annuelles. Elle a également prolongé de cinq ans la durée des prêts à consentir par la caisse des chemins vicinaux; de telle sorte que les communes recevront, en dix ans (de 1874 à 1883), ce qu'elles devaient recevoir, dans cinq ans, mais par des annuités réduites alors de moitié.

Une loi du 15 août 1876 élève au double la huitième annuité des subventions accordées précédemment, ainsi que les avances à consentir par la caisse des chemins vicinaux.

Une loi du 10 avril 1879 augmente encore la dotation de la caisse des chemins vicinaux de 300 millions payables, à partir de 1879, en douze annuités inégales, attribuées, dans des proportions diverses, aux trois classes de chemins vicinaux, et ouvre la caisse aux départements, aussi bien qu'aux communes.

Une loi du 12 mars 1880 ordonne de reverser à la caisse des chemins vicinaux une somme de 80 millions, destinée à venir en aide aux communes et aux départements. (Voir aussi L. 2 avril 1883).

(1) D'après les articles 44 et 46, 7° de la loi du 10 août 1871, le *Conseil général* statue définitivement : sur le *classement* et la direction des chemins vicinaux de grande communication et d'intérêt commun, sur la désignation des communes qui doivent concourir à leur construction et à leur entretien et sur la fixation du contingent annuel de chaque commune, le tout sur l'avis des Conseils compétents ; et sur la désignation des services auxquels sera confiée l'execution des travaux.

C'est également le Conseil général qui statue définitivement sur le *déclassement* desdits chemins (art. 46, 8°, L. 10 août 1871).

D'après l'article 86 de la même loi de 1871 la *Commission départementale* prononce, sur l'avis des Conseils municipaux, la déclaration de vicinalité, le classement, l'ouverture et le redressement des chemins vicinaux ordinaires, la fixation de leur largeur et leur limite.

2° Les chemins de grande communication peuvent *toujours* recevoir des subventions sur les fonds départementaux. — Les chemins d'intérêt commun et les chemins ordinaires ne peuvent en recevoir qu'exceptionnellement, dans des cas extraordinaires (art. 8 L. de 1836.) — Dans tous les cas, c'est le Conseil général qui répartit les subventions accordées sur les fonds de l'Etat ou du département, aux chemins vicinaux de toute catégorie (art. 46 7°, L. 10 août 1871.);

3° Pour les chemins vicinaux de grande communication et d'intérêt commun, l'alignement est délivré par le Préfet, ou même, depuis la loi du 4 mai 1864, par le sous-Préfet, lorsqu'il y a un plan d'alignement régulièrement approuvé. — Pour les chemins vicinaux ordinaires, l'alignement est délivré par le maire, sous l'approbation du sous-Préfet;

4° La loi du 24 juillet 1867 sur les conseils municipaux, autorise ces conseils à voter 3 centimes additionnels *extraordinaires*, exclusivement applicables aux chemins vicinaux *ordinaires* (id. L. 5 avril 1884, art. 141). Nous avons dit, en outre, que l'Etat a accordé des subventions par une loi du 11 juillet 1868, complétée par des lois postérieures, pour l'achèvement des chemins *ordinaires* et d'*intérêt commun*.

Règles communes aux trois classes de chemins vicinaux. — Sauf les différences que nous venons de signaler, les chemins vicinaux sont régis par les mêmes règles; celles-ci sont l'objet des dispositions générales des articles 10-22 de la loi de 1836.

Tous les chemins vicinaux font partie du domaine *public* communal et sont imprescriptibles (art. 10 L. 21 mai 1836).

Les uns et les autres sont, en principe, à la charge des communes, qui, en cas d'insuffisance des ressources ordinaires, pourvoient comme nous l'avons dit, à leur

entretien au moyen de prestations en nature et de centimes spéciaux (art. 2 L. 1836).

Leur construction et leur entretien peuvent donner
lieu à des occupations temporaires de terrain, à des
fouilles ou des extractions de matériaux autorisées par un
arrêté du Préfet, notifié aux parties intéressées dix jours
au moins avant le commencement des travaux. Cette
servitude qui existe, comme nous l'avons dit, pour tous
les travaux publics, peut donner lieu à une indemnité
qui, si elle n'est pas fixée à l'amiable, est réglée par le
Conseil de préfecture sur rapport d'experts nommés, l'un
par le sous-Préfet, l'autre par le propriétaire, et le
tiers-expert, en cas de désaccord, par le Conseil de préfecture (art. 17 et 18 L. 1836).

Les Préfets sont, en outre, autorisés à faire des règlements pour tout ce qui concerne les alignements, les
autorisations de construire, l'écoulement des eaux, les
plantations, etc. (art. 21 L. 1836) (1).

Les contraventions en matière de chemins vicinaux,
comme celles de la petite voirie, sont de la compétence
répressive du juge de paix et donnent lieu à l'application de peines de simple police ; toutefois s'il s'agit
d'anticipations par plantations, ou même autrement, sur
les chemins vicinaux, la réintégration au sol est ordonnée par le Conseil de préfecture, chargé ainsi d'une
compétence civile et non pénale, ainsi que nous l'avons
dit en traitant de la compétence du Conseil de préfecture.

— Parmi les dispositions générales applicables aux
chemins vicinaux il faut remarquer celles concernant
l'*élargissement*, l'*ouverture* ou le *redressement* desdits che-

----

(1) Ces règlements ont pour base l'*Instruction générale sur le
service des chemins vicinaux*, faite par une commission instituée
en 1869, rendue exécutoire à partir du 1er janvier 1871 et modifiée
par les instructions des 23 septembre 1871 et 10 janvier 1872 qui
l'ont mise en harmonie avec la loi du 10 août 1871 sur les Conseils
généraux.

mins. Il importe à cet égard, de distinguer, avec soin, deux grandes classes de décisions que peut prendre : soit le Conseil général pour les chemins vicinaux de grande communication et d'intérêt commun; soit la Commission départementale, pour les chemins vicinaux ordinaires.

1º Celles qui ont pour objet la *reconnaissance* et la *fixation* de la largeur d'un chemin vicinal (art. 15 L. 21 mai 1836);

2º Celles qui autorisent les travaux d'*ouverture* ou de *redressement* (art. 16 L. 21 mai 1836) (1).

Les premières s'appliquent à des chemins publics déjà existants, les secondes sont relatives à des chemins à créer en tout ou en partie. Ces deux sortes de décisions produisent des effets bien différents.

— Les décisions portant *reconnaissance et fixation* de la largeur d'un chemin vicinal (2), *attribuent* définitivement au chemin le *sol* compris dans les limites fixées. Le droit des propriétaires riverains se résout en une indemnité, qui est réglée à l'amiable, ou par le *juge de paix*, sur le rapport d'experts nommés conformément à l'article 17 (3).

Les riverains sont ainsi privés de leur propriété sans les garanties des formes de l'expropriation et du paie-

(1) Autrefois, d'après la loi du 21 mai 1836, c'était le Préfet qui était chargé de prendre des arrêtés relatifs à ces deux sortes de mesures. Depuis la loi du 10 août 1871, le Conseil général et la Commission départementale ont été substitués, à cet égard, au Préfet (art. 44 et 86 L. 10 août 1871).

(2) Ces décisions sont aussi appelées : décisions de *reconnaissance* et de *déclaration*, parce qu'elles s'appliquent à un chemin déjà ouvert au public depuis plus ou moins longtemps.

(3) D'après ce dernier article les experts sont nommés : l'un par le Sous-Préfet, l'autre par le propriétaire et le *tiers expert* par le *Conseil de Préfecture*. Malgré le renvoi de l'article 15 à l'article 17 on décide généralement qu'il est dans l'esprit de la loi que le tiers expert soit nommé par le *juge de paix*, investi du droit de statuer sur l'indemnité (en ce sens : Ducrocq et C. cas. 21 décembre 1864.)

29.

ment préalable de l'indemnité. C'est une raison de
conclure du mot *sol* (1) employé par la loi, que cette
attribution de propriété et le mode de paiement de l'indemnité ne s'appliquent pas aux maisons ou constructions. Observons, en outre, que, d'après l'opinion générale, cette attribution de propriété au domaine public de
la commune n'empêcherait pas l'exercice d'une action
possessoire devant le juge de paix, mais seulement pour
faire déterminer qui était en possession, et par conséquent à qui incombera la preuve, si plus tard, à l'occasion de l'indemnité, s'élevait la question de propriété
devant le tribunal civil.

— Les décisions portant *ouverture* ou *redressement* d'un
chemin vicinal donnent lieu à une expropriation *spéciale*,
dont nous avons parlé plusieurs fois, car certaines lois
se réfèrent à l'expropriation en matière de chemins vicinaux. Cette expropriation *spéciale* qu'il importe de remarquer diffère de l'expropriation *ordinaire* sous plusieurs rapports :

1o Pour l'expropriation ordinaire, c'est une loi ou un
décret en Conseil d'Etat qui déclare l'utilité publique et
autorise les travaux. — Pour l'ouverture ou le redressement d'un chemin vicinal, la loi ou le décret est remplacé par une décision du Conseil général ou de la Commission départementale ;

2o Le tribunal civil qui prononce l'expropriation, commet, dans les cas ordinaires, un de ses membres pour
magistrat directeur du jury. — En matière de chemins

(1) Cette solution a été consacrée par la loi du 8 juin 1864. Cette
loi dispose qu'en cas d'élargissement *immédiat*, comme en cas d'*ouverture* ou de *redressement* d'une rue formant le prolongement
d'un chemin vicinal, l'occupation de terrains *bâtis* aura lieu, conformément à la loi de 1841 combinée avec la loi de 1836 ; de telle
sorte que le jury spécial de 4 membres établi par cette dernière loi
fixe l'indemnité; mais un décret est nécessaire pour autoriser l'expropriation, conformément à la loi de 1841 et à celle du 27 juillet
1870.

vicinaux, il commet un de ses membres ou le juge de paix, et le plus souvent c'est le juge de paix qui est commis ;

3° Le jury de jugement, dans les expropriations ordinaires, se compose de *douze* jurés. — Pour les chemins vicinaux, il se compose de *quatre* jurés seulement (1).

Dans le premier cas : la liste de *session* de *seize jurés* et de *quatre suppléants* est dressée par la *Cour ou le tribunal du chef-lieu du département*, et il y a lieu à *deux* récusations tant de la part de l'administration que de la part de l'exproprié. — Dans le second cas, c'est le *tribunal d'arrondissement* qui nomme *quatre* jurés titulaires et *trois suppléants*, pour former la liste de session et il n'y a lieu qu'à *une seule* récusation de la part de chaque partie ;

4° Quand il s'agit d'expropriation ordinaire, le *président du jury* a voix prépondérante en cas de partage. — Au contraire, quand il s'agit de chemins vicinaux, le *magistrat directeur* du jury a voix délibérative en cas de partage.

Il est bon d'observer que, dans tous les cas où les propriétaires ont à réclamer une indemnité : soit pour les terrains qui ont servi à la *confection* des chemins; soit pour la servitude des fouilles et d'extraction de matériaux, la loi établit une prescription particulière de *deux* ans (art. 18 L. 1836) (2).

Enfin, la loi de 1836 consacre également le droit de

---

(1) Nous rappelons que ce petit jury de 4 membres se retrouve encore : en cas d'expropriation pour travaux de drainage, pour tous les travaux entrepris par des associations syndicales *autorisées ;* — et pour l'établissement d'un tramway ou de lignes télégraphiques ou téléphoniques (voir p. 488).

(2) Quelques auteurs ont conclu du mot *confection* dont se sert la loi que cette prescription exceptionnelle ne s'appliquait qu'au cas d'*ouverture* d'un chemin et non au cas de *reconnaissance* d'un chemin public préexistant. Mais l'esprit de la loi doit faire repousser une interprétation aussi étroite.

préemption en faveur des riverains, dans le cas de changement de direction ou d'abandon d'un chemin vicinal en tout ou en partie.

Le prix à payer par les propriétaires riverains, qui auront fait leur soumission de se rendre acquéreurs du chemin délaissé, est réglé par des experts nommés, l'un par le sous-Préfet, l'autre par le propriétaire, et le tiers expert, en cas de désaccord, par le Conseil de préfecture (art. 19 L. 21 mai 1836).

§ II. *Chemins ruraux.*

Les chemins ruraux ont été réglementés par la loi du 20 août 1881, relative au Code rural.

Les chemins *ruraux* sont les chemins appartenant aux communes, affectés à l'usage du public, qui n'ont pas été classés comme chemins vicinaux (art. 1).

Tout chemin affecté à l'usage du public est présumé, jusqu'à preuve contraire, appartenir à la commune (art. 2 et 3).

D'après la nouvelle loi du 20 août 1881, il faut distinguer, parmi les chemins ruraux, ceux qui, ayant été désignés par le conseil municipal, sur la proposition du maire, ont été l'objet d'*arrêtés de reconnaissance.*

Ces arrêtés sont pris par la *Commission départementale,* sur la proposition du Préfet et après enquête; ils sont affichés et notifiés à chaque riverain. Un plan est annexé à l'acte de reconnaissance (art. 4). Ils valent prise de possession pour la commune (art. 5).

Comme en matière de chemins vicinaux, ces arrêtés ont pour objet : soit la reconnaissance et la fixation de la largeur des chemins, soit leur ouverture ou leur redressement.

Quand il y a lieu à l'expropriation pour l'élargissement, l'ouverture ou le redressement, elle a lieu conformément aux règles spéciales prescrites pour l'expropriation en cas d'ouverture ou de redressement des chemins vicinaux (1).

(1) Toutefois, quand il y a lieu à l'occupation soit de maisons, soit de cours et jardins y attenant, soit de terrains clos de murs ou de haies vives, la déclaration d'utilité publique doit résulter d'un décret en Conseil d'Etat.

Dans tous les cas, même s'il s'agit d'un simple élargissement, la commune ne peut entrer en possession des terrains expropriés avant le paiement de l'indemnité (art. 13).

En dehors des effets du classement, les chemins ruraux *reconnus* ressemblent aux chemins vicinaux sous
plusieurs autres rapports :

1° Ils sont déclarés *imprescriptibles* par la nouvelle loi
(art. 6), contrairement à ce que décidait la Cour de cassation (1).

2° Ils sont l'objet d'un règlement général que le Préfet
doit faire, qui est transmis au Conseil général et approuvé par le ministre de l'intérieur (art. 8).

3° En cas d'insuffisance des ressources ordinaires de la
commune, ils sont entretenus : soit à l'aide d'une journée
de prestation, soit à l'aide de centimes en addition au
principal des quatre contributions directes (art. 10); sans
préjudice des subventions spéciales en argent ou en
prestations qui peuvent être imposées à ceux qui dégra-
deraient les dits chemins par des exploitations industrielles (art. 11 et 12).

— Lorsque les travaux relatifs à la création et à l'entretien des chemins *reconnus*, ne sont pas exécutés, la loi
de 1881 permet d'organiser des *syndicats*, qui sont régis
par des règles analogues à celles que nous avons exposées
en traitant des associations syndicales (section II de la
loi, art. 19-32).

— La police et la conservation des chemins ruraux
sont confiées à l'autorité municipale (art. 9). On applique
à ces chemins les règles dont nous avons parlé, à l'occasion des chemins vicinaux, relativement à la servitude
de fouilles et d'occupation temporaire des terrains, à la
prescription de 2 ans pour l'indemnité due à cet égard
et même au cas d'expropriation, au droit de *préemption*
accordé aux riverains dans le cas d'abandon d'un chemin
rural dont l'aliénation aurait été ordonnée (art. 14-17).

Il est bon d'observer que toutes les contestations relatives à la propriété ou à la possession des chemins ruraux,
sont jugées par les tribunaux ordinaires (art. 7).

(1) Il faut conclure à *contrario* de l'article 6 de la nouvelle loi,
que les chemins ruraux, qui n'ont pas fait l'objet d'un arrêté de reconnaissance, sont prescriptibles.

Différences entre les chemins ruraux reconnus et les che-
mins vicinaux.—D'après les notions qui précèdent, on peut
signaler entre les chemins ruraux *reconnus* et les chemins
vicinaux, même ordinaires, les différences suivantes :

1º Les arrêtés de simple élargissement des chemins
ruraux ne sont pas *attributifs* de propriété; ils sont déclaratifs d'utilité publique et ils donnent lieu, comme ceux
d'ouverture et de redressement, à l'expropriation spéciale
qui résulte des arrêtés d'ouverture ou de redressement
des chemins vicinaux;

2º Pour les chemins ruraux, un décret déclarant l'utilité publique devient nécessaire, non seulement pour les
terrains bâtis ou clos de murs, mais aussi pour les cours
et jardins attenant aux maisons et pour les terrains clos,
même seulement de haies vives.

Les chemins ruraux étant moins importants et leur
caractère d'utilité publique étant plus contestable et
plus restreint, on a voulu protéger davantage la propriété privée;

3º Les rues formant le prolongement d'un chemin rural ne font pas partie intégrante de ce chemin;

4º Pour les chemins ruraux la commune ne peut affecter que l'une ou l'autre de ces ressources : soit une journée de prestation, soit des centimes additionnels ;

5º Les travaux relatifs aux chemins ruraux peuvent
être l'objet de syndicats;

6º En cas d'anticipation sur les chemins ruraux, le tribunal de simple police a une compétence à la fois civile
et pénale; tandis qu'en matière de chemins vicinaux,
le Conseil de préfecture a une compétence civile pour
ordonner la réintégration au sol de la voie publique du
terrain usurpé (L. 7 ventôse an XIII), et le tribunal de
simple police, une compétence pénale, pour prononcer
une amende, conformément à ce que nous avons dit, en
traitant du Conseil de préfecture (page 190).

— Quant aux chemins ruraux *non reconnus*, ils diffèrent des chemins *reconnus*, en ce qu'ils font partie du domaine privé de la commune et sont, dès lors, prescriptibles ; qu'ils ne peuvent faire l'objet de syndicats et qu'en cas d'insuffisance de ses ressources ordinaires, la commune ne pourrait appliquer, d'après la loi du 21 juillet 1870, que l'excédant des prestations disponibles et sous certaines restrictions prévues par cette loi.

CHAPITRE III.

—

ALIGNEMENTS.

L'alignement est la détermination, par voie de délimitation, de la ligne séparative de la voie publique et des propriétés riveraines.

L'alignement n'est pas un bornage ordinaire. Il en diffère sous deux rapports : 1° L'alignement est fait par l'autorité administrative. — Le bornage, au contraire, est fait par l'autorité judiciaire, toutes les fois qu'il n'y est pas procédé à l'amiable; 2° L'alignement, comme l'indique son nom, autorise l'administration à opérer le redressement ou l'élargissement de la voie publique; il emporte ainsi le droit de prononcer une *adjudicatio*, une attribution de propriété, comme dans l'action *finium regundorum* des Romains. — Le bornage, au contraire, oblige l'autorité judiciaire à fixer les limites conformément aux titres et aux droits des parties; de telle sorte que le juge ne pourrait transférer la propriété de l'un des voisins à l'autre pour tracer une ligne séparative plus régulière.

L'alignement est ainsi *actuel* ou *futur*, suivant qu'il reconnaît et consacre les limites déjà existantes ou qu'il les modifie pour l'avenir.

— On procède à la délimitation de la voie publique et des propriétés privées, soit par alignement *général*, soit par alignement *partiel* ou *individuel*.

L'alignement *général* embrasse l'ensemble de la voie publique; il détermine la direction du chemin et la constate dans des plans généraux.

L'alignement *partiel* ou *individuel* est l'acte par lequel l'administration désigne à une personne déterminée la ligne séparative de la voie publique et de sa propriété, lorsqu'elle veut établir le long du chemin des constructions, plantations ou clôtures. L'alignement doit être délivré par écrit. Il doit être demandé, même quand il existe un plan général.

§ I. AUTORITÉS QUI DÉLIVRENT L'ALIGNEMENT.

Grande voirie. — En matière de *grande voirie*, l'alignement *individuel* est donné par le *Préfet*, d'après les plans généraux approuvés par un décret rendu en Conseil d'Etat, à la suite d'une enquête de *commodo* et *incommodo*. A défaut de plans généraux, le Préfet délivre l'alignement d'après les limites de la voie publique, telles qu'elles résultent des anciens règlements ou de l'usage immémorial.

Toutefois, une loi du 4 mai 1864 a chargé le *sous-Préfet* de délivrer les alignements sur les routes nationales et départementales (et même sur les chemins vicinaux de grande communication), toutes les fois qu'il existe un plan d'alignement régulièrement approuvé.

Voirie urbaine. — En matière de *voirie urbaine*, le maire délivre les alignements partiels, conformément au plan général. Celui-ci, d'après la loi du 16 septembre 1807, était arrêté en Conseil d'Etat ; mais depuis le décret de décentralisation du 25 mars 1852, il est arrêté par le Préfet, après avoir été délibéré par le Conseil municipal. A défaut de plan général, le maire délivre l'alignement, en se conformant à l'état actuel des lieux, et, par suite, il ne pourrait forcer le propriétaire à reculement ni redresser les plis et coudes (1).

(1) Un arrêt de la Cour de cassation du 14 mars 1870 décide, en effet, qu'en l'absence d'un plan général d'alignement, le maire ne peut délivrer un alignement partiel qu'en se conformant aux limites actuelles de la voie publique et que si le particulier a été autorisé à

Voirie vicinale. — En ce qui concerne la *voirie vicinale*, il faut distinguer les chemins vicinaux ordinaires et les chemins de grande communication et d'intérêt commun.

Pour les premiers, c'est-à dire pour les chemins vicinaux ordinaires, c'est le *maire* qui délivre les alignements partiels.

Pour les seconds, c'est-à-dire pour les chemins vicinaux de grande communication et même d'intérêt commun (1), c'était le *Préfet* qui délivrait les alignements partiels ; mais depuis la loi du 4 mai 1864, c'est le *sous-Préfet* qui est chargé de délivrer les alignements partiels, toutes les fois qu'il y a un plan général d'alignement.

Le plan général, d'après la loi du 10 août 1871, est arrêté par le Conseil général pour les chemins de grande communication et d'intérêt commun, et par la Commission départementale pour les chemins vicinaux ordinaires ou de petite vicinalité.

A défaut de plan général, l'autorité chargée de délivrer l'alignement individuel doit toujours se conformer à l'état des lieux, comme en matière de voirie urbaine et de grande voirie.

§ II. EFFETS DE L'ALIGNEMENT.

L'alignement, ainsi que nous l'avons dit, n'est pas un simple bornage ayant seulement pour but de fixer la ligne séparative de la voie publique et de la propriété

avancer sur la voie publique, la commune peut revendiquer et exiger la démolition.

(1) L'arttcle 9 de la loi de 1836 sur les chemins vicinaux déclare que les chemins vicinaux de *grande communication* sont sous l'autorité des Préfets et la loi de 1864 qui attribue au sous-Préfet le droit de délivrer les alignements, en cas de plan général, ne parle également que des chemins de grande communication. Néanmoins, depuis la loi du 10 août 1871, sur les Conseils généraux, qui a assimilé par diverses dispositions les chemins d'intérêt commun et les chemins de grande communication, on reconnaît généralement que les mêmes règles doivent les régir (arrêts du Conseil d'Etat des 29 décembre 1876 et 5 janvier 1877).

privée; il entraîne une servitude d'utilité publique et quelquefois même une expropriation *sui generis*.

Servitude résultant de l'alignement. — La *servitude* d'alignement impose à un riverain deux sortes de restrictions :

1° Il doit obtenir l'autorisation préalable de l'administration pour faire, le long de la voie publique, des constructions, des plantations ou clôtures; cette autorisation doit être demandée, même dans le cas où il existe un plan général d'alignement;

2° Il ne peut faire aucun travail *confortatif* à un mur de face qui, d'après l'alignement, serait sujet à reculement. — Il est même obligé, pour les travaux non confortatifs, d'obtenir une autorisation.

Expropriation et droit de préemption pour cause d'alignement. — Le plan général d'alignement peut obliger le propriétaire à reculer ou à avancer, à céder du terrain ou à en prendre. En effet, il arrivera souvent : ou bien que la propriété riveraine empiétera sur le nouveau tracé de la voie publique, ou bien qu'elle se trouvera en-dehors de ce tracé et à une certaine distance, c'est-à-dire en retraite de l'alignement.

Dans le premier cas, c'est-à-dire quand la propriété empiète sur la voie publique, telle qu'elle est déterminée par le nouveau tracé, la partie retranchable est immédiatement transférée au domaine public, sauf indemnité. L'alignement opère ainsi une attribution de propriété, une *expropriation sui generis* (1). Si la propriété

(1) Cette expropriation, pour cause d'alignement, qui suppose l'élargissement ou le redressement de la voie publique, a lieu sans les formes de l'expropriation ordinaire et sans intervention de l'autorité judiciaire.

S'il s'agissait, au contraire, de l'*ouverture* d'une voie nouvelle ou de travaux entraînant un élargissement collectif et *immédiat*, il faudrait recourir à la loi du 3 mai 1841: soit pour la déclaration d'utilité publique par une loi ou un décret en Conseil d'Etat; soit

sujette à reculement est une maison, comme le propriétaire ne peut faire aucun travail confortatif au mur de
face, le terrain sera incorporé au domaine public lorsque
la maison viendra à tomber par vétusté ou qu'elle sera
démolie volontairement ou même forcément, pour cause
de sécurité publique, et l'indemnité sera due seulement
pour la valeur du terrain délaissé, mais non pour le préjudice éprouvé par suite de la ruine ou de la destruction
de la maison (art. 50 L. 16 septembre 1807 sur le desséchement des marais et autres travaux publics) (1).

Dans le second cas, c'est-à-dire quand la propriété
riveraine est en retraite de l'alignement, le propriétaire
a le droit de *préemption* pour acquérir, de préférence à
tous autres, le terrain libre qui se trouve entre le nouveau tracé d'alignement et sa propriété. Spécialement
pour la voirie urbaine, si le propriétaire riverain ne
veut pas exercer ce droit, l'article 53 de la loi du 16 septembre 1807 autorise l'administration à le déposséder
de l'ensemble de sa propriété, en lui en payant la valeur, telle qu'elle était avant l'entreprise des travaux.

L'indemnité due, soit au cas d'*expropriation*, soit au
cas de l'exercice du droit de *préemption*, est fixée par le jury
ordinaire pour la grande voirie et la voirie urbaine,
conformément à un avis du Conseil d'État du 1er avril
1841, et par le juge de paix, sur rapport d'experts, pour
la voirie vicinale, conformément à la loi du 21 mai 1836
sur les chemins vicinaux, ainsi que nous l'avons dit en
parlant des décisions du Conseil général et de la Com-

---

pour lé prononcé de l'expropriation par jugement du tribunal civil,
soit pour le règlement de l'indemnité préalable par le jury ordinaire
de douze membres. Spécialement, en matière de chemins vicinaux,
nous avons vu que la décision du Conseil général ou de la Commission départementale, portant ouverture ou redressement d'un chemin
vicinal, tient lieu de décret, quand il ne s'agit pas de terrains *bâtis*,
et qu'en tout cas, le règlement de l'indemnité est fixé par un jury de
4 membres.

(1) Il faut reconnaître que cette disposition de l'article 50 de la
loi de 1807 est bien rigoureuse.

mission départementale, portant reconnaissance et fixation de la largeur des chemins vicinaux.

— En matière de *grande voirie*, la servitude et l'expropriation pour cause d'alignement résultent de l'arrêt du Conseil du 27 février 1765, maintenu par l'Assemblée constituante. — En matière de *voirie urbaine*, elles ont été consacrées par la loi du 16 septembre 1807, dont nous venons de rappeler les principales dispositions. — Enfin, en matière de *chemins vicinaux*, la loi du 21 mai 1836 les a formellement reconnues dans les articles 15-21, contrairement à ce que décidait une jurisprudence antérieure.

Le droit de *préemption* établi par la loi de 1807 en matière de voirie *urbaine* a été consacré :

Pour la *grande voirie*, par la loi de 1842;

Pour les chemins *vicinaux*, par la loi de 1836 ;

Et, en cas d'*expropriation pour cause d'utilité publique*, lorsque les terrains soumis à l'expropriation n'ont pas reçu leur destination, par la loi générale du 3 mai 1841.

Nous en avons parlé à l'occasion de ces diverses lois.

§ III. CONTENTIEUX RELATIF A L'ALIGNEMENT.

Les arrêtés d'alignement ou les permissions de voirie peuvent être l'objet de réclamations de la part des particuliers, comme aussi l'inobservation des lois et règlements qui les concernent peut donner lieu à des poursuites de la part de l'administration.

— Les particuliers dont l'intérêt se trouve lésé peuvent recourir, par voie gracieuse, en suivant la hiérarchie administrative, pour obtenir la réformation de l'acte qui leur nuit.

Si leur droit est violé; soit parce qu'il y a refus de délivrance d'un alignement; soit parce que l'alignement n'est pas délivré en conformité d'un plan général, le recours par la voie contentieuse leur est ouvert, même

devant le Conseil d'Etat. — Toutefois, en matière de voirie urbaine, l'article 52 de la loi du 16 septembre 1807 n'autorise contre les arrêtés du maire qu'un recours par voie administrative devant le Conseil d'Etat, qui statue sur le rapport du ministre de l'intérieur.

Les réclamations des particuliers, quant aux conséquences de l'alignement régulièrement délivré, peuvent avoir pour objet une demande d'indemnité. Cette indemnité, en cas de dépossession, est, ainsi que nous l'avons dit, fixée par le jury d'expropriation en matière de grande voirie et de voirie urbaine, et par le juge de paix, sur rapport d'experts, en matière de chemins vicinaux.

— L'inobservation des lois et règlements sur l'alignement constitue une contravention réprimée par des peines et des juridictions diverses.

En matière de *grande voirie*, le Conseil de préfecture prononce l'amende, fixée à 300 francs par l'arrêt du Conseil de 1765, contre le propriétaire qui a construit sans avoir demandé un alignement ou qui, sans autorisation, a fait des travaux, confortatifs ou non. En outre, lorsque la construction empiète sur la voie publique ou orsque des travaux *confortatifs* ont été faits à un mur de face sujet à reculement, le Conseil de préfecture doit en ordonner la démolition. C'est l'application à l'alignement de sa double compétence *civile* et *pénale* en matière de grande voirie.

En ce qui concerne la *voirie vicinale*, le Conseil de préfecture a une compétence *civile* pour statuer sur les anticipations commises sur les chemins vicinaux et pour ordonner la démolition. C'est une extension, admise par la jurisprudence, du texte de la loi du 9 ventôse an XIII, qui ne parle que des anticipations commises par *plantations*. En tout cas, le Conseil de préfecture n'a pas de juridiction répressive, et c'est le tribunal de simple police qui est chargé d'appliquer l'amende de simple police à la contravention commise sur les chemins vicinaux.

En matière de *voirie urbaine*, le tribunal de simple police est chargé de condamner non seulement à l'amende de 1 franc à 5 francs édictée par l'article 471, n° 5, du Code pénal, mais encore à la démolition *de la besogne mal plantée*, comme disait l'édit de 1607. Quand il s'agit d'une construction qui empiète sur la voie publique, la démolition doit en être ordonnée. Faut-il décider de même pour tous les travaux de réparations faits, sans autorisation, à un mur de face sujet à reculement? La jurisprudence de la Cour de cassation, plus sévère que celle du Conseil d'Etat en matière de grande voirie, ne fait aucune distinction entre les travaux confortatifs ou non, et décide que dans tous les cas, le tribunal de simple police doit ordonner la destruction des travaux, même non confortatifs. — C'est dans le même esprit que la Cour de cassation exige une autorisation pour construire même en retraite d'alignement.

SÉPARATION DES POUVOIRS.

Division des pouvoirs constitués. — Montesquieu, dans son traité de l'*Esprit des lois* (livre XI, chap. 6), distingue trois pouvoirs : le pouvoir *législatif*, le pouvoir *exécutif* et le pouvoir *judiciaire* (1).

Le pouvoir *législatif* a pour objet la confection de la loi.

Le pouvoir *exécutif* a pour objet la promulgation et l'exécution de la loi.

Le pouvoir *judiciaire* a pour objet l'application de la loi aux contestations qui peuvent s'élever entre les citoyens.

Le pouvoir *législatif* est actuellement exercé par la Chambre des députés et le Sénat. La discussion des pro-

(1) « Il y a dans chaque Etat trois sortes de pouvoirs : la puis-
« sance législative, la puissance exécutrice des choses qui dépen-
« dent du droit des gens et la puissance exécutrice de celles qu'
« dépendent du droit civil. Par la première, le prince ou le magis-
« trat fait des lois,... par la seconde, il fait la paix ou la guerre, en-
« voie ou reçoit des ambassades, établit la sûreté, prévient les in-
« vasions ; par la troisième il punit les crimes ou juge les différend
« des particuliers. On appellera cette dernière la puissance de juge
« et l'autre simplement la puissance exécutrice de l'Etat... lorsqu
« dans la même personne ou dans le même corps de magistratur
« la puissance législative est réunie à la puissance exécutrice, il n'
« a point de liberté, parce qu'on peut craindre que le même monar
« que ou le même sénat ne fasse des lois tyranniques pour les exécute
« tyranniquement. Il n'y a point encore de liberté, si la puissance d
« juger n'est pas séparée de la puissance législative et de la puis
« sance exécutrice ; si elle était jointe à la puissance législative, l
« pouvoir sur la vie et la liberté des citoyens serait arbitraire, ca
« le juge serait législateur ; si elle était jointe à la puissance exécu
« trice, le juge pourrait avoir la force d'un oppresseur.

« Tout serait perdu si le même homme ou le même corps de
« principaux ou des nobles, ou du peuple, exerçaient ces trois po
« voirs : celui de faire des lois, celui d'exécuter les résolutions p
« bliques et celui de juger les crimes ou les différends des particu
« liers. »

ets de loi, autres que ceux de finances, peut commencer aussi bien au Sénat qu'à la Chambre des députés.

Le pouvoir *exécutif* appartient au Président de la République et aux diverses autorités administratives qui relèvent de lui.

Le pouvoir *judiciaire* est exercé par l'ensemble des tribunaux chargés de statuer sur les difficultés auxquelles peut donner lieu l'application de la loi entre les citoyens.

— Cette division tripartite des pouvoirs a été l'objet de vives critiques.

On a observé, non sans raison, que l'autorité judiciaire n'était qu'une émanation du pouvoir exécutif; qu'il ne pouvait y avoir que deux pouvoirs : le pouvoir chargé de faire la loi et le pouvoir chargé de la mettre à exécution, et que l'autorité administrative et l'autorité judiciaire n'étaient que des manifestations diverses du pouvoir exécutif; qu'en effet, appliquer la loi à des faits déterminés, en cas de contestation, n'est qu'un moyen de l'exécuter, en levant l'obstacle qui en paralysait l'autorité; que c'est en ce sens qu'était conçue l'ancienne maxime « *que toute justice émane du roi* »; qu'enfin l'autorité judiciaire se rattache, en fait, au pouvoir exécutif, par le serment des magistrats, leur nomination ou leur institution et par la formule exécutoire dont leurs décisions sont revêtues.

On peut néanmoins répondre que Montesquieu, en établissant cette division tripartite des pouvoirs, ne songeait qu'à donner aux citoyens plus de garanties, en recommandant la séparation de la mission du juge, soit dans le domaine du droit privé, soit dans le domaine du droit public, de la mission du législateur et de celle de l'administrateur; et il serait, en effet, très utile que soit dans l'ordre civil, soit dans l'ordre administratif, aussi bien pour les intérêts généraux que pour les intérêts particuliers, il y eut une magistrature plus indépendante du pouvoir exécutif et offrant aux citoyens toute sécurité par la capacité de son personnel et son mode de recrutement.

30

— Quoi qu'il en soit, on est convenu d'appeler *pouvoir judiciaire* l'ensemble des tribunaux chargés de l'application des lois d'ordre privé et d'ordre pénal, et *pouvoir administratif*, l'ensemble des diverses autorités chargées de l'application des lois d'ordre public et d'intérêt général.

Le pouvoir judiciaire, ainsi entendu, a été rendu plus indépendant que le pouvoir administratif par l'inamovibilité conférée à la plupart des juges. C'est probablement en raison de cette garantie particulière d'indépendance que l'autorité judiciaire a été considérée comme formant un pouvoir propre, distinct du pouvoir exécutif (1).

Du reste, que le pouvoir judiciaire ne soit qu'un attribut du pouvoir exécutif qui comprendrait ainsi l'autorité gouvernementale et administrative et l'autorité judiciaire, ou qu'il forme un pouvoir distinct du pouvoir exécutif, la question ne présente pas d'intérêt et, dans tous les cas, il importe de distinguer le pouvoir administratif du pouvoir judiciaire, de même que l'on distingue l'autorité civile, l'autorité militaire et l'autorité religieuse.

— Conformément aux indications du programme officiel, nous étudierons dans deux sections distinctes : 1° la séparation des pouvoirs judiciaire et administratif; 2° la séparation des pouvoirs administratif et ecclésiastique.

---

(1) Dans l'ordre judiciaire, les juges de paix ne sont cependant pas inamovibles; et, d'autre part, dans l'ordre administratif, les conseillers maîtres ou référendaires, à la Cour des comptes, sont inamovibles.

SÉPARATION DES POUVOIRS JUDICIAIRE ET ADMINISTRATIF.

Notions historiques. — Le principe de la séparation des pouvoirs *judiciaire* et *administratif* a été posé en ces termes par l'Assemblée constituante dans la loi des 16-24 août 1790 (titre II, art. 13) sur l'organisation judiciaire :

« Les fonctions judiciaires sont distinctes et demeu-
« reront toujours séparées des fonctions administratives.
« Les juges ne pourront, à peine de forfaiture, *troubler*
« de quelque manière que ce soit les opérations des corps
« administratifs, ni citer devant eux les administrateurs
« pour raison de leurs fonctions. »

La Constitution du 3 septembre 1791 (titre III, chap. 5, art. 3), proclama le même principe en déclarant que :

« les tribunaux ne peuvent ni s'immiscer dans l'exercice
« du pouvoir législatif ou suspendre l'exécution des lois
« ni *entreprendre* sur *les fonctions* administratives ou citer
« devant eux les administrateurs en raison de leurs
« fonctions. »

Enfin, la Convention nationale, renouvelant les dé-
fenses faites par l'Assemblée constituante, s'exprimait ainsi dans le décret du 16 fructidor de l'an III (art. 1, § 2) :

« Défenses itératives sont faites aux tribunaux de *con-*
« *naître des actes d'administration* de quelqu'espèce qu'ils
« soient, sauf aux réclamants à se pourvoir, s'il y a lieu
« en exécution des lois. »

Ce sont particulièrement les textes de la loi des 16-24 août 1790 et du décret du 16 fructidor de l'an III qui protègent l'autorité administrative contre les empiétements de l'autorité judiciaire. Aussi ces textes sont-ils toujours visés, comme nous le verrons, dans les arrêtés de conflit pris par les Préfets.

C'est sous l'influence des souvenirs des empiétements des anciens Parlements que l'Assemblée constituante et après elle, la Convention nationale, ont été amenées à décréter la séparation des pouvoirs judiciaire et administratif.

C'est sous l'empire des mêmes préoccupations qu'a été rédigé l'article 5 du Code civil qui se réfère particulièrement à la séparation du pouvoir judiciaire et du pouvoir législatif. « Il est défendu aux juges de prononcer « par voie de disposition générale et réglementaire sur « les causes qui leur sont soumises » (1).

Les articles 127 et suivants du Code pénal n'ont fait que renouveler et sanctionner ces diverses dispositions.

Conséquences du principe de la séparation des pouvoirs.— Les conséquences du principe de la séparation des pouvoirs judiciaire et administratif, proclamé par l'Assemblée constituante, peuvent être ainsi formulées :

1° L'autorité judiciaire ne peut entreprendre sur les fonctions administratives, soit en donnant des *ordres* à l'autorité administrative, soit en *exerçant elle-même* les attributions confiées aux différentes autorités administratives, notamment en matière contentieuse ;

2° Elle ne peut *annuler*, ni *réformer* les actes de l'autorité administrative, quand même ils seraient entachés d'illégalité ou d'excès de pouvoirs, sauf aux parties intéressées à en demander la nullité ou la réformation par voie administrative, notamment en exerçant un recours contentieux devant le Conseil d'Etat, recours qui, comme nous l'avons vu, est toujours autorisé, en cas d'*excès de*

---

(1) Les parlements avaient empiété sur le pouvoir administratif et législatif en *traduisant* devant eux les administrateurs pour se faire rendre compte de leur gestion; en *refusant* l'enregistrement des édits royaux et en rendant des *arrêts de règlement.*

pouvoir, contre tous les actes de l'administration, soit active, soit délibérative, soit contentieuse ;

3° L'autorité judiciaire ne peut *connaître des actes de l'administration*, lorsqu'il s'agit d'en faire l'application : soit pour les interpréter, lorsque leur sens est douteux (1) ; soit pour en apprécier la légalité ou l'opportunité. Toutefois, il importe, à cet égard, de faire des distinctions.

S'il s'agit d'actes *généraux et réglementaires*, qui sont le complément de la loi, l'autorité judiciaire peut en apprécier la légalité et les interpréter comme elle interprète la loi elle-même pour en saisir le sens et la portée, et en faire une légitime application. C'est ce que décide l'art. 471, n° 15 du Code pénal, aux termes duquel les tribunaux de simple police ne doivent prononcer l'amende de 1 à 5 francs pour contravention aux règlements qu'autant que ces règlements ont été *légalement* faits. Par suite, les tribunaux peuvent et doivent, avant de prononcer la peine, vérifier si le règlement émané de l'autorité administrative (soit d'un maire, d'un préfet, d'un ministre, soit même du Chef de l'Etat), a été pris dans les limites de ses attributions et en conformité de la loi (2) ; mais même, dans ce cas, les tribunaux qui, reconnaissant l'illégalité du règlement, se refusent, avec raison, à en faire l'application et à prononcer une peine, ne pourraient annuler ou réformer le règlement.

S'il s'agit d'actes *contractuels*, qui sont des actes de gestion, les tribunaux sont également compétents pour

(1) Si les actes administratifs ne présentent ni doute, ni obscurité, les tribunaux de l'ordre judiciaire ne sont pas tenus d'ordonner un sursis et de renvoyer, pour l'interprétation, devant l'autorité administrative (Cassation 8 novembre 1876).

(2) C'est ainsi, que la Cour de cassation, chambres réunies, a jugé que le décret du 12 février 1814, rendu par l'impératrice régente, Marie-Louise, à l'effet de prescrire certaines formalités pour la publication des actes de sociétés commerciales, était illégal, parce qu'il constituait un empiétement sur le pouvoir législatif et que, par suite, il n'était pas obligatoire (arrêt du 13 mars 1832).

30.

en apprécier le sens et la validité, à moins qu'un texte
formel n'en ait investi l'autorité administrative, ainsi
que nous l'avons vu pour les ventes de biens nationaux
(L. 28 pluviôse an VIII, art. 4), pour les baux en matière
d'octrois (D. 17 mai 1809 et art. 11 L. 21 juin 1865).

Mais s'il s'agit d'*actes administratifs proprement dits*,
c'est-à-dire d'actes spéciaux et individuels, constituant des
actes d'autorité émanés de l'administration, en qualité
de puissance publique, le principe est que les tribunaux
judiciaires ne peuvent, ni apprécier leur légalité, ni leur
opportunité, ni les interpréter, lorsque leur sens est
douteux, ni en entraver l'exécution, à moins qu'un texte
formel de loi ne leur ait réservé ce droit.

C'est ainsi que nous avons vu, en matière d'expropriation pour cause d'utilité publique, que le tribunal chargé
de prononcer l'expropriation n'est pas juge de l'utilité
publique, du mérite et de l'opportunité de l'entreprise
des travaux ; qu'en outre, les formalités prescrites pour
déclarer l'utilité publique, dans la première enquête de
commodo et *incommodo,* qui doit précéder la loi ou le décret autorisant les travaux, ne sont destinées qu'à
éclairer le pouvoir central ; que, par suite, le tribunal
ne pourrait se refuser à prononcer l'expropriation sous
le prétexte qu'il n'y a pas utilité publique ou que les
formalités de l'enquête n'ont pas été observées ; mais
nous avons vu, aussi, que la loi réservait formellement à
l'autorité judiciaire, dans l'intérêt de la propriété privée,
d'examiner et de vérifier s'il était intervenu une loi ou
un décret en Conseil d'Etat autorisant les travaux, s'il y
avait un arrêté de cessibilité du Préfet déterminant les
propriétés particulières à céder et si la seconde instruction ou enquête administrative destinée à éclairer le
Préfet avait eu lieu. Nul doute, dans ce cas, que l'autorité judiciaire pourrait et devrait refuser de prononcer
l'expropriation qui lui serait demandée par l'administration, si elle reconnaissait que ces divers actes ou formalités n'ont pas été accomplis.

— L'application de la règle qui défend aux tribunaux de *connaître des actes d'administration* devient surtout très délicate, lorsqu'un fonctionnaire administratif est poursuivi devant les tribunaux civils ou devant les tribunaux de répression, à l'occasion de l'exercice de ses fonctions.

Nous dirons bientôt que, depuis un décret de 1870 rendu par le gouvernement de la Défense nationale, les agents du gouvernement peuvent être poursuivis devant les tribunaux, soit à fin civile, soit à fin pénale, sans aucune autorisation ; mais la suppression de la nécessité d'une autorisation préalable n'a pas eu pour effet de modifier la compétence des tribunaux et de leur permettre de connaître des *actes administratifs*.

Il reste, dès lors, à déterminer comment on peut concilier la liberté de la poursuite dirigée contre le fonctionnaire avec la défense faite aux tribunaux de connaître des actes d'administration (1).

La jurisprudence distingue si le fait, à l'occasion duquel le fonctionnaire est poursuivi, est un acte *personnel* ou un *acte de l'autorité administrative*.

Quand il s'agit d'un acte personnel, l'autorité judiciaire est compétente ; s'il s'agit, au contraire, d'un acte administratif proprement dit, le tribunal est incompétent pour en connaître. Cette distinction entre l'acte *personnel* à l'agent de l'administration, engageant sa responsabilité privée et l'acte *administratif*, engageant la responsabilité de l'autorité administrative, est extrêmement délicate et soulève, dans la pratique, de nombreuses difficultés sur lesquelles les solutions de la jurisprudence ne sont pas toujours en parfaite harmonie (2).

(1) Nous retrouverons une difficulté analogue, en traitant de l'appel comme d'abus, lorsqu'il s'agit de la poursuite contre un ecclésiastique pour un fait qui, tout en étant abusif, constitue un délit pénal.

(2) Ainsi, d'une part, le tribunal des conflits a reconnu que les tribunaux judiciaires sont compétents :

Pour statuer sur une action en dommages-intérêts : contre un

— Bien que les dispositions relatives à la séparation des pouvoirs aient été conçues et édictées à l'encontre de l'autorité judiciaire, nous devons observer, néanmoins,

ngénieur ou un conducteur, dont la négligence, dans l'exécution d'un travail public, aurait causé du dommage; — contre un facteur de la poste ou un employé des télégraphes qui n'avait pas remis une lettre ou une dépêche en temps utile (7 juin 1873; 4 juillet 1874, 31 juillet 1875);

Pour statuer sur la réclamation d'un secrétaire de mairie, qui se plaignait que le maire, avec l'approbation du Conseil municipal, lui avait retenu une partie de son traitement (14 juin 1879).

C'est ainsi encore que la cour de cassation a reconnu, a son tour, que les tribunaux judiciaires sont compétents pour statuer sur une action en dommages-intérêts : à l'occasion d'une diffamation résultant d'un arrêté préfectoral (25 janvier 1873); à l'occasion d'affiches d'un candidat apposées, par ordre d'un maire, *sur les affiches d'un autre candidat*, quoique les affiches apposées fussent celles d'un candidat officiel, imprimées sur papier blanc et qu'elles eussent été adressées par le sous-Préfet avec recommandation de les faire afficher (Cassation 12 mai 1880).

D'autre part, le tribunal des conflits a décidé que les tribunaux civils sont incompétents pour statuer :

Sur une action en dommages-intérêts formée : — a l'occasion de la décision d'un général commandant l'état de siège, qui avait ordonné la suppression d'un journal (28 novembre 1877); — a l'occasion de mesures prises par des Préfets, en matière de colportage des journaux (8, 15 et 29 décembre 1877);

Sur une demande en dommages-intérêts formée par un certain nombre d'anciens députés, à l'occasion d'un article inséré dans le *Bulletin officiel des communes*, contenant un compte rendu d'une revue passée par le Président de la République et dans lequel ces députés prétendaient avoir été diffamés (29 décembre 1877).

C'est ainsi encore que le tribunal des conflits a décidé :

Que les tribunaux judiciaires sont incompétents pour statuer sur une demande formée par les frères, remplacés par des instituteurs libres, à l'effet d'être maintenus en possession des bâtiments et dépendances d'une école communale (11 janvier, 27 décembre 1879 et 14 janvier 1880);

Que les tribunaux judiciaires sont incompétents pour statuer sur une demande de dommages-intérêts, formée contre un maire, par une personne qui se plaignait que le maire n'avait pas affiché *de suite* sa déclaration relative à l'ouverture d'une école libre (17 janvier 1880).

qu'à son tour l'administration ne peut entreprendre
sur les matières qui sont de la compétence de l'autorité
judiciaire.

Sanction du principe de la séparation des pouvoirs. — Le
principe de la séparation des pouvoirs est sanctionné :

1° Par le Code pénal, qui punit de l'amende et même
de la dégradation civique, les membres de l'autorité
judiciaire qui auront empiété sur les fonctions administratives ou, à l'inverse, les membres de l'autorité administrative qui se seront immiscés dans les fonctions judiciaires (art. 127-131, Code pénal);

2° Par le droit d'élever le conflit, principalement accordé à l'autorité administrative, qui avait surtout
besoin d'être protégée contre l'inamovibilité de la magistrature (1).

(1) Une autre garantie spéciale, relative à la mise en jugement
des fonctionnaires publics, a été supprimée, en 1870, par le Gouvernement de la Défense nationale.

— La constitution de l'an VIII, appliquant une des règles édictées
par l'assemblée Constituante (loi des 7-14 octobre 1790), formulait en
ces termes, dans son fameux article 75, le principe de la garantie des
fonctionnaires administratifs :

« Les *agents du gouvernement*, autres que les ministres, ne peu-
« vent être poursuivis pour des faits relatifs à leurs fonctions qu'en
« vertu d'une *décision du Conseil d'État*; en ce cas, la poursuite a
« lieu devant les tribunaux ordinaires. »

Cette garantie constitutionnelle, ainsi appelée parce qu'elle résultait de la Constitution de l'an VIII, a été supprimée par un décret
du gouvernement de la Défense nationale du 19 septembre 1870. Ce
décret abroge l'article 75 de la Constitution de l'an VIII et toutes
autres dispositions de lois générales ou spéciales ayant pour objet
d'entraver les poursuites contre les fonctionnaires publics de *tout
ordre*.

Malgré les expressions trop générales de ce décret on reconnaît
que les garanties indiquées par les articles 499 et s. du Code d'instruction criminelle et 505 et s. du Code de procédure civile, pour la
poursuite des magistrats de l'ordre judiciaire, sont toujours en vigueur (C. Cas. 15 septembre 1871, 9 février 1872, 19 février 1872,
14 juin 1876, 4 mai 1880).

Désormais les agents du gouvernement peuvent être poursuivis

— Nous allons exposer les règles sur la législation importante des conflits.

Conflits

Le mot *conflit* exprime l'idée d'une lutte de compétence entre deux autorités, entre deux juridictions.

Quand la lutte existe entre deux autorités du même ordre, soit de l'ordre judiciaire, soit de l'ordre administratif, *il y a conflit de juridictions*.

Quand, au contraire, la lutte s'élève entre l'autorité judiciaire et l'autorité administrative, *il y a conflit d'attributions.*

Le conflit, soit de juridictions, soit d'attributions, est *positif* ou *négatif.*

Il y a conflit *positif*, lorsque les deux autorités revendiquent toutes les deux la connaissance du litige. Il y a conflit *négatif*, lorsque toutes les deux se déclarent in-

directement devant les tribunaux, pour faits relatifs à leurs fonctions, sans aucune autorisation, ni en matière civile, ni en matière pénale.

Il faut bien remarquer, ainsi que nous l'avons dit déjà, que ce décret de 1870, tout en supprimant la garantie constitutionnelle de l'an VIII, c'est-à-dire la nécessité préalable d'une autorisation pour la poursuite des agents du gouvernement, a laissé subsister le principe de la séparation des pouvoirs, qui ne permet pas aux tribunaux de connaître des actes d'administration. Par conséquent, si les agents du gouvernement peuvent être poursuivis directement devant les tribunaux sans aucune autorisation préalable, les tribunaux ne doivent pas moins se déclarer incompétents, si les faits qui leur sont déférés constituent non des *faits personnels* aux agents administratifs, mais bien des *actes d'administration* dont ils auraient à faire l'appréciation (trib. des conflits 26 juillet 1873). Les tribunaux ne pourraient même retenir la cause à l'effet de statuer sur les dommages-intérêts, lorsque l'illégalité et l'excès de pouvoir seraient reconnus par l'autorité administrative. La faute ou l'erreur administrative ne ferait pas dégénérer les actes en faits personnels (trib. des conflits, 24 novembre et 8 décembre 1877 confirmant des arrêts de conflit, pris en matière de colportage).

compétentes et nient avoir le droit de juger l'affaire qui, cependant, est de la compétence de l'une d'elles (1).

Nous n'avons pas à nous occuper des conflits de *juridictions*, soit de l'ordre judiciaire, soit de l'ordre administratif, parce qu'ils n'engagent pas le principe de la séparation des pouvoirs.

Les conflits de *juridictions* de l'*ordre judiciaire* sont régis par le Code de procédure civile et donnent lieu à un règlement de juges qui est fait par un tribunal supérieur duquel relèvent les deux juridictions en lutte : soit par un tribunal d'arrondissement, soit par une cour d'appel, soit par la Cour de cassation (art. 363 C. pr. civil.).

Les conflits de *juridictions* de l'*ordre administratif* sont, comme nous l'avons vu, jugés par le Conseil d'Etat, jouant le rôle de tribunal de cassation.

Quant aux conflits d'*attributions*, qui s'élèvent entre l'autorité judiciaire et l'autorité administrative, ils doivent être jugés d'après la loi du 24 mai 1872, qui a réorganisé le Conseil d'Etat, par un tribunal spécial, appelé *tribunal des conflits*.

Ce sont les conflits d'*attributions* qui se rattachent au principe de la séparation des pouvoirs judiciaire et administratif. C'est à ce titre que nous devons nous en occuper, d'autant plus qu'ils sont l'objet de dispositions législatives spéciales.

Conflits d'attributions.

I. *Notions historiques.* — Dans l'ancien droit, c'était

(1) Dans ce cas, il y a plutôt accord que lutte ; mais les déclarations respectives d'incompétence de la part des deux autorités supposent un désaccord, une divergence dans l'appréciation des faits et l'interprétation de la loi. Le conflit existe dans la contrariété des motifs allégués par l'une et l'autre autorité. Le conflit négatif, supposant que l'une des autorités a méconnu sa compétence, dégénère en un véritable déni de justice.

le roi qui, en sa qualité de supérieur commun des autorités judiciaire et administrative, était chargé de statuer en son conseil, sur les conflits.

Après la proclamation du principe de la séparation des pouvoirs par l'Assemblée constituante, une loi des 7-14 octobre 1790 (art. 3), déféra le jugement des conflits au roi en son *conseil des ministres*, formant le Conseil d'Etat.

Une loi du 21 fructidor, an III, attribua la connaissance des conflits au Directoire exécutif, sauf à ce dernier à en référer au Corps législatif.

Sous le Consulat, un arrêté du 5 nivôse an VIII, chargea le Conseil d'Etat de donner son avis sur les conflits et c'était le premier Consul qui, sur la proposition du Conseil d'Etat, réglait le conflit. Un arrêté du 13 brumaire an X indiqua les formes suivant lesquelles le conflit pouvait être élevé.

Sous la royauté constitutionnelle, c'était le roi, en Conseil d'Etat, qui prononçait sur les conflits. A cette époque, deux ordonnances, encore en vigueur, furent rendues sur les conflits : l'ordonnance fondamentale du 1er juin 1828 et l'ordonnance du 12 mars 1831.

En 1848, d'après l'art. 89 de la constitution de l'époque, on créa un *tribunal des conflits* formé de deux éléments représentant l'autorité administrative et l'autorité judiciaire et composé de quatre conseillers d'Etat et de quatre conseillers à la Cour de cassation, nommés par leurs collègues. Ce tribunal était présidé par le ministre de la justice ou, en son absence, par le ministre de l'instruction publique (loi des 9 mars 1849 et 4 février 1850).

D'après la constitution de 1852, c'était le Chef du pouvoir exécutif, en Conseil d'Etat, qui, conformément aux anciennes traditions, prononçait sur les conflits d'attributions.

La loi nouvelle, du 24 mai 1872, qui a réorganisé le Conseil d'Etat, consacre de nouveau l'institution du *tribunal des conflits* qui, pendant sa courte existence, de 1848 à 1852, avait eu l'occasion de trancher des questions importantes de compétence (1).

Cette loi fixe la composition du nouveau tribunal des conflits et remet en vigueur la loi du 4 février 1850 et le règlement du 26 octobre 1849 sur le mode de procéder devant le tribunal des conflits (art. 25-28 L. 1872).

II. *Organisation du tribunal des conflits.* — Le tribunal spécial, chargé de statuer sur les conflits, d'après la loi du 24 mai 1872, se compose :

1° Du garde des sceaux, président ;

2° De trois conseillers d'Etat en service ordinaire, élus par les conseillers en service ordinaire;

3° De trois conseillers à la Cour de cassation, nommés par leurs collègues ;

4° De deux membres et deux suppléants, élus par la *majorité* des juges précédents ;

Les membres du tribunal des conflits sont soumis à réélection tous les *trois ans* et indéfiniment rééligibles.

Ils choisissent un vice-président au scrutin secret et à la majorité absolue des voix.

Ils ne peuvent délibérer valablement qu'au nombre de *cinq* membres présents au moins (art. 25 L. du 24 mai 1872).

Uu secrétaire spécial, nommé par le ministre de la justice, est attaché au tribunal. Deux commissaires du gouvernement, remplissant le rôle de ministère public,

(1) C'est le tribunal des conflits qui trancha, notamment, la question de savoir qu'elle était l'autorité compétente pour statuer sur les dommages *permanents*, en matière de travaux publics, et la question de savoir si les travaux communaux pouvaient avoir le caractère de travaux publics (voir ce que nous avons dit, à cet égard, en traitant de la compétence du Conseil de préfecture, en matière de travaux publics).

Le nouveau tribunal des conflits a eu déjà, lui-même, l'occasion de statuer sur une foule d'affaires importantes.

sont nommés, chaque année, par le Président de la République. (Règlement du 26 octobre 1849, art. 3 et 5) (1).

III. *Législation et procédure des conflits.* — La législation et la procédure des conflits varient suivant qu'il s'agit de conflits *positifs* ou de conflits *négatifs*. Nous examinerons séparément ces deux espèces de conflits.

Conflits positifs.

Pour l'application des règles qui régissent les conflits positifs, il faut distinguer deux périodes :

1° Celle qui est relative à l'élévation du conflit devant la juridiction où il prend naissance, c'est-à-dire devant la juridiction saisie de l'affaire qui donne lieu au conflit ;

2° Celle qui est relative à son jugement devant le tribunal des conflits.

PREMIÈRE PÉRIODE
RELATIVE A L'ÉLÉVATION DU CONFLIT.

Le droit d'élever le conflit, c'est-à-dire de revendiquer

(1) Le tribunal des conflits organisé par la loi du 4 février 1850 différait du tribunal actuel sous plusieurs rapports :

1° Il se composait, en dehors du Président, de quatre conseillers d'État et de quatre conseillers à la Cour de cassation ;

2° A défaut du ministre de la justice, Président, il était remplacé par le ministre de l'instruction publique :

3° Chaque *corps* élisait dans son *sein* deux suppléants destinés à remplacer les membres du même corps qui étaient empêchés ;

4° La décision du tribunal ne pouvait être rendue qu'au nombre de 9 juges.

la connaissance d'une affaire, est un moyen pour l'autorité administrative et pour l'autorité judiciaire de faire respecter le principe de la séparation des pouvoirs, d'assurer leur indépendance et de prévenir les empiétements de l'une sur l'autre. De même que l'appel comme d'abus, la faculté d'élever le conflit est une voie *réciproque*.

§ I. *De l'élévation du conflit devant l'autorité judiciaire.* — Les règles à suivre pour l'élévation du conflit devant l'autorité judiciaire sont déterminées par l'ordonnance du 1er juin 1828, modifiée et complétée par l'ordonnance du 12 mars 1831.

C'est dans un but de *restriction* que ces deux ordonnances ont été rendues. Elles ont apporté des limites au droit pour l'autorité administrative d'élever le conflit.

Nous examinerons devant quelles juridictions et pour quelles causes le conflit peut être élevé, jusqu'à quelle époque il peut l'être, et quelle est la procédure à suivre.

I. *Juridictions devant lesquelles le conflit peut ou non être élevé.* — En *matière criminelle*, devant la Cour d'assises, le conflit ne peut *jamais* être élevé, parce que l'autorité administrative n'est pas compétente pour statuer sur des crimes. Le conflit est interdit, même pour des questions préjudicielles qui pourraient être de la compétence de l'autorité administrative ; par exemple, si, à l'occasion d'un détournement de deniers par un comptable, on élevait la question préalable de la vérification de ses comptes. La loi n'a pas voulu que, dans les affaires criminelles qui engagent à un si haut degré l'honneur des citoyens et l'ordre public, le cours de la justice pût être suspendu par le fait de l'administration (art. 1er de l'ordonnance de 1828).

En *matière correctionnelle*, le conflit ne peut être élevé que dans deux cas :

1° Lorsque la répression du délit est attribuée par une disposition législative à l'autorité administrative. Ainsi, pour les contraventions de grande voirie, c'est le Conseil de préfecture qui est compétent, d'après la loi du 28 pluviôse an VIII, et la loi du 29 floréal an X ; en conséquence, le conflit pourrait être élevé, si un tribunal correctionnel était saisi de la contravention ;

2° Lorsque le jugement à rendre par le tribunal correctionnel dépend d'une question *préjudicielle* dont la connaissance appartient à l'autorité administrative, en vertu d'une disposition de la loi. Ainsi, nous savons qu'un entrepreneur de travaux publics a le droit de faire des fouilles et des extractions de matériaux, pour la confection des ouvrages publics, dans les terrains des particuliers désignés par un arrêté du Préfet. Si l'entrepreneur est cité devant un tribunal pour avoir violé la propriété privée, et que l'entrepreneur se déclare *autorisé*, il y a là une question préjudicielle à l'occasion de laquelle un conflit peut être élevé (art. 2 de l'ordonnance de 1828).

Le conflit peut-il être élevé devant le juge de paix ? Non, pas plus en matière civile qu'en matière de police ; car la procédure des conflits ne paraît pas avoir été organisée pour ce tribunal ; du reste, le conflit pourra être élevé en appel devant le tribunal d'arrondissement.

Le conflit peut-il être élevé devant un tribunal de commerce ? Non, d'abord par les raisons que nous venons d'indiquer ; en outre, parce que les juges sont élus et renouvelables, comme les juges de paix sont révocables, et qu'il n'y a pas à craindre leur envahissement ; enfin, devant le tribunal de commerce, il n'y a pas de ministère public. La procédure des conflits semble encore moins organisée pour le tribunal de commerce que pour la justice de paix.

Par les mêmes raisons, le conflit ne peut être élevé devant le jury d'expropriation.

Le conflit peut-il être élevé devant la Cour de cassation ? Non. L'article 4 de l'ordonnance de 1828 ne permet pas le conflit, lorsqu'il y a eu des jugements rendus en dernier ressort ou des arrêts définitifs.

Il résulte de ce qui précède que le conflit peut être élevé en matière *civile*, soit devant les *tribunaux civils d'arrondissement*, soit devant les *cours d'appel*, sans aucune distinction ni restriction (1).

II. *Causes pour lesquelles le conflit peut ou non être élevé.* — Le conflit suppose que l'administration prétend avoir le droit de connaître de l'affaire soumise à l'autorité judiciaire, par exemple, dans le cas d'un dommage permanent causé par l'exécution de travaux publics. Nous avons vu, en effet, que la question de compétence, en cette matière, a été vivement controversée et que le tribunal des conflits, créé en 1848, l'avait tranchée en faveur du Conseil de préfecture.

Le conflit ne pourrait donc pas être élevé devant un tribunal civil, sous le prétexte qu'il serait saisi d'une question de la compétence du jury d'expropriation qui est une branche de l'autorité judiciaire. Du moment où l'autorité administrative ne revendique pas pour elle la connaissance du litige, le défaut de compétence d'un tribunal civil ne peut donner lieu à un conflit.

D'après l'ordonnance de 1828, le conflit ne pourrait pas être élevé : 1° pour un défaut d'autorisation, par exemple, parce que l'administration prétendrait qu'une commune n'a pas été autorisée à plaider par le Conseil de préfecture ; 2° pour inaccomplissement de formalités préalables aux instances ; par exemple : pour défaut de dépôt d'un mémoire de la part d'un particulier plaidant contre l'Etat, le département ou la commune (art. 3 de l'ordonnance de 1828).

(1) Le conflit pourrait être élevé devant le président du tribunal civil statuant en *référé*, parce que le président remplace alors le tribunal (decret sur conflit du 22 janvier 1867 et trib. des conflits 11 janvier 1873).

III. *Jusqu'à quel moment le conflit peut-il être élevé?* —
Le conflit ne peut plus être élevé après un jugement
rendu en dernier ressort ou acquiescé, ni après un arrêt
définitif. C'est pour cela qu'il ne peut être élevé devant
la Cour de cassation. Si le jugement n'a pas été rendu
en dernier ressort, le conflit pourra être élevé en appel ;
mais il ne pourrait pas l'être avant que l'appel fût interjeté, pas plus qu'il ne pourrait l'être pendant les délais
de l'opposition, s'il y avait eu jugement par défaut. Les
jugements interlocutoires, ne déssaisissant pas le tribunal, n'empêchent pas d'élever le conflit.

Par exception, le conflit pourrait être élevé après un
jugement en dernier ressort ou un arrêt définitif, si le
tribunal ou la Cour, après avoir rejeté le déclinatoire
d'incompétence proposé par l'administration, avait
néanmoins statué au fond sans attendre l'expiration du
délai accordé pour l'élévation du conflit (art. 4 de l'ordonnance de 1828).

IV. *Procédure relative à l'élévation du conflit.* — Nous
avons à déterminer à qui appartient le droit d'élever le
conflit, comment s'exerce ce droit, et quel est l'effet de
l'élévation du conflit.

1° *A qui appartient le droit d'élever le conflit.* — Le droit
d'élever le conflit, c'est-à-dire le droit pour l'administration de revendiquer la connaissance d'une affaire soumise à l'autorité judiciaire, appartient au *Préfet* du département de la situation du tribunal de première
instance, même quand le conflit est élevé en appel devant la Cour d'appel (décision du tribunal des conflits
du 1er février 1873) (1).

2° *Comment s'exerce le droit d'élever le conflit.* — Avant

(1) Le droit d'élever le conflit appartient également au Préfet de
police à Paris et aux Préfets maritimes, pour les questions de leur
compétence,

le prendre un *arrêté de conflit*, le Préfet doit préalablement, par ménagement pour l'autorité judiciaire, proposer un *déclinatoire d'incompétence*, afin de mettre en
demeure l'autorité judiciaire de reconnaître elle même
son incompétence.

Déclinatoire d'incompétence. — Le déclinatoire est
adressé au procureur de la République, qui le communique au tribunal, et qui donne ses conclusions comme
il *l'entend*. Le ministère public conserve ainsi la liberté
de son jugement, à la différence de ce qui avait lieu autrefois d'après l'arrêté du 13 brumaire de l'an X.

Le déclinatoire est nécessaire, alors même que l'administration n'est pas en cause et que la partie défenderesse aurait inutilement invoqué l'exception d'incompétence. Même lorsque le Préfet est partie dans l'instance,
comme représentant de l'Etat ou du département, la jurisprudence décide que, si le tribunal a rejeté l'exception
d'incompétence qu'il a proposée, en cette qualité, il doit,
comme représentant un intérêt supérieur, celui du principe de la séparation des pouvoirs, renouveler son déclinatoire d'incompétence, s'il veut élever le conflit (trib.
des conflits 17 janvier 1880).

Après que le tribunal a statué sur le déclinatoire, le
procureur de la République adresse au Préfet, dans les
cinq jours qui suivent le jugement, copie de ses conclusions ou réquisitions et du jugement rendu sur la compétence. La date de cet envoi est importante, car c'est
d'elle que court le délai de quinzaine accordé au Préfet
pour prendre un arrêté de conflit. Aussi cette date est-
elle consignée sur un registre à ce destiné.

Décisions du tribunal sur la compétence. — Quand le déclinatoire a été ainsi proposé en première instance, deux
cas peuvent se présenter :

Ou le tribunal rejette le déclinatoire et se déclare compétent ;

Ou bien il admet le déclinatoire et se reconnaît incompétent.

Dans le premier cas, c'est-à-dire lorsque le tribunal a rejeté le déclinatoire et s'est déclaré compétent, le Préfet peut prendre un arrêté de conflit devant le tribunal, et, s'il ne l'a pas fait, il peut, s'il y a appel, reproduire en appel un déclinatoire d'incompétence et prendre ensuite un arrêté de conflit devant la Cour, si celle-ci rejette également son déclinatoire.

Dans le second cas, c'est-à-dire lorsque le tribunal s'est déclaré incompétent, en admettant les conclusions du déclinatoire, le Préfet, ayant obtenu satisfaction du tribunal, n'aura pas à prendre un arrêté de conflit devant ce tribunal; mais si la partie appelle du jugement, le Préfet pourra, en appel, prendre un arrêté de conflit, et il ne sera pas nécessaire, d'après la jurisprudence, qu'il renouvelle son déclinatoire. (Décision du tribunal des conflits du 1er février 1873.)

— Si c'était en appel, que pour la première fois le Préfet voulût revendiquer la connaissance de l'affaire pour l'administration, il devrait proposer un déclinatoire et prendre, en cas de rejet, un arrêté de conflit. La procédure en appel est, en effet, la même qu'en première instance.

Arrêté de conflit. — L'arrêté de conflit doit être pris dans le délai de *quinzaine*.

Pour fixer le point de départ de ce délai, il faut distinguer. Si le tribunal de première instance ou la Cour a rejeté le déclinatoire, le délai de quinzaine court à partir de l'envoi des pièces au Préfet par le procureur de la République ou le procureur général. Si le tribunal a admis le déclinatoire, le délai pour prendre un arrêté de conflit, en appel, court de la signification de l'acte d'appel par la partie.

L'arrêté de conflit par lequel le Préfet revendique la connaissance de l'affaire pour l'administration doit :

1° Mentionner le jugement intervenu sur la question de compétence et l'acte d'appel qui aurait été interjeté;

2° Reproduire les dispositions de la loi qui attribue la compétence à l'administration. Du reste, d'après la jurisprudence, le simple visa de la loi suffit. L'indication peut même être assez vague, puisqu'elle peut se référer simplement au principe de la séparation des pouvoirs contenu dans la loi des 16-24 août 1790 et dans la loi du 16 fructidor an III.

Le Préfet doit faire déposer au greffe l'arrêté de conflit avec les pièces; il est donné du tout un récépissé.

3° *Effet de l'arrêté de conflit.* — L'effet de l'arrêté de conflit est de faire *surseoir* à toute procédure devant le tribunal ou la Cour, sur les réquisitions du ministère public données en chambre du Conseil. Le sursis était également ordonné dans la loi du 21 fructidor an III. La sanction de l'obligation de surseoir à toute procédure se trouve dans l'article 128 du Code pénal.

Le sursis serait-il obligatoire, si l'arrêté de conflit avait été pris tardivement, c'est-à-dire déposé au greffe après le délai de quinzaine? Cette question est controversée. Dans une opinion, on soutient que le sursis ne saurait être obligatoire, parce qu'il ne peut être permis à l'administration de paralyser indéfiniment l'action de la justice; qu'en outre, d'après l'article 12 de l'ordonnance de 1828, l'obligation pour le procureur de la République d'adresser ses réquisitions est subordonnée formellement à la condition du dépôt au greffe en temps utile. Dans une autre opinion, admise par la jurisprudence, on répond que le sursis est obligatoire, par application du principe de la séparation des pouvoirs; que l'ordonnance de 1828 n'a pas entendu modifier, à cet égard, la loi de fructidor an III, qui ordonnait le sursis sans aucune distinction (Commission remplaçant le Conseil d'Etat 7 mai 1871).

31.

§ 2. *De l'élévation du conflit devant l'autorité administrative.* — D'après l'article 26 de la nouvelle loi de 1872, sur le Conseil d'Etat et le tribunal des conflits, les ministres ont le droit de revendiquer devant le *tribunal des conflits*, les affaires portées en la *section du contentieux* du Conseil d'Etat et qui n'appartiennent pas au contentieux administratif (1).

Toutefois, ils ne peuvent se pourvoir qu'après que la section du contentieux a refusé de faire droit à la demande en revendication qui doit lui être préalablement communiquée.

Ainsi, de même que devant l'autorité judiciaire, le Préfet peut revendiquer, pour l'autorité administrative, la connaissance du litige; de même, devant la section du contentieux du Conseil d'Etat, les ministres peuvent revendiquer, dans l'intérêt de l'autorité judiciaire, la connaissance de l'affaire soumise à la section.

Les articles 28-33 du règlement du 26 octobre 1849 indiquent les règles à suivre pour la revendication faite par les ministres. La procédure est analogue à celle fixée pour la revendication par le Préfet devant l'autorité judiciaire. Le ministre adresse un mémoire à la section du contentieux pour revendiquer l'affaire. La section prononce dans le mois qui suit le dépôt du rapport, et dans la *quinzaine* de l'envoi de la décision au ministre, celui-ci déclare s'il entend ou non porter la revendication devant le tribunal des conflits. L'effet de la revendication est également un *sursis* à l'examen de l'affaire par la section.

DEUXIÈME PÉRIODE RELATIVE AU JUGEMENT DU CONFLIT.

Le tribunal des conflits est chargé de statuer sur la revendication faite par le Préfet devant l'autorité judi-

(1) La loi du 3 mars 1849 (art. 47) n'accordait ce droit de revendication qu'au ministre de la justice.

ciaire ou par le ministre devant la section du contentieux du Conseil d'Etat.

Les règles relatives à la procédure et au jugement des conflits, sont indiquées dans les ordonnances du 1er juin 1828 et du 12 mars 1831, modifiées et complétées : par le règlement du 26 octobre 1849 et la loi du 4 février 1850, que la loi du 24 mai 1872 sur la réorganisation du Conseil d'Etat et la création du tribunal des conflits remet en vigueur.

Envoi et enregistrement des pièces au secrétariat du tribunal des conflits. — Lorsqu'un arrêté de conflit a été pris par le Préfet, l'arrêté et les pièces sont adressés au ministre de la justice par le procureur de la République ou le procureur général. Le ministre de la justice transmet, dans les vingt-quatre heures, le dossier au tribunal des conflits où il est enregistré (art. 12 du règlement du 26 octobre 1849).

La date de la réception des pièces au ministère de la justice est importante, car elle est le point de départ du délai dans lequel le tribunal des conflits doit statuer.

D'après l'ordonnance de 1831, les pièces qui doivent être jointes à l'arrêté de conflit sont : la citation, les conclusions des parties, le déclinatoire proposé par le Préfet, le jugement ou l'arrêt rendu sur la compétence.

— Lorsque le ministre se pourvoit devant le tribunal des conflits, il adresse au tribunal un mémoire contenant l'exposé de l'affaire et ses conclusions. Il y joint : la demande en revendication qui a été soumise à la section du contentieux et la décision par laquelle cette section a refusé de faire droit à sa demande. (Art. 32 du règlement du 26 octobre 1849.)

Instruction. — L'arrêté du Préfet et les pièces qui y sont jointes sont communiqués au ministre dans les attributions duquel se trouve placé le service auquel se rapporte le conflit. Le ministre fournit ses observations.

Dans tous les cas les avocats des parties peuvent prendre communication des pièces sans déplacement.

Devant le tribunal des conflits, l'affaire est examinée par un des juges qui est chargé de faire un rapport *écrit*. Elle est communiquée à un commissaire du gouvernement, jouant le rôle du ministère public (L. 4 février 1850).

Les rapporteurs sont désignés par le ministre de la justice.

Les fonctions du ministère public sont remplies par deux commissaires du gouvernement, choisis tous les ans par le Président de la République, l'un parmi les maîtres des requêtes au Conseil d'Etat, l'autre, dans le parquet de la Cour de cassation ; un suppléant est désigné à chacun d'eux pour le remplacer, en cas d'empêchement ; il est choisi de la même manière et pris dans les mêmes rangs.

Dans chaque affaire le commissaire du gouvernement est également désigné par le ministre de la justice (règlement de 1849).

Le rapport doit être alternativement confié à un conseiller d'Etat et à un membre de la Cour de cassation.

Dans aucune affaire les fonctions de rapporteur et celles du ministère public ne peuvent être remplies par deux membres pris dans le même corps (art. 4-7 L. 4 février 1850).

Délai pour statuer. — Le délai accordé au tribunal des conflits pour statuer sur l'affaire était de quarante jours, d'après l'ordonnance de 1828.

Depuis l'ordonnance de 1831, le délai est de *deux mois*, non plus à partir de l'envoi, mais à partir de la réception des pièces au ministère de la justice, ou quand il s'agit d'un recours formé par un ministre, à dater du jour où le ministre a adressé au tribunal des conflits un mémoire contenant l'exposé de l'affaire et ses conclusions.

Si, un mois après l'expiration de ce délai, la juridiction devant laquelle le conflit avait été élevé n'a pas reçu notification de la décision du tribunal des conflits, elle peut procéder au jugement de l'affaire.

-- La loi n'a pas voulu que le cours de la justice pût être trop longtemps entravé.

Jugement du conflit. — Le rapport de l'affaire est lu en séance publique, les avocats à la Cour de cassation et au Conseil d'Etat présentent leurs observations, le commissaire du gouvernement donne ses conclusions.

L'affaire est ainsi jugée comme les affaires contentieuses devant le Conseil d'Etat, avec la triple garantie de la *publicité* des audiences, de la *plaidoirie* et des conclusions du *ministère public.*

Le tribunal des conflits peut rendre plusieurs décisions :

1º Reconnaître que le conflit a été irrégulièrement élevé, par exemple, parce que l'arrêté de conflit n'a pas été pris dans les délais;

2º Déclarer que le conflit, régulier en la forme, n'est pas fondé;

3º Reconnaître que le conflit, régulièrement élevé, est fondé.

Dans les deux premiers cas, le conflit étant considéré comme non avenu, la juridiction devant laquelle le conflit avait été élevé reste saisie de l'affaire et statue au fond.

Dans le dernier cas, le conflit étant régulier et fondé, la juridiction devant laquelle le conflit s'était produit est dessaisie. Et le tribunal des conflits renvoie les parties à se pourvoir devant une juridiction d'un *autre ordre*, mais sans indiquer celle qui est compétente. Il se borne à renvoyer devant *qui de droit.*

Conflits négatifs.

Le règlement du 26 octobre 1849 établit une procédure particulière pour les conflits *négatifs*, qui constituent moins une lutte de compétence qu'un déni de justice (art. 17-24).

Lorsque l'autorité administrative et l'autorité judiciaire se sont respectivement déclarées incompétentes sur la même question, dont la connaissance appartient cependant à l'une ou à l'autre, un recours peut avoir lieu devant le *tribunal des conflits* pour faire régler la compétence.

Ce recours peut être formé :

1° Par les parties intéressées, à l'aide d'une requête signée d'un avocat au Conseil d'Etat et à la Cour de cassation ;

2° Par le ministre dans les attributions duquel se trouve placé le service public que l'affaire concerne, si elle intéresse directement l'Etat ;

3° Spécialement, par le ministre de la justice, si la déclaration d'incompétence émane, d'une part, de l'autorité administrative, et, d'autre part, d'un tribunal statuant en matière de simple police ou de police correctionnelle.

En cas de conflit négatif, le droit de recourir directement au tribunal des conflits est purement facultatif. Les parties pourraient, au besoin, suivre la hiérarchie des tribunaux administratifs ou judiciaires et épuiser les divers degrés de juridictions pour faire réformer les jugements d'incompétence.

SECTION II

SÉPARATION DES POUVOIRS ADMINISTRATIF

ET ECCLÉSIASTIQUE.

APPEL COMME D'ABUS.

—

NOTIONS HISTORIQUES.

Les rapports de l'Eglise et de l'Etat ont eu bien des vicissitudes.

L'Eglise se place d'abord sous la protection des rois de France et se ménage peu à peu l'influence qui doit la conduire à la suprématie qu'elle exerce au moyen âge.

Saint Louis se voit obligé de protéger les libertés de l'Eglise de France et de résister aux empiètements et aux désordres du clergé. Par la Pragmatique sanction de 1268, il enlève à la Cour de Rome les provisions et collations de bénéfices; il maintient les Eglises de France dans leur droit d'élection aux dignités ecclésiastiques, il bannit la simonie et s'oppose aux levées de deniers que faisaient les papes sur les Eglises du royaume.

En 1329, malgré la résistance du clergé, et grâce à la fermeté de Pierre de Cugnières, conseiller du roi Philippe de Valois, on institue l'*appel comme d'abus* devant les parlements, contre les décisions des juridictions ecclésiastiques, qui furent défendues énergiquement par Pierre de Roger, archevêque de Sens, devenu plus tard pape, sous le nom de Clément VI.

La Pragmatique sanction de Charles VII, en 1438,

confirme celle de saint Louis; elle proclame, en outre, la suprématie du concile universel sur le pape et interdit les appellations au pape, même pour cause ecclésiastique. Le pouvoir temporel empiétait à son tour sur le domaine de la conscience et de la foi. Cette Pragmatique attira les colères de la cour de Rome. Pie II la qualifia d'*exécrable et d'inouïe*. Elle fut supprimée en 1467, puis rétablie en 1498 par une ordonnance de Louis XII; mais elle était toujours un objet d'animadversion pour la cour de Rome.

Un *concordat* intervint en 1516, entre François Ier et Léon X. Ce concordat est devenu la base d'un nouveau droit public ecclésiastique. Il abolissait les élections, en conférant au roi le droit de nomination des évêques, et au pape leur institution canonique; il rétablissait les *annates*, ou revenu d'une année des bénéfices, au profit de la cour de Rome, et restituait au pape son droit de juridiction. Le parlement n'enregistra ce concordat que sur les injonctions du roi.

Malgré ces concessions, le clergé ne fut pas satisfait. Le Concile de Trente, en 1545, assemblé pour l'extirpation des hérésies, le rétablissement de la discipline ecclésiastique et la réformation des mœurs, émit des doctrines qui étaient la négation de l'autorité royale et de la puissance temporelle. Il prohibait les appels comme d'abus, accordait juridiction au pape ou à ses délégués dans les affaires criminelles des évêques; il autorisait même la faculté d'évocation à la cour de Rome des causes des ecclésiastiques. En outre, il défendait aux évêques d'avoir égard aux mandements des juges séculiers, et leur accordait le pouvoir de forcer les paroissiens à fournir un revenu au curé de leur paroisse, etc.

Ces doctrines furent repoussées par les jurisconsultes et les parlements. Le clergé de France lui-même, dans La *célèbre déclaration* de 1682, dont Bossuet fut le rédacteur, consacra dans quatre articles les principes des libertés de l'Église gallicane.

Ces quatre articles peuvent être ainsi résumés :

1° Le pape et l'Eglise n'ont reçu de puissance de Dieu que sur les choses spirituelles et non sur les choses temporelles;

2° Le pouvoir des conciles généraux est supérieur au pouvoir du pape, suivant les décrets du concile de Constance de 1414;

3° Les règles, coutumes et institutions reçues par le royaume et l'Eglise de France restent fermes et stables nonobstant la suprématie du siège apostolique;

4° Le jugement du pape n'est infaillible et irréformable que lorsqu'il est confirmé par le consentement de l'Eglise.

Cette déclaration du clergé devint loi de l'Etat par l'édit du 23 mars 1682, qui en ordonna l'enregistrement dans les parlements et l'enseignement dans les facultés de théologie.

— L'Assemblée *constituante* abolit les juridictions ecclésiastiques connues sous le nom d'*officialités*. Elle proclama la liberté des opinions religieuses et fit la constitution civile du clergé (12 juillet 1790). Cette constitution établissait : l'élection des évêques et des curés par le suffrage de tous les citoyens; l'institution canonique par les métropolitains et non par le pape; la circonscription des diocèses par le pouvoir civil, à l'exclusion du pape. Les ecclésiastiques qui voulaient exercer leurs fonctions devaient prêter le serment à la constitution civile et le serment civique. Le pape protesta et défendit la prestation de serment.

— Le *Directoire* se montra assez indifférent pour les intérêts religieux. La Constitution de l'an III proclamait la liberté des cultes; elle déclarait que nul ne pouvait être forcé de contribuer aux dépenses d'aucun culte et que la République n'en salariait aucun.

— Ce fut le *Consulat* qui mit fin à la lutte entre l'Eglise et l'Etat et aux persécutions dont le **clergé catholique** avait été l'objet. Le premier consul, désireux de s'attacher le clergé, rétablit le culte catholique et fit avec le pape un concordat qui est encore la base fondamentale qui détermine la séparation des pouvoirs administratif et ecclésiastique.

LÉGISLATION ACTUELLE.

I. *Textes législatifs.* — La législation actuelle sur la séparation des pouvoirs administratif et écclésiastique se trouve dans le concordat du 26 *messidor an IX*, dans les *articles organiques* et dans la *loi du* 18 *germinal de l'an X*.

— Le *concordat* de l'an IX est un traité conclu entre le pape Pie VII et le premier consul, Bonaparte. D'après la Constitution française de l'an VIII, ce traité ou concordat devait être soumis au Corps législatif, chargé de le ratifier. Le premier Consul, en présence des dispositions peu favorables du Corps législatif, ne présenta le concordat à sa sanction qu'avec l'addition de quelques articles appelés : *articles organiques.* Ce sont ces articles contre lesquels le clergé proteste encore, parce qu'il les considère comme étrangers au traité du 26 messidor an IX (1). Mais il faut observer que l'article 1er de ce traité ou concordat subordonnait expressément l'exercice public du culte catholique à l'observation des lois de police que le gouvernement jugerait nécessaires pour la tranquillité publique, et que la détermination précise des *cas d'abus* prévus par ces articles, et dont nous parlerons bientôt, était un progrès que le clergé avait vainement réclamé jusqu'alors.

Ce concordat et ces articles organiques furent approuvés par la *loi* du 18 germinal de l'an X (8 avril 1802).

(1) Dès la fin de l'année 1803, le cardinal Capraja, légat *a latere*, avait déjà fait, au nom du pape, des réclamations tendant à l'abrogation des articles organiques.

Cette loi est une tentative de conciliation du principe de la liberté des cultes et du droit de police et de surveillance qui appartient au gouvernement.

Le concordat de l'an IX, à l'imitation de celui de 1516, confie la nomination des archevêques et évêques au chef de l'Etat, et leur institution canonique au Pape; il abandonne la nomination des *curés* (1) aux évêques, sous l'agrément du pouvoir temporel; il charge le Saint-Siège, de concert avec le gouvernement, de déterminer les circonscriptions des diocèses.

La séparation du pouvoir temporel et du pouvoir spirituel se trouve consacrée dans les articles organiques de la loi de l'an X, qui confirment la déclaration du clergé de France de 1682.

II. *Principes généraux résultant de notre législation en matière religieuse.* — Les principes généraux consacrés par notre législation en matière religieuse, peuvent être ainsi résumés :

1° Liberté absolue de conscience et admissibilité de tous les Français à l'exercice des droits civils et politiques, sans distinction de croyances religieuses (déclaration des droits de l'homme et du citoyen du 26 août 1789; décret du 27 décembre 1791 qui abroge les incapacités atteignant les Juifs, et les admet, pour l'avenir, à participer au droit commun des Français);

2° Indépendance civile de l'Etat et sécularisation de l'état des personnes par l'institution d'officiers publics chargés pour tous, sans distinction de culte, de constater l'état civil des personnes et de recevoir et conserver les actes de naissance, de mariage et de décès (Constitu-

---

(1) Il ne faut pas confondre le curé avec le desservant. Le curé est nommé par l'évêque, avec l'agrément du gouvernement et il est pourvu d'un titre inamovible dont il ne peut être privé que par une sentence régulière de déposition. Le desservant est nommé par l'évêque seul, sans la participation du gouvernement et il est révocable *ad nutum*, au gré de l'évêque.

tion du 3 septembre 1791 ; loi du 20 septembre 1792 ; loi organique des cultes du 18 germinal an X, art. et 54 55 ; C. civ. art 34-101 ; C. pénal : art. 199 et 200) ;

3° Droit de police de l'Etat sur l'exercice public des cultes, ou liberté limitée du culte extérieur. La déclaration des droits de l'homme et du citoyen du 26 août 1789 dispose, en effet, dans son art. 10 : Nul ne peut « être « inquiété pour ses opinions religieuses, pourvu que « leur manifestation ne trouble pas l'ordre public. » L'article premier de la loi de germinal an X fait l'application de ce principe en soumettant l'exercice du culte « à l'observation des règlements de police que le gouver- « nement jugerait nécessaires pour la tranquillité publi- « que. » (Voir, en outre, art. 201 et 208 et art. 292-294 C. pénal) ;

4° Droit de l'Etat d'intervenir dans l'organisation des cultes *reconnus* par lui, en retour des avantages qu'il leur confère (1).

III. *Intervention du gouvernement dans la sphère des inté-*

---

(1) Les cultes reconnus sont : la religion catholique, l'Eglise réformée ou calviniste, l'Eglise de la confession d'Augsbourg ou luthérienne, et le culte israélite.

Il y a intérêt à distinguer les cultes reconnus et les cultes non reconnus sous plusieurs rapports :

1° Les cultes reconnus sont seuls salariés par l'Etat ;

2° Les ministres des cultes reconnus jouissent de certains privilèges, et leur qualité entraîne certaines incompatibilités. Ainsi, ils sont dispensés du service militaire ; ils sont dispensés de la tutelle hors de leur résidence ; ils ne peuvent faire partie du jury en matière criminelle ;

3° Les édifices des cultes reconnus sont, sous certaines conditions et dans les mesures déterminées par des lois spéciales, à la charge de l'Etat et des communes ;

4° Les cultes reconnus sont les seuls auxquels s'applique l'appel comme d'abus.

— Autrefois, d'après l'article 15 du décret du 23 prairial an XII, chaque culte reconnu devait avoir un lieu d'inhumation particulier ; mais cet article a été abrogé par la loi du 14 novembre 1881.

ts religieux. — En vertu de son droit de contrôle et de
olice, le gouvernement, en Conseil d'Etat, est chargé
e donner diverses autorisations :

1° L'autorisation de publier les bulles et autres actes
u Saint-Siège, les décrets de synodes étrangers, même
eux des conciles généraux ; les décisions doctrinales et
ogmatiques, les formulaires ou confessions des cultes
rotestants (articles **organiques des cultes** catholique et
rotestant) (1);

2° L'autorisation de convoquer les conciles nationaux
u métropolitains, les synodes diocésains et toute assem-
lée délibérante (articles organiques) ;

3° L'autorisation des congrégations religieuses, à l'effet
e leur donner une existence légale et le caractère de
ersonnes civiles (loi du 24 mai 1825);

4° L'autorisation des fondations pour l'entretien des
inistres et l'exercice des cultes ; celle des dons et legs
uts aux communautés religieuses légalement reconnues
articles organiques et lois du 2 janvier 1817 et du
4 mai 1825).

Enfin le gouvernement intervient pour statuer sur les
ppels comme d'abus, qui sont la sanction du principe
e l'indépendance et de la séparation des pouvoirs civil
t religieux.

Appel comme d'abus.

L'*appel comme d'abus* tire son nom des anciennes appel-
ations des juridictions ecclésiastiques aux parlements.
L'institution de l'appel comme d'abus a son origine
ans la plainte formée en 1329 par Pierre de Cugnières

---

(1) C'est ainsi que le 11 décembre 1879 une déclaration d'abus a
té prononcée contre l'évêque de Grenoble pour avoir contrevenu aux
rescriptions de l'art. 1 de la loi du 18 Germinal an X, par la mise
exécution, sans l'autorisation préalable du gouvernement, d'une dé-
ision de la Cour de Rome relative à l'église de Notre-Dame de la
alette.

contre **les** empiétements des juridictions ecclésiastiques (1).

L'appel comme d'abus ne fut définitivement consacré que par une ordonnance de 1539, sous François 1er.

Supprimée avec les parlements, en 1789, cette institution ne fut rétablie que par la loi du 18 germinal de l'an X. Le Conseil d'Etat fut substitué aux anciens parlements.

Un décret de 1813 avait transporté aux cours impériales la connaissance de ces abus. Ce décret ne fut que transitoire.

Actuellement, le recours pour abus est jugé par le Conseil d'Etat, dans la forme administrative.

Le recours pour abus est un moyen, pour l'autorité civile et pour l'autorité religieuse, de faire respecter leur indépendance mutuelle et de prévenir ou réprimer les empiétements de l'une sur l'autre. L'appel comme d'abus est *réciproque*, comme disait une vieille maxime.

I. *Cas d'abus.* — Les cas d'abus de la part de *l'autorité ecclésiastique* sont au nombre de cinq (art. 6 **L. 18** germinal an X);

1° L'*usurpation* et l'*excès de pouvoir*. — L'usurpation suppose un empiétement sur une autre autorité. L'excès de pouvoir existe, par cela seul que l'autorité a dépassé les limites de ses attributions.

Il y aurait usurpation, par exemple, si l'autorité ecclésiastique prononçait la nullité d'un mariage quant à ses effets civils; il y aurait simple excès de pouvoir, si un évêque manifestait la nomination d'un curé non encore agréé par le gouvernement; si un prêtre faisait, en

(1) Devant l'assemblée des barons, seigneurs et prélats que présidait, à Vincennes, Philippe de Valois, Pierre de Cugnières, conseiller du roi, commença son discours ainsi: « Jésus-Christ, notre seigneur, a dit: Rendez à César ce qui est à César, et à Dieu ce « qui est à Dieu; or, la temporelle puissance appartient au roi, et la » spirituelle aux évêques. »

haire, la publication de choses étrangères au culte, sans avoir reçu l'autorisation du gouvernement ou si un conile se réunissait sans autorisation (1).

2° *La contravention aux lois et règlements de l'Etat.* — l y aurait contravention à la loi dans le fait d'attaquer une loi dans un mandement ou de procéder à la célébraion d'un mariage, sans qu'il ait été représenté un acte le mariage passé devant l'officier de l'état civil.

La contravention aux règlements résulterait notamment du fait de conduire une procession dans les rues, ontrairement à un arrêté municipal, ou d'exiger des droits supérieurs au chiffre du tarif arrêté par l'évêque pour l'administration des sacrements.

3° *L'infraction aux règles consacrées dans les canons religieux reçus en France.* — Nous citerons, a titre d'exemple: a violation des *formes* prescrites dans les canons de 'Eglise pour prononcer la peine de la déposition contre n titulaire de bénéfice inamovible; c'est ainsi que évêque de Moulins ayant exigé, au moment de la nomination des curés, qui sont inamovibles, des démissions écrites qui les transformaient en simples desservants, révocables *ad nutum*, le Conseil d'Etat, le 6 avril 1857, prononça une déclaration d'abus (2).

4° *L'attentat aux libertés de l'Eglise gallicane.* — Ces libertés sont d'anciennes maximes particulières à l'Eglise de France et qu'elle s'est traditionnellement transmises ;elles furent recueillies par un jurisconsulte du

(1) Comme exemple d'une déclaration d'abus fondée sur l'excès de pouvoir, on peut citer celle prononcée contre l'archevêque d'Aix qui, dans un mandement destiné à être lu et publié dans les églises de son diocèse, avait critiqué le projet de loi de M. Ferry, sur la liberté de l'enseignement (16 mai 1879).

(2) Autrefois, la déposition était prononcée par un concile composé de six évêques. Plus tard, elle le fut par les *officialités* (ou tribunaux ecclésiastiques).
Après la suppression des officialités, le droit de rendre une sen-

XVIᵉ siècle, Pithou, qui les résuma en quatre-vingt-trois articles. L'autorité de ce livre a été, pour ainsi dire, consacrée dans les quatre articles de la Déclaration du clergé de France en 1682, dont Louis XIV ordonna la publication par un édit de mars de la même année. Un décret du 25 février 1810 déclara cet édit loi générale de l'empire français.

5º *Toute entreprise ou tous procédés pouvant compromettre l'honneur des citoyens, troubler arbitrairement leur conscience ou dégénérer en oppression, injure ou scandale public.* — Nous donnerons comme exemples : un refus de sépulture sans motif, pourvu, d'après la jurisprudence du Conseil d'Etat, qu'il soit accompagné d'injure ou de scandale public ; le refus éventuel de l'évêque de Châlons, en 1843, d'administrer les sacrements aux élèves de l'Université.

— Les ministres du culte peuvent-ils être poursuivis devant les tribunaux pour *faits relatifs à leurs fonctions*, sans autorisation du Conseil d'Etat ?

Si le fait ne constitue qu'une contravention à la loi, purement répressive par voie disciplinaire, il n'y a pas de difficulté ; il y a simple abus, et c'est au Conseil d'Etat à prononcer une déclaration d'*abus*. Mais que décider si le fait constitue à la fois un *abus* et un *délit* de la loi pénale, par exemple : dans le cas où un prêtre a

tence de déposition revint aux évêques, sauf recours aux archevêques ou métropolitains. Les anciennes *formes*, disparues avec les officialités, ne peuvent plus être observées par les évêques : c'est ainsi que les trois *monitions exigées* autrefois ne le sont plus aujourd'hui. Mais les formalités substantielles de tout jugement doivent être observées.

La sentence de déposition, déclarée abusive, n'est pas mise à néant : elle conserve ses effets au point de vue spirituel ; de telle sorte que le curé déposé ne peut reprendre ses fonctions, mais il continue à jouir de son traitement.

Quand il s'agit de peines spirituelles, comme une pénitence, une retraite, une interdiction de porter le costume ecclésiastique, il n'y a pas lieu au recours pour abus.

violé la défense à lui faite de procéder à la célébration
d'un mariage, sans qu'on lui ait justifié d'un acte de mariage passé devant l'officier de l'état civil (articles 199
et 200, C. pénal), ou lorsqu'un prêtre, en chaire ou dans
l'exercice d'une fonction ecclésiastique, se rend coupable
d'injure ou de diffamation ?

Il y a sur ce point trois systèmes :

Dans un premier système, on soutient qu'aucune autorisation n'est nécessaire, puisque l'article 75 de la
Constitution de l'an VIII n'était pas applicable aux
ecclésiastiques qui ne pouvaient être considérés comme
des *agents du gouvernement* (en ce sens M. Batbie). Ce système, ajoute-t-on, se trouve fortifié aujourd'hui par l'abrogation de l'article 75, prononcée par un décret de 1870
du gouvernement de la défense nationale. Ce décret, en
effet, a voulu supprimer toutes les entraves apportées aux
poursuites contre les *fonctionnaires publics* de *tout ordre*
(en ce sens encore M. Ducrocq).

Dans un second système, on exige l'autorisation du
Conseil d'Etat, non pas en vertu de l'article 75 de la Constitution de l'an VIII, aujourd'hui abrogé, mais en vertu
de l'article 8 de la loi du 18 germinal an X, qui suppose
que le Conseil d'Etat peut *renvoyer devant les tribunaux*.

Cet article 8 dispose, en effet, que sur le rapport du
ministre des cultes, l'affaire sera suivie et définitivement
terminée en la *forme administrative* ou, suivant l'exigence
des cas, *renvoyée* aux *autorités compétentes*. Or, dit-on,
cet article 8 a voulu créer, pour les ecclésiastiques, une
garantie analogue à celle que l'article 75 de la Constitution de l'an VIII avait établie pour les agents du gouvernement et dès lors les ecclésiastiques ne peuvent en
raison de faits relatifs à leurs fonctions, être poursuivis
sans autorisation du Conseil d'Etat.

Dans un troisième système, inauguré en 1861 par la
Cour de cassation, on fait une distinction entre l'*action
publique* et l'*action civile*.

32

L'action publique intentée par le ministère public ne serait subordonnée à aucune autorisation.

Au contraire, l'action civile que voudrait intenter la partie lésée ne serait recevable qu'après l'autorisation du Conseil d'Etat ; celle-ci étant un moyen de protéger les ministres des cultes contre les poursuites téméraires et passionnées que pourraient exercer des particuliers.

Ce dernier système, qui prévaut devant la Cour de cassation, est vivement critiqué. La distinction qu'il établit ne repose sur aucun texte ; elle est plutôt une création législative qu'une interprétation judiciaire (1).

— Les cas d'abus de la part de *l'autorité civile* sont prévus dans la disposition générale de l'article 7 de la loi de l'an X, d'après laquelle il y aura lieu également à un recours au Conseil d'Etat, pour *toute atteinte à l'exercice public du culte et à la liberté que les lois et règlements garantissent à ses ministres.*

Le recours pour abus est donc bien véritablement une voie *réciproque* de garantie et de protection pour l'autorité civile et pour l'autorité religieuse.

II. *Demande, instruction et jugement* (art. 8 L. 18 germinal, an X). — Le recours pour abus peut être formé

---

(1) Quoi qu'il en soit, il est bien certain que si le fait poursuivi n'est pas relatif à la fonction, il n'est pas nécessaire d'une autorisation du Conseil d'Etat. C'est souvent une question très délicate que celle de savoir si le fait est un acte de la fonction ou un acte personnel au ministre du culte. La Cour de cassation a décidé notamment :

Que le fait, par un ministre du culte, de lacérer et d'enlever une affiche placardée par l'administration sur les murs d'une église, ne constituait pas un acte se rattachant à l'exercice du culte (25 mars 1880) ;

Que, de même, le fait par un ecclésiastique conduisant une procession, de sortir des rangs de cette procession, et d'enlever le chapeau d'un individu qui ne se découvrait pas, était une injure simple commise en dehors de l'exercice du culte et qui pouvait être déférée au tribunal de simple police, sans que le Conseil d'Etat eût à l'apprécier préalablement comme abus (16 avril 1880).

par toute *personne intéressée*. A défaut de plainte particulière, il est exercé d'office par les *Préfets*. Le fonctionnaire public, l'ecclésiastique ou le simple particulier qui
veut exercer ce recours doit adresser un *mémoire* détaillé
et signé au *ministre des cultes,* lequel est tenu de prendre,
dans le plus bref délai, tous les renseignements convenables.

Sur le rapport du ministre, l'affaire est suivie au Conseil d'Etat en la *forme administrative*, c'est-à-dire sans
plaidoirie et sans publicité. La section du Conseil
d'Etat relative aux cultes est chargée de l'instruction de
l'affaire, et, sur son rapport, l'assemblée générale du Conseil d'Etat rend la décision ou plutôt délibère sur la rédaction définitive qui sera présentée à la signature du
Chef du pouvoir exécutif.

Le Conseil d'Etat peut décider :

1° Qu'il n'y a pas lieu à statuer au fond parce que, le
recours n'est pas *recevable* ; par exemple : s'il a été formé directement au Conseil d'Etat, sans la remise d'un
mémoire détaillé au ministre des cultes ;

2° Qu'il y a lieu de statuer au *fond* sur le mérite du
recours. Dans ce cas, la décision du Conseil d'Etat peut
aboutir, en définitive à une des déclarations suivantes ;

Qu'il *n'y a pas d'abus* ;

Qu'il *y a abus* ;

Qu'enfin, il y a même *lieu* à *renvoi* devant les tribunaux.

Lorsque le Conseil d'Etat a déclaré l'abus, il peut
ordonner également la suppression, s'il y a lieu, d
l'acte abusif ; mais la déclaration d'abus n'entraîne pas
de peine matérielle ; elle n'a que le caractère d'une
haute censure morale (1).

La décision du Conseil d'Etat n'est. ainsi que nous

_____

(1) Le recours pour abus s'applique également aux cultes protestants d'après l'art. 6 des dispositions organiques de ces cultes de la loi
du 18 germinal de l'an X, et au culte israélite, conformément à l'ordonnance du 25 mai, 1844 (art. 54-56).

l'avons dit, qu'un simple avis qui est proposé à la signature du Président de la République. C'est un décret,
rendu sur l'avis du Conseil d'Etat, qui donne à l'affaire
la solution définitive, comme dans toutes les matières
où le Conseil d'Etat n'exerce pas d'attributions contentieuses.

AUTORISATIONS

Sous ce titre général d'*autorisations*, **nous ne** pouvons croire que le programme ait en vue tous les cas dans lesquels les particuliers sont obligés de recourir à l'autorité administrative pour l'exercice de leurs droits qui touchent à l'intérêt général. Autrement, nous ne nous serions pas permis d'en aborder l'énumération.

La place qu'occupe ce mot dans le programme, à la suite de la séparation des pouvoirs, semble indiquer qu'il ne s'agit que des autorisations se rapportant spécialement à l'application du principe de la séparation des pouvoirs.

Quoi qu'il en soit, nous allons indiquer les principaux cas dans lesquels une autorisation est nécessaire, en nous référant surtout aux matières du programme de l'examen.

CHANGEMENTS A LA CIRCONSCRIPTION TERRITORIALE. — Les changements ayant pour effet de modifier la circonscription territoriale d'un département, d'un arrondissement ou d'un canton, doivent être autorisés par le pouvoir législatif ; s'il s'agit de modifier la circonscription de communes appartenant au même canton, il suffit de l'autorisation du *Conseil général*, s'il y a consentement des conseils municipaux ; sinon, il faut un *décret en Conseil d'Etat*.

PROCÈS INTÉRESSANT LES COMMUNES ET LES ÉTABLISSEMENTS PUBLICS. — Les communes et établissements publics qui veulent plaider devant les tribunaux judiciaires, doivent être autorisés par le *Conseil de préfecture* qui exerce, à cet égard, une mission de tutelle administrative. Nous renvoyons, sur cette matière importante, à ce

32.

que nous avons dit, en traitant des procès intéressant les communes.

IMPOTS ET OCTROIS. — Tous les *impôts* doivent, en principe être autorisés par une *loi*;

L'établissement d'un *octroi* dans une commune est autorisé par un *décret en Conseil d'État*.

ETABLISSEMENTS DANGEREUX, INCOMMODES ET INSALUBRES. — Les établissements des deux premières classes sont autorisés par le Préfet;

Les établissements de troisième classe sont autorisés par le sous-Préfet.

TRAVAUX PUBLICS. — Les grands *travaux publics*, entrepris par l'Etat, sont autorisés par une *loi;*

Les travaux moins importants, ainsi que ceux intéressant les départements, les communes et les associations syndicales autorisées n'exigent qu'un *décret en Conseil d'Etat* (sauf pour les chemins de fer d'intérêt local, depuis la loi nouvelle du 11 juin 1880).

Spécialement en matière de *chemins vicinaux*, les travaux d'ouverture ou de redressement sont autorisés par le *Conseil général* pour la grande et la moyenne vicinalité et par la *Commission départementale*, pour la petite vicinalité.

USINES. — Les *usines* sur les cours d'eau navigables et flottables, sont autorisées par un décret en Conseil d'Etat ; les *usines*, sur les cours d'eau non navigables, (et même sur les cours d'eau navigables et flottables, les établissements temporaires ou qui ne modifient pas sensiblement le régime des eaux), sont autorisés par le Préfet.

ASSOCIATIONS SYNDICALES. — Les *associations syndicales autorisées*, par opposition aux associations syndicales *libres*, sont autorisées par un arrêté du Préfet.

Dons et legs. — Les dons et legs faits au départe-
ent sont acceptés définitivement par le Conseil général;
ais s'il y a réclamation de la famille, ils doivent être
torisés par un décret en Conseil d'Etat.

Les dons et legs faits à la commune, lorsqu'ils **sont**
ts sans charges, ni conditions, sont acceptés définiti-
ment par le conseil municipal; mais s'ils sont **faits**
ec des charges ou conditions, la délibération du con-
il doit être approuvée par le Préfet en conseil de pré-
cture et s'il y a réclamation de la famille, un décret
Conseil d'État dévient nécessaire (art. 68 8° et 111 2°
5 avril 1884).

Spécialement les dons et legs faits aux congrégations
ligieuses autorisées doivent être autorisés par un décret
Conseil d'État.

— Pour terminer l'examen des principaux cas où **une**
torisation est exigee, nous dirons que c'est également
décret en Conseil d'Etat qui autorise : les change-
nts de noms, les naturalisations d'étrangers et l'éta-
issement de leur domicile en France, les tontines, les
ciétés d'assurances sur la vie, la plupart des établis-
ments publics ou d'utilité publique, la publication des
tes du Saint-Siège, et en général, les congrégations
ligieuses, etc.

— Nous venons de parler des établissements publics
d'utilité publique.

Nous croyons devoir signaler les caractères qui dis-
nguent les établissements *publics* des établissements
utilité publique, que plusieurs textes de lois semblent
nfondre sous l'une ou l'autre de ces dénominations
rt. 910 et 937 C. civ., L. 20 février 1849 sur la taxe
s biens de main-morte).

Ces deux espèces d'établissements se ressemblent en
que les uns et les autres ont un caractère d'utilité
énérale, qu'ils sont personnes morales et ne peuvent
xister qu'avec une autorisation légale; mais les établis-
ments *publics* proprement dits ont une vie propre et

32.

font partie intégrante de l'organisation administrative ou s'y rattachent intimement (voir Ducrocq).

En dehors des départements et des communes ou des sections de communes, on range au nombre des établissements publics :

Les hôpitaux (pour les malades), les hospices (pour les vieillards et les infirmes), les bureaux de bienfaisance, les fabriques, les menses curiales et épiscopales, les chapitres, les séminaires diocésains, les consistoires protestants et israélites.

Les établissements d'*utilité publique* restent en dehors de l'organisation administrative de la France. Ils comprennent notamment : les communautés religieuses, les caisses d'épargne, les sociétés de secours mutuels, les monts-de-piété, les associations syndicales autorisées.

Ces deux sortes d'établissements sont soumis à quelques règles communes, principalement en ce qui concerne : l'autorisation nécessaire pour acquérir et accepter des dons et legs (art. 910 et 937 C. civ.) — l'assujettissement à la taxe des biens de main-morte (L. 20 février 1849) ; — l'application de la prescription (art. 2277) ; — la durée du droit d'usufruit établi à leur profit (30 ans) (art. 619 C. civ.).

Mais ces établissements diffèrent entre eux sous plusieurs rapports. Quelques règles, en effet, sont exclusivement applicables aux établissements publics. Nous signalons les plus importantes :

1° L'*autorisation de plaider* que doit donner le Conseil de Préfecture aux communes d'après la loi de pluviôse an VIII, a été étendue à la plupart des établissements publics ;

2° Le caractère de *travaux publics* ne peut appartenir qu'à ceux intéressant les établissements publics, sauf toutefois pour les associations syndicales autorisées, qui jouissent même du droit d'expropriation pour cause d'utilité publique ;

3° Le caractère de *deniers publics* n'est également reconnu qu'aux deniers des établissements publics, sauf encore les règles spéciales applicables aux associations syndicales autorisées, dont les taxes sont recouvrées comme en matières d'impôts directs, et dont les comptes sont apurés, comme ceux des établissements publics, par le Conseil de Préfecture et la Cour des comptes ;

4° Les établissements publics ont seuls une hypothèque *légale* sur les immeubles de leurs *comptables* (art. 2121 C. Civ.) ;

5° Ils sont seuls admis à recourir à la voie de la *requête civile*, lorsqu'ils n'ont pas été défendus ou ne l'ont pas été valablement (art. 481 C. Pr. civ.) ;

6° C'est dans l'intérêt des établissements publics qu'un créancier ne peut employer les *voies d'exécution* du droit commun pour se faire payer (art. 555, D. 31 mai 1862 sur la comptabilité publique).

TABLE MÉTHODIQUE.

TABLE ALPHABÉTIQUE

Havre. — Imprimerie du Commerce, 3, rue de la Bourse.

TABLEAUX SYNOPTIQUES

DROIT ADMINISTRATIF

EXAMEN DE LICENCE (Première partie)

AU POINT DE VUE DE LA NATURE DE LEURS FONCTIONS,	Administration active. — consultative ou délibérative. — contentieuse.	AU POINT DE VUE DE LEUR COMPÉTENCE TERRITORIALE.	Administration centrale. — départementale. — communale.

ADMINISTRATION CENTRALE

PRÉSIDENT DE LA RÉPUBLIQUE

Nomination
Par le Sénat et la Chambre des députés réunis en Assemblée nationale.
— Pour 7 ans, avec rééligibilité (L. 25 févr. 1875).

POUVOIR LÉGISLATIF :
Initiative des lois avec les députés et sénateurs.
Droit de demander une nouvelle délibération dans le délai de la promulgation.
Droit de provoquer une délibération des Chambres pour la révision des lois constitutionnelles.

POUVOIR EXÉCUTIF :
Promulgation de la loi et décrets nécessaires à son exécution :
1º Actes de souveraineté et actes administratifs;

Attributions
Lois constitutionnelles 24 et 25 février 1875 et 16 juillet 1875.

Décrets généraux et réglementaires.
1. Décrets simples : pouvant être rendus sur rapport d'un ministre; ex.: D. du 31 mai 1862 sur la comptabilité publique;
2. Règlements d'administration publique, nécessairement délibérés en C. d'État; ex.: taxe des frais, création des Trib. de commerce.

2º
Décrets spéciaux et individuels.
1. Décrets simples sur rapport d'un ministre; ex.: nomination de fonctionnaires publics;
2. Décrets en la forme des règlements d'administration publique, c'est-à-dire en Conseil d'État; ex.: naturalisation, changements de noms, mines, marais, octroi, appel comme d'abus.

Voies de recours.
1º Recours gracieux au Chef du pouvoir exécutif pour intérêt froissé;
2º Recours contentieux devant le Conseil d'État pour droit violé ou en cas d'excès de pouvoir;
— Pas de recours contentieux contre les actes de souveraineté, ni contre les D. gén. et régl.

MINISTRES

Organisation
Sous l'Assemblée constituante : 6 ministères; — actuellement 11 ministères; — ministres nommés et révoqués par le Chef de l'État; — tous sont à portefeuille; — peuvent être députés ou sénateurs; — se réunissent, au besoin, en Conseil.

ADMINISTRATIVES :
Procurent l'exécution des lois et de tous les actes du pouvoir exécutif par des ordres, instructions ou circulaires et par des arrêtés. Ont-ils le pouvoir réglementaire? (Controverse, v. p. 29.)

Voies de recours.
1º Recours gracieux en rétractation devant le ministre.
2º Recours contentieux au Conseil d'État pour incompétence et excès de pouvoir.

Attributions
Pouvoir propre et contre-seing des actes du Chef du pouvoir exécutif (Ministres, Secrétaires d'État).

CONTENTIEUSES :
Liquidations de pensions et de créances contre l'État. — Marchés de fournitures intéressant le gouvernement. — Retrait d'une concession de mines pour non-paiement des frais d'assèchement, en cas d'inondation (L. 1838). — Élections au Conseil de l'instruction publique et aux Conseils académiques (L. 17 mars 1880).
— Sont-ils juges de droit commun? Oui: 1º précédents historiques; 2º la loi de pluviôse an VIII énumère limitativement les cas de compétence du Conseil de préfecture (voir page 31).

Voies de recours.
1º Opposition devant le ministre, en cas de défaut;
2º Tierce-opposition, de la part des tiers;
3º Appel au Conseil d'État pour simple mal jugé (trois mois).
— Procédure : D. du 2 novembre 1864.

COUR DES COMPTES
(L. 16 septembre 1807).

NOTIONS GÉNÉRALES SUR LA COMPTABILITÉ PUBLIQUE
(D. 31 mai 1862).
1re partie : 5 titres
2e partie : 6e titre

1º Comptabilité des *deniers* publics ; 2º Comptabilité des *matières* appartenant à l'État.

Comptabilité des deniers publics (5 titres).
1º Dispositions générales, principalement sur la distinction des ordonnateurs et des comptables.
2º Comptabilité législative.
1º Loi annuelle de *finances* autorisant les recettes et les dépenses votées par chapitres.
2º Loi des *comptes* contenant règlement définitif du budget de l'exercice clos.
3º Comptabilité administrative.
Actes émanés des ordonnateurs et des comptables entre la L. de finances et la L. des comptes.
Ordonnancement jusqu'au 31 juillet de l'année qui suit l'ouverture de l'exercice;
Paiement jusqu'au 31 août. — Déchéance après 5 ans depuis l'ouverture de l'exercice (p.96).
4º Comptabilité judiciaire et contrôle de la Cour des comptes.
5º Comptabilité spéciale des départements, communes et établissements publics.

Organisation de la Cour des comptes.
1 Premier président.
3 Présidents de chambre.
18 Conseillers maîtres.
86 Référendaires (26 de 1re cl. et 60 de 2e cl.).
25 Auditeurs dont 15 de 1re classe.
1 Procureur général assisté d'un avocat général pris parmi les cons. référ. de 1re cl. et d'un substitut pris parmi les cons. référ. de 2me cl.
1 Greffier en chef et des commis-greffiers.

Division en 3 chambres.
Recettes publiques; — Dépenses publiques; — Recettes et dépenses des communes et établissements publics.
En fait : affaires réparties par certaines catégories de comptables ou suivant l'ordre alphab. des départem.

Attributions.
1º De JURIDICTION sur les comptables en *deniers*;
1º En premier et en dernier ressort;
2º En dernier ressort seulement : sur les comptes des communes dont le revenu n'excède pas 30,000 fr. et qui ont été jugés d'abord par le C. de préf. — Pas de publicité.
Arrêts déclarant le comptable: quitte, en avance, en débet.

Compétente :

Voies de recours.
1º Révision dev't la même chambre de la Cour.
2º Recours en cassation devant le C. d'État.
En cas de cassation renvoi devant une *autre* chambre de la Cour des comptes.

2º De CONTRÔLE : 1º sur les ordonnateurs ; 2º sur les comptables ou matières.
Deux déclarations générales de conformité en audience solennelle et publique, et Rapport au Chef du pouvoir exécutif; le tout communiqué aux Chambres.

CONSEIL D'ÉTAT

Notions historiques. (Origine dans la Constitution du 22 frimaire an VIII établissant le Consulat.)	**Sous le Consulat :** 5 sections. — Délibération en section et en assemblée générale. — Service ordinaire et service extraordinaire. — Attributions : législatives (rédaction et discussion des lois et interprétation); administratives et contentieuses.—Dans tous les cas : simple avis. **Sous l'Empire :** Deux décrets importants : 11 juin et 22 juillet 1806; l'un créant la Commission du contentieux, les maîtres des requêtes et les avocats au Conseil; l'autre, établissant un règlement de procédure, en matière contentieuse, encore en vigueur. **Sous la Royauté de 1814 et de 1830,** le Conseil d'État perd sa puissance législative, par suite de la responsabilité ministérielle et de la prépondérance des ministres. — En 1845, loi sur le Conseil d'État pour lui donner un caractère légal et constitutionnel. **Sous la République de 1848** (loi du 3 mars 1849) : Nomination des conseillers d'État par le pouvoir législatif. — Plus de voix délibérative aux ministres. — Suppression du service extraordinaire. — Avis nécessaire sur les projets de loi du gouvernement.— Pouvoir propre, en matière contentieuse, appartenant à la seule section du contentieux, et institution du Tribunal des conflits, chargé de statuer sur les conflits d'attribution entre l'autorité administrative et l'autorité judiciaire. **Sous le second Empire,** après 1852, retour à la Constitution de l'an VIII; — plus de pouvoir propre en matière contentieuse, mais assemblée *spéciale* délibérant au contentieux. — Suppression du Tribunal des conflits.

Organisation actuelle. (Loi du 24 mai 1872 : combinaison des lois de 1845 et 1849; modifiée par la loi du 13 juillet 1879.)	**COMPOSITION :** **32 cons. d'État en service *ordinaire* :** nommés et révoqués par décret en conseil des ministres; — nommés pour 9 ans, mais renouvelables par tiers, tous les 3 ans. — 30 ans. — Siègent dans les sections et dans les assemblées. **18 cons. d'État en service *extraordinaire*,** nommés et révoqués par décret. — Conservent leur titre tant qu'ils appartiennent à l'administration active. — 30 ans. — Pas de traitement et ne peuvent siéger à la section du contentieux. **30 maîtres des requêtes :** nommés et révoqués par décret. — 27 ans. — Font des rapports avec voix délibérative ou donnent des conclusions en matière contentieuse.

	36 auditeurs : 12 de 1re classe et 24 de 2e classe.	
Différences entre ces deux classes.	1° Pour la 2e classe : concours de 21 à 25 ans.—Pour la 1re : nomination par décret, avant 30 ans. 2° 2e classe en fonctions pendant 4 ans, avec renouvellement annuel par quart, et pas de traitement, si ce n'est depuis 1880, après une année.	

Les uns et les autres révoqués par décret, préparent les rapports.
1 Secrétaire général, nommé et révoqué par décret. — Ministres ont rang et séance à l'assemblée générale. — Garde des sceaux Président du Conseil d'État; vice-Président, nommé par décret, parmi les cons. d'État en service ordinaire.
Division en 5 sections, dont 4 pour les affaires législatives et administratives et 1 pour les affaires contentieuses (L. 13 juillet 1879).

Attributions.	**LÉGISLATIVES :** Simple avis, toujours facultatif : 1° Sur les projets d'initiative parlementaire, renvoyés par les Chambres; 2° Sur les projets de lois du gouvernement, renvoyés par décret; — Soutien de la discussion devant les Chambres, si le gouvernement l'ordonne. **ADMINISTRATIVES :** Simple avis, mais nécessaire : 1° Sur les règlements d'administration publique; 2° Sur les décrets qui doivent être rendus dans la forme des règlements. Simple avis, mais facultatif : Sur les projets de décret et sur les questions soumises par le Président de la République et par les ministres. **CONTENTIEUSES :** Remarquables à trois titres : 1° Pouvoir propre. — Décisions souveraines et exécutoires; 2° Assemblée spéciale délibérant au contentieux; 3° Publicité, plaidoirie, ministère public.

	A ce point de vue, triple rôle :
Tribunal de cassation...	Sur les conflits de juridictions administratives (pourvois en règlement de juges); Sur les recours pour incompétence et excès de pouvoir, remarquables à trois titres (voir page 64); Sur les recours fondés sur la violation de la loi contre les décisions en dernier ressort, si *la loi l'a dit* : Ex. : Cour des comptes (mais non Conseil de révision, si ce n'est par le ministre de la guerre).
Tribunal d'appel.....	Sur les recours contre les décisions qui n'ont pas été rendues en dernier ressort et pour simple mal jugé, notamment : contre les arrêtés des Conseils de préfecture ou des ministres (ou même du préfet, si la loi a dit sauf recours au Conseil d'État; ex. : établissements dangereux, incomm. et insalubres).
Tribunal de 1er et dernier ressort	Sur les infractions aux lois et règlements qui régissent la Banque de France; — sur les contestations relatives aux élections des Conseils généraux.

Formes de procéder (Trois modes de délibération : en section; en assemblée générale; en assemblée spéciale du contentieux).	**En matière LÉGISLATIVE :** Examen préparatoire en section; ensuite délibération définitive en assemblée *générale*. **En matière ADMINISTRATIVE :** Tantôt délibération définitive en *section*; tantôt délibération définitive en assemblée *générale*, après examen de la section compétente, notamment pour les règlements d'administration publique et les décrets qui doivent être rendus dans ladite forme (en outre, 26 affaires énumérées dans le règlement du 2 août 1879). **En matière CONTENTIEUSE :**

Historique du mode de délibération.	1° De l'an VIII à 1806 : pas de règles spéciales; d'abord section à laquelle l'affaire se rapportait, ensuite assemblée générale; 2° En 1806 : deux décrets, l'un du 11 juin : commission du contentieux, maîtres des requêtes, avocats au Conseil; l'autre, du 22 juillet: règlement de procédure encore en vigueur; 3° De 1831 à 1849 : en 1831 : publicité, plaidoirie, ministère public; 4° De 1849 à 1852 : seule section du contentieux et avec pouvoir propre; 5° De 1852 à 1872 : assemblée spéciale délibérant au contentieux, et simple avis, comme avant 1849.

Depuis 1872 : assemblée spéciale délibérant au contentieux composée (L. 1879) : 1° du vice-Président du Conseil d'État; 2° de la section du contentieux; 3° de 8 cons. d'État en service ordinaire, pris dans les 4 autres sections; — pouvoir propre, comme en 1849.

Règles de procédure. — **Règlement du 22 juillet 1806.**	*Demande :* 1° entre parties privées : dépôt d'une requête signée d'un avocat au Conseil (dispenses d'avocat : impôts directs, élections, excès de pouv., pensions, etc., p. 77),—ordon. de soit communiqué, — signification de la requête et de l'ord. au défendeur qui constitue avocat et fournit ses défenses; 2° entre l'État et une partie privée : rapport du ministre; pas d'ordonnance de soit communiqué. *Instruction :* écrite, — par la section du contentieux et rapport écrit. *Jugement :* à l'ass. spéc. délibérant au content. avec publicité, plaidoirie et ministère public. *Voies de recours :* opposition, — révision, tierce-opposition, de la part des tiers.

Distinguer *trois grandes périodes* historiques sur l'administration départementale et communale :

1. ASSEMBLÉE CONSTITUANTE.		2. CONSTITUTION DE L'AN III.		3. LOI DU 28 PLUVIÔSE AN VIII.
	Principe électif.		Principe électif.	(Loi fondamentale sur l'organisation départementale et communale.)
Département.	Conseil général (administration délibérative); Directoire (administration active et contentieuse); Procureur génér. syndic (agent d'exécution).	Département.	Administration centrale, cumulant la délibération et l'action ; Commissaire du département (nommé par le Directoire exécutif).	*Agir* est le fait d'un seul, *délibérer* est le fait de plusieurs. Nomination par le pouvoir exécutif.
District.	Conseil de district (administration délibérative); Directoire de district (administration active et contentieuse); Procureur syndic (agent d'exécution)	District supprimé et remplacé par des *municipalités de canton*. 1. Au-dessous de 5,000 hab. : agent munic. et adjoint, mais délibération confiée à l'administ. du canton composée des agents municipaux;	Département.	Préfet (administration active); Conseil général (administration délibérative); Conseil de préfecture (administration contentieuse).
Commune.	Maire et officiers municipaux (corps municipal); Conseil général de la commune (corps municipal et notables); Procureur de la commune.	Commune.	2. De 5,000 hab. à 100,000 hab. : administration municipale distincte de l'administration du canton; 3. Au-dessus de 100,000 habitants, trois administrations municip. distinctes de l'administ. de canton.	Arrondissement. Sous-préfet (administration active). Conseil d'arrondissement (administration délibérative). Commune. Maire et adjoints (administration active). Conseil municipal (administration délibérative).

DÉPARTEMENT

Personnalité du département.

Personne morale, *probablement* depuis l'Assemblée constituante; en tout cas, depuis un *décret du 9 avril 1811*, qui lui concédait des bâtiments nationaux affectés à un service public, à la charge de faire toutes les réparations.

Biens du département.
1º Biens du domaine *public* : routes départementales et rues qui font suite, même les anciennes routes nationales de troisième classe, dont l'entretien, en 1811, avait été mis à sa charge, — chemins de fer départementaux;
2º Biens du domaine *privé*. — *Quid* des édifices publics? *Quid* du mobilier affecté à l'usage du public? page 112.

PRÉFET

Organisation.

Trois classes de préfectures. — Préfet nommé et révoqué par le Chef du pouvoir exécutif; — chef de l'administration active dans le département. — Correspond avec tous les ministres. — Peut déléguer ses fonctions au secrétaire général ou à un cons. de préfecture; sauf approb. par le ministre de l'intér., s'il sort de son département. — S'il n'y a pas de délégation, est remplacé par le plus ancien cons. de préfecture.

ADMINISTRATIVES, augmentées par le décret-loi du 25 mars 1852 et le décret de 1861 sur la décentralisation (ou la déconcentration), voir page 118.
1º Agent du pouvoir central, représentant du pouvoir exécutif dans le département;
2º Représentant du département, chargé de l'instruction des affaires du département et de l'exécution des décisions du Conseil général et de la Commission départementale.

Attributions.

Deux sortes d'arrêtés.
1º Généraux et réglementaires, mais pas en matière de police municipale.
2º Arrêtés spéciaux ou individuels, tantôt seul, tantôt après l'avis du C. de préfect.

Voies de recours.
Recours en rétractation, devant le Préfet.
Appel au ministre compétent.
Recours au C. d'Etat p. excès de pouvoir.

CONTENTIEUSES : rares; mais statue toujours seul, sans prendre l'avis du Conseil de préfecture, depuis la loi de 1865 sur les Conseils de préfecture.
Exemples : autorisation des établissements dangereux de 1re et 2e classe. — Suspension de travaux de mines et fermeture de leur exploitation.

Voies de recours.
Opposition contre la décision par défaut.
Tierce opposition de la part des tiers.
Appel au ministre compétent.
Recours au Conseil d'Etat : 1º quand la loi l'a dit, par ex. : établissements dangereux; 2º pour excès de pouvoir.

CONSEIL GÉNÉRAL (L. du 10 août 1871).

Formation : autant de membres que de cantons dans le dépar.
—Elus par le suffrage universel dans chaque commune, aux conditions suivantes : 1º inscription sur une liste d'électeurs ; 2º 25 ans ; 3º domicilié dans le dépar. ou être inscrit au rôle des contribut. directes et n'être pas dans un cas d'incapacité ou d'incompatibilité. Elus pour *six* ans, renouvelables par moitié tous les *trois* ans. — *Contentieux* des élections : Autrefois compét. du C. de préfect., puis du C. général (L. 10 août 1871), et actuellement du C. d'Etat (L. du 31 juill. 1875); sauf renvoi devant l'autorité judic. p.r les questions préjudicielles (v. p. 130).
Sessions : Deux sessions ordinar.es annuelles (une le premier lundi qui suit le 15 août, l'autre le deuxième lundi qui suit le jour de Pâques (L. 1876), et sessions extraordin. — Président, vice-présidents et secrétaire, nommés par le C. général. — Publicité des séances. — Compte rendu officiel à la disposition des journaux. — Communication et copie des procès-verbaux à tout électeur ou contribuable. — Dissolution par le Chef du pouv. exécutif, sauf à rendre compte aux Chambres, si elles siègent.

I DÉLIBÉRATIONS RÉGLEMENTAIRES ou décisions *définitives*, exécutoires par elles-mêmes.

En 1838, en général, les délibérat. étaient approuvées par l'autorité centrale. — Et depuis le D. de décentral. de 1852, par le Préfet. — La loi de 1866 d'abord, puis la loi de 1871, ont établi une véritable décentralisat. et la plupart des délibér. sont exécutoires sans approbation.
1º Les unes exécutoires sauf *annulation* : ex. : déjà autrefois la *répartition* des impôts directs de répartition entre les arrondissements, et dep. 1871 : 26 cas énumérés dans l'art. 46 L. 1871.
2º Les autres exécutoires sauf *suspension*.

Différences entre annulation et suspension :
1º Annulation : excès de pouvoir, violation de loi ou de règlement. — Suspension : pas de cause déterminée, mais motif.
2º Annulation : D. en C. d'Etat. — Suspension : simple décret.
3º Annulation demandée par le Préfet dans les 20 jours et prononcée dans les 2 mois du jour de la notification du recours. — Suspension prononcée dans les 3 mois de la clôture de la session.

II DÉLIBÉRATIONS EXÉCUTOIRES *après* approbation expresse.

Contribution extraordinaire au delà du max. fixé par la loi de finances (loi spéciale).
Emprunt pour un délai excédant 15 ans (loi spéciale).
Dons et legs, s'il y a réclamation de la famille (Décret en C. d'Etat).
Budget (approbation par le Chef du pouv. exécutif). — Autrefois, en 1838, le budget était divisé en 4 *sections* correspondant aux 4 cent. additionnels : ordinaires, facultatifs, spéciaux et extraordinaires. — Depuis 1866 et d'après L. 1871 : Budget ordin. et extraordin. — Restriction des dépenses obligatoires. — Suppression du fonds commun remplacé par un fonds de secours. — Droit de voter les centimes extraordinaires dans la limite du maximum fixé par la loi de finances (voir pages 151 et s.).

III

AVIS ET PROPOSITIONS (avis obligatoire, par ex. : sur les changements à la circonscript. territoriale).
RÉCLAMATIONS ET VŒUX (initiative du Cons., — directement adressés au ministre, par le Pr. du Cons. gén.).

Organisation.
Autrefois:
L. 22 juin 1833.
L. 3 juillet 1848.
L. 7 juillet 1852.
Actuellement:
L. 10 août 1871.

Attributions.
Autrefois :
L. 10 mai 1838,
D. de décentral. de 1852.
L. 18 juillet 1866
Actuellement :
L. 10 août 1871.

COMMISSION DÉPARTEMENTALE (créée par la loi du 10 août 1871).

Organisation. — 4-7 membres choisis par le Conseil général et dans son sein.
Réunion au moins une fois par mois, — présidée par le plus âgé; — choisit son secrétaire. — Siège à la Préfecture.
Attributions. — Décisions : soit par délégation du Conseil général, soit en vertu de la loi; tantôt définitives, — tantôt sauf recours soit au onseil général, soit même au Conseil d'État pour excès de pouvoir ou violation de la loi ou de règt, ex. : en matière de chem. vicinaux ordinaires.
Contrôle des actes du Préfet pour le budget et les mandats de paiement délivrés par le Préfet.
Avis au Préfet pour les contrats et la défense aux actions intentées contre le département.
Rapports et propositions au Conseil général : notamment sur le budget proposé par le Préfet et le relevé des emprunts communaux.

CONSEIL DE PRÉFECTURE (créé par la loi du 28 pluv. an VIII).

Organisation. oi 28 pluviôse an VIII. oi 21 juin 1865.	Trois classes de Conseils de préfecture. — 3 ou 4 membres (9 pour la Seine, y compris son Président spécial). — Nommés et révoqués par le Chef de l'État. —25 ans, licencié en droit ou 10 ans de fonctions rétribuées dans l'ordre administratif ou judiciaire, ou dix ans comme membre du Conseil général, ou maire (L. 1865). — Incompatibilité avec tout emploi public et l'exercice d'une profession (loi de 1865). — Préfet président et voix prépondérante en cas de partage. — Publicité des audiences (excepté pour les comptes de communes), plaidoirie, ministère public (D. 1862 et loi de 1865); secrétaire général remplissant le rôle de ministère public dans les affaires contentieuses (loi de 1865).

1. CONTENTIEUSES : toujours avec pouvoir propre, depuis la loi de 1865.

Attributions. Loi 28 pluviôse an VIII et lois postérieures. Loi 21 juin 1865.	**Loi 28 pluviôse an VIII.**	*Impôts directs.* Demandes en *décharge* et en *réduction*, opposées aux demandes en remise et modération. — Mutation de cote. — Classem. en matière de cadastre.—Réintégrat. au rôle. (Voir p. 376 et suiv.)
		Travaux publ. Loi 16 sep. 1807. Code de trav. publics, p. 177. Travaux publics relatifs à un service public, même ceux entrepris par les *communes* et les associations syndicales *autorisées.* (Voir p. 180.) 1. Entre les entrepreneurs et l'administration sur le sens et l'exécution des clauses du marché. 2. Sur les indemnités dues pour les terrains *pris* ou *fouillés* pour les travaux publics. — Servitude de fouilles établie par anciens arrêts du Conseil, 1755 et 1780, dans les lieux non fermés par mur (en rase campagne) ou clôture équivalente (près des habitations). (Voir p. 182.) 3. Sur les dommages causés par les entrepreneurs et *a fortiori* par l'administration. Autrefois dans le 1er cas : directoire de district et dans le 2e cas : directoire de département. (Voir p. 184,— *Quid* des dommages permanents? p. 185.)
		Grande voirie. 1. Compétence civile pour ordonner la réintégration au sol, notamment en matière de servitudes; par ex.: pour remboursement de frais de plantations. 2. Compétence pénale pour statuer sur les contraventions (loi du 29 floréal an X;—peines fixées par d'anciens règlements : amendes *fixes* ou *arbitraires*, réduites en 1842 jusqu'au vingtième pour l'amende fixe et de 16-300 pour amende arbitraire.) (Voir p. 188–190.)
		Domaines nationaux. 1. Pour les ventes faites avant 1814 : 1º entre l'État vendeur et l'acheteur, et 2º même sur les réclamations des tiers réclamant une indemnité pour les droits réels; 2. Pour les ventes faites depuis 1814, seulement entre l'État vendeur et l'acheteur. (Voir p. 191.) En matière domaniale, Préfet représente l'État devant les tribunaux civils.
	Lois postérieures.	Impôts indirects : octrois, — boissons, — abonnement; trois cas où avant 1865 il ne donnait qu'un avis au Préfet. Établissements dangereux, incommodes et insalubres (décret du 15 octobre 1810). (Voir p. 448.) Comptes des communes et établissements dont le revenu n'excède pas 30,000 francs. Élections au Conseil d'arrondissement et au Conseil municipal, sur les irrégularités des opérations électorales, sauf renvoi devant les tribunaux civils pour des questions préjudicielles relatives à l'état et à la capacité.
	Procédure.	Décret du 12 juillet 1865. Publicité des audiences, plaidoirie, ministère public (D. 1862 et L. 21 juin 1865).
	Voies de recours.	Opposition contre les arrêtés par défaut. Appel au Conseil d'État, et, en matière de comptes communaux, à la Cour des comptes. Tierce-opposition, de la part de tiers lésés.
	2. ADMINISTR. (avec pouv. pro.)	Autorisation de plaider pour les communes et établissements publics (mission de tutelle administrative). Déjà dans la loi du 28 pluviôse an VIII pour les communes. — Recours administratif devant le C. d'État. (Voir p. 307.)
	3. ADMINISTR. (en ne donnant qu'un avis au Préfet.)	Nombreux cas indiqués par des lois postérieures à la loi de pluviôse an VIII; par ex. : pour l'annulation des délibération prises par les Conseils municipaux, hors leur réunion légale ou sur des objets étrangers à leurs attributions.

ARRONDISSEMENT (Simple circonscription administr. pas de personnalité).

SOUS-PRÉFET.

Organisation.		Trois classes de sous-préfectures. — Sous-Préfets nommés et révoqués par le Chef du pouvoir exécutif.
Attributions.	*Administratives.*	En principe, simple agent de transmission entre les préfets et les maires. — Exceptionnellement : droit de décision en cas de délégation du Préfet, en cas d'urgence ou en vertu d'une loi ou d'un règlement, notamment du décret de décentralisation du 13 avril 1861; — a succédé à certains pouvoirs des administrations municipales de canton; ainsi il nomme les contribuables qui feront partie de la commission de répartiteurs pour les impôts directs.
	Contentieuses.	Autorisation des établissements dangereux, incommodes et insalubres de troisième classe. — Perception du droit d'octroi de navigation.

CONSEIL D'ARRONDISSEMENT.

Organisation. Anciennes lois sur le Conseil général.	Autant de membres que de cantons dans l'arrondissement, au minimum 9. — Élus par les électeurs des conseillers généraux, aux mêmes conditions, sauf que le domicile ou le payement d'une contribution directe est exigé dans l'arrondissement. — Nommés pour 6 ans, renouvelables par moitié tous les 3 ans.— Session *annuelle* en 2 parties. — Présid., v.-prés., et secrét., nommés par le Conseil.—Contentieux relatif aux élections. (Voir p. 209.)
Attributions. Anciennes lois sur le Conseil général.	*Délibérations.* Répartition des impôts directs. Dans la première partie de sa session, délibération sur les réductions du contingent assigné à l'arrondissement et aux communes; Dans la deuxième partie, répartition entre les communes du contingent fixé par le Conseil général pour l'arrondissement (p. 213).
	Avis et vœux. Avis tantôt obligatoires, tantôt facultatifs, tantôt spontanés. Vœux sur tous les intérêts de l'arrondissement.

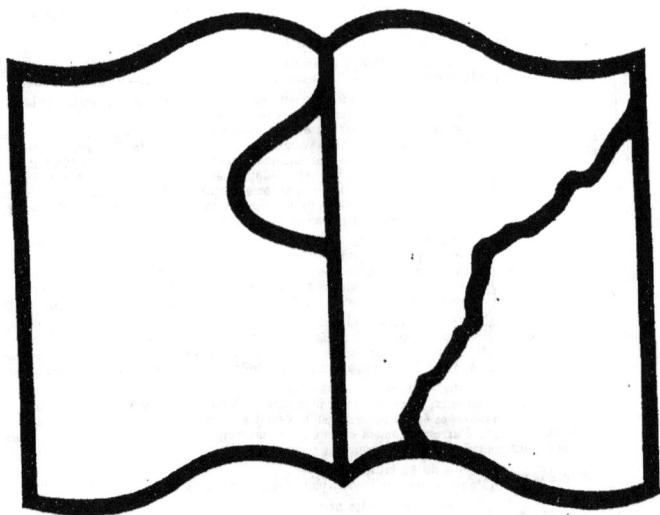

Texte détérioré — reliure défectueuse

NF Z 43-120-11

NOTIONS HISTORIQUES.	1° Assemblée constituante : Maire, officiers municipaux, Conseil général et Procureur de la commune — tous élus par les citoyens *actifs* ; 2° Constitution de l'an III : Organisation des municipalités de canton, comprenant les agents municipaux de toutes les communes du canton ; 3° Loi du 28 pluviôse, an VIII : Agir est le fait d'un *seul*, délibérer est le fait de *plusieurs* ; Maire et adjoints — Conseil municipal — au choix du pouvoir exécutif. Depuis cette loi fondamentale d'organisation et d'attribution diverses lois modificatives ;

Trois grandes Périodes.	Au point de vue de l'organisation. { L. 1831 : élection pour les conseillers. L. 1848 : suffrage universel. L. 1852 : maire et adjoints, même en dehors du Conseil. — Codification dans la loi du 5 mai 1855.	Au point de vue des attributions. { L. 18 juillet 1837, fondamentale. D. Décentralisation du 25 mars 1852 (Déconcentration au profit du Préfet). L. 24 juillet 1867 (décentralisation au profit des Conseils municipaux).

Loi actuelle : 5 avril 1884, sur *l'organisation* et les *attributions* (7 titres, 168 articles).

COMMUNES (Titre I, art. 1-9).

PERSONNALITÉ CIVILE DES COMMUNES (Ancienne).

COMMUNE propriétaire.	Biens du *domaine public* : affectés à l'usage public ; inaliénables et imprescriptibles : rues, places et passage (voirie urbaine) ; — chemins de fer communaux. Biens du *domaine privé* comprenant : 1° Les biens *patrimoniaux*, employés à un service public ou que la commune afferme et dont elle tire des revenus — Quid des édifices ? 2° Les biens *communaux* proprement dits, dont la jouissance en *nature* est réservée aux habitants : pâturages, usage dans les bois et spécialement droits d'affouage répartis par feux (art. 105 C. forestier).
COMMUNE créancière.	1° Hypothèque légale sur les immeubles des comptables ; 2° Droit d'effectuer ses recettes par des *états* dressés par le maire et *exécutoires*, s'ils sont visés par le préfet ou sous-préfet.
COMMUNE débitrice.	Par contrat ou quasi-contrat et par suite de la *responsabilité civile* de délits ou quasi-délits commis par ses préposés, ses pâtres, ou par attroupement sur son territoire. — Ne peut être poursuivie que par *ordonnancement*. — Pas de saisie de ses biens, sauf autorisation de vente par décret.

DÉNOMINATION ET CIRCONSCRIPTION ADMINISTRATIVE.

Changement de nom.	Décret en Conseil d'État — sur la demande du Conseil municipal, après avis du Conseil général. — Par exception, si le changement se produit par translation de chef-lieu ou par la création d'une commune nouvelle, c'est la même autorité qui statue.
Translation de Chefs-lieux et Changements à la Circonscript. territoriale :	*Instruction.* Enquête de *commodo* et *incommodo* par le Préfet, soit d'office, soit sur la réclamation de tout intéressé — obligatoire si elle est demandée par un Cons. municipal ou le tiers des électeurs de la commune ou section. — Avis des Conseils municipaux et d'une Commission syndicale des sections et des Conseils d'arrondissement, et proposition soumise au Cons. général. *Autorité* chargée de statuer (Législateur, Chef de l'État, Conseil général.)
Loi.	1° Pour créer une commune nouvelle (section érigée en commune). 2° Pour changer un département, un arrondissement ou un canton.
Décret en C. d'État.	Si le Conseil général n'approuve pas le projet ou s'il n'y a pas accord entre les Conseils municipaux et les Commissions syndicales.
Conseil général.	1° S'il approuve le projet ; 2° s'il y a adhésion des Conseils municipaux et des Commissions syndicales.
Effets :	Commune ou Section réunie à une autre commune conserve la propriété de ses biens. — Ses habitants conservent la jouissance en *nature* des communaux — mais les édifices et autres immeubles servant à *usage public* deviennent la propriété de la commune à laquelle est faite la réunion, ou de la nouvelle commune, si la section a été érigée en commune. — Les autres conditions sont réglées par l'autorité chargée de statuer. — Conseils municipaux dissous de plein droit.

1° Deux Communes réunies en une seule ;
2° Section réunie à une autre commune.
3° Section érigée en commune.

CONSEILS MUNICIPAUX (Titre II, art. 10-72).

ORGANISATION.

FORMATION. 10-36 membres.—*Élus* par le suffrage universel direct — au scrutin de liste, sauf au Conseil général à diviser en sections électorales.—Conditions *d'éligibilité* : 25 ans — être électeur dans la commune ou inscrit, ou devant l'être, au rôle des contributions directes, sauf incapacités et incompatibilités.

Contentieux des élections. — Réclamations : 1° par tout électeur ou éligible, pour toute cause et dans les cinq jours ; 2° par le Préfet, si les conditions et formes n'ont pas été remplies, dans les quinze jours de la réception du procès-verbal.

Jugées par le *Conseil de Préfecture*, sauf, pour les questions d'*état*, renvoi devant les tribunaux civils ; jugement doit être rendu dans le mois, ou dans les deux mois, en cas de renouvellement général ; sinon, réclamation considérée comme rejetée — appel, au besoin, au Conseil d'État, dans le mois, sans frais, avec exemption du timbre et dispense d'un avocat au Conseil ; pourvoi *suspensif* en faveur du Conseiller élu dont l'élection a été annulée.

Conseil nommé pour *quatre* ans, renouvelé le premier dimanche de mai. Complété 1° pour la nomination des maires et adjoints ; 2° quand il est réduit aux trois quarts de ses membres.

Dissolution par décret motivé, en Conseil des ministres, et publié au *Journal officiel*. — *Suspension* provisoire, par le Préfet, en cas d'urgence, et pour un mois au plus. — En cas de dissolution ou de démission collective, mais non de suspension : *délégation* de 3-7 membres, nommée par décret pour les actes urgents d'administration, et réélection d'un Conseil dans les deux mois.

FONCTIONNEMENT. *Quatre* sessions annuelles ordinaires (février, *mai*, août, novembre) pour 15 jours — sauf celle de mai (budget) 6 semaines ; sans préjudice des sessions extraordinaires, soit sur l'ordre du Sous-Préfet, soit si le maire le croit utile ou si la majorité du Conseil l'exige. — Convocation affichée et adressée par écrit à domicile trois jours avant la réunion. — Pour la délibération, présence de la majorité des membres en exercice, si ce n'est, après deux convocations, majorité des membres présents ; délibération prise, à la majorité absolue. En cas de partage, voix du président prépondérante, sauf le cas du scrutin secret, qui a lieu si le tiers des membres présents le réclame, ou s'il s'agit d'une nomination en présentation.— Présidence : maire ou adjoints, ou conseiller, dans l'ordre du tableau, sauf pour l'élection du maire ou adjoint (alors le plus âgé), et le cas où le maire rend ses comptes d'administration (alors élu). — Conseil nomme un *secrétaire* parmi ses membres, avec des auxiliaires, au besoin.— Séances rendues *publiques* par la nouvelle loi, — compte rendu des séances affiché par extrait ; communication à tout habitant ou contribuable des procès-verbaux, du budget et des arrêtés du maire.— Commissions spéciales d'études ; *Démissions* déclarées par le Préfet, sauf recours au *Conseil de Préfecture* et au *Conseil d'État* si, sans motifs, un membre a manqué à trois convocations successives. Démission *volontaire* adressée au Sous-Préfet et définitive après accusé de réception ou un mois après un nouvel envoi de la démission.

ATTRIBUTIONS.

I Délibérations réglementaires exécutoires par elles-mêmes.	En 1837 : 1° mode d'administration ; 2° conditions des baux de 18 ans pour les biens ruraux ou 9 ans pour les autres ; 3° répartition des pâturages ou fruits communaux ; 4° affouages. En 1867 : décentralisation élargie ; 9 cas nouveaux ; pourvu qu'il y eût accord entre le Conseil et le maire (délibérations mixtes). En 1884 : très large extension de la décentralisation. Ces délibérations forment la règle générale et sans qu'il y ait besoin d'un accord entre le Conseil municipal et le maire. — Exécutoires après un mois, à moins d'annulation par le Préfet en Conseil de Préfecture, pour causes déterminées.
II Délibérations exécutoires après approbation.	Ex. : baux de plus de 18 ans — aliénations et échanges — transactions — dons et legs — budget, etc. — En principe, approbation du Préfet seul, soit en Conseil de Préfecture. En cas de refus ou d'omission de statuer dans le mois, recours au ministre. Les délibérations intéressent directement le patrimoine de la Commune.
III Avis.	Tantôt *nécessaires*, sous peine d'excès de pouvoir, quand la loi l'exige. Tantôt *facultatifs*, quand l'Administration le juge à propos.
IV Réclamations.	Contre le contingent assigné à la commune dans les impôts directs de répartition ; portées d'abord devant le Conseil d'arrondissement, ensuite devant le Conseil général.
V Vœux.	Sur tous les objets d'intérêt local. Émanent de l'initiative du Conseil.
Délibérations nulles de plein droit.	1° Sur des objets étrangers aux attributions du Conseil, ou prises hors de sa réunion légale. 2° En violation d'une loi ou d'un règlement d'administration publique. — Nullités obligatoires, par tout intéressé et en tout temps, déclarées par le Préfet en Conseil de Préfecture.
Délibérations annulables.	Celles auxquelles ont pris part des membres du Conseil intéressés. Nullité facultative, à la requête de tout intéressé ou contribuable, mais devant être demandée et prononcée dans un certain délai. — Préfet en Conseil de Préfecture.
Actes spécialement interdits.	Publication de proclamations et adresses ; Communication avec un ou plusieurs Conseils ; Vœux *politiques*. — Sous peine de nullité de *plein droit*.

MAIRES ET ADJOINTS (Titre III, art. 73-109).

ORGANISATION.

Dans chaque commune : 1 maire et un ou plusieurs adjoints (2 de 2,501 à 10,000 h., au delà : 1 de plus par 25,000 h., au maximum 12). En cas de difficulté de communication entre le chef-lieu et une fraction de commune, *adjoint spécial*, remplissant les fonctions d'officier de l'état civil. — Fonctions *gratuites*, sauf frais de représentation.

Mode de nomination. — En 1855, par le chef de l'État ou le préfet, même en dehors du conseil ; en 1876, par le conseil municipal, excepté dans les chefs-lieux de département, d'arrondissement ou de canton. — Depuis 1882, par le conseil municipal parmi ses membres, au scrutin secret et à la majorité absolue. — Pour les *difficultés relatives* à l'élection, *mêmes règles* que pour celles relatives aux conseillers.

Durée des fonctions : La même que pour le conseil municipal, 4 ans. — Le maire peut déléguer ses fonctions à un adjoint ou, à son défaut, à un conseiller. Il est provisoirement remplacé : 1° si ses intérêts sont en opposition avec ceux de la commune ; 2° en cas d'absence, de suspension ou révocation ; 3° s'il refuse de faire un acte qui lui est prescrit par la loi (dans ce cas : préfet ou délégué spécial).

Suspension : par le préfet pour un délai de 1 mois qui peut être porté par le ministre à 3 mois. — *Révocation* par le Président de la République et alors inéligibilité pendant un an aux fonctions de maire et d'adjoint.

ATTRIBUTIONS.

Dans l'ordre *civil* ou *judiciaire :* officier de l'état civil — officier de police judiciaire — ministère public devant le juge de paix — sous la surveillance du Procureur de la République.

Dans l'ordre *administratif :*

AGENT de la Commune sous la surveillance de l'Administr. supérieure	1° *Mandataire* de la commune, agissant sous le *contrôle* du conseil municipal et la *surveillance* de l'administration supérieure. — Administrateur actif de la commune, nomme aux emplois communaux et représente la commune au point de vue civil, financier et judiciaire ; agent d'exécution des délibérations du conseil municipal ;
	2° *Magistrat municipal*, avec pouvoir propre, agissant sous la *simple surveillance* de l'administration supérieure. — Chargé de la *police* municipale et rurale.
AGENT de l'État sous l'autorité de l'Administr. supérieure	Il est chargé : 1° De la publication et de l'exécution des lois et règlements ; 2° De l'exécution des mesures de sûreté générale ; 3° De fonctions spéciales qui lui sont attribuées par les lois. C'est surtout à l'occasion de ces actes qu'en cas de refus ou de négligence, le préfet pourrait y procéder d'office ou par un délégué spécial.

Arrêtés du maire en matière de police :

Arrêtés généraux ou *réglementaires :* obligatoires quand ils ont été publiés et arrêtés *individuels*, obligatoires quand ils ont été notifiés. Les premiers comprenant : 1° les arrêtés *temporaires* exécutoires de suite ; 2° les arrêtés *permanents* exécutoires *un mois* après récépissé du sous-préfet, sauf, en cas d'urgence, de suite par le préfet.

Conciliation de ses pouvoirs avec ceux du préfet, qui peut, dans un intérêt général, réglementer pour toutes les communes du département ou même pour une seule, mais, dans ce dernier cas, il doit avoir requis le maire.

Commune responsable, conformément à la loi du 10 vendémiaire an IV, des dommages causés par attroupements et rassemblements sur son territoire, excepté : 1° si elle a pris les mesures pour les prévenir ; 2° si elle n'a pas la disposition de la police et de la force armée (Paris et Lyon) ; 3° pour faits de guerre.

ADMINISTRATION DES COMMUNES (Titre IV, art. 110-160).

DONS ET LEGS.

Pour l'*acceptation :* 1° S'il n'y a ni charge ni condition, ni réclamation de la famille : délibération exécutoire par elle-même ;

2° S'il y a charge ou condition : préfet en conseil de préfecture ;

3° S'il y a réclamation de la famille : décret en Conseil d'État.

Faits à un quartier ou hameau n'étant pas personne civile : commission syndicale et décret en Conseil d'État.

En cas de *refus :* définitif après une nouvelle délibération du Conseil ; mais pour une section : commission syndicale, et décret en Conseil d'État peut autoriser à accepter, nonobstant refus du conseil municipal.

Maire peut toujours accepter *à titre conservatoire.*

ACTIONS JUDICIAIRES *(Voir page 807).*

COMMUNE demanderesse.	Autorisation du conseil de préfecture (mission de tutelle administrative) à tous les degrés de juridiction, même en Cour de cassation, sous peine d'être non recevable. Si le conseil de préfecture ne statue pas dans les 2 mois, silence vaut autorisation.
	Un *contribuable* pourvu : 1° qu'il soit autorisé par le conseil de préfecture ; 2° que la commune soit mise en demeure d'agir ; 3° qu'elle soit mise en cause, peut exercer l'action à ses risques. — Mais à la différence de la commune, le silence du conseil de préfecture, dans les deux mois, ne vaut pas autorisation.
COMMUNE défenderesse.	Demandeur doit déposer un *mémoire* à la préfecture ou sous-préfecture, qui interrompt la prescription s'il est suivi dans les 3 mois d'une demande en justice. L'action ne peut être intentée dans les 2 mois du mémoire, pendant lesquels le conseil de préfecture doit statuer. En cas d'autorisation expresse ou tacite demandeur peut agir et, au besoin, obtenir condamnation par défaut.

En cas de *refus* d'autorisation du conseil de préfecture, commune ou contribuable peut se pourvoir devant le Conseil d'État qui statue en *forme administrative* (sans publicité, ni plaidoirie).

Exceptions à l'autorisation. { 1° En matière d'actions possessoires ; 2° En cas d'opposition aux états du maire pour le recouvrement des taxes.

En cas de procès entre une *section* et sa commune ou autre section de la même commune, commission syndicale élue par les électeurs de la section et dont le président représente la section.

BUDGET COMMUNAL.

I. *Recettes et dépenses :* soit du budget ordinaire, soit du budget extra-ordinaire.

Intérêt à distinguer :

Dépenses obligatoires et facultatives.	1° Les premières peuvent être établies *d'office* par le préfet — ou par le chef de l'État si les revenus sont de 3 millions ;
	2° Imposition *extraordinaire*, au besoin, par décret ou loi, suivant qu'elle est ou non dans les limites du maximum fixé par la loi de finances.
Taxes d'octroi.	Établissement et règlements de perception, taxes nouvelles ou au delà du tarif général : décret en Conseil d'État. Suppression ou diminution : approbation du préfet. Certaines modifications : conseil municipal définitivement.
Emprunts et Contributions extraordin.	Tantôt définitivement : conseil municipal. — Tantôt approbation du préfet. — Tantôt chef de l'État, soit seul, soit en Conseil d'État. — Tantôt loi (si l'emprunt dépasse un million).

II. *Vote et règlement.* — Budget proposé par le maire, — voté par le conseil municipal, — approuvé et réglé par le préfet ; ou par décret, s'il y a trois millions de revenus. L'acte qui règle le budget ne peut ni créer, ni augmenter les dépenses, à moins qu'elles ne soient obligatoires. Il peut, en principe, rejeter ou réduire.

COMPTABILITÉ.

Maire. — Ordonnateur, délivre des mandats de paiement. Pour l'ordonnancement jusqu'au 15 mars. — Pour le paiement jusqu'au 31 mars.

Rend des comptes d'*administration* au conseil municipal, qui sont approuvés par le préfet.

Receveur municipal. — Comptable, chargé des recettes et dépenses, rend des comptes de *deniers :* soit au conseil de préfecture, sauf recours à la Cour des comptes ; soit directement à la Cour des comptes, si les revenus excèdent 30,000 francs, cas auquel il peut y avoir, en outre, un receveur municipal *spécial.*

BIENS ET DROITS INDIVIS ENTRE PLUSIEURS COMMUNES (Titre V, art. 161-163) :

Si l'une d'elles le réclame : *Commission syndicale* instituée par décret, composée de délégués des conseils municipaux qui les choisissent dans leur sein. — Délégués nomment un président. — La commission et son président sont chargés de l'administration des biens et de l'exécution des travaux.

ALGÉRIE ET COLONIES (Titre VI, art. 164-166). — DISPOSITIONS GÉNÉRALES (Titre VII, art. 167-168).

IMPOTS

ÉTABLISSEMENT DES IMPÔTS.	En vertu de la *loi* annuelle de finances, sauf quelques restrictions, en matière de douanes.
	Sanction du principe. { 1° Action pénale en concussion contre les autorités qui les auraient ordonnés ou recouvrés (art. 174 C. p.). / 2° Action en répétition pendant trois ans, contre ceux qui en auraient fait la perception.
DIVISION DES IMPÔTS.	1° Impôts directs, perçus en vertu d'un *rôle* nominatif, désignant nominativement le contribuable; / 2° Impôts indirects, perçus en vertu d'un *tarif*, qui est dans la loi, à l'occasion de certains faits. / Les premiers sont, en principe, de la compétence *administrative*; les autres, de la compétence *judiciaire*.

IMPOTS DIRECTS

Quatre points de vue : 1° Répartition ou quotité ; — 2° assiette ; — 3° recouvrement et 4° contentieux (règles communes pour le 3° et le 4°).

1. Impôts de RÉPARTITION.	Le produit total est *fixé* par la loi annuelle de finances : 4 degrés de répartition : / Entre les départements, par la loi. — Entre les arrondissements, par le Conseil général; / Entre les communes, par le Conseil d'arrondissement. — Entre les contribuables, par une Commission spéciale. / — Impôt foncier. — Personnel et mobilier. — Portes et fenêtres.
2. Impôts de QUOTITÉ.	Le produit est *évalué* approximativement par la loi annuelle de finances. / La quotité de chaque contribuable est certaine immédiatement, — le produit total est incertain. / — Impôt des patentes, des chevaux et voitures, des redevances sur les mines, etc.

ASSIETTE

Impôt FONCIER (L. 3 frimaire an VII).

Assis sur le revenu *imposable* (moyenne du revenu net), fixé par le cadastre.

Cadastre : L. du 15 septembre 1807 sur le cadastre *parcellaire* (propriétaires et mode de culture). (Voir pages 348 et s.)

Deux sortes d'opérations cadastrales. { 1° Opérations d'art (délimitation, triangulation, arpentage); / 2° Opérations administratives (expertise): *classification*, *tarif des évaluations*, *classement*. Contre les deux premières : Commission départementale; contre la troisième : Conseil de préfecture (six mois).

Depuis 1821 ne sert qu'à la répartition entre les contribuables. — En principe, évaluations *fixes*, sauf propriétés bâties et en cas de perte par cas fortuit, et sauf élévation ou réduction d'après une loi de 1874.

Exemptions : *temporaires* (propriétés bâties jusqu'à la troisième année, améliorations diverses); *permanentes* (biens non productifs de revenus, bois et forêts de l'État, rivières).

— Y rattacher la taxe annuelle des biens de mainmorte.

Impôt PERSONNEL et MOBILIER (L. 21 avril 1832).

Par tout habitant non déclaré indigent par le Conseil municipal.

Personnel : Valeur de trois journées de travail, fixée par le Conseil général.

Mobilier : Assis sur la valeur du loyer de l'habitation personnelle. Réunis en l'an VII, séparés en 1831 et réunis de nouveau en 1832 forment un impôt unique. (Voir pages 360 et suiv.)

— Villes ayant un octroi peuvent être autorisées à payer l'impôt en tout ou partie, avec les produits de l'octroi.

— Le débiteur direct de l'impôt est le locataire.

Impôt des PORTES et FENÊTRES (L. 21 avril 1832).

Date seulement du Directoire (an VII). — Pour atteindre la fortune mobilière et servir de supplément et de correction à l'impôt mobilier. — Dans plusieurs villes on tient compte des quartiers riches ou pauvres. — Perçu d'après un tarif qui le fait ressembler à un impôt de quotité. (Voir page 365.)

Débiteur : le propriétaire, sauf recours contre le locataire.

Impôt des PATENTES (L. 15 juill. 1880.)

Établi par l'Assemblée constituante, avec le principe de la liberté du commerce et de l'industrie, sur la valeur locative, base vicieuse.

Frappe tous ceux qui exercent un commerce, une industrie, une profession quelconque, à moins de dispense.

Deux sortes de droits :

Droit *fixe* d'après trois tableaux A, B, C; varie :

1° D'après la population, suivant un tarif *général*, d'après la nature de l'industrie (8 classes de population et 8 classes d'industrie) (tabl. A).

2° D'après la population et suivant un tarif *exceptionnel* pour certaines professions lucratives (tableau B).

3° Sans égard à la population, d'après le nombre des ouvriers, métiers ou autres moyens de production (tableau C).

En principe seul droit fixe, sauf exceptions : 1° établissements séparés et 2° en cas de société. (Voir page 370.)

Droit *proportionnel*, d'après la valeur locative de l'*habitation* et des locaux servant à l'industrie, conformément au tableau D. Varie entre dixième et soixantième. En général vingtième.

Voir personnalité et annalité, page 372.

RECOUVREMENT

Rôles déclarés exécutoires par le préfet, publiés par le maire :

VOIES D'EXÉCUTION ADMINISTRATIVE.	1° Sommation sans frais. / 2° Sommation avec frais, précédée d'une contrainte visée par le sous-Préfet. — Suppression de la contrainte par garnison (L. 9 février 1877).
VOIES D'EXÉCUTION JUDICIAIRE.	1° Commandement, trois jours après la contrainte générale. / 2° Saisie et vente des meubles. / Privilège du Trésor sur les fruits, ou sur les effets mobiliers.

— Action en réclamation se prescrit par 3 ans, comme l'action en répétition d'impôts payés et non dus.

CONTENTIEUX

Demandes en réintégration, en dégrèvement, en mutation de cote :

RÉINTÉGRATION.	Intérêt : pour l'éligibilité aux Conseils départementaux ou communaux ; pour intenter une action qu'une commune négligerait d'intenter, etc.
DÉGRÈVEMENT.	Demandes en *décharge ou réduction*, par opposition aux demandes en *remise ou modération*. / Les premières pour un droit violé, devant le Conseil de préfecture, sauf recours au Conseil d'État avec dispense d'avocat; et en cas de succès pour un impôt de répartition : réimposition des autres contribuables l'année suivante. (Voir page 378.)

Mutation de cote : diverses autorités compétentes.

— Dans les trois mois de la publication des rôles. — Sur timbre, excepté au-dessous de 30 francs.

IMPOTS INDIRECTS

AU PROFIT DE L'ÉTAT.

I. IMPOTS INDIRECTS PROPREMENT DITS.

(Boissons, sels, sucres, cartes à jouer, tabacs, poudres, etc.)

BOISSONS (L. 28 avril 1816).

Divers droits sur les boissons :
1° Droit de circulation ou d'expédition, d'après un tarif gradué suivant les départements divisés en quatre classes ;
2° Droit d'entrée dans les villes ayant au moins 4,000 âmes ; il varie suivant la classe du département et la population de la ville ;
3° Droit de détail, avec faculté d'abonnement ;
4° Droit de consommation sur les spiritueux ;
5° Droit de fabrication sur les bières et boissons distillées;
6° Droit de licence par les débitants.
CONTENTIEUX relatif aux boissons :
1° Sur les difficultés relatives à l'application du tarif : tribunaux civils et, en cas de contravention, tribunaux correctionnels ;
2° Sur les difficultés qui s'élèvent entre l'administration et les débitants, à l'occasion : 1° de l'exactitude de la déclaration du prix de vente en détail ou 2° du montant de l'abonnement remplaçant le droit de détail : Conseil de préfecture avec pouvoir PROPRE (deux des trois cas où il est compétent par exception, en matière d'impôts indirects ; le 3° cas se réfère aux octrois).

II. DROITS DE DOUANE.

Droits sur certaines marchandises, perçus à l'IMPORTATION ou à l'EXPORTATION.
Dans le traité de 1860, avec l'Angleterre : abolition des prohibitions et des droits prohibitifs. — Depuis la guerre de 1870, droits plus protecteurs ; tendance à relever les tarifs.
— En général exemption de droits pour les matières premières pouvant servir à l'industrie nationale ; droits : tantôt PROHIBITIFS, c'est-à-dire élevés de manière à écarter la concurrence étrangère ; tantôt PROTECTEURS proprement dits, destinés à établir des conditions égales de concurrence.
Au point de vue de leur mode de perception : 1° droits ad valorem d'après une estimation des parties, sauf faculté de préemption par l'administration avec une augmentation de 5 0/0 ; 2° droits spécifiques, les plus nombreux, d'après la mesure, le poids ou le nombre :
Congé, passavant, acquit-à-caution, entrepôts et transit, comme en matière de boissons.
Pour favoriser l'exportation : admission temporaire et prime à l'exportation (drawback).
CONTENTIEUX : sur l'application du tarif : juge de paix, sauf appel au-dessus de 100 fr. ; — en cas de contravention : tribunal correctionnel.

III. DROITS DE L'ENREGISTREMENT

1. Droits de GREFFE (L. 21 ventôse an VII) ;
Droits de mise au rôle ; de rédaction et d'expédition.
2. Droits d'HYPOTHÈQUE (L. 21 ventôse an VII) ;
Droits d'inscription des priv. et hypothèques ; droits de transcription des actes translatifs.
3. Droits de TIMBRE (L. 13 brumaire an VII) : 1° timbre de dimension, d'après le format du papier ; 2° timbre proportionnel, d'après les valeurs exprimées (effets de commerce, actions et obligations des sociétés, effets publics des gouvernements étrangers, billets même non négociables constatant des obligations unilatérales).
Timbre ordinaire, extraordinaire, mobile.
4. Droits de l'ENREGISTREMENT PROPREMENT DIT (L. 22 frimaire an VII);
Division des droits.
    1° Droits FIXES, — droits PROPORTIONNELS, — droits GRADUÉS (L. 1872) ;
    2° Droits d'ACTE, perçus sur un écrit, — droits de MUTATION, perçus à l'occasion d'une certaine mutation; au besoin sur une déclaration.
Pour les droits proportionnels, deux théories : 1° l'exigibilité ou quotité ;
2° la liquidation. — Comme moyen de contrôle : EXPERTISE qui diffère suivant qu'il s'agit d'actes à titre onéreux ou d'actes à titre gratuit (voir page 407).
Pour le paiement distinguer la POURSUITE et la CONTRIBUTION.

Quantaux délais : Pour les actes publics : certains délais, — pour les actes sous seing privé : les uns, dans un certain délai (3 mois, sous peine d'un double droit : en cas de transmission de propriété, d'usufruit d'immeubles ou de baux des mêmes biens) ; les autres, pas de délai (vente de meubles, billets constatant des obligations unilatérales).
En cas de contre-lettre : nullité abolie ; mais amende du triple du droit, conservée.
DISSIMULATION dans le prix d'une vente et dans une soulte en cas d'échange ou de partage, amende égale au quart de la somme dissimulée (L. de 1871).
DROITS ACQUIS : voir avec soin pour les principes et les exceptions (p. 413).
PRESCRIPTION : la plus remarquable, deux ans pour les restitutions de droits.

Contentieux.

Autorité judiciaire compétente, conformément aux principes sur les impôts INDIRECTS.
Contrainte délivrée par l'administration ; opposition du contribuable avec assignation, sans AVOUÉ ; le tribunal juge sur MÉMOIRES, sans plaidoirie, mais sur rapport d'un juge et les concl. du minist. public et sans APPEL. Il n'y a lieu qu'à un recours en cassation.

AU PROFIT DES COMMUNES (certains droits de voirie et surtout les octrois).

OCTROIS.

Notions historiques.

Supprimés par l'Assemblée constituante, ainsi que les impôts indirects proprement dits (théorie des physiocrates).
Rétablis en l'an VII pour Paris et en l'an VIII d'une manière générale pour les besoins des hospices.
Réglementés ensuite en 1809, par un décret portant règlement général.

Législation actuelle.

(Texte fondamental, L. 28 avril 1816.)

Pour leur création : demande du Conseil municipal, examen par les sections de l'intérieur et des finances du Conseil d'État et autorisation par décret, après avis du Conseil d'État, en assemblée générale.
Pour certaines modifications : tantôt un décret en C. d'État, tantôt une approbation du Préfet ; tantôt une décision du C. municipal (L. 1884).

Les droits peuvent être perçus sur tous les objets soumis à la consommation locale (ex. : liquides, comestibles, combustibles, fourrages, matériaux.)

Modes de perception.
    Régie simple ; par les agents de la commune ;
    Bail à ferme ; par les agents du fermier qui paie un prix d'adjudication ;
    Régie intéressée (bail mélangé de société) ;
    Abonnement avec l'administration des contributions indirectes.

Contentieux relatif aux octrois :
1° Compétence judiciaire : pour l'application du tarif (juge de paix) ; pour les contraventions (trib. correct.).
2° Compétence administrative : entre la commune et les fermiers, sur le sens et l'application des clauses du bail (Conseil de préfecture, avec pouvoir propre, depuis 1865).

RÉGIME DES EAUX.

EAUX DU DOMAINE PUBLIC :

...maine public *maritime* (rivages de la mer, ports, havres et rades :
...38 C. civil et ord. 1681).
...maine public *fluvial* (rivières navigables et flottables ; mais non flot-
...ables à bûches perdues).

COURS D'EAU NON NAVIGABLES NI FLOTTABLES :

... qui en appartient la propriété? 3 systèmes : A l'État. — Aux riverains. — A personne. (Voir page 431.)
... ifférences avec les rivières navigables ou flottables :
° Pour les rivières navigables ou flottables : chemin de *halage* (24 pieds)
et de *marchepied* (10 pieds). — Pour les autres : pas de servitude.
... aux flottables à bûches perdues (4 pieds);
° Pour les premières, *usines* autorisées par décret, en général. — Pour
les autres : toujours par le préfet ;
° Sur les premières, droit de *pêche* à l'État. — Sur les autres, droit de
pêche aux riverains ;
° Pour les premières, concession de *prise d'eau*, comme pour les usines.
Pour les autres : droit d'irrigation en faveur des riverains, avec servi-
...ude de passage des eaux (L. 1845) et d'appui de barrage (L. 1847);
° Dans les premières, les *îles et îlots* à l'État. — Dans les autres, aux
riverains ;
° Pour les premières, *curage* à la charge de l'État. — Pour les autres, à
la charge des riverains ;
° Pour les premières, compétence du Conseil de préfecture, comme en
matière de grande voirie. — Pour les autres, compétence judiciaire.

ASSOCIATIONS SYNDICALES (L. 21 juin 1865) :

... uit sortes de travaux. — Deux espèces d'associations : *libres et autorisées* : les premières, comme les deuxièmes, constituent des personnes
civiles soumises à des conditions de publicité; administrées par des syndics choisis par les intéressés.
... ifférences entre les associations *libres* et les associations *autorisées* :
° Libres sont *volontaires* et exigent le consentement *unanime*
des associés. — *Autorisées* peuvent être *forcées* dans les 5 premières
sortes de travaux, avec une certaine *majorité* en nombre et en intérêt (plus de moitié avec 2/3 de superficie ; ou 2/3 avec plus de moitié
en superficie).
° Libres sont soumises au droit commun des contrats. — *Autorisées*
jouissent de certains avantages :
° Taxes assimilées aux impôts directs. — 2° Travaux ayant le caractère
de travaux publics; — par suite compétence du Conseil de préfecture. —
3° Droit d'expropriation *spéciale*, comme en matière de chemins vicinaux, avec un petit jury de quatre membres.

TABLISSEMENTS DANGEREUX, INCOMMODES ET INSALUBRES.

(D. 15 octobre 1810, trois classes d'établissements.)

Autorité chargées de autorisation.	1re classe : autrefois D. en Cons. d'État. — Depuis le décret de 1852 sur la décentralisation : préfet. 2e classe : préfet, sur l'avis du sous-préfet. 3e classe : sous-préfet, sur l'avis du maire. A Paris, dans tous les cas, préfet de police.
Procédure ou instruction.	Pour la 3e classe : enquête de *commodo*. — Pas de règles spéciales. Différences entre 1re et 2e classes. {1re classe : demande au préfet. — 2°, au sous-préfet ; 1re classe : affiches dans les communes à 5 kilom. de rayon. — 2e classe : pas d'affiches. 1re classe : enquête dans les communes du rayon. — 2e classe : enquête dans la commune de l'établissement.
Contentieux.	1re classe : en cas d'opposition, avis du C. de préf. 1re classe : en cas d'autorisation : opposition des tiers devant le Conseil de préf. — En cas de refus : recours de l'industriel devant le Conseil d'État. Pour la 3e classe : dans tous les cas : Conseil de préfecture, sauf appel au Conseil d'État.

EXPROPRIATION POUR CAUSE D'UTILITÉ PUBLIQUE.

NOTIONS HISTORIQUES :

1re période L. 28 pluviôse an VIII et 16 sep. 1807.	{*Déclaration d'utilité publique* et *expropriation* : décret en Conseil d'État. *Indemnité* : Conseil de préfecture (terrains *pris*, L. 28 pluviôse an VIII).
2e période L. 8 mars 1810 D'après une note de Schœnbrunn.	{*Utilité publique* : décret en Conseil d'État. *Prononcé de l'expropriation* et *indemnité* : tribunaux civils.
3e période L. 7 juillet 1833 et 8 mai 1841.	{*Utilité publique* : loi ou ordonnance royale, suivant l'importance des travaux. *Expropriation* : tribunaux civils. *Indemnité* : jury spécial de propriétaires.

D'après un sénatus-consulte du 25 décembre 1852, pour l'utilité publique,
il suffisait toujours d'un décret en Conseil d'État.
Depuis la loi du 27 juillet 1870 : *loi* pour les grands travaux publics entrepris par l'État. — Décret en Conseil d'État pour les autres et ceux
des départements, communes et associations syndicales autorisées, sauf
une loi pour les chemins de fer d'intérêt local (L. 11 juin 1880).

LÉGISLATION ACTUELLE (L. 3 mai 1841 et L. 27 juillet 1870) :

1. *Déclaration d'utilité publique* :

Avant-projet et enquête administrative de *commodo et incommodo*.
Loi ou *décret* en Conseil d'État déclarant l'utilité publique.
Arrêté de *cessibilité* du préfet, après une deuxième instruction (dépôt à
la mairie d'un plan parcellaire. — Procès-verbal pour recevoir les observations. — Avis d'une seconde d'arrondissement).

2. *Expropriation* :

Prononcée par l'autorité judiciaire. — Tribunal vérifie s'il y a loi ou décret, arrêté de cessibilité avec les formalités de la seconde instruction. —
Contre le jugement recours en cassation devant la chambre civile. —
Publicité du jugement et *transcription*. (Voir les effets du jugement,
page 446.)

3. *Indemnité* (règlement et paiement) :

Procédure préparatoire : offres d'indemnité aux intéressés (2 classes). —
En cas de non acceptation ou de *silence* : convocation du jury pour régler l'indemnité.

Formation du jury.	1° Liste annuelle de 36-72 jurés, par le Conseil général, pour chaque arrondissement; 2° Liste de session de 16 jurés et de 4 suppléants, choisis par la Cour ou le tribunal, chef-lieu du département; 3° Liste de chaque affaire : 12 jurés : les premiers sur la liste de session, sauf deux récusations pour l'administration et les parties. (Voir les différences avec le jury criminel, page 473.)

Règlement de l'indemnité à la *majorité*. Président du jury a voix prépondérante en cas de *partage*. (Voir p. 475.) — Indemnités *distinctes*
pour divers ayants droit, sauf usufruitier. — Indemnités *hypothétiques*
ou alternatives. (Voir p. 476.) — Pas de compensation entre l'indemnité due pour privation de *propriété* et plus-value des travaux (p. 478).
— Dans deux cas : réquisition d'expropriation totale. — Contre la décision du jury, dans les cas déterminés, recours en cassation, dans
les 15 jours, devant la chambre civile. — *Paiement* doit avoir lieu
avant *la prise de possession*. — Droit de préemption pour les propriétaires dont les terrains n'ont pas été employés aux travaux (p. 482).

Règles spéciales en cas d'urgence (L. 1841).

En cas d'urgence constatée par décret, l'administration peut se mettre
en *possession* avant le paiement de l'indemnité; mais procédure plus
longue, parce que le tribunal doit ordonner la consignation d'une
somme, avant la prise de possession, sauf règlement ultérieur de l'indemnité par le jury.

VOIRIE ET ALIGNEMENTS

GRANDE VOIRIE.

Routes nationales et rues qui font suite.
3 classes (décret du 16 décembre 1811). — Classement et déclassement par décret, sauf l'application des règles sur l'expropriation.
En cas de déclassement pur et simple, réserve d'un chemin d'exploitation et droit de *préemption* pour les riverains (L. 1842); sinon, vente ou même échange (L. 1836).

Routes départementales et rues qui font suite.
2 classes : 1º anciennes routes nationales de 3º classe concédées en 1811;
2º Routes nouvelles construites par le département, mais le sol des deux classes appartient au département (L. 1871 sur les C. généraux qui a tranché la controverse pour les premières).—Classement et déclassement par le C. général.

Chemins de fer.
D'intérêt *général*, construits ou concédés par l'État; exploités par l'État ou des compagnies.
D'intérêt *local* (L. 11 juin 1880), départementaux ou communaux, arrêtés par le C. général ou le C. municipal, sauf une loi pour l'expropriation, et s'il s'agit de tramways, un décret en Conseil d'État. Tous soumis au régime de la grande voirie.

Rues de Paris.
Toutes les rues sont de la grande voirie; mais on distingue encore la grande et la petite voirie. La grande voirie comprend : les constructions et les saillies faisant corps avec le mur de face; la petite voirie comprend les bancs, auvents, enseignes. Pour la première : les contraventions sont jugées par le C. de préf. qui applique des peines fixées par d'anciens règlements, modifiées en 1842.—Pour la petite voirie les contraventions sont jugées par le tribunal de simple police, qui applique des peines de simple police fixées par le Code pénal (voir page 498.

Servitudes de grande voirie.

Relativement aux grandes routes.
Rejet des terres du curage; — Réception des eaux; — *Fouilles et extraction de matériaux* (voir page 182).— Essartement; — spécialement plantations et alignements.

Plantations.
L. 9 ventôse an XIII : oblig. de planter sur le sol même de la route et autorisation pour planter à moins de 6 mètres sur son terrain.
D. 16 décembre 1811 : oblig. de planter au moins à 1 mètre de la route et autorisation pour élagage et abattage.
L. 12 mai 1825 : Arbres plantés sur le sol des routes en vertu des *anciens règlements*, appartiendront aux prop. qui justifieront les avoir acquis à titre onéreux (ou plantés à leurs frais. — Droit de propriété des arbres: autorité judiciaire.

Relativement aux Chemins de fer.
1º Toutes les servitudes de grande voirie, *sauf plantations*.
2º Servitudes exceptionnelles : défense de construire dans une distance de 2 mètres. — D'établir, à moins de 20 mètres, des couvertures en chaume, — de déposer des matières inflammables, de faire un dépôt quelconque, à moins de 5 mètres, etc.

PETITE VOIRIE.

Voirie urbaine.
Voies de communication intérieure dans les villes, bourgs et villages (à l'exception des rues qui font suite aux grandes routes ou aux chemins vicinaux) font partie du *domaine public* communal. *Quid*, en cas de suppression d'une rue? p. 505.

Voirie rurale.
1º Chemins vicinaux (L. 21 mai 1836).
Trois classes : 1º de grande communication; 2º d'intérêt commun; 3º ordinaires. Pour les 2 premières : classement et déclassement par le Conseil général; pour la 3º, par la Commission départementale.
Pour leur construction et entretien : 1º ressources ordinaires; 2º centimes additionnels spéciaux; 3º prestations de 3 journées de travail (p. 508); 4º subventions du département ou de l'État ou de certains industriels; 5º caisse des chemins vicinaux pour prêts, créée en 1868.
Différences entre ces trois classes, voir page 510.

Règles communes aux trois classes.
Font tous partie du *domaine public* et sont à la charge des communes. — Donnent lieu à la servitude de fouilles. — Peuvent tous faire l'objet de règlements préfectoraux pour les alignements et les plantations. — Contraventions jugées par le trib. de simple police; mais en cas d'anticipation, réintégration au sol par le Conseil de préfecture. — En cas d'abandon : droit de préemption par les riverains.
Deux sortes de décisions rendues par le Conseil général ou la Commission départementale :
1º *Reconnaissance et fixation* de la largeur d'un chemin vicinal : translation immédiate de la propriété du *sol* à la commune, sauf indemnité par le juge de paix, sur rapport d'experts.
2º *Ouverture* ou *redressement* d'un chemin vicinal : expropriation.

Expropriation spéciale (voir p. 514).
La décision est déclarative d'utilité publique (ni loi, ni décret; sauf pour terrains bâtis, L. 1864). — Juge de paix, ordinairement magistrat directeur du jury, avec voix délibérative en cas de partage. — Petit jury de 4 membres pour fixer l'indemnité.
Action en indemnité pour confection ou fouilles : 2 ans.

2º Chemins ruraux (L. 20 août 1881, code rural).
S'ils ont été *reconnus* par la Commission départementale, sont *imprescriptibles*. — En cas d'élargissement, comme en cas d'ouverture ou de redressement : expropriation spéciale des chemins vicinaux. — Les rues qui font suite ne font pas partie du chemin. — En cas d'anticipation, simple police a une compétence civile aussi bien que pénale. — Peuvent faire l'objet de syndicats (v. p. 516).

ALIGNEMENTS (arrêt du Conseil 1765 et L. 16 septembre 1807).

Autorités qui délivrent l'alignement individuel.
Grande voirie : Préfet; et même sous-préfet, s'il y a un plan général, approuvé par décret en Conseil d'État.
Voirie urbaine : Maire, en vertu d'un plan général, approuvé par le Préfet depuis 1852.
Voirie vicinale : Maire, pour les chemins ordinaires, en vertu du plan général arrêté par la Commission départementale. — Préfet, pour les chemins de grande communication et d'intérêt commun, ou même sous-Préfet, s'il y a un plan général arrêté par le Cons. général.

Effets de l'alignement général.
1º Servitude : Autorisation pour les constructions, plantation,—aucun travail confortatif à un mur sujet à reculement et même autorisation pour un trav. non confortatif.
2º Expropriation *sui generis* : oblige la propriété riveraine empiète sur le nouveau tracé; et droit de *préemption*, si la propriété riveraine est en retraite de l'alignement, — sauf indemnité en matière de grande voirie et de voirie urbaine, par le jury; en matière de petite voirie, par le juge de paix ou le petit jury de 4 membres, suivant qu'il s'agit du sol ou de construction.

Contentieux relatif aux contraventions.
Pour la *grande* voirie Conseil de Préfecture prononce une amende de 300 fr. (arr. du Cons. 1765) et la démolition de la construction qui empiète. — Pour la voirie vicinale le C. de préf. peut ordonner la démolition, en cas d'anticipation; mais le trib. de simple police prononce l'amende de simple police.—Pour la voirie urbaine le trib. de simple police prononce l'amende et ordonne la démolition, même en cas de trav. non confortatifs.

SÉPARATION DES POUVOIRS

SÉPARATION DES POUVOIRS JUDICIAIRE ET ADMINISTRATIF
(L. 16-24 août 1790. — D. 16 fructidor an III).

Conséquences à l'encontre de l'autorité judiciaire :

1° L'autorité judiciaire ne peut donner des ordres à l'administration, ni exercer ses attributions;

2° Elle ne peut annuler, ni réformer les actes de l'administration;

3° Elle ne peut connaître des actes d'administration, soit pour les interpréter, soit pour en apprécier la légalité ou l'opportunité.

— L'autorité administrative ne peut également entreprendre sur les fonctions judiciaires.

Sanction de la séparation. { 1° Dégradation civique ou amende (art. 127-131 C. pénal); 2° Droit d'élever le conflit d'*attribution*, par opposition au conflit de *juridiction*, p. 538.

CONFLITS D'ATTRIBUTION.

NOTIONS HISTORIQUES.

Ancien droit : roi en son Conseil réglait le conflit. — Assemblée constituante : roi en Conseil des ministres. — An III : Directoire exécutif. — Consulat : décret en Conseil d'Etat. — Royauté constitutionnelle : roi en Conseil d'Etat. — 1848 : trib. des conflits. — 1852 : décret en Conseil d'Etat. — 1872 : tribunal des conflits.

ORGANISATION DU TRIBUNAL DES CONFLITS (L. 24 mai 1872).

Garde des Sceaux : Président. — Trois conseillers d'Etat; trois conseillers à la Cour de cassation. — Deux membres et suppléants choisis par les précédents. — Elus pour trois ans. — Vice-Président nommé par les membres précédents. — Cinq membres au moins pour la délibération. — Un secrétaire spécial nommé par le ministre de la justice. — Deux commissaires du gouvernement (l'un maître des requêtes au Conseil d'Etat, l'autre, avocat-général à la Cour de cassation; nommés, chaque année, par le Président de la République).

(Voir les différences avec le Tribunal de 1850, p. 542, note).

LÉGISLATION ET PROCÉDURE DES CONFLITS.

1° Conflits positifs

I. Elévation du conflit devant l'autorité *judiciaire* (ord. 1er juin 1828 et 12 mars 1831, dans un but de restriction).

Juridictions devant lesquelles le conflit peut être élevé. { Jamais en matière *criminelle*, même pour question préjudicielle.
En matière *correctionnelle* : dans deux cas :
1° Quand le délit est de la compétence de l'autorité administrative; par ex. : en cas de contraventions à la grande voirie;
2° S'il s'agit d'une question préjudicielle dont la loi réserve la connaissance à l'autorité administrative, par ex. : en cas de fouilles, si l'entrepreneur se dit *autorisé*.
Pas devant les juges de paix, ni les tribunaux de commerce; ordinairement devant les tribunaux civils et les Cours d'appel.

Procédure devant ces juridictions { Préfet propose un *déclinatoire* qu'il adresse au procureur de la République. — Si le déclinatoire est rejeté, dans la quinzaine de la notification du jugement : *arrêté de conflit*, avec visa de la loi. — Il est sursis à toute procédure.

II. Elévation du conflit devant l'autorité *administrative* (L. 1872). Les ministres peuvent revendiquer devant le tribunal des conflits les affaires portées à la *section du contentieux du Conseil d'Etat* et qui n'appartiennent pas au contentieux administratif, avec une procédure analogue.

III. Procédure devant le tribunal des conflits et jugement :
Envoi des pièces au secrétariat du tribunal. — Observations du ministre. — Communication aux avocats et aux commissaires du gouver-

nement. — Rapport écrit. — Deux mois pour statuer. — Publicité, plaidoirie, ministère public. — Si le conflit est non recevable ou non fondé, il est non avenu. — S'il est recevable et fondé : renvoi devant qui de droit de l'autorité compétente.

2° Conflits négatifs (Règlement 26 octobre 1849).

Ou suivre la hiérarchie des tribunaux de l'ordre judiciaire ou administratif ou se pourvoir directement devant le tribunal des conflits (parties intéressées. — Ministres et spécialement ministre de la justice).

SÉPARATION DES POUVOIRS
ADMINISTRATIF ET ECCLÉSIASTIQUE.

NOTIONS HISTORIQUES.

En 1516 concordat entre François Ier et Léon X. — Appel comme d'abus consacré définitivement en 1539 par l'ord. de Villers-Cotterets, sous François Ier. — En 1682 : déclaration du clergé de France qui consacre les libertés de l'Eglise gallicane. — Assemblée constituante : liberté de conscience et des cultes; abolition des officialités; constitution civile du clergé. — Directoire : indifférence en matière religieuse.

LÉGISLATION ACTUELLE.

Sous le *Consulat* : concordat, avec Pie VII, du 26 messidor an IX. — Articles organiques sur la police des cultes et loi du 18 germinal an X.
Principes sur les rapports de l'Eglise et de l'Etat :
Liberté de conscience. — Droits civils et politiques sans distinction des croyances religieuses. — Spécialement sécularisation de l'état des personnes. Droit de police de l'Etat sur l'exercice public des cultes.
— Droit pour l'Etat d'intervenir dans l'organisation des cultes reconnus; spécialement d'autoriser la publication des bulles et autres actes; les convocations de conciles, la création de congrégations religieuses, les fondations, dons et legs qui peuvent leur être faits.
Sanction de la séparation des pouvoirs administratif et ecclésiastique : appel comme d'abus (voie réciproque de recours).

APPEL COMME D'ABUS.

(Art. 6-8, articles organiques, L. an X.)

I. Cas d'abus de la part de l'autorité ecclésiastique :
Usurpation et excès de pouvoir (nullité d'un mariage, quant à ses effets civils; réunion d'un concile non autorisé).
Contravention aux lois et règlements de l'Etat (mariage sans acte de célébration de l'officier de l'état civil; procession contre un arrêté municipal).
Infraction aux règles des canons reçus en France (sentence de déposition irrégulière contre un curé).
Attentat aux libertés de l'église gallicane (voir les art. de la déclaration de 1682, page 557).
Procédés contre l'honneur des citoyens, leur conscience; injure et scandale public (refus sans motif de sépulture, accompagné de scandale). — Si le fait constitue à la fois un abus et un délit, faut-il l'autorisation du Conseil d'Etat? (controverse, voir page 565).
II. Cas d'abus de la part de l'autorité civile :
Toute atteinte à l'exercice public du culte et à la liberté garantie à ses ministres.
III. Recours au Conseil d'Etat et décision :
Mémoire détaillé par la partie intéressée ou le Préfet au ministre des cultes.
Conseil d'Etat statue en la forme administrative (sans plaidoirie ni publicité), en assemblée générale, après examen de la section compétente.
Diverses décisions : 1° Recours non recevable; 2° déclaration qu'il n'y a pas d'abus; 3° déclaration d'abus simple, ou avec suppression de l'acte abusif, ou même renvoi devant les tribunaux.

www.ingramcontent.com/pod-product-compliance
Lightning Source LLC
Chambersburg PA
CBHW071137270326
41929CB00012B/1783